TRAITÉ

DE LA

JURIDICTION ADMINISTRATIVE

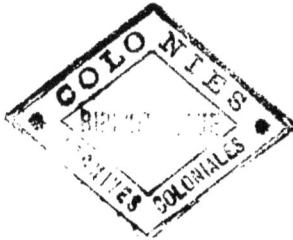

NANCY, IMPRIMERIE BERGER-LEVRAULT ET Cie

TRAITÉ

DE LA

JURIDICTION ADMINISTRATIVE

ET DES

RECOURS CONTENTIEUX

PAR

E. LAFERRIÈRE

VICE-PRÉSIDENT DU CONSEIL D'ÉTAT

TOME SECOND

COMPÉTENCE (*suite*). — MARCHÉS ET AUTRES CONTRATS. — DOMMAGES.
RESPONSABILITÉ DE L'ÉTAT. — TRAITEMENTS ET PENSIONS.
CONTRIBUTIONS DIRECTES. — ÉLECTIONS. — RECOURS POUR EXCÈS DE POUVOIR.
INTERPRÉTATION. — CONTRAVENTIONS DE GRANDE VOIRIE.

Deuxième Édition

BERGER-LEVRAULT ET Cie, LIBRAIRES-ÉDITEURS

PARIS		NANCY
5, RUE DES BEAUX-ARTS		18, RUE DES GLACIS

1896

Tous droits réservés

TRAITÉ

DE LA

JURIDICTION ADMINISTRATIVE

ET DES RECOURS CONTENTIEUX

LIVRE IV

LIMITES DE LA COMPÉTENCE ADMINISTRATIVE A L'ÉGARD DES AUTORITÉS LÉGISLATIVE, PARLEMENTAIRE ET GOUVERNEMENTALE

SOMMAIRE DU LIVRE IV.

LIVRE IV

OBSERVATION PRÉLIMINAIRE

Dans le livre précédent nous avons cherché à délimiter le domaine de la juridiction administrative à l'égard de l'autorité judiciaire ; nous devons maintenant le délimiter à l'égard des autorités législative, parlementaire et gouvernementale.

Nous entendons ici par *autorité législative,* celle qui consiste à faire des lois, non seulement quand ces lois émanent du Parlement, mais encore lorsqu'elles émanent du pouvoir exécutif édictant de véritables dispositions législatives, soit sous forme de décrets-lois, soit sous forme de règlements d'administration publique résultant d'une délégation expresse et spéciale du législateur.

Nous entendons par *autorité parlementaire,* celle qui appartient au Parlement en dehors de ses attributions législatives, et qui consiste à faire des actes d'administration sous forme de lois, à prendre des décisions de diverse nature sous forme de résolutions, d'ordres de jour motivés, de décisions émanées de commissions parlementaires ou du bureau des assemblées.

Nous entendons enfin par *autorité gouvernementale,* celle qui appartient au pouvoir exécutif lorsqu'il agit dans l'exercice de ses pouvoirs politiques, et non de ses attributions administratives ; — et aussi lorsqu'il exerce, en Conseil d'État, les pouvoirs spéciaux de juridiction gouvernementale qu'il s'est réservés en matière d'abus et de prises maritimes, et qui ne se confondent pas avec les pouvoirs de juridiction contentieuse.

Les actes de ces autorités échappent en principe à la juridiction administrative. Celle-ci n'est instituée que pour juger des actes ayant le caractère d'actes d'administration, et émanant d'autorités administratives ; d'où il suit qu'elle ne peut juger ni les actes du pouvoir exécutif qui n'ont pas le caractère d'actes d'administration, ni les actes d'administration qui sont accomplis, non par le pouvoir exécutif, mais par les Chambres.

S'il y a des différences essentielles entre les actes que nous venons d'indiquer et ceux qui relèvent de la juridiction administrative, il y a aussi entre eux des analogies et des points de contact, qui rendent parfois difficile une exacte délimitation des compétences. C'est à la définition de ces actes et à la recherche de ces compétences que nous devrons surtout nous attacher.

CHAPITRE Ier

DES ACTES LÉGISLATIFS ET DES DÉCISIONS DE L'AUTORITÉ PARLEMENTAIRE

I. — DES ACTES LÉGISLATIFS.

Des lois et des décrets-lois. — Les lois ne peuvent être l'objet, devant aucune juridiction, de contestations tendant à infirmer leur autorité. Notre droit public ne reconnaît pas aux juges le droit, qui leur appartient aux États-Unis, de fonder leurs décisions sur la Constitution plutôt que sur les lois, et de ne pas appliquer les dispositions législatives qui leur paraîtraient inconstitutionnelles [1].

En France, quoi que les lois décident, elles doivent être appliquées par le pouvoir exécutif et par les tribunaux de tout ordre. Ceux-ci ont seulement le droit de les interpréter, de vérifier leur existence, de s'assurer qu'elles ont été promulguées sur le territoire où l'application en est requise, et qu'elles y sont devenues exécutoires.

Il en est de même des *décrets-lois*. Ils ont le caractère d'actes législatifs, bien qu'ils émanent du pouvoir exécutif, lorsque celui-ci a été investi, d'une manière permanente ou temporaire, d'une véritable autorité législative.

---

1. Sous l'empire des Constitutions de l'an VIII et de 1852, les lois pouvaient être annulées par le Sénat comme contraires à la Constitution. La loi constitutionnelle sur les rapports des pouvoirs publics du 16 juillet 1875 (art. 7, § 2) donne seulement au Président de la République le droit de demander aux Chambres une seconde délibération qui ne peut pas être refusée. Ce droit existe, non seulement dans le cas d'inconstitutionnalité, mais toutes les fois que la loi paraîtrait devoir être rapportée ou modifiée pour d'autres causes. Il n'a jamais été exercé jusqu'à ce jour.

Cette autorité lui appartient d'une manière permanente en matière de législation coloniale, mais il ne la possède pas au même degré à l'égard de toutes les colonies. D'après le sénatus-consulte du 3 mai 1854 (art. 18), toutes les lois qui concernent les colonies autres que la Martinique, la Guadeloupe et la Réunion, émanent du pouvoir exécutif, qui statue par simples décrets. Il n'est obligé de prendre l'avis du Conseil d'État que lorsqu'il s'agit d'établir des tarifs de douane ([1]).

Ses attributions législatives sont moins étendues quand il s'agit des trois colonies précitées : Martinique, Guadeloupe et Réunion. Des rapports plus anciens et plus étroits avec la métropole les ont fait soumettre, après 1830, à un régime particulier, réglé d'abord par la loi du 24 avril 1833, et actuellement par le sénatus-consulte du 3 mai 1854. D'après ce sénatus-consulte, les mesures législatives concernant la Martinique, la Guadeloupe et la Réunion sont divisées en trois catégories auxquelles correspondent trois formes d'actes législatifs : la loi, le décret en Conseil d'État et le décret simple ([2]).

L'Algérie est restée soumise au régime des décrets, en vertu des dispositions générales de la loi du 24 avril 1833 (art. 25), — d'après laquelle « les établissements français dans les Indes

---

1. La nécessité d'un décret en Conseil d'État pour les tarifs de douane résulte de la loi du 7 mai 1881, art. 3. Voy. *Répertoire du droit administratif*, v° *Colonies* (par M. Dislère, conseiller d'État), n° 251.

2. La loi est nécessaire pour ce qui concerne : l'exercice des droits politiques, l'état civil des personnes, la distinction des biens et les différentes modifications de la propriété ; les contrats et les obligations conventionnelles en général ; les manières dont s'acquiert la propriété par succession, donation entre vifs, testament, contrat de mariage, vente, échange et prescription ; l'institution du jury, la législation en matière criminelle ; l'application aux colonies du principe de recrutement des armées de terre et de mer ; le régime commercial des colonies (sénatus-consulte du 3 mai 1854, art. 3 et 4). Il n'y a plus lieu de tenir compte aujourd'hui de la distinction faite par ces textes entre le sénatus-consulte et la loi.

Il est statué par décrets en forme de règlement d'administration publique sur la législation en matière civile (sauf les questions ci-dessus réservées) et en matière correctionnelle et de simple police ; sur l'organisation judiciaire, l'exercice des cultes, l'instruction publique, le mode de recrutement des armées de terre et de mer (quand le principe a été fixé par une loi) ; sur le régime de la presse, les attributions des autorités administratives, etc. (Sén.-cons. de 1854, art. 6.)

Il est statué par décrets simples : sur l'organisation des milices locales, la police municipale, la grande et la petite voirie, la police des poids et mesures, et en général sur toutes les matières qui ne sont pas comprises dans les dispositions qui précèdent, ou placées dans les attributions des gouverneurs.

« orientales et *en Afrique* continueront d'être régis par ordonnances
« du roi », — et en vertu des dispositions spéciales de l'ordonnance
du 22 juillet 1834 (art. 4), portant que « jusqu'à ce qu'il en soit
« autrement ordonné, les possessions françaises *dans le nord de*
« *l'Afrique* seront régies par nos ordonnances ». A la vérité, l'article 109 de la Constitution de 1848 disposait que le territoire de
l'Algérie serait désormais régi par des lois particulières ; mais ces
lois n'ont pas été faites, et l'article 109, abrogé par la Constitution
de 1852, n'a pas été reproduit par les lois constitutionnelles en
vigueur. Il en résulte que le droit de légiférer continue d'appartenir au pouvoir exécutif, qui l'exerce, soit en rendant les lois de la
métropole exécutoires sur le territoire algérien, en vertu d'une promulgation expresse, soit en édictant au moyen de décrets-lois des
dispositions spéciales à ce territoire ([1]).

Il paraît cependant admis, en vertu d'une pratique qui s'est
établie depuis 1871, mais qui n'a pas de bases positives dans la législation, que le Parlement peut évoquer certaines questions de
législation algérienne ou coloniale, notamment en déclarant applicables à tout ou partie de nos possessions d'outre-mer des lois d'intérêt général votées pour la métropole. On en trouve des exemples
dans les articles 164 et suivants de la loi municipale du 5 avril
1884, qui rendent cette loi applicable, sous certaines réserves, à
l'Algérie et aux colonies, dans la loi du 30 octobre 1886 sur l'enseignement primaire, et dans plusieurs autres.

En dehors de ses attributions législatives permanentes, le pouvoir exécutif a temporairement possédé, à diverses époques, le droit
de faire des lois, en vertu d'une souveraineté de fait qui a été acceptée comme souveraineté de droit. Il suffit de rappeler ici les
périodes dites « dictatoriales », pendant lesquelles la puissance
législative a été exercée : par le Gouvernement provisoire, de février à mai 1848 ; par le président de la République, de décembre 1851 à mars 1852 ; par le Gouvernement de la Défense nationale, de septembre 1870 à février 1871.

Les décrets-lois ont, en principe, la même autorité que les lois

---

1. Voy. *Répertoire du droit administratif*, v° *Algérie* (par M. Léon Béquet, conseiller d'État), n°s 65 et suiv.

proprement dites ; ils échappent comme elles à tous recours et contestations devant les tribunaux. Toutefois, cette règle ne s'impose que s'il s'agit d'un véritable décret-loi, dont le caractère législatif n'est pas contesté ; dans le cas contraire, le juge a le droit de vérifier la nature du décret, l'époque et les circonstances dans lesquelles il a été rendu, et d'en tirer telles conclusions que de droit sur sa nature, sa force obligatoire et les recours dont il peut être l'objet.

En effet, de ce que le pouvoir exécutif a le droit de légiférer en Algérie et aux colonies, il ne s'ensuit pas que tous ses décrets sont des lois. Plusieurs d'entre eux procèdent de la fonction exécutive, et peuvent même avoir le caractère d'actes administratifs ordinaires, susceptibles de recours devant le Conseil d'État. Il en est de même des décrets rendus pendant les périodes dictatoriales : selon les circonstances, la même autorité peut prononcer comme législateur, comme Gouvernement, ou comme autorité administrative supérieure. Les tribunaux judiciaires ou administratifs ont le droit de vérifier, pour la solution des litiges dont ils sont saisis, quel est le caractère des actes invoqués devant eux (¹).

Cette vérification peut être quelquefois délicate ; elle devra s'inspirer de la nature propre de l'acte, de la portée plus ou moins générale, plus ou moins énergique, des prescriptions qu'il contient. Celles-ci devront être appréciées d'après les compétences auxquelles elles correspondent en temps normal. Les prescriptions qui, d'après les règles ordinaires de notre droit public, ne pourraient être édictées que par le législateur, seront réputées législatives ; celles qui rentreraient dans les attributions du pouvoir exécutif seront assimilées à des décrets ; ces décrets eux-mêmes seront ou non susceptibles de recours par la voie contentieuse, selon qu'ils auront le caractère d'actes de gouvernement ou d'actes d'administration.

. D'un autre côté, on ne saurait refuser aux tribunaux, dans les matières où le pouvoir exécutif ne possède que des attributions législatives limitées, le droit de rechercher s'il a légiféré dans la

---

1. Conseil d'État, 4 avril 1879, *Goupy*. — Cet arrêt apprécie le caractère du décret du Gouvernement de la Défense nationale du 10 septembre 1870, qui a déclaré libre la profession d'imprimeur.

mesure de la délégation qui lui est faite. Si, par exemple, le Gouvernement réglait, aux colonies, des matières réservées au législateur, les tribunaux auraient le droit de tenir ses prescriptions pour non avenues. En décidant ainsi, ils ne se mettraient pas en opposition avec la loi, ils en assureraient au contraire l'application, puisque c'est elle qui a limité la compétence législative du Gouvernement.

Nous pensons d'ailleurs qu'on doit reconnaître aux tribunaux, d'une manière générale, le droit de vérifier l'existence même de la loi. S'il arrivait, par impossible, que le Gouvernement promulguât comme loi de l'État un texte adopté par une seule assemblée, ce texte ne serait pas une loi, et toute juridiction appelée à l'appliquer aurait le droit de constater son inexistence légale.

Des règlements d'administration publique faits par délégation. — Les règlements d'administration publique faits en vertu d'une délégation spéciale de la loi peuvent-ils être l'objet d'un recours devant la juridiction contentieuse, soit pour vice de forme, soit pour incompétence et excès de pouvoir, spécialement s'ils n'ont pas été délibérés en Conseil d'État, ou s'ils ont excédé la délégation législative ? Cela revient à se demander si ces règlements ont le caractère d'actes administratifs ou d'actes législatifs : dans ce dernier cas, ils échapperaient de plein droit à tout recours devant la juridiction contentieuse, quel que fût le grief relevé contre eux.

Précisons d'abord quels sont les règlements que nous avons en vue, car l'expression de « règlement d'administration publique » n'a pas, dans notre langue administrative, toute la netteté désirable.

Dans son acception la plus large, cette expression désigne tous les règlements généraux que le chef de l'État fait pour assurer l'exécution des lois. Son pouvoir réglementaire dérive alors de sa fonction même, car l'exécution des lois nécessite des prescriptions secondaires adressées aux administrateurs et aux citoyens. Aussi toutes nos Constitutions ont-elles prévu, en termes plus ou moins explicites, cette attribution du chef de l'État ([1]).

1. Constitution de l'an VIII, art. 44; Charte de 1814, art. 14 ; Charte de 1830,

On s'est demandé si tous les règlements faits en vertu de ces pouvoirs généraux doivent être délibérés en Conseil d'État. La négative a été admise depuis la Restauration, et il serait aujourd'hui oiseux de discuter si, en droit, la solution contraire aurait dû prévaloir ([1]).

Dans une acception plus restreinte, le règlement d'administration publique est celui qui procède, non des pouvoirs généraux que le chef de l'État tient de la Constitution, mais d'une délégation spéciale qui lui est faite par une loi déterminée, en vue de compléter cette loi, d'éclairer ses dispositions, de développer les principes qu'elle a posés, de décider comment elle devra être exécutée.

Ces règlements doivent toujours être soumis à la délibération du Conseil d'État. C'est à eux que la loi organique du 24 mai 1872 (art. 8) a réservé la dénomination de « règlements d'administration publique », par opposition aux « décrets en forme de règlements d'administration publique », qui exigent également la délibération du Conseil d'État, mais qui ne procèdent pas d'une délégation spéciale du législateur ; et aussi par opposition aux décrets réglementaires ordinaires, pour lesquels il n'y a ni délégation législative spéciale, ni délibération nécessaire du Conseil d'État.

La Constitution de 1848 avait reconnu un caractère si particulier aux règlements d'administration publique provenant d'une délégation législative, qu'elle avait chargé le Conseil d'État de les faire seul, comme délégué de l'Assemblée nationale, tandis que les autres règlements d'administration publique étaient faits par le président de la République, après avoir été préparés par le Conseil d'État ([2]). M. Vivien expliquant cette disposition disait : « Les

art. 13 ; Constitution de 1848, art. 49 ; Constitution de 1852, art. 6 ; Loi constitutionnelle du 25 février 1875, art. 3.

1. Voy. sur cette question une étude de M. Aucoc : *Des Règlements d'administration publique, et de l'intervention du Conseil d'État dans la rédaction de ces règlements.* (*Revue critique de législation et de jurisprudence,* année 1872.) Le savant auteur, tout en exprimant le vœu que tout règlement d'administration publique soit délibéré en Conseil d'État, reconnaît qu'une loi serait actuellement nécessaire pour imposer cette obligation au Gouvernement.

2. Constitution du 4 novembre 1848, art. 75. « Le Conseil d'État... *prépare* les règlements d'administration publique ; *il fait seul* ceux de ces règlements à l'égard desquels l'Assemblée nationale lui a donné une délégation spéciale. »

règlements qui sont faits en vertu d'une délégation de l'Assemblée nationale n'engagent pas la responsabilité ministérielle. Ils sont faits par le Conseil d'État comme substitué au législateur qui lui aura donné à cet effet un mandat spécial. L'Assemblée sera toujours maîtresse de déterminer la portée et l'étendue de ce mandat. »

Le droit de décision propre du Conseil d'État n'a pas survécu à la Constitution de 1848 ; mais la délégation législative qui provoque un règlement d'administration publique n'a pas changé de nature en faisant retour au chef de l'État ; elle a toujours le caractère d'un mandat donné par le législateur, qui communique à son mandataire une partie de la puissance législative. Cela est si vrai que le chef de l'État peut, en vertu de ce mandat spécial, édicter des dispositions qui excéderaient son pouvoir réglementaire, notamment des dispositions pénales.

On doit donc reconnaître aux règlements d'administration publique, un caractère législatif qui les affranchit, en principe, de tout recours contentieux.

Mais il arrive le plus souvent que, dans un règlement d'administration publique, il y a des dispositions plus ou moins nombreuses que le chef de l'État aurait pu édicter en vertu de ses pouvoirs propres, et sans délégation spéciale, parce qu'elles se bornent à assurer l'exécution de la loi sans rien ajouter à ses dispositions.

Pourrait-on, dans ce cas, distinguer entre les dispositions législative et celles qui seraient purement réglementaires, et considérer ces dernières comme des décisions purement administratives susceptibles d'annulation pour excès de pouvoir ? Nous ne pensons pas que cette distinction soit possible. L'unité nécessaire du règlement d'administration publique fait obstacle à ce que l'on puisse assigner un caractère différent à ses diverses dispositions, interdire le recours à l'égard des unes et le permettre à l'égard des autres. L'acte est indivisible, il est fait tout entier pour satisfaire à la délégation législative, et chacune de ses dispositions a le caractère que cette délégation imprime à l'ensemble du règlement ([1]).

_____

1. Conseil d'État, 20 décembre 1872, *Fresneau*. On lit dans cet arrêt : « Considérant que le décret du 25 février 1868 a été rendu en vertu des pouvoirs délégués à l'administration par l'article 26 de la loi du 15 avril 1829 et pour régler la police de la pêche dans les fleuves, rivières et cours d'eau quelconques ; *qu'un acte de cette*

Mais si nous écartons toute idée d'un recours direct contre les règlements d'administration publique, faits en vertu d'une délégation législative, nous n'hésitons pas à penser que les tribunaux ont le droit de vérifier leur existence légale et leur force obligatoire. Si donc un de ces règlements était nul en la forme, comme n'ayant pas été délibéré par l'assemblée générale du Conseil d'État, ou bien s'il édictait des dispositions étrangères à la délégation, le juge pourrait refuser de l'appliquer en tout ou en partie ([1]). Le Conseil d'État pourrait, par voie de conséquence, déclarer recevable et fondé un recours formé contre un acte administratif fait en exécution d'un règlement d'administration publique, mais qui serait reconnu contraire aux dispositions mêmes de la loi d'où procède ce règlement ([2]).

Les actes législatifs peuvent-ils donner lieu à une action en indemnité contre l'État ? — Il est de principe que les dommages

nature n'est pas susceptible d'être déféré au Conseil d'État par application des dispositions de la loi des 7-14 octobre 1790 et de l'article 9 de la loi du 24 mai 1872. »

Un arrêt du 1er avril 1892, *commune de Montreuil-sous-Bois*, déclare également non recevable un recours formé contre le décret du 5 septembre 1890, relatif aux indemnités de résidence allouées aux instituteurs et payables par les communes, ledit décret rendu en vertu de la délégation contenue dans l'article 12 de la loi du 19 juillet 1890. — Même décision, 8 juillet 1892, *ville de Chartres.*

1. Le Conseil d'État a fait une remarquable application de cette règle par un arrêt du 6 janvier 1888, *Salle*, rendu dans les circonstances suivantes : La loi sur l'organisation de l'armée du 24 juillet 1873 (art. 36) décide qu'un règlement d'administration publique déterminera les assimilations de grade, et les emplois militaires qui peuvent être attribués aux anciens élèves de l'École polytechnique appartenant à des services civils. Ce règlement a été fait par décret en Conseil d'État du 20 mars 1876 ; puis il a été modifié par un décret du 21 décembre 1886, qui porte, au *Bulletin des lois*, la mention : *le Conseil d'État entendu*. Mais cette mention est erronée, ce décret ayant été, par suite d'une erreur, soumis directement à la signature du président de la République, sans avoir été délibéré en Conseil d'État.

En conséquence, par l'arrêt précité, le Conseil d'État a décidé que le ministre de la guerre n'avait pas pu appliquer à un ingénieur des ponts et chaussées l'assimilation de grade prévue par le décret de 1886, ledit décret n'ayant pas le caractère de règlement d'administration publique, et étant sans force légale pour modifier le règlement de 1876. — « Considérant qu'il est établi que ledit décret n'a pas été rendu en « Conseil d'État, que par suite, *et nonobstant toute mention contraire*, il n'a pu vala-« blement modifier le règlement du 20 mars 1876... »

Comme exemple du droit qui appartiendrait aux tribunaux de ne pas tenir compte des dispositions qui excéderaient la délégation, on peut citer l'arrêt du Conseil d'État du 13 mai 1872, *Brac de la Perrière,* et la décision du Tribunal des conflits du 11 janvier 1873, *Coignet.*

2. Cette réserve est formellement exprimée dans les arrêts précités du 1er avril 1892, *commune de Montreuil-sous-Bois*, et du 8 juillet 1892, *ville de Chartres.*

causés à des particuliers par des mesures législatives ne leur ouvrent aucun droit à indemnité. La loi est, en effet, un acte de souveraineté, et le propre de la souveraineté est de s'imposer à tous, sans qu'on puisse réclamer d'elle aucune compensation. Le législateur peut seul apprécier, d'après la nature et la gravité du dommage, d'après les nécessités et les ressources de l'État, s'il doit accorder cette compensation : les juridictions ne peuvent pas l'allouer à sa place, elles ne peuvent qu'en évaluer le montant, d'après les bases et dans les formes prévues par la loi.

La jurisprudence a souvent fait application de cette règle. Citons quelques exemples. — La loi du 12 février 1835 a interdit, dans un intérêt fiscal, la fabrication du tabac factice, c'est-à-dire de toute préparation végétale pouvant faire concurrence au produit monopolisé. Une demande d'indemnité, formée contre l'État par un fabricant de tabac factice, dont le commerce se trouvait ainsi frappé d'interdiction, a été rejetée par un arrêt du 11 janvier 1838 (*Duchatelier*). Cette décision porte que « l'État ne saurait être responsable des conséquences des lois qui, dans un intérêt général, prohibent l'exercice spécial d'une industrie ; que la loi du 12 février 1835, en déclarant interdite la fabrication du tabac factice, n'a ouvert aucun droit à une indemnité au profit des individus qui s'étaient précédemment livrés à cette fabrication ; que dès lors le sieur Duchatelier ne peut prétendre à aucune indemnité, soit pour la perte de son industrie et la clôture de son établissement, soit pour les divers dommages qui ont pu être la conséquence de l'interdiction (¹). »

Un décret-loi du Gouvernement de la Défense nationale du 10 septembre 1870 a décidé que les professions d'imprimeur et de libraire seraient libres à l'avenir ; il n'a accordé aucune indemnité à ceux qui étaient en possession des brevets délivrés en vertu de la législation antérieure, mais il a décidé qu'il serait « ultérieure-« ment statué sur les conséquences du présent décret à l'égard des « titulaires actuels de brevets ». Se fondant sur cette réserve, un de ces titulaires forma devant le ministre de l'intérieur, puis devant le Conseil d'État, une demande d'indemnité, en invoquant

1. Cf. Conseil d'État, 28 mai 1838, *Mathon*.

notamment la jurisprudence qui avait reconnu au brevet d'imprimeur le caractère d'une propriété, et l'obligation qui avait été imposée aux imprimeurs brevetés, lors de la création du monopole, d'indemniser ceux qui avaient dû cesser leur industrie ([1]).

Cette demande a été rejetée par arrêt du 4 avril 1879 (*Goupy*) : « Considérant que le décret du 10 septembre 1870, qui a rendu libre la profession d'imprimeur, *a été pris par le Gouvernement de la Défense nationale dans l'exercice du pouvoir législatif* ; que l'article 4 de ce décret a réservé à l'autorité législative le soin de statuer ultérieurement sur les conséquences dudit décret à l'égard des titulaires actuels de brevets ; que dès lors c'est avec raison que le ministre de l'intérieur a refusé de statuer sur la demande ([2]). »

Par application du même principe, un arrêt du 7 décembre 1894 (*Compagnie algérienne*) a déclaré non recevable une demande d'indemnité formée contre l'État, à raison du remboursement anticipé d'avances que la Compagnie algérienne avait faites à l'État pour une période déterminée. Ce remboursement avait, en effet, été ordonné par l'article 15 de la loi de finances du 26 décembre 1892 ([3]).

Il peut arriver que le législateur, en édictant des prescriptions de nature à causer des dommages à des tiers, réserve lui-même certains droits à indemnité. Dans ce cas, l'indemnité peut être réclamée par la voie contentieuse, mais seulement dans les limites et sous les conditions prévues par la loi. Ainsi, la loi du 2 août 1872, en créant le monopole des allumettes chimiques, s'est bornée à décider qu'il serait procédé à l'expropriation des fabriques exis-

---

1. Décret du 2 février 1811, rendu pour l'exécution du décret du 5 février 1810 relatif au monopole des imprimeurs à Paris.

2. Cf. 6 août 1852, *Ferrier*. — Cet arrêt rejette une demande d'indemnité fondée sur la suppression de la télégraphie privée résultant de la loi du 2 mai 1837.

3. On ne saurait considérer comme dérogeant à la doctrine ci-dessus exposée une disposition du même arrêt qui déclare recevable, et qui renvoie au ministre des finances sauf recours au Conseil d'État, la fixation de la somme dont le remboursement était prescrit par la loi de finances. En effet, quoique cette loi ait énoncé le montant des avances à rembourser, il résultait de déclarations concordantes de la commission et du Gouvernement que cette énonciation n'avait pas un caractère définitif et qu'elle ne faisait pas obstacle à ce que la juridiction contentieuse se prononçât sur l'évaluation des sommes restant dues par l'État. C'est seulement à raison de cette réserve, faite par les auteurs mêmes de la loi, que l'arrêt retient sur ce point l'examen du recours de la compagnie.

tantes, mais elle n'a ouvert aucun droit à indemnité pour d'autres causes. En conséquence le Conseil d'État a rejeté la demande formée par un fabricant alsacien-lorrain ayant opté pour la nationalité française, qui se plaignait que la création du monopole lui eût fait perdre à la fois la clientèle qu'il avait en France, et la faculté d'y transporter son industrie ([1]).

Lorsque le législateur croit devoir mettre à la charge de l'État la réparation des dommages causés par une loi, il lui appartient de déterminer lui-même les bases de l'indemnité, le mode de paiement, et de désigner l'autorité chargée de faire faire la liquidation. Les lois d'indemnité contiennent à cet égard des dispositions très diverses. Lorsqu'elles confient l'allocation de l'indemnité au pouvoir exécutif, il est statué par le ministre compétent sauf recours au Conseil d'État ([2]), ou par des commissions spéciales dont les décisions ne relèvent du Conseil d'État que pour incompétence ou excès de pouvoir ([3]) ; ces lois peuvent aussi déroger aux règles ordinaires de la compétence, en attribuant la décision aux tribunaux ou au jury d'expropriation ([4]).

Les mêmes principes sont applicables lorsque le dommage consiste dans la création de servitudes d'utilité publique. Ces servitudes, qui résultent de la législation générale sur les routes, les chemins de fer, les cours d'eau navigables, les places de guerre, les cimetières, etc., ne donnent droit à aucune indemnité ([5]). Mais

1. Conseil d'État 5 février 1875, *Moroge*. — Voici le texte de cet arrêt, dans lequel la règle est nettement indiquée :
« Considérant que l'État ne saurait être responsable des conséquences des lois qui, dans un intérêt général, prohibent l'exercice d'une industrie, à moins que des dispositions spéciales ne soient intervenues dans ce sens ; que la loi du 2 août 1872, en attribuant à l'État le monopole de la fabrication des allumettes chimiques, s'est bornée à déclarer qu'il serait procédé à l'expropriation des fabriques d'allumettes chimiques alors existantes..... et qu'en dehors desdites dispositions le sieur Moroge ne saurait être fondé à réclamer, par la voie contentieuse, d'allocations à raison des dommages qui seraient résultés pour lui des conséquences de la loi du 2 août 1872. »

2. Voy. l'article 10 de la loi de finances du 1er mai 1822, qui interdit la fabrication et la distillation des eaux-de-vie et esprits dans Paris, et le règlement d'administration publique du 11 mai 1822.

3. Voy. la loi du 18 juillet 1866 sur la suppression des courtiers de marchandises.

4. Voy. la loi du 2 août 1872 qui attribue à l'État le monopole de la fabrication et de la vente des allumettes.

5. Ce principe a été plusieurs fois rappelé lors de la discussion des lois relatives aux grands travaux d'intérêt général, notamment de la loi du 3 avril 1841 sur les for-

la loi qui prescrit la construction d'un ouvrage déterminé peut restreindre les effets et l'étendue de la servitude légale ([1]), et même décider, par des dispositions exceptionnelles, que l'établissement de la servitude donnera lieu à une indemnité. Elle peut, dans ce cas comme dans le précédent, déterminer, au gré du législateur, l'autorité ou la juridiction qui fixera l'indemnité ([2]).

Il résulte de tout ce qui précède que les questions d'indemnité qui naissent de la loi ne relèvent que de la loi ; la juridiction administrative ne peut connaître d'une action tendant à faire mettre une indemnité à la charge de l'État, que si le législateur a lui-même créé cette action.

II. — ACTES ET DÉCISIONS DE L'AUTORITÉ PARLEMENTAIRE.

Actes d'administration faits en forme de lois. — Il y a des actes administratifs qui sont faits, non par le pouvoir exécutif, mais par les Chambres, à raison de leur importance, ou de l'influence qu'ils peuvent avoir sur les finances de l'État et sur les intérêts généraux du pays.

Parmi ces actes, on peut distinguer : 1° des *actes de puissance publique,* tels que les déclarations d'utilité publique relatives aux grands travaux exécutés par l'État, aux chemins de fer construits par les départements ou par les communes ([3]), et même, d'après la jurisprudence parlementaire, aux grands canaux d'irrigation exécutés par des associations syndicales ou par des compagnies concessionnaires ; les décisions portant classement ou déclassement de places de guerre ; les modifications apportées aux circonscriptions

---

tifications de Paris, et de la loi du 15 juillet 1845 sur la police des chemins de fer. — Voy. Jousselin, *Servitudes d'utilité publique,* t. I, p. 63.

1. Voy. la loi du 27 mars 1874 sur les forts du camp retranché de Paris.

2. Voy. la loi du 22 janvier 1808 qui ouvre un droit à indemnité aux propriétaires dont le fonds est grevé de la servitude de halage lorsqu'un cours d'eau est rendu navigable. Dans ce cas, l'indemnité est réglée par le conseil de préfecture.

Voy. aussi la loi du 15 avril 1873 sur la conservation des sépultures des soldats morts pendant la guerre de 1870. Elle décide que l'établissement des servitudes légales résultant du voisinage de ces cimetières donnera lieu à une indemnité réglée par le petit jury.

3. Loi du 27 juillet 1870, art. 1er ; — loi du 11 juin 1880, art. 3.

administratives, lorsqu'elles affectent le territoire d'un département, d'un arrondissement ou d'un canton, ou qu'elles ont pour conséquence la création d'une commune nouvelle ([1]) ; — 2° des *actes de gestion,* intéressant le domaine de l'État, tels que l'approbation donnée à des contrats de vente ou d'échange de biens domaniaux, ou à des conventions financières passées en vue de services publics ; — 3° des *actes de tutelle administrative* concernant les départements et les communes, notamment lorsqu'il s'agit d'autoriser, au delà de certaines limites, des emprunts, des contributions extraordinaires, des surtaxes d'octroi, etc.

Toutes ces décisions sont de nature administrative et non législative, car elles ont pour but d'appliquer la législation existante, non de faire ou de modifier des lois. Presque toutes d'ailleurs se partagent entre le Gouvernement et les Chambres, d'après des distinctions qui ont souvent varié, et qui ne dépendent pas de la nature de l'acte, mais seulement de son importance. Ainsi une déclaration d'utilité publique, une autorisation d'emprunt, qui sont incontestablement des actes administratifs quand ils sont faits par le pouvoir exécutif, ne cessent pas d'avoir ce caractère quand ils émanent des Chambres.

A la vérité ces actes sont faits en forme de lois et ils en portent le nom ; mais nous avons déjà fait remarquer que la forme des actes ne change pas leur nature intrinsèque : de même que des actes législatifs peuvent être faits en forme de décrets, de même des actes administratifs peuvent être faits en forme de lois. Dans le premier cas, on les appelle *décrets-lois,* et il serait désirable qu'on pût, dans le second cas, les appeler *lois-décrets,* pour les distinguer des actes législatifs proprement dits.

Cette distinction est importante à plusieurs égards ; d'abord, au point de vue des obligations que la législation générale impose au Parlement, et qui sont différentes selon qu'il exerce le pouvoir législatif ou qu'il participe au pouvoir exécutif. En matière législative, le Parlement peut toujours déroger par une loi particulière à la législation existante ; en matière administrative, il doit comme le pouvoir exécutif observer les lois qui régissent l'acte d'admi-

1. Loi du 5 avril 1884, art. 5 et 6.

nistration qu'il a mission d'accomplir. Ainsi la loi, comme le décret, ne peut régulièrement prononcer une déclaration d'utilité publique qu'après les enquêtes et les avis prévus par la législation des
travaux publics ; elle ne peut modifier une circonscription commu-
nale qu'après l'instruction prescrite par la loi du 5 avril 1884.
Obligée de se conformer aux règles de formes, elle doit, à plus
forte raison, observer les règles du fond. Ainsi, une déclaration
d'utilité publique, qui serait prononcée en faveur d'une propriété
ou d'une industrie privée, ne serait pas moins abusive si elle résultait d'une loi que si elle résultait d'un décret.

Mais, si un acte d'administration émané du Parlement peut être
entaché d'irrégularités, s'ensuit-il qu'il puisse être attaqué devant
la juridiction administrative ? Non, parce que l'autorité parlementaire, même quand elle fait des actes d'administration, n'est pas
au nombre des « corps administratifs », des « diverses autorités
administratives » dont le Conseil d'État peut annuler les actes
pour excès de pouvoir, en vertu des lois des 7-14 octobre 1790
et du 24 mai 1872. Pour qu'un recours puisse s'exercer, il faut
que le caractère administratif apparaisse à la fois dans la décision
et dans l'autorité dont elle émane ; cette dernière condition faisant
défaut, le recours en annulation ne saurait être recevable. Si donc il
y avait lieu de former des réclamations contre des actes d'administration faits par l'autorité parlementaire, elles ne pourraient être
portées que devant cette autorité mieux informée, soit par voie de
pétition, soit par le dépôt d'un projet de loi tendant à rapporter ou
à modifier la décision irrégulière.

Conséquences du caractère administratif de ces actes. — Bien
que les actes dont nous venons de parler échappent à tout recours
direct devant la juridiction contentieuse, leur caractère administratif n'est pourtant pas sans influence sur les questions de compétence.

Prenons d'abord le cas où il s'agit d'un acte de tutelle administrative fait en forme de loi, par exemple de l'approbation donnée
à un contrat. Il est de principe que cette approbation, de quelque
autorité qu'elle émane, ne change rien à la nature du contrat
ni à la compétence des juridictions. Si donc le contrat approuvé

par une loi est une concession de travaux publics, le conseil de préfecture n'en est pas moins compétent pour connaître des difficultés auxquelles il peut donner lieu entre l'administration et le concessionnaire ; si ce contrat est un marché de fournitures ou de transports, le ministre est compétent sauf recours au Conseil d'État ; si c'est un contrat de droit civil, il relève des tribunaux judiciaires.

Cette règle, qui ne fait aujourd'hui aucun doute, et d'après laquelle les actes de tutelle émanés du Parlement sont sans influence sur le contentieux des contrats qu'ils valident, a été momentanément méconnue par la Cour de cassation. Quelques arrêts ont attribué un caractère législatif aux cahiers des charges et aux tarifs de chemins de fer approuvés par des lois, et ils en ont conclu que les tribunaux judiciaires, ayant mission d'interpréter les lois, tenaient de là le droit d'interpréter les tarifs ([1]). Ce droit dérive, comme nous l'avons vu, de la compétence des tribunaux judiciaires en matière de contributions indirectes et de taxes assimilées, quelle que soit l'autorité qui les établisse ([2]), et non de leur compétence en matière d'interprétation législative. Il ne saurait donc s'exercer lorsque les clauses des cahiers des charges règlent les rapports du concessionnaire, non avec le public mais avec l'administration. Aussi cette jurisprudence n'a-t-elle pas été maintenue ; la Cour de cassation reconnaît aujourd'hui, d'accord avec le Conseil d'État, que le cahier des charges d'une concession conserve sa nature contractuelle, et que son juge reste le même, par quelque autorité que le contrat soit approuvé ([3]).

La question de compétence présente plus de difficulté quand il s'agit d'interpréter, non un contrat, mais un acte d'administration et de puissance publique fait en forme de loi, par exemple une déclaration d'utilité publique, un changement de circonscription administrative, une concession domaniale, ou même un acte de tutelle considéré en lui-même et en dehors du contrat qu'il valide.

1. Cass. 5 février 1861. *Contet-Muiron* ; — 31 décembre 1866, *Chemin de fer du Midi.*
2. Voy. t. I, p. 696 et suiv.
3. Conseil d'État, 18 avril 1876, *Chemin de fer de Lyon.* — Cf. Aucoc, *Conférences*, t. III, p. 364 et 579.

On doit d'abord écarter, dans ce cas comme dans le précédent, l'opinion qui attribuerait compétence à l'autorité judiciaire en se fondant sur ce que ces décisions auraient un caractère législatif : nous venons de voir, en effet, qu'elles sont des actes d'administration faits par les Chambres. Or, le principe de la séparation des pouvoirs, qui interdit aux tribunaux la connaissance des actes d'administration, ne cesse pas d'être applicable quand ces actes émanent d'une autorité plus élevée que l'autorité administrative ordinaire. Leur importance exceptionnelle, qui rend nécessaire l'intervention du Parlement, n'est certainement pas une raison pour qu'ils deviennent justiciables des tribunaux judiciaires, et pour qu'ils soient ainsi moins protégés que les actes de même nature faits par le pouvoir exécutif.

Est-ce donc au Parlement lui-même qu'on devra demander l'interprétation des actes dont il s'agit ? Si tenté que l'on puisse être d'invoquer ici la règle : *ejus est interpretari cujus est condere,* on doit reconnaître que les raisons les plus graves s'opposent à son application.

En effet, les questions d'interprétation d'actes administratifs se présentent presque toujours sous forme de questions préjudicielles ; un jugement de sursis les renvoie à l'autorité compétente, en chargeant la partie la plus diligente de les faire résoudre dans un délai déterminé. Or, on ne voit pas comment cette partie pourrait saisir le Parlement. Serait-ce par voie de pétition, ou bien en sollicitant du Gouvernement la présentation d'une loi interprétative, ou bien encore en cherchant à mettre en mouvement l'initiative parlementaire ? Aucune de ces procédures ne peut répondre aux nécessités d'une instance contentieuse, aucune ne peut assurer le jugement de la question préjudicielle ; le cours de la justice, suspendu par cette question, risquerait donc d'être définitivement arrêté. Il risquerait de l'être, alors même que le Parlement consentirait à se saisir de l'interprétation litigieuse, car la loi interprétative exigerait le concours des deux Chambres, et tout désaccord entre elles paralyserait la solution. Enfin, — et peut-être est-ce là l'objection la plus grave, — il serait contraire à tous les principes de notre droit public que le Parlement intervînt directement dans une contestation privée.

En présence des difficultés auxquelles se heurte la compétence des tribunaux et celle des Chambres, le Conseil d'État a admis que les actes d'administration faits en forme de loi sont soumis aux règles ordinaires de l'interprétation contentieuse ; qu'en conséquence les parties peuvent se pourvoir devant la juridiction administrative pour faire juger les questions préjudicielles auxquelles ces actes peuvent donner lieu. Il a statué en ce sens par un arrêt sur conflit du 24 décembre 1845 (*de Nazelles*), et par un arrêt au contentieux du 7 août 1883 (*commune de Meudon*) [1].

Cette doctrine est-elle en opposition avec celle qui refuse compétence au Conseil d'État sur tout recours formé contre des décisions de l'autorité parlementaire ? Nous ne le pensons pas. Sans doute, il y a un certain lien entre le pouvoir d'interpréter et celui de réformer, mais ces pouvoirs ne se confondent pas ; c'est pourquoi on a toujours reconnu au Conseil d'État le droit d'interpréter des actes d'autorités souveraines, — par exemple des édits et lettres patentes, — contre lesquels aucun recours ne pourrait être formé. En effet, les prérogatives de ces autorités seraient gravement méconnues si une juridiction quelconque s'arrogeait sur leurs actes un droit de réformation ou d'annulation qu'elles seules peuvent exercer ; mais, lorsqu'il s'agit d'un droit d'interprétation conten-

---

1. Dans l'espèce jugée le 24 décembre 1845, il s'agissait d'interpréter une loi du 20 août 1828 concédant à la ville de Paris les terrains domaniaux de la place de la Concorde et des Champs-Élysées, et de rechercher les limites des terrains concédés. Un arrêt de la cour d'Orléans (3 juillet 1845) avait rejeté un déclinatoire élevé sur cette question, en se fondant sur ce que l'acte à interpréter avait un caractère législatif, et qu'il appartenait aux tribunaux de l'interpréter. L'arrêt sur conflit, rendu sur le rapport de M. Boulatignier, décide au contraire « qu'il y a lieu d'interpréter les actes de la concession domaniale faite en vertu de la loi du 20 août 1828 et qu'aux termes des lois susvisées (des 16-24 août 1790 et du 16 fructidor an III) cette interprétation ne peut être donnée que par l'autorité administrative ».

Dans l'espèce jugée le 7 août 1883, l'autorité judiciaire, saisie d'une contestation en matière d'octroi, avait sursis à statuer jusqu'à ce que l'autorité compétente eût interprété les décrets de l'Assemblée constituante des 19 janvier 1790 et 12 janvier 1791 et le décret de la Convention du 8 frimaire an II, en ce qui touche les limites des communes de Sèvres et de Meudon, limitrophes des départements de la Seine et de Seine-et-Oise. Le Conseil d'État a statué au fond sur cette interprétation, à raison du caractère administratif des décrets contestés. Dans cette affaire, le ministre de l'intérieur et le commissaire du Gouvernement avaient émis l'avis que l'interprétation devait d'abord être donnée par décret, mais cette solution n'aurait en réalité rien changé à la question de compétence, puisque l'interprétation donnée par décret aurait pu être contestée devant le Conseil d'État, à qui aboutit en dernier ressort toute interprétation contentieuse d'actes administratifs.

tieuse, que ces autorités ne peuvent pas retenir, le juge ne porte point atteinte à leurs prérogatives en l'exerçant dans la mesure où l'exige la solution des litiges. L'interprétation des lois en est la meilleure preuve, puisqu'elle appartient à toutes les juridictions, bien qu'aucune d'elles n'ait le droit d'infirmer l'autorité de la loi.

Décisions des commissions parlementaires. — En dehors des commissions qui élaborent les projets de loi, les Assemblées peuvent former dans leur sein des commissions spéciales qu'elles chargent de procéder à des opérations déterminées, notamment à des enquêtes.

Les décisions que ces commissions sont appelées à rendre n'ont pas le caractère d'actes administratifs, mais d'actes de l'autorité parlementaire faits en vertu d'une délégation de l'Assemblée.

Cette délégation est l'unique base des pouvoirs des commissions; cela explique comment elles ont toujours pu fonctionner par le seul effet de la jurisprudence parlementaire, sans qu'une loi générale ait défini leurs pouvoirs, et sans même que des lois spéciales aient été jugées nécessaires pour donner à chacune d'elles une existence légale. Presque toujours, en effet, ces commissions sont créées non par des lois, mais par de simples résolutions émanées d'une seule Chambre, dispensées de la promulgation qui rend les lois exécutoires. C'est donc bien l'autorité parlementaire elle-même, la prérogative propre des Assemblées, qui réside en ces commissions; d'où il suit que leurs décisions échappent, comme si elles émanaient du Parlement lui-même, à tout recours devant la juridiction contentieuse.

Il est d'ailleurs très rare que ces commissions soient investies d'un véritable droit de décision; le plus souvent elles ne sont chargées que de procéder à des informations, à des enquêtes, qui éclairent l'Assemblée sur des questions qu'elle se réserve de résoudre ([1]).

---

1. Les commissions d'enquête, soit en matière électorale, soit en toute autre matière, peuvent cependant avoir des décisions à prendre, des mandements à adresser à des fonctionnaires ou à des citoyens pour provoquer des témoignages ou des communications de pièces. Quelques-unes ont reçu à cet effet des pouvoirs très étendus notamment en vertu de la résolution de l'Assemblée constituante du 26 juin 1848

Cependant, dans des circonstances exceptionnelles, des Assemblées investies d'une véritable souveraineté ont armé leurs commissions d'un droit de décision plus ou moins étendu, non seulement à l'égard d'autorités publiques, mais encore à l'égard des particuliers. Sans remonter aux comités de la Convention, on peut citer la commission de l'Assemblée nationale instituée par la loi du 8 août 1871 pour examiner la situation des officiers à qui des grades avaient été conférés pendant la guerre. Cette loi porte que la commission « examinera les documents et *statuera souverainement,* après avoir « entendu le ministre de la guerre, sur la position des officiers « qu'ils concernent ». Des recours pour excès de pouvoir ayant été formés contre des décisions de cette commission, par des officiers qui se plaignaient d'atteintes portées à leurs droits et à la propriété de leur grade, le Conseil d'État a dû se demander s'il lui appartenait d'en connaître. Il s'est prononcé négativement, par plusieurs arrêts rendus en 1872 et en 1873, et fondés sur ce que

prescrivant une enquête sur l'insurrection de Juin, et de celles de l'Assemblée nationale des 18 avril, 13 juin et 16 juin 1871, prescrivant des enquêtes sur les actes du Gouvernement de la Défense nationale, sur les marchés passés pendant la guerre et sur l'insurrection du 18 mars. Ces résolutions contiennent cette formule : « Tous « pouvoirs sont conférés à la commission soit pour mander et faire comparaître à sa « barre les personnes en état de donner des renseignements, soit pour se faire déli- « vrer et communiquer toutes les pièces de nature à éclairer sa religion. » Une autre résolution du 15 novembre 1877, ordonnant une enquête sur l'attitude du Gouvernement pendant les élections, décide que « la commission est investie des pouvoirs les « plus étendus qui appartiennent aux commissions d'enquête parlementaire ». En admettant que de telles dispositions imposent certaines obligations aux fonctionnaires et aux citoyens mandés devant des commissions investies de ce mandat, on doit aussi reconnaître que ces obligations sont dénuées de sanction. En effet, aucune disposition pénale n'en assure l'exécution, et il est certain que l'article 471, § 15, du Code pénal, qui ne punit que l'infraction aux règlements administratifs, ne pourrait pas être invoqué en cas d'infraction aux mandements ou décisions de l'autorité parlementaire. C'est pourquoi il a toujours paru douteux aux Assemblées et à leurs commissions que celles-ci puissent, en l'absence de toute disposition législative, imposer le serment aux témoins ou exercer une contrainte sur ceux qui ne se présenteraient pas. (Voy. Eug. Pierre, *Traité de droit politique et parlementaire,* p. 401.) Néanmoins nous ne saurions accepter la doctrine d'un arrêt de la cour d'appel de Bordeaux (26 juillet 1878), qui a décidé que les témoins appelés devant une commission d'enquête sont passibles des peines de la diffamation si leur déposition porte atteinte à l'honneur et à la considération d'un tiers. Il est très vrai que ces témoins ne peuvent pas bénéficier des textes relatifs à l'immunité parlementaire ou à celle des témoignages reçus en justice ; mais l'acte qu'ils accomplissent, en apportant leur témoignage à une commission régulièrement instituée pour le recevoir, ne fût-il pas strictement obligatoire, est assurément licite ; il ne peut donc constituer un délit.

« les décisions de cette commission ne sont pas, *par leur nature*, susceptibles d'être attaquées par la voie contentieuse ([1]) ».

Le Conseil d'État a également jugé que les décisions de la commission des grades échappaient, devant la juridiction contentieuse, à toute infirmation indirecte, aussi bien qu'à l'annulation directe ; que par suite elles ne pouvaient pas être remises incidemment en question à propos de la réclamation d'un officier se plaignant que sa pension de retraite eût été liquidée sur un grade que la commission lui aurait illégalement attribué (2 juillet 1880, *Valentin*).

A l'appui de cette dernière solution, le Conseil d'État a développé, dans un véritable arrêt de doctrine, la théorie qu'il s'était borné à énoncer sommairement dans ses arrêts de 1872 et 1873. « Considérant, dit l'arrêt du 2 juillet 1880, qu'aux termes des lois organiques du Conseil d'État et notamment de l'article 9 de la loi du 24 mai 1872, le Conseil d'État statuant au contentieux ne peut connaître que des recours formés contre les actes des diverses autorités administratives, que ni les Assemblées parlementaires, ni les commissions formées dans leur sein ne sont des autorités administratives dans le sens de l'article 9 précité ; qu'ainsi les actes desdites commissions ne relèvent que des Assemblées dont elles émanent, et ne peuvent être déférés au Conseil d'État par la voie contentieuse. »

Mesures de police et décisions disciplinaires de l'autorité parlementaire. — Il est dans les pouvoirs des Assemblées parlementaires, de leur président, de leur bureau, de prendre à l'égard des

---

1. Conseil d'État, 15 novembre 1872, *de Carrey de Bellemare* ; — 3 janvier 1873, *Loizillon* ; — 2 mai 1873, *Cord.*

Le premier de ces arrêts a été rendu contrairement aux conclusions du commissaire du Gouvernement qui disait : « Si la revision des grades, comme mesure générale, échappe à votre appréciation, quelles que soient les conditions plus ou moins larges dans lesquelles l'Assemblée a entendu que cette revision serait faite, en est-il de même de l'application qui a été faite de cette mesure à tel ou tel officier par la commission de revision ? Nous ne le pensons pas. Cette application individuelle nous paraît avoir *tous les caractères d'un acte d'administration.* » Cette observation était juste, mais le caractère d'acte d'administration ne suffit pas, ainsi que nous l'avons vu, pour que le Conseil d'État soit compétent sur le recours ; il faut en outre que l'acte émane d'un *corps administratif* (Loi des 7-14 octobre 1790), d'une des *diverses autorités administratives* (Loi du 24 mai 1872, art. 9), et tel n'est pas le cas lorsqu'il émane de l'autorité parlementaire, qui est en dehors de la hiérarchie administrative.

membres de ces Assemblées ou des tiers, des décisions d'ordre intérieur, des mesures de police ou de discipline. Ces décisions échappent à tout recours devant les tribunaux administratifs et judiciaires. Les tentatives qui ont été faites pour les déférer soit au Conseil d'État, soit aux tribunaux civils, ont toujours été écartées par des fins de non-recevoir tirées de la nature de ces décisions. Ainsi le Conseil d'État a déclaré non recevable un recours formé par un journaliste contre des décisions des présidents des Chambres refusant de lui assurer l'accès de la tribune de la presse [1].

Le tribunal civil de la Seine et la cour d'appel de Paris ont également décidé qu'un membre de la Chambre des députés n'est pas recevable à contester devant la juridiction civile la décision qui prononce la retenue d'une partie de son indemnité par mesure disciplinaire [2].

Décisions en matière de comptabilité, de pensions et de marchés. — Les Assemblées parlementaires ont un budget spécial, ou plutôt une *dotation*, dont l'administration leur appartient exclusivement.

---

1. Conseil d'État, 17 novembre 1882, *Merley* : « Considérant que les décisions par lesquelles le président du Sénat et de la Chambre des députés règlent l'admission du public ou de la presse aux séances de ces Assemblées ne sont pas de nature à être déférées au Conseil d'État. »

2. Tribunal civil de la Seine, 24 février 1880, *Baudry d'Asson* ; — cour d'appel de Paris, 14 février 1881, *même partie*.

Ce jugement et cet arrêt écartent la demande par une fin de non-recevoir tirée de ce que « sans examiner si la Chambre des députés, qui est un des organes de la souveraineté nationale, peut reconnaître dans l'ordre disciplinaire une juridiction supérieure, le tribunal doit se borner à constater que la loi n'en a établi aucune ; que ce serait donc arbitrairement et par excès de pouvoir qu'il se constituerait juge d'appel à l'égard des décisions que Baudry d'Asson prétend lui déférer. »

La même fin de non-recevoir serait-elle opposable si, au lieu d'une action à fins civiles, il s'agissait d'une plainte à fin correctionnelle ou criminelle dirigée contre des représentants de l'autorité parlementaire agissant dans l'exercice de leurs fonctions et dans l'enceinte législative ? Un arrêt de la Chambre des mises en accusation de la cour de Paris (4 janvier 1881, *Baudry d'Asson*) semble avoir apprécié au fond la légalité d'un internement prononcé contre un député par mesure disciplinaire, et à raison duquel une plainte pour séquestration arbitraire avait été formée contre le président, les questeurs et le chef des huissiers : « Considérant, dit l'arrêt, que le président de la Chambre, en ordonnant dans la séance du..... l'arrestation du député Baudry d'Asson, et les questeurs et le chef des huissiers en procédant à cette mesure, n'ont fait qu'exécuter le règlement dont les dispositions n'ont rien de contraire aux lois existantes. »

Elle est mise à leur disposition au moyen d'une ordonnance, ordinairement trimestrielle, faite par le ministre des finances aux *questeurs* qui délèguent le mandatement des dépenses au *trésorier* de chaque Chambre. Celui-ci, agissant sous le contrôle de la *commission de comptabilité,* pourvoit au paiement de l'indemnité due aux membres du Parlement et de toutes les dépenses du personnel et du matériel ([1]). Le trésorier n'est pas un comptable relevant directement de la Cour des comptes ; mais il ne résulte pas de là que ses comptes échappent à tout contrôle de la Cour, et qu'ils soient définitivement vérifiés et apurés par la commission de comptabilité, ainsi que l'enseignent MM. Poudra et Pierre dans leur savant *Traité de droit parlementaire.* Ces comptes sont en effet compris dans ceux du caissier-payeur central qui serait responsable, sauf son recours contre qui de droit, des erreurs qui y seraient reconnues ([2]).

Bien que les pouvoirs attribués, en cette matière, aux questeurs, au trésorier et à la commission de comptabilité, soient manifestement des pouvoirs de gestion et d'administration, ceux qui les exercent n'ont pas le caractère d'*autorités administratives,* dans le sens de l'article 9 de la loi du 24 mai 1872 ; il en résulte que leurs actes et décisions ne relèvent pas de la juridiction administrative. Il n'y a pas lieu d'excepter de cette règle les décisions rendues en matière de pensions de retraite. En effet, les pensions des employés des Chambres, servies par une caisse spéciale, que le fonds de dotation entretient, sont provisoirement liquidées par les questeurs, puis définitivement concédées par la commission de comptabilité ([3]). Aucune autorité administrative n'intervenant dans ces opérations, elles ne peuvent être l'objet de contestations devant le Conseil d'État.

---

1. Règlement intérieur du Sénat, art. 134 et suiv.; de la Chambre des députés, art. 131 et suiv. — Cf. Poudra et Pierre, *Traité pratique de droit parlementaire,* p. 476.

2. Il pourrait arriver aussi que ces comptes fussent partiellement compris dans ceux d'un trésorier-payeur général, à raison de la délégation qui lui aurait été faite pour l'acquittement de dépenses parlementaires dans son département, par exemple pour le paiement d'indemnités, de frais de commissions d'enquête, ou d'autres dépenses à acquitter hors de Paris.

3. Règlement du Sénat, art. 14 ; de la Chambre des députés, art. 20. — Cf. Poudra et Pierre, *op. cit.,* p. 481 et suiv.

En ce qui touche les marchés de fournitures passés avec des tiers pour le service des Assemblées, la juridiction administrative serait également incompétente pour en connaître. A la vérité, ces marchés sont faits en vue d'un service public ; mais le décret du 11 juin 1806 n'est relatif qu'aux marchés *passés par les ministres pour le service de leurs départements* ; il n'est donc pas applicable à des marchés auxquels les ministres restent étrangers. Les fournisseurs qui traitent avec les délégués du Parlement, ne pouvant pourtant pas être privés du droit de se pourvoir devant un juge, nous pensons que l'autorité judiciaire est compétente, en l'absence de toute disposition législative spéciale, pour connaître des difficultés survenues sur le sens et l'exécution de ces marchés.

La question serait plus délicate s'il s'agissait de marchés passés par les questeurs pour des constructions à faire, des travaux à exécuter dans les édifices affectés à une Assemblée. On peut dire que ces travaux s'effectuant dans des palais nationaux qui sont la propriété de l'État, sont, par leur nature, des travaux publics, et que la loi du 28 pluviôse an VIII, par la généralité de ses termes, les soumet à la juridiction du conseil de préfecture quelle que soit l'autorité qui les fasse exécuter. Mais, en sens inverse, on peut faire observer que les Assemblées ne se bornent pas à administrer pour le compte de l'État les palais nationaux qu'elles occupent. Elles en sont *affectataires* en vertu d'un texte législatif ([1]), c'est-à-dire usufruitières avec les pouvoirs les plus étendus. Les travaux qu'elles y effectuent directement, en leur propre nom et sans que les représentants de l'État y interviennent, diffèrent donc de ceux que la loi de pluviôse an VIII a prévus, et l'on pourrait décider, pour ces marchés comme pour les marchés de fournitures, que la juridiction administrative est incompétente pour en connaître.

Des actes administratifs provoqués ou approuvés par voie d'interpellation et d'ordre du jour. — Lorsque le Parlement a conseillé ou approuvé, par le vote d'un ordre du jour, un acte d'administration fait par le pouvoir exécutif, cet acte ne perd pas pour

1. Loi du 22 juillet 1879, art. 2. « Le palais du Luxembourg et le Palais-Bourbon sont affectés le premier au service du Sénat, le second à la Chambre des députés... »

cela son caractère administratif, et il demeure soumis au recours contentieux dont il est susceptible.

Ce vote ne saurait évidemment avoir pour conséquence de transformer en décisions de l'autorité parlementaire des actes faits par le président de la République ou par les ministres, dans l'exercice de pouvoirs qui leur sont propres. Sans doute, ces pouvoirs s'exercent sous le contrôle du Parlement, en vertu du principe de la responsabilité ministérielle ; mais le principe non moins impérieux de la séparation des pouvoirs fait obstacle à ce que les actes du pouvoir exécutif, conseillés ou approuvés par les Chambres, soient censés émaner des Chambres elles-mêmes, dans des matières où elles ne possèdent pas le droit de décision et d'action.

A la vérité on peut se demander — et cette question s'est plus d'une fois présentée — si l'intervention des Chambres, dans certaines décisions du pouvoir exécutif, n'a pas pour effet de leur imprimer un caractère particulier, celui d'*actes de gouvernement,* et de les faire ainsi échapper à toute contestation devant les tribunaux, à tout recours pour excès de pouvoir devant le Conseil d'État, aussi bien que s'il s'agissait de décisions parlementaires.

Cette question se rattache à celles qui seront traitées dans le chapitre suivant, touchant les actes de l'autorité politique et gouvernementale. Nous pouvons cependant rappeler dès à présent que la jurisprudence du Conseil d'État et celle du Tribunal des conflits n'admettent pas qu'un ordre du jour motivé, ou toute autre manifestation des vues du Parlement, suffise à modifier la nature légale des décisions prises par le pouvoir exécutif, et à les transformer en actes d'ordre politique et gouvernemental lorsqu'elles ont, par elles-mêmes, le caractère d'actes administratifs.

Cette solution ne saurait faire doute s'il s'agissait d'actes de gestion se rattachant à l'exécution d'un contrat administratif, tels que la mise en régie d'un entrepreneur, le séquestre ou la déchéance d'une compagnie concessionnaire, l'application de clauses relatives à des subventions ou à des garanties d'intérêts ; de tels actes, fussent-ils provoqués par un vote du Parlement, n'en pourraient pas moins être contestés devant la juridiction contentieuse.

Il en serait de même d'un acte de puissance publique ayant le caractère d'acte d'administration. Le Tribunal des conflits l'a ainsi décidé à l'égard des décrets du 29 mars 1880, qui ont prononcé la dissolution des congrégations religieuses non autorisées. Le ministre de l'intérieur et des cultes soutenait devant ce Tribunal que les décrets de dissolution étaient des actes de gouvernement, échappant à tout recours devant les juridictions administrative ou judiciaire, notamment parce qu'ils avaient été provoqués par un ordre du jour de la Chambre des députés, du 16 mars 1880, ainsi conçu : « La Chambre, confiante dans le Gouvernement et comptant sur sa fermeté pour appliquer les lois relatives aux congrégations non autorisées, passe à l'ordre du jour. » Le Tribunal des conflits a décidé que, nonobstant le vote de cet ordre du jour, les décrets du 29 mars 1880 et les arrêtés préfectoraux pris pour leur exécution étaient des actes administratifs, non des actes de gouvernement, et que, s'ils échappaient à toute contestation devant l'autorité judiciaire à raison de ce caractère administratif, ils n'en étaient pas moins susceptibles d'être déférés au Conseil d'État, par application des lois des 7-14 octobre 1790 et 24 mai 1872 ([1]).

La même question s'est posée devant le Conseil d'État, lors du recours formé par les princes d'Orléans et les princes Murat contre des décisions du ministre de la guerre, qui les déclaraient rayés des contrôles de l'armée, par application de la loi du 22 juin 1886 relative aux membres des familles ayant régné en France. Le ministre de la guerre rappelait, dans ses conclusions devant le Conseil

---

1. Tribunal des conflits, 5 novembre 1880, *Marquigny* : « Considérant qu'il ne saurait appartenir à l'autorité judiciaire d'annuler les effets et d'empêcher l'exécution *de cet acte administratif.....* que si les requérants se croyaient fondés à soutenir que la mesure prise contre eux n'était autorisée par aucune loi et que, par suite, le décret et l'arrêté précités étaient entachés d'excès de pouvoir, *c'était à l'autorité administrative qu'ils devaient s'adresser pour faire prononcer l'annulation de ces actes.* »

L'opinion contraire avait été soutenue par M. G. Graux, député, dans une intéressante étude publiée en 1880 (*Les Congrégations religieuses devant la loi*, p. 195), et elle avait été accentuée par le même auteur dans un article de la *Revue libérale* (février 1883), où on lit : « Quand les assemblées politiques sont indépendantes, quand la responsabilité ministérielle est sérieusement organisée, un acte gouvernemental ne peut être accompli sans l'assentiment des Chambres et de la nation. Quand cet acte est ainsi sanctionné par un vote parlementaire, il *ne diffère d'une loi qu'au point de vue de la procédure* : il a précédé l'approbation législative au lieu d'avoir été accompli en vertu de cette approbation..... »

Nous avons déjà expliqué que l'approbation parlementaire, soit qu'elle suive un acte, soit qu'elle le devance, ne saurait en modifier la nature, et que des ordres du jour ne sont pas des lois.

d'État, que les décisions attaquées avaient été l'objet d'interpellations devant les Chambres; qu'elles avaient donné lieu le 13 juillet 1886 à un ordre du jour de la Chambre des députés portant que « la Chambre, approuvant la conduite du Gouvernement et confiante dans sa fermeté pour faire respecter par tous les lois de la République, passe à l'ordre du jour » ; qu'elles avaient également donné lieu, le 15 juillet 1886, à un ordre du jour du Sénat portant que « le Sénat, approuvant les mesures prises par le Gouvernement et confiant dans sa vigilance et dans sa fermeté pour faire observer les lois de la République, passe à l'ordre du jour ». — « Ces deux votes de confiance, disait le ministre, en ratifiant les mesures prises par le ministre de la guerre, leur ont imprimé le caractère manifeste d'actes politiques et de gouvernement... on ne saurait sérieusement méconnaître, après la discussion et l'approbation dont elles ont été l'objet dans le Parlement, que ces mesures constituent non pas des mesures d'administration proprement dites, mais des actes de l'ordre exclusivement gouvernemental et politique qui, à ce titre, ne peuvent être soumis au contrôle du Conseil d'État délibérant comme juridiction contentieuse. »

Le Conseil d'État n'a pas admis cette fin de non-recevoir. Par ses arrêts du 20 mai 1887 (*princes d'Orléans et prince Murat*) il a déclaré recevables les recours formés contre ces décisions.

Cette jurisprudence a encore été affirmée par le Tribunal des conflits dans une affaire jugée le 25 mars 1889 (*Dufeuille*). Il s'agissait de la saisie opérée par ordre du Gouvernement, d'un manifeste du comte de Paris et de clichés servant à sa publication. Sur la demande en restitution des objets saisis formée par Dufeuille, l'administration avait élevé le conflit en se fondant notamment sur ce que la saisie, ayant été opérée en vertu d'une décision du Gouvernement approuvée par un ordre du jour de la Chambre, échappait à raison de cette circonstance, à tout débat contentieux. Mais le Tribunal des conflits a écarté ce moyen en décidant « que la saisie ne change pas de nature par ce fait qu'elle est ordonnée par le ministre de l'intérieur, *et que la mesure a été approuvée par les Chambres* ».

La jurisprudence est donc bien établie sur ce point que l'intervention du Parlement ne change pas la nature juridique des actes, et qu'elle est sans influence sur la recevabilité des recours auxquels ces actes peuvent donner lieu devant les juridictions compétentes.

Nous aurons d'ailleurs à revenir sur cette question dans le chapitre suivant, relatif aux actes de l'autorité gouvernementale.

CHAPITRE II

ACTES DE GOUVERNEMENT

Notions générales. — Division. — Les actes du pouvoir exécutif ne sont pas tous des actes d'*administration* ; plusieurs sont des actes de *gouvernement,* et échappent, à ce titre, à tout recours devant la juridiction contentieuse. Celle-ci n'est en effet instituée que pour juger les décisions de l'autorité administrative, non celles de l'autorité gouvernementale qui ne relève que d'elle-même, des Chambres et du pays.

L'incompétence de la juridiction administrative à l'égard des actes de gouvernement a été proclamée par les lois organiques du Conseil d'État, notamment par l'article 47 de la loi du 3 mars 1849 et par l'article 26 de la loi du 24 mai 1872, qui sont conçus en termes presque identiques. Ce dernier texte dispose : « Les ministres ont « le droit de revendiquer devant le Tribunal des conflits les affaires « portées devant la section du contentieux et *qui n'appartiendraient* « *pas au contentieux administratif.* Toutefois, ils ne peuvent se pour- « voir devant cette juridiction qu'après que la section du conten- « tieux a refusé de faire droit à la demande de revendication qui « doit lui être préalablement communiquée. »

Cette disposition ne vise pas seulement les actes d'administration qui ne seraient pas susceptibles de recours contentieux ; elle a surtout en vue les actes de gouvernement, ainsi que l'expliquait M. Vivien, rapporteur de la loi organique de 1849 : « La loi, di- sait-il, établit un recours indispensable et sans lequel la juridiction conférée à la section du contentieux eût été pleine de périls. En effet, la définition du contentieux administratif proprement dit n'est pas toujours facile. Nous avons dit qu'il naissait au moment où un droit est méconnu... Mais la limite qui sépare les droits des intérêts n'est pas toujours certaine. D'ailleurs *il est même des droits dont la violation ne donne pas lieu à un recours par la voie contentieuse.* Dans un gouvernement représentatif, sous le principe de responsabilité, il est des circonstances où, en vue d'une grande nécessité publique, les ministres prennent des mesures qui blessent les droits privés. Ils en répondent devant le pouvoir politique. Les rendre justiciables du tribunal administratif, ce serait paralyser une action qui s'exerce en vue de l'intérêt commun et créer dans l'État un pouvoir nouveau qui menacerait tous les autres. Les mesures de sûreté générale, l'application des actes diplomatiques, ne rentrent pas non plus dans le contentieux administratif, bien que des droits privés puissent en être atteints. *On ne saurait sans danger les livrer à l'appréciation d'une juridiction quelconque...* »

En dehors de toute disposition de loi, les principes généraux du droit public et la nature même des choses imposeraient la distinction de l'acte de gouvernement et de l'acte d'administration.

Ces deux espèces d'actes correspondent, en effet, à des attributions différentes du pouvoir exécutif : administrer et gouverner. Administrer, c'est assurer l'application journalière des lois, veiller aux rapports des citoyens avec l'administration centrale ou locale et des diverses administrations entre elles. Gouverner, c'est veiller à l'observation de la Constitution, au fonctionnement des grands pouvoirs publics, assurer les rapports du Gouvernement avec les Chambres, ceux de l'État avec les puissances étrangères.

Ce qui domine dans l'acte de gouvernement, c'est donc son caractère politique ; il échappe par là à la juridiction administrative, pour ne relever que de la juridiction politique, c'est-à-dire de celle que les Chambres exercent, soit en contrôlant les actes ministériels, soit, dans des cas exceptionnels, en accusant et en jugeant les ministres.

Il ne faut pas conclure de là que tout acte du pouvoir exécutif inspiré par des considérations d'ordre politique et gouvernemental, soit par cela seul un acte de gouvernement contre lequel les citoyens n'auraient aucun recours d'ordre juridique. La compétence dépend de la *nature* des actes et non des *mobiles* qui les inspirent. L'acte d'administration fait dans un but politique ne cesse pas pour cela d'être un acte d'administration et de relever du juge administratif. Si, par exemple, des mesures illégales ou entachées de vice de forme étaient prises, dans un but politique, à l'égard de magistrats inamovibles, d'officiers propriétaires de leur grade, de membres de la Légion d'honneur, de fonctionnaires auxquels la loi accorde des garanties particulières, les motifs politiques qui auraient inspiré ces mesures administratives n'en feraient pas des actes de gouvernement et n'empêcheraient pas qu'elles ne fussent susceptibles d'être déférées au Conseil d'État pour excès de pouvoir.

De même, si des raisons politiques déterminaient le Gouvernement à se saisir d'une propriété privée en dehors des cas prévus par la loi, à porter atteinte à la liberté individuelle ou à la liberté de la presse, les parties lésées n'en auraient pas moins accès devant les tribunaux judiciaires, gardiens des droits individuels. Ainsi se trouve confirmée l'idée indiquée à la fin du chapitre précédent, que les votes politiques émis par les Chambres, pour provoquer ou approuver un acte d'administration, ne suffisent pas pour donner à cet acte un caractère politique et le soustraire à tout recours contentieux ; ces votes ne font que confirmer et accentuer les mobiles politiques de l'acte, mobiles qui ne peuvent modifier à eux seuls la compétence des juridictions.

Recherchons donc quels sont les actes du pouvoir exécutif qui ont par eux-mêmes le caractère d'actes de gouvernement, et qui échappent ainsi à tout recours contentieux.

Ces actes sont relatifs : 1° aux rapports du Gouvernement avec les Chambres ; — 2° à certaines mesures de sûreté intérieure de l'État ; — 3° à la sûreté extérieure de l'État et, d'une manière générale, aux relations diplomatiques ; — 4° aux faits de guerre.

I. — RAPPORTS DU GOUVERNEMENT AVEC LES CHAMBRES

Les rapports du Gouvernement avec les Chambres sont réglés par les lois constitutionnelles. Les décrets auxquels ils donnent lieu ont le caractère d'actes de gouvernement et échappent à tout recours devant la juridiction administrative. Tels sont les décrets par lesquels le Président de la République convoque ou ajourne les Chambres, prononce la dissolution de la Chambre des députés, promulgue les lois votées par le Parlement.

Ces décrets sont soumis à des règles dont la violation pourrait constituer un véritable excès de pouvoir au point de vue constitutionnel. Ainsi l'ajournement des Chambres ne peut être prononcé pour plus d'un mois, ni plus de deux fois dans le cours d'une session ; la dissolution de la Chambre des députés ne peut être prononcée que sur l'avis conforme du Sénat ; la promulgation des lois doit avoir lieu dans des délais déterminés. Mais s'il y avait infraction à ces règles, elle relèverait exclusivement de la responsabilité ministérielle et de la juridiction politique du Parlement.

La juridiction administrative serait également incompétente sur tout recours tendant à critiquer l'usage que le Gouvernement croirait devoir faire de son initiative législative, en présentant ou en refusant de présenter un projet de loi. Il n'y a point à distinguer ici entre les lois proprement dites et les actes d'administration faits en forme de lois. Par cela seul que ces actes exigent le concours du Parlement, leur initiative relève de la prérogative gouvernementale. Le Conseil d'État l'a ainsi décidé à l'égard de projets de loi sollicités par les intéressés, soit pour faire ériger une section de commune en commune distincte, soit pour faire approuver un contrat d'échange entre un particulier et l'État ([1]).

II. — ACTES CONCERNANT LA SURETÉ INTÉRIEURE DE L'ÉTAT.

État de siège. — La déclaration d'état de siège est la manifestation la plus énergique de l'autorité gouvernementale veillant à la sûreté de l'État. Elle peut avoir en vue sa sûreté extérieure ou intérieure. Il existe, en outre, une espèce particulière d'état de siège, résultant uniquement de circonstances de guerre, régi par des dispositions de loi particulières, qui peut être prononcé par

---

1. Conseil d'État, 17 mars 1853, *prince de Wagram ;* — 17 février 1883, *Prévost.*

l'autorité militaire. Nous en parlerons en traitant des faits de guerre, et nous ne nous occuperons ici que de l'état de siège politique.

La déclaration d'état de siège a appartenu au chef de l'État sous les constitutions monarchiques et jusqu'en 1878. Elle a été placée, par la loi du 3 avril 1878, dans les attributions du Parlement. D'après cette loi, le Président de la République ne peut déclarer l'état de siège que dans le cas d'ajournement des Chambres, lesquelles se réunissent de plein droit deux jours après (art. 2). Si la Chambre des députés est dissoute, il ne peut déclarer l'état de siège qu'en cas de guerre étrangère, et à la condition de convoquer les collèges électoraux et de réunir les Chambres dans le plus bref délai possible (art. 3).

Il résulte de ces dispositions que, dans le système de la loi de 1878, la déclaration d'état de siège est en principe un acte de l'autorité parlementaire; le chef de l'État ne peut exceptionnellement la prononcer que comme délégué provisoire des Chambres à qui appartient la décision définitive, ainsi que le contrôle de l'initiative que le Gouvernement aurait cru devoir prendre. Il ne saurait évidemment y avoir place pour un recours à la juridiction administrative contre une déclaration d'état de siège émanée du pouvoir exécutif et qu'on prétendrait contraire à la loi et aux prérogatives des Chambres. Il n'appartiendrait qu'au Parlement de sauvegarder ces prérogatives si elles étaient méconnues.

La question de recours ne pourrait guère se poser que s'il s'agissait d'une déclaration d'état de siège prononcée par le gouverneur général de l'Algérie, en cas d'interruption de communications avec la France (loi du 3 avril 1878, art. 4), ou par les gouverneurs des colonies, en vertu des pouvoirs qu'ils tiennent de l'article 4 de la loi du 9 août 1849 et de l'article 6 de la loi de 1878. Mais nous pensons que ces décisions, prises en vertu d'une délégation de l'autorité gouvernementale, ne relèveraient que du Gouvernement exerçant son pouvoir hiérarchique, et des Chambres contrôlant l'exercice de ce pouvoir.

En est-il de même des décisions prises par les autorités chargées d'appliquer le régime de l'état de siège? Non; car si la déclaration d'état de siège constitue un acte de souveraineté, elle ne commu-

nique pas ce caractère à tous les actes faits pour y donner suite ;
les autorités qui sont chargées de ces actes sont tenues de se renfermer dans les termes de la déclaration et des lois générales sur
l'état de siège, et les excès de pouvoir qu'elles pourraient commettre pourraient être déférés à la juridiction compétente.

L'état de siège n'a pas, en effet, pour conséquence de soumettre
les citoyens à une autorité entièrement discrétionnaire, mais seulement à certains pouvoirs exceptionnels, prévus et définis par
l'article 9 de la loi du 9 août 1849, et qui consistent à autoriser
des perquisitions, à éloigner les repris de justice et les personnes
non domiciliées, à saisir les armes et les munitions, à interdire
les réunions et les publications jugées dangereuses. « Les ci-
« toyens, dit l'article 11, continuent nonobstant l'état de siège
« à exercer tous ceux des droits garantis par la Constitution dont
« la jouissance n'est pas suspendue en vertu de l'article précé-
« dent. » Il est donc naturel que les citoyens, en conservant les
droits que la déclaration d'état de siège laisse intacts, conservent
les recours et les actions en justice qui servent de sanction à ces
droits.

Le Tribunal des conflits et le Conseil d'État l'ont plusieurs fois
reconnu, sinon par des arrêts de doctrine, du moins par des décisions qui, pour être implicites, n'en sont pas moins significatives.
Ayant à se prononcer sur la recevabilité de demandes en dommages-
intérêts, formées contre des fonctionnaires civils ou militaires qui
avaient agi en vertu de l'état de siège, ils ont décidé que les décisions attaquées avaient été prises « dans l'exercice et *la limite* des
pouvoirs que l'article 9 de la loi du 9 août 1849 attribue au commandant de l'état de siège » ; ils se sont ainsi reconnu le droit de
vérifier quelles sont ces *limites* et de rechercher si elles ont été
dépassées ([1]).

---

1. Tribunal des conflits, 26 juillet 1873, *Pelletier ;* — Conseil d'État, 5 juin 1874,
Chéron ; — 24 décembre 1875, *Mémorial des Vosges.*
   Cf. Conseil d'État, 5 janvier 1855, *Boulé,* et 10 janvier 1855, *Dautreville.* — Ces
arrêts semblent écarter par une fin de non-recevoir une demande en dommages-
intérêts fondée sur les dégâts causés dans des imprimeries où se publiaient des
journaux interdits en vertu de l'état de siège ; mais en réalité ils apprécient les faits,
caractérisent les décisions, et statuent au fond.

Décisions relatives aux membres des dynasties déchues. — On a souvent considéré comme des mesures de haute police gouvernementale, échappant de plein droit à tout recours direct ou indirect devant les tribunaux administratifs ou judiciaires, les mesures qui ont été prises par les différents gouvernements à l'égard des représentants des dynasties déchues, soit que les membres de ces familles fussent sous le coup de lois d'exception, soit qu'ils parussent soumis, même en l'absence de ces lois, à la haute surveillance du Gouvernement, pour des raisons supérieures d'ordre et de sécurité publique.

Sous la Restauration et le Gouvernement de Juillet, la fin de non-recevoir tirée du caractère politique et gouvernemental de ces décisions a été appliquée avec beaucoup de rigueur. Le Conseil d'État l'a opposée même à des réclamations pécuniaires. On peut citer en ce sens : — l'arrêt du 1er mai 1822 (*Laffitte*), qui déclare non recevable une demande en paiement formée contre l'État par une maison de banque se présentant comme cessionnaire des arrérages d'une rente concédée à la princesse Borghèse. L'arrêt se fonde sur ce que cette réclamation soulevait une réclamation d'ordre politique touchant à l'application de la loi du 12 janvier 1816 sur les pensions des membres de la famille Bonaparte ; — l'arrêt du 5 décembre 1838 (*duchesse de Saint-Leu*), qui déclare non recevable une demande en paiement de sommes provenant d'apanages supprimés par le traité de Fontainebleau et par diverses lois de la Restauration, « attendu qu'il s'agit d'interpréter des conventions diplomatiques et des actes de gouvernement ayant un caractère essentiellement politique » ; — l'arrêt sur conflit du 22 août 1844 (*prince Louis-Napoléon*) qui, pour les mêmes motifs, déclare l'autorité judiciaire incompétente pour statuer sur une demande en paiement de rentes apanagères.

Sous le régime de la Présidence et de l'Empire, la même doctrine s'est révélée dans deux décisions du Conseil d'État qui ont été très discutées. — L'une est l'arrêt sur conflit du 18 juin 1852 (*princes d'Orléans*), qui refuse à l'autorité judiciaire le droit de statuer sur la demande en revendication formée par les princes d'Orléans contre le domaine de l'État, à la suite du décret du 22 janvier 1852, qui déclarait réunis à ce domaine les biens de la famille

d'Orléans provenant de la donation faite le 7 août 1830 par le roi
Louis-Philippe à ses enfants : « Considérant, dit cet arrêt, que le
décret du 22 janvier 1852 est un acte politique et de gouvernement
dont l'exécution et les effets ne peuvent être soumis à l'appréciation de l'autorité judiciaire. » — L'autre décision est l'arrêt
du 9 mai 1867 (*duc d'Aumale*), qui rejette comme non recevable
le recours pour excès de pouvoir formé par le duc d'Aumale et
par l'éditeur Michel Lévy, contre un arrêté du préfet de police et
une décision du ministre de l'intérieur ordonnant la saisie de
l'*Histoire des princes de Condé*, par le motif « que ces mesures
sont des actes politiques qui ne sont pas de nature à nous être
déférés pour excès de pouvoir en notre Conseil d'État au contentieux ».

Cette jurisprudence allait assurément trop loin, en attribuant de
plein droit un caractère politique et gouvernemental aux décisions
prises envers les membres des dynasties déchues. Elle s'attachait
trop exclusivement aux intentions, aux mobiles politiques de ces
actes, pas assez à leur nature propre qui doit être le véritable criterium des compétences.

La jurisprudence du Conseil d'État s'est modifiée sur ce point,
ainsi qu'il résulte de deux arrêts rendus en 1875 et en 1887.

Dans l'affaire jugée le 19 février 1875 (*prince Napoléon*), il s'agissait d'un recours pour excès de pouvoir, formé par le prince Jérôme-Napoléon contre une décision du ministre de la guerre qui
l'avait rayé de la liste des généraux de division. Le ministre opposait au recours une fin de non-recevoir tirée de ce que la décision attaquée, prise en conseil des ministres, motivée par la situation exceptionnelle faite à la famille Bonaparte par la révolution
du 4 septembre et par le vote de déchéance du 1er mars 1871,
avait le caractère d'un acte de gouvernement. Mais le Conseil
d'État a passé outre au jugement de l'affaire et a rejeté la demande
par des motifs tirés du fond, notamment du caractère particulier
qu'avait eu le grade du prince, conféré en vertu de dispositions
abrogées de la Constitution de 1852, auxquelles ce grade n'avait
pu survivre.

Dans les affaires jugées le 20 mai 1887 (*princes d'Orléans* et *princes
Murat*), il s'agissait de recours formés par des membres de la fa-

mille d'Orléans et de la famille Murat contre des décisions du ministre de la guerre qui les avaient rayés des contrôles de l'armée. Les décisions attaquées avaient été prises par application de la loi du 22 juin 1886, qui interdit le territoire de la République aux chefs des familles ayant régné en France et à leurs héritiers directs par ordre de promogéniture, autorise le Gouvernement à prononcer la même interdiction à l'égard des autres membres de ces familles, et décide qu'ils ne pourront « entrer dans les armées de terre et de « mer ni exercer aucune fonction publique ni aucun mandat élec- « tif ». Le ministre de la guerre, se fondant sur le caractère essen- tiellement politique de cette loi, prétendait que les applications qui en étaient faites aux personnes visées par elle étaient des actes de gouvernement, et que les recours devaient être écartés par une fin de non-recevoir.

Mais le Conseil d'État a décidé par les arrêts précités que les décisions attaquées, ayant été prises par le ministre dans le but de pourvoir à l'exécution d'une loi, avaient le caractère d'actes admi- nistratifs ressortissant à la juridiction du Conseil d'État. En con- séquence, il a statué au fond à l'égard de toutes les parties, et il a annulé les décisions prises envers les princes Murat, pour fausse application de la loi du 22 juin 1886 ([1]).

De son côté le Tribunal des conflits a reconnu que la loi du 27 juin 1886, en définissant les pouvoirs du Gouvernement à l'égard des membres des dynasties déchues, lui a implicitement refusé tous autres pouvoirs exceptionnels que la loi n'aurait pas prévus, notam- ment le droit de saisie : « Considérant, portent les décisions du 25 mars 1889 (*Dufeuille*, *Michau* et *Lafrenet*), que si le Gouverne- ment a le devoir d'assurer la sécurité de l'État et de réprimer toute

---

1. Ces arrêts sont ainsi motivés sur la question de recevabilité du pourvoi : « Sur la fin de non-recevoir opposée au pourvoi par le ministre de la guerre, et tirée de ce que les décisions attaquées constitueraient des actes de gouvernement qui ne seraient pas de nature à être déférés au Conseil d'État par la voie du recours pour excès de pouvoir : — Considérant qu'il résulte du texte même des décisions attaquées qu'elles ont été prises par le ministre de la guerre en vue d'appliquer l'article 4 de la loi du 22 juin 1886 ; Qu'ainsi il a agi dans l'exercice des pouvoirs d'administration qui appartiennent aux ministres pour assurer l'exécution des lois au regard de leurs subordonnés, et que ces décisions constituent des actes administratifs susceptibles d'être déférés au Conseil d'État par application des lois des 7-14 octobre 1790 et 24 mai 1872... »

entreprise tentée contre la République par les membres des familles ayant régné en France, il n'est investi à cet égard que des pouvoirs que lui donne la loi ; que le droit de saisie ne résulte discrétionnairement ni de la loi susvisée du 27 juin 1886, ni d'aucune autre loi ; que par suite l'instance actuellement pendante (revendication d'objets saisis) rentre dans la compétence exclusive de l'autorité judiciaire. »

La jurisprudence concordante du Conseil d'État et du Tribunal des conflits décide donc que, depuis la loi du 27 juin 1886, aucune fin de non-recevoir tirée du caractère d'acte de gouvernement ne saurait être opposée aux recours formés contre les décisions prises à l'égard de membres des dynasties déchues ([1]).

Autres mesures de sûreté publique. — Le Gouvernement possède des pouvoirs étendus pour défendre l'État contre l'invasion de fléaux qui peuvent le menacer, les épidémies, les épizooties, la disette.

En matière de police sanitaire, la loi du 3 mars 1822 donne au chef de l'État le droit d'interdire les frontières de terre ou de mer, au moyen de quarantaines ou de cordons sanitaires, aux personnes, aux marchandises, aux navires et autres instruments de transports qui peuvent être réputés transmettre la contagion. Il peut même prendre ces mesures de protection à l'intérieur, et mettre en interdit les localités contaminées. Ces mesures sont de véritables actes de souveraineté dont la sanction est assurée par les peines les plus sévères, peine de mort, travaux forcés, réclusion ([2]). Elles ne peuvent donner lieu à aucun recours contentieux, tendant à obtenir l'annulation des décisions ou la réparation des dommages causés par leur exécution ([3]).

Toutefois, si ces mesures ont par elles-mêmes un caractère gou-

---

1. Avant cette loi un jugement du tribunal de la Seine (19 février 1873, *prince Jérôme-Napoléon*) et un arrêt de la cour de Paris (29 janvier 1876, *même partie*) avaient reconnu le caractère d'acte de gouvernement, excluant tout recours aux tribunaux, à un arrêté du ministre de l'intérieur du 10 octobre 1872, rendu sur l'ordre du Président de la République (M. Thiers), après délibération du conseil des ministres, et prononçant l'expulsion du prince Jérôme-Napoléon.

2. Loi du 3 mars 1822, art. 7 et suiv.

3. Loi du 21 juillet 1881, art. 24 et suiv.

vernemental, les actes d'exécution auxquels elles donnent lieu, de la part des commissions sanitaires et autres agents, peuvent n'être que des actes d'administration soumis à certaines règles de fond et de forme. Ainsi la destruction sans indemnité des objets susceptibles de transmettre la contagion ne peut avoir lieu, d'après l'article 5 de la loi de 1822, qu'en cas d'impossibilité de les purifier dûment constatée par des procès-verbaux. Dans l'article 16 du décret du 24 décembre 1850, les autorités sanitaires ne peuvent prendre elles-mêmes les dispositions nécessaires pour protéger la santé publique, qu'en cas d'urgence et en vertu d'une décision approbative du ministre du commerce. Enfin l'exécution des diverses mesures de protection ne doit pas aller au delà des nécessités qu'elles ont en vue, et sacrifier inutilement la propriété. L'infraction à ces règles pourrait donner lieu à un recours contentieux, ainsi que le Conseil d'État l'a implicitement reconnu par un arrêt du 26 février 1863 (*Guilbaud*). Cet arrêt, tout en décidant « que les dommages qui seraient causés à des particuliers par l'exécution des mesures sanitaires ne peuvent donner lieu à aucun recours contre l'État », examine au fond la question de savoir si l'ordre de saborder et d'échouer un navire infecté de la fièvre jaune, afin de le désinfecter, a été régulièrement donné et notifié, et « si son exécution a eu lieu avec toutes les précautions que comportaient les circonstances ».

En matière de police sanitaire des animaux, le Gouvernement a également le droit d'interdire l'entrée en France des animaux susceptibles de communiquer une maladie contagieuse ; il peut, à la frontière, prescrire l'abatage des animaux malades ou suspects, et prendre toutes les mesures que la crainte de l'invasion d'une épizootie rendrait nécessaires (¹). Il peut également interdire l'exportation des animaux atteints de maladies contagieuses. Ces diverses mesures échappent à tout recours contentieux et à toute demande d'indemnité (²).

Quand il s'agit de mesures prises à l'intérieur du territoire, des raisons d'équité ont fait admettre l'allocation d'indemnités aux pro-

---

1. Loi du 3 mars 1822, art. 5.
2. Loi du 21 juillet 1881, art. 18.

priétaires d'animaux abattus (¹), à condition qu'ils se soient conformés aux obligations que la loi leur impose (²). La liquidation de ces indemnités est soumise aux règles ordinaires du contentieux administratif ; il est statué par le ministre du commerce sauf recours au Conseil d'État (³).

Des dangers de disette ou de renchérissement des subsistances peuvent aussi justifier, de la part du Gouvernement, des mesures de prévoyance qui ont le caractère d'actes de haute police gouvernementale, et qui peuvent causer des préjudices à l'industrie privée ; elles peuvent notamment consister à interdire la consommation des céréales ou autres denrées alimentaires pour des usages purement industriels. Bien que ce droit n'ait été explicitement conféré au Gouvernement par aucun texte de loi, et qu'il semble plutôt relever du pouvoir législatif que du pouvoir exécutif, il a été considéré comme ayant un point d'appui suffisant dans la législation et dans la tradition (⁴). Le Gouvernement en a fait usage par un décret du 26 octobre 1854 qui a interdit jusqu'à nouvel ordre « la distillation des céréales et de toute autre substance farineuse servant à l'alimentation ». Le Conseil d'État, saisi d'une demande d'indemnité, à raison du préjudice causé à des industriels qui se livraient à la distillation des céréales, a décidé, par un arrêt du 26 février 1857 (*Cohen*), qu'une telle prohibition « est une mesure de gouvernement prise dans un intérêt général et de sûreté publique ; que l'État n'est pas responsable des préjudices particuliers qui ont pu être la conséquence d'une semblable mesure ».

Mais nous ne saurions étendre la même solution à des interdictions que le Gouvernement prononcerait, non dans un intérêt de sûreté publique, mais dans un intérêt fiscal. L'interdiction ne serait

---

1. Même loi, art. 17 et suiv.
2. Même loi, art. 22 ; Conseil d'État, 16 mai 1884, *Lafon*.
3. Même loi, art. 21.
4. On a invoqué en ce sens la loi du 17 mars 1791 qui réserve au Gouvernement le droit de réglementer l'industrie ; mais la réglementation ne saurait se confondre avec une prohibition absolue atteignant un commerce licite. On a cité aussi des décisions antérieures à 1789 (arrêts du Conseil de 1693 et 1694 interdisant la distillation des grains), mais on doit reconnaître qu'on n'en peut rien conclure aujourd'hui sur les pouvoirs respectifs du Gouvernement et des Chambres pour prononcer de telles interdictions.

pas alors d'ordre politique et gouvernemental, mais d'ordre financier et administratif ; elle pourrait donner lieu à des questions d'indemnité devant la juridiction administrative (¹).

Mesures exceptionnelles non prévues par la loi. — Le Gouvernement possède-t-il, en dehors des pouvoirs qui lui sont conférés par la loi, le droit de prendre des décisions portant atteinte aux droits individuels, dans le but d'assurer l'ordre public et la sûreté de l'État ? M. Vivien a paru l'admettre dans les explications qu'il a données sur l'article 47 de la loi du 3 mars 1849 (²) ; quelques auteurs enseignent aussi que certains actes du chef de l'État, portant atteinte à des droits privés dans un but exclusivement politique, peuvent être affranchis de tout recours lorsqu'ils sont couverts par un bill d'indemnité émané des Chambres (³). Enfin, plusieurs décisions de la jurisprudence ont semblé s'inspirer de la même doctrine ; nous avons eu occasion d'en citer quelques-unes en parlant des mesures prises par le Gouvernement à l'égard des membres des dynasties déchues, antérieurement à la loi du 22 juin 1886.

Malgré ces autorités, nous ne pensons pas que la théorie de l'acte de gouvernement puisse s'appliquer à des mesures individuelles qui seraient reconnues contraires aux lois. En effet, il est dans la mission du législateur de prévoir l'abus que l'on peut faire de facultés légales, de dire dans quels cas cet abus dégénère en délit ou en désordre, et de donner aux autorités administratives ou judiciaires les moyens de le prévenir ou de le réprimer. C'est ce que le législateur a fait — ou du moins est présumé avoir fait — en

1. Un arrêt du 29 décembre 1859 (*Rispal*) paraît contraire à la distinction que nous proposons, car il qualifie de « *mesure de gouvernement* prise dans un intérêt général » un décret du 17 octobre 1857, qui soumet aux droits de douane des fers destinés à la construction des navires, alors que ces produits en avaient été affranchis par un précédent décret du 17 octobre 1855. L'arrêt rejette, par ce motif, une demande d'indemnité formée par des négociants qui se plaignaient du dommage à eux causé par le rétablissement des droits avant les délais prévus par le décret de 1855. Mais si les décrets précités ne pouvaient donner lieu à aucune indemnité, ce n'est pas, selon nous, parce qu'ils étaient des *actes de gouvernement*, mais parce qu'ils étaient de véritables *actes législatifs*, faits en vertu de la délégation donnée au pouvoir exécutif par l'article 5 de la loi du 5 juillet 1836 sur les douanes.

2. Voy. ci-dessus, p. 32.

3. Batbie, *Droit public et administratif*, t. VII, p. 401.

matière de presse, de réunions, d'associations, d'attroupements, etc.
Si ce devoir de vigilance n'a pas été complètement rempli, le bon
ordre peut certainement en souffrir, comme il peut souffrir de toute
erreur et de toute imprévision de la loi ; mais il n'en résulte pas
que les autorités publiques puissent s'investir elles-mêmes de pouvoirs que le législateur a omis de leur accorder (¹).

Nous ne concevons qu'un seul cas où les tribunaux pourraient,
devraient peut-être, se déclarer incompétents en présence d'un acte
arbitraire, c'est le cas où cet acte paraîtrait commandé par la sûreté extérieure de l'État. Nous verrons en effet, dans le chapitre suivant, que la notion de l'acte de gouvernement est susceptible d'une
plus grande extension quand il s'agit des relations extérieures de
l'État ; le domaine de l'imprévu y est le plus grand, le péril plus
soudain, la liberté d'action plus nécessaire.

Nous ne voulons pas dire qu'un acte illégal cesserait pour cela
d'être illégal. Mais de même que le droit pénal reconnaît des délits excusables, de même, le droit public peut reconnaître des
excès de pouvoir pardonnables lorsque la diplomatie les commande
et que le patriotisme les absout. L'excuse dont de tels actes peuvent
être couverts étant d'ordre exclusivement politique et diplomatique,
le droit de l'apprécier n'appartiendrait pas aux tribunaux, mais
seulement au Gouvernement et au Parlement. D'un autre côté, le

1. Cette doctrine nous paraît avoir été implicitement consacrée par un arrêt du
Conseil d'État du 2 avril 1886 (*Fontenaud*), rendu dans les circonstances suivantes.
Un arrêté du préfet de la Charente avait interdit, dans toute l'étendue de ce département, l'affichage d'un manifeste politique publié par le prince Jérôme-Napoléon.
Malgré le caractère de ce document et l'agitation que son affichage pouvait provoquer, le Conseil d'État n'a pas opposé au recours pour excès de pouvoir formé contre
l'arrêté une fin de non-recevoir tirée de ce que cette interdiction constituerait un
acte de gouvernement. Il a statué au fond, a constaté que la loi du 29 juillet 1881
n'avait pas donné à l'administration le droit d'interdire l'affichage, et a prononcé
l'annulation de l'arrêté.
Le Tribunal des conflits s'est prononcé dans le même sens (15 février 1890, *Vincent*,
au sujet de la lacération d'affiches électorales opérée par un sous-préfet par ordre du
ministre de l'intérieur : — « Considérant que l'acte ainsi interdit aux fonctionnaires
par une prohibition formelle de la loi (loi du 29 juillet 1881, art. 17) ne saurait,
alors même qu'il aurait été accompli sur les ordres du ministre de l'intérieur, revêtir
le caractère ni d'un acte administratif ni d'un acte de gouvernement. »
Cette jurisprudence est conforme à celle de la Cour de cassation (Crim. cass.,
1er janvier 1885, *Cunéo d'Ornano*. — Cf. *Revue générale d'administration*, 1885,
t. II, p. 72).

jugement à porter sur l'acte étant subordonné à l'appréciation des circonstances diplomatiques qui l'ont motivé, c'est à bon droit que les tribunaux administratifs ou judiciaires se déclareraient incompétents pour en connaître ([1]).

III. — ACTES CONCERNANT LA SURETÉ EXTÉRIEURE DE L'ÉTAT ET LES RAPPORTS INTERNATIONAUX.

L'action diplomatique, sous quelque forme qu'elle se manifeste, rentre dans les attributions *gouvernementales* du pouvoir exécutif et non dans ses attributions *administratives*. En effet, les pouvoirs d'administration de chaque État expirent à sa frontière. Au delà, les rapports qui s'établissent entre les puissances, les conventions qui se forment, les décisions que prend chaque partie contractante pour en assurer l'exécution, sont des actes politiques et de gouvernement qui échappent, par leur nature, à la censure et au contrôle de toute juridiction.

L'application de cette règle doit cependant être précisée au point de vue des compétences : ainsi, il faut distinguer entre les conventions diplomatiques qui ne touchent qu'au droit public, et celles qui touchent au droit privé. Ce n'est pas que les tribunaux judiciaires ou administratifs aient, dans un cas plus que dans l'autre, le droit d'infirmer ou même d'interpréter l'acte diplomatique ; mais ils ont mission de l'appliquer quand il s'agit de conventions relatives au droit privé, tandis que cette application est

---

1. Ces considérations nous paraissent être celles qui ont inspiré un jugement du tribunal civil de la Seine, statuant en référé, dans une affaire jugée le 14 octobre 1886 (*Peyramont contre le Préfet de police*). La publication du journal *la Revanche* ayant été annoncée par des affiches placardées et promenées dans Paris, que le Gouvernement estimait de nature à nuire à ses rapports avec une puissance étrangère, le préfet de police, sur un ordre du Gouvernement provoqué par le ministre des affaires étrangères, ordonna la saisie des affiches. Sur la demande en restitution formée par le directeur du journal, le tribunal se déclara incompétent. Son jugement constate que la saisie s'est produite « à l'occasion d'une exhibition publique d'un caractère particulièrement grave et susceptible de donner lieu à des désordres de diverses natures » ; il en conclut que « le préfet de police, spécialement chargé comme magistrat municipal d'assurer le maintien du bon ordre et de la sécurité sur la voie publique, a pris les mesures en question en vue de sauvegarder les intérêts confiés à sa vigilance ».

réservée au Gouvernement quand il s'agit de conventions politiques. Il peut donc y avoir intérêt à rechercher, pour la solution des questions de compétence, d'une part quel est l'objet de la convention, d'autre part si la difficulté porte sur une question d'application ou d'interprétation.

Traités et conventions diplomatiques dont l'application est réservée au Gouvernement. — Les traités de paix, d'alliance, de cession de territoires, de protectorat, les conventions qui règlent d'une manière temporaire ou permanente le régime des frontières, l'usage de zones limitrophes, ou toute autre question de droit international public, relèvent exclusivement de l'autorité gouvernementale, non seulement pour tout ce qui touche à leur interprétation et à leur validité, mais encore pour tous les actes tendant à leur exécution. Ces actes d'exécution participent du caractère diplomatique et gouvernemental de la convention, et ils échappent comme elle à toute réclamation devant la juridiction contentieuse, quelle que soit l'autorité dont ils émanent : soit le ministre des affaires étrangères, à qui appartient plus spécialement l'exécution de ces conventions diplomatiques, soit les diverses autorités dont il peut emprunter accidentellement le concours. Le Tribunal des conflits et le Conseil d'État l'ont ainsi jugé : — à l'égard d'un sous-préfet, qui avait été chargé d'assurer, en exécution de conventions passées avec l'Espagne, le passage de troupeaux se rendant à des pâturages sur le territoire français ([1]) ; — à l'égard de maires qui avaient requis des logements pour les troupes allemandes d'occupation, en exécution de la convention de Ferrières ([2]).

On doit aussi considérer comme ayant un objet essentiellement politique, les négociations et les accords diplomatiques par lesquels le Gouvernement intervient auprès de puissances étrangères pour obtenir la réparation de dommages causés à nos nationaux. En effet, la demande d'une indemnité ou de toute autre réparation, adressée à un gouvernement étranger, peut éveiller des suscep-

1. Tribunal des conflits, 15 novembre 1879, *Sicart.*

2. Tribunal des conflits, 21 décembre 1872, *Goulet;* — Conseil d'État, 14 mars 1873, *Goulet;* — 23 juillet 1875, *Villebrun.*

tibilités, provoquer des résistances ou des demandes reconventionnelles qui risquent de troubler la bonne intelligence, la paix même des États. Le Gouvernement a le droit d'apprécier souverainement non seulement la valeur des griefs, mais encore l'opportunité diplomatique de la réclamation, et le plus ou moins d'insistance qu'il convient d'y apporter.

C'est pourquoi, d'après une jurisprudence constante du Conseil d'État, aucun recours, aucune action en indemnité contre l'État n'est recevable, à raison du refus fait par le ministre des affaires étrangères d'exposer ou d'appuyer les griefs de nos nationaux contre une puissance étrangère, de solliciter pour eux des indemnités ou de prendre toute autre mesure de protection diplomatique. « Considérant, dit un arrêt du 12 janvier 1877 (*Dupuy*), que la requête soulève des questions relatives soit à la protection que les agents consulaires français doivent accorder aux résidants français en pays étranger, soit à l'obligation qui existerait pour le gouvernement français de réclamer auprès des gouvernements étrangers la réparation du préjudice causé à des résidants français par les agents ou les sujets de ces gouvernements ; que ces questions se rattachent à l'exercice du pouvoir souverain dans les matières de gouvernement et dans les relations internationales, et ne sont pas de nature à être portées devant le Conseil d'État par la voie contentieuse ([1]). »

L'État est également exempt de toute réclamation contentieuse si, ayant ouvert des négociations, il n'a pu réussir à en assurer le succès, ou bien s'il a jugé nécessaire de sacrifier certaines réclamations pour obtenir satisfaction sur d'autres : « Considérant, dit un arrêt du 12 décembre 1834 (*Argenton*), que des traités ou actes diplomatiques ne peuvent donner lieu à un recours par la voie contentieuse à raison des droits que l'on prétendrait avoir été négligés ou abandonnés dans lesdits actes ou traités ([2])... »

Lorsque le Gouvernement a reçu d'une puissance étrangère, en vertu d'accords diplomatiques, des sommes destinées à réparer des

---

1. Décisions semblables : 14 décembre 1854, *Blancard ;* — 4 juillet 1862, *Simon ;* — 8 février 1864, *Chevalier.* — Cf. 10 février 1893, *Thubé-Lourmand.*

2. Cf. 1er février 1851, *Lucas ;* — 26 avril 1855, *de Penhoat ;* — 18 novembre 1869, *Jecker.*

dommages causés à des nationaux, la répartition de ces sommes constitue-t-elle un acte diplomatique, ou une opération administrative pouvant donner lieu à un recours devant la juridiction contentieuse?

On pourrait être tenté de dire, dans ce dernier sens, que la période diplomatique a été close, que l'exécution de la convention a été consommée par la remise des sommes au gouvernement français; que celui-ci n'est plus désormais en présence que de ses nationaux, pour qui il a stipulé, et en faveur desquels il doit faire emploi des fonds; qu'ainsi la répartition peut être assimilée à une liquidation de dettes de l'État, et qu'elle ressortit, à ce titre, à la juridiction contentieuse. Mais cette opinion n'a jamais été admise par le Conseil d'État: avec raison, croyons-nous, car il n'est pas exact de dire que l'exécution de la convention prend fin par la remise des fonds d'indemnité au gouvernement français; celui-ci reçoit pour distribuer à des tiers; cette distribution constitue de sa part l'exécution de la convention et non la liquidation d'une dette de l'État. C'est pourquoi la jurisprudence a toujours assimilé ces répartitions à des décisions d'ordre diplomatique, soit qu'elles fussent faites par le ministre des affaires étrangères, soit qu'elles fussent l'œuvre de commissions spéciales déléguées à cet effet ([1]).

Il en serait autrement si une contestation s'élevait entre deux indemnitaires associés ou coïntéressés, sur la proportion dans laquelle ils doivent profiter de la somme à eux allouée. Les prétentions des parties ne dériveraient point alors de la convention diplomatique, mais de rapports personnels dont le Gouvernement n'a point à se faire juge. Aussi le Conseil d'État a-t-il annulé pour incompétence une décision du ministre des affaires étrangères qui statuait sur une difficulté de cette nature, et il a renvoyé les parties à se pourvoir devant l'autorité judiciaire ([2]).

Traités et conventions dont l'application appartient aux tribunaux. — Le pouvoir diplomatique ne s'exerce pas seulement en vue des intérêts politiques des États, mais aussi pour assurer des garanties aux droits privés des citoyens, pour leur procurer au

1. Conseil d'État, 5 janvier 1847, *Courson*; — 30 avril 1867, *Dubois*; — 12 février 1870, *Casauranne*; — même date, *Limantour*.
2. Conseil d'État, 25 mai 1832, *Pontus*.

delà de la frontière une protection analogue à celle qu'ils trouvent sur le territoire national. Tel est le but des conventions diplomatiques qui touchent à l'état des personnes, au régime des successions ouvertes à l'étranger, à la protection de la propriété littéraire, artistique et industrielle. Les droits que ces traités garantissent sont de ceux que les tribunaux ont mission de protéger, aussi la compétence judiciaire a-t-elle toujours été reconnue entre les parties privées qui invoquent leurs dispositions. Il en est de même des traités qui, tout en ayant en vue des conventions d'intérêt général, règlent des matières placées dans les attributions des tribunaux judiciaires : telles sont les conventions postales et télégraphiques, les traités de commerce, de navigation, de douane, les traités d'extradition, et ceux qui déterminent, d'une manière temporaire ou permanente, la compétence respective des tribunaux de chaque État pour des litiges intéressant leurs nationaux.

Mais il importe de bien préciser la nature et l'étendue des pouvoirs qui appartiennent aux tribunaux : ce sont des pouvoirs d'*exécution* et non d'*interprétation*. Il faut éviter ici la confusion que la Cour de cassation a quelquefois commise, — mais dont elle s'est dégagée depuis 1860, — entre ces deux pouvoirs de nature très différente.

En effet, pour les actes diplomatiques comme pour les actes administratifs, le droit qui appartient aux tribunaux d'appliquer certaines décisions de la puissance publique n'entraîne pas le droit de les interpréter : c'est précisément de la différence de ces pouvoirs que naissent les questions préjudicielles d'interprétation devant lesquelles ces tribunaux doivent surseoir.

Cette erreur de compétence provenait aussi d'une autre confusion, celle des *traités* avec les *lois*. Un arrêt de la Cour de cassation du 5 septembre 1845 a qualifié de *lois spéciales* les traités d'extradition régulièrement promulgués. D'autres arrêts ont expressément jugé que les traités ne sont pas de simples actes administratifs, mais qu'ils ont le caractère de lois et que, par suite, ils peuvent être interprétés par les juridictions chargées de les appliquer à des contestations privées ([1]).

1. Cass., 24 juin 1839 ; 11 août 1841. — Cf. Dalloz, *Répertoire*, v° *Traité international*, n°s 153 et suiv.

Cette doctrine n'est point exacte ; on ne doit pas confondre un traité avec une loi, même quand il a reçu l'approbation du Parlement, car lorsqu'une assemblée approuve un traité, elle ne prononce pas comme législateur, mais comme pouvoir politique associé à l'action gouvernementale. C'est pourquoi elle n'a, dans ce cas, ni le droit d'initiative, ni le droit d'amendement ; elle ne peut que sanctionner ou rejeter en bloc les conventions arrêtées par les deux gouvernements, dont un seul relève de son contrôle.

Ce concours de deux souverainetés, qui fait obstacle à l'exercice du pouvoir législatif, nécessairement renfermé dans les frontières de chaque État, fait également obstacle au droit d'interprétation des tribunaux. Ce droit, s'exerçant dans chaque État avec une égale indépendance, pourrait engendrer des jurisprudences divergentes qui rompraient l'unité de l'acte diplomatique et risqueraient même de le paralyser entièrement. Aussi doit-on reconnaître à cette interprétation un caractère gouvernemental et diplomatique, qui exclut toute compétence des juridictions contentieuses, tant administratives que judiciaires, et qui ne comporte pas d'autre intervention que celle des puissances contractantes. Rien n'est donc mieux fondé que cette déclaration contenue dans une dépêche de la chancellerie du 3 décembre 1866 : « Il appartient au Gouvernement seul d'examiner, avec la bonne foi qui préside à ses relations diplomatiques, les observations qui viendraient à lui être présentées par un gouvernement étranger ; les tribunaux français sont incompétents pour résoudre ces questions diplomatiques qui ne peuvent, par conséquent, être débattues utilement devant eux (¹). »

Cette doctrine, entièrement conforme aux principes du droit public international, est devenue, depuis 1860, celle de la Cour de cassation. Un arrêt du 4 mai 1865 (*Chardon*) ne qualifie plus les traités de *lois spéciales*, comme l'avaient fait des arrêts antérieurs, mais d' « *actes de haute administration,* généralement motivés sur des nécessités et même de simples convenances internationales, et qui échappent à toute appréciation, à tout contrôle de l'autorité

---

1. Cette dépêche était relative aux réclamations formées par un inculpé contre un acte d'extradition qu'il prétendait contraire aux stipulations du traité franco-anglais de 1843. Elle est rapportée dans le *Traité de l'extradition* de M. Billot, p. 327.

judiciaire ». Un autre arrêt du 25 juillet 1867 (*Favre de Montginot*) distingue très nettement entre le droit d'application qui appartient aux tribunaux, et le droit d'interprétation qui leur échappe. « Les traités et les conventions d'extradition sont, dit-il, des actes de haute administration, qui interviennent entre deux puissances *et que seules lesdites puissances peuvent expliquer ou interpréter quand il y a lieu*; mais il appartient essentiellement à l'autorité judiciaire d'en faire l'application aux espèces, lorsque leur sens et leur portée sont clairs et ne présentent point d'ambiguïté ([1]). »

La compétence, pour *l'application* d'un traité, varie donc selon l'objet du traité ; elle appartient, selon les cas, au Gouvernement, aux tribunaux judiciaires ou à la juridiction administrative. Mais pour *l'interprétation,* cette compétence est unique : elle appartient toujours à l'autorité diplomatique et gouvernementale, quelle que soit la juridiction compétente sur le fond de la contestation.

Droit d'expulsion diplomatique. — Pour terminer ce qui concerne l'action diplomatique, nous devons mentionner les décisions toutes spéciales que les consuls ont le droit de prendre à l'égard des Français qui compromettraient le pavillon national à l'étranger, décisions auxquelles la jurisprudence reconnaît le caractère d'actes de gouvernement.

Ce pouvoir a été donné aux consuls par l'édit de juin 1778, art. 82, ainsi conçu : — « Dans tous les cas qui intéresseront « la politique ou la sûreté du commerce de nos sujets dans les « pays étrangers, pourront nos consuls faire arrêter et renvoyer « en France par le premier navire de la nation, tout Français « qui, par sa mauvaise conduite et par ses intrigues, pourrait être « nuisible au bien général. » Ce pouvoir a été implicitement confirmé par la loi du 28 mai 1836 (art. 82) qui, tout en abrogeant la plupart des dispositions de l'édit de 1778, les a maintenues sur ce point particulier ([2]).

---

1. Cass., **24** juillet **1861**, *Trouttmann ;* — 26 juillet 1867, *Guérin ;* — Voy. Billot, *Traité de l'extradition,* p. **324** et suiv.

2. La commission chargée de préparer la loi du **28** mai 1836 avait eu des doutes sur l'opportunité de ce maintien; ils furent dissipés par les explications du garde des sceaux (M. Persil), insérées dans le rapport de la commission en date du 9 avril 1834. — Voy. Duvergier, *Lois et décrets,* 1836, p. 170, note 1.

Le Conseil d'État, saisi de réclamations contre des décisions de cette nature, a décidé qu'elles ne pouvaient pas être portées devant lui par la voie contentieuse, parce qu' « elles se rattachent à l'exercice des pouvoirs du Gouvernement en matière diplomatique et internationale ([1]) ».

IV. — FAITS DE GUERRE.

Irresponsabilité de l'État en matière de faits de guerre. — La nature politique et gouvernementale des rapports internationaux apparaît, avec son intensité la plus grande, dans les conflits entre nations. C'est alors que le droit individuel fléchit le plus devant l'intérêt général et le salut de l'État, et que les recours aux juridictions sont les plus restreints ; ils sont même parfois entièrement supprimés.

Cependant il ne faut pas abuser de la redoutable maxime : *inter arma silent leges*. Le régime des lois et l'autorité des juridictions ne sont point entièrement suspendus par la guerre ; ils peuvent seulement être modifiés par deux causes : l'application de la législation sur l'état de siège, et les événements ayant le caractère de *faits de guerre*.

En ce qui touche l'état de siège, nous l'avons déjà étudié comme mesure de sûreté intérieure ; nous indiquerons plus loin le caractère spécial qu'il peut avoir dans les places de guerre.

En ce qui touche les *faits de guerre,* il est de principe que les pertes et dommages de toute nature qu'ils occasionnent, soit qu'ils proviennent de l'ennemi, soit qu'ils résultent des nécessités de la

---

1. Conseil d'État, 15 mars 1855, *Yomtob Lévy ;* — 8 décembre 1882, *Laffon.* — La même jurisprudence n'est pas applicable aux arrêtés d'expulsion que le ministre de l'intérieur peut prendre contre les étrangers, en vertu de l'article 7 de la loi du 3 décembre 1849. Le Conseil d'État a reconnu que ces arrêtés, bien que leurs motifs ne puissent pas être discutés par la voie contentieuse, peuvent faire l'objet d'un recours en annulation, s'ils sont entachés d'excès de pouvoir ou de vice de forme. On n'a jamais contesté non plus aux tribunaux correctionnels, chargés d'appliquer les pénalités édictées par la loi du 3 décembre 1849, le droit de vérifier si les arrêtés avaient été légalement pris par l'autorité compétente. (Cass., 7 décembre 1883, *Gallibert ;* — Douai, 26 juillet 1853, *Dulaurier ;* — Paris, 11 juin 1883, *Gallibert.*) — Voy. tome 1er, p. 515.

défense nationale, ne peuvent donner lieu à aucune réclamation d'indemnité. La nation seule peut décider, par l'organe de ses représentants, dans quelle mesure elle croit juste et possible d'indemniser ceux que la guerre a le plus cruellement éprouvés. Elle a pleine liberté à cet égard, et le Trésor public ne saurait être engagé sans son aveu.

Dans l'exercice de ce suprême arbitrage, le législateur n'a à consulter que sa générosité, les ressources du Trésor et l'intérêt supérieur de l'État. Grotius admettait même que cet intérêt peut lui conseiller de n'accorder aucun dédommagement : « L'État, disait-il, peut déclarer qu'il ne secourra personne, pour exciter les citoyens à une défense désespérée, *ut sua quisque acrius defendat* ([1]). » Vattel, plus humain, dit qu'il y a là une dette naturelle que chaque État doit acquitter dans la mesure de ses facultés, « dette sacrée pour celui qui connaît ses devoirs, quoiqu'elle ne donne pas d'action contre lui ([2]) ».

Telle était la pensée qui avait inspiré, devant l'Assemblée nationale de 1871, une proposition d'initiative parlementaire portant que les pertes matérielles causées par la guerre aux habitants et aux communes des départements envahis « seront supportés par toute la nation ». Proposition bien grave, et qui ne tendait à rien moins qu'à établir la péréquation des maux de la guerre entre ceux qui les avaient subis et ceux qui y avaient échappé. La vérité était dans cette parole de M. Thiers ([3]) : « Il ne s'agit pas ici d'une dette mais d'un acte de bienfaisance et de générosité nationales... » Elle était aussi dans les résolutions qui ont prévalu, et qui ont consisté en trois lois décidant qu'un « dédommagement » serait accordé à tous ceux qui, pendant la guerre étrangère et la guerre civile, avaient acquitté des contributions de guerre, subi des réquisitions et des dommages matériels ([4]).

1. Grotius, *De Jure belli ac pacis*, liv. 3, chap. 20.
2. Vattel, *Droit des gens*, liv. III, chap. III.
3. Assemblée nationale, séance du 5 août 1871.
4. Lois du 6 septembre 1871, du 7 avril 1873 et du 28 juillet 1874, qui ont accordé des dédommagements s'élevant à plus d'un demi-milliard pour les pertes résultant de la guerre étrangère et de la guerre civile. Le rapporteur de la loi du 7 avril 1873 disait : « L'État ni la Commission du budget n'ont entendu créer un droit à indemnité ni consacrer l'existence d'une dette de l'État. » — Le rapporteur de la loi du 28 juillet

Ces lois de l'Assemblée nationale n'ont pas distingué entre les dommages résultant de la guerre civile ou de la guerre étrangère. La jurisprudence du Conseil d'État et du Tribunal des conflits les a également assimilés, parce que la lutte soutenue contre la Commune insurrectionnelle de 1871 a eu le caractère d'une véritable guerre. Mais ce serait aller trop loin que de considérer comme faits de guerre les dommages et les dégâts causés par toute émeute à main armée et par sa répression. La loi elle-même nous met en garde contre cette confusion, lorsqu'elle décide que les communes sont responsables des dommages causés aux personnes et aux propriétés par des attroupements séditieux, et renvoie les parties lésées à se pourvoir devant les tribunaux judiciaires [1]. En cas de contestation sur la nature et la gravité de la lutte ayant causé des dommages, il appartiendrait aux tribunaux d'apprécier, d'après les circonstances, s'il y a eu ou non fait de guerre.

De même que le principe des indemnités pour faits de guerre échappe à toute décision contentieuse, de même leur répartition doit se faire administrativement et sans l'intervention du juge. C'est ainsi qu'elle a été opérée, en vertu des lois de dédommagement rendues après l'invasion de 1870-1871, comme après l'invasion de 1815. Ces lois ont institué des commissions spéciales chargées de régler les indemnités « définitivement et sans recours ». Les décisions de ces commissions ne sont donc pas susceptibles d'appel devant le Conseil d'État, et nous pensons qu'il en serait de même de simples décisions ministérielles, si la loi laissait au ministre le soin d'opérer la répartition, au lieu de le déléguer à une commission. Toutefois, si ces autorités excédaient leur compétence, ou statuaient en dehors des formes que la loi leur aurait prescrites, leurs décisions pourraient être annulées pour excès de pouvoir [2].

Du principe que l'État ne peut être engagé que par une loi envers les victimes de faits de guerre, il résulte que les ministres

---

1874 disait aussi : « La pensée de la Commission est que la mesure sera considérée comme tout à fait exceptionnelle ; elle constitue un dédommagement accordé uniquement à titre gracieux. »

1. Loi du 10 vendémiaire an IV, et loi du 5 avril 1884, art. 106 et suiv. — Cf. t. I, p. 688.

2. Conseil d'État, 12 juin 1874, *Meunié*.

sont sans qualité pour mettre de pareils engagements à la charge
du Trésor, et pour liquider des indemnités gracieuses à raison de
dommages de cette nature.

Le Conseil d'État a fait une remarquable application de cette
règle par un arrêt du 18 mai 1877 (*Banque de France*), rendu dans
les circonstances suivantes. Au mois de mai 1871, une somme de
sept millions avait été extorquée à la Banque de France par la Commune insurrectionnelle ; le ministre des finances, sollicité d'accepter cette perte comme incombant à l'État, y avait consenti et avait
déclaré par des décisions formelles que la Banque serait intégralement remboursée par le Trésor public. Mais un de ses successeurs rapporta cette décision et refusa tout paiement. Sur le recours formé contre cette nouvelle décision, comme violant un droit
acquis et méconnaissant une dette mise à la charge de l'État par
le ministre compétent, le Conseil d'État a décidé que le Trésor
public n'avait pas pu être valablement engagé par la première décision du ministre des finances : — « Considérant que si les ministres ont qualité, comme représentant l'État, pour contracter les
engagements ou reconnaître les créances relatives aux services
publics, il ne leur appartient aucunement d'engager les finances
de l'État pour accorder des dédommagements n'ayant leur cause
dans aucune responsabilité préexistante du Trésor ; que *c'est au
pouvoir législatif seul qu'il appartient d'accorder des dédommagements*
que des raisons d'équité peuvent faire allouer, dans certains cas,
aux particuliers qui ont éprouvé des pertes par suite de faits de
force majeure. »

En dehors des lois de dédommagement dont nous venons de parler, il en est d'autres qui se rattachent à la législation générale de
l'État. Telles sont les lois sur les pensions des armées de terre et
de mer, qui reconnaissent un droit à pension, ou établissent des
tarifs spéciaux de liquidation, soit en faveur des militaires ou
marins qui ont reçu des blessures dans un combat, soit en faveur
des veuves de ceux qui ont succombé. De ces dispositions de la loi
naît un véritable droit, dont les causes et les effets peuvent être
discutés par la voie contentieuse, parce qu'ils sont des éléments
du contentieux de la pension.

Caractères généraux du fait de guerre. — Le *fait de guerre* n'est pas tout événement occasionné par la guerre, mais seulement celui qui s'impose comme le résultat d'une force majeure ou d'une nécessité immédiate de la lutte.

On ne doit donc pas comprendre parmi les faits de guerre : — 1° les *opérations préparatoires,* telles que l'approvisionnement des armées, la mobilisation, la concentration, les transports des troupes et de leurs équipages, les marches et manœuvres d'armées se rendant sur le théâtre des hostilités ; — 2° les *mesures préventives de défense,* consistant en travaux faits dans les places de guerre, à leurs abords, ou sur des points stratégiques, en vue d'un siège ou d'autres éventualités qui peuvent ne pas se réaliser ; — 3° les *réquisitions* militaires, lorsqu'elles sont faites sur le territoire français pour les besoins des armées nationales. Elles donnent lieu, d'après la loi du 3 juillet 1877, à des indemnités qui sont réglées amiablement par l'autorité militaire, sur l'avis d'une commission administrative formée dans chaque département par le ministre de la guerre. En cas de contestation, il est statué par le juge de paix du canton ou par le tribunal civil de l'arrondissement, selon l'importance du litige ([1]).

On doit au contraire considérer comme faits de guerre : — 1° tous les dommages qui proviennent du fait de l'ennemi, même de ses opérations préparatoires, car tout ce qui vient de l'ennemi a le caractère de contrainte et de force majeure s'exerçant sur le pays envahi, sur ses habitants et sur leurs biens ; — 2° tous les dommages, quels qu'en soient les auteurs, qui résultent des rencontres armées, des ravages causés par les projectiles et par les combattants, des occupations, démolitions, tranchées, terrassements ou autres ouvrages faits sur le champ de bataille ou à ses abords ; — 3° toutes les occupations et destructions opérées pour la

---

1. Voy. la loi du 3 juillet 1877, art. 24 et suiv. Antérieurement à cette loi, la compétence en matière de réquisition était réglée par la jurisprudence, d'après l'assimilation de ces marchés forcés avec des marchés volontaires de même nature. Ainsi la réquisition de denrées et objets mobiliers était assimilée à des marchés de fournitures, et il était statué par décision ministérielle, sauf recours au Conseil d'État ; la réquisition d'usines, ateliers, bâtiments de casernement et autres immeubles utilisés par la défense sans que le propriétaire en fût dépossédé, était assimilée à une location d'immeubles et les contestations étaient renvoyées aux tribunaux judiciaires.

défense des places de guerre pendant l'*état de siège* spécial, prévu par la loi du 10 juillet 1791 et par les décrets du 24 septembre 1811 et du 10 août 1853 ; — 4° et généralement tous les faits qui se rattachent aux *nécessités immédiates de la lutte.*

Aucune difficulté ne s'élève sur les deux premiers points (faits de l'ennemi et combats) ; mais les deux autres (état de siège des places de guerre et nécessités immédiates de la lutte) ont donné lieu à des questions de droit et à des décisions de jurisprudence que nous devons examiner.

Des faits volontaires qui se rattachent aux nécessités immédiates de la lutte. — Parlons d'abord des faits qui se rattachent aux nécessités immédiates de la lutte, sans avoir le même caractère de fatalité et de force majeure que ceux qui se produisent dans le combat.

On a quelquefois soutenu que ces faits ne peuvent pas avoir le caractère de faits de guerre quand ils sont prémédités par l'autorité militaire et accomplis par elle en dehors de toute contrainte immédiate de l'ennemi. Dans cette opinion, la spontanéité de l'acte, et en quelque sorte sa fatalité, serait le trait caractéristique du fait de guerre ; en dehors de ces conditions, il n'y aurait que des actes préparatoires, des mesures préventives à échéance plus ou moins proche, pouvant donner lieu à des demandes d'indemnité par la voie contentieuse.

La jurisprudence a admis au contraire, par de nombreuses décisions rendues à la suite des événements de 1870-1871, que toutes les mesures prises pour l'attaque ou pour la défense sont des faits de guerre, quand elles sont motivées *par les nécessités immédiates de la lutte.*

Une des décisions dans lesquelles cette doctrine s'est le plus nettement affirmée est l'arrêt du Conseil d'État du 9 mai 1873 (*Pesty-Rémond*). Il s'agissait de l'occupation d'un domaine situé près de Versailles par le campement d'une partie des troupes réunies pour le second siège de Paris On soutenait que cette occupation n'avait pas le caractère d'un fait de guerre, parce que l'autorité militaire l'avait librement décidée, et que d'ailleurs elle n'était pas sur le théâtre même des opérations de siège. Mais l'arrêt répond que

« cette occupation s'est imposée comme une nécessité des opérations militaires dirigées contre Paris, et afin de fournir un lieu de campement à une partie des troupes destinées à participer à ces opérations ; qu'elle a cessé lorsque les troupes se sont rapprochées de Paris, où elles sont entrées peu de jours après, que dans ces circonstances c'est avec raison que le ministre de la guerre a considéré l'occupation dont il s'agit comme un fait de guerre ».

Peut-être nous sera-t-il permis de rapprocher de cet arrêt un passage des conclusions qui l'ont précédé, et dans lesquelles nous exposions la doctrine qui est encore la nôtre aujourd'hui :

« Il ne faut pas interpréter l'expression *fait de guerre,* comme s'il y avait fait de combat. Le combat est l'incident le plus saillant de la guerre, mais il n'est pas la guerre tout entière ; laissons de côté les actes purement préparatoires qui ne sont pas encore l'action ; mais retenons l'action pendant toute sa période militaire et stratégique. Cette période d'action, qui n'est pas encore le combat, mais qui est certainement la guerre, qui n'est pas l'assaut, mais qui est certainement le siège, comprend nécessairement des manœuvres, des campements, des choix de positions sur le front de l'armée assiégeante, des dispositions de prévoyance sur ses derrières : réserves, parcs d'artillerie, ambulances, etc. Ce sont là des parties d'un même tout.

« La doctrine qui ne voit le fait de guerre que dans l'acte fatal, l'agression brutale, subdivise arbitrairement une opération unique. Elle admet le fait de guerre là où s'établit la batterie, là où porte le boulet de canon, là où passe la colonne d'assaut ; mais elle ne l'admet pas là où campent les hommes prêts à former cette colonne, là où sont les réserves de troupes, d'artillerie, de munitions qui permettent d'entretenir le feu et d'en utiliser les effets : comme si l'un était possible sans l'autre, comme si ce n'étaient pas les diverses faces d'un même objet qui est l'armée assiégeante... »

Par application de la même doctrine, le Conseil d'État a considéré comme des faits de guerre ne pouvant donner lieu à aucune réclamation contentieuse : la prise de possession de meules de fourrage sur des terrains occupés par une armée assiégeante ([1]) ;

1. Conseil d'État, 11 mai 1854, *Civili.*

la coupe et la dévastation de plantations, pour le chauffage et le bivouac de troupes campées aux avant-postes ([1]) ; l'enlèvement de ballots de laine mis sur des épaulements pour amortir les projectiles ([2]).

Il faut, avons-nous dit, qu'il y ait nécessité immédiate de la lutte ; la solution devrait donc être différente si les besoins auxquels l'autorité militaire a voulu pourvoir, n'étaient pas pressants et provoqués par une nécessité *actuelle:* par exemple, si l'on avait préparé d'avance des retranchements sur certains points stratégiques, en vue d'une rencontre possible mais non certaine avec l'ennemi. Aussi est-ce avec raison que le Tribunal des conflits et le Conseil d'État ont refusé le caractère de faits de guerre aux occupations de terrains et aux travaux de fortification faits, en décembre 1870, aux *lignes de Carentan,* pour défendre la presqu'île du Cotentin contre une agression qui n'était pas imminente et qui ne s'est même jamais produite, ou pour fortifier les approches du Havre, à une époque où l'ennemi ne dessinait encore aucune attaque ([3]). C'étaient là des mesures préventives de défense et non des faits de guerre.

Cette jurisprudence doit être préférée à celle d'un arrêt du 26 mars 1823 (*Glairet*), qui a considéré comme fait de guerre la construction de retranchements élevés d'avance, par l'ordre du maréchal Soult, sur toute la ligne de retraite qu'il comptait suivre en se repliant sur Toulouse après la bataille de Vitoria. Ces travaux, dit l'arrêt, « ont eu pour objet de s'opposer à l'envahissement du territoire français, et ils ont été exécutés *tandis que l'armée manœuvrait* en présence de l'ennemi ». Cette circonstance ne suffisait pas ; il aurait fallu pour que ces travaux eussent le caractère de faits de guerre, qu'ils fussent exécutés non seulement pendant que l'armée manœuvrait, mais encore là où elle manœuvrait, et non à une grande distance derrière elle. Les nécessités auxquelles ces travaux répondaient, si réelles qu'elles fussent, n'étaient pas *immédiates*.

1. Conseil d'État, 1er mai 1874, *Defresne.*
2. Conseil d'État, 8 juin 1873, *Faglin.*
3. Tribunal des conflits, 1er février 1873, *de Pomereu;* — Conseil d'État, 28 juin 1873, *Dumont.*

La théorie que nous venons d'exposer trouve d'ailleurs de nouvelles applications dans les mesures prises pour la défense des places de guerre, dont nous avons maintenant à parler.

De l'état de siège spécial des places de guerre, et des mesures prises pour leur défense. — Il existe, pour les places de guerre, un état de siège particulier, prévu par la loi du 10 juillet 1791 et par les décrets du 24 septembre 1811 et du 4 octobre 1891; c'est un état de siège effectif, militaire, qui ne doit pas être confondu avec l'état de siège politique, prévu par les lois du 9 août 1849 et du 3 avril 1878, même quand celui-ci est déclaré en temps de guerre.

Cet *état de siège*, qui peut être précédé d'une période préparatoire appelée *état de guerre* (¹), est actuellement régi par le titre V du décret du 4 octobre 1891. Il ne résulte plus, comme antérieurement, de faits entraînant de plein droit l'état de siège et rendant inutile une déclaration officielle de cet état. La déclaration est exigée, dans tous les cas, par l'article 189 du décret du 4 octobre 1891; elle résulte soit d'une loi ou d'un décret, conformément à la loi du 3 avril 1878, soit d'une décision prise par le commandant mili-

1. L'état de guerre, prévu par la loi du 10 juillet 1791 (art. 8 et 9), était en réalité l'état de siège politique proclamé en vue de dangers extérieurs, tel qu'il peut l'être encore aujourd'hui en vertu des lois du 9 août 1849 et du 3 avril 1878. D'après l'article 52 du décret du 24 décembre 1811, l'état de guerre pouvait aussi résulter des circonstances suivantes : en temps de guerre, si la place est en première ligne sur la côte, ou à moins de cinq journées de marche des positions occupées par l'ennemi ; en temps de troubles civils, si des rassemblements se forment, à la même distance, sans l'autorisation des magistrats ; en tout temps, si des travaux ouvrent une place située sur la côte ou en première ligne.
Dans l'état actuel de la législation (Décret du 4 octobre 1891, art. 178), l'état de guerre, pour les places, résulte de plein droit de la publication de l'ordre de mobilisation.
En principe, l'état de guerre ne supprime pas le droit à indemnité pour les occupations ou dommages causés par les mesures de défense, sauf s'ils atteignent des constructions élevées dans la zone des servitudes militaires, et qui n'existaient pas antérieurement à l'établissement de ces servitudes (Loi du 10 juillet 1791, art. 31 et suiv.). Mais, d'après l'article 95 du décret du 24 décembre 1811, si le ministre ou le général d'armée en donne l'ordre, ou si l'ennemi se rapproche à moins de trois jours de marche, l'autorité militaire peut faire détruire sans indemnité, dans l'intérieur de la place, tout ce qui peut gêner la circulation de l'artillerie ou des troupes, et à l'extérieur tout ce qui peut offrir un couvert à l'ennemi ou abréger les travaux d'approche.

taire dans certaines circonstances prévues par l'article 189, et qui sont de nature à menacer la sécurité de la place : investissement, attaque de vive force ou par surprise, sédition intérieure, présence de rassemblements armés dans un rayon de dix kilomètres. L'état de siège prend fin, suivant le cas, par une loi, par un décret ou par une décision du commandant militaire, quand les circonstances qui l'ont fait déclarer ont cessé. (Décret de 1891, art. 189 *in fine.*)

Pendant toute cette période, les pouvoirs de l'autorité civile et la juridiction en matière de délits sont transférés à l'autorité militaire ; celle-ci est en outre investie des pouvoirs les plus étendus pour requérir tous les services, denrées et engins, et pour ordonner toutes les occupations, démolitions et destructions utiles à la défense. Sous l'empire de la loi de 1791 et du décret de 1811, tous ces faits avaient le caractère de faits de guerre et ne pouvaient donner lieu à aucune réclamation d'indemnité par la voie contentieuse. Cette règle subsiste pour les *occupations,* mais elle a été modifiée, pour les *réquisitions,* par la loi du 3 juillet 1877. Cette loi consacre, en effet, le droit à indemnité pour toute réquisition de denrées et autres objets mobiliers, par cela seul qu'il y a « mobilisation partielle ou totale de l'armée ([1]) ».

Résulte-t-il de ces dispositions spéciales que, dans une place forte ou à ses abords, le fait de guerre ne peut jamais s'imposer aux personnes ou aux propriétés, en dehors de l'état de siège spécial de la loi de 1791 ? Cette opinion a été soutenue dans plusieurs affaires portées devant le Tribunal des conflits ou devant le Conseil d'État, à la suite des événements de 1870-1871 ; elle se fondait principalement : sur la loi de 1791 qui, en déniant tout droit à indemnité pendant l'état de siège, semble admettre implicitement que le droit existe en dehors de cette période ; sur plusieurs dispositions de la même loi, qui reconnaissent expressément le droit à indemnités pour les dommages causés à la propriété par des travaux de fortification, même pendant la période qualifiée d'*état de guerre* ; sur la loi du 17 juillet 1819 qui a donné compétence aux tribunaux judiciaires pour régler les indemnités prévues par la loi de 1791.

1. Loi du 3 juillet 1877, art. 1 et 24.

Mais la jurisprudence n'a jamais admis cette thèse absolue. Elle a reconnu que si les dommages subis pendant l'état de siège constituent de plein droit des faits de guerre, on n'en saurait conclure *a contrario* que des mesures prises en dehors de cette période, et se rattachant à des nécessités immédiates de la lutte, ne peuvent pas avoir le même caractère. De ce que le droit à indemnité n'existe jamais dans le premier cas, il n'en résulte pas qu'il existe toujours dans le second. Il est certain au contraire qu'aux abords des places de guerre, comme sur toute autre position stratégique, il peut se produire des nécessités immédiates de défense et de lutte qui ne sauraient engager la responsabilité pécuniaire de l'État. La situation des citadelles et de leurs garnisons est la même, à cet égard, que celles des armées en campagne, et elle peut imposer les mêmes sacrifices aux citoyens.

C'est pourquoi le caractère de fait de guerre a été reconnu par la jurisprudence aux démolitions, destructions de récoltes, dommages de toute nature opérés aux abords d'une place de guerre, non seulement pendant qu'elle était effectivement assiégée, mais encore pendant la période où le siège était imminent. A Paris, le Conseil d'État a admis que cette période avait commencé dès le désastre de Sedan, qui avait découvert la capitale et rendu certaines les attaques de l'ennemi, et non pas seulement à la date de l'investissement. « Considérant, dit un arrêt du 23 mai 1873 (relatif à des démolitions exécutées entre le 3 et le 19 septembre 1870), qu'*à raison de la certitude et de l'imminence de l'investissement,* la destruction des bâtiments du sieur de Lamotte doit être rangée parmi les actes *qui s'imposent comme une nécessité immédiate de la lutte* ([1]) » ...

Mais on ne saurait admettre que tous les travaux faits, en temps de guerre, aux abords d'une ville déclarée en état de siège, aient par cela seul le caractère de faits de guerre. Le Conseil d'État et le Tribunal des conflits ont écarté sur ce point la doctrine beaucoup trop large que le ministre de la guerre avait cherché à faire prévaloir. Le ministre soutenait que la simple éventualité d'un siège et les devoirs de vigilance qu'elle impose à l'autorité militaire

---

1. Décisions semblables : Conseil d'État, 6 juin 1873, *Fontaine* (incendie de récoltes pour les soustraire à l'ennemi) ; — 1ᵉʳ mai 1874, *Thinet* (incendie d'un chantier de bois pouvant fournir des matériaux à l'assiégeant).

suffisent pour convertir en faits de guerre les occupations et les destructions ordonnées pour la sûreté de la place. Il s'appuyait sur l'article 39 du décret du 10 août 1853, d'après lequel toute « occu- « pation, toute privation de jouissance, toute démolition, destruc- « tion ou autre dommage, résultant d'un fait de guerre *ou d'une* « *mesure de défense prise par l'autorité militaire pendant l'état de siège,* « n'ouvre aucun droit à indemnité... L'état de siège d'une place « ou d'un poste est déclaré *par une loi ou par un décret:* il résulte « aussi de l'une des circonstances suivantes (suivent les circons- « tances énoncées par la loi de 1791 et le décret de 1811)... »

Le ministre de la guerre concluait de là, qu'aucune indemnité n'était due pour les travaux de défense exécutés sur les territoires où l'état de siège avait été déclaré, dès la première période de la guerre. Il confondait l'état de siège politique de la loi de 1849 avec l'état de siège militaire et effectif de la loi de 1791. D'ailleurs, alors même que l'article 39 du décret du 10 août 1853 aurait com- mis la même confusion, et aurait eu en vue un autre état de siège que celui de la loi de 1791, il n'aurait pas pu déroger à cette loi ni à celle du 17 juillet 1819, car il n'a pas le caractère d'un décret- loi ; il ne pouvait que codifier et coordonner, dans un règlement d'administration publique, les textes en vigueur, conformément à **la mission** donnée au Gouvernement par la loi du 10 juillet 1851 sur le classement des places de guerre.

Le Conseil d'État s'est prononcé en ce sens par un arrêt sur con- flit du 13 mai 1872 (*Brac de la Perrière*) où on lit : « qu'à la vé- rité les travaux ont eu lieu aux abords d'une place comprise dans un département déclaré en état de siège, mais que l'état de siège qui, d'après l'article 39 du décret du 10 août 1853, imprime le ca- ractère de faits de guerre aux mesures de défense dont il a pu être suivi, ne peut s'entendre que de l'état de siège effectif des places fortes ou postes ; que le décret de 1853 n'a ni modifié *ni pu modi- fier* les principes consacrés à cet égard par la législation antérieure, dont il avait simplement à coordonner les dispositions sous forme de règlement d'administration publique, en vertu de la loi du 10 juillet 1851 ([1]) ».

---

1. Cf. Tribunal des conflits, 11 janvier 1873, *Coignet.*

En conséquence, le caractère de faits de guerre a été refusé par le Conseil d'État et le Tribunal des conflits à des travaux exécutés à Paris avant le désastre de Sedan et la marche de l'ennemi sur la capitale ([1]) ; à Lyon, au mois de septembre, alors qu'aucun siège ne menaçait cette ville ([2]) ; à Belfort, deux mois avant l'investissement, « à une époque où le siège de la place était douteux et dans tous les cas n'était pas imminent ([3]) ».

De tout ce qui précède, il résulte que la théorie du fait de guerre est en réalité la même, qu'il s'agisse de mesures militaires prises aux abords des places ou en rase campagne. En effet, le siège effectif est, pour les places fortes, ce que le combat est pour les armées ; par suite, tout y est fait de guerre. En dehors du combat ou du siège, il y a pour les places de guerre, comme pour les armées, soit des mesures purement préventives qui donnent droit à indemnité, soit des mesures imposées par les nécessités immédiates de la lutte, par l'imminence du siège ou du combat, qui suppriment ce droit parce qu'elles constituent des faits de guerre.

On peut seulement se demander s'il n'y a pas encore intérêt à distinguer, au point de vue des compétences, entre les occupations et destructions d'immeubles, selon qu'elles sont opérées en rase campagne et aux abords d'une place forte. En effet, avant la loi du 17 juillet 1819, toutes les indemnités qui pouvaient être dues pour des mesures de défense étaient réglées par l'autorité administrative, en vertu des règles générales de compétence. Or, l'article 15 de la loi du 17 juillet 1818 n'a consacré la compétence judiciaire que pour le règlement des indemnités dues en vertu de dispositions de la loi du 10 juillet 1791, qui toutes prévoient des travaux exécutés pour la construction ou le dégagement des ouvrages d'une place de guerre régulièrement classée. Ne peut-on pas soutenir qu'en dehors de ces travaux la compétence administrative subsiste, pour les occupations ou destructions d'immeubles opérées loin des places fortes ?

Cette solution serait peut-être la plus conforme à l'application

---

1. Conseil d'État, 3 juillet 1874, *Maurice.*
2. Conseil d'État, 13 mai 1872, *Brac de la Perrière.*
3. Conseil d'État, 15 mars 1873, *Fiereck.* — Cf. 16 mai 1874, *de Riencourt ;* — 13 février 1874, *Batteux.*

littérale des textes ; mais le Conseil d'État et le Tribunal des conflits ne l'ont pas admise, s'inspirant en cela de la tendance générale de la jurisprudence à réserver à l'autorité judiciaire les questions qui intéressent la propriété immobilière.

Ils ont en conséquence décidé, par application de la loi du 17 juillet 1819, que l'autorité judiciaire est compétente pour le règlement d'indemnités résultant d'ouvrages de fortification passagère et de camps retranchés exécutés loin des places de guerre [1]. Cette jurisprudence a l'avantage de prévenir de sérieuses difficultés de compétence, dans les cas assez nombreux où il est difficile de dire si les ouvrages ont en vue la protection des armées ou celle des places de guerre plus ou moins voisines. Ces deux intérêts sont d'ailleurs souvent combinés.

---

1. Tribunal des conflits, 1er février 1873, *de Pomereu.*

CHAPITRE III

JURIDICTION SPÉCIALE DU GOUVERNEMENT EN MATIÈRE DE PRISES MARITIMES.

I. — NATURE ET ÉTENDUE DES POUVOIRS DU JUGE DES PRISES

Caractère politique et contentieux de la juridiction. — Juger une prise maritime, c'est juger un fait de guerre ; c'est aussi faire application à des belligérants ou à des neutres des principes du droit des gens, des conventions diplomatiques générales ou particulières. A ce titre, le jugement des prises est d'ordre politique et gouvernemental ; aussi appartient-il à l'État capteur, comme un des attributs de sa souveraineté. Par la même raison, il peut exceptionnellement appartenir à un État étranger, lorsque la prise a été faite dans ses eaux, au mépris de sa souveraineté et de sa neutralité.

Le caractère politique de cette juridiction résulte aussi de la nature des questions qu'elle peut avoir à résoudre : question de savoir si la prise a été faite en mer libre ou dans des eaux neutres ; si elle a eu lieu avant que les hostilités fussent officiellement déclarées ou après qu'elles étaient closes ; si le blocus forcé par un neutre était effectif, et dans quelles circonstances il a été forcé ; et bien d'autres questions, qui ne sauraient être du ressort des tribunaux judiciaires ni même de la juridiction administrative.

Mais à ces questions de droit politique et diplomatique se joignent des questions de propriété, de nationalité, de contrats commerciaux intéressant des particuliers, armateurs, chargeurs, consignataires de marchandises, que les hasards de la guerre ont mis en présence du belligérant. A ce point de vue, les décisions rendues en matière de prise sont contentieuses, et elles doivent tenir compte des règles de droit privé.

Ajoutons que la juridiction des prises s'exerce également : en temps de guerre, sur des bâtiments échoués ou naufragés [1] ; en tout temps, sur les bâtiments saisis pour cause de piraterie ou de traite de nègres [2].

Nous sommes donc en présence d'une juridiction spéciale et mixte, où domine le caractère politique, soit qu'elle prononce sur des faits de guerre, soit qu'elle apprécie des actes de haute police des mers, faits dans l'intérêt commun des nations civilisées.

Variations de la législation. — Ce caractère gouvernemental de la juridiction des prises, aujourd'hui bien établi dans notre droit public, a donné lieu, à d'autres époques, à certaines hésitations du législateur. Deux fois, pendant la période révolutionnaire, le jugement des prises a été attribué aux tribunaux de commerce : — une première fois, sous la Convention, par la loi du 14 février 1793, qui qualifiait elle-même cette compétence de « provisoire », et qui fut bientôt rapportée par la loi du 18 brumaire an II ; celle-ci déférait le jugement des prises au Conseil exécutif provisoire, remplacé peu après par le Comité de salut public [3] ; — une seconde fois, sous le Directoire, par les lois du 3 brumaire et du 8 floréal an IV, qui donnèrent compétence aux tribunaux de commerce en premier ressort et aux tribunaux civils de département en appel. Ces lois avaient rencontré de sérieuses objections, notamment de la part de Merlin qui, dans son *Répertoire,* a qualifié leurs résultats de « désastreux » [4]. Elles n'eurent elles-mêmes qu'une existence éphémère, et furent abrogées par la loi du 26 ventôse an VIII, qui chargea le Gouvernement de pourvoir au jugement des prises : c'est alors que le conseil des prises fut établi, ou plutôt rétabli par l'arrêté consulaire du 6 germinal an VIII [5].

---

1. Arrêté du 6 germinal an VIII.

2. Loi du 10 avril 1825 et loi du 4 mars 1831.

3. Décret du 13 germinal an II, et arrêté du Comité de salut public du 4 floréal an II.

4. Merlin, *Répertoire,* v° *Prises maritimes,* § 7, art. 2.

5. Avant 1789, les prises étaient instruites par les *amirautés* et jugées par un con-

Lorsqu'on cherche à se rendre compte des motifs qui firent momentanément accepter la compétence judiciaire, par des assemblées qui n'hésitaient point à l'écarter toutes les fois que la prérogative gouvernementale était en jeu, on voit qu'elles y furent entraînées par le rôle presque exclusif que les corsaires avaient, sous la Révolution, dans la guerre faite au commerce ennemi. Presque toutes les contestations entre capteurs et capturés s'élevaient alors entre armateurs français et étrangers faisant la course et la subissant tour à tour [1]. Assurément le corsaire régulièrement commissionné fait partie des forces navales de l'État, comme un corps franc fait partie des forces de terre ; mais ces opérations de guerre ont souvent le tort de ressembler à des opérations de commerce à main armée. Bien que la marine de l'État fût également en cause, en l'an IV, on comprend que le législateur ait statué en vue des cas les plus nombreux et qu'il ait cédé au désir de laisser les commerçants capteurs et les commerçants capturés se débattre devant la juridiction commerciale. Aujourd'hui que la course est abolie, — du moins entre les puissances qui ont adhéré à la déclaration du Congrès de Paris du 16 avril 1856, — une loi semblable à celle de l'an IV n'aurait plus sa raison d'être.

La question de compétence, définitivement tranchée depuis l'an VIII entre le pouvoir exécutif et l'autorité judiciaire, est encore restée longtemps indécise entre la juridiction administrative et l'autorité gouvernementale.

Le conseil des prises, à ne considérer que son organisation et son fonctionnement, peut être également une juridiction politique ou une juridiction administrative spéciale. Le recours au Conseil d'État, établi en 1806, a paru faire incliner la solution dans ce dernier sens, et telle a été d'abord la pensée du conseil. En effet, de 1806 à 1815, les appels formés contre les décisions du conseil des prises étaient instruits par la commission du contentieux, et

---

seil des prises, sauf appel au Conseil du roi (ordonnance de la marine de 1681, liv. III, titre 9, art. 81 ; arrêts du Conseil du 19 juillet 1778 et du 5 janvier 1788).

1. Il fallait que cette prépondérance des corsaires fût bien grande pour que Méaule, dans le judicieux discours qu'il fit au Conseil des Cinq-Cents pour faire écarter la compétence judiciaire, se soit toujours placé au point de vue de la course, sans parler des prises faites par la marine de l'État, qui lui auraient cependant fourni des arguments encore plus décisifs.

jugés sur son rapport par l'assemblée générale, dans la même forme que les affaires contentieuses (¹). L'ordonnance du 9 janvier 1815 alla plus loin, car elle supprima la juridiction de premier ressort et décida que les affaires de prises seraient directement portées devant le comité du contentieux.

Il n'y avait pas d'ailleurs un grand intérêt, sous le premier empire ou la Restauration, à rechercher si le Conseil d'État délibérait comme Conseil de gouvernement ou comme juridiction contentieuse. Dans les deux cas, la décision appartenait au chef de l'État, et il n'y avait de différence que dans la section chargée du rapport.

La question n'a commencé à présenter un sérieux intérêt qu'après 1830, lorsque les ordonnances du 2 février et du 11 mars 1831 eurent soumis le jugement des affaires contentieuses à des règles nouvelles : publicité des audiences, débat oral, composition spéciale de l'assemblée générale réduite au service ordinaire. Le Conseil d'État dut alors se demander si les affaires de prises devaient être jugées en forme administrative ou en forme contentieuse ; dans le silence des textes, il sursit à statuer sur une prise dont il était saisi, et demanda, par un avis du 11 août 1831, que les ordonnances fussent interprétées sur ce point. Elles le furent par une ordonnance du 9 septembre 1831 où on lit : « Considé- « rant que le jugement des prises est souvent subordonné à des « considérations diplomatiques qui ne peuvent devenir l'objet d'une « discussion publique, le Conseil d'État continuera de statuer sur « la validité des prises maritimes, conformément aux formes éta- « blies par les règlements antérieurs à notre ordonnance du 2 fé- « vrier dernier. »

1. La compétence de la Commission du contentieux pour l'instruction des affaires de prises ne résultait d'aucun texte, mais de la pratique adoptée par le Conseil d'État. Voy. le savant rapport de M. Boulatignier sur l'affaire *Wilken* (11 janvier 1855), inséré au *Moniteur universel* du 13 janvier 1855 et au *Recueil des arrêts du Conseil d'État*, année 1855, p. 37.

Il faut ajouter qu'en fait, les appels des décisions du conseil des prises avaient cessé d'être examinés par le Conseil d'État à partir de 1810, sur un ordre de l'Empereur qui s'était réservé la connaissance personnelle de ces affaires. Les dossiers déposés au Conseil furent réclamés par une lettre du grand-juge et remis au cabinet de l'Empereur (Voy. Pistoye et Duverdy, *Traités des prises maritimes*, t. II, p. 177).

Cette ordonnance rappelait le caractère diplomatique, et par suite gouvernemental, des décisions rendues en matière de prises, mais elle laissait encore subsister un doute, puisqu'elle maintenait à la section du contentieux la préparation de ces décisions. Ce doute a disparu depuis la loi du 3 mars 1849 : les affaires de prises cessèrent alors d'être instruites par la section du contentieux, qui devenait un véritable tribunal investi d'une juridiction propre ; elles furent délibérées par l'assemblée générale du Conseil, sur le rapport du comité correspondant au ministère de la marine ([1]). Cette règle a été de nouveau consacrée par le décret-loi du 25 janvier 1852 et par la loi du 24 mai 1872, mais avec une double innovation : en premier lieu, le conseil des prises ayant été rétabli en 1854, le Conseil d'État n'a plus eu à délibérer que comme juridiction d'appel ; — en second lieu, la section correspondant au ministère de la marine a été remplacée, pour l'instruction des affaires, par celle qui correspond au ministère des affaires étrangères.

Incompétence du Conseil d'État statuant au contentieux. — Une première conséquence de la législation en vigueur, c'est que le Conseil d'État statuant au contentieux ne saurait connaître d'aucun recours formé contre des décisions du conseil des prises ou contre des décrets rendus sur appel de ces décisions.

En ce qui touche les décisions des conseils des prises, les décrets du 18 juillet 1854 et du 11 juin 1859 disposent qu'elles « peuvent nous être déférées en notre Conseil d'État soit par le commissaire du Gouvernement, soit par les parties intéressées ([2]) ». Mais, ainsi que nous l'avons vu, il ne s'agit là que d'un recours en la forme administrative ; aussi le Conseil d'État déclare-t-il non recevables les recours formés par requête contentieuse ([3]).

A plus forte raison, aucun recours contentieux ne serait recevable contre un décret en Conseil d'État statuant, sur appel, en matière de prises, même si le décret était argué d'excès de pouvoir

1. Règlement du 26 mai 1849 (art. 19).
2. Décret du 18 juillet 1854, art. 6 ; décret du 11 juin 1859, art. 6.
3. Conseil d'État, 11 janvier 1855, *Wilken*.

ou de vice de forme. On pourrait seulement se demander si, dans ce cas, le décret ne pourrait pas faire l'objet du recours exceptionnel prévu par l'article 40 du décret du 22 juillet 1806.

Cas particuliers de compétence judiciaire ou administrative. — Les tribunaux judiciaires ou administratifs sont incompétents parce que le juge des prises exerce une juridiction politique, soit en prononçant la validité de la prise et sa confiscation au profit du capteur, soit en déclarant la prise nulle et en ordonnant sa restitution. Mais ils peuvent être compétents sur des questions d'une autre nature : par exemple sur des contestations entre les ayants droit à la restitution et l'autorité administrative chargée de l'opérer, ou bien entre des co-intéressés appelés à profiter de cette restitution et discutant dans quelle proportion ils y ont droit, ou bien encore entre des capteurs en désaccord sur la répartition des produits entre eux.

Les tribunaux judiciaires doivent manifestement connaître des contestations entre les ayants droit à la restitution ou leurs assureurs ; ils jugeaient également, d'après l'article 17 de l'arrêté du 6 germinal an VIII, les contestations entre plusieurs corsaires sur la liquidation d'une prise commune, et leur compétence revivrait dans ce cas si la course était rétablie.

Le ministre de la marine prononce, sauf recours au Conseil d'État statuant au contentieux, sur les difficultés auxquelles la liquidation donnerait lieu entre équipages de la marine de l'État, ou entre ceux-ci et des corsaires ayant coopéré à la prise ([1]). C'est

---

1. Arrêté du 6 germinal an VIII, art. 16 et 18. — Conseil d'État, 29 mai 1822, *Hamme* ; — 23 octobre 1835, *Lebrasse*.

On doit distinguer entre la *liquidation générale* qui adjuge la prise, dans de certaines proportions, aux divers bâtiments qui y ont concouru, et qui est dans les attributions du conseil des prises, et la *liquidation particulière* ou *individuelle* qui opère la répartition entre les officiers et équipages d'un même bâtiment, et qui ressortit au ministre, sauf recours au Conseil d'État. Cependant on pourrait citer des cas où le ministre et le Conseil d'État ont été reconnus compétents pour opérer une véritable liquidation générale entre les bâtiments d'une escadre (30 janvier 1874, *Dorlodot des Essarts*).

Plusieurs fois aussi le Conseil des prises a renvoyé cette liquidation au ministre de la marine, l'état de l'instruction ne lui permettant pas de décider si le bâtiment capteur opérait isolément ou comme faisant partie d'une escadre. (Conseil des prises 20 juillet 1889, *aviso le Parseval* ; même date, *canonnières la Trombe et le Léopard*.)

à la même autorité, et non au Conseil des prises qu'il appartient de décider si des officiers du bâtiment capteur doivent être privés de leur part de prise à raison d'irrégularités qu'ils auraient commises lors de la capture ou de l'instruction [1].

Jugement d'office des prises. — Effets à l'égard des tiers. — A la différence des affaires contentieuses, qui supposent un litige né, les prises exigent un jugement alors même qu'elles ne sont l'objet d'aucune contestation. L'objet essentiel de ce jugement c'est la *validité de la prise,* car le belligérant, au nom duquel la capture a été faite, ne peut pas se dispenser de vérifier si ce fait de guerre s'est accompli conformément au droit des gens, et s'il n'a pas lésé des neutres auxquels restitution serait due. Un autre point qui doit être réglé d'office, c'est l'adjudication de la prise aux capteurs, dont les droits restent en suspens jusqu'à ce que la validité ait été reconnue.

Les prises sont jugées à la diligence du Gouvernement représenté par son commissaire devant le conseil des prises, et en présence du capitaine du bâtiment capturé qui est censé représenter l'armateur et tous autres intéressés. Le jugement de validité ou d'invalidité produit donc ses effets à l'égard des intéressés qui ne sont pas personnellement intervenus devant le conseil, comme à l'égard de ceux qui s'y sont fait représenter [2].

Mais la juridiction des prises ne s'exerce d'office qu'en premier ressort. Pour que le Gouvernement prononce comme juge d'appel, il faut qu'il soit saisi par le recours d'une partie intéressée ou

---

1. Conseil d'État, 8 mai 1893, *Barnaud.*

2. C'est pour ce motif que la tierce-opposition n'est pas recevable devant le conseil des prises. Cette règle était affirmée, dès le début de l'institution, par Portalis, exerçant les fonctions de commissaire du Gouvernement : « Les propriétaires des navires et chargements capturés, disait-il, ne peuvent se pourvoir par la voie de la tierce-opposition contre les jugements en dernier ressort qui ont condamné les capitaines de ces navires ; le système contraire rendrait toutes les questions interminables ; il serait inconciliable avec le droit des gens, avec tous les usages reçus chez les nations de l'Europe, avec les coutumes de la mer. » Conformément à ces conclusions, le conseil des prises décida, le 29 prairial an VIII, « que les propriétaires des navires et effets capturés ne peuvent se pourvoir par la voie de la tierce-opposition contre les jugements en dernier ressort par lesquels ils ont été condamnés en la personne des capitaines de ces navires ». Ces capitaines étant toujours et nécessairement en cause, il en résulte que la prise est jugée *erga omnes.*

du commissaire du Gouvernement. La décision rendue sur appel a-t-elle une portée aussi générale que la décision de premier ressort? Nous pensons qu'il faut distinguer: si l'appel a été formé dans l'intérêt des capteurs et sur un chef déterminé, il ne doit pas produire effet sur d'autres chefs, et la décision du conseil des prises doit continuer de profiter à ceux qui ont bénéficié d'un jugement d'invalidité; si au contraire l'appel a été formé par l'un des capturés et si la décision qu'il obtient pour lui-même prouve l'invalidité de la prise à l'égard d'autres intéressés, ceux-ci doivent en profiter, bien qu'ils ne soient pas directement en cause.

Ces propositions semblent contradictoires et peu conformes aux règles ordinaires de la chose jugée. Mais n'oublions pas que nous sommes en présence d'une juridiction toute spéciale, qui ne doit jamais rendre pire la situation faite au capturé par les règles strictes du droit, mais qui a le droit de la rendre meilleure. Il ne serait ni juste ni politique de retenir partiellement une prise que le Gouvernement sait et déclare nulle, sous prétexte que tous les intéressés n'auraient pas fait appel. C'est pourquoi l'invalidité reconnue doit profiter à tous les capturés.

Le Conseil d'État s'est prononcé en ce sens par un décret du 7 août 1875 (*Andrew*), rendu contrairement aux conclusions du ministre de la marine qui demandait, dans l'intérêt des équipages capteurs, que la prise leur restât acquise à l'égard des chargeurs qui n'avaient pas attaqué la décision du conseil des prises; ce décret constate qu'un seul des chargeurs avait fait appel et obtenu une décision favorable: « mais cette décision, prise dans l'exercice des pouvoirs qui appartiennent au Gouvernement en matière de prises maritimes, *a ouvert, au profit de tous les propriétaires et consignataires de marchandises dont la prise n'était pas confirmée, le droit d'en obtenir la restitution...* »

Le Conseil d'État ne s'est donc pas arrêté à cette idée, mise en avant par le ministre, que les équipages capteurs avaient un droit acquis en vertu de la chose jugée. Le droit des capteurs ne peut en effet exister en dehors du droit de leur gouvernement, et si celui-ci juge qu'il est tenu de restituer des marchandises reconnues neutres, ses équipages ne peuvent ni les réclamer pour partie, ni les conserver comme un légitime butin de guerre.

Juridiction d'équité à l'égard des neutres. — Le cas qui précède n'est pas le seul où le caractère politique de la juridiction autorise, et même commande des solutions d'équité en faveur des neutres. A la différence des tribunaux ordinaires, qui doivent souvent appliquer la maxime *dura lex sed lex,* le juge des prises peut adoucir la loi quand il la trouve trop dure ; s'il ne peut jamais valider et garder une prise irrégulière, il a le droit de rendre une prise régulière.

« Lorsqu'il s'agit, disent très justement MM. Pistoye et Duverdy, de tempérer la rigueur des textes, d'entrer dans les vues d'une puissance neutre qu'on doit ménager, ou d'une puissance alliée qu'on craint d'aigrir, le conseil des prises, véritable émanation du Gouvernement et tribunal purement politique, doit entrer dans cette voie de tempéraments qui convient si bien à une haute juridiction appelée à représenter le pouvoir exécutif ([1]). »

Un décret en Conseil d'État du 10 juin 1872 (*Preiswerk*) a fait une remarquable application de cette maxime : il a annulé une décision du conseil des prises du 9 février 1871, irréprochable au point de vue de la légalité, qui avait déclaré de bonne prise un bâtiment appartenant à une société suisse et naviguant sous pavillon allemand ; ce décret décide : « que si le navire portait le pavillon allemand, c'est parce que la Confédération suisse n'ayant pas de pavillon maritime, la société avait été obligée, après avoir acheté le navire, de lui faire porter un pavillon étranger et de le faire immatriculer dans un port de mer sous le nom d'un de ses correspondants ; que depuis cette époque la société n'a employé le navire que pour les missions protestantes qu'elle entretient sur les côtes d'Afrique ; *qu'en ces circonstances exceptionnelles et en considération des services rendus par la Suisse à une armée française pendant la guerre, il convient de se départir du droit qui appartient au Gouvernement de déclarer de bonne prise tout navire naviguant sous pavillon ennemi...* »

Des questions d'indemnités. — Le juge des prises est-il compétent pour connaître des demandes d'indemnités formées contre le capteur à raison de fautes qui lui seraient imputées ?

La négative est certaine toutes les fois qu'une telle demande

1. De Pistoye et Duverdy, *Traité des prises maritimes,* t. II, p. 230.

n'est pas l'accessoire d'une question de validité ou d'invalidité de prise. Si donc un neutre a été arrêté, molesté, entravé dans ses opérations, mais n'a pas été pris, ou même s'il a été pris mais relâché, il n'y a pas de prise à juger, par suite, pas de conclusions possibles à fin d'indemnité devant le conseil des prises (¹).

Si la demande d'indemnité est connexe à une question d'invalidité, le juge des prises n'est pas incompétent ; toutefois une pareille demande serait très rarement recevable. Il est admis, en effet, en droit international, que les pertes et dommages résultant de la capture sont toujours censés réparés par la restitution de la prise, ou de son produit si elle a été régulièrement vendue (²).

La demande d'indemnité n'est pas recevable, même si la prise a péri par force majeure, fortune de mer ou événement de guerre, spécialement si le capteur l'a incendiée dans l'intérêt de sa propre sécurité ou faute de pouvoir mettre un équipage de prise à son bord. Ce sont là des faits de guerre, pour lesquels aucune indemnité ne peut être réclamée ni devant la juridiction des prises, ni devant aucune juridiction contentieuse (³).

La question d'indemnité ne peut donc se poser que si la capture, la vente ou la destruction de la prise ont occasionné des pertes exceptionnelles dues à l'impéritie ou au délit du capteur. Un décret du 14 février 1872 (*Garcia-Barbon*), après avoir rappelé qu'en principe aucune indemnité n'est due, ajoute : « qu'il ne pourrait être fait exception à cette règle que si les marchandises avaient été détériorées par suite d'actes imputables aux capteurs *et ayant le caractère de fautes graves,* ou si la vente avait été ordonnée ou opérée contrairement aux règlements. »

On pourrait citer des exemples d'indemnités mises à la charge des capteurs par la juridiction des prises ; mais ces condamnations n'ont été prononcées jusqu'ici qu'à l'égard de corsaires, et les faits qui les ont motivées ne pourraient guère se produire depuis que l'abolition de la course a remis l'exercice du droit de prise à la

1. Conseil des prises, 17 fructidor an VIII, *le Ruby ;* — 13 brumaire an X, *la Fortune.* — Cf. De Pistoye et Duverdy, *op. cit.,* t. II, p. 234.

2. Décrets en Conseil d'État, 14 février 1872, *Garcia-Barbon ;* — 15 avril 1872, *Lange.*

3. Décret en Conseil d'État du 21 mai 1872, *Harper.*

marine de l'État. En tout cas, on ne pourrait plus suivre aujourd'hui la jurisprudence que le Conseil d'État avait adoptée, et qui consistait à reconnaître le droit à indemnité, et à renvoyer le corsaire et le capturé devant le tribunal de commerce pour la liquidation des dommages. Ainsi l'avait décidé un arrêt du 14 janvier 1818 (*Schmidt*) dont le dispositif est ainsi conçu : « La capture est déclarée nulle et illégale ; les armateurs, capitaine, équipage et intéressés du Corsaire X... ou leurs représentants sont condamnés aux dommages-intérêts résultant de la prise ; pour la liquidation desdits dommages-intérêts, les parties sont renvoyées devant le tribunal de commerce de la ville du Havre que nous commettons à cet effet, les droits et moyens desdites parties respectivement réservés. »

On ne pourrait évidemment pas procéder ainsi à l'égard d'officiers et équipages de la marine de l'État, ni surtout à l'égard de l'État lui-même si on le mettait en cause comme civilement responsable. A défaut du tribunal de commerce, devant quelle autorité la juridiction des prises pourrait-elle renvoyer les parties pour la liquidation des dommages ? peut-être devant le ministre de la marine, sauf recours au Conseil d'État statuant au contentieux ; peut-être aussi devant la juridiction civile ou répressive, juge des fautes personnelles des agents de l'État.

Mais nous devons avouer qu'aucune de ces solutions ne nous satisfait. Si la juridiction des prises est compétente pour reconnaître le droit à indemnité, nous pensons qu'elle l'est également pour liquider les dommages-intérêts et pour prononcer seule une condamnation accessoire, se rattachant à l'invalidité de la prise et aux circonstances dont elle est entourée. En dehors des raisons de droit qui semblent militer en ce sens, nous sommes surtout touché de la raison tirée du caractère politique de la juridiction des prises. Si en effet une réparation exceptionnelle paraît due à un neutre, et si le Gouvernement l'accorde par l'organe du juge des prises, il est bon que celui-ci puisse en fixer lui-même le montant : on évitera ainsi que la portée de sa sentence ne soit méconnue par la décision d'autres juges, moins éclairés sur toutes les circonstances de l'affaire, et sur les devoirs internationaux que le juge des prises a entendu remplir.

II. — RÈGLES DE PROCÉDURE

Instruction préliminaire sur la prise. — Le législateur a multiplié les précautions pour protéger la nationalité et l'identité des navires, la consistance, l'origine, la destination des cargaisons, contre toute tentative de fraude, pour assurer la conservation de la prise et la vente de ses éléments périssables, afin que capteurs ou capturés puissent la retrouver en nature ou en argent lorsqu'ils auront à faire valoir leurs droits sur elle. Ces précautions sont prescrites par les arrêtés consulaires du 6 germinal an VI et du 2 prairial an XI, qui les ont empruntées pour la plupart à l'ordonnance de la marine de 1681.

D'après ces textes, il y a d'abord une procédure de capture, qui se fait au moment même de la prise, et qui consiste dans la saisie des papiers de bord, la fermeture des écoutilles et la saisie des clés des coffres et armoires, le tout fait en présence du capitaine capturé. Dès que la prise arrive au port, les circonstances de la capture sont constatées par un rapport remis à l'officier de l'administration de la marine, lequel interroge les officiers et matelots de la prise et dresse procès-verbal de leurs dires. Il visite la prise, et appose les scellés sur tous les fermants. Ces scellés ne peuvent être levés qu'en présence du préposé des douanes qui dresse un état des marchandises, les fait emmagasiner si elles peuvent être conservées, et, dans le cas contraire, les fait vendre publiquement et aux enchères ; le prix de la vente est déposé à la Caisse des invalides de la marine [1].

En même temps le dossier de la prise est formé ; on y verse le rapport du capteur, les procès-verbaux constatant toutes les opérations ci-dessus, et les pièces de bord relatives au navire et à la cargaison : acte de nationalité et de propriété, rôle d'équipage, charte-partie, connaissement, etc., ainsi que les réclamations des intéressés [2].

1. Arrêté du 2 prairial an XI, art. 69 et suiv.
2. Même arrêté, art. 76.

C'est sur ces documents que la prise est jugée ; ils sont la base nécessaire d'une déclaration de validité ; il ne peut y être suppléé par d'autres moyens de preuve, à moins qu'ils n'aient péri par force majeure (¹).

Jugement de la prise. — La validité de la prise est jugée en premier ressort par le conseil des prises.

Ce conseil, qui n'avait été organisé en l'an VIII que comme juridiction temporaire, est devenu, en fait sinon en droit, une juridiction permanente. Un décret du 28 novembre 1861 a décidé que le conseil institué par le décret du 9 mai 1859 pour le jugement des prises de la guerre d'Italie « statuera, pendant tout le temps du- « rant lequel il sera maintenu, sur toutes les demandes et contesta- « tions relatives à la validité des prises maritimes dont le jugement « doit appartenir à l'autorité française ». Depuis cette époque, le Gouvernement n'a pas mis fin à la mission de ce conseil, et il n'en a pas institué de nouveaux pour les prises des guerres du Mexique, d'Allemagne, d'Indo-Chine. Il s'est borné à renouveler ou à compléter le personnel du conseil, selon que les circonstances parais- saient l'exiger (²).

L'organisation du conseil des prises est donc actuellement régie par le décret du 9 mai 1859, auquel il faut joindre l'arrêté du 6 germinal an VIII, dont les dispositions restent en vigueur en tant qu'il n'y est pas dérogé par le décret de 1859 (³).

Le conseil est composé de huit membres nommés par décret, savoir : un conseiller d'État président, six membres dont deux doivent être pris parmi les maîtres des requêtes au Conseil d'État, et un commissaire du Gouvernement qui est remplacé, en cas d'empêchement, par un des membres du conseil des prises. Le conseil est assisté d'un secrétaire-greffier.

---

1. Conseil d'État, 27 mai 1816, *la Réussite ;* — 26 mars 1817, *l'Heureux-Tonton.*

2. Lors de la guerre d'Allemagne, le décret du 18 août 1870 a de nouveau consacré la compétence du conseil institué en 1859, dans les mêmes termes que le décret du 28 novembre 1861. Il y a seulement eu, pendant cette guerre, un *conseil provisoire des prises,* créé à Tours par décret de la Délégation du 27 octobre 1870, qui a jugé les prises pendant que le conseil permanent, renfermé dans la capitale, statuait, de son côté, sur les affaires dont les dossiers lui étaient parvenus.

3. Voy. le décret du 9 mai 1859, art. 11. Il n'abroge expressément que les articles 9, 10 et 11 de l'arrêté de germinal an VIII.

L'instruction des affaires est écrite ; elle a beaucoup d'analogie avec celle qui est suivie devant la section du contentieux ([1]). Elle a pour éléments essentiels le dossier administratif dont nous avons indiqué les éléments, et les mémoires et documents produits par les intéressés, ou par les agents consulaires étrangers ; les productions des parties doivent être faites par le ministère d'un avocat au Conseil d'État, celles des consuls par l'intermédiaire du commissaire du Gouvernement ([2]). Les communications ou les mesures d'instruction sont proposées par le rapporteur et ordonnées par le conseil. Le commissaire du Gouvernement donne ses conclusions par écrit ; elles sont communiquées au rapporteur qui prépare un projet de décision soumis à la délibération du conseil. Toute l'instruction doit être terminée, et la décision rendue, dans un délai de trois mois pour les prises conduites dans un des ports de la Méditerranée, et de deux mois pour les autres ports de France ([3]).

Les décisions sont toujours rendues entre le capteur et le capturé, c'est-à-dire : d'une part le commandant, l'état-major et l'équipage du bâtiment capteur ; d'autre part, le capitaine du bâtiment capturé, les propriétaires et armateurs du navire, les chargeurs et consignataires de la cargaison, et autres intéressés ayant fait des réclamations. A défaut d'intervention spéciale de ces intéressés, ils sont censés représentés par le capitaine, et la décision a un caractère contradictoire à l'égard de toutes les parties.

La décision est exécutoire par provision, mais seulement huit jours après la communication officielle qui doit en être faite aux ministres de la marine et des affaires étrangères, par les soins du commissaire du Gouvernement, qui est également chargé de la faire notifier aux parties ([4]). Le conseil peut ordonner que l'exécution n'aura lieu que sous caution ([5]).

Appel. — Les décisions du conseil des prises peuvent être déférées au Gouvernement en Conseil d'État, dans un délai de trois mois. Ce délai court, pour les intéressés, du jour où la décision

---

1. Voy. le règlement intérieur arrêté par le conseil des prises le 4 juin 1859.
2. Décret du 9 mai 1859, art. 7 et 9.
3. Arrêté du 6 germinal an VIII, art. 13, § 2 ; règlement du 4 juin 1859, art. 7.
4. Décret du 9 mai 1859, art. 5 ; arrêté du 4 juin 1859, art. 12.
5. Décret du 9 mai 1859, art. 6.

CHAPITRE IV

JURIDICTION SPÉCIALE DU GOUVERNENENT EN MATIÈRE D'ABUS ([1]).

I. — NATURE ET LIMITES DE LA JURIDICTION

Caractère gouvernemental de la juridiction exercée en matière d'abus. — Portalis, dans son rapport sur les articles organiques du Concordat, qualifiait le recours pour abus de *recours au souverain en matière ecclésiastique* ; il donnait pour base à la juridiction du Gouvernement un double pouvoir inhérent à la souveraineté politique : « Par le premier de ces pouvoirs, disait-il, le Gouvernement est en droit de réprimer toute entreprise sur la temporalité et d'empêcher que, sous des prétextes religieux, on ne puisse troubler la police et la tranquillité de l'État ; par le second il est chargé de faire jouir les citoyens des biens spirituels, qui leur sont garantis par la loi portant autorisation du culte qu'ils professent ([2]). »

A ces pouvoirs correspondent les différents recours prévus par

---

1. L'ancienne expression d'*appel comme d'abus* n'a plus de raison d'être depuis que les juridictions ecclésiastiques sont abolies. On lira avec fruit, sur l'origine et la nature de ces anciens appels et sur les transformations que la législation a subies, les remarquables chapitres consacrés au droit public ecclésiastique dans le *Cours de droit public et administratif* de M. l'inspecteur général F. Laferrière (t. I, p. 201).

Depuis la loi du 18 germinal an X, l'abus ne donne plus lieu à un *appel*, mais à une réclamation directe au Chef de l'État en son conseil, qui est qualifiée de *recours* par les articles 6, 7 et 8 de la loi de l'an X. L'expression d'*appel comme d'abus* n'en a pas moins continué d'être employée par beaucoup d'auteurs ; mais le Conseil d'État l'a depuis longtemps abandonnée dans ses décisions. Il l'a remplacée par celle de *recours comme d'abus* ou de *recours pour abus.* Cette dernière expression est la seule usitée, depuis 1870, dans la rédaction des décrets.

2. Portalis, *Discours et rapports sur le Concordat*, p. 189.

jour est notifiée, et pour le commissaire du Gouvernement du jour où la décision est rendue ([1]). La requête d'appel est déposée au secrétariat général du Conseil d'État; elle doit être présentée par le ministère d'un avocat au Conseil quand elle émane des parties.

Il est à remarquer que le commissaire du Gouvernement près le conseil des prises possède ici des attributions plus étendues que le commissaire du Gouvernement près les conseils de préfecture; il exerce lui-même le droit d'appel qui n'appartient qu'aux ministres dans les affaires contentieuses. On ne peut cependant pas le considérer comme étant affranchi, dans l'exercice de ce droit, de l'autorité ministérielle, car celle-ci s'impose même aux membres du ministère public de l'ordre judiciaire, quand il s'agit des actions qu'ils exercent comme délégués de l'autorité publique, sinon des conclusions qu'ils prennent à l'audience. Aussi n'hésitons-nous pas à penser que le ministre de la marine dans l'intérêt des capteurs, et le ministre des affaires étrangères en vue d'intérêts internationaux, peuvent enjoindre au commissaire du Gouvernement d'user de son droit d'appel, afin que le Gouvernement en Conseil d'État puisse exercer, lorsqu'il le juge nécessaire, sa juridiction de dernier ressort.

L'appel suspend la répartition définitive du produit des prises entre les capteurs; mais il ne fait pas obstacle de plein droit aux restitutions ordonnées au profit des capturés. Une décision spéciale du juge d'appel peut cependant ordonner qu'il sera sursis à toute exécution, ou que l'exécution provisoire n'aura lieu que sous caution, si le conseil des prises ne l'a déjà décidé ([2]).

L'instruction de l'appel et les communications se font en la forme administrative, par les soins de la section du Conseil d'État qui correspond au ministère des affaires étrangères. L'affaire est portée, sur le rapport de cette section, à l'assemblée générale du Conseil d'État qui en délibère suivant les règles ordinaires. Le Gouvernement est représenté devant elle, non par le commissaire du Gouvernement près le conseil des prises, mais par les conseillers d'État en service extraordinaire représentant les départements ministériels intéressés.

---

1. Décret du 9 mai 1859, art. 6.
2. Décret du 9 mai 1859, art. 6.

---

l'article 6 de la loi organique du 18 germinal an X. On peut distinguer : — 1° les recours formés par l'autorité civile contre une
autorité ecclésiastique à raison d'un des abus suivants : « l'usur-
« pation ou l'excès de pouvoir, la contravention aux lois et règle-
« ments de la République, l'infraction aux règles consacrées par
« les canons reçus en France, l'attentat aux libertés, franchises et
« coutumes de l'Église gallicane » ; — 2° les recours formés par
un ministre du culte contre un supérieur ecclésiastique à raison
de l'atteinte qu'un de ces mêmes abus aurait portée à ses droits
personnels ; — 3° les recours formés par de simples particuliers
contre des ministres du culte pour « toute entreprise ou tout
« procédé qui, dans l'exercice du culte, peut compromettre l'hon-
« neur des citoyens, troubler arbitrairement leur conscience, dé-
« générer contre eux en oppression ou en injure, ou en scandale
« public ».

A ces trois cas généraux d'*abus ecclésiastiques,* l'article 7 des
organiques ajoute un cas d'*abus civil,* qui peut faire l'objet d'un
recours contre une autorité civile, « s'il est porté atteinte à l'exer-
« cice public du culte et à la liberté que les lois et règlements
« assurent à ses ministres ».

Cet article, disait encore Portalis, « est fondé sur la raison naturelle. Si les personnes ecclésiastiques peuvent commettre des abus
contre leurs inférieurs dans la hiérarchie et contre les simples particuliers, les fonctionnaires publics et les magistrats peuvent s'en
permettre contre la religion et contre les ministres du culte. Le
recours au Conseil d'État doit donc être un remède réciproque
comme l'était l'appel comme d'abus ([1]). »

La juridiction exercée par le Gouvernement, dans ces différents
cas d'abus, est donc de même nature. Dès que le droit public
ecclésiastique est menacé d'une atteinte, soit de la part d'une
autorité religieuse, soit de la part d'une autorité civile, le chef de
l'État intervient en son Conseil, comme gardien du pacte concordataire et des lois et coutumes qui sont les fondements de ce droit,
comme arbitre des différends qui peuvent troubler la paix religieuse.

Le législateur a refusé de consacrer, en cette matière, une dis-

1. Portalis, *op. cit*, p. 207.

tinction qui avait été proposée par l'une des commissions de la Chambre des députés chargées d'élaborer la loi organique de 1845 sur le Conseil d'État. D'après un projet rédigé en 1840, le Gouvernement en Conseil d'État ne devait statuer que sur les recours pour abus formés par l'autorité civile contre l'autorité religieuse ou réciproquement ; quant aux plaintes des particuliers ou du clergé inférieur contre l'autorité religieuse, elles devaient être portées devant le Conseil d'État par la voie contentieuse. Cette proposition a été écartée ; le législateur a ainsi manifesté son intention de maintenir à la police des cultes toute son unité sous le contrôle d'un même pouvoir.

On ne saurait donc mettre en doute le caractère politique et gouvernemental de la juridiction que le Chef de l'État, statuant en son conseil, s'est réservée dans tous les cas d'abus. Nous pouvons dès à présent en tirer cette conséquence que les décrets rendus en matière d'abus ne sont pas susceptibles d'être déférés au Conseil d'État pour excès de pouvoir ; en effet, l'autorité dont ils émanent n'est pas au nombre des « autorités administratives » sur lesquelles le Conseil d'État a juridiction en vertu de l'article 9 de la loi du 24 mai 1872 ; elle est une autorité d'ordre gouvernemental qui ne relève pas plus des tribunaux administratifs que des tribunaux judiciaires.

Étendue et limites des pouvoirs du Gouvernement en matière d'abus. — Notre intention n'est pas de rechercher ici quels sont les actes qui peuvent rentrer dans les cas d'abus énoncés en termes généraux par les articles 6 et 7 de la loi de germinal an X, mais quelles sont les décisions que le Gouvernement en Conseil d'État peut prendre, quand il reconnaît le caractère abusif de ces actes.

La décision essentielle contenue dans les décrets d'abus est une censure disciplinaire, un blâme solennellement infligé à celui qui a commis l'infraction. Le Gouvernement déclare qu' « il y a abus » dans l'acte, dans l'écrit, dans le discours qui lui est déféré ; il notifie cette déclaration au délinquant, il l'insère au *Bulletin des lois* ; il peut aussi, s'il le juge opportun, lui donner une plus grande publicité par l'affichage du décret.

A la vérité, cette dernière faculté lui a été contestée, en 1879, par un membre de l'épiscopat atteint d'une déclaration d'abus qui avait été affichée dans son diocèse et aux abords de sa cathédrale ; il considérait que cette mesure constituait une pénalité illégalement appliquée par le Gouvernement, alors surtout que le décret d'abus ne l'avait pas prononcée. Mais cette réclamation a été à bon droit écartée par le ministre des cultes, car on ne saurait contester au Gouvernement le droit de donner aux décrets d'abus, comme à tout autre acte de l'autorité publique, la publicité qu'il juge nécessaire, notamment par voie d'affichage. Ce droit résulte du caractère gouvernemental de la décision, laquelle ne saurait être soumise, en ce qui touche l'affichage, aux mêmes règles que les décisions judiciaires.

La déclaration d'abus n'agit pas seulement comme peine morale et comme censure, elle comporte, dans certains cas, des dispositions accessoires, qui consistent à annuler, à supprimer l'acte abusif, et qui présentent une certaine analogie avec l'annulation pour excès de pouvoir des actes administratifs illégaux.

Examinons successivement ce droit d'annulation et de suppression en matière d'abus civil et d'abus ecclésiastique.

I. *Suppression des actes entachés d'abus civil.* — L'exercice de ce droit ne saurait soulever de difficulté, au point de vue des compétences, lorsque l'acte émane d'une autorité civile, et qu'il est reconnu entaché d'abus par application de l'article 7 des organiques. Le Gouvernement a alors devant lui une autorité qui lui est subordonnée, et qui a commis un véritable excès de pouvoir, puisqu'elle a enfreint les lois qui protègent l'exercice public du culte et la liberté de ses ministres ; il pourrait annuler son acte comme supérieur hiérarchique ; il le peut, à plus forte raison, comme juge de l'abus.

La nature de l'acte et l'illégalité dont il est entaché sembleraient même autoriser un recours au Conseil d'État statuant comme juge des excès de pouvoir ; mais, ainsi que nous le verrons ci-après en parlant de l'influence du recours pour abus sur la compétence du Conseil d'État au contentieux, la jurisprudence s'est prononcée en sens contraire ; elle a déclaré non recevables des recours pour excès de pouvoir formés contre des arrêtés municipaux interdisant des processions, et attaqués comme entravant le libre exercice du culte ; elle a renvoyé les parties à se pourvoir devant le juge de l'abus ([1]).

Il y a peu d'exemples d'actes administratifs directement attaqués et annulés pour abus civil. Dans le passé, on ne peut guère citer que deux cas rappelés par M. de Cormenin: celui d'un préfet qui, en 1803, avait interdit la prédication à des ecclésiastiques, et celui d'un « magistrat de sûreté » qui s'était ingéré dans des questions d'obsèques religieuses et avait ainsi provoqué un recours du cardinal Caprara, légat du Saint-Siège ([2]). On peut mentionner aussi un recours formé contre une décision du ministre des cultes du 22 mars 1851, qui avait privé un curé d'une partie de son traitement, recours qui a pris fin par un désistement ([3]).

Des décisions plus importantes et plus récentes ont prouvé que le recours pour abus n'a pas cessé d'être applicable à l'acte émané d'une autorité civile. Un décret en Conseil d'État du 2 mai 1894, rendu sur un recours formé par le curé de Saint-Denis contre un arrêté du maire de cette ville, a déclaré abusive et a annulé une disposition de cet arrêté qui interdisait « toute exhibition sur la voie publique d'emblèmes servant aux différents cultes ». Le décret se fonde sur ce que cette disposition, « par la généralité de ses termes, est de nature à blesser la liberté de conscience et à dégénérer en oppression ».

1. Conseil d'État, 22 décembre 1876, *Badaroux* ; — 23 mai 1879, *évêque de Fréjus.* — Voy. ci-après, p. 91.

2. Cormenin, *Droit administratif*, v° *Appel comme d'abus*, § 25, note 1. Nous ne croyons pas que, dans le second cas cité par M. de Cormenin, il y ait réellement eu une déclaration d'abus civil, prononcée à la demande du légat du Saint-Siège auquel on aurait sans doute refusé qualité pour le recours. Il nous semble plutôt résulter d'un rapport de Portalis à l'Empereur en date du 10 fructidor an XII, que le Gouvernement n'avait été saisi par le cardinal Caprara que de représentations diplomatiques. « L'instruction du magistrat de sûreté, dit Portalis, est parvenue à la connaissance de M. le cardinal-légat qui a cru devoir adresser ses représentations au grand juge, en le priant d'avertir les magistrats dont la surveillance lui appartient de ne pas dogmatiser sur les points de doctrine dont la décision ne saurait leur compéter... Le grand juge proposa de me faire le renvoi de cette affaire ; je l'ai en conséquence examinée et je viens en rendre compte à V. M. » Les conclusions du rapport sont celles-ci : « J'ai l'honneur de proposer à V. M. de m'autoriser à rassurer M. le cardinal-légat sur l'instruction imprudente et dogmatique du magistrat de sûreté, et à inviter ce magistrat à s'abstenir de toute décision dans une matière où il ne doit, d'après nos lois, que constater les faits et en référer à l'autorité supérieure. » (Portalis, *op. cit.*, p. 541.)

3. Décret sur abus du 30 décembre 1851, *Bessière.*

Des questions d'abus civil se sont aussi plusieurs fois présentées sous forme de *questions préjudicielles d'abus*. En effet, — et c'est là une analogie de plus entre les pouvoirs du juge de l'abus et ceux de la juridiction contentieuse, — le Gouvernement en Conseil d'État peut être appelé à prononcer préjudiciellement sur la validité d'un acte argué d'abus civil, aussi bien que sur l'annulation de cet acte. De même que le Conseil d'État au contentieux réunit les pouvoirs d'annulation et d'interprétation au point de vue de la légalité administrative, de même le Gouvernement en Conseil d'État, juge de l'abus, réunit ces deux pouvoirs au point de vue de la légalité religieuse, c'est-à-dire de la conformité ou de la non-conformité de l'acte aux règles du droit public ecclésiastique.

Dans l'exercice de ce pouvoir, le Conseil d'État a été souvent saisi, sur le renvoi de l'autorité judiciaire, de la question de savoir si des arrêtés municipaux interdisant des processions ou le transport public du viatique étaient ou non abusifs [1]. Ces renvois ont quelquefois donné lieu à des déclarations d'abus civil, notamment dans le décret sur abus du 13 août 1895 (*abbé Lesage*).

Il est à remarquer que, lorsque le Conseil d'État est appelé à statuer sur une question préjudicielle d'abus et qu'il reconnaît que l'acte est abusif, il n'en prononce pas l'annulation comme il le ferait s'il était saisi d'un recours direct. Il n'est, en effet, appelé dans ce cas, qu'à statuer sur la question préjudicielle qui n'est pas une question d'annulation, mais une question de légalité d'acte administratif, tenant en suspens le jugement du tribunal judiciaire. Nous retrouverons la même distinction entre le recours pour excès de pouvoir et les recours tendant à faire statuer sur une question préjudicielle de validité d'un acte administratif [2].

II. *Suppression d'actes entachés d'abus ecclésiastique.* — A l'égard des actes émanés de l'autorité religieuse, la question de savoir si le juge de l'abus doit se borner à les censurer, ou s'il peut aussi les annuler, pouvait présenter des difficultés au point de vue des compétences. En effet, l'annulation d'un acte suppose, de la part

---

1. Décrets sur abus : 1er mars 1842, *curé de Dijon*; — 26 janvier 1880, *Durruty*; — 17 août 1880, *Pineau, Humeau, Ogerdias*; — 27 juillet 1882, *habitants de Rouen*; — 24 juillet 1885, *Arnoult.*

2. Voy. ci-après, livre VII, chap. uniq., § 4.

de l'autorité qui la prononce, une sorte de pouvoir hiérarchique sur celle qui la subit ; il faut donc que l'une et l'autre se meuvent dans la même sphère. Tel n'est pas le cas lorsque la puissance civile est en présence de l'acte d'une autorité purement spirituelle, elle ne peut alors que censurer cet acte, non l'annuler. Mais, si cette autorité spirituelle sort elle-même de sa sphère pour empiéter sur le pouvoir civil, ou pour exercer un prétendu pouvoir religieux qui ne lui appartient pas d'après les lois fondamentales de l'État, le Gouvernement, chargé d'assurer l'application de ces lois, a incontestablement le droit de mettre à néant les décisions qui les violent.

La jurisprudence s'est inspirée de cette distinction. Si l'acte est étranger à l'exercice des pouvoirs spirituels, et s'il est reconnu abusif comme entaché d'usurpation, d'excès de pouvoir, d'infraction aux lois de la République, le décret d'abus en prononce la suppression ; si, au contraire, l'acte est fait dans l'exercice des pouvoirs spirituels, et s'il est reconnu abusif comme contraire aux canons reçus en France, aux règles à observer entre les ministres du culte et le clergé inférieur ou les fidèles, le décret d'abus se borne à le censurer.

Voici quelques exemples de ces diverses décisions.

En ce qui touche les actes entachés d'usurpation ou d'excès de pouvoir, la suppression a été appliquée de tout temps, soit à des ordonnances épiscopales empiétant sur les pouvoirs de l'autorité civile, soit même à des déclarations, mandements, lettres pastorales contenant des critiques ou des censures des actes du Gouvernement. On peut citer parmi les mandements ou écrits supprimés : — une déclaration de l'archevêque de Paris, protestant contre l'ordonnance du 13 août 1831 qui avait ordonné la vente de l'ancien archevêché, propriété de l'État. L'ordonnance sur abus du 21 mars 1837 supprime, en même temps que cette déclaration, celle du chapitre métropolitain qui y avait adhéré, et décide que « la transcription qui en a été faite sur les registres sera considérée comme nulle et non avenue » ; — un mémoire présenté au roi, et faisant opposition au nouveau mode d'administration des séminaires arrêté par le ministre de l'instruction publique et des cultes (6 mars 1835, *évêque de Moulins*) ; — un écrit émané de

divers membres de l'épiscopat et intitulé : « Réponse de plusieurs
évêques aux consultations qui leur ont été demandées relativement aux élections prochaines » (8 août 1863, *archevêque de Cambrai et autres*) ; — des instructions et lettres pastorales contenant
des critiques contre les mesures prises par le Gouvernement à
l'égard des congrégations religieuses, ou contre la législation de
l'enseignement (16 mai 1879, *archevêque d'Aix* ; 28 avril 1883,
évêque d'Annecy et autres) ; une lettre pastorale par laquelle un
évêque intervenait dans les élections municipales (26 avril 1892,
évêque de Mende) ; — plusieurs autres écrits pastoraux constituant
une ingérence de l'autorité ecclésiastique dans des questions réservées à la puissance civile ([1]).

Le Gouvernement a aussi le droit de supprimer les décisions
de supérieurs ecclésiastiques qui porteraient atteinte, en la personne de titulaires inférieurs, à des droits reconnus et protégés
par le concordat et les lois organiques : par exemple, à l'inamovibilité des curés ou des chanoines, laquelle ne peut être remise en
question que par une révocation disciplinaire prononcée dans les
formes canoniques. De telles décisions ne sont pas d'ordre purement spirituel, elles ont plutôt le caractère d'actes d'administration
ecclésiastique ; le juge de l'abus doit pouvoir les mettre à néant si
elles sont entachées d'excès de pouvoir. C'est donc avec raison
qu'un décret du 6 avril 1857 (*évêque de Moulins*) a annulé les actes
par lesquels l'évêque de Moulins avait imposé à plusieurs curés de
son diocèse une renonciation écrite au bénéfice de leur inamovibilité, et l'engagement de n'exercer aucun recours pour abus dans
le cas où l'évêque les révoquerait ou les déplacerait pour raisons
graves ([2]).

1. Voy. 10 janvier 1824, *archevêque de Toulouse* ; — 30 mars 1861, *évêque de Poi-
tiers* ; — 9 juin 1883, *évêque de Langres* ; — 12 février 1886, *évêque de Pamiers* ; —
16 mars 1886, *évêque de Grenoble*.

2. Il est à remarquer que les *visas* de ce décret d'abus qualifient ces actes *d'actes
d'administration* faits par l'évêque. Le dispositif porte : « Il y a abus : 1° dans les
renonciations imposées......; 2° dans l'interdiction de tout recours à la puissance sécu-
lière... Lesquels actes déclarés abusifs sont et demeurent supprimés. »

Cf. une ordonnance du 2 novembre 1835, qui annule un acte d'administration fait,
pendant la vacance d'un siége épiscopal, par un vicaire capitulaire déclarant agir
comme *official*, alors que les officialités ne sont pas reconnues par la loi, et que le
droit de décision appartient, pendant la vacance du siége, aux vicaires capitulaires
réunis. (Cf. Vuillefroy, *Administration du culte catholique*, p. 404, note *b*.)

Au contraire, le Gouvernement, intervenant comme « protecteur » entre les ministres du culte et le clergé inférieur ou les fidèles, lorsque ceux-ci sont victimes de quelque abus de l'autorité spirituelle, se borne à prononcer la déclaration d'abus, sans supprimer ni annuler l'acte. Il procède ainsi, dans le cas de mesures disciplinaires prises contre les membres du clergé, en dehors des formes canoniques ([1]) ; dans le cas de refus de sacrement ayant un caractère injurieux pour les fidèles ([2]), ou « d'entreprises ou procédés » pouvant troubler arbitrairement les consciences et dégénérer en oppression ou en scandale (art. 6, loi 18 germinal an X). Mais il ne pourrait pas infirmer ces actes qui, bien qu'anticanoniques, conservent leur caractère spirituel ; il ne pourrait pas non plus adresser à l'auteur de l'acte abusif des injonctions ou des défenses relatives à son ministère ; il ne pourrait que le censurer par la déclaration d'abus.

Il a été quelquefois dérogé à cette règle sous la Restauration, alors que l'institution d'une religion d'État semblait favoriser certaines interventions du Gouvernement dans les choses du culte. Ainsi, une ordonnance du 11 janvier 1829 (*Bogard*), après avoir déclaré abusif le refus d'un desservant de baptiser les enfants qui lui étaient présentés par une personne non agréée par lui, décide : « En conséquence, il lui est enjoint de s'abstenir à l'avenir de pareil refus. » Nous ne pensons pas qu'un tel dispositif puisse figurer aujourd'hui dans un décret d'abus.

A plus forte raison, le juge de l'abus serait-il sans droit pour connaître une demande d'indemnité dirigée contre un ecclésiastique à raison du dommage qu'aurait causé l'acte attaqué comme abusif ([3]).

---

1. Décrets sur abus : 19 février 1840, *Fournier*.
2. 30 décembre 1838, *de Montlosier*. — Cf. 11 janvier 1829, *Bogard*.
3. Décret du 28 décembre 1871, *Debref*.

II. — INFLUENCE DU RECOURS POUR ABUS SUR LA COMPÉTENCE DU CONSEIL D'ÉTAT STATUANT AU CONTENTIEUX.

Dans quelle mesure la juridiction du Gouvernement en matière d'abus fait-elle obstacle à la juridiction propre du Conseil d'État en matière d'excès de pouvoir ? Spécialement, lorsqu'un acte de l'autorité religieuse ou de l'autorité civile est susceptible d'être attaqué comme abusif, échappe-t-il de plein droit à tout recours par la voie contentieuse ?

Cette question est délicate et doit se résoudre par certaines distinctions. Examinons-la successivement à l'égard des actes émanés d'une autorité religieuse ou d'une autorité civile : nous ne nous occuperons, bien entendu, que des actes ayant le caractère de véritables décisions, car les simples déclarations, mandements ou autres manifestes, ne peuvent évidemment fournir la matière d'un recours contentieux.

Du cas où la décision abusive émane de l'autorité ecclésiastique. — Les autorités ecclésiastiques ne sont point comprises dans la hiérarchie administrative ; elles ne sont pas au nombre des autorités sur lesquelles le Conseil d'État au contentieux a juridiction, en vertu de l'article 9 de la loi du 24 mai 1872 et du principe même de son institution. Cela suffit, selon nous, pour qu'une fin de non-recevoir absolue puisse être opposée à tout recours pour excès de pouvoir tendant à faire annuler directement une ordonnance épiscopale, une décision d'un synode ou d'un consistoire, ou tout autre acte ecclésiastique. La seule question qui puisse se poser est celle de savoir si la juridiction administrative, ayant à interpréter un acte de cette nature ou en apprécier la validité, pour juger un litige de sa compétence, doit surseoir à statuer jusqu'à ce que le juge de l'abus ait prononcé.

Un des cas qui peuvent se présenter est le cas de destitution d'un curé, d'un chanoine, ou de tout autre titulaire ecclésiastique à la nomination duquel le Gouvernement a concouru par voie d'agrément. La révocation ou l'interdiction prononcée par l'autorité ecclésiastique ne peut produire d'effets civils que si le Gouvernement retire son investiture, par un décret qui approuve et ratifie cette révocation. Si ce décret est attaqué, et si le pourvoi conteste la légalité ou la portée de la décision ecclésiastique qui doit servir de base à l'acte civil, il peut en résulter une véritable question préjudicielle d'abus ; à plus forte raison, si un recours pour abus est déjà formé contre la décision ecclésiastique, au moment où le Conseil connaît du recours contre le décret, il doit surseoir à statuer jusqu'à ce que le juge de l'abus ait prononcé ([1]).

Il peut arriver aussi que la décision de l'autorité ecclésiastique intervienne dans une matière mixte, où le caractère administratif domine et dont le contentieux ressortit à la juridiction administrative : telles sont les élections des membres des conseils presbytéraux de l'Église réformée. Ces élections sont des opérations administratives, dont les résultats peuvent être l'objet de recours devant le ministre des cultes et devant le Conseil d'État ; d'un autre côté, elles peuvent être soumises à certaines conditions d'ordre religieux fixées par l'autorité ecclésiastique. Si la contestation porte sur la légalité des décisions qui ont fixé les conditions religieuses de l'électorat, le Conseil d'État au contentieux est-il compétent pour connaître de ce grief, ou doit-il en réserver l'examen au juge de l'abus ?

La question a été implicitement résolue dans ce dernier sens par un arrêt du 11 août 1866 (*Église réformée de Paris*), où on lit : « que si l'autorité civile peut déterminer les conditions civiles et

---

1. Conseil d'État, 18 août 1856, *Régnier*. — Cf. 22 février 1837, *Isnard ;* 29 mars 1851, *Audierne.*

Le Conseil d'État (1er février 1878, *Bruniquel*) n'a cependant pas pensé qu'il dût renvoyer au juge de l'abus la question de savoir si le ministre des cultes avait pu, sur la proposition d'un synode protestant, suspendre un pasteur et partager son traitement avec le suffragant. Mais il convient de remarquer : d'une part, que le synode n'avait émis qu'un *avis*, et que la *décision* émanait du ministre des cultes ; d'autre part, que le pasteur avait été régulièrement destitué par un décret ultérieur approuvant la révocation prononcée par le consistoire. A la vérité, cette révocation était elle-même attaquée comme ayant été faite sans l'avis du conseil presbytéral ; le Conseil d'État a cru pouvoir rejeter ce moyen sans en réserver l'examen au juge de l'abus. Cette dernière solution peut être discutée au point de vue des compétences, car d'après les articles organiques des cultes protestants (art. 6), le Gouvernement s'est réservé de connaître, comme juge de l'abus, « de toutes entreprises des ministres du culte et de *toutes dissensions qui pourront s'élever entre ces ministres* ».

administratives de l'électorat, c'est aux églises seules qu'il appartient de régler et de reconnaître les justifications et les garanties religieuses ». D'après un autre arrêt du 22 décembre 1869 (*consistoire de Caen*), si les églises entreprennent sur les droits de l'autorité civile ou des fidèles, par leurs décisions sur les conditions religieuses de l'électorat, ce n'est pas au ministre des cultes ni au Conseil d'État statuant au contentieux, mais au Gouvernement en Conseil d'État qu'il appartient de connaître des réclamations, et de supprimer, s'il y a lieu, des décisions abusives.

Sur ce dernier point cependant, la jurisprudence paraît s'être modifiée : un arrêt au contentieux du 23 juillet 1880 (*Gâches*), statuant sur des réclamations formées contre des élections de conseils presbytéraux, et fondées sur l'illégalité des conditions religieuses imposées par le consistoire, a décidé que ces conditions avaient constitué un changement à la discipline et que, par suite, elles devaient être tenues pour non avenues, comme n'ayant pas reçu l'approbation du Gouvernement prévue par l'article 5 de la loi organique des cultes protestants. Le Conseil d'État paraît s'être ici inspiré de la jurisprudence qui reconnaît au juge de l'élection la compétence la plus large pour apprécier toutes les circonstances et toutes les décisions capables d'exercer une influence sur la validité des opérations électorales. Peut-être aurait-il hésité davantage s'il avait été appelé à apprécier directement, comme en 1869, des décisions de consistoires ayant un caractère religieux.

On voit que ces questions sont très délicates et que la limite est parfois difficile à tracer entre la compétence de la juridiction contentieuse et celle du juge de l'abus ; mais cette limite n'en existe pas moins et il convient de la rechercher dans chaque espèce, pour éviter toute confusion entre la juridiction qui appartient au Conseil d'État statuant au contentieux et celle que le Gouvernement s'est réservée en matière d'abus.

Du cas où la décision abusive émane d'une autorité administrative. — L'abus civil consiste, comme nous l'avons vu, dans une espèce particulière d'excès de pouvoir commis par une autorité administrative au préjudice de l'autorité religieuse. On pourrait en conclure que le Conseil d'État au contentieux, juge de tous les excès de pouvoirs commis par les autorités administratives, est compétent pour annuler les décisions entachées d'abus civil.

Mais il y a à cela une double objection : d'une part, les excès de pouvoir constituant un abus civil, par cela seul qu'ils portent atteinte au droit public ecclésiastique, sont déférés au juge de l'abus par l'article 7 des organiques ; d'un autre côté, il est admis en jurisprudence que le recours pour excès de pouvoir formé contre un acte administratif cesse d'être recevable, lorsque la partie peut obtenir satisfaction au moyen d'un autre recours institué par la loi.

C'est pourquoi les deux arrêts précités du 22 décembre 1876 (*Badaroux*) et du 23 mai 1879 (*évêque de Fréjus*) ont décidé qu'un arrêté interdisant les processions « *n'est pas susceptible d'être déféré au Conseil d'État par la voie du recours pour excès de pouvoir*, sauf le recours pour abus qui compète à toute personne intéressée, en vertu des articles 7 et 8 de la loi du 18 germinal an X, contre tout acte de l'autorité civile qui porterait atteinte à l'exercice public du culte et à la liberté que les lois et règlements garantissent à ses ministres ».

Il ne faudrait pourtant pas étendre outre mesure la portée de cette jurisprudence et refuser au Conseil d'État statuant au contentieux la connaissance de toute question touchant à l'administration ou à la police des cultes. Pour que le recours pour abus exclue le recours pour excès de pouvoir, il faut que le grief dirigé contre la décision d'une autorité civile soit bien de ceux que l'article 7 des organiques a prévus comme des cas d'abus civils, il faut qu'on reproche à cet acte « une atteinte portée à l'exercice public du culte ou à la liberté que les lois et règlements assurent à ses ministres ».

Mais il en serait autrement s'il s'agissait de décisions intéressant le temporel du culte, le traitement de ses ministres, leur logement, ou la part d'autorité qui appartient au pouvoir civil dans la collation ou le retrait des fonctions ecclésiastiques. Dans ce cas, l'article 7 des organiques ne serait pas applicable, il n'y aurait pas lieu à recours pour abus, et le recours contentieux serait recevable. Aussi le Conseil d'État a-t-il toujours admis qu'on peut lui déférer pour excès de pouvoir : — des décrets sanctionnant la destitution de curés, de chanoines, d'aumôniers, de pasteurs[1] ; — des décrets portant modification ou suppression de circonscriptions

1. Conseil d'État, 29 mars 1851, *Audierne ;* — 18 août 1856, *Régnier ;* — 20 juin 1867, *Roy.* — Cf. 1er février 1878, *Bruniquel.*

Les destitutions de titulaires ecclésiastiques peuvent donner lieu à deux sortes de recours : recours pour abus contre la sentence de déposition ou d'interdiction prononcée par l'autorité ecclésiastique, recours pour excès de pouvoir contre le décret qui la rend exécutoire quant à ses effets civils. Il est évident que la légalité du décret dépend de la légalité de la sentence épiscopale ; si celle-ci est déclarée abusive, ou bien si elle est infirmée en appel par le métropolitain, ou bien enfin si elle est mise à néant par le souverain pontife en vertu d'un bref dûment enregistré, le décret doit être rapporté ou annulé, car le Gouvernement ne peut pas révoquer de sa propre autorité un titulaire ecclésiastique inamovible.

Il y a donc un grand intérêt à ce que la situation du titulaire révoqué soit fixée au point de vue canonique quand le décret qui la sanctionne est attaqué par la voie contentieuse, ou même quand il est soumis à la signature du Chef de l'État. Dans le premier cas, le Conseil d'État doit surseoir jusqu'à ce qu'il ait été statué sur l'appel au métropolitain ou sur le recours pour abus ; dans le second, le Gouvernement doit impartir un délai pendant lequel l'appel ou le recours pourront être formés et jugés. D'anciens usages ont fixé ce délai à deux mois pour l'appel au métropolitain, mais il n'en existe pas pour le recours pour abus, de sorte que le Gouvernement peut être appelé à sanctionner, par un décret de destitution civile, une déposition ecclésiastique qu'il peut être appelé à annuler comme juge de l'abus.

Les graves difficultés qui peuvent naître de cet état de choses ont été signalées au Gouvernement par un avis du Conseil d'État du 19 juin 1851 (*Bégoule*), ainsi conçu :

« Le Conseil d'État qui, sur le rapport du comité de l'intérieur, a pris connaissance d'un projet de décret ayant pour objet de rejeter le recours pour abus formé par le sieur Bégoule contre une ordonnance de l'évêque d'Agen qui l'a destitué de son titre curial ; — considérant que dans l'affaire qui fait l'objet du présent projet de décret, ainsi que dans les affaires du même genre dont le Conseil a été récemment saisi, les décisions épiscopales attaquées ont été approuvées par le Président de la République avant que les recours aient été formés ; — que la marche suivie dans ces affaires pourrait rendre illusoire le droit de recours comme d'abus ; — qu'en effet, l'approbation donnée à la décision épiscopale permet de nommer un nouveau titulaire qui, par le fait même de sa nomination, se trouve lui-même revêtu d'un titre inamovible ; que dès lors le titulaire dépossédé ne pourrait être remis en possession alors même que son recours serait admis ; — que, d'un autre côté, les recours dirigés contre la décision du pouvoir ecclésiastique par la voie d'appel comme d'abus *auraient implicitement pour effet d'atteindre l'acte confirmatif émané du Chef du Gouvernement ;* — que déjà en 1844, le comité de l'intérieur, dans un avis en date du 30 juillet, avait signalé ces inconvénients, et indiqué *la nécessité de fixer un délai dans lequel le titulaire dépossédé aurait la faculté de se pourvoir, et pendant lequel il conviendrait d'ajourner la mesure que le Gouvernement croirait devoir prendre au sujet de la décision attaquée ;* — qu'aujourd'hui les délais consacrés par les anciens usages sont observés pour l'appel de la décision épiscopale devant le métropolitain ; que si ces mêmes délais étaient suivis pour le recours à exercer devant le Conseil d'État, les inconvénients ci-dessus signalés seraient évités ; — qu'il suffirait de n'approuver la déposition d'un titulaire ecclésiastique qu'après s'être assuré : 1º que la décision métropolitaine lui a été régulièrement notifiée ; 2º que le délai du recours est expiré sans que le recours ait été formé, ou, dans le cas contraire, que le recours a été

paroissiales (¹) ; — des décrets supprimant des chapelles non autorisées ; — des arrêtés ministériels approuvant ou réformant des délibérations de synodes ou de consistoires (²) ; — des décrets relatifs à l'administration de caisses diocésaines et de maisons de retraite ecclésiastiques (³) ; — des arrêtés réglant l'usage des cloches (⁴), etc.

A peine est-il besoin d'ajouter que les ministres du culte, dont la liberté sacerdotale est garantie par l'article 7 de la loi de germinal an X, sont uniquement les membres du clergé séculier. Les mesures prises à l'égard des congrégations religieuses peuvent, s'il y a lieu, faire l'objet d'un recours pour excès de pouvoir, mais elles ne peuvent jamais être déférées pour abus par application de l'article 7.

III. — INFLUENCE DU RECOURS POUR ABUS SUR LES POURSUITES JUDICIAIRES.

Peu de textes ont prêté à autant de controverses que l'article 8 des organiques, d'après lequel « le fonctionnaire public, l'ecclé-« siastique ou la personne qui voudra exercer le recours adressera « un mémoire au conseiller d'État chargé de toutes les affaires « concernant les cultes... et, sur son rapport, *l'affaire sera suivie et « définitivement terminée en la forme administrative ou renvoyée, selon « l'exigence des cas, aux autorités compétentes* ». Le rapport de Portalis explique ainsi cette disposition : « Le Gouvernement décide si l'affaire continuera d'être suivie dans la forme administrative, ou si elle sera renvoyée sur les lieux aux autorités compétentes. Cette dernière disposition était nécessaire ; car il peut y avoir des circonstances où il ne s'agisse pas seulement d'un abus, mais d'un dé-

---

rejeté; est d'avis qu'il y a lieu, tout en adoptant le projet de décret, d'appeler l'attention de M. le ministre de l'instruction publique et des cultes sur les observations qui précèdent. »

1. Conseil d'État, 1878, *Sortais* ; 11 mai 1883, *conseil de fabrique du Pescher.*
2. Conseil d'État, 22 décembre 1869, *consistoire de Caen* ; — 1ᵉʳ février 1878, *Bruniquel.*
3. Conseil d'État, 9 février 1883, *évêque de Versailles.*
4. Conseil d'État, 8 août 1882, *Pergod.*

lit ; et dans ces cas la forme administrative doit cesser, parce qu'elle deviendrait insuffisante. Le recours au Conseil d'État ne compète que pour les occasions seulement qui donnaient autrefois lieu à l'appel comme d'abus. »

On s'est demandé si, en vertu de ce texte, un décret d'abus peut déclarer d'office qu'il y a lieu à des poursuites à fin pénale, — ou tout au moins s'il peut autoriser le ministère public ou la partie intéressée à exercer ces poursuites. On s'est aussi demandé si, au cours de poursuites intentées pour infraction à un règlement de police, l'inculpé peut soulever une question préjudicielle d'abus tirée de ce que le règlement auquel il aurait contrevenu serait entaché d'abus civil.

Examinons successivement ces questions.

Des poursuites ordonnées d'office. — Était-il dans la pensée du législateur de l'an X de donner au Gouvernement en Conseil d'État le droit de provoquer lui-même des poursuites contre l'ecclésiastique ou le fonctionnaire dont l'acte serait à la fois abusif et délictueux? Nous pensons que l'article 8 lui donnait ce droit. Si anormale qu'une telle initiative puisse paraître de nos jours, elle n'excédait pas les pratiques admises à cette époque. Un décret du 23 janvier 1811, qui interdit la publication et l'exécution d'un bref du pape, comme contraire aux lois de l'empire et à la discipline ecclésiastique, contient la disposition suivante : « Ceux qui seront prévenus d'avoir, par des voies clandestines, provoqué, transmis ou communiqué ledit bref seront poursuivis devant les tribunaux et punis comme de crimes tendant à troubler l'État... Nos ministres de la justice, de la police et des cultes sont chargés de l'exécution du présent décret. » On sait aussi que l'Empereur alla plus d'une fois jusqu'à frapper lui-même d'internement ou d'exil des membres du clergé accusés d'insoumission. On peut donc admettre que le législateur de l'an X, en ouvrant des voies moins arbitraires à l'autorité du chef de l'État, a cependant voulu lui permettre de décerner, en son Conseil, des ordres de poursuites analogues aux injonctions qui peuvent être adressées aux procureurs généraux par le ministre de la justice.

L'existence de ce droit a paru reconnue par le ministre des cultes dans une affaire d'abus soumise au Conseil d'État en 1883 ; il se demandait s'il n'y avait pas lieu de provoquer contre un membre de l'épiscopat, par une disposition spéciale du décret d'abus, l'application de certaines dispositions du Code pénal. Dans un savant rapport présenté sur cette affaire, le regretté M. P. Collet, président de la section de l'intérieur, tout en reconnaissant que l'article 8 pouvait servir d'appui à de telles conclusions, émettait l'avis qu'il ne devait plus recevoir cette application sous la Constitution qui nous régit : — « Si l'on se rappelle, disait-il, le rôle que le Conseil d'État, présidé par le premier Consul, était appelé à jouer dans l'administration d'après la Constitution de l'an VIII, on comprendra que Portalis ait pu confondre sous une même appellation le *Gouvernement* et le *Conseil d'État*. Notre régime constitutionnel actuel ne comporte plus cette confusion. Le Gouvernement est responsable devant les Chambres. *Votre section n'a pas admis que le Conseil d'État pût ordonner d'office une poursuite criminelle.* De deux choses l'une, en effet : si cet ordre devait être exécuté, il pourrait être, en certains cas, dangereux et inopportun, et exposer le Gouvernement à des difficultés dans le pays et dans le Parlement. Si, au contraire, l'ordre restait inexécuté, il accuserait un dissentiment fâcheux... Nous n'avons pas besoin de rappeler que le ministère public conserve son indépendance et que le silence de notre décision ne sera pas plus une renonciation au droit de poursuivre que le renvoi ne constituerait la mise en mouvement de l'action publique ([1]). »

Autorisation de poursuites. — Si le renvoi aux tribunaux ne peut pas être *ordonné* d'office, doit-il du moins être *autorisé* par le Conseil d'État ? Et le défaut d'autorisation constituerait-il une fin de non-recevoir opposable aux poursuites du ministère public ou des particuliers ? — On sait quelles controverses se sont élevées à ce sujet ; elles ont longtemps duré, et elles ont même abouti, pendant plusieurs années, à une dissidence marquée entre la jurisprudence

---

1. Rapport de M. le président P. Collet sur un recours pour abus formé contre les évêques d'Annecy et autres, jugé par décret du 9 juin 1883. (Archives du Conseil d'État 1883, n° 450 des imprimés.)

de la Cour de cassation et celle du Conseil d'État. Mais cette dissidence a heureusement pris fin en 1888.

Nous n'entrerons pas dans la discussion approfondie des opinions que d'éminents jurisconsultes ont défendues en sens contraire. Nous nous bornerons à rappeler les différentes phases de la jurisprudence administrative et judiciaire.

Jusqu'en 1861, l'article 8 des organiques a été interprété, par la Cour de cassation et par le Conseil d'État, comme subordonnant à l'autorisation du Gouvernement toute poursuite dirigée contre un ministre du culte à l'occasion de ses fonctions, soit par le ministère public, soit par des particuliers usant du droit de citation directe. L'article 8 de la loi du 18 germinal an X constituait ainsi, pour les membres du clergé, une garantie analogue à celle qui résultait de l'article 75 de la Constitution de l'an VIII pour les fonctionnaires civils.

En 1861, la Cour de cassation a inauguré une distinction, dans laquelle elle a persisté depuis lors, entre l'action du ministère public et celle des particuliers : elle a décidé que la première peut s'exercer sans autorisation préalable, mais que la seconde y reste soumise. Cette distinction a été ainsi expliquée dans l'arrêt de la Chambre criminelle du 10 août 1861 (*Lhémeaux*) : — «... aucune disposition des articles susénoncés (art. organ. 6 à 8) ne porte que les ecclésiastiques ne devront jamais être traduits pour des crimes ou délits relatifs à leurs fonctions devant les tribunaux ordinaires de répression sans avoir été préalablement déférés au Conseil d'État ; on objecterait vainement qu'il suffit que l'abus soit contenu dans le délit pour que le fait doive être soumis à la juridiction chargée de déclarer les abus, car il est contraire à tous les principes que, lorsqu'un fait constitue tout à la fois un manquement disciplinaire et un délit, le tribunal disciplinaire doive connaître du fait préalablement et préférablement au tribunal chargé de réprimer le délit : il faudrait une disposition spéciale et formelle qui, par dérogation au droit commun, imposât ce recours préalable même au cas de délit ou de crime... »

Après avoir ainsi décidé que l'autorisation du Conseil d'État n'est pas nécessaire au ministère public, la Chambre criminelle s'efforçait d'établir que cette autorisation est toujours nécessaire aux particuliers : — «... Il est vrai, poursuit l'arrêt, qu'énumérant dans l'article 6 tous les cas d'abus, le législateur y a expressément rangé toute entreprise ou procédé qui, dans l'exercice du culte, peut compromettre l'honneur des citoyens ou troubler arbitrairement leur conscience ; une telle disposition, protectrice de l'honneur et de la considération de la vie privée, a pour effet d'atteindre même le délit de diffamation lorsque, se confondant avec l'acte de la fonction ecclésiastique, la diffamation vient à se produire en chaire et demeure inséparable de l'abus proprement dit ; dans les cas de cette nature, il appartient à la sagesse du législateur de mettre une barrière au-devant de l'action privée et de la soumettre, préalablement à la poursuite devant les tribunaux répressifs, à l'examen et à l'appréciation du Conseil d'État. »

Cette distinction entre les poursuites du ministère public et celles des particuliers a été critiquée à la fois par les partisans et par les adversaires du système de l'autorisation préalable ([1]). Tous ont dit qu'il fallait opter dans un sens ou dans l'autre. De deux choses l'une, en effet : ou bien le « renvoi aux autorités compétentes », prévu par l'article 8 des organiques, doit s'entendre d'un renvoi devant les tribunaux, ou bien il n'a pas cette signification ; dans le premier cas, il doit s'appliquer à toutes les poursuites, quels qu'en soient les auteurs ; dans le second, il ne doit s'appliquer à aucune. La disposition, quel que soit son véritable sens, ne peut pas être scindée. Mais en dépit de ces objections, la Cour de cassation persista dans sa jurisprudence.

Elle y persista également, malgré un argument que les adversaires de toute autorisation préalable croyaient pouvoir tirer du décret-loi du 19 septembre 1870 qui, après avoir abrogé l'article 75 de la Constitution de l'an VIII, abroge en outre « toutes les dispositions de lois générales ou spéciales ayant pour but d'entraver les poursuites dirigées contre les fonctionnaires publics de tout ordre ». A cette objection nouvelle la Cour de cassation a répondu que les ministres du culte ne sont pas des fonctionnaires, et que le décret du 19 septembre 1870 ne leur est pas applicable ([2]).

---

1. Voy. notamment les critiques de M. Faustin Hélie (*Traité de l'instruction criminelle*, t. II) et celles de M. Batbie (*Droit public et administratif*, t. III).

2. Crim. rej. 25 mars 1880.

Pendant la période que nous venons de résumer, quelle a été la jurisprudence du Conseil d'État ? Jusqu'en 1880, elle n'a jamais varié ; elle est restée conforme à la jurisprudence de la Cour de cassation antérieure à 1861 ; elle a continué d'admettre l'autorisation des poursuites, sans distinguer si elles étaient engagées par le ministère public ou par un simple particulier. Aussi le Conseil d'État n'a-t-il pas cessé, même après l'arrêt de 1861, et jusqu'en 1880, de statuer sur les demandes d'autorisation qui lui étaient soumises par les magistrats du ministère public non ralliés à la jurisprudence de la Cour suprême.

En même temps qu'il interprétait ainsi la disposition de l'article 8 des organiques, relative au *renvoi devant les autorités compétentes,* le Conseil d'État la combinait avec la disposition du même article, portant que l'affaire peut être *terminée administrativement.* En conséquence, il procédait ainsi : — ou bien il accordait l'autorisation, et il s'abstenait alors de déclarer l'abus afin de ne pas créer un préjugé défavorable à l'inculpé ([1]) ; — ou bien il déclarait que le fait incriminé n'était pas établi, ou n'avait aucun caractère abusif ou délictueux ([2]) , — ou il reconnaissait que le fait était répréhensible, mais qu'il n'y avait lieu ni à déclaration d'abus, ni à poursuite, à raison des réparations offertes ou des regrets spontanément exprimés par l'inculpé ([3]) ; — ou bien enfin, tout en reconnaissant le bien-fondé de la plainte, il se bornait à déclarer l'abus et terminait l'affaire administrativement ([4]).

Le Conseil d'État exerçait ainsi de la manière la plus large, la plus pondérée, quelquefois la plus indulgente, le haut arbitrage dont il estimait être investi par la loi.

Mais un moment est venu où il a eu des doutes sur la légalité et sur la légitimité de cet arbitrage, tant à l'égard du ministère public que des parties lésées qui demandaient à recourir aux tribunaux.

1. Décrets sur abus : 1er octobre 1858, *Dubois ;* — 1er décembre 1860, *Mercier ;* — 4 juillet 1862, *d'Armaillé ;* — 10 juillet 1869, *Claveau ;* — 12 décembre 1876, *Maréchal.*
2. 11 avril 1873, *Larroque ;* — 2 janvier 1874, *Chenais.*
3. Décrets sur abus : 13 juin 1856, *Guibert ;* — 16 août 1860, *Revellat ;* — 21 juillet 1866, *Lacube ;* — 20 novembre 1867, *Desmons ;* — 26 décembre 1868, *Mérac.*
4. Décrets sur abus : 18 mai 1859, *Lecamus ;* 13 décembre 1864, *Davout ;* — 17 juin 1865, *Blaize ;* — 26 décembre 1878, *Ducroux.*

Il faut bien le reconnaître : du jour où la Cour de cassation, renonçant à une jurisprudence demi-séculaire, a cru devoir, en 1861, dispenser le ministère public de la nécessité de l'autorisation, elle a porté à l'unité du système et à la tradition, une atteinte à laquelle le principe même de l'autorisation devait succomber tôt ou tard ; elle ne pouvait pas empêcher qu'on ne se posât, au sein du Conseil d'État comme ailleurs, ces questions auxquelles elle n'a jamais fait de réponse satisfaisante : pourquoi traiter différemment les poursuites du parquet et celles des parties lésées ? Pourquoi entre deux actions que le Code d'instruction criminelle a mises sur le même rang, en matière correctionnelle, affranchir l'une et entraver l'autre ?... Ajoutez à cela que le décret du 19 septembre 1870 en supprimant l'autorisation préalable à l'égard de tous les fonctionnaires civils, faisait plus vivement ressortir le privilège conservé aux ministres du culte à l'égard des parties lésées. Toutes ces causes réunies ont déterminé, en 1880, un important revirement de la jurisprudence du Conseil d'État.

Ce revirement s'est opéré par trois décrets sur abus du 17 août 1880 (*Pineau, Humeau, Ogerdias*) qui déclarent qu'il n'y a pas lieu de statuer sur des demandes en autorisation de poursuites formées contre des desservants par le ministère public pour infractions à des arrêtés interdisant des processions. On lit dans ces décrets : — « En ce qui touche l'autorisation de poursuites : considérant qu'en spécifiant dans les articles 6 et 7 les divers cas d'abus, la loi du 18 germinal an X n'a eu ni pour but ni pour effet d'édicter des garanties, en faveur des ecclésiastiques, pour ceux de leurs actes qui tomberaient sous l'application des lois pénales. »

Bien que cette rédaction reproduite dans un décret *Maunier* du 9 juillet 1881 et dans cinq autres décrets du même jour, ne visât que des poursuites intentées par le ministère public, la généralité de ses motifs indiquait suffisamment que le système adopté par le Conseil d'État n'était pas celui de la Cour de cassation, mais celui des jurisconsultes qui s'étaient prononcés pour la liberté des poursuites. D'ailleurs, les derniers doutes furent bientôt dissipés par un décret du 17 mars 1881 (*Bertheley*), qui n'était pas moins explicite en ce qui touche les demandes d'autorisation formées par les parties lésées : — « Considérant, dit ce décret, que la demande des époux Bertheley, dans la forme où elle est présentée, tend à obtenir, à raison de faits de violence et d'injures dont le desservant de Sevrey se serait rendu coupable, l'autorisation de le poursuivre devant le tribunal de police correctionnellle ; considérant que la nécessité d'une pareille autorisation ne résulte d'aucun texte de loi ; *que les particuliers ont, aussi bien que le ministère public, le droit de poursuivre directement les ministres du culte devant les tribunaux de droit commun...* » Cette jurisprudence s'est affirmée dans les mêmes termes, par des décrets du 17 janvier 1883 (*Gourmelon*) et du 3 août 1884 (*Bac*).

De son côté, la Cour de cassation, persistant dans sa jurisprudence, a déclaré de nouveau par un arrêt du 19 avril 1883 (*Gilède*) que la poursuite, libre pour le ministère public, reste soumise à autorisation pour les particuliers : — « Attendu que la seule restriction au droit de poursuite est contenue dans l'article 6 qui range dans les cas d'abus les entreprises ou procédés qui, dans l'exercice du culte, peuvent compromettre l'honneur des citoyens..., mais que cette restriction, *qui a pour résultat de soumettre la plainte des particuliers à l'appréciation préalable du Conseil d'État,* ne concerne que l'action privée... »

La dissidence était donc aussi accentuée que possible entre la Cour de cassation et le Conseil d'État, du moins en ce qui touche l'action des particuliers. De là un danger sérieux, celui de paralyser le cours de la justice : en effet, si l'autorité judiciaire saisie de la poursuite déclare qu'elle ne peut pas la juger sans l'autorisation du Conseil d'État, et si, de son côté, le Conseil d'État décide qu'il ne lui appartient pas de donner cette autorisation, la poursuite reste sans juge. Ce danger fut signalé au Gouvernement par une *note* délibérée par l'assemblée générale du Conseil d'État et jointe au décret *Gourmelon* du 17 janvier 1883 : — « Ce désaccord, disait la *note*, crée pour le présent une situation préjudiciable aux particuliers qui sont empêchés de poursuivre devant les tribunaux de droit commun les réparations auxquelles ils prétendent avoir droit, et il peut amener dans l'avenir un véritable désordre, puisque le cours de la justice se trouverait arrêté... Il mérite d'attirer dès aujourd'hui l'attention du Gouvernement. »

Mais cet appel discret à l'intervention du législateur ne fut pas entendu. Quoi de plus rare, d'ailleurs, dans notre histoire législative, qu'un projet de loi destiné à résoudre des difficultés juridiques nées de l'obscurité de la loi ou des variations de la jurisprudence ? N'est-ce pas plutôt aux tribunaux qui constatent ces difficultés à y mettre fin par des solutions conciliantes ? C'est ce qui s'est produit, dans cette occasion, d'abord par une jurisprudence commune que le Conseil d'État et la Cour de cassation ont adoptée au sujet des *questions préjudicielles d'abus,* puis par une franche évolution de jurisprudence que la Cour de cassation a accomplie en 1888, et par laquelle elle s'est ralliée à la doctrine du Conseil d'État.

Indiquons brièvement ces deux dernières phases de la controverse.

Jurisprudence intermédiaire sur les questions préjudicielles d'abus. — La Cour de cassation a admis de tout temps que la loi de germinal an X permet aux parties de soulever devant les tribunaux des *questions préjudicielles d'abus,* qui ont beaucoup d'analogie avec les questions préjudicielles d'interprétation ou de validité des actes administratifs, qui s'élèvent au cours d'un débat judiciaire.

Supposons, par exemple, qu'un ecclésiastique, poursuivi pour infraction à un arrêté de police, qu'il croit contraire au libre exercice du culte, soutienne devant le tribunal de répression que cet arrêté est entaché d'abus civil et qu'il doit être tenu pour non avenu ; la Cour de cassation décide que c'est là une question préjudicielle qui doit être résolue avant tout jugement sur la contravention, et qui ne peut l'être que par le juge de l'abus. Cette jurisprudence, qui s'était affirmée à l'époque où la Cour de cassation ne faisait pas encore de distinction entre les poursuites du ministère public et celles des particuliers ([1]), a été maintenue et confirmée depuis que l'arrêt du 10 août 1861 a établi cette distinction ([2]). Elle est

---

1. Crim. rej. 25 septembre 1835 ; 12 mars 1840. — Voy. Faustin Hélie, *Instruction criminelle,* t. II.

2. Voy. deux arrêts de cassation de la chambre criminelle du 5 décembre 1878 ; deux autres du 25 mars 1880 ; et, en outre, les arrêts de rejet du 26 mai 1882 et du 19 avril 1883.

d'autant plus digne de remarque, qu'elle déroge à la doctrine que la Cour suprême a toujours appliquée lorsqu'il s'agit de poursuites exercées, en vertu de l'article 471, § 15, du Code pénal, pour contravention à un règlement administratif argué d'illégalité : dans ce cas il n'y a jamais de question préjudicielle d'interprétation ou de validité de l'acte administratif, parce que l'autorité judiciaire a qualité pour rechercher elle-même si l'acte administratif est légal et obligatoire.

La question préjudicielle ne surgit que si l'illégalité alléguée, en la supposant établie, revêt le caractère d'un abus ; c'est alors au Gouvernement en Conseil d'État, à l'exclusion des tribunaux judiciaires, qu'il appartient d'apprécier ce grief, et ces tribunaux doivent surseoir jusqu'à ce qu'il se soit prononcé.

Le Conseil d'État s'est toujours associé à cette jurisprudence. Bien qu'il se déclare incompétent, depuis 1880, sur les demandes d'autorisation de poursuite, il a continué de se reconnaître compétent sur les questions préjudicielles d'abus ([1]).

La jurisprudence administrative et judiciaire étant d'accord sur la recevabilité de la question préjudicielle d'abus, en matière d'abus civil, on voit quel parti on a pu en tirer dans les questions d'abus ecclésiastique, pour sortir de l'impasse où l'on se trouvait engagé. Le Conseil d'État, qui déclinait sa compétence devant des demandes d'autorisation, ne pouvait pas la décliner devant des recours pour abus. Il devait donc suffire, pour remettre les poursuites en état d'être jugées, que les demandes d'autorisation se transformassent en recours pour abus, ou en questions préjudicielles d'abus, et que le Conseil d'État et la Cour de cassation consentissent chacun de leur côté à cette transformation. C'est ce qui a été fait. Le Conseil d'État a d'abord montré quelque répugnance à juger des recours pour abus formés au cours d'instances engagées pour diffamation ou voies de fait, et provoqués par un jugement de sursis ; il a dit que c'était là une demande d'autorisation déguisée dont il ne pouvait pas connaître ([2]). Mais bientôt

---

1. Décrets sur abus : 17 août 1880, *Pineau ;* — 4 août 1886, *Lehu ;* — 20 janvier 1887, *préfet du Var.*

2. 17 mars 1881, *Bertheley ;* — 3 août 1884, *Bac.*

il s'est départi de cette rigueur, qui risquait de lui faire méconnaître non seulement sa compétence, mais aussi celle des tribunaux judiciaires.

En effet, le Conseil d'État n'a pas à contrôler les décisions judiciaires qui lui renvoient, même à tort, des questions préjudicielles ; il doit voir ces questions en elles-mêmes, et les juger toutes les fois qu'elles relèvent de sa compétence : or les questions d'abus, qu'elles soient introduites devant lui sur l'initiative des parties et sous forme d'action principale, ou bien à l'instigation d'un tribunal judiciaire et sous forme de questions préjudicielles, sont toujours des questions d'abus : d'où il suit que le Conseil d'État ne peut refuser d'en connaître.

Ces considérations ayant prévalu, le Conseil s'est reconnu juge des recours pour abus formés devant lui, à la suite de jugements de sursis, même quand ces jugements affirmaient la nécessité d'une autorisation. Plusieurs décrets sur abus ont été rendus dans ces conditions en 1886 et en 1887 ([1]).

De son côté, l'autorité judiciaire n'a pas hésité à considérer les décrets qui prononcent l'abus contre un ecclésiastique, au cours de poursuites correctionnelles engagées contre lui, comme produisant les mêmes effets qu'une autorisation de poursuites au point de vue de la régularité de la procédure ([2]).

Jurisprudence nouvelle de la Cour de cassation depuis 1888. — Le désaccord qui subsistait entre la Cour de cassation et le Conseil d'État sur la question d'autorisation de poursuites, avait été atténué au point de vue pratique, mais non effacé au point de vue doctrinal par la jurisprudence que nous venons de rapporter. En droit, la Cour de cassation maintenait la nécessité de l'autorisation préalable déclarée inutile par le Conseil d'État ; mais en fait on transigeait, en assimilant à une autorisation de poursuites, la déclaration d'abus prononcée par le Conseil d'État, soit directement, soit sur le renvoi d'une question préjudicielle d'abus.

---

1. Décrets sur abus : 7 juillet 1886, *Gros ;* — 19 juillet 1886, *Amblard ;* — 20 janvier 1887, *commune de Meulin;* — 13 août 1895, *abbé Lesage;* — *même date, abbé Liénard.*

2. Voy. l'arrêt de la chambre criminelle du 31 mars 1881 (*abbé Humeau*) et les conclusions de M. le procureur général Bertauld.

L'accord doctrinal s'est fait à son tour, entre les deux hautes juridictions par deux arrêts de la chambre criminelle de la Cour de cassation (2 juin 1888, *abbé Cuilhé*, et 3 août 1888, *Chantereau*), qui ont adopté la jurisprudence établie par le Conseil d'État en 1880, ont abandonné la distinction faite par la Cour, depuis 1861, entre les poursuites du ministère public et celles des particuliers, et ont décidé que ces dernières sont dispensées, elles aussi, de toute autorisation préalable ([1]).

On lit dans ces arrêts « que la loi organique du 18 germinal an X a eu pour objet, dans ses articles 6, 7 et 8, de créer une juridiction chargée de connaître des cas d'abus imputés aux supérieurs et autres personnes ecclésiastiques ; mais qu'aucune disposition des articles susénoncés ne porte que les ecclésiastiques ne pourront être traduits, *soit par le ministère public, soit par les particuliers* pour des délits relatifs à leurs fonctions, devant les tribunaux ordinaires de répression, sans avoir été préalablement déférés au Conseil d'État..., qu'il est impossible d'admettre que lorsqu'un fait constitue à la fois un manquement disciplinaire et un délit, le tribunal disciplinaire doive connaître du fait préalablement et préférablement au tribunal chargé de statuer sur le délit ; qu'il faudrait une disposition spéciale et formelle qui, par dérogation au droit commun, imposât ce recours préalable en cas de délit ; que cette disposition n'existe ni à l'égard du ministère public, *ni en ce qui concerne l'action de la partie civile...* »

L'accord qui s'est ainsi fait entre la jurisprudence de la Cour de cassation et celle du Conseil d'État rend-il désormais sans application la jurisprudence établie sur les questions préjudicielles d'abus ? — Il faut distinguer, selon que ces questions auraient pour objet un cas d'abus ecclésiastique ou d'abus civil.

Dans les cas d'abus ecclésiastique, nous avons vu que le jugement par le Conseil d'État d'une question préjudicielle d'abus était un moyen de satisfaire, par une sorte d'équivalent, à la juris-

---

1. Cette jurisprudence avait été devancée par celle de plusieurs cours d'appel qui s'étaient ralliées, depuis 1880, à la doctrine du Conseil d'État, notamment de la cour de Pau dont l'arrêt *Cuilhé*, du 15 mars 1888, avait donné lieu au pourvoi rejeté par l'arrêt précité de la Cour de cassation. — Cf. dans le même sens : Nîmes 29 juin 1888.

En sens contraire : Rennes 30 novembre 1887 (*Chantereau*), dont l'arrêt a été cassé par celui de la chambre criminelle du 3 août 1888.

prudence judiciaire qui exigeait une autorisation de poursuites. Cette autorisation cessant d'être exigée depuis les arrêts de 1888, aussi bien pour les poursuites des particuliers que pour celles du ministère public, la question préjudicielle d'abus ecclésiastique n'aurait évidemment plus de raison d'être.

Si cependant quelque décision judiciaire, non conforme à la nouvelle jurisprudence de la Cour suprême, réservait une question préjudicielle d'abus ecclésiastique, le Conseil d'État, compétent sur cette question, devrait y statuer, comme il le faisait avant les arrêts de la Cour de cassation de 1888. Nous savons, en effet, que l'incompétence de la juridiction de renvoi est le seul motif qui puisse légalement lui permettre de décliner le jugement d'une question préjudicielle ([1]).

Dans les cas d'abus civil, la question préjudicielle d'abus ne se rattache pas à l'idée d'autorisation préalable ; elle tend uniquement à donner satisfaction au principe de la séparation des pouvoirs en faisant résoudre par l'autorité compétente la question de savoir si l'acte administratif à qui l'on reproche cette illégalité particulière qu'on appelle l'abus civil, est ou non entaché de ce vice. Il n'y a là que l'application des règles générales sur la séparation des compétences, avec cette seule particularité que la question préjudicielle d'abus ressortit au Gouvernement en Conseil d'État, tandis que les autres questions de légalité et de validité d'actes administratifs ressortissent au Conseil d'État statuant au contentieux.

La jurisprudence adoptée en 1888 par la Cour de cassation n'a donc eu ni pour but, ni pour résultat de supprimer les questions préjudicielles d'abus civil, ainsi que la Cour elle-même l'a d'ailleurs décidé par des arrêts postérieurs à 1888, et notamment par son arrêt du 19 décembre 1891 (*minist. publ. c. Borel*).

IV. — RÈGLES DE PROCÉDURE.

Quelles parties ont qualité pour former le recours. — D'après l'article 8 de la loi du 18 germinal an X, « le recours compétera

---

1. Voy. tome Ier, p. 501 et suiv.

« à toute personne intéressée ; à défaut de plainte particulière, il
« sera exercé par le préfet. »

Si ce texte avait en vue tous les cas d'abus, sa rédaction serait
incomplète et inexacte. Il ne peut s'appliquer littéralement qu'aux
recours formés par les particuliers, et non à ceux qui sont formés
par le Gouvernement, lorsqu'il juge nécessaire de réprimer un
empiétement de l'autorité ecclésiastique sur ses propres prérogatives.

Dans ce dernier cas, le recours compète en premier lieu au
ministre des cultes. Le silence de l'article 8 à son égard s'explique
par l'organisation particulière qu'avait, en l'an X, l'administration
des cultes, confiée au conseiller d'État Portalis qui traitait directement les affaires religieuses avec le premier Consul. Mais depuis
que les cultes ont été alternativement rattachées aux ministères de
l'instruction publique, de la justice, ou de l'intérieur, il a toujours
été reconnu que le ministre des cultes a qualité, avant les préfets,
pour saisir le Conseil d'État. En fait, depuis la Restauration, c'est
lui qui a exercé le recours dans les cas d'usurpation, d'excès de
pouvoir, d'infraction aux lois fondamentales de l'État.

Dans ces cas, nous pensons que le recours du préfet ne serait
recevable que s'il était formé en vertu d'une délégation du ministre
ou tout au moins avec son autorisation ; on ne saurait admettre,
en effet, que le Gouvernement fût engagé à son insu dans un recours intéressant ses prérogatives et qu'il estimerait mal fondé ou
inopportun.

S'il s'agit d'abus commis au préjudice de particuliers, l'article 8
peut textuellement s'appliquer. Le droit de recours appartient tout
d'abord aux parties lésées ; mais, si celles-ci gardent le silence, il
peut être exercé d'office par le préfet. Le Gouvernement manquerait en effet à sa mission de protecteur s'il s'abstenait de réprimer
« toute entreprise ou tout procédé qui, dans l'exercice du culte,
« peut compromettre l'honneur des citoyens, troubler arbitraire-
« ment leur conscience, dégénérer contre eux en oppression, en
« injure ou en scandale public ». Son intervention pourrait être
d'autant plus nécessaire que les victimes de l'oppression auraient
été plus intimidées et auraient hésité davantage à prendre l'initiative du recours. « Il est de droit naturel, disait à ce propos le rap-

porteur de la loi de l'an X, que les parties intéressées puissent exercer le recours, il est de droit public et politique que les préfets puissent l'exercer d'office ; les préfets sont des magistrats qui ne doivent rester étrangers à aucun des objets qui peuvent intéresser la religion et l'État : ils remplacent, dans cette partie, les anciens procureurs généraux ([1]). »

Des particuliers auraient-ils qualité pour déférer un acte entaché d'empiétement sur la puissance civile, et qui atteindrait en même temps tout un groupe de fidèles dont ils prétendraient faire partie ? Si, par exemple, ainsi que le cas s'est présenté, un évêque menaçait de peines spirituelles les citoyens qui se conformeraient à certaines dispositions de lois ou de règlements, ceux-ci pourraient-ils se pourvoir en leur nom personnel ? Cela revient à se demander si tous les membres d'une même communion, domiciliés dans un diocèse ou dans une paroisse, seraient, en pareil cas, des *personnes intéressées,* dans le sens de l'article 8.

La question est délicate. Si l'on s'inspirait des règles admises en matière de recours pour excès de pouvoir, on pourrait la résoudre affirmativement : en effet, la jurisprudence admet que tous les membres d'une collectivité atteinte par une décision administrative arguée d'excès de pouvoir, par exemple les habitants d'une commune à qui un règlement de police impose des obligations illégales, ont qualité pour en demander l'annulation. Mais il nous semble très douteux que la qualification de « personne intéressée » puisse s'appliquer à tous les fidèles d'un diocèse ou d'une paroisse, alors même qu'ils ne sont ni nommés ni désignés dans l'acte abusif. Pour savoir s'ils sont réellement intéressés, on serait amené à rechercher s'ils sont des « fidèles » et si l'acte leur fait réellement grief ; or, de telles vérifications répugnent à l'esprit de notre législation ; d'un autre côté, si l'on n'en tenait pas compte, tout habitant pourrait se croire autorisé à agir au nom de la puissance publique. C'est pourquoi la qualité de personne intéressée nous paraît devoir être interprétée ici moins largement qu'elle ne l'est en matière d'excès de pouvoir.

Que décider à l'égard des autorités publiques autres que les pré-

1. Portalis, *op. cit.,* p. 210.

fets, par exemple les sous-préfets, les maires, les commissaires de police, etc. ? — Ces fonctionnaires n'ont pas qualité pour former un recours au nom de l'autorité civile, même s'ils ont été personnellement entravés dans leurs fonctions ; en effet, ils n'exercent ces fonctions que comme délégués de la puissance publique, laquelle n'a pour organes légaux, en matière d'abus, que les préfets dans les départements, ou le ministre des cultes pour l'ensemble du territoire. — « Le Gouvernement, disait Portalis, ne doit point abandonner aux autorités locales des objets sur lesquels il importe qu'il y ait unité de conduite et de principe ([1]). » Par application de cette règle, le Conseil d'État a refusé qualité à un maire, qui avait déféré un évêque pour concussion et pour infraction aux lois sur la résidence des titulaires ecclésiastiques ([2]). Mais il a implicitement admis que des maires ou des conseillers municipaux pourraient se plaindre d'imputations dirigées contre eux personnellement, à raison de leur gestion ([3]).

La question s'est également présentée pour les commissaires de police. Nul doute que ces fonctionnaires ne soient sans qualité pour former directement un recours au nom de l'autorité administrative. Mais ils font fonction de ministère public devant les tribunaux de simple police ; à ce titre, ils peuvent être renvoyés, comme tous autres magistrats du ministère public, à faire résoudre des questions préjudicielles d'abus pour le jugement des poursuites par eux intentées. Si l'on suivait ici les règles ordinaires en matière de questions préjudicielles, peut-être devrait-on leur reconnaître qualité, car la solution de ces questions peut être ordinairement provoquée par toute partie en cause. Mais, ainsi que nous l'avons vu, les questions préjudicielles d'abus ne peuvent être introduites que sous la forme de véritables recours pour abus et par les personnes ayant qualité à cet effet ; si donc c'est la puissance

---

1. Portalis, *op. cit.*, p. 209.

2. Décret sur abus, 27 novembre 1859, *Albertini* : «... que les faits imputés *n'intéressent pas directement* le sieur Albertini, que dès lors, aux termes de l'article 8 de la loi du 18 germinal an V, il est sans qualité, soit pour poursuivre la répression, soit pour faire déclarer l'abus. » — Cf. 17 août 1882, *Magné.*

3. Décret sur abus : 9 juin 1879, *commune de Castel-Arrouy* : « Considérant que les paroles..... n'atteignent *ni la personne ni la gestion* des conseillers municipaux... »

publique qui agit, elle ne peut le faire que par ses organes légaux : le ministre des cultes ou le préfet.

Le Conseil d'État l'a ainsi décidé, notamment par un décret du 17 août 1880 (*Pineau*), ainsi conçu : « Considérant que la loi du 18 germinal an X dit expressément qu'à défaut de plainte des particuliers le recours sera exercé d'office par les préfets ; qu'en l'absence de texte précis, la nature toute spéciale de l'appel comme d'abus suffirait pour faire restreindre aux préfets le droit de recourir au Conseil d'État. »

Introduction et instruction du recours. — La procédure d'abus est essentiellement administrative. Le ministère d'un avocat au Conseil n'y est requis dans aucun cas ; il n'est pas non plus interdit, mais il ne peut se produire que dans les conditions ordinaires des affaires non contentieuses ; il en résulte que l'avocat ne pourrait prendre communication du dossier qu'en vertu d'une autorisation du président de la section chargée du rapport de l'affaire.

Le recours pour abus n'est soumis à aucun délai. On ne saurait lui appliquer le délai de trois mois du décret du 22 juillet 1806, puisque la matière n'est pas contentieuse. Nous avons vu que l'absence de tout délai peut, dans certains cas, avoir des inconvénients qui ont été signalés par l'avis du Conseil d'État du 19 juin 1851 ([1]).

Le recours est adressé au ministre des cultes qui en donne connaissance à l'autorité intéressée et l'appelle à fournir ses explications. Il fait procéder, s'il y a lieu, à une instruction locale qui n'est soumise à aucune forme particulière. « L'instruction des affaires, dit Portalis, ne sera ni étouffée ni négligée ; les autorités locales administratives ou judiciaires peuvent également faire cette instruction ; les autorités ne deviennent incompétentes que lorsqu'il s'agit de porter une décision ou un jugement ; elles doivent adresser au conseiller d'État chargé de toutes les affaires concernant les cultes les divers renseignements qu'elles ont pu recueillir ([2])... »

Les recours, réponses et autres pièces de l'instruction sont

---

1. Voy. ci-dessus, p. 95, note 1.
2. Portalis, *op. cit.*, p. 210.

adressés au Conseil d'État par le ministre des cultes, avec un rapport contenant son avis motivé. Le tout est soumis à l'examen de la section correspondant au ministère des cultes. Cette section est celle de l'intérieur, même lorsque les cultes se trouvent temporairement rattachés au ministère de la justice qui ressortit à la section de législation. Il a paru bon que les affaires de cultes ne fussent pas déplacées à chaque changement survenu dans l'organisation des départements ministériels (¹).

Sur le rapport de la section, l'affaire est délibérée en assemblée générale dans la forme ordinaire des affaires administratives. Le décret est rendu sur le rapport du ministre des cultes qui le contresigne.

---

1. L'attribution permanente des affaires de cultes à la section de l'intérieur résulte du règlement du 2 août 1879 (art. 1er).

LIVRE V

CONTENTIEUX DE PLEINE JURIDICTION

———

SOMMAIRE DU LIVRE V.

ment des votes. — Appréciation de la régularité des opérations électorales et des actes administratifs qui s'y rattachent. — Appréciation de la moralité de l'élection.

4. *Règles de procédure.*

Formes et délais des protestations. — Quelles personnes ont qualité pour attaquer les opérations électorales. — Pourvoi devant le Conseil d'État. — Instruction et jugement des contestations. — Des annulations prononcées par voie de conséquences. — De l'exécution des décisions.

5. *Règles particulières à certaines élections.*

Élections des maires et adjoints. — Des délégués sénatoriaux. — Des membres des conseils de prud'hommes. — Des commissions syndicales prévues par la loi municipale du 5 avril 1884. — Des délégués mineurs. — Élections diverses jugées par les ministres, sauf recours au Conseil d'État. — Élections des commissions départementales. — Règles spéciales de procédure.

6. *Démission d'office et option.*

Règles relatives aux membres des conseils généraux. — Aux membres des conseils municipaux. — Des démissions d'office prévues par la loi du 7 juin 1873.

CHAPITRE Ier

CONTENTIEUX DES CONTRATS ADMINISTRATIFS

—

I. — Marchés de travaux publics.

Les contestations qui s'élèvent entre l'administration et les entrepreneurs de travaux publics ont été déférées de tout temps à la juridiction administrative : sous l'ancien régime, aux intendants, sauf recours au Conseil du roi [1] ; pendant la période révolutionnaire, aux directoires de départements [2] ; depuis le Consulat, aux conseils de préfecture sauf appel au Conseil d'État, en vertu de l'article 4 de la loi du 28 pluviôse an VIII : — « Le conseil de « préfecture prononcera... sur les difficultés qui pourraient s'éle- « ver entre les entrepreneurs de travaux publics et l'administra- « tion concernant le sens ou l'exécution des clauses de leurs « marchés. »

Lorsqu'il s'agit de travaux exécutés dans une colonie, la compétence appartient au conseil du contentieux de cette colonie, sauf appel au Conseil d'État [3].

Si les travaux sont exécutés en pays étranger, — ce qui arrive notamment pour la construction des édifices destinés aux ambassades, légations ou consulats de France, — la règle de la compétence territoriale, à laquelle sont soumis les tribunaux administratifs de premier ressort, fait obstacle à ce que les contestations soient portées devant un conseil de préfecture de France ou devant le conseil du contentieux d'une colonie voisine ; aussi est-ce

---

1-2. Voy. tome Ier, p. 141 et 190.
3. Voy. tome Ier, p. 384.

avec raison que le Conseil d'État a annulé pour incompétence un arrêté du conseil de préfecture de la Seine, qui avait statué sur une contestation relative à la construction du consulat général de France à Smyrne ([1]). On doit donc appliquer aux marchés de travaux publics exécutés à l'étranger les mêmes règles de compétence et de procédure qu'aux marchés de fournitures, c'est-à-dire provoquer une décision du ministre compétent (ordinairement le ministre des affaires étrangères) et la déférer, s'il y a lieu, au Conseil d'État ([2]).

Si cependant il s'agissait d'un travail exécuté sur un territoire français, se prolongeant sur un territoire étranger limitrophe (route, chemin de fer, canal), et faisant l'objet d'un marché ou d'une concession unique, l'indivisibilité de l'entreprise devrait faire décider que le conseil de préfecture est compétent pour les contestations relatives à la partie des travaux exécutée hors de France ([3]).

Bases légales des marchés. Autorité des cahiers des charges. — Malgré leur importance exceptionnelle, les marchés et les concessions de travaux publics n'ont pas fait l'objet de lois spéciales. Le Code civil ne peut leur fournir que des principes généraux formulés dans le titre des *Contrats,* et quelques dispositions du titre du *Louage d'ouvrage.*

La loi du 31 janvier 1833 avait prescrit des règlements d'administration publique sur les marchés de l'État. Mais cette loi et les règlements faits pour son exécution (ordonnance du 4 décembre 1836 et décret du 20 novembre 1882) n'ont eu en vue que les garanties d'ordre administratif et financier à prendre dans l'intérêt de l'État et n'ont pas statué sur les conditions mêmes des marchés.

Ces conditions ne sont pourtant pas abandonnées, dans chaque contrat particulier, à l'appréciation de l'administration. Elles sont fixées par des *cahiers des clauses et conditions générales,* qui ont un

1. Conseil d'État, 21 mai 1880, *Vitalis.*

2. Telle a été la marche suivie dans une contestation relative à la construction du consulat de France à Shanghaï, sur laquelle le Conseil d'État a statué après décision du ministre des affaires étrangères (9 avril 1873, *Rémi de Montigny*).

3. Conseil d'État, 11 juillet 1890, *Cauro.* Il s'agissait, dans cette affaire, d'une route exécutée sur le territoire du département de Constantine, où le marché avait été passé, et se prolongeant sur le territoire de la Tunisie.

caractère à la fois contractuel et réglementaire : contractuel, en ce que leurs stipulations viennent s'ajouter à celles de chaque marché particulier, et qu'elles sont proposées toutes ensemble à l'acceptation des soumissionnaires ; réglementaire, en ce que l'administration doit s'y conformer, et n'y peut déroger que dans des cas exceptionnels. Ainsi tous les travaux des ponts et chaussées sont régis par le cahier des clauses et conditions générales du 16 novembre 1866 modifié par l'arrêté du 16 février 1892 ; ceux du génie, par le cahier du 25 novembre 1876. Les arrêtés ministériels qui les ont mis en vigueur portent que tous les marchés relatifs à ces travaux, qu'ils soient passés par adjudication ou de gré à gré, sont soumis à leurs clauses et conditions. On peut donc les considérer comme la base légale et permanente de ces contrats.

Pour les concessions de chemins de fer et autres ouvrages publics construits aux frais du concessionnaire et susceptibles d'être exploités par lui, il n'existe pas de cahiers des clauses et conditions générales, mais des *cahiers-types,* qui remplissent le même but ; leurs clauses, reproduites dans chaque contrat particulier, lui donnent la fixité nécessaire.

Les cahiers des clauses et conditions générales peuvent déroger aux règles ordinaires des contrats, dans la mesure où **un accord** contractuel permet à toutes parties de le faire, c'est-à-dire à condition que les stipulations soient licites, qu'elles ne soient pas léonines, ni aléatoires au point de dégénérer en jeu ou pari ; ce dernier vice ne saurait d'ailleurs être reproché aux marchés à forfait, qui sont prévus par l'article 1793 du Code civil, et qui peuvent porter soit sur l'ensemble d'un ouvrage, soit sur quelques-unes de ses parties ([1]).

Les cahiers des charges ne peuvent pas déroger aux lois de compétence, qui sont toujours réputées d'ordre public. On devrait donc tenir pour non avenues les clauses qui enfreindraient la loi

---

1. Dans la pratique, le forfait n'est jamais stipulé pour l'ensemble de l'ouvrage, à moins qu'il ne s'agisse de travaux d'architecture peu importants et peu coûteux. Mais l'administration y a souvent recours, surtout pour les travaux de chemins de fer directement exécutés par l'État, quand il s'agit de fixer le prix des déblais d'une tranchée, d'un tunnel, dans des terrains dont la nature n'a pas pu être suffisamment vérifiée. Dans ce cas, la stipulation est licite, malgré le caractère très aléatoire qu'elle peut présenter.

du 28 pluviôse an VIII, en attribuant, par exemple, au tribunal civil ou au ministre des contestations que cette loi défère aux conseils de préfecture (¹).

La jurisprudence a cependant admis que si les cahiers des charges ne peuvent pas déroger aux règles de la compétence *ratione materiæ*, ils peuvent modifier celles de la compétence *ratione loci*, décider, par exemple, que toutes les contestations intéressant une même entreprise seront portées devant un conseil de préfecture déterminé, quel que soit l'emplacement des travaux litigieux. C'est ainsi que le conseil de préfecture de la Seine a été désigné par les cahiers des charges des compagnies de chemins de fer ayant leur tête de ligne ou leur siège social à Paris, pour le jugement de toutes les difficultés survenues entre elles et l'administration sur un point quelconque de leur réseau.

Ces cahiers ne peuvent pas déroger non plus à la règle des deux degrés de juridiction (²), ni aux dispositions essentielles des lois de procédure. Mais ils peuvent soumettre à des délais spéciaux les réclamations des entrepreneurs, et même exiger qu'elles soient adressées aux représentants de l'administration avant d'être portées devant le conseil de préfecture. Nous aurons à revenir sur ce point en parlant des règles de procédure.

A quels marchés s'applique la loi de pluviôse an VIII. — La loi du 28 pluviôse an VIII défère d'une manière générale aux conseils de préfecture les contestations qui s'élèvent entre l'administration et les entrepreneurs de travaux publics sur le sens et l'exécution de leurs marchés.

L'expression de *marché* doit être prise ici dans son acception la plus large ; elle ne s'applique pas seulement aux marchés ou *entreprises,* exécutés sous la direction immédiate de l'administration et moyennant un prix convenu, mais encore aux *concessions,* c'est-à-dire aux contrats qui chargent un particulier ou une société d'exécuter un ouvrage public à ses frais, avec ou sans subvention ou garantie d'intérêt, et qui l'en rémunèrent en lui confiant l'ex-

---

1. Conseil d'État, 18 juin 1852, *Chapot* ; — 7 février 1867, *Vidal.*

2. Conseil d'État, 23 juin 1853, *Nougaret* ; — 21 juillet 1853, *commune de Gesté.*

ploitation de l'ouvrage, avec le droit de percevoir des péages ou des prix de transport.

La juridiction des conseils de préfecture s'étend également, d'après une jurisprudence constante, à tous les contrats de louage de service ou d'ouvrage passés entre l'administration et les architectes, artistes ou artisans directement employés par elle ; mais elle ne s'applique pas aux contrats d'une autre nature, par exemple aux achats ou locations d'outils et machines employés sur les chantiers, aux fournitures des produits artistiques ou industriels destinés à prendre place dans l'ouvrage public, quand le vendeur ou fournisseur se borne à livrer la chose louée ou vendue, ou n'exécute qu'un travail secondaire de pose et d'adaptation. Ces derniers contrats ne sont pas des marchés de travaux publics, mais des marchés de fournitures, qui relèvent soit du ministre sauf recours au Conseil d'État, soit des tribunaux judiciaires, selon qu'ils sont passés avec l'État ou avec une autre administration.

En dehors de ces contrats, où l'on peut assez aisément distinguer le marché de travaux publics du marché de fournitures, il en est d'autres qui ont un caractère véritablement mixte, où domine même le marché de fournitures, et que la jurisprudence a cependant soumis à la juridiction des conseils de préfecture en les assimilant à des marchés de travaux publics. Tels sont : les marchés de distribution et de fourniture d'eau, de gaz, d'électricité dans les villes, parce qu'ils exigent des travaux de canalisation ; — les marchés de balayage et de nettoiement des voies publiques, parce qu'ils contribuent à leur entretien ; — les marchés pour la fourniture et la pose de fils télégraphiques, et même de câbles sous-marins, parce que, bien qu'immergés hors du territoire ils ont des points d'attérissement nécessitant des travaux qui ont le caractère de travaux publics (¹), — les marchés pour le service des prisons,

1. Conseil d'État, 1ᵉʳ mai 1891, *Anglo-American Telegraph Company.* — Un arrêt du 21 janvier 1871, *Siémans*, a même décidé que le conseil de préfecture était compétent sur un marché qui n'avait pour objet que la fourniture et non la pose d'un câble électrique ; mais cet arrêt nous paraît être allé trop loin, car si la jurisprudence permet de faire facilement prévaloir, dans un même contrat l'idée de travail public, sur celle de fourniture, encore faut-il que le marché prévoie l'exécution de quelque ouvrage ; il ne suffirait pas, pour que le conseil de préfecture fût compétent, que la fourniture fût destinée à un travail à exécuter ultérieurement en vertu d'un autre marché.

le travail, la nourriture et l'habillement des détenus, parce que les cahiers des charges imposent ordinairement aux adjudicataires certains travaux d'entretien des bâtiments ; — les entreprises de pompes funèbres (¹).

On doit reconnaître que le lien est parfois fragile entre l'objet de ces marchés et l'idée de travail public ; qu'en tous cas ce n'est pas cette idée qui y tient le plus de place. On en pourrait conclure que, lorsqu'un contrat est mixte, il n'est pas nécessaire que le marché de travaux publics y domine ; il suffit qu'il y apparaisse, même sous une forme très atténuée, pour que la compétence du conseil de préfecture en résulte. La jurisprudence a peut-être ainsi donné à la loi de pluviôse an VIII une extension que n'avaient pas prévue ses auteurs ; mais elle n'en doit pas moins être tenue pour acquise : le Tribunal des conflits et le Conseil d'État l'ont consacrée par de nombreuses décisions, spécialement pour les distributions d'eau et de gaz et pour le service des prisons (²).

On doit également considérer comme définitivement établie, — malgré de longues controverses aujourd'hui éteintes, — la jurisprudence qui applique indistinctement la loi de pluviôse an VIII à tous les marchés de travaux publics, qu'ils soient faits pour le compte de l'État ou pour celui des départements ou des communes. Cette jurisprudence est conforme au texte de la loi, qui parle des contestations entre l'*administration* et les entrepreneurs, et qui s'applique ainsi à toute administration publique. Elle n'est pas moins conforme à l'esprit général de notre législation, car plusieurs lois soumettent à la compétence des conseils de préfecture des travaux exécutés par des entreprises particulières et présentant un intérêt général, — tels que les travaux de desséchement de marais, d'assèchement des mines et ceux qui sont exécutés par les associations syndicales autorisées ; — à plus forte raison doit-il en être ainsi pour les travaux exécutés dans un but d'intérêt général, par les départements, les communes et les établissements chargés d'un service public.

---

1. Pour ces dernières entreprises, l'assimilation faite par la jurisprudence s'appuie sur le décret du 18 mai 1806 (art. 15), qui prescrit de les adjuger « selon le mode établi par les lois et règlements pour tous les travaux publics ».
2. Conseil d'État, 28 novembre 1880, *Collard* ; — 23 décembre 1881, *Alléguen*.

De la compétence sur les conventions financières qui se rattachent à un marché de travaux publics. — Lorsque le caractère de marché de travaux publics est acquis à un contrat, le conseil de préfecture est-il compétent sur toutes les contestations auxquelles peuvent donner lieu les clauses et conventions financières insérées dans ce contrat, telles que les clauses relatives aux subventions, garanties d'intérêt, partages de bénéfices, etc.? Cette question doit être résolue affirmativement, à moins d'exceptions résultant de textes spéciaux.

Les clauses dont il s'agit font corps avec le marché de travaux publics, elles fixent certaines conditions de son exécution ; on ne peut donc les discuter sans discuter l'application même du contrat administratif. Quelques décisions du Conseil d'État et de la Cour de cassation avaient cependant jugé qu'on pouvait détacher d'un marché de distribution d'eau et de gaz les clauses relatives à un partage des bénéfices entre la ville et la compagnie, et porter devant les tribunaux judiciaires les litiges auxquels ces clauses donnaient lieu(¹) ; mais le Tribunal des conflits n'a pas adopté cette jurisprudence ; il a, au contraire décidé (16 décembre 1876, *ville de Lyon*) que le conseil de préfecture est compétent, par application de l'article 4 de la loi du 28 pluviôse an VIII : — « Considérant que cette disposition est générale, qu'elle attribue compétence à la juridiction administrative *à l'égard de toutes les contestations qui peuvent naître à l'occasion des marchés de travaux publics...* ; que l'article du traité sur lequel est basée la demande formée par la ville de Lyon est une clause du marché, contenant stipulation au profit de la ville d'une participation éventuelle aux bénéfices de l'exploitation ; que cette clause constitue une condition essentielle de la prorogation de concession faite par la ville, qu'il suit de là que l'autorité administrative était seule compétente pour fixer entre les parties le sens de cette clause et les conditions de son application. » — La Cour de cassation s'est ralliée à cette jurisprudence par un arrêt du 2 mars 1880 (*Union des gaz*).

Par exception, quand il s'agit des conventions financières pas-

---

1. Conseil d'État, 20 mars 1862, *Compagnie grenobloise* ; — Rep. rej. 24 juillet 1867, *même partie.*

sées entre l'État et les grandes compagnies de chemins de fer, relativement à la garantie d'intérêt et au partage des bénéfices, la décision n'appartient pas au conseil de préfecture, mais au ministre des travaux publics, sauf recours au Conseil d'État. Le ministre arrête les comptes et fixe les sommes à acquitter de part et d'autre, sur le rapport d'une commission spéciale, dite *Commission de vérification des comptes des compagnies de chemins de fer,* composée de délégués du ministre des travaux publics et du ministre des finances, et présidée par un conseiller d'État.

Cette attribution de compétence résulte de règlements d'administration publique qui avaient été prévus par les conventions passées en 1859 entre l'État et les compagnies de chemins de fer, et approuvées par le décret du 11 juin 1859 et la loi en date du même jour ([1]).

La référence à ces règlements se retrouve également dans les nouvelles conventions passées, en 1883, avec les grandes compagnies de chemins de fer.

La compétence du ministre s'applique-t-elle exclusivement aux *comptes* de garantie d'intérêt et de partage des bénéfices, ou bien s'étend-elle à tout le contentieux de ces clauses, et notamment aux questions d'interprétation ou d'exécution qu'elles peuvent soulever ? Cette dernière solution a été implicitement admise par deux arrêts du Conseil d'État du 12 janvier 1895 (*Chemin de fer du Midi* et *Chemin de fer d'Orléans*) qui ont statué sur un recours formé contre une décision par laquelle le ministre des travaux publics enjoignait

---

1. Voy. les décrets du 6 mai 1863 (art. 18 et suiv.), rendus en exécution des conventions passées avec les Compagnies *du chemin de fer d'Orléans,* de l'*Ouest* et du *Midi ;* — le décret du 6 juin 1863, relatif à la *Compagnie de Lyon* (art. 19 et suiv.).

Le principe d'après lequel les compétences ne peuvent être réglées que par la loi, et ne peuvent résulter ni de simples décrets ni de clauses d'un cahier des charges, aurait pu faire obstacle à la compétence ministérielle substituée, en cette matière, à celle du conseil de préfecture. Mais, à l'époque où cette règle a été édictée pour les questions de garantie d'intérêt et le partage des bénéfices, la jurisprudence ne s'était pas encore prononcée en faveur d'une compétence générale du conseil de préfecture, et les arrêts précités (p. 125, note 1) paraissaient même l'exclure ; l'attribution de compétence au ministre des travaux publics en vertu des conventions de 1859 pouvait donc être considérée comme non contraire à la loi de pluviôse an VIII. Plus tard, lorsque la jurisprudence du Tribunal des conflits s'est prononcée en faveur d'une compétence générale des conseils de préfecture, les pouvoirs du ministre et de la commission de vérification des comptes étaient reconnus depuis quinze ans et ne pouvaient plus être pratiquement remis en question.

à ces compagnies de mentionner sur leurs obligations une date d'expiration de la garantie d'intérêts qui était contestée par elles.

Il semble d'ailleurs rationnel que la même compétence soit admise sur toutes les questions de garantie d'intérêt ou de partages des bénéfices qui sont ou qui seront des éléments de règlement des comptes réservés au ministre par le décret de 1863.

Cette compétence du ministre des travaux publics, et la dérogation qui en résulte à la compétence générale des conseils de préfecture, ont été étendues aux chemins de fer d'intérêt local et aux tramways par l'article 8 du règlement d'administration publique du 20 mars 1882, rendu en exécution de l'article 16 de la loi du 11 juin 1880. Pour ces concessions, comme pour celles des chemins de fer d'intérêt général, les questions de garantie d'intérêt et de partage des bénéfices sont soumises au ministre qui décide, sauf recours au Conseil d'État (¹).

Le ministre des travaux publics n'ayant été substitué au conseil de préfecture que dans les conditions prévues par les décrets du 6 mai 1863 et du 20 mars 1882, c'est-à-dire seulement pour les questions de garantie d'intérêt et de partage de bénéfices, il en résulte que le conseil de préfecture reste compétent pour les stipulations financières étrangères à la garantie d'intérêt et au partage de bénéfices, par exemple pour celles qui sont relatives aux subventions et au rachat (²).

De la compétence sur les offres de concours. — La jurisprudence a assimilé à des marchés de travaux publics les *offres de concours* en argent ou en terrains faites par les départements, les communes ou les particuliers, en vue d'obtenir ou de faciliter l'exécution d'un travail public. A la vérité, ces engagements n'impliquent aucun louage d'ouvrage, aucune participation directe aux travaux; ils constituent un contrat administratif spécial, un contrat *do ut facias*, dont il eût été difficile de spécifier la nature et de

1. Voy. aussi le décret du 23 décembre 1885 modifiant et complétant certaines dispositions du décret du 20 mars 1882.

2. Conseil d'État, 8 février 1895, *Chemin de fer de Lyon*. Dans cette affaire, où la compétence du conseil de préfecture a été reconnue, il s'agissait d'une subvention de l'État sous forme de participation à l'achat de terrains nécessaires à l'exécution de travaux de la compagnie.

déterminer la compétence autrement que par voie d'analogie. L'assimilation qui a prévalu entre les offres de concours et les marchés de travaux publics est conforme à l'objet essentiel de ces conventions, puisqu'elles tendent à l'exécution des travaux. On aurait pu aussi, comme le proposait M. Serrigny, justifier la compétence du conseil de préfecture en assimilant ces subventions volontaires aux subventions forcées prévues par la loi du 16 septembre 1807, sous forme d'indemnités de plus-value (¹).

Aussi la jurisprudence du Conseil d'État, affirmée depuis 1839 par de nombreuses décisions (²), a-t-elle été acceptée par la Cour de cassation et par le Tribunal des conflits (³). Le seul point sur lequel elle a été plus lente à se fixer, est celui de savoir si, lorsque l'offre de concours a uniquement des terrains pour objet, elle doit être assimilée non plus à un marché de travaux publics, mais à une cession d'immeubles relevant des tribunaux judiciaires. Nous avons vu, en étudiant les limites respectives de la compétence administrative et judiciaire, que la jurisprudence, après quelques hésitations, a définitivement consacré la compétence du conseil de préfecture (⁴).

Limites de la compétence du conseil de préfecture à l'égard de l'autorité judiciaire. — Nous venons de voir que le conseil de préfecture est investi d'une compétence très étendue à l'égard de tous les contrats relatifs aux travaux publics et des stipulations de toute nature insérées dans ces contrats ; mais il ne faut pas oublier

1. Serrigny, *Compétence administrative*, t. II, p. 193.

2. Les plus anciennes décisions nous paraissent être les suivantes, rendues sur conflit : — 20 avril 1839, *préfet du Cher ;* — 7 décembre 1844, *département de la Dordogne ;* — 18 décembre 1846, *commune de Nanteuil.* La jurisprudence du Conseil d'État n'a jamais varié depuis.

3. Civ. cass., 20 avril 1870, *Roblin ;* — 4 mars 1872, *de la Guère.* — Tribunal des conflits, 16 mai 1874, *Dubois ;* — 13 avril 1875, *Estancelin ;* — 27 mai 1876, *de Chargère.*

4. Voy. tome Iᵉʳ, p. 561 et suiv. —Cette solution, en ce qui touche les offres ayant des terrains pour objet, a été remise en question par un arrêt de la Cour de cassation (18 janvier 1887, *Guillaumin*) ; mais la compétence du conseil de préfecture a été de nouveau très nettement affirmée par une décision du Tribunal des conflits du 30 juillet 1887 (*Guillaumin*), intervenue dans la même affaire, après renvoi devant la Cour d'Orléans, qui avait statué dans le même sens que la Cour de cassation (*Orléans*, 7 avril 1887).

que la loi de pluviôse an VIII n'a déféré aux conseils de préfecture que les contestations entre l'entrepreneur et l'administration. Celles qui s'élèvent entre l'entrepreneur et des tiers relèvent des tribunaux judiciaires, à moins qu'il ne s'agisse de questions de dommages causés par les travaux publics, d'occupations temporaires, d'extractions de matériaux, questions que la loi de l'an VIII défère, entre toutes parties, au conseil de préfecture.

Le conseil de préfecture est donc incompétent pour connaître des contestations entre l'entrepreneur et ses sous-traitants, ou entre le concessionnaire et ses propres entrepreneurs ; en matière de concession, la qualité d'entrepreneur n'appartient, au regard de l'administration, qu'au concessionnaire chargé d'exécuter le travail et il n'existe aucun lien de droit entre elle et ceux qu'il associe à cette exécution ([1]).

Il en est de même pour les contestations de l'entrepreneur avec ses bailleurs de fonds, associés, fournisseurs de matériaux, ouvriers ; pour celles du concessionnaire exploitant un chemin de fer, un pont à péage, un canal, avec les tiers sur lesquels il perçoit des péages ou des prix de transport déterminés par les tarifs ([2]).

L'autorité judiciaire serait également compétente, même entre l'administration et son entrepreneur, si la contestation portait sur des questions de propriété, de privilège d'hypothèque ; le conseil de préfecture devrait, selon les cas, se dessaisir du fond de ces litiges ou des questions préjudicielles nécessaires à leur solution ([3]).

Limites de la compétence du conseil de préfecture à l'égard de l'autorité administrative. — En principe, le contentieux des marchés de travaux publics est, pour le conseil de préfecture, un contentieux de pleine juridiction qui comporte l'appréciation de

1. Conseil d'État, 22 novembre 1863, *Zœppenfeld* ; — 5 décembre 1873, *Martin*. Tribunal des conflits, 23 novembre 1878, *Séblin*.

2. Sur les questions de compétence auxquelles peut donner lieu l'application des tarifs, voy. tome Ier, p. 639 et suiv.

3. Conseil d'État, 15 avril 1858, *Sarrat* (question de privilège de l'État sur la valeur de matériel d'un entrepreneur en faillite) ; — 7 août 1875, *Chérel* (question de radiation d'inscriptions hypothécaires) ; — 22 décembre 1882, *Société Michel* ; et Tribunal des conflits, 11 décembre 1880, *Grandin* (questions relatives à des emprunts et à des émissions d'obligations destinés à pourvoir à la dépense des travaux).

toutes les décisions par lesquelles l'administration exerce les droits qu'elle croit tenir de son marché. Ce tribunal ne saurait donc décliner sa compétence devant les décisions de cette nature, sous prétexte qu'elles émaneraient d'autorités qui ne lui ressortissent pas. Les ministres, les préfets, les maires, sont justiciables du conseil de préfecture lorsqu'ils représentent l'État, le département ou la commune, dans ses rapports avec un entrepreneur ou un concessionnaire. Leurs décisions ne sont pas, en cette matière, des actes de puissance publique relevant directement du Conseil d'État, mais des actes de gestion, qui se rattachent étroitement au marché, concourent à en former le contentieux et sont soumis aux mêmes juges.

Il suit de là que les arrêtés de mise en régie pris par les préfets, les décisions rendues par les ministres pour résilier un marché, ordonner une réadjudication à la folle enchère de l'entrepreneur, saisir son cautionnement, prescrire à une compagnie de chemin de fer la pose d'une voie, la construction d'une gare, l'ouverture d'une avenue d'accès, etc., et généralement toutes les décisions prises par l'autorité administrative dans l'exercice des pouvoirs qu'elle tient des cahiers des charges, peuvent être discutées devant le conseil de préfecture et en appel devant le Conseil d'État. Il s'ensuit également que les entrepreneurs ou concessionnaires à qui ces actes font grief ne peuvent pas directement les attaquer devant le Conseil d'État pour excès de pouvoir, car cette procédure tendrait en réalité à supprimer un degré de juridiction et à modifier les lois de compétence et de procédure applicables aux marchés de travaux publics (¹).

---

1. Conseil d'État, 15 décembre 1869, *Joret ;* — 8 février 1878, *Chemin de fer de Lyon ;* — 6 août 1881, *Perrot ;* — 29 juillet 1887, *Chemin de fer de Lyon ;* — 14 mars 1890, *Simonet ;* — 16 mai 1890, *Chemin de fer du Midi.*

Le recours direct au Conseil d'État est cependant admis contre les décisions ministérielles qui approuveraient des adjudications irrégulières ou qui déclareraient adjudicataire un soumissionnaire qui n'aurait pas fait le plus fort rabais, parce qu'il s'agirait ici de décisions antérieures à la conclusion du marché (19 janvier 1868, *Servat ;* — 26 janvier 1877, *Toinet*).

Le recours direct serait également recevable, en vertu de dispositions spéciales de la loi du 11 janvier 1880 (art. 7), contre les arrêtés ministériels prononçant la déchéance d'une concession de chemin de fer d'intérêt local ou de tramway. Mais il ne le serait pas en cas de déchéance de toute autre concession (21 décembre 1876. *The Credit Company ;* — 15 novembre 1878, *de Preigne*).

Mais si le conseil de préfecture est compétent pour connaître du contentieux de ces actes et décisions, il doit aussi tenir compte des pouvoirs qui appartiennent à l'autorité administrative en matière de marchés de travaux publics. Ces pouvoirs comportent une part d'action et de responsabilité qu'il n'appartient pas au juge de restreindre ; il peut apprécier la légalité et même l'opportunité des décisions, il peut statuer sur toutes leurs conséquences pécuniaires, mais il ne peut pas mettre les décisions à néant à la requête de l'entrepreneur. Ainsi, le conseil de préfecture n'a pas le droit de s'opposer aux changements ordonnés par l'administration, de prescrire ou d'interdire des travaux, d'annuler une mise en régie ou une résiliation prononcées par l'administration, ni de prononcer lui-même la mise en régie ou la réadjudication à la folle enchère de l'entrepreneur ([1]). Mais il a le droit de résilier le contrat en faveur de l'entrepreneur, si les changements qui lui sont imposés excèdent la mesure prévue par le cahier des charges ; de l'indemniser de toutes les conséquences d'une régie irrégulière ou mal fondée ; de lui allouer une indemnité en cas de résiliation non justifiée.

Ce qui est vrai des marchés de travaux publics l'est-il également des concessions ? Le conseil de préfecture ne peut-il mettre à néant aucune des mesures qui seraient prises contre un concessionnaire, notamment le *séquestre,* qui correspond à la mise en régie, et la *déchéance,* qui équivaut à une résiliation avec réadjudication aux risques et périls du concessionnaire ? La question est délicate, parce qu'il y a dans la concession quelque chose de plus qu'un louage d'ouvrage ; le concessionnaire a le droit d'exécuter les travaux par ses moyens propres, sous la surveillance de l'administration, mais non sous son autorité absolue ; il a surtout le droit d'exploiter l'ouvrage public pendant une période déterminée et de se rémunérer de ses dépenses en percevant des péages et des prix de transports. Ce sont là des droits plus stables, mieux garantis que ceux d'un simple entrepreneur ; ils ne peuvent pas être mis à néant par une résiliation facultative, mais seulement par un rachat, dont les conditions sont réglées d'avance dans l'acte de

1. Conseil d'État, 3 février 1888, *Prévost.*

concession, ou par une déchéance qui ne peut résulter que d'infractions graves au cahier des charges.

A raison de ces différences entre la concession et les autres
marchés de travaux publics, nous pensons, avec M. Aucoc et
M. Perriquet, que la juridiction contentieuse peut annuler une déchéance irrégulièrement prononcée ([1]). M. A. Picard, dans son
savant *Traité des chemins de fer*, émet une opinion différente : « Il
est, dit-il, difficile d'admettre que les pouvoirs des tribunaux administratifs aillent au delà de l'appréciation des réparations pécuniaires dues au concessionnaire évincé à tort par l'autorité concédante, et qu'ils ne sortent pas du cercle naturel de leurs attributions
en prescrivant un véritable acte d'administration ([2]). »

Le conseil de préfecture excéderait en effet ses pouvoirs s'il
prescrivait lui-même, par le dispositif de son arrêté, la réintégration du concessionnaire ; il n'appartiendrait qu'au ministre de
prendre cette mesure, qui serait un acte d'exécution de la décision
annulant la déchéance. Mais cette réintégration ne ferait pas obstacle à ce que le ministre mît aussitôt fin à la concession par un
rachat, seul mode de résiliation facultative autorisé par le cahier
des charges.

Le droit d'annulation que nous reconnaissons au conseil de préfecture ne pourrait cependant pas être exercé par ce tribunal si la
déchéance atteignait un concessionnaire de chemin de fer d'intérêt local ou de tramway, car la loi du 11 juin 1880 a créé, dans
ce cas, un contentieux spécial : d'après l'article 7 de cette loi,
« la déchéance est prononcée par le ministre des travaux publics,
« *sauf recours au Conseil d'État par la voie contentieuse* ». C'est
donc par voie de recours direct au Conseil d'État qu'on devrait
procéder. Ce contentieux spécial est analogue à celui que la loi
du 27 avril 1838 a établi pour les déchéances de concessions de
mine.

Délais des réclamations. — Les cahiers des clauses et condi-

---

1. Aucoc, *Conférences*, t. II, p. 638. — Perriquet, *Traité des travaux publics*, t. II,
p. 13.

Dans le même sens : Conseil d'État, 8 février 1878, *Pasquet*. Voy. aussi les conclusions du commissaire du Gouvernement sur un arrêt du 6 avril 1895, *Deshayes*.

2. A. Picard, *Traité des chemins de fer*, t. II, p. 638.

tions générales ont édicté, pour les travaux des ponts et chaussées et du génie, des règles spéciales qui obligent les entrepreneurs à former leurs réclamations dans des délais déterminés.

Dans les *travaux des ponts et chaussées,* tous les éléments du compte entre l'administration et les entrepreneurs sont réunis dans un *décompte,* qui est dit *définitif,* lorsqu'il porte sur un ouvrage ou sur une partie d'ouvrage entièrement exécutés, et qui ne doit pas être confondu avec les décomptes *provisoires* ou états de situation, dressés en cours d'exécution pour servir de base aux paiements partiels. Ce décompte définitif est, pour l'entrepreneur, l'objectif essentiel de ses réclamations ; c'est contre lui qu'il réclame et qu'il plaide, parce que c'est en lui qu'il trouve ou qu'il doit trouver tous les éléments de ce qui lui est dû, soit pour les quantités d'ouvrage et l'application des prix, soit pour les indemnités auxquelles il prétendrait avoir droit, à raison de changements apportés au devis ou de difficultés imprévues ; il doit donc réclamer contre les omissions du décompte aussi bien que contre ses indications erronées, et formuler à l'encontre de ce document toutes ses réclamations pécuniaires, de quelque nature qu'elles soient (¹). La jurisprudence ne fait d'exception à cette règle que s'il s'agit d'erreurs purement matérielles relevées dans le décompte (²) ou de demandes étrangères à la comptabilité des travaux, telles que des demandes en résiliation.

Le décompte ne peut être attaqué que dans le délai de trente jours fixé par le cahier des clauses et conditions générales du 16 février 1892 (art. 41) ; (ce délai n'était de vingt jours d'après le cahier de 1866, et de dix jours seulement d'après celui de 1833). Il court de l'ordre de service qui doit être notifié à l'entrepreneur pour l'inviter à venir prendre connaissance, dans les bureaux de l'ingénieur, du décompte et des pièces à l'appui.

Les réclamations doivent être *motivées,* c'est-à-dire suffisamment précisées quant à leur objet et à leurs causes, pour que l'administration puisse les apprécier et y faire droit si elles lui semblent

1. Conseil d'État, 8 août 1865, *Boistelle ;* — 16 juin 1876, *Rouzaud ;* — 16 juillet 1880, *Castaings ;* — 3 février 1882, *Sainte-Colombe ;* — 11 janvier 1884, *Hoffmann.*
2. Conseil d'État, 21 février 1867, *Gouvenot ;* — 26 décembre 1885, *ville de Besançon.*

fondées (¹). Mais si l'administration a déjà été saisie d'une réclamation motivée, soit lors d'un décompte antérieur, soit en cours d'exécution, l'entrepreneur peut se borner à s'y référer, dans ses réserves sur le décompte (²) ; à plus forte raison ne peut-on lui contester le droit de compléter et de développer à toute époque les motifs qu'il aura indiqués dans le délai (³).

Après l'expiration des trente jours, les réclamations sont frappées de déchéance et ne peuvent plus se produire par la voie contentieuse : « Il est expressément stipulé, dit l'article 41, que « l'entrepreneur n'est point admis à élever des réclamations au « sujet des pièces ci-dessus indiquées (décomptes et pièces à l'appui) après ledit délai de trente jours, et que, passé ce délai, le décompte est censé accepté par lui, quand bien même il ne l'aurait pas « signé ou ne l'aurait signé qu'avec des réserves dont les motifs ne « seraient pas spécifiés. » En présence d'une disposition aussi formelle, le conseil de préfecture et le Conseil d'État ne peuvent se dispenser d'appliquer la déchéance, si rigoureuse qu'elle puisse être dans certains cas.

Outre ce délai général, mentionnons un délai spécial de dix jours que le cahier des clauses et conditions générales accorde à l'entrepreneur dans deux cas : pour contester les quantités, pesage, dimensions de matériaux ou d'ouvrages relevées par les *attachements* ; pour signaler les cas de force majeure ayant causé un dommage à raison duquel l'entrepreneur entend réclamer une indemnité (⁴).

Pour les *travaux du génie militaire*, actuellement régis par le cahier des clauses et conditions générales du 25 novembre 1876, le délai est plus largement calculé dans certains cas, plus étroitement dans d'autres. Les réclamations n'ont pas pour objectif un décompte unique, mais trois pièces de comptabilité, qui arrêtent divers éléments du compte et qui acquièrent un caractère définitif lorsqu'elles n'ont pas été attaquées dans le délai déterminé. Ces pièces

1. Conseil d'État, 24 avril 1867, *Toussaint;* — 11 mai 1872, *Montel;* — 13 décembre 1889, *Aubaret.*
2. Conseil d'État, 6 août 1880, *Dessoliers.*
3. Conseil d'État, 5 février 1881, *Levéque;* — 2 juillet 1886, *Rouzier.*
4. Cahier de 1892, art. 28, § 2, et art. 39.

sont : le *registre d'attachements,* où sont relevés, en cours d'exécution, tous les éléments du métré des ouvrages ; les *carnets,* où sont
portées les quantités d'ouvrages exécutés et de matériaux fournis,
et les prix y afférents ; les *comptes d'exercice,* où sont réunis, pour
les travaux d'un exercice, les éléments de compte résultant des
pièces ci-dessus, et en outre ceux qui n'auraient pas figuré sur ces
pièces.

La distinction qui vient d'être faite entre les éléments du compte
doit également être faite entre les délais. A l'égard des registres
d'attachements et des carnets, le délai des réclamations n'est que
de *dix jours* ; il court du jour où ces pièces, dûment arrêtées par
l'officier du génie, sont présentées à la signature de l'entrepreneur ([1]). A l'égard du compte d'exercice, qui doit être arrêté par le
chef du génie et approuvé par le ministre de la guerre, le délai est
de *six mois* à compter de la notification du compte ([2]). Mais il est
à remarquer que l'entrepreneur ne peut pas profiter de ce dernier
délai pour contester, sur le compte d'exercice, des éléments qui
auraient été antérieurement portés sur les registres et carnets, et
qu'il aurait laissés devenir définitifs, faute de les avoir contestés
dans les dix jours. Le délai de six mois n'existe donc, en réalité,
que pour les réclamations peu nombreuses qui viseraient des éléments de compte n'ayant pas figuré sur les registres ou carnets ([3]).

Ces délais, comme ceux du cahier des charges des ponts et
chaussées, doivent être observés sous peine de déchéance ; le
cahier des clauses et conditions générales de 1876 est formel à cet
égard. S'il arrivait que le ministre consentît, malgré la déchéance
encourue, à allouer un supplément de prix ou une indemnité à
l'entrepreneur, cette décision devrait être considérée comme purement gracieuse et elle ne ferait pas revivre le recours contentieux
périmé ([4]).

---

1. Cahier de 1876, art. 36 et 61.
2. Cahier de 1876, art. 63 et 70.
3. C'est là une innovation notable du cahier des charges de 1876. D'après le devis
général du 7 mai 1857 (art. 59, § 4), qui régissait antérieurement les travaux du génie,
l'entrepreneur pouvait formuler toutes ses réclamations lors de la présentation du
compte d'exercice et pendant un délai de six mois. — Cf. Ch. Barry, *Commentaire
des clauses et conditions générales des travaux du génie,* sur les articles 63 et 70.
4. Conseil d'État, 9 août 1880, *Ministre de la guerre;* — 8 décembre 1882, *Monier.*

Recours administratif préalable. — Avant de porter leurs réclamations devant le conseil de préfecture, les entrepreneurs de
travaux publics sont tenus, dans la plupart des cas, de les soumettre
à l'administration. Cette formalité est exigée d'une manière plus
générale pour les travaux du génie que pour ceux des ponts et
chaussées.

D'après l'article 70 du cahier des clausés et conditions générales
de 1876 (travaux du génie), si des difficultés surviennent entre
l'entrepreneur et le chef du génie sur l'exécution des travaux, l'application des prix, l'interprétation du marché, il en est référé administrativement au directeur du génie, sauf recours au ministre de la
guerre. L'entrepreneur ne peut se pourvoir par la voie contentieuse
que si le ministre a rejeté sa réclamation ou s'il a laissé passer plus
de trois mois sans répondre.

D'après les articles 50 et 51 du cahier des ponts et chaussées,
si l'entrepreneur est en désaccord avec l'ingénieur ordinaire, il doit
s'adresser d'abord à l'ingénieur en chef, puis au préfet, mais il
n'est pas obligé de recourir au ministre. Si le préfet rejette sa réclamation, ou s'il garde le silence pendant plus de trois mois, l'entrepreneur peut saisir le conseil de préfecture, mais il ne peut le
saisir que des griefs énoncés dans le mémoire remis au préfet [1].
Ce préliminaire administratif n'est d'ailleurs exigé par les articles 50 et 51 que s'il s'agit de difficultés s'élevant entre l'ingénieur et l'entrepreneur « dans le cours de l'entreprise », par
exemple au sujet d'une réception de matériaux, d'un ordre de service, d'un changement dans le mode d'exécution prévu au devis.
Aussi la jurisprudence a-t-elle refusé d'étendre cette règle à des
difficultés d'une autre nature, par exemple à des réclamations
contre le décompte ou à des demandes de résiliation [2].

On a quelquefois soutenu que l'inaccomplissement de ces formalités ne peut pas créer une fin de non-recevoir opposable à l'entrepreneur devant la juridiction contentieuse ; que si les cahiers des
charges ont pu instituer un recours administratif destiné à éclairer

---

1. Art. 51, § 2, du cahier de 1892. Cette restriction ne figurait pas dans les cahiers
antérieurs.

2. Conseil d'État, 24 janvier 1872, *Coursant* ; — 3 décembre 1880, *Ministre des
travaux publics* ; — 7 août 1883, *de Lempérière*.

l'administration supérieure sur la valeur d'une réclamation, ils n'ont pas pu légalement créer une sorte de préliminaire de conciliation, ou d'arbitrage administratif, non prévus par les lois de procédure, et rendre non recevables les recours formés *de plano* devant la juridiction contentieuse. Cette objection serait très sérieuse si les difficultés dont il s'agit s'élevaient entre l'entrepreneur et un véritable représentant de l'État. Mais il ne faut pas oublier que les ingénieurs et les officiers du génie, avec lesquels l'entrepreneur est en rapport, sont des agents subordonnés, et que le ministre, ou le préfet dûment délégué, ont seuls le droit d'engager l'État. Tant qu'ils ne se sont pas prononcés, il n'y a pas encore de contentieux né, parce qu'il n'y a pas de décision émanée du maître de l'ouvrage ; cette décision ne résulte, expressément ou implicitement, que de la réponse du ministre ou du préfet, ou de leur silence prolongé au delà des délais prévus.

C'est pourquoi la jurisprudence du Conseil d'État a reconnu la légalité des clauses dont il s'agit, et a décidé que le recours contentieux est non recevable quand l'entrepreneur ne s'y est pas conformé ([1]). Toutefois, cette fin de non-recevoir n'est pas d'ordre public ; le ministre peut y renoncer, et le Conseil d'État décide qu'il n'est pas recevable à l'invoquer en appel lorsqu'il ne l'a pas opposée en première instance ([2]).

Une autre fin de non-recevoir est prévue par une disposition nouvelle du cahier des ponts et chaussées de 1892 (art. 51, § 3) en ce qui touche les réclamations formées contre le décompte général et définitif de l'entreprise. Il ne s'agit plus ici des réclamations initiales contre le décompte ; l'article 51, § 3, suppose qu'elles ont été formées en temps utile et qu'elles ont été soumises au ministre qui a rendu une décision. Jusqu'en 1892, cette décision était sans influence sur le délai de l'action ouverte à l'entrepreneur devant le conseil de préfecture, et celle-ci n'était soumise, en l'absence de texte spécial, qu'à la prescription trentenaire, ou, le cas échéant, à la prescription de cinq ans opposable aux créanciers de l'État. Il n'en est plus de même sous l'empire du nouvel article 51, qui

1. 15 novembre 1878, *Ministre de la guerre ;* — 9 août 1880, *Albertolli ;* — 6 août 1881, *Ministre de la guerre.*

2. 19 janvier 1883, *Lefèvre.*

oblige l'entrepreneur à saisir le conseil de préfecture, sous peine de déchéance, dans un délai de six mois à partir de la notification de la décision ministérielle.

Cette disposition a pour but de hâter la liquidation des entre-prises et de prévenir les difficultés d'instruction qu'entraînent les procès tardifs ; elle répond ainsi à des intérêts de bonne adminis-tration. On peut seulement se demander si l'autorité d'un cahier des charges, suffisante pour fixer le délai des réclamations contre le décompte, l'est également pour déterminer le délai d'une action contentieuse devant le conseil de préfecture.

II. — Marchés de fournitures

Notions générales sur les marchés de fournitures. — On com-prend sous la dénomination générale de *marchés de fournitures* les contrats qui ont pour but de procurer à l'État, en vue d'un service public, des matières, denrées, transports ou mains-d'œuvre. Cette acception large, qui dépasse le sens littéral du mot « fournitures », est conforme au vœu de la loi ; en effet, le décret du 11 juin 1806 (art. 13) soumet indistinctement à la juridiction du Conseil d'État tous les marchés passés par les ministres « pour le service de leurs départements respectifs ».

Mais on ne doit pas qualifier de *marché* toute opération faite par l'État pour subvenir aux besoins d'un service public ; ainsi, un achat au comptant, une commande faite verbalement à un mar-chand ou à un artisan, n'est pas à proprement parler un marché. La même réserve s'applique aux transports exécutés, pour le compte de l'État, par les compagnies de chemins de fer ou par toute autre entreprise de transports par terre ou par eau, lorsque l'ad-ministration a usé de ces moyens de transport dans les mêmes conditions que le public [1].

Les acquisitions par voie de *réquisition* ne sont pas non plus des marchés ; l'assimilation que la jurisprudence avait d'abord établie, en l'absence de textes spéciaux, entre ces deux modes d'acquérir,

1. Conseil d'État, 6 juillet 1883, *ministre du commerce*.

ne saurait être maintenue depuis que la loi du 3 juillet 1877 a soumis les réquisitions à des règles spéciales et à la compétence judiciaire.

Pour qu'il y ait marché, dans le sens du décret de 1806, il faut qu'il intervienne entre l'administration et le fournisseur des conventions réglées par un cahier des charges, ou tout au moins par un contrat spécial, résultant d'une adjudication ou d'un marché de gré à gré, et distinct des clauses générales de la concession qui règlent les rapports du concessionnaire avec le public.

Il résulte de là que les transports faits par les compagnies de chemins de fer pour le compte de l'État peuvent se présenter sous trois formes, et relever de trois juridictions différentes : Contrat de droit commun et compétence judiciaire, si l'État fait exécuter ses transports dans les conditions et au prix du tarif général ; — marché de travaux publics et compétence du conseil de préfecture, si les transports ont lieu en vertu de clauses particulières du cahier des charges de la concession assurant à l'État des exemptions ou des réductions de taxes au profit d'un service public ; — marché de fournitures et compétence du Conseil d'État, si les transports sont faits en exécution de conventions spéciales, librement consenties entre les compagnies de chemins de fer et l'État, en dehors du tarif général et des stipulations contenues dans le cahier des charges de la concession.

La compétence administrative n'est pas aussi générale pour les marchés de fournitures que pour les marchés de travaux publics ; elle ne s'applique qu'aux marchés de l'État et des colonies, non à ceux des départements et des communes. Si cependant il arrivait que des départements ou des communes fussent chargés, dans des circonstances exceptionnelles, de pourvoir à des services de l'État, leurs marchés pourraient être assimilés à des marchés de l'État, surtout si celui-ci en avait ultérieurement assumé la charge. C'est ce qui s'est produit lorsque le décret du 22 octobre 1870 a chargé les départements et les communes de pourvoir à l'équipement des gardes nationaux mobilisés et à l'organisation de batteries départementales, services qui ont été repris par l'État en vertu de la loi du 11 septembre 1871. Le Conseil d'État et l'autorité judiciaire ont été d'accord pour reconnaître le caractère administratif des marchés passés en vue de la défense nationale, en vertu du décret de 1870 (').

La compétence administrative, ainsi limitée aux marchés de l'État, est justifiée par les responsabilités qui incombent à l'administration, et par l'indépendance qu'elle doit conserver à l'égard des tribunaux judiciaires. En effet, ces marchés, surtout ceux de la guerre et de la marine, ne comportent ni ajournement ni défaillance ; ils sont, en même temps que des contrats, de véritables opérations administratives étroitement liées à la marche des services. De là des garanties et des mesures coercitives, plus complètes encore dans les marchés de fournitures que dans les marchés de travaux publics. Outre la résiliation et l'exécution aux frais et risques de l'entrepreneur, on trouve habituellement, dans les cahiers des charges des principaux marchés de fournitures, des clauses pénales, des amendes, des retenues pour retard, et en outre l'obligation de fournir une caution qui doit personnellement assurer le service si le fournisseur le laisse en souffrance. De là aussi les dispositions rigoureuses du Code pénal (art. 430 à 434) qui érigent en délits, et même en crimes, les négligences ou les fraudes des fournisseurs des armées de terre et de mer qui font manquer le service ou qui le compromettent par des retards. Ces dispositions prouvent combien nous sommes loin ici des contrats de droit commun.

La juridiction administrative doit, dans cette matière plus encore que dans celle des travaux publics, se renfermer dans le jugement d'un contentieux purement pécuniaire, et s'interdire toute décision pouvant faire échec aux pouvoirs de l'administration. Ainsi elle ne peut prononcer la résiliation au profit du fournisseur que dans des cas très rares ; il y a même des cahiers des charges qui n'en prévoient aucun. La résiliation ne pourrait être prononcée, nonobstant leur silence, que si l'exécution était rendue impossible par un cas de force majeure, ou si l'État manquait gravement à ses propres engagements (²).

1. Conseil d'État, 21 octobre 1871, *Delhopital ;* — Cass., 12 janvier 1872 ; — Douai, 2 avril 1873.

2. Conseil d'État, 15 novembre 1872, *Lamblé ;* — 27 février 1874, *Kulin ;* — 8 mai 1874, *Foist.*

Au contraire, la résiliation est toujours facultative pour l'État ; elle ne peut pas être annulée par le juge administratif, parce que l'intérêt public exige que l'État puisse toujours renoncer à des marchés faits en vue de besoins éventuels, par exemple en vue de dangers de guerre qui viendraient à disparaître ([1]).

Cette faculté de résiliation constitue une grave dérogation aux règles du droit commun en matière de vente ; pendant longtemps même, le Conseil d'État n'accordait au fournisseur congédié qu'une indemnité pour pertes subies, non pour manque à gagner ([2]). Mais il s'est relâché de cette rigueur et il a admis, selon toute justice, que la privation de bénéfices est un des éléments de l'indemnité de résiliation ([3]).

Les questions de résiliation ne sont pas les seules où les règles des marchés de fournitures s'écartent de celles du droit commun, même quand le cahier des charges n'y déroge pas expressément. Pour savoir dans quelle mesure ce droit leur est applicable, on peut s'inspirer d'une distinction, souvent consacrée par la jurisprudence, entre les principes généraux des contrats, tels qu'ils sont formulés par le Code civil au titre des *obligations,* et les règles spéciales de contrats déterminés, tels qu'ils sont formulés dans des titres spéciaux du Code civil ou du Code de commerce.

Dans le silence du cahier des charges, les principes généraux sont applicables, parce qu'ils édictent des règles de justice et de raison qui dominent tous les contrats. C'est pourquoi la jurisprudence a souvent fait application des dispositions du Code civil relatives à la clause pénale, à la mise en demeure, aux obligations

---

1. Conseil d'État, 8 août 1873, *Robert.* Cet arrêt donne explicitement au ministre le choix de continuer le marché ou de payer une indemnité. La décision pourrait être différente s'il s'agissait de prescrire, au cours d'un marché non résilié, la réception de marchandises refusées à tort. Dans ce cas, le Conseil d'État s'est reconnu le droit d'annuler la décision portant refus de réception et de condamner l'État au paiement du prix (20 février 1874, *Bourgeois ;* — même date, *Rouvière*).

2. On lit dans un arrêt du 22 janvier 1840. *Méjan :* — « Considérant que la résiliation prononcée par nos ministres, dans un intérêt public, des marchés de fournitures passés au nom de l'État, ne constitue pas par elle-même le droit à une indemnité pour la privation des profits que l'exécution desdits marchés aurait procurés aux contractants. »

3. Conseil d'État, 20 juin 1873, *Lageste ;* — 12 février 1875, *Sparre ;* — 7 août 1874, *Hotchkiss.*

conditionnelles ou à terme, aux conséquences de l'obligation de donner ou de faire, à la force majeure, etc.

Mais il n'en est pas de même des dispositions édictées par le Code civil aux titres de la vente ou du louage, par le Code de commerce aux titres des transports, des affrètements, des avaries, etc.; ces dispositions créent des types de contrats civils ou commerciaux, mais non des types de contrats administratifs; aussi ne sont-elles pas applicables de plein droit dans le silence du marché. La vérité est que le marché de fournitures et son cahier des charges forment un contrat *sui generis,* réputé complet par lui-même, qui emprunte au droit civil ou commercial les dispositions qu'il croit bonnes, néglige les autres, et n'est pas présumé accepter celles qu'il passe sous silence. C'est pourquoi la jurisprudence n'admet pas qu'une compagnie de transports maritimes qui a fait un marché avec l'État puisse s'affranchir de ses obligations en faisant l'abandon du navire et du fret prévu par l'article 216 du Code de commerce [1], ni qu'elle puisse invoquer, dans le silence du cahier des charges, les dispositions de ce Code relatives aux avaries [2].

Comment se forme et se juge le contentieux des marchés de fournitures. — Le contentieux des marchés de fournitures est jugé en premier et dernier ressort par le Conseil d'État.

Mais le Conseil d'État ne peut être saisi que s'il y a litige né entre le fournisseur et l'administration, et ce litige ne peut résulter que d'une opposition entre une décision prise par le ministre et une prétention émise par le fournisseur. Il suit de là que les prétentions du fournisseur ne peuvent pas être soumises au Conseil d'État avant d'avoir été appréciées par le ministre [3]. Directement portées devant le Conseil d'État, elles doivent être déclarées non recevables [4].

Dans les marchés de fournitures, plus encore que dans les mar-

1. Conseil d'État, 20 décembre 1872, *Valéry ;* — 8 mai 1874 (*id.*) ; — 18 novembre 1887, *Compagnie transatlantique.*

2. 19 décembre 1868, *Compagnie transatlantique.*

3. Voy. sur les attributions contentieuses des ministres en matière de marchés, t. Ier, p. 430 et suiv.; et sur la nature juridique de leurs décisions, p. 452 et suiv.

4. Conseil d'État, 13 juillet 1877, *Durieux ;* — 24 juin 1881, *Courtin ;* — 13 avril 1883, *Sanson ;* — 21 novembre 1884, *Bassot.*

chés de travaux publics, le ministre a seul le droit de répondre et de décider au nom de l'État. Les différents auxiliaires de son autorité, intendants ou sous-intendants, commissaires de la marine, préfets, commissions de réception, ne peuvent que préparer les éléments de la décision ministérielle ou prendre des mesures provisoires, qui ne sont susceptibles d'un débat contentieux que lorsque le ministre a déclaré les faire siennes (¹). Mais la décision ministérielle peut résulter d'une simple approbation des conclusions d'un agent inférieur, ou de l'adoption, dans une liquidation définitive, des résultats de liquidations provisoires (²).

Le ministre ne peut pas déléguer son droit de décision à des agents subordonnés, à moins d'y être autorisé par des dispositions de lois ou de règlements. A plus forte raison ne peut-il pas abdiquer ses pouvoirs entre les mains d'arbitres, ou d'experts, auxquels il conférerait un droit de décision définitive (³).

Les décisions qui sont en opposition avec les prétentions d'un fournisseur font naître le contentieux du marché, alors même qu'elles ont été prises spontanément par le ministre et n'ont été précédées d'aucune discussion contradictoire. C'est à tort que de telles décisions ont été quelquefois qualifiées de décisions *par défaut,* ce qui a conduit quelques auteurs à les déclarer susceptibles d'opposition devant le ministre avant tout recours au Conseil d'État : cette doctrine est pleine de dangers pour les fournisseurs, car elle les a souvent entraînés à discuter devant le ministre des décisions qu'ils auraient dû déférer directement au Conseil d'État dans le délai de trois mois, et à voir ainsi écarter comme tardifs des pourvois formés contre de nouvelles décisions qui se bornaient à confirmer les premières (⁴).

---

1. 27 juillet 1859, *Roger;* — 16 août 1860, *Bourdin;* — 19 juin 1882, *Segond;* — 24 novembre 1876, *Langlade.*
Par voie de conséquence, si une lettre portant rejet d'une réclamation d'un fournisseur est signée, non par le ministre mais par un chef de service du ministère, elle ne fait pas courir à l'encontre du fournisseur le délai du recours au Conseil d'État, 7 août 1891, *Brunet;* — 10 novembre 1893, *Bassot.*

2. 24 mars 1882, *Hertz;* — 9 juin 1882, *Wolf.*

3. Conseil d'État, 17 novembre 1824, *Ouvrard;* — 17 août 1825, *Boyer;* — 6 août 1881, *Sauvage.*

4. Conseil d'État, 24 janvier 1872, *Heit;* — 12 novembre 1875, *Barbe;* — 20 juillet 1877, *de Mathos;* — 20 février 1880, *Carrière.*

Les décisions prises par les ministres peuvent-elles être modifiées et rapportées par eux ? Oui, en règle générale, car ces décisions ne sont point des jugements formant titre irrévocable pour le fournisseur ou pour l'État. On ne peut d'ailleurs admettre que l'État soit irrémédiablement lésé par toute erreur commise à son préjudice, sans même avoir la ressource d'un recours au Conseil d'État, puisque le ministre ne pourrait pas faire appel de sa propre décision. Aussi les partisans de la doctrine du ministre-juge étaient-ils obligés de s'écarter, sur ce point comme sur beaucoup d'autres, des règles fondamentales de toute juridiction et de permettre au ministre de modifier après coup son prétendu jugement. Rien de plus naturel, au contraire, que ce droit de revision quand on ne voit, dans la décision ministérielle, qu'un acte de gestion.

Il arrive pourtant un moment où cet acte de gestion ne peut plus être modifié, c'est lorsqu'il a été exécuté, consommé, au moyen d'un paiement fait et reçu sans réserve. Le Conseil d'État a décidé que le ministre ne peut plus reviser les éléments d'une liquidation, après ordonnancement et paiement des sommes admises au compte du fournisseur, et cela alors même que des trop-perçus lui seraient signalés par des observations de la Cour des comptes ('), ou qu'il se croirait en droit d'établir une compensation entre une allocation faite à l'entrepreneur et des retenues ou débets tardivement reconnus à sa charge (²).

La jurisprudence s'inspire directement ici de la règle édictée par l'article 541 du Code de procédure civile, qui interdit la revision d'aucun compte définitivement arrêté ; mais elle admet aussi les redressements partiels prévus par le même texte dans les cas d'erreurs matérielles, omissions, faux ou doubles emplois (³) ; elle y ajoute les cas de fraude, même quand ils sont le fait d'un préposé infidèle, et se sont produits à l'insu du fournisseur (⁴).

Parmi les décisions que les ministres sont appelés à rendre en

---

1. Conseil d'État, 4 août 1866, *Dufils*.

2. Conseil d'État, 6 mai 1858, *Dary* ; — 2 mars 1870, *Bonhomme*.

3. Plusieurs cahiers des charges prévoient un délai d'après lequel les erreurs matérielles elles-mêmes ne peuvent plus être relevées. (Voy. le règlement du 26 mai 1866 sur les subsistances militaires, art. 879.)

4. Conseil d'État, 8 juillet 1840, *Moreau* ; — 27 août 1854, *Lauriol* ; — 8 février 1865, *Transports généraux de la guerre*.

matière de marchés de fournitures, signalons les *arrêtés de débet* pris pour faire reverser par le fournisseur les sommes qu'il aurait perçues en trop à la suite de liquidations provisoires, ou celles qui lui seraient imputées à titre d'amendes ou de retenues ; l'exécution de ces arrêtés est assurée par une contrainte du ministre des finances. Nous avons exposé les règles relatives aux arrêtés de débet en général en traitant des attributions des ministres en matière contentieuse ; il nous suffit d'y renvoyer (¹).

Délais et déchéances applicables aux liquidations. — Nous venons de voir que toutes les demandes et prétentions du fournisseur doivent être soumises au ministre et faire l'objet d'une décision avant d'être portées devant le Conseil d'État. Il convient d'ajouter qu'elles doivent se produire dans des délais déterminés, toutes les fois qu'elles ont pour objet des liquidations de factures ou tout autre élément du compte. Ces délais doivent être fixés par les cahiers des charges; le décret du 19 avril 1806 en fait une obligation aux ministres : — « Dans chaque marché ou traité passé par les diffé- « rents ministres, il doit être déterminé, par une clause expresse, « une époque fixe pour la remise des pièces constatant les fourni- « tures faites à l'État en vertu du marché ou traité intervenu. Toute « pièce qui n'aura pas été déposée dans les bureaux des ministres « respectifs, avant l'époque de rigueur déterminée par le marché « ou traité, sera considérée comme non avenue, et ne pourra sous « aucun prétexte être admise à la liquidation. »

Pour les marchés de la guerre, le décret du 13 juin 1806 (art. 3) fixe lui-même le délai qui doit être stipulé, et qui est de six mois à partir de l'expiration du trimestre auquel appartient la dépense. L'article 145 du décret sur la comptabilité du 31 mai 1862 dispose expressément que « les marchés, traités ou conventions passés « pour le service du matériel de la guerre doivent toujours rappeler « la disposition de l'article 3 du décret du 13 juin 1806 ». On peut donc dire que ce délai a un caractère réglementaire pour tous les marchés de la guerre. Toutefois, si le ministre ne peut l'étendre, il pourrait le restreindre par une clause spéciale du marché.

---

1. Voy. t. Iᵉʳ, p. 437 et suiv.

Les termes formels des décrets précités ne laissent aucun doute sur la déchéance qui résulte de l'expiration du délai, et dont le Conseil d'État ne saurait relever le fournisseur ([1]). Toutefois, et par application des principes généraux du droit, la déchéance cesserait d'être encourue si le fournisseur avait été mis dans l'impossibilité de présenter ses factures par un cas de force majeure, par exemple par l'investissement de la place où se trouve le centre de ses affaires. Si le cas de force majeure n'était pas aussi notoire, le fournisseur devrait le faire constater par un procès-verbal dressé sur les lieux ([2]).

Des créanciers ou des sous-traitants du fournisseur, ayant intérêt à la conservation de ses droits, pourraient-ils prévenir la déchéance en produisant les factures à sa place ? Nous pensons que ce droit doit leur être reconnu, car il ne s'agit ici que d'une mesure conservatoire ; mais il en serait autrement si ces créanciers ou sous-traitants prétendaient exercer un droit de réclamation appartenant au fournisseur, en se fondant sur l'article 1166 du Code civil qui autorise le créancier à exercer les droits de son débiteur. Le Conseil d'État n'admet le créancier à réclamer au nom du fournisseur que s'il est nanti d'un jugement le subrogeant aux droits de son débiteur ([3]).

Délais du recours au Conseil d'État. — Dès que le contentieux du marché s'est formé par une opposition entre les décisions du ministre et les prétentions du fournisseur, une action est ouverte devant le Conseil d'État. Toute clause du cahier des charges qui prétendrait y mettre obstacle serait radicalement nulle. L'action doit s'exercer dans le délai de trois mois à partir de la notification de la décision, conformément à l'article 11 du décret du 22 juillet 1806. Ce délai ne peut pas, ainsi que nous l'avons dit, être prorogé par un recours au ministre ; la décision qui serait rendue sur ce

---

1. Conseil d'État, 10 janvier 1867, *Méliton ;* — 18 août 1868, *Boussavit ;* — 24 juin 1881, *Courtin.*

2. Cf. Périer, *Marchés de fournitures,* p. 171.

3. Conseil d'État, 9 août 1870, *Ramon Zorilla.* — D'anciens arrêts ont admis la subrogation de plein droit (22 décembre 1824, *Boquet ;* — 12 janvier 1825, *Gauche*), mais cette jurisprudence a été abandonnée depuis un arrêt du 24 janvier 1834, *Sénat.*

recours ne ferait revivre le délai de trois mois que pour les dispositions nouvelles qu'elle contiendrait, non pour celles qui seraient purement confirmatives.

La question s'est posée de savoir si un fournisseur, attaché à des armées en campagne, peut invoquer les dispositions toutes spéciales de la loi du 6 brumaire an V, qui affranchit de toutes prescriptions et délais « les défenseurs de la patrie et autres citoyens attachés au service des armées de terre ou de mer ». Le Conseil d'État s'est prononcé pour la négative ([1]) ; il a décidé qu'un fournisseur attaché à l'armée du Mexique n'avait droit qu'aux délais de distance prévus pour les pays d'outre-mer, et il a fondé sa décision sur ce que la loi du 6 brumaire an V, n'ayant pas été confirmée par les lois de procédure civile ou administrative, aurait cessé d'être en vigueur. Cette question d'abrogation mériterait, croyons-nous, un nouvel examen, car plusieurs arrêts de la Cour de cassation ont appliqué la loi de brumaire an V depuis la promulgation des Codes ([2]). Nous pensons que la loi de l'an V, qui pourrait intéresser un si grand nombre de citoyens en cas de mobilisation, n'a pas cessé d'être en vigueur, et qu'elle pourrait être, dans certains cas, applicable aux fournisseurs ; mais ceux-ci ne pourraient être compris parmi « les autres citoyens attachés au service des armées » dont parle ce texte, que s'ils étaient réellement éloignés du siège de leurs affaires pour suivre les opérations des armées.

La recevabilité du recours au Conseil d'État peut soulever des questions délicates, lorsque le marché donne lieu à des décisions successives ayant à faire application des mêmes clauses d'un marché. Supposons, par exemple, qu'il s'agisse du prix applicable à une fourniture : le ministre décide, en liquidant la première facture, que tel prix doit être payé, et il ajoute qu'il n'en appliquera pas d'autre à l'avenir ; si le fournisseur s'abstient de déférer cette décision, sera-t-il encore recevable à contester ce même prix lorsque le ministre l'appliquera dans des liquidations ultérieures ?

Un arrêt du 24 mai 1859 (*Even*) décide que ces réclamations seraient tardives ; il en donne pour motif que le ministre, dans sa

---

1. Conseil d'État, 10 février 1869, *Souberbielle*.
2. Cass., 30 avril 1811 ; — 30 octobre 1811 ; — 27 octobre 1814 ; — 6 février 1815.

décision primitive, « ne s'est pas borné à statuer sur les fournitures faites antérieurement, mais qu'il a en outre interprété les termes du marché et décidé que pour l'avenir les fournitures seraient ainsi réglées ».

Cette décision serait irréprochable si le ministre avait, en matière de marchés de fournitures, un pouvoir d'interprétation réglementaire pouvant fixer le sens du contrat pendant toute la durée de son exécution. Mais il nous semble difficile de lui reconnaître ce pouvoir ; le Conseil d'État le refuse au conseil de préfecture, il se le refuse à lui-même en appel, quand il s'agit d'interpréter, entre l'État et une compagnie de chemin de fer, les clauses de l'acte de concession qui régissent les transports de l'État ; il décide que, dans ce cas, l'interprétation du contrat peut être discutée devant le juge pour tous les transports qui donnent lieu à des règlements successifs et distincts ([1]). Cette solution nous paraît s'appliquer *à fortiori* au ministre qui liquide administrativement des factures. Aussi pensons-nous, contrairement à l'arrêt *Even* de 1859, que le fournisseur qui s'est abstenu de contester des liquidations fondées sur une certaine interprétation du marché, n'en est pas moins recevable à réclamer contre des liquidations ultérieures faites en vertu de la même interprétation.

III. — CONTRATS ADMINISTRATIFS AUTRES QUE LES MARCHÉS.

Nous avons recherché dans une autre partie de cet ouvrage, d'après quelles règles peut se déterminer la compétence respective des autorités administrative et judiciaire en matière de contrats ([2]). Nous n'avons donc à parler ici que des contrats, autres que les marchés, auxquels nous avons reconnu un caractère administratif, en nous bornant à indiquer à quel juge administratif leur contentieux ressortit.

---

1. Conseil d'État, 7 décembre 1883, *Chemin de fer d'Orléans*, et les conclusions du commissaire du Gouvernement. — Cf. 5 mars 1880, *min. de la guerre*, et les conclusions.

. 2. Voy. t. Ier, p. 587 et suiv.

Ces contrats étant assez nombreux, nous distinguerons ceux de l'État, et ceux des départements, des communes ou des colonies.

Contrats de l'État soumis aux conseils de préfecture. — La compétence du conseil de préfecture, qui ne peut jamais exister sans un texte, a été établie par diverses dispositions de loi pour les contrats suivants :

1° *Les ventes d'immeubles appartenant à l'État,* sans que la jurisprudence distingue entre les anciennes ventes nationales et les ventes domaniales ordinaires. La compétence des conseils de préfecture résulte de l'article 4, § 5, de la loi du 28 pluviôse an VIII, aux termes duquel ces conseils connaissent « du contentieux des domaines nationaux (¹) ».

La même règle est applicable à l'aliénation des lais et relais de mer, et des îles émergées dans les cours d'eau navigables, car les biens qui en font l'objet sont sortis du domaine public maritime ou fluvial pour entrer dans le domaine de l'État. Si, au contraire, le contrat avait pour objet, même en partie, des créments futurs, c'est-à-dire des atterrissements en voie de formation et dépendant encore du domaine public inaliénable et imprescriptible, il n'y aurait pas vente, mais seulement concession administrative ; par suite, la compétence n'appartiendrait plus au conseil de préfecture, mais à l'autorité concédante, ainsi que nous le verrons ci-après.

2° *Les concessions domaniales en Algérie,* mais seulement pendant la période où ces concessions ne sont pas encore transformées en titres définitifs de propriété, car dès que cette transformation a lieu, la compétence devient judiciaire. Même pendant cette période, le conseil de préfecture ne connaît que de l'opposition faite par le concessionnaire à l'arrêté par lequel le préfet (ou le général de division en territoire militaire) le déclarerait déchu de sa concession (décret du 30 septembre 1878, art. 20). Cette opposition doit être formée dans un délai de trente jours à partir de la notification de l'arrêté. Le conseil de préfecture peut, tout en rejetant l'opposition, tenir compte au concessionnaire déchu des améliorations qu'il a

---

1. Voy. t. Iᵉʳ, p. 555 et suiv., la jurisprudence du Tribunal des conflits et les distinctions auxquelles peuvent donner lieu les ventes *nationales* et les ventes *domaniales.*

faites sur l'immeuble, et lui allouer une indemnité ; le montant en est prélevé sur le prix de réadjudication de la concession, et il ne peut, en cas d'insuffisance de ce prix, être répété contre l'administration (décret de 1878, art. 20, § 3).

3° *Les baux de sources minérales appartenant à l'État.* La compétence du conseil de préfecture n'est prévue, par l'arrêté consulaire du 3 floréal an VIII, que pour les questions de résiliation, mais elle s'applique également, d'après une jurisprudence constante, à toutes les contestations qui s'élèvent entre le fermier des eaux et l'administration, sur le sens et l'exécution du contrat (¹).

Contrats de l'État soumis aux ministres et au Conseil d'État. — Lorsque les contrats de l'État ne sont pas soumis par un texte à la juridiction des conseils de préfecture, ils ressortissent de plein droit aux ministres, sauf recours au Conseil d'État. En effet, pour ces contrats comme pour les marchés de fournitures, il appartient aux ministres, représentants de l'État, d'assurer leur exécution et de prendre les mesures de coercition qu'elle comporte ; mais il appartient au Conseil d'État, juge du contentieux administratif, de statuer sur les réclamations dirigées contre les décisions des ministres.

Le plus souvent ces décisions sont de simples actes de gestion qui donnent lieu à un contentieux de pleine juridiction. Quelquefois aussi ce sont de véritables actes de puissance publique, qui peuvent être annulés mais non réformés par le Conseil d'État.

Ce dernier caractère appartient aux décisions ministérielles rendues en matière d'affectations, de concessions domaniales, de concessions de mines, etc. ; matières mixtes où l'acte administratif se combine avec le contrat, et dans lesquelles le ministre intervient comme administrateur plutôt que comme partie contractante, même quand il poursuit l'exécution d'un cahier des charges. Les affectataires ou concessionnaires ne peuvent alors attaquer la décision ministérielle que par la voie du recours pour excès de pouvoir, à moins qu'un contentieux plus large ne leur soit ouvert par des dis-

1. Conseil d'État, 31 décembre 1878, *Compagnie de Vichy ;* — 25 mars 1881 (*id.*); — 6 mai 1881 (*id.*).

positions spéciales de la loi; on en trouve un exemple dans l'article 6 de la loi du 27 avril 1838, qui permet aux concessionnaires de mines atteints par un arrêté de déchéance de faire appel devant le Conseil d'État et de contester, en fait aussi bien qu'en droit, la mesure prise par le ministre des travaux publics.

Sous le bénéfice de ces observations, on peut classer ainsi qu'il suit, les principaux contrats de l'État ressortissant aux ministres, sauf recours au Conseil d'État :

Le *ministre des finances* connaît de tous les contrats relatifs à la dette publique (¹), ce qui comprend notamment : les constitutions de rentes sur l'État, perpétuelles ou amortissables, et toutes les opérations qui s'y rattachent, telles que les émissions, répartitions, délivrances de titres, transferts, remboursements, conversions ; — les emprunts à court terme par l'émission d'obligations trentenaires ou autres ; — les opérations de trésorerie, telles que les émissions de bons du Trésor et de traites du caissier-payeur central ; — les comptes courants du Trésor avec les trésoriers-payeurs généraux, avec la Banque de France ou autres établissements de crédit ; — les cautionnements, sauf si les difficultés se rattachent à l'exécution d'un marché, auquel cas elles sont soumises au juge du marché.

Le *ministre des travaux publics* connaît des conventions de l'État avec les compagnies de chemins de fer, relatives à la garantie d'intérêt, au partage des bénéfices et à tous les comptes qui servent de base à ces opérations ; — des concessions faites sur le domaine public ou sur le domaine de l'État par application de l'article 41 de la loi du 16 septembre 1807 ; — des concessions de mines ; — des conventions passées avec les chambres de commerce en vue de dépenses à effectuer dans les ports maritimes.

Le *ministre de la guerre* connaît des contrats d'engagements et de rengagements militaires et des conditions pécuniaires qu'ils comportent, sauf renvoi à l'autorité judiciaire des questions préjudicielles d'état ou de nationalité d'où dépendrait la validité de l'en-

---

1. Sur les bases légales de cette attribution, et sur l'incompétence de l'autorité judiciaire pour connaître des contrats relatifs à la dette publique, voy. t. Iᵉʳ, p. 598 et suiv.

gagement (¹). L'ordonnance du 28 avril 1832 (art. 18), le décret du 10 mai 1869 (art. 17) et le décret du 30 novembre 1872 (art. 15) contiennent à cet égard la même disposition : « Tout engagé qui contesterait la légalité ou la régularité de l'acte qui le lie au service militaire adressera sa réclamation au préfet..., les préfets transmettront les demandes en annulation d'acte d'engagement volontaire au ministre de la guerre qui statuera, s'il y a lieu, ou renverra la contestation devant les tribunaux. »

Le compromis peut-il figurer parmi les contrats de l'État ? — Le compromis ne saurait trouver place parmi les contrats de l'État, car il est de principe que l'État ne peut pas soumettre ses procès à des arbitres, tant à raison des conséquences aléatoires de l'arbitrage, que des considérations d'ordre public qui veulent que l'État ne soit jugé que par des juridictions instituées par la loi. En vain dirait-on que le droit de transiger implique celui de compromettre ; cela n'est point exact, car le ministre sait sur quelles propositions il transige, mais il ignore jusqu'où une sentence arbitrale peut entraîner l'État. En vain dirait-on encore que l'article 1004 du Code de procédure civile n'interdit le compromis à l'État que lorsqu'il s'agit de causes communicables au ministère public ; que, par suite, ce texte limite la prohibition aux affaires ressortissant aux tribunaux judiciaires. Nous répondons que l'article 1004 n'a réglé qu'une question de procédure civile, et n'a pu ni voulu statuer sur les procès de l'État ressortissant à la juridiction administrative. D'ailleurs, si le compromis est interdit pour les affaires relevant de la compétence judiciaire, il doit l'être plus rigoureusement encore pour celles qui relèvent du juge administratif. Comment admettre, en effet, que l'État puisse accepter des arbitres dans des affaires où il ne lui est même pas permis d'accepter des juges civils ? Plus encore que la juridiction judiciaire, la juridiction administrative est d'ordre public pour l'État.

La jurisprudence du Conseil d'État est formelle en ce sens : nous

---

.⸲ 1. Nous avons expliqué (t. Iᵉʳ, p. 614 et suiv.) pourquoi il nous est impossible de nous rallier à la jurisprudence de la Cour de cassation qui assimile les engagements militaires à des contrats de droit commun relevant de la compétence judiciaire. Cette jurisprudence est également écartée par M. Perriquet (*Contrats de l'État*, p. 221).

avons déjà eu occasion d'en citer plusieurs exemples à propos de clauses de marchés de travaux publics ou de fournitures qui prévoyaient des arbitrages, et que le Conseil d'État a toujours déclarées nulles et non avenues. Cette jurisprudence s'est affirmée de nouveau par un arrêt du 23 décembre 1887 (*Évêque de Moulins*), qui dénie toute force légale à un compromis passé par le ministre de l'instruction publique pour régler une indemnité au profit d'un affectataire auquel un décret retirait la jouissance d'un immeuble domanial (¹) : « Considérant, dit cet arrêt, que s'il appartenait au ministre de transiger sur les difficultés nées du changement d'affectation, il n'avait pas le droit de déléguer ses pouvoirs à des arbitres et de remettre ainsi le soin de décider à une juridiction autre que celles légalement instituées; qu'il suit de là que ni le compromis du..., ni la sentence arbitrale rendue le... ne peuvent être déclarés valables et obligatoires pour l'État. »

Toutefois, on ne doit pas assimiler à un compromis une stipulation ayant pour but de faciliter une entente amiable sur des points litigieux en les soumettant à l'examen préalable de représentants de l'État et de la partie. Ce qui caractérise le compromis, c'est l'institution d'un arbitrage qui se substituerait à la juridiction compétente, mais non la désignation de conciliateurs dont l'avis ne ferait pas obstacle à une décision du ministre et à un recours de la partie (²).

---

1. Cet arrêt a été rendu sur le renvoi d'une question préjudicielle, résultant d'un jugement du tribunal civil de la Seine du 2 avril 1886 (*Évêque de Moulins c. l'État*), ledit jugement portant « qu'il y a lieu de surseoir à statuer sur une demande tendant à l'exécution d'une sentence arbitrale, rendue entre l'évêque de Moulins et le ministre de l'instruction publique, jusqu'à ce qu'il ait été prononcé par l'autorité compétente sur la validité du compromis et de la sentence arbitrale ».

2. Dans une affaire jugée le 17 mars 1893 (*Chemins de fer du Nord, de l'Est et autres*) le ministre de la guerre demandait au Conseil d'État de déclarer non avenue comme constituant un compromis une clause d'un marché passé par un de ses prédécesseurs pour la liquidation des comptes des transports de la guerre de 1870-1871. Cette clause portait que diverses questions seraient « résolues à l'amiable entre le représentant dûment autorisé de l'administration de la guerre et l'agent général des compagnies auxquelles celles-ci donnent pleins pouvoirs à cet effet ». L'arrêt décide que cette clause ne constituait pas un compromis, parce qu'elle n'avait en vue que de faciliter un accord amiable sur des points litigieux et non de les soumettre à un arbitrage, qu'en effet le ministre pouvait refuser son approbation à la liquidation proposée par son représentant, et que les compagnies pouvaient de leur côté porter les difficultés devant la juridiction contentieuse.

Contrats administratifs des départements, des communes et des colonies. — Nous avons vu que la loi du 28 pluviôse an VIII a attribué compétence au conseil de préfecture pour les contrats communaux relatifs aux travaux publics, et que la même compétence a été étendue aux marchés les plus importants de fournitures et de louage d'ouvrages qui peuvent intéresser les communes (service des eaux, du gaz, du balayage, des pompes funèbres, etc.).

Plusieurs autres contrats communaux ressortissent aux conseils de préfecture en vertu de textes spéciaux ; nous les avons énumérés en exposant les attributions de ces conseils.

Les services départementaux, en dehors des marchés et des concessions de travaux publics, régis par la loi du 28 pluviôse an VIII, ne comportent guère que des marchés de fournitures, ou certaines conventions ayant en vue le service des aliénés ou des enfants assistés, et pour lesquelles la jurisprudence a reconnu la compétence judiciaire [1].

Il en est autrement des contrats passés par les colonies. En vertu de textes spéciaux, tous ceux qui ont le caractère de marchés, soit de travaux publics, soit de fournitures, ressortissent au conseil du contentieux de la colonie, sauf appel au Conseil d'État.

Ce conseil est en outre investi d'une compétence générale en matière contentieuse administrative, par les ordonnances du 21 août 1825 (Réunion) et du 9 février 1827 (Martinique et Guadeloupe) rendues applicables à toutes les colonies par le décret du 7 septembre 1881. Il en résulte qu'en dehors des marchés tous les contrats qui ont un caractère administratif ressortissent de plein droit au conseil du contentieux, juge ordinaire du contentieux colonial.

Nous nous sommes expliqué sur cette règle et sur les applications qu'elle a reçues en jurisprudence, en traitant des attributions des conseils du contentieux des colonies [2].

---

1. Conseil d'État, 13 juillet 1877, *hospices de Gray* ; 7 août 1883, *ville d'Angers.*
2. Voy. tome Ier, p. 384 et suiv.

CHAPITRE II

ACTIONS EN RESPONSABILITÉ POUR DOMMAGES ET POUR FAUTES

———

La responsabilité pécuniaire de l'administration n'est pas soumise aux mêmes règles que celle des particuliers. Les articles 1382 et 1384 du Code civil ne lui sont pas textuellement applicables. Ces textes font dépendre la responsabilité de l'idée de préjudice associée à celle de faute, de telle sorte qu'en principe toute faute dommageable engage la responsabilité de son auteur, et qu'un dommage sans faute ne l'engage pas.

Ces règles du droit privé seraient doublement inexactes en droit administratif : d'abord parce que l'administration n'est pas toujours responsable du préjudice qu'elle cause à autrui par ses fautes ou celles de ses agents ; en second lieu, parce qu'elle est souvent tenue de réparer les dommages qu'elle a causés en usant de ses droits et sans commettre aucune faute : cette obligation lui incombe notamment en matière de travaux publics.

Ces différences profondes dans le système des responsabilités pécuniaires, en droit privé et en droit public, justifient, comme nous l'avons déjà expliqué, la distinction des compétences en cette matière (¹). De là aussi la nécessité de traiter séparément des actions en responsabilité pour dommages et des actions en responsabilité pour faute, qui ne sont pas soumises aux mêmes juridictions administratives ni aux mêmes règles de procédure.

---

1. Voy. t. Ier, p. 674 et suiv.

I. — ACTIONS EN RESPONSABILITÉ POUR DOMMAGES RÉSULTANT DE TRAVAUX PUBLICS.

Bases du droit à indemnité. — Si les travaux publics étaient régis, au point de vue de la responsabilité du maître de l'ouvrage, par la même législation que les travaux des particuliers, il en résulterait, pour un grand nombre de citoyens, des dommages et des pertes irréparables. En droit privé, le propriétaire est maître sur son terrain : il peut, en observant les lois de police et les distances légales, y faire des constructions, des remblais, des fouilles sans avoir de compte à rendre au voisin ; il ne lui doit même pas d'indemnité si, en creusant son propre sol, il tarit des sources ou dessèche des puits chez autrui (art. 641, C. civ.).

Il en est autrement en matière de travaux publics ; l'administration restant dans la limite de ses droits, et même remplissant des obligations qui lui sont légalement imposées, n'en est pas moins tenue de réparer les dommages qu'elle cause aux propriétés par des travaux d'intérêt général.

Il y a à cela plusieurs raisons.

D'abord le Code civil, en consacrant les droits que tout propriétaire peut exercer sur son fonds, et en l'absolvant des torts qu'il peut causer au voisin, n'a eu en vue que l'usage normal que chacun peut faire de son bien, et les risques qui peuvent en résulter pour le fonds voisin, risques qui sont d'ailleurs réciproques. Il n'a pas eu à se préoccuper des risques beaucoup plus considérables que l'exécution des grands travaux publics peut entraîner pour les propriétés qu'ils avoisinent, à raison des forces exceptionnelles qu'ils mettent en jeu pour occuper le sol et en modifier le relief. En second lieu, l'administration n'a la puissance de transformer le sol qu'en vertu de prérogatives qui lui sont propres, et spécialement du droit d'expropriation qui lui permet de s'approprier, sur tout le tracé d'un ouvrage public, et quelquefois sur d'immenses espaces de territoire, tous les terrains nécessaires à ses travaux. Ces terrains ne sont point assimilables à des héritages privés dont le propriétaire peut disposer à son gré ; ils sont remis à l'administration, en vertu d'actes de la puissance publique, et avec une destination spéciale, si bien qu'elle est tenue de les rendre si cette destination ne se réalise pas (loi du 3 mai 1841, art. 60). Enfin, l'ouvrage public devant profiter à la collectivité, il est juste que les charges en soient également réparties entre tous, et que l'adoption de tel tracé, pour un chemin de fer ou un canal, ne fasse pas peser plus lourdement ces charges sur quelques propriétaires que sur l'ensemble des intéressés. Ceux qui sont lésés doivent donc être indemnisés, comme ceux qui sont expropriés.

Telles sont les raisons générales de la responsabilité qui incombe à l'administration en matière de travaux publics, responsabilité plus étendue que celle de tout autre maître d'ouvrage. La jurisprudence admet même qu'elle peut subsister dans les cas de force majeure, qu'il y a lieu de distinguer entre les effets naturels et directs de cette force et les aggravations que l'ouvrage public a pu causer, par exemple si la puissance ou la durée d'une inondation a été accrue par des ouvrages exécutés dans un cours d'eau ou sur ses rives, ou par des remblais de chemin de fer retardant l'écoulement des crues et l'assèchement des terres.

Ces considérations ne s'appliquent pas seulement aux travaux de l'État, mais à tous ceux qui ont le caractère de travaux publics, quelle que soit l'administration qui les exécute. Si cependant cette administration n'use pas des facultés exceptionnelles qui lui sont données dans un but d'intérêt général, si elle se borne à faire, pour un service public, des travaux qu'un simple particulier pourrait entreprendre pour son usage privé, par exemple des travaux d'architecture, il est juste qu'elle ne soit pas mise en dehors du droit commun dont elle-même ne franchit pas les limites, et qu'elle soit traitée, au point de vue des dommages, comme le serait tout propriétaire mettant son fonds en valeur. C'est pourquoi la jurisprudence étend moins la notion du dommage dans ce cas que dans les précédents ; elle admet, par exemple, que l'administration ne doit pas d'indemnité, si elle tarit une source en creusant un puits ou les fondations d'un édifice, tandis qu'elle en doit une, si elle cause le même dommage en perçant un tunnel de chemin de fer [1].

---

1. Cette dernière question a donné lieu à des hésitations de la jurisprudence qui

Le dommage dont l'administration est responsable doit-il s'entendre de tout inconvénient ou dépréciation résultant d'un travail public ? Assurément non. Si l'établissement d'un chemin de fer nuit à l'industrie d'un entrepreneur de transports par terre ou par eau, si l'ouverture d'une rue nouvelle fait le vide dans une rue ancienne et en éloigne la clientèle, si l'agrément d'une propriété est diminué par des ouvrages qui masquent sa vue ou par le bruit des trains sur un pont métallique, ce ne sont pas là des dommages dont l'administration doive réparation. De même, si une propriété est mise en contre-bas, non par la voie publique elle-même, mais par l'exhaussement de terrains voisins mis au niveau de cette voie par leurs propriétaires, la responsabilité de l'administration n'est pas engagée. Pour qu'il y ait dommage dans le sens juridique du mot, il faut, d'après la formule consacrée par la jurisprudence, que le dommage soit *direct et matériel :* direct, c'est-à-dire que le travail public en soit la cause immédiate et non pas seulement l'occasion ; matériel, c'est-à-dire qu'il porte physiquement atteinte à la propriété, à son mode d'exploitation, ou à ses accès.

Il faut aussi que le dommage soit actuel et certain, et non pas seulement éventuel ou probable. Il faut enfin qu'il n'ait pas le caractère de ces gênes temporaires auxquelles la réparation ou l'entretien d'une voie publique et de ses ouvrages souterrains exposent les riverains, et qui sont la contre-partie naturelle des avantages de la riveraineté.

Telles sont les conditions essentielles de l'action en indemnité pour dommage. Voyons maintenant quel juge doit en connaître et jusqu'où s'étend sa juridiction.

Règles générales de compétence. — La compétence en matière de dommages appartient aux conseils de préfecture, en vertu de l'article 4, § 3, de la loi du 28 pluviôse an VIII.

La compétence de ces conseils étant territoriale, il s'ensuit qu'elle appartient au tribunal administratif du département où le

---

ont pris fin par un arrêt de principe du 11 mai 1883 (*Chamboredon*), confirmé par ceux du 8 août 1885 (*Chemin de fer de Lyon*) et du 4 décembre 1885 (*Ministre des travaux publics*).

dommage s'est produit. Les tiers n'ont pas à se préoccuper des clauses particulières des cahiers des charges qui, lorsqu'un travail s'étend sur plusieurs départements, peuvent attribuer compétence à un seul conseil de préfecture pour juger les contestations entre l'administration et son entrepreneur ou concessionnaire. Ces clauses ne visent pas les tiers atteints par des dommages. Si même elles statuaient à leur égard, nous pensons qu'elles seraient non avenues, puisqu'ils n'auraient pas pris part au contrat. Une autre conséquence de la territorialité, c'est que, si le dommage se produisait en dehors du territoire français, aucun conseil de préfecture n'en pourrait connaître ([1]); il faudrait alors s'adresser au ministre, en tant qu'il représenterait l'État débiteur; mais si le dommage était imputable à un entrepreneur ou concessionnaire contre lequel le ministre ne saurait prononcer aucune condamnation pécuniaire en faveur d'un tiers, il nous semblerait difficile que la contestation eût un autre juge que le juge ordinaire du lieu.

Le conseil de préfecture connaît de tout dommage causé aux propriétés par le travail public, sans qu'il y ait à distinguer si l'action est dirigée contre l'administration à raison de ses plans et de ses ordres de service, ou contre l'entrepreneur ou concessionnaire à raison de ses procédés d'exécution et des opérations de ses chefs de chantier ou ouvriers. Dans ces différents cas, c'est le travail public qui est réputé le véritable auteur du dommage, c'est lui qui est en cause, quelle que soit la partie assignée.

Il n'est pas inutile d'affirmer cette règle en présence des termes équivoques de la loi du 28 pluviôse an VIII, qui défère au conseil de préfecture « les torts et dommages procédant *du fait personnel des entrepreneurs et non du fait de l'administration* ». Ainsi que nous l'avons expliqué dans la partie historique de cet ouvrage, cette disposition a son origine dans la loi des 7-11 septembre 1790 qui voulait réserver au pouvoir central les questions de responsabilité du Trésor, en matière de travaux publics comme en toute autre ([2]). Mais, lorsque les attributions contentieuses des directoires de département et de district eurent été transférées aux conseils de pré-

1. Conseil d'État, 8 mars 1878, *Stehelin*.
2. Voy. tome Ier, p. 192, p. 193 et la note.

fecture et au Conseil d'État, cette réserve n'a plus eu la même raison d'être, et l'on a même supposé qu'elle n'avait été reproduite dans la loi de pluviôse an VIII que par suite d'une erreur de rédaction ; aussi la jurisprudence a promptement cessé d'en tenir compte, et elle a indistinctement soumis à la juridiction du conseil de préfecture les dommages provenant des décisions de l'administration aussi bien que du fait personnel de l'entrepreneur.

En matière de dommages, l'expression de *travaux publics* doit être prise dans son sens le plus large et avec une double acception : elle s'applique, en premier lieu, à toutes les opérations et mains-d'œuvre qui concourent à l'*exécution du travail* ; en second lieu, à l'*ouvrage public* lui-même, tel qu'il est et se comporte une fois qu'il est achevé.

Insistons sur ce dernier point qui a donné lieu à certaines hésitations de la jurisprudence.

L'ouvrage public, disons-nous, une fois achevé et remis à l'administration, peut causer des dommages qui donnent lieu au même contentieux que ceux du travail en cours. Parmi ces dommages, il en est de *permanents,* parce qu'ils tiennent à l'existence même de l'ouvrage, à ses dispositions par rapport aux propriétés voisines. Pendant longtemps l'autorité judiciaire a voulu voir en eux autre chose que de simples dommages, et elle les a assimilés à des expropriations partielles, parce qu'ils enlèvent pour toujours une partie de sa valeur à la propriété (¹).

Le Conseil d'État a résisté avec raison à cette doctrine, car il ne saurait y avoir expropriation là où il n'y a ni translation de propriété, ni même dépossession de tout ou partie du fonds, mais seulement diminution de ses avantages et de sa valeur. En outre, on ne doit pas oublier que, jusqu'en 1810, notre législation avait si complètement attribué à la juridiction administrative toutes les questions relatives aux travaux publics, que l'expropriation elle-même n'en était pas exceptée. La loi du 8 mars 1810 est la première qui a détaché du contentieux des travaux publics le règlement des indemnités d'expropriation pour le soumettre à l'autorité judiciaire. La compétence judiciaire n'ayant été instituée que pour

---

1. Cass., 20 avril 1838, *commune des Moulins ;* — 23 avril 1838, *préfet de l'Oise.*

les cas d'expropriation, c'est-à-dire de translation forcée d'une propriété à l'administration, la juridiction administrative est restée de plein droit compétente sur tout dommage ou dépréciation qui n'a pas ce caractère. Tels ont été les motifs de l'assimilation faite par le Conseil d'État entre les dommages permanents et les dommages temporaires; sa jurisprudence, également consacrée par le Tribunal des conflits de 1850 ([1]), a été acceptée, depuis 1852, par la Cour de cassation ([2]).

La difficulté, résolue sur ce point, a subsisté plus longtemps dans le cas où le dommage permanent équivaut à une véritable dépossession, et où la propriété privée n'est pas seulement endommagée mais supprimée. La Cour de cassation persistait alors à affirmer la compétence des tribunaux judicaires; mais le Conseil d'État faisait une distinction entre deux cas de dépossession, celui où l'administration en profite et celui où elle n'en profite pas. Le premier cas se produit, par exemple, lorsque des parcelles enlevées à leur propriétaire sont occupées par l'ouvrage public et en deviennent une dépendance; il y a alors expropriation indirecte et l'autorité judiciaire est compétente pour évaluer l'indemnité ([3]). Le second cas se présente lorsque la propriété disparaît sous l'influence de forces naturelles provoquées ou favorisées par l'ouvrage public, par exemple quand des travaux en rivière rejettent les courants sur une rive qu'ils corrodent et dont les débris sont entraînés par les eaux; il n'y a alors qu'un dommage n'entraînant aucune transmission de propriété et relevant du conseil de préfecture. Sur ce point encore, la jurisprudence du Tribunal des conflits a sanctionné celle du Conseil d'État ([4]).

La question de compétence paraît plus délicate encore lorsque les dommages causés par l'ouvrage public ne sont dus ni à son exécution ni aux modifications qu'il fait subir au régime du sol ou des eaux, mais au mode spécial d'exploitation auquel il est con-

---

1. Tribunal des conflits, 29 mars 1850, *Thomassin*; — 30 avril 1850, *Mallez*; — 24 juillet 1851, *Pamard*.

2. Civ. cass., 29 mars 1852, *préfet d'Alger*; — 10 août 1854, *préfet du Puy-de-Dôme*.

3. Voy. sur la compétence en matière d'expropriation indirecte, tome Ier, p. 542 et suiv.

4. Tribunal des conflits, 11 janvier 1873, *Paris-Labrosse*.

sacré. Voici, par exemple, un chemin de fer : il n'est pas construit pour rester désert ni pour être livré comme une route au libre usage des habitants ; il a pour but et pour raison d'être la circulation de trains mus par la vapeur ; mais la circulation des trains, en même temps qu'elle constitue l'usage normal de la voie ferrée, est le résultat de l'exploitation commerciale à laquelle se livre le concessionnaire, et qui relève de la compétence judiciaire. Cela posé, quelle juridiction doit connaître des dommages causés par la trépidation des trains, par la nécessité d'assurer aux machines leurs approvisionnements d'eau et de charbon ? La jurisprudence s'est prononcée, après quelques hésitations, pour la compétence du conseil de préfecture. Elle a admis que ces dommages sont réellement causés par l'ouvrage public : non par l'ouvrage brut et inerte, mais par l'ouvrage en activité, fonctionnant conformément à sa destination et aux conditions essentielles de la concession. En effet, la compagnie n'est pas libre de faire ou non circuler des trains ; elle a l'obligation, sous peine de séquestre ou de déchéance, de donner à la voie ferrée la vie et le mouvement qu'elle comporte, et de le faire dans les conditions imposées ou approuvées par le ministre des travaux publics. C'est pourquoi le Conseil d'État et le Tribunal des conflits ont décidé que la loi de pluviôse an VIII est applicable à ces dommages ([1]).

---

1. Conseil d'État, 26 décembre 1867, *Chemin de fer de l'Est;* — 9 mars 1888, *Mayrargue.*

Tribunal des conflits, 16 janvier 1875, *Colin;* — 13 mars 1875, *Cottin;* — 30 mars 1878, *Chemin de fer de Lyon;* — 26 juillet 1894, *Strachman c. Chemin de fer de l'Est).* Cette dernière décision, par laquelle le Tribunal des conflits a le plus nettement affirmé sa jurisprudence, constate que des dommages (trépidations) causés par des manœuvres de locomotives aux abords de la gare de Belfort « se rattachent nécessairement » à la création de voies de manœuvres.

La question est plus douteuse quand le dommage est causé par la fumée des machines. En effet, la fumée résulte du mouvement des trains, mais elle n'en est pas une conséquence nécessaire, car le concessionnaire pourrait l'éviter au moyen de combustibles et d'appareils spéciaux. Aussi, le Conseil d'État n'a admis la compétence administrative qu'en rattachant le dégagement des fumées à la disposition des ouvrages (16 mai 1879, *Compagnie de Lyon c. Vitte;* 6 mai 1887, *id. c. Ferréol).* L'autorité judiciaire a toujours considéré ces dommages comme résultant de l'exploitation. Le Tribunal des conflits ne s'est pas encore prononcé.

L'introduction de l'électricité dans les procédés de traction des trains pourra, dans l'avenir, rendre ces questions moins fréquentes, mais peut-être aussi en faire naître de nouvelles.

On doit, au contraire, reconnaître le caractère d'actes d'exploitation relevant de la compétence judiciaire aux travaux qu'exécutent les compagnies dans leurs ateliers de fabrication et de réparation ; aux manipulations effectuées dans leurs magasins et dépôts de marchandises, aux opérations de factage et de camionnage, aux services des gares et bureaux, et plus encore à l'exploitation des hôtels-terminus, en un mot à toutes les opérations qui ne concernent pas l'usage direct de la voie ferrée.

D'autres conséquences se rattachent à cette idée que tout dommage causé par l'ouvrage public rentre dans les prévisions de la loi de pluviôse an VIII et dans la compétence des conseils de préfecture.

Ainsi, l'accident causé par le défaut de solidité d'un ouvrage, par la défectuosité de ses dispositions ou de ses matériaux, par l'usure, la vétusté, le défaut d'entretien, a le caractère d'un dommage imputable à l'ouvrage public. La jurisprudence du Conseil d'État s'est à maintes reprises prononcée en ce sens ([1]), et elle a été acceptée par la Cour de cassation et le Tribunal des conflits.

Quelques hésitations se sont cependant produites sur la question de défaut d'entretien ; un arrêt du Conseil d'État rendu sur conflit négatif le 12 janvier 1870 (*Drouard*) décide « qu'aucune disposition de loi n'a attribué à l'autorité administrative la connaissance des demandes d'indemnité fondées sur les dommages qui peuvent résulter de *l'inexécution d'un travail public...* » Mais cette décision est restée isolée, et la jurisprudence rappelée ci-dessus s'est prononcée en sens contraire, notamment dans l'affaire jugée par le Tribunal des conflits le 17 avril 1886 (*O'Carrol*), qui avait donné lieu à un nouveau débat sur ce point ([2]). D'ailleurs, il ne faut pas perdre de

1. Conseil d'État, 20 décembre 1863, *Chemin de fer de Lyon* ; — 30 mars 1867, *Georges* ; — 13 juin 1873, *ville de Paris* ; — 2 décembre 1881, *Joullié*; — 20 juillet 1894, *Dame Reine.*

Civ. cass., 23 juillet 1867, *Chemin de fer d'Orléans.* — Civ. cass., 5 mai 1885, *ville d'Orléans.*

Tribunal des conflits, 22 avril 1882, *Martin* ; — 17 avril 1886, *O'Carrol*; — 30 juin 1894, *Losser.*

2. Voy. les conclusions du commissaire du Gouvernement sur cette affaire (*Recueil des arrêts du Conseil d'État*, 1886, p. 384) et les notes de Dalloz sur l'arrêt de la chambre civile du 5 mai 1885 (1885, I, 339). — Cf. Conseil d'État, 7 décembre 1888, *Murray*, et, parmi les auteurs : Aucoc, *Conférences*, t. II, p. 416 ; Christophle, *Travaux publics*. t. II, n° 242 ; Perriquet, *Travaux publics*, t. II, n° 282.

vue que le fait relevé comme dommageable n'est pas le fait négatif d'inexécution du travail, mais le fait très positif de mauvais état et de défectuosité de l'ouvrage ; la partie lésée n'a pas à rechercher si ce mauvais état a pour cause un vice de construction, un défaut d'entretien, la vétusté, etc. ; il suffit qu'elle établisse le caractère nuisible de l'ouvrage et le dommage qu'il a causé.

La solution est plus difficile lorsque le dommage peut être attribué à la fois au mauvais état de l'ouvrage et à la négligence d'agents de l'administration qui auraient dû suspendre la circulation sur le point où des réparations étaient nécessaires. On peut se demander, en ce cas, si l'action ouverte à la partie est une action pour dommages relevant du conseil de préfecture, ou une action en responsabilité pour faute ressortissant au ministre, sauf recours au Conseil d'État. La solution dépendra souvent des circonstances de l'affaire ; mais nous pensons que, dans le doute, elle devra plutôt incliner vers la compétence du conseil de préfecture à laquelle il importe de conserver son unité, toutes les fois qu'un vice d'un ouvrage public est la cause matérielle d'un accident [1].

Il n'est pas douteux, au contraire, que le conseil de préfecture n'aurait pas à statuer si la cause unique du dommage était la négligence ou la maladresse d'un agent préposé au fonctionnement d'un ouvrage public en bon état. Aussi, son incompétence a-t-elle été à bon droit reconnue en présence d'une demande d'indemnité fondée sur l'imprévoyance d'un éclusier qui n'avait pas ouvert ses écluses en temps de crue [2].

Signalons, en terminant, une remarquable application de la loi de pluviôse an VIII au cas où le dommage résulte d'un refus d'alignement ou d'autorisation à bâtir. Lorsque ce refus est motivé par

---

1. Quelques arrêts ont fait prévaloir l'idée de responsabilité de l'État sur celle de dommage causé par l'ouvrage public et, par suite, la compétence du ministre sur celle du conseil de préfecture (voy. Conseil d'État, 10 décembre 1880, *Guerre* ; — 28 mars 1885, *Ministre des travaux publics c. Vivarès* et arrêts antérieurs) ; — mais la jurisprudence la plus récente tend à l'unité de compétence en faveur du conseil de préfecture. (Tribunal des conflits, 30 juin 1894, *Losser* ; — Conseil d'État, 7 avril 1886, *Garcia* ; — 18 novembre 1893, *Bérard* ; — 9 mars 1894, *Compagnie du gaz c. Daubard.*) — Voy. aussi dans le paragraphe suivant la jurisprudence relative aux accidents et aux dommages aux personnes, qui impliquent souvent des faits d'imprudence ou d'imprévoyance imputables aux agents de l'administration.

2. Conseil d'État, 6 janvier 1882, *Ministre des travaux publics c. Vauvillé.*

des projets de travaux publics, par le désir qu'a l'administration d'en rendre l'exécution plus facile et moins coûteuse, en empêchant d'élever des constructions qu'il lui faudrait exproprier, la jurisprudence admet qu'une action pour dommages est ouverte devant le conseil de préfecture([1]). Elle recule ainsi jusqu'à ses dernières limites l'idée de dommage causé par les travaux publics, car elle l'étend à des cas où les travaux ne sont que projetés et ne seront peut-être jamais entrepris ; elle est en outre très difficile à concilier avec les règles sur le dommage *direct et matériel*. Juridiquement, l'action à exercer en présence d'un refus arbitraire d'alignement serait le recours pour excès de pouvoir, qui peut faire annuler le refus, ou l'action en responsabilité pour faute qui peut réparer le préjudice causé par cet acte illégal de l'administration. Mais on sait à quelles difficultés de compétence ont longtemps donné lieu les actions en responsabilité dirigées contre les communes à raison de fautes administratives de leurs agents([2]) ; c'est sans doute pour les éviter, et pour faciliter les réclamations des propriétaires lésés, que le Conseil d'État a admis la compétence du conseil de préfecture.

Dommages aux personnes. — Les dommages causés aux personnes, soit par des accidents de chantier, soit par la ruine imprévue d'un ouvrage, soit par des dispositions vicieuses, rentrent-ils dans les prévisions de la loi de pluviôse an VIII et dans la compétence des conseils de préfecture ? Il y a peu de questions sur lesquelles la jurisprudence ait autant varié.

Si on l'examine en droit, abstraction faite des complications qu'on y a quelquefois introduites, on voit qu'elle peut se réduire à ces termes très simples : la loi du 28 pluviôse an VIII a-t-elle, oui ou non, compris les accidents de personnes dans les « torts et dommages » causés par les travaux publics ? Si elle les y a compris, tous les dommages causés par ces accidents relèvent du conseil de préfecture, d'après les mêmes règles que les dommages aux

---

1. Conseil d'État, 13 mars 1868, *Labille* ; — 26 mars 1869, *id.* ; — 18 juillet 1873, *Lemarié* ; — 11 juillet 1879, *ville d'Alger* ; — 28 janvier 1881, *Sarlandie.*

2. Ces difficultés sont actuellement tranchées par la jurisprudence du Conseil d'État et du Tribunal des conflits. — Voy. tome Ier, p. 324 et les notes.

propriétés, c'est-à-dire sans qu'il y ait à distinguer s'ils proviennent du fait de l'entrepreneur ou du fait de l'administration, s'ils sont causés par l'exécution des travaux ou par les vices propres de l'ouvrage. Dans le cas contraire, tous ces accidents échapperaient à la compétence des conseils de préfecture, puisque, par hypothèse, ils ne constituent pas des dommages dans le sens de la loi de pluviôse an VIII, et puisqu'il n'existe point d'autre texte pouvant en attribuer la connaissance à ces conseils. La compétence devra alors appartenir au ministre, sauf recours au Conseil d'État, si l'action en responsabilité était dirigée contre l'État ; aux tribunaux judiciaires, si elle était dirigée contre un entrepreneur, un concessionnaire, un département ou une commune ; en un mot, il faudrait appliquer, non les règles du dommage, mais celles de la responsabilité pour fautes.

Laquelle de ces deux solutions doit prévaloir ? Les textes, on doit le reconnaître, ne sont décisifs ni dans un sens ni dans l'autre.

En faveur de l'interprétation qui rendrait la loi de pluviôse applicable aux accidents de personnes aussi bien qu'aux dommages causés aux propriétés, on peut invoquer les expressions employées par cette loi : elle parle à la fois de *torts* et de *dommages* ; si ces deux mots ne font pas double emploi, on peut admettre que le premier vise les personnes, le second les choses ; si le législateur n'a pas eu l'intention de leur donner une acception distincte, il est du moins probable qu'il a voulu leur attribuer le sens le plus large possible, de manière à comprendre tous les cas de dommages qu'il n'aurait pas exclus ; or, il n'exclut pas le dommage aux personnes, donc il le soumet à la même règle que le dommage aux choses. Enfin, pour apprécier les causes des accidents et les responsabilités pécuniaires qu'ils entraînent, il faut se livrer, dans un cas comme dans l'autre, à une appréciation des actes de l'administration.

En sens contraire, on peut aussi invoquer plusieurs raisons ; — d'abord des raisons de textes : le silence de la loi de pluviôse sur les questions d'accidents, de blessures, de mort d'homme qui auraient certainement mérité une mention particulière ; le rapprochement de cette loi avec celle des 7-11 septembre 1790, qui prévoyait aussi les « torts et dommages », mais qui en renvoyait l'examen, non au directoire de département, juge habituel des questions de travaux publics, mais à des autorités inférieures (municipalités et directoires de district), dont l'intervention n'eût été guère explicable dans des conditions aussi graves ; — en second lieu, l'esprit général de la législation des travaux publics, laquelle a voulu régler les rapports de l'administration et de ses entrepreneurs avec les propriétés, mais non avec les personnes.

Ces deux solutions peuvent, nous le répétons, se défendre par des arguments sérieux. Si nos préférences sont acquises à la compétence des conseils de préfecture, actuellement consacrée par la jurisprudence du Conseil d'État, du Tribunal des conflits et de la Cour de cassation, c'est moins sous l'influence des textes, peu décisifs dans un sens ou dans l'autre, qu'à raison des avantages que nous y voyons pour les justiciables. La compétence des conseils de préfecture est en effet la seule qui puisse, en cette matière, s'exercer sans partage, sans conflit, sans question préjudicielle. Devant l'autorité judiciaire, l'unité de juridiction ne pourrait pas être réalisée, car si on faisait les tribunaux juges des dommages aux personnes, il faudrait toujours réserver la compétence administrative pour l'appréciation préjudicielle des décisions et des ordres de service relatifs aux travaux ; il faudrait également la réserver quand la demande aurait le caractère d'une action en responsabilité dirigée contre l'État à raison de fautes de ses agents. De là des complications très préjudiciables aux parties qui ont souffert d'un accident, complications que l'on évite en reconnaissant au conseil de préfecture une compétence aussi large pour les dommages aux personnes que pour les dommages aux propriétés.

Cette règle si pratique ne s'est pas cependant établie sans peine dans la jurisprudence du Conseil d'État et du Tribunal des conflits, dont nous devons rappeler les différentes phases.

Pendant une première et longue période, qui a duré jusque vers 1860, la jurisprudence s'est franchement prononcée pour une large application de la loi de pluviôse an VIII, et elle a soumis le dommage aux personnes aux mêmes règles de compétence que le dommage aux choses ([1]). Elle n'y dérogeait que dans un cas bien déter-

1. Conseil d'État, 27 août 1833, *Questel ;* — 19 décembre 1839, *Lœmblé ;* — 26 avril

miné, celui où la cause du dommage était un délit d'homicide ou de blessure par imprudence, poursuivi devant les tribunaux de répression ; dans ce cas, en effet, la responsabilité personnelle du délinquant exclut celle du travail public [1]. Mais on se gardait bien d'étendre cette réserve à tous les cas d'imprudence et de négligence, car il y a peu d'accidents de personnes où l'imprévoyance humaine n'ait une part plus ou moins grande, et l'introduction de cet élément risquerait de faire varier la compétence avec les nuances de chaque espèce. On peut donc dire que, pendant cette période, la jurisprudence a suffisamment répondu au besoin d'unité et de simplicité qui domine en cette matière.

Il en a été autrement après 1860. On a vu alors se produire une évolution qui est allée en s'accentuant jusqu'en 1870.

Pendant cette seconde période, on a d'abord enlevé au conseil de préfecture les actions en indemnités formées contre l'entrepreneur par des ouvriers victimes d'accidents de chantier ; on en a donné pour motif qu'il s'agissait de rapports entre ouvriers et patrons relevant des tribunaux judiciaires [2] ; puis on lui a enlevé les actions formées contre l'État lorsque l'accident était attribué à l'imprudence ou à la négligence de ses agents ; ce n'est plus, disait-on, une question de dommages, mais une question de responsabilité de l'État qui doit être soumise au ministre [3]. Enfin on a fini par déclarer la loi de pluviôse an VIII inapplicable aux accidents de personnes. « Il nous paraît certain, disait M. le commissaire du Gouvernement Ch. Robert dans une affaire jugée le 16 décembre 1863 (*Dalifol*), que la loi du 28 pluviôse an VIII n'a voulu attribuer aux conseils de préfecture que la connaissance *des préjudices causés à la propriété*, qu'il s'agisse d'immeubles ou de meubles, et que cette loi a laissé *à l'autorité judiciaire tout ce qui concerne les*

1847, *Brunet ;* — 19 juin 1856, *Tonnelier.* — Tribunal des conflits, 17 avril 1851, *ville de Marseille.*

1. Le Tribunal des conflits de 1850 soumettait, même dans ce cas, au conseil de préfecture l'action dirigée contre l'administration comme civilement responsable du fait de ses agents. (Voy. la décision ci-dessus du 17 avril 1851.)

2. Conseil d'État, 11 décembre 1856, *Matheret ;* — 4 février 1858, *Maugeant ;* — 16 août 1860, *Passemar.*

3. Conseil d'État, 1er juin 1861, *Baudry ;* — 7 mai 1862, *Vincent ;* — 22 novembre 1867, *Ruau't.*

dommages faits aux personnes par blessures, mutilation, ou privation de la vie, sauf, bien entendu, en ce qui concerne l'État, l'application de la jurisprudence qui interdit aux tribunaux civils de le déclarer débiteur. »

Le Conseil d'État, après quelques hésitations, a consacré cette doctrine [1], que M. Aucoc, en 1869, présentait comme définitivement acquise [2]. C'était l'abandon d'une jurisprudence demi-séculaire.

Après 1872, s'ouvre une troisième période pendant laquelle le Conseil d'État revient progressivement à la jurisprudence qui avait été abandonnée. Après quelques décisions d'abord implicites et peu concordantes [3], il se prononça formellement pour la compétence du conseil de préfecture, sans en excepter le cas d'imprudence d'agents de l'administration. Un arrêt du 30 novembre 1877 ·(*Lefort*) statua nettement en ce sens et fut considéré par les arrêtistes comme un véritable arrêt de doctrine [4].

Peu après, le Tribunal des conflits confirma cette jurisprudence par une décision du 29 décembre 1877 (*Leclerc*). Cette décision constate que l'accident était imputé « à la négligence ou à l'incurie soit du génie militaire, soit des entrepreneurs employés par cette administration dans un travail public », et elle décide que, « en vertu de l'article 4 de la loi du 28 pluviôse an VIII, l'autorité administrative est compétente pour prononcer sur les torts et dommages provenant tant du fait personnel des entrepreneurs que du fait de l'administration ». Par cette mention intentionnelle de la loi de pluviôse an VIII, le Tribunal des conflits a voulu prévenir l'équivoque qui aurait pu subsister, s'il s'était borné à écarter la compétence judiciaire et à affirmer la compétence de l'autorité administrative, sans spécifier si elle appartenait au ministre ou au conseil de préfecture.

1. Conseil d'État, 15 décembre 1865, *ville de Paris ;* — 13 décembre 1866, *Auroux ;* — 15 avril 1868, *ville de Paris ;* — 12 mai 1869, *Gilleus.*
2. Aucoc, *Conférences,* t. II, p. 403.
3. Conseil d'État, 12 décembre 1873, *Lambert ;* — 9 janvier 1874, *Aubéry ;* — 11 décembre 1874, *Ministre de l'intérieur,* pour la compétence du conseil de préfecture ; — 20 novembre 1874, *Zeig,* pour la compétence du ministre ou des tribunaux judiciaires en cas de reproche d'imprudence.
4. Voy. les notes du *Recueil des arrêts du Conseil d'État* (1877, p. 953).

Il demeura donc entendu en 1877, comme le Tribunal des conflits l'avait déjà jugé en 1850, qu'il n'y aurait de déplacement de compétence au profit de l'autorité judiciaire, que si la faute constituait un délit poursuivi devant la juridiction correctionnelle. Plusieurs autres décisions sur conflit statuèrent dans le même sens (¹).

Il eût été désirable que ce retour à l'ancienne jurisprudence eût un caractère définitif. Malheureusement, le Tribunal des conflits, sans répudier ouvertement ces doctrines, s'en est plusieurs fois écarté, et a accueilli des distinctions qui ont paru remettre la compétence du conseil de préfecture en question dans des cas où elle paraissait tout à fait acquise.

Ainsi, une décision du 11 novembre 1882 (*Dubœuf*) semble distinguer entre les accidents causés par l'exécution d'un travail public et ceux qui résultent des vices de l'ouvrage une fois achevé. Cette distinction, depuis longtemps écartée pour les dommages aux propriétés, ne doit pas davantage être admise pour les dommages aux personnes, puisqu'ils sont réputés soumis à la même législation. Le Tribunal des conflits paraît d'ailleurs y avoir renoncé par une décision plus récente (17 avril 1886, *O'Carrol*).

D'autres décisions de ce haut Tribunal ont multiplié les distinctions quand il s'agit d'accidents survenus aux ouvriers. Elles ont distingué d'abord si le travail a lieu en régie, ou par concession ou entreprise. Si le travail est fait en régie, certaines décisions maintiennent la compétence du conseil de préfecture quand il s'agit de travaux de l'État (²), mais l'abandonnent pour les travaux des communes, et consacrent, dans ce dernier cas, la compétence judiciaire (³). C'est pourtant une règle certaine, qu'en matière de travaux publics l'État, les départements et les communes sont soumis à la même compétence, soit qu'il s'agisse de marchés, soit qu'il s'agisse de dommages.

---

1. Tribunal des conflits, 13 mars 1880, *Bouhelier ;* — 17 avril 1886, *Didier c. Mercalat.* On lit dans cette dernière décision : « Considérant que le fait relevé dans l'assignation *n'avait donné lieu à aucune poursuite correctionnelle,* qu'il suit de là que l'autorité judiciaire était incompétente sur la demande d'indemnité formée contre l'agent de l'administration... »

2. Tribunal des conflits, 17 avril 1886, *Didier.*

3. Tribunal des conflits, 5 juin 1886, *Pichat.*

D'autre part, si la demande d'indemnité est formée par un ouvrier contre un concessionnaire ou contre un entrepreneur, le Tribunal des conflits a plusieurs fois renvoyé l'affaire à l'autorité judiciaire, en se fondant sur ce que la question de dommages se rattacherait alors aux rapports de l'ouvrier avec l'entrepreneur et au contrat de louage d'ouvrage intervenu entre eux [1]. Cette distinction ne nous paraît pas mieux justifiée que les précédentes. En effet, les questions d'accident n'ont rien à voir avec le contrat passé entre l'entrepreneur et ses ouvriers ; ce contrat n'a pas à stipuler et ne stipule pas que l'entrepreneur ne tuera ni ne blessera ses ouvriers ; cette obligation est de droit naturel et toute clause contraire serait non avenue. Nous ne sommes donc pas ici sur le terrain du contrat, mais sur celui du dommage ou du quasi-délit. Enfin, ne perdons pas de vue que la loi de pluviôse an VIII — le Tribunal des conflits l'admet — est réputée prévoir les dommages aux personnes comme les dommages aux propriétés ; or, cette loi défère expressément au conseil de préfecture les dommages causés par *le fait personnel de l'entrepreneur*, qui est le plus souvent l'auteur involontaire des accidents survenus à ses ouvriers ; les demandes d'indemnités des ouvriers contre les entrepreneurs ou les concessionnaires sont donc, comme celle des tiers, soumises de plein droit à la loi de pluviôse an VIII : le Conseil d'État l'a de nouveau décidé par plusieurs arrêts [2] qui écartent les distinctions faites par les décisions précitées du Tribunal des conflits et qui consacrent l'unité de compétence que ce même tribunal avait jugé nécessaire d'établir, en 1877, d'accord avec le Conseil d'État.

Les avantages de cette unité ne sauraient longtemps échapper au juge souverain des compétences, qui s'en est inspiré dans d'autres matières, pour le grand bien des justiciables. En présence de plaideurs aussi dignes d'intérêt que les victimes des accidents causés par les travaux publics, il voudra aplanir la voie qui les

1. Tribunal des conflits, 15 mai 1886, *Bordelier.* — Cette décision a été immédiatement suivie d'un arrêt conforme de la Cour de cassation : Civ. rej., 24 mai 1886, *Compagnie des tramways.*

2. Conseil d'État, 7 août 1886, *Garcia ;* — 8 août 1892, *Bardot ;* — 18 novembre 1893, *Bérard ;* — 9 mars 1894, *Compagnie parisienne du gaz ;* — 11 mai 1894, *Ferreng et Pacaud.*

conduit vers leur juge au lieu d'y semer des distinctions que la loi n'exige pas, et qui, après avoir été un embarras pour les parties et leurs conseils, finissent par en être un pour les juges.

Il est d'ailleurs permis de signaler comme révélant une tendance vers l'unité de compétence, une décision du Tribunal des conflits du 30 juin 1894 (*Losser*), qui consacre expressément la compétence du conseil de préfecture dans une affaire d'accident causé à un employé par l'explosion d'un appareil à gaz dans un établissement de l'État. La décision constate que « la demande se rattache par un lien indivisible à l'exécution ou à l'inexécution d'un travail public ; que, dès lors, c'est au conseil de préfecture qu'il appartient d'en connaître par application de l'article 4 de la loi du 28 pluviôse an VIII, et d'apprécier également les responsabilités pouvant résulter de l'absence de précautions imputée à l'administration ».

Dommages causés par les occupations temporaires. — La dénomination de *servitude* que l'article 650 du Code civil applique aux occupations temporaires et aux extractions de matériaux n'est pas juridiquement exacte ; c'est à tort que ce texte place ces occupations sur la même ligne que la servitude de halage imposée aux terrains qui bordent les cours d'eau navigables. Dans ce dernier cas, il y a servitude légale, parce qu'il existe entre le cours d'eau et le fonds riverain un véritable rapport de domaine à domaine ; on retrouve aussi ce rapport, ce « service foncier », dans l'interdiction de bâtir qui grève les terrains voisins des places de guerre et des cimetières.

Mais il en est autrement en matière d'occupations temporaires ; il n'existe aucun rapport de fonds dominant à fonds servant entre l'ouvrage public en construction et les terrains occupés pour le service du chantier ou pour l'extraction de matériaux ; les obligations réciproques qui se forment entre l'administration et les propriétaires des fonds occupés ne naissent pas d'une servitude, mais d'une sorte de *réquisition*, c'est-à-dire d'un quasi-contrat administratif, analogue à une location forcée ; cela est si vrai que cette réquisition peut être transformée en location volontaire par un accord de l'administration ou de son entrepreneur avec le propriétaire ;

dans ce cas, il n'y a plus qu'un contrat de droit commun relevant des tribunaux judiciaires.

Ce qui imprime à l'occupation son caractère administratif, c'est l'acte de puissance publique qui l'impose, et dont les conséquences pécuniaires sont réglées par les lois administratives d'après les bases qui étaient autrefois fixées par l'article 55 de la loi du 16 septembre 1807, et qui le sont actuellement par l'article 13 de la loi du 29 décembre 1892. Sous l'empire de la loi de 1807, l'indemnité n'était calculée d'après la valeur des matériaux extraits que s'il existait une carrière en exploitation antérieurement à l'arrêté d'occupation ; dans le cas contraire, le propriétaire n'avait droit qu'à une indemnité pour pertes de récoltes et privation de jouissance. Cette restriction peu équitable et qui avait souvent été critiquée a été supprimée par la loi du 29 décembre 1892, d'après laquelle il doit être tenu compte, dans tous les cas, tant du dommage fait à la surface que de la valeur des matériaux extraits. Si cependant il n'y a pas eu extraction, mais simplement ramassage de matériaux et si ceux-ci n'ont pas d'autre valeur que celle de la main-d'œuvre nécessaire à leur enlèvement, il n'y a d'indemnité que pour le dommage causé à la surface (Loi de 1892, art. 13).

Le règlement des indemnités pour occupations temporaires et extractions de matériaux a toujours été assimilé à celui des indemnités pour dommages, en ce qui touche la compétence. Il a été successivement attribué : aux intendants, par l'arrêt du Conseil du 22 juin 1706 ; aux directoires de département, par la loi des 7-11 septembre 1790 ; aux conseils de préfecture, par l'article 4, § 4, de la loi du 28 pluviôse an VIII et par l'article 10 de la loi du 29 décembre 1892 ([1]).

Le contentieux des occupations temporaires peut soulever diverses questions de violation ou de fausse application de la loi.

Les plus importantes sont relatives : à la légalité de l'arrêté d'occupation, à l'accomplissement des formalités qui doivent le précéder, à la nature des terrains occupés et à leur mode de clôture,

---

1. L'occupation temporaire sans extraction de matériaux n'a pas été expressément prévue par les textes précités, mais elle a été toujours considérée comme étant comprise implicitement et à fortiori dans l'occupation pour fouilles. (Voy. Aucoc, Conférences, t. II, p. 315.)

à la nature des travaux en vue desquels l'occupation a lieu, aux bases juridiques du règlement de l'indemnité. Toutes ces questions sont du ressort du conseil de préfecture, à raison de la pleine juridiction qu'il possède en cette matière. On ne saurait donc distraire de sa compétence les contestations relatives à la force légale de l'arrêté préfectoral, aux vices de forme ou autres illégalités dont il pourrait être entaché.

La juridiction du conseil de préfecture est ici tellement générale, qu'elle exclut même celle du Conseil d'État statuant comme juge de l'excès de pouvoir ; celui-ci doit déclarer non recevable le recours directement formé devant lui contre un arrêté d'occupation (¹).

L'entrepreneur à qui une autorisation est refusée ou retirée n'a pas, devant le conseil de préfecture, le même droit de recours que le propriétaire. Ce refus ou ce retrait résultent d'appréciations administratives qui ne peuvent pas être réformées par la juridiction contentieuse, car celle-ci n'a pas qualité pour se substituer au préfet et pour accorder l'autorisation qu'il refuse, ce qui serait faire un acte

---

1. Cette règle a toujours été appliquée jusqu'en 1867 (1ᵉʳ juillet 1840, *de Champagné ;* — 22 mars 1851, *Blancler ;* — 7 juillet 1863, *Leramboure ;* — 7 janvier 1864, *Guyot de Villeneuve*).

Elle a été mise en doute, après 1867, par une jurisprudence d'ailleurs peu précise qui s'efforçait de distinguer entre les cas d'illégalité ordinaire et ceux d'illégalité grave et de vice de forme, et qui admettait, dans ces derniers cas, le recours direct au Conseil d'État (9 mai 1867, *Stackler ;* — 20 février 1868, *Chemin de fer de Saint-Ouen ;* — 17 juillet 1874, *Monnier*).

Mais le Conseil d'État a renoncé à ces distinctions à partir de 1876, en même temps qu'il donnait plus de précision doctrinale à la théorie dite du *recours parallèle* que nous exposerons plus loin en traitant du recours pour excès de pouvoir. En conséquence, il a décidé que les questions de légalité de l'occupation ne peuvent pas être détachées du contentieux attribué au conseil de préfecture et être portées directement devant le Conseil d'État (15 décembre 1876, *Baroux ;* — 13 décembre 1878, *Compagnie des Salins du Midi ;* — 1ᵉʳ mai 1885, *Plard ;* — même date, *Larose*).

Il a également décidé que le conseil de préfecture peut déclarer non avenu un arrêté illégal, et ordonner que l'occupation prendra fin. (13 juin 1879, *Remize ;* — 5 août 1881, *Compagnie des Salins du Midi ;* — 15 mars 1889, *Touzé.*)

La jurisprudence ci-dessus rappelée est applicable aux arrêtés préfectoraux qui autorisent les occupations prévues par la loi du 28 juillet 1885 pour la pose de fils télégraphiques ou téléphoniques dans des propriétés privées, et même sur les murs extérieurs et les toits des maisons. Quoique cette loi n'ait expressément prévu la compétence du conseil de préfecture que pour le règlement des indemnités, un arrêt du 22 février 1895 (*Dubourg*) a décidé que le contentieux de ces occupations spéciales et des arrêtés préfectoraux qui les autorisent appartient tout entier au conseil de préfecture.

d'administration active ([1]). Mais, si le refus d'autorisation ne peut pas être directement attaqué par l'entrepreneur, il ne s'ensuit pas qu'il ne puisse jamais être discuté par lui devant le conseil de préfecture. L'entrepreneur a le droit de soutenir que la carrière dont on lui refuse l'exploitation était prévue au devis, que les terrains dont on lui refuse l'occupation lui étaient nécessaires pour son chantier, pour ses chemins de service, pour ses dépôts de matériaux ; que ces refus lui ont imposé des conditions d'exécution plus onéreuses que celles qu'il devait normalement prévoir, et qu'il a droit de ce chef à une indemnité. Mais ce n'est pas alors le contentieux de l'autorisation qui est en jeu, c'est le contentieux du marché, et ces demandes d'indemnité ne peuvent se produire que lors du règlement des comptes.

Questions réservées à l'autorité judiciaire. — Nous pouvons réunir ici les questions relatives aux dommages causés par les travaux publics et ceux qui résultent des occupations temporaires ; les principes sont les mêmes, nous n'aurons à distinguer que les applications.

Questions se rattachant à l'expropriation. — Rappelons d'abord que l'autorité judiciaire est seule compétente pour procéder au règlement de l'indemnité lorsque le dommage ou l'occupation aboutit à une expropriation indirecte, c'est-à-dire à la dépossession d'un bien dont l'administration devient détenteur, soit qu'elle l'ait incorporé à l'ouvrage public, soit qu'elle ait fait dégénérer une occupation temporaire en occupation définitive. Nous nous sommes expliqué sur ces questions d'expropriation indirecte, en traitant de la compétence judiciaire sur les questions de propriété.

Il convient cependant d'ajouter que la loi du 29 décembre 1892, s'inspirant de la jurisprudence en vigueur, a posé des règles plus précises que celle-ci n'avait pu le faire sur la durée que l'occupation doit avoir pour entraîner l'expropriation. D'après l'article 9 de cette loi, l'occupation ne peut être ordonnée que pour cinq ans ; au delà de ce délai, et à défaut d'un accord amiable sur sa prolon-

---

1. Conseil d'État, 3 mai 1850, *Savalette* ; — 5 juillet 1878, *Chemin de fer d'Orléans à Châlons.*

gation, l'expropriation doit être poursuivie par l'administration et elle peut être requise par le propriétaire.

Il y a lieu, dans certains cas, de faire un départ entre la compétence judiciaire sur les questions d'expropriation et la compétence administrative sur les questions de dommages.

— Lorsqu'un propriétaire a été exproprié pour l'exécution d'un travail public, l'indemnité réglée par le jury d'expropriation ne représente pas exclusivement le prix d'acquisition des terrains et des constructions expropriés ; elle doit aussi représenter les dépréciations, les moins-values, les troubles de jouissance subis par le surplus de la propriété, tels qu'ils peuvent être prévus au moment de l'expropriation. Mais cette indemnité ne peut évidemment comprendre ni les dépréciations que les plans et documents communiqués au jury ne lui ont pas révélées, ni les dommages causés par des changements apportés à ces plans ou par le mode d'exécution des ouvrages. Des indemnités pour dommages peuvent donc, dans beaucoup de cas, être dues en dehors de l'indemnité d'expropriation. Afin d'éviter qu'il n'y ait double emploi, le conseil de préfecture appelé à statuer sur l'indemnité pour dommages doit se reporter à la décision du jury d'expropriation, et se demander si elle comprend ou non le dommage dont on lui demande réparation. Toutes les fois que cette décision est claire, il peut l'appliquer et en tirer telles conséquences que de droit touchant la recevabilité de la réclamation pour dommage ([1]) ; mais, pour peu qu'elle prête au doute, il doit surseoir à statuer jusqu'à ce que la question préjudicielle d'interprétation ait été résolue par l'autorité judiciaire ([2]). Cette autorité n'est plus alors représentée par le jury d'expropriation, juridiction toute temporaire, mais par le tribunal civil auprès duquel ce jury avait été constitué.

Quant aux dommages résultant d'occupations temporaires ou d'extractions de matériaux, il n'appartient jamais au jury de les liquider, même quand ils sont antérieurs à l'expropriation ; aussi le

1. Conseil d'État, 9 juin 1876, *Chemin de fer du Nord* ; — 13 janvier 1882, *Chemin de fer d'Orléans.*

2. Conseil d'État, 22 février 1866, *Chemin de fer de Lyon;* — 17 janvier 1879, *Bizet-Dessaignes ;* — 23 décembre 1879, *Radigney.*

magistrat directeur du jury doit-il s'opposer à ce que ce chef d'indemnité lui soit soumis ([1]).

Conventions privées. — Le règlement de l'indemnité pour occupations temporaires doit être réservé à l'autorité judiciaire toutes les fois qu'il a pour base une convention intervenue entre l'entrepreneur ou concessionnaire et le propriétaire du terrain occupé ou endommagé. Il n'y a plus alors qu'à appliquer un contrat de droit commun, et peu importe que ce contrat ait été passé en l'absence de tout arrêté autorisant l'occupation, ou bien qu'il ait précédé ou suivi cet acte administratif ; dans tous les cas, c'est la convention qui règle l'indemnité, et comme elle n'a pas le caractère d'un contrat administratif, la compétence judiciaire ne saurait être mise en question ([2]).

Travaux et occupations non autorisés. — En matière de dommages comme en matière d'occupations, la compétence du conseil de préfecture a pour cause le caractère administratif que des actes de l'autorité publique impriment aux travaux. Si donc ces actes font défaut, la compétence administrative manque de base et l'autorité judiciaire reprend ses droits. Il en résulte que les dommages provenant de travaux effectués sans déclaration d'utilité publique, sans autorisation des autorités compétentes, n'ont pas, au regard des tiers, le caractère de dommages causés par des travaux publics et ne relèvent pas de la juridiction administrative ([3]).

Il en est de même des règlements d'indemnité auxquels peuvent donner lieu des occupations ou des extractions faites sans autorisa-

---

1. Cass. 23 juin 1862, *préfet de la Corse* ; — 11 avril 1870, *Lamblin*.

2. Conseil d'État, 5 janvier 1860, *Canterrane* ; — 10 mai 1860, *Chemin de fer d'Orléans* ; — 26 février 1870, *Chemin de fer de Lyon* ; — 10 mars 1876, *de Moracin* ; — 2 juin 1876, *Abougit* ; — 6 décembre 1889, *Girard*.

3. Conseil d'État, 22 janvier 1857, *Gilbert* ; — 17 mars 1859, *Martel* ; — 28 mai 1868, *Thome*.

Tribunal des conflits, 19 novembre 1881, *Duru* ; — 29 novembre 1879, *Balas* ; — 9 mai 1891, *Lebel*.

Mais doit-on assimiler à l'absence d'autorisation d'un travail le cas où cette autorisation est dépassée, par exemple si une prise d'eau autorisée pour un certain volume est faite avec un débit supérieur ? Faut-il alors diviser les compétences en tant que le litige porte sur le travail régulier ou sur le travail irrégulier ? Le Tribunal des conflits a admis cette division par une décision du 24 mai 1884. Mais le Conseil d'État se prononce pour l'indivisibilité du travail et, par suite, pour l'unité de compétence (13 mars 1885, *ville de Limoges* ; — 4 juillet 1890, *Bertin*).

tion. A la vérité, d'anciens arrêts du Conseil d'État ont décidé que l'occupation irrégulière constituait un fait personnel de l'entrepreneur rentrant dans les prévisions de l'article 4, § 3, de la loi du 28 pluviôse an VIII et que le conseil de préfecture était compétent pour en apprécier les effets ([1]) ; quelques décisions de la Cour de cassation et du Tribunal des conflits de 1850 se sont inspirées de la même doctrine ([2]) ; mais cette jurisprudence reposait sur une confusion entre la législation des dommages, qui n'a pu exiger une autorisation spéciale pour chacun des actes dommageables se rattachant à des travaux régulièrement autorisés, et la législation des occupations temporaires qui exige formellement une autorisation pour chaque fait d'occupation. C'est donc avec raison que le Conseil d'État et la Cour de cassation ont abandonné cette jurisprudence, et qu'ils renvoient aux tribunaux judiciaires toutes les contestations auxquelles peut donner lieu une occupation non autorisée ([3]).

Cette jurisprudence trouve un nouvel appui dans la loi du 29 décembre 1892 (art. 16) qui refuse si formellement tout caractère administratif à une occupation non autorisée qu'elle l'assimile à un délit correctionnel, auquel elle applique des amendes spéciales proportionnées à la quantité de matériaux indûment extraits, sans préjudice de la réparation civile, consistant dans le remboursement de la valeur des matériaux.

Par occupation non autorisée, il ne faut pas seulement entendre celle pour laquelle il n'existe aucun arrêté d'autorisation, mais encore : celle qui a lieu sans que l'arrêté ait été notifié au propriétaire intéressé ([4]) ; celle qui s'exerce sur des parcelles non désignées dans l'arrêté d'autorisation ([5]) ; celle dont l'entrepreneur abuse pour

---

1. Conseil d'État, 23 juin 1823, *Pernel ;* — 5 juillet 1833, *Letellier ;* — 4 décembre 1837, *Devars.*

2. Civ. rej., 9 juin 1841, *Clermont-Tonnerre.*
Tribunal des conflits, 30 novembre 1850, *Micé.*

3. Conseil d'État, 30 août 1842, *Béguery ;* — 18 juin 1848, *Biscuit ;* — 15 mai 1856, *Galet ;* — 5 mai 1869, *Dufau.*
Cass. 25 avril 1866, *Mauger ;* — 30 juillet 1867, *Curière.*
Tribunal des conflits, 12 mai 1877, *Gagne.*

4. Conseil d'État, 19 juillet 1872, *Prigione ;* — 9 mai 1884, *Fournier.*

5. Conseil d'État, 17 novembre 1882, *de Carbon Ferrières.*

livrer des matériaux au commerce au lieu de les réserver pour le travail public ([1]).

Ce dernier cas a même été spécialement prévu par l'article 16 de la loi du 29 décembre 1892, qui considère comme délictueux (à moins d'un consentement écrit du propriétaire) le fait par l'entrepreneur d'employer les matériaux extraits soit à des travaux privés, soit même à des travaux publics autres que ceux qui sont visés par l'arrêté d'autorisation.

Doit-on assimiler, au point de vue des compétences, à une occupation non autorisée celle qui a été illégalement autorisée : soit parce que les travaux n'étaient pas de ceux auxquels peut profiter la servitude d'extraction de matériaux, soit parce que les terrains désignés en étaient légalement affranchis en qualité de terrains clos ou attenant à une habitation ? La jurisprudence se prononce à bon droit pour l'affirmative ([2]), car il ne peut pas dépendre d'une erreur de l'administration d'imposer à la propriété des charges que la loi n'a pas prévues ou dont elle l'a expressément dispensée.

En outre, avant la loi du 29 décembre 1892, le règlement de l'indemnité par le conseil de préfecture aurait entraîné l'application de la loi antérieure du 16 septembre 1807, c'est-à-dire l'expertise spéciale prévue par l'article 56 de cette loi avec la tierce expertise de l'ingénieur en chef, et le procédé d'évaluation prévu par l'article 55 qui ne permettait d'allouer la valeur des matériaux que s'il y avait carrière en exploitation. Le Conseil d'État estimait avec raison qu'une occupation illégale ne pouvait pas avoir pour conséquence de soumettre le propriétaire à ces règles spéciales, et que c'était là une raison de plus pour reconnaître la compétence judiciaire et l'application des règles de droit commun. Quoique ces dernières raisons de décider aient cessé d'exister depuis la loi de 1892, qui alloue, dans tous les cas, la valeur des matériaux, la solution de la question de compétence demeure entièrement justifiée en droit.

---

1. Conseil d'État, 11 août 1849, *Quesnel;* 23 mars 1870, *Baussan.* Cette jurisprudence n'est pas applicable au cas où l'entrepreneur se bornerait à livrer au commerce, à l'expiration de son marché, les restes d'un approvisionnement excédant les besoins de son entreprise.

2. Conseil d'État, 11 février 1876, *Chemin de fer du Nord ;* — 6 juillet 1877, *Ledoux.*

Conformément aux principes généraux, si l'autorité judiciaire saisie de la réclamation du propriétaire avait des doutes sur la légalité de l'arrêté, elle devrait renvoyer à la juridiction administrative la question préjudicielle de validité de cet acte ([1]).

Doit-on également assimiler à l'absence d'autorisation le cas où l'entrepreneur occupe le terrain ou exploite la carrière qui lui sont désignés, sans avoir procédé aux formalités préalables qui lui sont imposées, notamment à l'état de lieux et à l'estimation contradictoire prescrits par les règlements ? Cette question est plus délicate. Jusque vers 1858, la jurisprudence s'est refusée à faire cette assimilation ; le Conseil d'État, la Cour de cassation et le Tribunal des conflits de 1850 ont décidé que le conseil de préfecture était compétent, alors même que l'entrepreneur avait négligé de procéder aux formalités prescrites par son devis ou par des règlements spéciaux ([2]). Mais depuis que le décret du 2 février 1868 a édicté, dans l'intérêt des propriétés occupées, des règles plus générales et plus sévères, le Conseil d'État a modifié sa jurisprudence afin de leur assurer une sanction plus efficace, et il a renvoyé devant les tribunaux judiciaires les entrepreneurs qui ne s'étaient pas conformés aux formalités prescrites ([3]). On peut dire en effet que, depuis le décret du 2 février 1868, l'autorisation n'est donnée à l'entrepreneur qu'à la condition qu'il accomplisse les formalités prescrites, de telle sorte que, s'il ne remplit pas cette condition, il est censé n'être pas autorisé. La loi du 29 décembre 1892 n'a pu que confirmer cette manière de voir, car elle reproduit avec une autorité nouvelle, et elle fortifie sur quelques points, les dispositions du décret de 1868.

Règles de procédure. — Sous l'empire de la loi du 16 septembre 1807, qui a régi la matière jusqu'en 1889, le règlement des indemnités par le conseil de préfecture ne pouvait avoir lieu qu'à la suite de l'expertise prévue par l'article 56 de cette loi. Cette expertise

---

1. Conseil d'État, 8 mai 1861, *Leclerc* ; — Tribunal des conflits, 26 décembre 1874, *Denize* ; — 13 mars 1880, *Désarbres*.

2. Conseil d'État, 14 mars 1849, *Bideault* ; — Civ. cass., 2 avril 1849, *Micé* ; — Tribunal des conflits, 30 novembre 1850, *Micé*.

3. Conseil d'État sur conflit, 17 février 1869, *de Mellanville*.

était obligatoire et le conseil de préfecture devait l'ordonner d'office, alors même qu'elle n'était pas demandée par les parties ; elle présentait en outre cette particularité que, si les experts n'étaient pas d'accord, il devait être procédé à une tierce expertise par l'ingénieur en chef, tiers expert de droit.

Ces règles spéciales ont été abrogées par la loi générale de procédure du 22 juillet 1889, et par la loi du 29 décembre 1892 sur les occupations temporaires qui s'en réfère à la précédente. Désormais l'expertise doit être faite, comme dans les matières contentieuses ordinaires, par trois experts : l'un désigné par le propriétaire, l'autre par l'administration, le troisième par le conseil de préfecture ([1]) ; elle peut aussi être confiée, si les parties y consentent, à un expert unique désigné par elles ou, à défaut d'accord sur son choix, par le conseil de préfecture ([2]).

L'expertise conserve cependant, dans une certaine mesure, un caractère obligatoire, d'après une disposition spéciale de la loi de 1889 (art. 13) qui oblige le conseil de préfecture à y faire procéder toutes les fois qu'elle est réclamée par une partie. Si donc le conseil n'est plus tenu, comme sous la loi de 1807, de suppléer au silence des parties et de prescrire d'office l'expertise, il ne pourrait pas passer outre aux conclusions qui la réclament sans commettre un vice de formes qui rendrait son arrêté annulable. Il ne pourrait pas d'ailleurs remplacer cette mesure d'instruction par une visite de lieux ou une enquête ([3]), ni s'en dispenser sous prétexte que des experts auraient déjà procédé en vertu d'une décision d'un tribunal civil ou de commerce ou d'une ordonnance de référé ([4]). Mais nous pensons qu'il en serait autrement si le référé avait eu lieu devant le vice-président du conseil de préfecture et si ce magistrat avait ordonné, conformément à l'article 24 de la loi du 22 juillet 1889, des constatations destinées à prévenir un changement d'état des lieux.

Le conseil de préfecture pourrait également se dispenser d'ordonner l'expertise si la demande devait être écartée par une fin de

---

1-2. Loi du 22 juillet 1889, art. 14.

3. Conseil d'État, 7 mars 1861, *Vallois*.

4. Conseil d'État, 22 juin 1850, *Boyer* ; — 12 juillet 1865, *Bourdet*.

non-recevoir ou par un moyen de droit, alors même que les allégations du demandeur seraient admises. Tel serait le cas si la réclamation émanait d'une partie sans qualité, si elle était éteinte par prescription, si elle visait un dommage qui ne donne pas ouverture au droit à indemnité, par exemple un préjudice moral ou un dommage non matériel ni direct([1]); ou bien encore si l'expertise était devenue matériellement impossible à raison d'un changement complet de l'état des lieux.

En ce qui touche les accidents de personnes résultant de travaux publics, nous avons vu que la jurisprudence les assimile aux dommages causés aux propriétés, au point de vue de la compétence du conseil de préfecture. Elle consacrait aussi cette assimilation au point de vue de la procédure en exigeant, avant la loi de 1889, que les dommages aux personnes fussent soumis à l'expertise spéciale de l'article 56 de la loi de 1807([2]); on doit en conclure que, depuis l'abrogation de ce texte, ils sont soumis à l'expertise de la loi de 1889, qui est obligatoire si une partie la demande.

On doit au contraire restreindre à la matière des occupations temporaires deux dispositions spéciales de la loi du 29 décembre 1892, dont l'une (art. 17) limite la durée de l'action en indemnité à deux ans à partir de la cessation de l'occupation, et dont l'autre (art. 19) dispense des droits de timbre et d'enregistrement les plans, procès-verbaux, significations, jugements et autres actes faits par application de la loi de 1892. Cette dernière disposition, empruntée à l'article 58 de la loi sur l'expropriation du 3 mai 1841, doit être interprétée comme s'appliquant à tous les actes de la procédure de première instance et d'appel; elle n'entraîne cependant pas la suppression de tous frais devant le Conseil d'État, car elle ne dispense pas la partie de recourir au ministère d'un avocat et d'être soumise au tarif de frais qu'il comporte, sous la seule déduction des droits de timbre et d'enregistrement.

1. Conseil d'État, 2 mai 1866, *Bompois*; — 10 mars 1869, *Lartigue*; — 6 août 1881, *Piette*.

2. Conseil d'État, 8 mars 1889, *commune de Chambon-Fougerolles*.

II. — ACTIONS EN RESPONSABILITÉ POUR FAUTES.

Notions générales sur la responsabilité de l'État. — Les dommages causés à des particuliers par la faute de dépositaires de l'autorité publique peuvent donner lieu à deux sortes de responsabilités pécuniaires : celle de l'agent qui a commis la faute et celle de l'État considéré comme responsable du fait de cet agent. Nous avons examiné dans notre tome Ier les questions relatives à la responsabilité civile des fonctionnaires publics (¹) et des ministres (²). Nous avons également étudié la responsabilité de l'État au point de vue des questions de compétence auxquelles elle peut donner lieu (³). Il nous reste à exposer les règles de fond relatives à cette responsabilité.

« La responsabilité qui peut incomber à l'État à raison de fautes de ses agents, disent de nombreuses décisions du Conseil d'État et du Tribunal des conflits (⁴), ne peut être régie par les principes qui sont établis dans le Code civil pour les rapports de particuliers à particuliers ; cette responsabilité n'est ni générale ni absolue ; elle a des règles spéciales qui varient suivant les besoins du service et la nécessité de concilier les droits de l'État avec les droits privés. »

La variété de ces règles tient à la diversité des pouvoirs qui s'exercent au nom de l'État et qui s'échelonnent depuis une souveraineté presque absolue jusqu'à de simples actes de gestion. Aussi est-il impossible d'établir pour l'État une base unique de responsabilité, comme le Code civil a pu le faire pour les particuliers soumis entre eux à des rapports juridiques peu variables. Il ne faut pas non plus perdre de vue que, dans le système du Code civil, celui qui répare un dommage causé par sa faute, ou par celle de ses préposés, y pourvoit de ses propres deniers, tandis que l'État ne peut y pourvoir qu'avec les deniers des contribuables, étrangers à la faute commise.

---

1. Voy. t. Ier, p. 637 et suiv.
2. Voy. t. Ier, p. 658 et suiv.
3. Voy. t. Ier, p. 674 et suiv.
4. Voy. les arrêts cités, t. Ier, p. 680.

Si l'on cherche à se rendre compte des différences que présente la responsabilité de l'État, selon les diverses fonctions qu'il est appelé à remplir, on voit que sa responsabilité est d'autant plus restreinte que cette fonction est plus élevée.

L'État est exempt de toute responsabilité pécuniaire quand sa fonction confine à la souveraineté ; c'est pourquoi nous avons vu que ni les actes législatifs, ni les actes de gouvernement, ni les faits de guerre, ne peuvent donner lieu à une action en responsabilité contre l'État, quelles que soient les fautes imputées à ses représentants.

L'exercice du pouvoir judiciaire est aussi une manifestation de la souveraineté. C'est pourquoi il n'était pas admis, avant la loi du 8 juin 1895 sur la revision des procès criminels et correctionnels et sur la réparation des erreurs judiciaires, que la responsabilité pécuniaire de l'État pût être engagée par les erreurs des juges ou des jurés. On réservait seulement dans ce cas, — comme dans le cas de préjudices causés par l'exercice de la puissance législative ou gouvernementale, — l'allocation de dédommagements équitables, souverainement appréciées par le Gouvernement ou par les Chambres.

La loi du 8 juin 1895 a dérogé à ces principes en ouvrant une action contre le Trésor public à ceux qui ont souffert de l'erreur d'un jury criminel ou d'un tribunal correctionnel, et qui ont obtenu la revision de la sentence. Cette loi dispose que l'arrêt ou le jugement de revision d'où résultera l'innocence d'un condamné pourra, sur sa demande, lui allouer des dommages-intérêts. Mais par cela seul qu'une loi a été nécessaire pour déroger, dans ce cas particulier, au principe de l'irresponsabilité pécuniaire de l'État en présence d'actes de souveraineté, il en résulte que le principe subsiste toutes les fois qu'il n'y est pas porté atteinte par une disposition législative spéciale (¹).

---

1. Les solutions nouvelles que la loi du 8 juin 1895 a consacrées, en reconnaissant un droit à indemnité aux victimes d'erreurs judiciaires, auraient pu se concilier avec les principes de droit public admis jusqu'à ce jour, si l'on était resté sur le terrain de l'équité, du devoir moral, de la solidarité sociale ; c'était dans cet ordre d'idées que le Conseil d'État avait élaboré le projet de loi présenté au Sénat par le Gouvernement, le 28 juin 1892. Peut-être aussi aurait-il suffi de déléguer au ministre de la jus-

En ce qui touche les actes de la fonction administrative, qui ne sont pas par eux-mêmes des actes de souveraineté, mais des actes de puissance publique ou de gestion, la doctrine, la jurisprudence et quelquefois même la loi, admettent que des réparations pécuniaires peuvent être dues à ceux qui ont été lésés par une faute ; mais, là encore, la responsabilité est en raison inverse de la puissance dont l'administration est investie ; elle est rarement engagée par les actes de puissance publique, plus souvent par les actes de gestion faits en vue de services publics, plus encore, et conformément aux règles de droit commun, par les actes faits par l'État dans l'intérêt de son domaine privé.

Quoique la responsabilité de l'État soit ainsi restreinte et graduée, elle est encore plus large en droit français que dans la législation des autres États. Nous avons vu, en effet, dans la partie de cet ouvrage consacrée aux législations étrangères, que, dans le droit

tice le droit d'accorder des dédommagements, en inscrivant à son budget un crédit à cet effet.

Mais les honorables rapporteurs du Sénat et de la Chambre, ainsi que les orateurs dont l'opinion a prévalu, ont insisté pour que la loi nouvelle consacrât l'idée d'une dette juridique de l'État fondée sur la réparation d'une faute de nature à engager la responsabilité pécuniaire du Trésor : « La source de *l'action*, a dit M. Bérenger dans « son rapport au Sénat du 13 février 1894, est dans l'*obligation juridique de réparer la* « *faute sociale* dont sa prudence aurait dû préserver l'État. » Au cours de la discussion, M. Guérin, garde des sceaux, ayant cité le passage ci-dessus de notre ouvrage sur l'irresponsabilité juridique inhérente aux actes de souveraineté, l'honorable M. Bérenger a déclaré protester contre ce principe : « Cette prétendue doctrine de « l'infaillibilité de l'État, de son irresponsabilité, a-t-il dit, n'est plus de notre temps : « c'est une thèse féodale et je regrette de la voir approuvée par le Gouvernement. »

Si cette protestation avait été fondée, si l'opinion de son auteur avait été conforme aux règles existantes de notre droit public, il n'y aurait pas eu besoin de loi pour créer une action en faveur des victimes d'erreurs judiciaires ; il aurait suffi d'exercer cette action devant la juridiction compétente, et de lui faire consacrer l'assimilation proposée par l'honorable M. Bérenger entre l'erreur d'une cour d'assises ou d'un tribunal correctionnel et une faute de l'État engendrant une créance contre le Trésor public. Si une loi a été reconnue nécessaire, c'est précisément parce que cette assimilation n'était pas possible dans le droit existant, et parce qu'il s'agissait de contredire les règles en vigueur.

Il aurait mieux valu, ce semble, reconnaître qu'on dérogeait, dans un intérêt supérieur d'équité sociale, au principe d'irresponsabilité qui couvre les actes du pouvoir souverain, législatif, gouvernemental ou judiciaire. En niant le principe dans le cas particulier qu'on avait en vue, on s'est exposé à ce qu'il puisse être un jour contesté dans les autres cas, car si l'État est légalement responsable des décisions souveraines des juges et des jurés, on pourra prétendre qu'il doit également répondre des décisions souveraines des Chambres, du Gouvernement, de la diplomatie, décisions qui peuvent, elles aussi, causer de graves préjudices à des tiers.

britannique, tous les actes faits au nom de l'État sont présumés émanés de son pouvoir souverain et irresponsable, sauf la responsabilité personnelle du fonctionnaire qui aurait commis la faute dommageable (¹). Le même principe est en vigueur aux États-Unis qui ont emprunté à leur ancienne métropole la maxime que « le souverain ne peut causer aucun tort : *King* (ou *State*) *can do no wrong* » (²). Le droit public allemand est moins absolu et admet la possibilité d'une action en dommages-intérêts contre l'État agissant comme personne civile, mais il l'exclut toutes les fois que l'État agit comme puissance publique (³).

Des actes de puissance publique. — Lorsqu'il s'agit d'actes de puissance publique, la règle qui domine est celle de l'irresponsabilité pécuniaire de l'État.

Cette règle s'applique, en premier lieu, dans les rapports de l'État avec ses fonctionnaires. Les erreurs ou les fautes commises par le supérieur hiérarchique à l'égard de l'inférieur ne donnent lieu à aucune action en indemnité contre l'État : et cela non seulement quand le supérieur abuse de ses pouvoirs discrétionnaires de discipline ou de révocation, mais encore lorsqu'il porte illégalement atteinte à un droit acquis. Dans ce dernier cas, l'agent lésé peut le plus souvent poursuivre l'annulation de la décision illégale par la voie du recours pour excès de pouvoir ; il peut aussi, dans certains cas, obtenir un rappel de solde ou de traitement ; il peut enfin, s'il a été frappé d'une destitution illégale, se faire relever, par la voie contentieuse, de la déchéance du droit à pension qui serait résultée de cette mesure ; mais il ne peut réclamer aucune indemnité à l'État.

La même règle s'applique aux décisions prises dans l'exercice des pouvoirs de police administrative, qu'il s'agisse de règlements

1. Voy. t. Iᵉʳ, p. 113.
2. Voy. t. Iᵉʳ, p. 118, 119.
3. Voy. t. Iᵉʳ, p. 38 et suiv. — En Allemagne l'irresponsabilité de l'État considéré comme puissance publique n'a pas pour contre-partie, comme en Angleterre et aux États-Unis, la responsabilité personnelle des fonctionnaires, ou du moins celle-ci est soumise à des restrictions analogues à celles qui existent en France (voy. t. Iᵉʳ, p. 41).

généraux ou de mesures individuelles. Les règlements peuvent être imprévoyants, imprudents, contribuer ainsi à divers accidents tels que des accidents de chemins de fer, de mines, de machines à vapeur, etc., sans qu'on puisse en faire remonter la responsabilité à l'État. Si des mesures individuelles prises pour l'exécution des règlements sont entachées d'illégalité, on peut en réclamer l'annulation devant la juridiction contentieuse, mais non actionner l'État en dommages-intérêts ([1]).

Mais si la puissance publique n'était pas seule en jeu, si l'illégalité relevée dans des actes de police administrative avait pour but de favoriser les intérêts financiers de l'État, l'action en responsabilité pourrait être recevable. Dans ce cas, en effet, la réclamation ne viserait pas, à proprement parler, l'acte de puissance publique, mais un acte de gestion financière déguisé sous les dehors d'une mesure de police. C'est pourquoi le Conseil d'État a reconnu un droit à indemnité à des fabricants d'allumettes dont les usines avaient été fermées, non par application des lois sur la police des industries dangereuses, mais dans un intérêt fiscal, afin de dispenser l'État d'exécuter à leur égard la loi d'expropriation du 2 août 1872([2]).

Des actes de gestion faits en vue des services publics. — A la différence des actes de puissance publique pour lesquels l'irresponsabilité pécuniaire de l'État est la règle ordinaire, les actes de gestion faits dans l'intérêt des services publics peuvent donner lieu à indemnité lorsqu'ils constituent des fautes préjudiciables à autrui.

---

1. Conseil d'État, 23 juin 1882, *Larbaud*. Il s'agissait, dans cette affaire, d'une demande en dommages-intérêts formée contre l'État par le propriétaire d'une source minérale qui se plaignait que des arrêtés préfectoraux et des décisions ministérielles eussent mis illégalement obstacle à ses droits de propriétaire. Cette illégalité avait été reconnue par le Conseil d'État, qui avait annulé pour excès de pouvoir plusieurs des actes invoqués à l'appui de la demande d'indemnité. Mais l'arrêt précité n'en a pas moins rejeté cette demande, par le motif que ces actes n'étaient pas de nature à engager la responsabilité pécuniaire de l'État. (Voy. les conclusions du commissaire du Gouvernement : *Recueil des arrêts du Conseil d'État*, 1882, p. 604.)

2. Conseil d'État, 26 novembre 1875 et 5 décembre 1879, *Laumonnier-Carriol*. Le premier de ces arrêts annule pour excès de pouvoir l'arrêté de fermeture, et le second condamne l'État à une indemnité de 53,000 fr., en réparation du préjudice causé par la fermeture illégale.

Mais ce n'est pas à dire que les articles 1382 et 1384 du Code civil soient ici applicables de plein droit et que toute faute dommageable engendre un droit à indemnité. En effet, l'État ne saurait être responsable de toutes les fautes de service commises par ses agents, car ceux-ci pèchent tout d'abord envers lui en manquant aux règlements et en remplissant mal leur emploi. En principe, l'État ne peut être engagé que par ses représentants légaux, c'est-à-dire par les ministres. La stricte application de cette règle conduirait à décider qu'un ministre seul pourrait engager le Trésor par un quasi-délit, aussi bien que par une obligation contractée au nom de l'État. Mais cette doctrine aurait pour contre-partie nécessaire la responsabilité personnelle des fonctionnaires inférieurs, dans tous les cas où des fautes de service leur seraient imputées ; or ce système, pratiqué dans certains États étrangers, n'a jamais été admis en France ; il a paru injuste pour le fonctionnaire, dont le patrimoine ne doit pas être sacrifié aux risques de sa fonction, dangereux pour l'État, dont les actes seraient pris à partie devant les tribunaux, sous prétexte de procès faits à ses fonctionnaires. C'est pourquoi l'État assume lui-même, en vertu de lois spéciales ou de la jurisprudence, certains risques des fonctions publiques, certains écarts de ceux qui les exercent ; il fait leurs fautes siennes, il dédommage, aux frais du Trésor public, ceux qui en ont souffert.

Parmi les lois spéciales qui ont à la fois prévu et limité la responsabilité pécuniaire de l'État, on peut citer celles qui régissent le service des postes et celui des télégraphes, et qui contiennent à la fois des règles de fond et des règles de compétence ([1]). Tantôt elles stipulent pour l'État une exemption complète de responsabilité (en cas de perte de lettres ou de dépêches ordinaires) ; — tantôt elles fixent l'indemnité à forfait (en cas de perte de lettres ou d'objets recommandés) ; — tantôt elles la fixent au montant des valeurs perdues (en cas de perte de valeurs déclarées ou de mandats télégraphiques). Dans ce dernier cas, la réclamation est du ressort des tribunaux judiciaires.

---

1. Voy. sur les postes : loi du 24 juillet 1793, art. 37 ; — loi du 5 nivôse an V, art. 14 et 15 ; — loi du 4 juin 1859, art. 3 ; — loi du 25 janvier 1873, art. 4.
Sur les télégraphes : loi du 29 novembre 1850 ; — loi du 4 juillet 1868 ; — décret du 25 mai 1870.

Quant aux services publics pour lesquels la loi n'a pas édicté de règles spéciales de responsabilité, la jurisprudence du Conseil d'État, s'inspirant des principes généraux du droit, reconnaît que l'État peut être pécuniairement responsable des fautes de ses agents, sans toutefois admettre que l'article 1384 lui soit textuellement applicable ([1]). Elle distingue entre les fautes de service et les fautes personnelles. Les premières résultent d'un service mal fait, d'un ordre mal donné, mal compris, imprudemment exécuté, mais n'ayant cependant en vue que le fonctionnement du service ; les secondes consistent dans des délits, des malversations, des fautes lourdes où apparaissent les passions personnelles de l'agent plutôt que les difficultés et les risques de la fonction. Dans ce dernier cas, l'agent est personnellement responsable devant les tribunaux judiciaires, et il est de principe que l'État ne répond pas pour lui ([2]). Au contraire, les fautes de service sont censées commises par l'État lui-même, comme conséquence d'une organisation défectueuse de ses services, d'une insuffisance dans ses moyens d'action ou de surveillance. La responsabilité de l'État n'est pas alors la responsabilité pour autrui prévue par l'article 1384 du Code civil, mais la responsabilité directe : le service public est censé l'auteur de la faute ; c'est lui, c'est-à-dire l'État, qui indemnise.

Voyons quelques applications de cette jurisprudence.

Un des services publics pour lesquels la responsabilité pécuniaire de l'État est le plus largement admise, est celui des ports maritimes : il y a là une hospitalité offerte au commerce, à la marine, et cette hospitalité doit être sûre. Aussi l'État a-t-il été déclaré responsable d'accidents causés par de fausses manœuvres d'officiers de port, ou par la négligence d'agents ayant laissé subsister des épaves ou autres obstacles dans les bassins ([3]).

La responsabilité de l'État est également engagée lorsque, par suite d'imprévoyance ou de dispositions défectueuses, des exer-

---

1. Nous avons essayé d'établir, par un examen spécial de ce texte et de ses travaux préparatoires, qu'il ne vise que les rapports de particulier à particulier et non ceux de l'État avec ses agents. (Voy. t. Ier, p. 677.)

2. Voy. t. Ier, p. 646 et suiv., la jurisprudence relative aux fautes personnelles des fonctionnaires.

3. Conseil d'État, 6 mai 1881, *Tysack* ; — 21 juillet 1882, *Turnbull* ; — 11 décembre 1885, *New Quay mutual Ship insurance* ; — 27 juin 1890, *Chédu et Craquelin*.

cices militaires causent des dommages ou des blessures. Tel est le cas des tirs de polygones qui atteignent les propriétés voisines ([1]), ou d'autres exercices à feu qui blessent des passants ([2]). Mais il faut que les exercices aient lieu en service commandé, sinon l'État ne serait pas responsable ([3]). Cette réserve doit également être faite pour les autres accidents causés par les militaires, par leurs armes ou par leurs chevaux. En dehors du service commandé, l'État est hors de cause, et ils répondent de leurs actes personnels.

En ce qui concerne les navires de l'État, s'ils occasionnent des abordages, les règles générales de responsabilité tracées par le Code de commerce, ou du moins les principes dont elles s'inspirent, sont considérés comme applicables ([4]).

Mais, ce Code n'étant pas textuellement applicable à l'État, la jurisprudence n'en retient que les règles essentielles de responsabilité et non toutes les règles particulières, qu'elles soient ou non de nature à profiter à l'État. Ainsi elle ne le fait pas bénéficier des déchéances spéciales que l'article 436 du Code de commerce permet d'opposer aux réclamations d'indemnités pour abordage formées en dehors du délai d'un an ([5]).

Il ressort aussi de l'ensemble de la jurisprudence que l'État est responsable, dans des conditions très analogues à celles du droit commun, des accidents qui surviennent à des ouvriers ou à des tiers dans ses ateliers, manufactures, fonderies de canons, etc., ou qui sont causés par des machines ou engins employés à des services publics ([6]).

---

1. Conseil d'État, 31 mars 1882, *Devaux ;* — 6 juillet 1883, *Duruy ;* — 8 août 1884, *Le Roux ;* — 16 juin 1893, *Viard ;* — 7 juillet 1893, *Jamonet.*

2. Conseil d'État, 11 mai 1888, *Dusart ;* — 25 février 1881, *Desvoyes.*

3. Conseil d'État, 15 mars 1878, *Gaucher.*

4. Conseil d'État, 15 août 1861, *Glass Elliot ;* — 14 mars 1873, *Maurel ;* — 16 janvier 1875, *Valéry ;* — 7 juillet 1876, même partie ; — 25 avril 1890, *Thue Johnsen.* Plusieurs de ces arrêts condamnent l'État au paiement d'indemnités à raison d'abordages imputables à ses bâtiments. Il n'est pas sans intérêt de comparer cette jurisprudence à la jurisprudence anglaise qui refuse, en pareil cas, toute action en indemnité contre l'État et n'admet qu'une action personnelle contre le capitaine abordeur (voy. t. Ier, p. 113, 114).

5. Conseil d'État, 25 avril 1890, *Thue Johnsen.*

6. Conseil d'État, 8 mai 1874, *Blanco ;* — 4 avril 1879, *Guérin ;* — 20 juillet 1883, *Surmain.*

Actes d'administration du domaine privé et d'exploitation de chemins de fer de l'État. — Nous arrivons ici à une identité complète entre les règles applicables à l'État et celles qui régissent les particuliers. L'État administrant son domaine privé est soumis aux mêmes responsabilités que tout autre propriétaire. L'action peut alors se fonder, non seulement sur l'article 1382 du Code civil, mais encore sur l'article 1384, qui prévoit le fait des préposés, et sur les articles 1385 et 1386 qui prévoient l'accident causé par des animaux ou par la chute d'un édifice. Soumis au droit commun pour le principe de la responsabilité, l'État l'est également pour la compétence, et il est justiciable des tribunaux judiciaires [1].

La même règle s'applique lorsque l'État exploite des chemins de fer. La loi du 15 juillet 1845 contient à cet égard une disposition qui présente un grand intérêt depuis que la loi du 18 mai 1878 a créé un réseau d'État. « Les concessionaires ou fermiers d'un « chemin de fer, dit l'article 22, seront responsables du dommage « causé par les administrateurs, directeurs ou agents, employés à un « titre quelconque au service de l'exploitation du chemin de fer. « *L'État sera soumis à la même responsabilité envers les particuliers, si* « *le chemin de fer est exploité à ses frais et pour son compte.* » Là encore, la responsabilité étant la même, la compétence l'est aussi, bien que l'article 22 ne se soit pas prononcé sur ce point. En effet, si l'exploitation d'un chemin de fer est un service d'intérêt général, elle n'est pas un service public dans le sens juridique du mot ; ce qui domine en elle, c'est une entreprise de transports, une exploitation commerciale ; les contrats auxquels elle donne lieu avec les tiers relèvent du droit commun ; il en est de même des obligations nées de délits ou de quasi-délits se rattachant à l'exploitation [2]. On ne doit donc pas distinguer ici, comme lorsqu'il s'agit de services publics, entre les fautes de service et les délits et fautes personnels : les unes et les autres engagent l'État comme elles engageraient une compagnie de chemin de fer.

1. Tribunal des conflits, 30 mai 1884, *Linas.*
2. Cour de cassation, 5 juillet 1886, *Guillot ;* — 25 octobre 1886, *Martinet ;* — 9 mars 1887, *Groscœur.*
    Il en serait autrement des réclamations relatives à des marchés de travaux, ou à des dommages causés par ces travaux qui conservent le caractère de travaux publics et relèvent de la juridiction administrative. (Tribunal des conflits, 22 juin 1889, *Vergnioux.*)

Règles de procédure. — Dans tous les cas où la responsabilité de l'État relève de la juridiction administrative, la partie lésée doit adresser sa réclamation au ministre compétent, c'est-à-dire à celui qui a dans ses attributions le service intéressé. Cette réclamation doit être présentée sur papier timbré, et la partie a le droit de s'en faire délivrer un récépissé, en vertu de l'article 5 du décret du 2 novembre 1864.

Le ministre pourrait aussi statuer d'office et décider, après avoir spontanément reconnu la responsabilité de l'État, que telle indemnité est due à la partie lésée. Nous savons en effet que le ministre ne prononce pas ici comme juge, mais comme représentant de l'État, et que son droit de décision n'a pas besoin d'être provoqué par une réclamation contentieuse.

Mais lorsque la décision est rendue, soit spontanément, soit à la requête de la partie lésée, elle a le caractère d'une décision contentieuse qui devient définitive si elle n'est pas déférée au Conseil d'État dans le délai de trois mois. L'instruction et le jugement du recours ont lieu conformément aux règles ordinaires de la procédure devant le Conseil d'État.

CHAPITRE III

CONTENTIEUX DES TRAITEMENTS, SOLDES ET PENSIONS

———

I. — OBSERVATIONS GÉNÉRALES.

Nature des obligations de l'État. — Les obligations pécuniaires de l'État en matière de traitements, de soldes et de pensions, ne naissent pas d'un contrat, comme on l'a dit quelquefois, mais de la loi.

Les bases et la quotité de ces allocations sont fixées par le législateur quand il s'agit de pensions à la charge de l'État. Lorsqu'il s'agit de soldes ou de traitements, elles sont fixées soit par lui, soit par le pouvoir exécutif, d'après les distinctions qui ont souvent varié. Les prestations pécuniaires que l'État doit fournir à ses fonctionnaires en activité ou en retraite, n'ayant pas un caractère contractuel, il s'ensuit qu'elles peuvent être modifiées par des décisions nouvelles, aussi bien à l'égard des fonctionnaires en exercice que des fonctionnaires à venir.

Ce point est hors de doute pour les traitements, qui sont alloués en vue de la fonction plutôt que de la personne qui l'exerce. Aussi, toutes les fois que des modifications se produisent sans être accompagnées de réserves spéciales, les agents en fonction doivent profiter de l'augmentation ou subir la diminution, sans que ni eux ni l'État puissent se prévaloir des décisions qui étaient en vigueur à l'époque de la nomination. Il est même plus d'une fois arrivé que des lois spéciales, voulant alléger les charges du Trésor, ont imposé après coup aux agents de l'État le sacrifice d'une partie de leurs émoluments, dans une proportion qui a varié de 2 à 30 p. 100, d'après les besoins des finances publiques et l'importance des traitements ([1]).

En ce qui touche les pensions, l'obligation de l'État peut paraître plus stricte ; elle l'est, en effet, à un double point de vue : d'abord au point de vue moral, parce que la pension a, dans une certaine mesure, le caractère d'une provision alimentaire fournie par l'État à des agents vieillis à son service ; puis au point de vue du droit, parce que les pensions concédées sont inscrites au grand-livre de la Dette publique et participent à son inviolabilité. Mais tant que le droit à pension n'est qu'éventuel, les conditions peuvent en être modifiées par la loi, soit au profit des fonctionnaires, soit à leur détriment. Ceux-ci ne sauraient se prévaloir, au moment de la liquidation de leur retraite, des tarifs plus avantageux qui auraient été en vigueur lors de leur entrée en fonctions, et réciproquement l'État ne peut leur refuser, à moins de dispositions particulières, le bénéfice des nouveaux tarifs sanctionnés par la loi ([2]).

La pension n'a pas un caractère contractuel, même quand elle est régie par la loi du 9 juin 1853, qui impose aux fonctionnaires civils visés par cette loi, une retenue sur leur traitement, en vue de la retraite. Le fonctionnaire amovible ne peut pas se prévaloir de ces prélèvements pour soutenir qu'il a le droit de conserver son emploi jusqu'à ce qu'il ait atteint l'âge et le temps de service requis pour la retraite, ni pour réclamer le remboursement des retenues, lorsqu'il quitte le service sans obtenir de pension ([3]). Remarquons d'ailleurs que les pensions de l'État dites *sur fonds de retenue* sont, dans une large mesure, des pensions sur fonds

---

1. Voy. loi du 27 floréal an VII (retenue de 5 à 10 p. 100 jusqu'à la paix générale) ; — loi du 18 avril 1831 (retenue de 2 à 25 p. 100) ; — décret-loi du 6 avril 1848 (retenue de 4 à 30 p. 100).

2. Comme exemples de modifications apportées aux tarifs de pensions et ne s'appliquant qu'aux pensions qui n'étaient pas inscrites à la date de la promulgation des nouveaux tarifs, on peut citer : — la loi du 4 mai 1892 et le règlement du 17 août suivant relatifs aux pensions des agents forestiers ; — la loi du 26 janvier 1892 et le règlement du 21 avril suivant, portant unification progressive des anciennes pensions militaires et du service actif des douanes.

3. Conseil d'État, 20 février 1868, *Tournier*.

généraux, car les retenues faites en vertu de la loi de 1853 n'atteignent annuellement que 22 à 23 millions, tandis que les pensions correspondantes dépassent 60 millions. La retenue ne doit donc pas être considérée comme la prime d'une sorte d'assurance mutuelle, ou comme un élément d'un contrat *do ut des* passé entre le fonctionnaire et l'État, mais plutôt comme une sorte d'impôt spécial, destiné à rendre le service des pensions moins onéreux pour le Trésor.

Par une juste réciprocité, nous ne pensons pas l'État puisse assimiler le défaut de versement des retenues à une inexécution de contrat, imputable au fonctionnaire et autorisant l'État à décliner, en tout ou en partie, ses propres obligations. A la vérité, l'article 18, § 5, de la loi du 9 juin 1853 dispose que « la pension « n'est liquidée que pour le temps pendant lequel les fonctionnaires « *auront subi la retenue* ». Mais s'il est vrai que les traitements soumis à retenue doivent seuls entrer en compte, il n'en résulte pas que ces traitements et les services auxquels ils correspondent soient non avenus, par cela seul que l'État aurait omis de percevoir les retenues auxquelles il avait droit. En effet, la retenue n'est pas, à proprement parler, *versée* par le fonctionnaire, elle est *prélevée* et, comme le dit son nom, *retenue* par l'État, qui doit se payer de ses propres mains, au moment où il acquitte le traitement ([1]). L'omission étant le fait de l'État, il ne serait ni juridique ni équitable qu'elle préjudiciât au fonctionnaire ([2]). Mais, d'un

---

1. Le mécanisme des retenues est ainsi réglé par l'article 5 du décret du 9 novembre 1853 : — « Les traitements ou allocations passibles de retenues, qui sont acquittés par les comptables du Trésor, sont portés pour le brut dans les ordonnances et mandats, et il y est fait mention spéciale des retenues à exercer pour pension. Les comptables chargés du paiement de ces ordonnances ou mandats *les imputent en dépense pour leur montant intégral, et ils constatent en recette les retenues opérées* au crédit du budget de chaque exercice et à un compte distinct intitulé : « Retenues sur traitements pour le service des pensions civiles. »

Exceptionnellement, l'article 13 du même décret a prévu un cas où certains fonctionnaires doivent effectuer eux-mêmes le versement des retenues à la caisse du receveur des finances. Ces fonctionnaires sont ceux qui, tout en appartenant au cadre permanent d'une administration publique, sont rétribués en tout ou en partie sur les fonds des départements, des communes ou des compagnies concessionnaires. (Loi du 9 juin 1853, art. 4, § 3.)

2. Cette solution a d'abord paru faire doute en jurisprudence. Un avis de la section des finances du 12 novembre 1878 exige que la retenue ait été effectivement subie. — Un autre avis du 7 juillet 1880 est moins absolu : on y lit « que si le versement de

autre côté, celui-ci ne doit pas s'enrichir aux dépens de l'État ; c'est pourquoi le montant des retenues omises peut être répété contre lui, soit en cours de fonction (comme s'il s'agissait de tout autre trop-perçu sur le traitement), soit lors de la concession de la pension, par imputation sur les arrérages (¹). Toutefois, cette imputation ne pourrait avoir lieu que jusqu'à concurrence du cinquième desdits arrérages, limite fixée pour le recouvrement des débets envers l'État, par l'article 26 de la loi du 9 juin 1853.

Influence de la loi du budget. — Parmi les lois qui forment titre entre le fonctionnaire et l'État, quelle place appartient à la loi du budget ? Cette place est prépondérante, s'il s'agit non de l'obligation, mais des moyens de l'acquitter. En effet, nulle dépense ne peut être ordonnancée sans crédit, et la loi du budget, qui règle annuellement les recettes et les dépenses de l'État, peut lui refuser les moyens de s'acquitter. Mais l'insolvabilité, si impérieuses qu'en puissent être les causes, n'est pas un mode d'extinction des obligations, et elle ne saurait dispenser le juge de condamner le débiteur.

La question n'est donc pas de savoir si la loi du budget peut supprimer ou réduire les voies et moyens, mais si elle peut éteindre ou restreindre les obligations de l'État en matière de traitements ou de pensions, telles qu'elles résultent des lois et règle-

la retenue n'est pas, il est vrai, une condition proprement dite du droit à pension, il faut reconnaître que, d'après le texte de la loi de 1853, il y a corrélation entre le droit à pension et le prélèvement des retenues ».

Mais un avis du 12 juillet 1892 (*Larue*) se prononce nettement dans le sens le plus favorable au droit à pension ; il décide que « si le défaut de retenues peut motiver un arrêté de débet, *il ne saurait faire obstacle* à la reconnaissance du droit à pension ».

Le Conseil d'État statuant au contentieux a consacré la même solution, d'abord par des décisions rendues dans des espèces particulières où le paiement du traitement avait été suspendu, et où cependant l'administration entendait se prévaloir de l'absence de retenues (24 janvier 1879, *Michelet* ; — 3 janvier 1881, *Bernard*) ; — puis par une décision formelle, dans une espèce où le traitement avait été effectivement touché, sans prélèvement de retenues (3 mars 1893, *Rassaya*). On lit dans ce dernier arrêt : « que la circonstance qu'il n'a pas été opéré de retenues sur son traitement au profit du Trésor public n'est pas de nature à lui faire perdre ses droits à pension, alors qu'il offre de verser au Trésor le montant de ces retenues ».

1. Voy. à la note précédente, l'arrêt du 3 mars 1893 (*Rassaya*), et l'avis de la section des finances du 12 juillet 1892 (*Larue*).

ments en vigueur. Ainsi posée, la question comporte certaines distinctions.

On ne peut nier que le Parlement, par cela seul qu'il fixe annuellement les crédits ouverts à chaque ministère, et qu'il les spécialise dans des chapitres déterminés, n'ait le droit de contrôler les services prévus dans ces chapitres et les dépenses y afférentes ; c'est même la corrélation de ce droit de contrôle avec le droit de voter les crédits, qui a fait attacher de tout temps une grande importance au mode de présentation et de vote du budget. Les droits du Parlement, trop restreints si le budget est voté par ministère, trop étendus s'il est voté par article, ont paru s'exercer dans une juste mesure au moyen du vote par chapitre. Il paraît juste que, dans cette même mesure, ce vote produise tous ses effets à l'égard des ministres, qu'il les amène à conformer leurs décisions aux vues du Parlement, à réduire un personnel que celui-ci juge trop nombreux, des traitements qu'il déclare trop élevés.

Mais il n'en saurait être de même si la résolution budgétaire était en opposition, non avec de simples décisions administratives, mais avec une loi qui aurait créé elle-même le service et réglé son organisation. Le rejet du crédit équivaudrait alors à un refus d'exécuter la loi, refus auquel ni le pouvoir exécutif ni la juridiction contentieuse n'auraient le droit d'obtempérer, parce qu'ils ont l'un et l'autre pour premier devoir d'assurer l'exacte observation des lois tant qu'elles ne sont pas régulièrement abrogées. On se trouverait ainsi en présence d'obligations contradictoires : d'une part, le juge ne pourrait pas se dispenser de condamner l'État, en la personne du ministre, à payer ce qu'il doit en vertu de la loi ; d'autre part, le ministre ne pourrait pas exécuter la condamnation, faute de crédits pour acquitter la dette. Une telle situation serait contraire au bon ordre de l'État. C'est pourquoi le patriotisme des Assemblées l'a toujours conjurée, lorsque les dissentiments entre les deux Chambres ont paru sur le point de la faire naître ([1]).

1. Voici quels sont, sur cette question, les principaux précédents parlementaires. Lors du vote du budget de 1877, la Chambre des députés a supprimé le crédit relatif aux aumôniers militaires, créés par la loi du 20 mai 1874. Le Sénat ayant rétabli ce crédit, la Chambre a adhéré à ce rétablissement sous réserve d'abroger

II. — Contestations relatives au traitement et a la solde.

Étendue et limites de la juridiction contentieuse. — Le contentieux des soldes et traitements est un contentieux de pleine juridiction qui s'étend à toutes les difficultés qui peuvent s'élever entre l'administration et le fonctionnaire civil ou militaire, au sujet des allocations auxquelles celui-ci prétend avoir droit.

Ces allocations peuvent dépendre, non seulement du taux du traitement afférent à la fonction d'après les lois et règlements, et

ultérieurement la loi de 1874. Cette abrogation a été régulièrement prononcée par la loi du 3 juillet 1880.

Le budget de 1877 supprimait aussi le crédit affecté aux sous-préfectures de Sceaux et de Saint-Denis, établies par la loi du 28 pluviôse an VIII et par l'arrêté des consuls du 17 ventôse an VIII. Le crédit fut rétabli par le Sénat, mais la Chambre persista dans la suppression. Le Sénat décida alors, pour tenir compte d'autres concessions faites par la Chambre dans un budget très discuté, que les crédits demeureraient supprimés ; mais en fait, le Gouvernement a maintenu les deux sous-préfectures jusqu'à ce qu'elles aient été régulièrement supprimées par la loi du 2 avril 1880 ; il a pourvu aux dépenses au moyen de crédits supplémentaires alloués par les Chambres. (Voy. les rapports présentés au Sénat par M. Pouyer-Quertier et par M. Tenaille-Saligny. — *J. off.* 1887, p. 804, et 1880, p. 2197.)

Lors des budgets de 1877 et de 1881, la Chambre des députés avait inséré dans la loi de finances une disposition proposée par M. C. Sée et portant « qu'il ne serait plus pourvu aux vacances qui se produiraient dans le chapitre de Saint-Denis. Le crédit qui y est affecté sera annulé au fur et à mesure des extinctions ». Le chapitre de Saint-Denis ayant une base législative dans le décret du 20 février 1806, le Sénat prononça le rejet de cet article, qui ne fut pas maintenu par la Chambre. M. Gambetta disait à cette occasion : « Il est indubitable que nous sommes en présence de dispositions législatives d'un caractère permanent, dont les effet se prolongent au delà des budgets, au delà des exercices, jusqu'à ce qu'elles aient été abrogées formellement par d'autres dispositions législatives. » (Voy. aussi le rapport de M. Varroy au nom de la commission du Sénat. — *J. off.*, 1881, p. 677.)

Lors du budget de 1884, la Chambre des députés a adopté un amendement de M. Jules Roche supprimant le crédit relatif aux bourses des séminaires. Le Sénat a rétabli le crédit, conformément au rapport de M. Dauphin, où on lit : « Votre commission se tient ici dans l'application d'un principe que le Sénat a toujours maintenu intact et que la Chambre des députés a consacré chaque fois qu'il a été invoqué : à savoir que les lois qui organisent un service public ne peuvent être abrogées ou modifiées que suivant les formes et avec les garanties exigées par la Constitution. Cette abrogation ou cette modification ne saurait être opérée d'une manière détournée par voie budgétaire. » — (*J. off.*, 1883, p. 1154.)

La Chambre des députés a consenti au rétablissement du crédit (séance du 29 décembre 1883).

de la durée du service à rétribuer, mais encore des différentes positions dans lesquelles le fonctionnaire se trouve, soit en fait, soit par suite de décisions administratives. Telles sont, pour les fonctionnaires civils, les positions d'activité, de congé, de disponibilité ; pour les militaires, les positions *générales* de pied de paix et de pied de guerre, les positions *individuelles* d'activité, de non-activité, de réforme, de disponibilité, de cadre de réserve (ces deux dernières réservées aux officiers généraux). On distingue en outre : dans l'activité, la position de présence ou d'absence ; dans la position d'absence, celle qui résulte de congé, de séjour à l'hôpital, de captivité à l'ennemi, etc. (¹).

Toutes ces positions peuvent-elles être discutées, en fait et en droit, devant la juridiction contentieuse en tant qu'elles se rattachent à la liquidation de la solde ? Nous pensons qu'elles ne peuvent l'être qu'*en fait,* c'est-à-dire qu'elles peuvent être constatées et vérifiées au point de vue de leur existence de fait et de leur définition légale, mais non modifiées ou tenues pour non avenues au point de vue de la validité des décisions administratives qui les ont créées. Ainsi, le Conseil d'État peut rechercher si un fonctionnaire civil est en inactivité, en congé, en disponibilité avec ou sans traitement (²) ; si un officier blessé, retenu sur territoire étranger, a droit à la solde de présence, de captivité ou d'hôpital (³). Mais il ne pourrait pas, à propos d'une contestation sur la solde, rechercher si la mise en non-activité ou en réforme a été légalement prononcée. Les actes de puissance publique et d'autorité hiérarchique qui exercent une influence sur le traitement doivent produire tous leurs effets tant qu'ils n'ont pas été rapportés ou annulés.

Difficultés relatives au cumul. — Le contentieux du traitement comprend aussi toutes les questions relatives au cumul de ce traitement, soit avec un autre traitement d'activité, soit avec une pension, soit même avec une indemnité parlementaire. Sans doute, ainsi que nous l'avons expliqué, les réclamations d'un membre du

---

1. Règlement du 8 juin 1833 sur le service de la solde et sur les revues, art. 8 à 11.
2. Conseil d'État, 21 janvier 1887, *Pihoret ;* — 16 décembre 1881, *Baude.*
3. Conseil d'État, 18 décembre 1874, *Mohammed.*

Parlement au sujet de la liquidation de son indemnité ne pourraient pas être portées devant la juridiction administrative ([1]),
mais, dans le cas de cumul, la contestation ne porte pas sur cette
indemnité, elle porte sur le traitement afférent aux fonctions
civiles, militaires ou ecclésiastiques, dont le membre du Parlement serait investi. La décision attaquée étant la décision ministérielle qui refuse la liquidation de ce traitement, le Conseil d'État
n'a jamais décliné sa compétence sur des litiges de cette nature,
alors même qu'ils intéressaient les droits de membres du Parlement ([2]).

Difficultés relatives aux retenues de traitement. — Les retenues
ou suspensions de traitements peuvent être discutées par la voie
contentieuse : non seulement si la retenue est opérée en vue de la
retraite, mais encore si elle est prononcée par mesure disciplinaire.

La retenue disciplinaire est une sorte d'amende infligée au fonctionnaire qui a pris un congé sans autorisation ou qui a commis
des fautes dans le service. La loi du 9 juin 1853 (art. 3) a prévu
cette pénalité administrative, et le règlement d'administration publique du 9 novembre 1853 (art. 17) en a réglé l'application ; ainsi
il a décidé que la privation de traitement pour congé non autorisé
ne doit pas excéder une durée de traitement double de l'absence
irrégulière, ni deux mois de traitement en cas de faute ([3]). Le recours contentieux serait recevable sur la légalité de ces décisions
disciplinaires, mais non sur leur opportunité ([4]).

---

1. Voy. ci-dessus, p. 24.
Conseil d'État, 26 janvier 1867, *Le Bastard ;* — 1er juin 1883, *Datas ;* — 23 novembre 1883, *Freppel.*

2. Quoiqu'il s'agisse ici du contentieux du traitement, la jurisprudence du Conseil
d'État admet que le recours peut être formé dans les formes du recours pour excès
de pouvoir et sans le ministère d'un avocat, lorsqu'il se fonde sur l'illégalité dont
serait entachée la mesure disciplinaire (1er février 1889, *Sailhol ;* — même date,
Glena).

3. Cette disposition générale du règlement de 1853 a été atténuée dans la plupart
des règlements délibérés par le Conseil d'État sur l'organisation de l'administration
centrale des ministères, et il a été reconnu que ces dispositions nouvelles ont pu valablement déroger au règlement de 1853 (avis du 17 janvier 1888 sur un projet de
décret relatif à l'administration centrale du ministère de la guerre).

4. L'article 17 du décret du 9 novembre 1853 n'est pas applicable, ainsi que ce
texte le déclare lui-même, aux magistrats, aux membres du corps enseignant et aux
ingénieurs des ponts et chaussées et des mines, lesquels restent soumis aux disposi-

Le règlement du 8 juin 1883 (art. 416 et suiv.) prévoit d'autres
retenues qui peuvent être opérées administrativement sur la solde

tions spéciales qui les régissent en matière disciplinaire. Nous pensons qu'il n'est
pas non plus applicable aux fonctionnaires qui ne sont pas régis, au point de vue
de la retraite, par la loi du 9 juin 1853 ; en effet, c'est seulement en vertu d'une délégation de cette loi (art. 3-3°), et pour les fonctionnaires auxquels elle s'applique,
que le règlement d'administration publique du 9 novembre 1853 a statué sur « les
retenues pour cause de congés et d'absences, *ou par mesure disciplinaire* » ; ce règlement n'a donc jamais eu mission de statuer à l'égard d'autres catégories de fonctionnaires. Pour ceux-ci, il faudrait s'en référer aux règlements spéciaux qui les régissent, par exemple, pour les membres du Conseil d'État, au règlement du 2 août
1879, article 29.

Les traitements ecclésiastiques ne sont pas non plus visés par le règlement de
1853 ; mais ils l'ont été par la loi de finances du 28 avril 1833 (art. 8), qui suspend
le traitement de tout ecclésiastique « qui n'exercerait pas de fait dans la commune
qui lui aura été désignée ».

Il y a eu controverse sur le point de savoir si ce texte est limitatif, et si le Gouvernement a ou non le droit de retenir des traitements ecclésiastiques par mesure disciplinaire, en dehors du cas d'absence prévu par la loi de 1833.

D'après un premier système, le Gouvernement est privé de ce droit par cela seul
qu'aucun texte ne le lui donne. Les dispositions législatives qui ont été jugées nécessaires pour consacrer le droit du Gouvernement, à l'égard de fonctionnaires qu'il
nomme et qui sont placés sous son autorité hiérarchique, auraient été plus nécessaires encore pour lui conférer des pouvoirs disciplinaires et discrétionnaires envers
les ministres du culte catholique ou des autres cultes reconnus et salariés par l'État.
Les partisans de cette première opinion la considèrent comme ayant été implicitement ratifiée par le législateur, soit lorsqu'il a limité au seul cas d'absence la retenue
prévue par la loi du 28 avril 1833, soit lorsqu'il a refusé son adhésion à des propositions de loi tendant à consacrer la suspension de traitement par mesure disciplinaire,
notamment la proposition présentée à la Chambre des députés par M. Paul Bert, le
7 février 1882.

D'après un second système, il faudrait distinguer entre les *traitements* dits *concor-
dataires,* qui sont alloués aux évêques et aux curés, en vertu de l'article 14 du Concordat et des articles 64 et suivants de la loi du 18 germinal an X, et les simples
indemnités ou *allocations* facultatives pour l'État, qui sont payées aux chanoines,
desservants et vicaires. Cette distinction aurait été consacrée par le législateur lui-
même, lorsqu'il a modifié, par la loi de finances du 30 décembre 1882, l'intitulé du
chapitre IV du budget des cultes. Cet intitulé, qui ne faisait autrefois aucune différence entre ces diverses rétributions, a été ainsi libellé dans le budget de 1883 et dans
les budgets suivants : « *Traitements* des curés ; *allocations* aux vicaires généraux,
chapitres, desservants et vicaires ». On a voulu rappeler ainsi le caractère plus précaire de ces dernières allocations, et comme le disait le rapporteur de la Chambre
des députés, « inviter le Gouvernement à surveiller de plus près encore les actes qui
peuvent faire l'objet de justes punitions ».

Enfin, d'après un troisième système, consacré par un avis du Conseil d'État du
26 avril 1883 (inséré au *Journal officiel* du 29 avril, p. 2137), la modification apportée
à l'intitulé du chapitre IV n'aurait pas eu pour but, d'après les déclarations mêmes
du rapporteur, d'étendre ou de restreindre les droits préexistants du Gouvernement.

D'après cet avis, ces droits ont une double base : d'une part, la mission de l'État
« qui possède, sur l'ensemble des services publics, un droit supérieur de direction
et de surveillance qui dérive de sa souveraineté » ; d'autre part, les traditions de

des officiers et employés militaires : 1° pour débet envers l'État et les corps de troupe ; 2° pour aliments dus à la femme, aux enfants ou aux ascendants ; 3° pour dettes, et spécialement celles qui ont pour objet la subsistance, le logement, l'habillement ou d'autres fournitures faites à l'officier. Ces retenues sont imposées, selon les cas, par le ministre de la guerre ou par les chefs de corps. Peuvent-elles être contestées par la voie contentieuse ? Cela nous paraît certain dans le cas de débet envers l'État, car il n'y a alors à débattre qu'une question de comptabilité ; mais nous hésiterions beaucoup à l'admettre dans les autres cas, parce que la décision du ministre de la guerre ou des chefs de corps touche à la fois à la discipline militaire et à une sorte de juridiction familiale et d'honneur que la solidarité des armes doit faire accepter. Nous ne connaissons d'ailleurs aucun exemple de pareils recours.

Dans tous les cas ci-dessus pouvant donner lieu à un débat contentieux, la réclamation doit être portée devant le ministre, sauf recours au Conseil d'État. Toutefois, si le ministre a statué spontanément, ce n'est pas devant lui qu'il faut porter le recours, mais directement devant le Conseil d'État.

III. — CONTESTATIONS EN MATIÈRE DE PENSIONS.

Division. — Les rapports des fonctionnaires avec l'État sont beaucoup plus complexes en matière de pensions qu'en matière

notre droit public, qui ont leur origine dans la *saisie du temporel*, telle qu'elle était pratiquée avant 1789. Lorsque les revenus propres du clergé ont été remplacés par des traitements à la charge du Trésor, le droit de saisir le temporel s'est appliqué de plein droit à la nouvelle forme que ce temporel a prise sous le régime concordataire ; il était d'ailleurs conforme à l'esprit du Concordat, notamment de l'article 16, que les anciennes prérogatives du Gouvernement fussent maintenues en cette matière comme en toute autre.

L'avis de 1888 voit enfin une confirmation incessante de cette tradition dans les mesures que le Gouvernement a prises et dans l'approbation que le Parlement leur a donnée en 1832, en 1861 et en 1882 ; c'est pourquoi il conclut « que le droit du « Gouvernement de suspendre ou de supprimer les traitements ecclésiastiques par « mesure disciplinaire s'applique indistinctement à tous les ministres du culte sala- « riés par l'État ».

La solution proposée par cet avis a été consacrée par les deux arrêts du 1er février 1889 (*Sailhol* et *Glena*).

L'arrêt *Glena* décide en outre que le ministre des cultes a seul qualité pour prononcer la suspension d'un traitement ecclésiastique, et que les préfets n'ont compétence à cet égard ni directement ni par délégation du ministre.

e traitements, et les contestations auxquelles ils donnent lieu peuvent avoir pour objet des décisions administratives de nature très diverse.

Parmi ces décisions, on doit d'abord distinguer celles qui se rattachent aux pouvoirs hiérarchiques du supérieur sur l'inférieur et qui, par suite, ont le caractère d'actes de la puissance publique et non de simples actes de gestion. Telles sont les décisions par lesquelles les ministres admettent les fonctionnaires civils à faire valoir leurs droits à la retraite, ou au contraire leur refusent cette admission et les retiennent malgré eux au service. Telles sont, en sens inverse, les décisions par lesquelles des fonctionnaires civils ou militaires, qui ne demandent pas à cesser leurs fonctions, sont admis d'office à faire valoir leurs droits à la retraite.

Une fois que la retraite, consentie ou imposée par le ministre, a fait cesser la fonction, l'autorité hiérarchique n'a plus à s'exercer. Les décisions qui interviennent alors pour régler les droits et obligations du fonctionnaire et de l'État ne sont plus des actes de puissance publique, mais des actes de gestion qui se traduisent par deux espèces de décisions : les unes sont celles par lesquelles les ministres déclarent s'ils reconnaissent ou non l'existence du droit à pension ; les autres sont les décrets de liquidation par lesquels le Président de la République concède la pension, sur la proposition du ministre compétent, et après avis de la section des finances du Conseil d'État.

Enfin, lorsque la pension est concédée, il peut encore intervenir des décisions concernant l'inscription au grand-livre de la Dette publique, la revision de la pension ou son retrait pour cause de déchéance.

Examinons successivement ces diverses espèces de décisions et les contestations dont elles peuvent être l'objet.

Admission à la retraite et mise à la retraite d'office. — L'admission à la retraite, soit d'office, soit sur la demande du fonctionnaire, est soumise à des règles différentes, selon qu'il s'agit des fonctions civiles ou militaires.

Parlons d'abord des fonctions civiles.

I. *Fonctions civiles*. — Pour les fonctionnaires civils, l'admission à la retraite doit nécessairement précéder toute demande de liquidation de pension ; il ne suffit pas que le fonctionnaire ait acquis des droits à la retraite, il faut que le ministre l'autorise à les faire valoir et.lui permette de quitter le service de l'État. « Aucune « pension n'est liquidée, dit l'article 19 de la loi du 10 juin 1853, « qu'autant que le fonctionnaire aura été préalablement admis à « faire valoir ses droits à la retraite par le ministre au département « duquel il ressortit. »

Le droit qu'a le ministre de retenir au service un fonctionnaire civil qui est dans les conditions voulues pour obtenir une pension de retraite se justifie par un double motif. D'une part, l'acquisition du droit à pension n'est pas nécessairement le terme des fonctions civiles ; le ministre est juge des services que le fonctionnaire peut encore rendre à l'État et il peut exiger, dans l'intérêt du service public, qu'il continue à lui prêter le concours de son travail et de son expérience ; il peut l'exiger aussi dans un intérêt budgétaire, afin d'éviter que l'État n'ait à rétribuer deux personnes pour un même emploi, l'une par un traitement d'activité, l'autre par une pension de retraite. Aussi les décisions par lesquelles le ministre refuse d'admettre un fonctionnaire à la retraite sont-elles discrétionnaires et ne comportent-elles point de débat contentieux ([1]).

Pour que le refus d'admission à la retraite échappe à tout recours, il faut qu'il ait le caractère que nous venons d'indiquer, celui d'une décision qui retient le fonctionnaire au service pour des raisons d'ordre administratif ou budgétaire. Mais, si le refus d'admission à la retraite constituait une dénégation du droit à pension fondée sur ce que le fonctionnaire n'aurait pas l'âge ou le temps de services voulu, ou sur ce qu'il aurait encouru la déchéance, le caractère de la décision ministérielle serait entièrement modifié. Elle ne serait plus alors un acte d'autorité hiérarchique s'imposant au fonctionnaire, mais une appréciation prématurée de ses droits à pension, appréciation qui pourrait être l'objet de réclamations de l'intéressé.

Le pourvoi formé contre une telle décision peut-il avoir pour effet de faire reconnaître *de plano,* par la juridiction contentieuse,

---

1. Conseil d'État, 15 novembre 1872, *de Langle de Cary ;* — 8 juillet 1887, *Janvier.*

le droit à pension que le ministre aurait dénié à tort? En droit strict, il semble difficile que le pourvoi puisse avoir ce résultat. En effet, s'il appartient au Conseil d'État d'annuler une décision ministérielle qui prononce sur le droit à pension au lieu de prononcer sur l'admission à la retraite, il ne lui appartient pas de se substituer au ministre, d'admettre lui-même le fonctionnaire à la retraite et de faire ainsi un véritable acte d'administration par décision contentieuse ([1]).

Il est cependant plusieurs fois arrivé que le Conseil d'État, après avoir annulé un refus d'admission qui déniait le droit à pension, a renvoyé le requérant devant le ministre pour faire valoir, s'il y a lieu, les droits qu'il prétend avoir à une pension ([2]). Mais, dans ces espèces, le Conseil d'État n'a pas entendu admettre lui-même le fonctionnaire à la retraite, il a interprété les décisions attaquées comme impliquant cette admission au point de vue administratif et comme ne refusant d'y donner suite que pour des motifs étrangers à l'exercice du pouvoir hiérarchique. Ainsi entendus, ces arrêts se concilient avec les droits réservés au ministre.

Le Conseil d'État peut, à plus forte raison, statuer directement sur le droit à pension si le ministre, sans admettre expressément le fonctionnaire à la retraite, l'a remplacé d'office par mesure administrative. Cette décision prouve que la cessation de l'activité ne présentait pas d'inconvénients au point de vue du service; aussi l'arrêt qui intervient sur la réclamation du fonctionnaire remplacé sans admission à la retraite peut le renvoyer devant le ministre pour qu'il soit statué sur son droit à pension ([3]).

Supposons maintenant que le fonctionnaire a été admis à la retraite d'office sans qu'il ait demandé à faire valoir ses droits. Une décision de cette nature, lorsqu'elle atteint un fonctionnaire ayant des droits à pension, n'est pas susceptible, en principe, de recours contentieux ([4]); elle dérive des droits du ministre sur son personnel, et le fonctionnaire ne peut pas en demander l'annulation sous

---

1. Conseil d'État, 17 février 1853, *Carbonnel.*
2. Conseil d'État, 15 mars 1889, *Leprince.*
3. Conseil d'État, 7 avril 1869, *Chéroutre ;* — 27 novembre 1885, *Lacombe.*
4. Conseil d'État, 4 avril 1879, *Houlié.*

prétexte qu'il n'aurait pas atteint la limite d'âge prévue par le règlements. Cette limite d'âge n'est, pour les fonctionnaires révo cables, qu'un terme maximum qui ne doit pas être dépassé, mai que le ministre n'est pas obligé d'attendre ([1]).

Il en est autrement pour les fonctionnaires à qui des disposi tions spéciales de la loi assurent l'inamovibilité jusqu'à un âge déterminé : tels sont les magistrats, qui ne peuvent être mis d'offic à la retraite, avant cet âge, que dans le cas d'infirmités graves e permanentes les mettant hors d'état d'exercer leurs fonctions, e sur l'avis conforme de la Cour de cassation constituée en consei supérieur de la magistrature ([2]). Tels sont aussi les professeurs de facultés, des écoles supérieures de plein exercice, des lycées e des collèges, qui ne peuvent être mis à la retraite, même lorsqu'ils ont acquis des droits à pension, que sur leur demande ou après avis de la section permanente du Conseil supérieur de l'instruction publique ([3]).

Il est à remarquer que, depuis la loi de finances du 30 mai 1888 (art. 22), le droit de fixer la limite d'âge n'est plus entièrement dans les attributions du pouvoir exécutif. Sa compétence subsiste pour étendre cette limite, non pour la restreindre, pour prolonger le temps d'activité mais non pour le réduire. Dans ce dernier cas, le législateur s'est réservé le droit de statuer lui-même, craignant que l'abaissement du temps de service réglementaire ne puisse de venir onéreux pour le Trésor ([4]).

L'admission d'un fonctionnaire à faire valoir ses droits à la retraite n'implique pas par elle-même la reconnaissance du droit à pension ; plus d'une fois elle a été prononcée à l'égard de fonction naires qui ne remplissaient pas les conditions d'âge et de services requises par la loi. Elle n'est alors qu'une formule de révocation déguisée : formule polie, a-t-on dit quelquefois, formule ironique, dirions-nous plus volontiers, et peu conforme à la bonne foi qui

1. Conseil d'État, 7 janvier 1876, *de Brives*.
2. Décrets des 1er et 19 mars 1852. — Loi du 30 août 1883, art. 15.
3. Décret du 4 novembre 1882, art. 1er.
4. Loi du 30 mars 1888, art 22 : « La limite déjà fixée pour la mise à la retraite des fonctionnaires civils ou militaires par les décrets, arrêtés et décisions actuellement en vigueur ne peut être abaissée que par la loi. »

doit toujours présider aux rapports de l'État avec ceux qui le servent, même mal. On doit donc, en bonne administration, n'admettre à faire valoir leurs droits à la retraite que les fonctionnaires que l'on sait ou que l'on croit en possession de ces droits. Mais la révocation indirecte prononcée sous cette forme n'en échappe pas moins au recours contentieux comme la révocation directe ([1]).

La mise à la retraite d'office, à raison de son assimilation avec la révocation administrative, est soumise aux mêmes formes lorsque la loi a assuré certaines garanties au fonctionnaire contre un renvoi discrétionnaire. Tel est le cas pour les ingénieurs, qui ne peuvent être révoqués qu'après avis du conseil général des ponts et chaussées ou des mines ; pour les maîtres des requêtes ou les auditeurs au Conseil d'État, qui ne peuvent l'être qu'après avis du vice-président du Conseil délibérant avec les présidents de section. Une mise à la retraite d'office prononcée en dehors des formes prévues par la loi pourrait être annulée pour excès de pouvoir, comme constituant une révocation illégale.

II. *Armées de terre et de mer.* — A la différence des fonctionnaires civils, les officiers des armées de terre et de mer peuvent faire valoir leurs droits à la retraite sans avoir besoin d'y être autorisés par une décision du ministre. Pour eux, en effet, la retraite est la dernière modalité du grade dont ils sont propriétaires ; elle est une des *positions* qui se rattachent à leur *état*. « La « retraite, dit l'article 14 de la loi du 19 mai 1834 sur l'état des « officiers, est la position définitive de l'officier rendu à la vie « civile et admis à la jouissance d'une pension de retraite. » C'est pourquoi les lois des 11 et 18 avril 1831 sur les pensions de l'armée de terre et de l'armée de mer débutent par cette disposition : « Le droit à la pension de retraite *est acquis* à trente ans « accomplis de service effectif. » L'officier qui a accompli le temps de service voulu est donc, par cela seul, en possession de droits à la retraite. Le ministre ne pourrait pas l'obliger à rester au service jusqu'à la limite d'âge que les lois et règlements ont prévue pour les différents grades ; l'indication de cette limite empêche le mi-

---

1. Conseil d'É'at, 9 juin 1882, *Du Bois de Romand ;* — 28 décembre 1883, *Bernard.*

nistre de conserver l'officier au delà de l'âge prévu, mais elle ne l'oblige ni même ne l'autorise à retenir l'officier malgré lui jusqu'à ce que cet âge soit atteint.

De ce que l'officier est en possession de droits à la retraite il ne s'ensuit pourtant pas qu'il puisse toujours s'affranchir du service de l'État en réclamant la liquidation de sa pension : il pourrait être retenu sous les drapeaux pour des raisons d'ordre supérieur, telles qu'une entrée en campagne ou un embarquement.

Il résulte de ce qui précède que la mise à la retraite d'office ne peut pas être prononcée par le ministre à l'égard d'un officier qui n'a pas accompli son temps de service [1]. Mais, une fois que le temps est échu, le droit est réciproque, et le ministre peut mettre l'officier à la retraite [2], même s'il n'a pas atteint la limite d'âge prévue par les règlements [3]. La décision ministérielle constitue alors, pour l'officier comme pour le fonctionnaire civil, un acte d'autorité hiérarchique dont les motifs ne peuvent pas être discutés par la voie contentieuse.

Ces règles cessent d'être applicables quand il s'agit d'officiers généraux. En vertu de dispositions spéciales de la loi du 4 août 1839 (art. 7), relative à l'armée de terre, et de la loi du 17 juin 1841 (art. 8), relative à l'armée de mer, ces officiers ont le droit de n'être mis à la retraite que sur leur demande, ou s'ils ont été l'objet des mesures disciplinaires prévues par la loi du 19 mai 1834 sur l'état des officiers. Le baron Dupin, rapporteur de la loi du 4 août 1839, faisait remarquer que cette prérogative est strictement limitée aux officiers généraux : « C'est seulement en leur faveur, disait-il, que le Gouvernement veut faire un grand abandon de ses droits. »

Mais jusqu'où va cet abandon des droits du Gouvernement ? La référence des lois de 1839 et de 1841 à la la loi de 1834 sur l'état des officiers est conçue en termes assez vagues : « Les officiers

1. Nous ne parlons ici, bien entendu, que des pensions d'ancienneté, non des pensions pour infirmités et blessures, qui peuvent être liquidées à toute époque.

2. Conseil d'État, 27 avril 1847, *Auriscote de Lazarque ;* — 29 novembre 1851, *Championnet-Rey ;* — 30 juin 1853, *Dumas ;* — 12 mars 1875, *Vimont ;* — 14 mars 1879, *Chazotte.*

3. Conseil d'État, 16 avril 1851, *Béchameil ;* — 9 mars 1877, *Labrousse.*

« généraux *autres que ceux auxquels seraient appliquées les dispositions* « *de la loi du 19 mai 1834* ne seront admis à la retraite que sur leur « demande. » Le Conseil d'État en a d'abord conclu, par un arrêt du 16 décembre 1852 (*Chadeysson*), que toutes les mesures prévues par la loi de 1834, y compris la simple mise en non-activité, ouvraient, au profit du Gouvernement, le droit de prononcer la mise à la retraite d'office. Mais cette interprétation était certainement contraire à l'esprit de la loi de 1839, car le Gouvernement étant maître de l'emploi et pouvant toujours le retirer à un officier général, il dépendrait de lui de réduire à néant la prérogative que cet officier tient de la loi de 1839. Aussi cette jurisprudence de 1852, qui se ressentait peut-être des influences politiques du temps [1], a-t-elle été abandonnée par le Conseil d'État. Un arrêt du 28 décembre 1877 (*West*) a décidé que les officiers généraux ne peuvent être mis d'office à la retraite que « dans les cas et suivant les formes prévues pour la mise en réforme des officiers par la section III du titre II de la loi du 19 mai 1834 [2] ». En conséquence, il a annulé pour excès de pouvoir une décision présidentielle qui avait admis d'office un intendant militaire à faire valoir ses droits à la retraite à la suite d'une *mise en non-activité par retrait d'emploi*.

Les garanties que la loi accorde aux officiers, en ce qui touche leur état et leur mise à la retraite, ont été étendues aux commissionnés de tous grades, sous-officiers, caporaux et soldats, par les lois qui se sont succédé depuis la loi du 15 mars 1875 sur les cadres et les effectifs de l'armée. Elles ont été consacrées à nouveau par la loi du 13 juillet 1894, d'après laquelle « la révocation ou la cassation du sous-officier rengagé, la mise à la retraite d'office ou

---

1. Le général de brigade Chadeysson avait été mis en non-activité, puis à la retraite, par une décision en date du 12 décembre 1851, motivée par la non-acceptation d'un commandement dans un des départements qui venaient d'être mis en état de siège à la suite du coup d'État du 2 décembre.

2. D'après ces dispositions de la loi du 19 mai 1834, les cas de mise en réforme pour cause de discipline sont : l'inconduite habituelle, les fautes graves dans le service ou contre la discipline, les fautes contre l'honneur. Les formes à suivre sont : la comparution devant un conseil d'enquête, un avis de ce conseil et une décision du Président de la République qui ne peut modifier les conclusions de cet avis que dans un sens favorable à l'officier.

Cette procédure, dont l'application aux officiers généraux est très rare, a été suivie en 1889 à l'égard de M. le général de division Boulanger.

la révocation du sous-officier commissionné sont prononcées par le ministre ou par le général commandant le corps d'armée d'après l'avis d'un conseil d'enquête. La mise à la retraite d'office ou la révocation des caporaux, brigadiers et soldats commissionnés sont prononcées par la même autorité d'après l'avis d'un conseil de discipline ». Le Conseil d'État est ainsi devenu juge, à l'égard de ces militaires comme à l'égard des officiers, des questions de légalité que peut soulever leur mise à la retraite d'office.

Décision sur le droit à pension. — Lorsque le ministre reconnaît le droit à pension, sa décision n'est ordinairement qu'implicite ; elle se manifeste par la préparation et par l'envoi au Conseil d'État d'un projet de décret liquidant la pension. Dans ce cas, la partie n'a pas d'intérêt à ce qu'une décision spéciale soit rendue sur le droit à pension, bien que la liquidation proposée par le ministre puisse quelquefois révéler un désaccord sur le fond du droit : par exemple, si le ministre, saisi d'une demande de pension pour accident de service, ne propose qu'une pension pour infirmités, dont le taux est moins élevé. La partie peut, en attaquant le décret de concession, critiquer les bases de la liquidation.

Si, au contraire, le ministre refuse tout droit à pension, — soit spontanément, soit pour se conformer à un avis de la section des finances refusant d'approuver le décret de concession, — une décision explicite est nécessaire pour que la partie puisse faire valoir ses droits par la voie contentieuse. Le silence du ministre, quelque prolongé qu'il fût, ne pourrait pas être assimilé à une décision de rejet et fournir l'élément d'un débat contentieux. En effet, le décret du 2 novembre 1864 ne permet à la partie de se pourvoir contre le silence du ministre que lorsque celui-ci a été saisi d'un recours contre la décision d'une autorité subordonnée. La pratique ne présente d'ailleurs aucun exemple d'un ministre essayant de paralyser une demande de pension, si mal fondée qu'elle pût être, en s'abstenant systématiquement d'y répondre.

Il y a des cas exceptionnels où une décision déniant le droit à pension peut n'être qu'implicite. Tel est le cas où le ministre, saisi d'une demande de pension par un militaire réformé, se borne à lui accorder une gratification renouvelable. Une telle décision,

rapprochée de la demande de pension, en implique nécessairement le rejet ; aussi le Conseil d'État décide que le postulant doit
se pourvoir contre elle, comme si elle prononçait expressément un
refus de pension (¹). Il en serait autrement si l'allocation ou le
retrait de la gratification renouvelable était prononcé d'office : la
décision ministérielle ne devrait pas alors être interprétée comme
impliquant le rejet d'une demande de pension, puisque celle-ci
n'aurait pas encore été formée (²).

La mise en réforme d'un officier constitue aussi une dénégation
implicite mais absolue de tout droit à pension, car la réforme
est « la position de l'officier sans emploi qui, n'étant plus suscep-
« tible d'être rappelé à l'activité, *n'a pas de droits acquis à la pension
« de retraite* » (loi du 19 mai 1834, art. 9). La position d'officier
réformé étant incompatible avec celle d'officier retraité, il faudrait
nécessairement que la réforme fût mise à néant pour que l'officier
fût admis à faire liquider sa retraite. C'est pourquoi il doit former
son recours contre la décision qui le met en réforme, sans attendre
une décision expresse de refus de pension (³).

Le contentieux auquel donnent lieu les refus de pension est un
contentieux de pleine juridiction qui s'étend à toutes les questions
de fait et de droit, de fond, de forme, de déchéance. — S'il s'agit
de pension d'ancienneté, le Conseil d'État est juge de tout ce
qui touche à l'âge et au temps de service. Toutefois, la dispense
d'âge pour invalidité, prévue par l'article 5, §3, de la loi du 10 juin
1853, ne peut être accordée que par le ministre agissant comme
supérieur hiérarchique et reconnaissant que le titulaire est hors
d'état de continuer ses fonctions. Aucun recours contentieux ne
serait recevable contre lé refus d'accorder cette dispense. — S'il
s'agit de pension pour blessures ou infirmités, le Conseil d'État est
juge de leur nature, de leur gravité, de leur origine, de la question de savoir si elles sont ou non incurables, si elles mettent le
fonctionnaire hors d'état de continuer son service, l'officier hors

---

1. Conseil d'État, 13 avril 1883, *Ceret* ; — 22 mai 1885, *Dompierre* ; — 31 juillet 1885,
Baud.

2. Conseil d'État, 20 juin 1884, *Dréau;* — 6 mars 1885, *Gérault* ; — 18 mai 1888,
Achard.

3. Conseil d'État, 3 août 1877, *Lesage;* — 10 mai 1878, *Chevé.*

d'état de rester en activité et d'y rentrer ultérieurement, le sous-officier ou le soldat dans l'impossibilité de pourvoir à sa subsistance. Questions singulièrement complexes et souvent pleines de difficultés techniques ; aussi, la loi a-t-elle institué des procédés rigoureux d'instruction et des vérifications médicales qui tiennent une place importante dans la législation des pensions militaires, mais sur lesquelles nous n'avons pas à insister ici.

Questions de déchéance. — Les questions de suspension et de déchéance du droit à pension sont de celles que le ministre est appelé à résoudre en prononçant sur une demande de pension ; le Conseil d'État, saisi d'un recours, statue sur toutes les difficultés de fait ou de droit que peut soulever la déchéance opposée par le ministre. Mais, parmi ces difficultés, il en est qui touchent aux prérogatives de l'autorité hiérarchique, d'autres qui relèvent des tribunaux judiciaires, de telle sorte que la délimitation des compétences exige, en cette matière, une attention particulière.

Rappelons d'abord quelles sont les causes qui peuvent entraîner la suspension ou la perte définitive du droit à pension.

La suspension du droit à pension résulte des causes suivantes : — 1° Perte de la qualité de Français, durant la privation de cette qualité (loi du 9 juin 1853, art. 29 ; loi du 11 avril 1831, art. 26, § 3) ; — 2° condamnation à une peine afflictive ou infamante. Dans ce cas, la suspension dure jusqu'à la réhabilitation pour les pensions civiles (loi de 1853, art. 27, § 3), et seulement pendant la durée de la peine pour les pensions militaires (loi de 1831, art. 26, § 3) ; — 3° résidence hors du territoire français sans l'autorisation du Gouvernement. Ce cas de suspension n'existe que pour les pensions militaires (loi de 1831, art. 26, § 4).

La perte définitive du droit à pension a lieu, d'après la législation des pensions civiles (loi de 1853, art. 27, §§ 1, 2 et 3) : — 1° Si le fonctionnaire ou employé est démissionnaire ; — 2° s'il est destitué ou révoqué d'emploi ; — 3° s'il est constitué en déficit pour détournement de deniers ou matières, ou convaincu de malversations.

La perte définitive du droit à pension résulte, pour les militaires : — 1° De la peine de la destitution prononcée en exécution du Code de justice militaire du 9 juin 1857 (art. 192) ; — 2° de la peine de la dégradation, mais à condition que la dégradation ait été non seulement prononcée, mais encore effectivement exécutée dans la forme prescrite par l'article 190 du même Code ([1]).

Examinons maintenant les principales questions contentieuses auxquelles peut donner lieu la suspension ou la déchéance du droit à pension.

I. *Quels droits sont atteints par la déchéance.* — On s'est quelquefois demandé si la déchéance du droit à pension a pour effet de paralyser des droits acquis aussi bien que des droits purement éventuels et de simples espérances. L'affirmative résulte des termes généraux de l'article 27 de la loi de 1853, qui ne comportent aucune restriction ni réserve en faveur des fonctionnaires ayant l'âge et les services requis pour la retraite.

Des doutes ont cependant été émis sur ce point par le ministre des finances dans une affaire jugée le 23 novembre 1877 (*Crochez*) qui se présentait d'ailleurs dans des circonstances spéciales : Il s'agissait d'une pension de l'octroi de Paris, régie par l'ordonnance du 7 mai 1831, non par la loi du 9 juin 1853 ; une disposition spéciale de cette ordonnance limitait la déchéance au cas où l'employé révoqué ou démissionnaire n'avait pas 30 ans de services. Les conclusions du ministre des finances n'auraient donc prêté à aucune critique si elles s'étaient bornées à invoquer cette disposition, que les états de services du requérant lui rendaient applicables. Mais ses conclusions allèrent beaucoup plus loin : — « Il est de principe incontesté, disait le ministre, que la pension est le résultat d'un contrat à titre onéreux entre l'administration et le fonctionnaire. Lorsque celui-ci a acquis les deux conditions d'âge et de durée de services, son droit est acquis et l'administration ne peut se soustraire à l'obligation qu'elle a consentie. C'est ce qui résulte de l'article 5 de la loi du 9 juin 1853, auquel il n'est fait exception que dans les cas, spécialement prévus par l'article 27, de détournement et de malversation, et avec des garanties spéciales. »

1. Conseil d'État, 27 juin 1867, *Chaspoul.*

Nous avons déjà écarté l'assimilation des pensions à des contrats : nous n'y reviendrons pas ; nous ferons seulement remarquer qu'alors même qu'il y aurait contrat ses clauses n'en seraient pas moins dans la loi, et que c'est précisément la clause de déchéance, insérée dans l'article 27, qu'il s'agit d'interpréter. Or, l'avis ministériel de 1877 faisait une confusion entre le droit acquis à la *jouissance* d'une pension concédée et le droit acquis à l'*obtention* d'une pension demandée. Il est vrai que le droit à la jouissance d'une pension concédée ne peut être retiré ou suspendu que dans des cas déterminés (détournement, malversation, condamnation, perte de la qualité de Français), mais il est également certain que, d'après l'article 27, le fonctionnaire démissionnaire ou destitué *perd ses droits à la pension* ; quels droits ? Évidemment ceux qu'il avait au moment où il a donné sa démission ou subi une révocation : droits purement éventuels s'il n'avait pas l'âge et le temps de service voulus, droits acquis à l'obtention d'une pension, si ces conditions étaient remplies. Le Conseil d'État s'est plusieurs fois prononcé en ce sens, notamment par ses arrêts du 2 septembre 1862 (*Descrimes*) et du 2 décembre 1887 (*Hébert*).

II. *Déchéance résultant de la destitution ou révocation.* — La destitution d'un fonctionnaire et la révocation d'un employé sont des actes de discipline hiérarchique, qui ne peuvent être annulés par la voie contentieuse que s'ils sont contraires aux droits d'un fonctionnaire inamovible ou s'ils sont entachés de vice de forme. Mais, si le Conseil d'État n'a point à statuer sur le mérite de ces mesures, il peut, comme juge des pensions, vérifier leur nature, apprécier leur influence sur les droits du fonctionnaire, rechercher si la déchéance a été réellement encourue.

En effet, la déchéance ne frappe pas tout fonctionnaire qui perd sa place, mais seulement celui qui la perd par mesure disciplinaire. C'est là une distinction que le Conseil d'État a souvent consacrée et qui a pour elle les textes et la nature même des choses.

En premier lieu, les textes : quand l'article 27 parle du fonctionnaire *destitué*, de l'employé *révoqué d'emploi*, il a en vue le renvoi d'un agent qui a démérité, non le remplacement d'un agent à qui des considérations d'ordre administratif ou politique font préférer un autre titulaire. En vain dirait-on que ce texte prévoit à la fois la *destitution* et la *révocation*, et que cette dernière expression, rapprochée de la première, est plus large et semble viser toute privation des fonctions. Nous n'hésitons pas à penser que la portée des deux expressions est exactement la même : l'une vise le *fonctionnaire destitué*, l'autre le simple *employé révoqué d'emploi ;* toutes les deux ont en vue un agent frappé par ses chefs, et non pas simplement sacrifié à des convenances de service. Un autre argument est fourni par la loi du 30 mars 1872, qui admet à pension, sous certaines conditions, « les fonctionnaires et employés civils ayant subi une « retenue qui, du 12 février 1871 au 31 décembre 1872, auront « été réformés pour cause de suppression d'emploi, de réorgani- « sation ou *pour toute autre mesure administrative qui n'aurait pas le* « *caractère de révocation ou de destitution* ».

La nature des choses vient confirmer l'argument de textes. L'État a certainement le droit de ne pas pensionner des agents que leurs fautes font exclure de son service ; mais il manquerait à toute justice s'il privait de leur retraite tous ceux qu'il remplace, parce qu'il juge leurs aptitudes insuffisantes ou leur dévouement politique douteux. Sans doute, le fonctionnaire peut commettre des fautes d'ordre politique qui justifient sa révocation par mesure disciplinaire. Mais cette révocation ne saurait être confondue avec les mutations administratives qui s'opèrent sous l'influence de circonstances politiques générales ([1]).

Le Conseil d'État, juge de la déchéance, doit donc vérifier si le retrait des fonctions a eu ou non le caractère d'une révocation disciplinaire. S'inspirant des termes de la décision, des rapports qui l'ont précédée, des circonstances qui l'ont provoquée, il décidera

---

1. Cette distinction entre la révocation et le remplacement administratif a été très nettement indiquée par le Conseil d'État dans ses arrêts du 9 décembre 1879 (*Thomas*) et du 16 janvier 1880 (*Le Goff*) relatifs au remplacement d'instituteurs congréganistes. On y lit : « Considérant qu'il est de principe que les fonctionnaires publics nommés par le pouvoir exécutif peuvent toujours être relevés de leurs fonctions par la même autorité, à moins d'exceptions formellement prévues par la loi... Mais que les incapacités et déchéances édictées, en cas de révocation ou de destitution, par des lois générales ou spéciales, ne sont encourues que si la révocation ou destitution a été expressément prononcée, et qu'elles ne sauraient s'étendre au cas où les fonctionnaires sont relevés de leurs fonctions par mesure administrative. »

si, en fait, l'agent a été révoqué dans le sens de l'article 27 de la loi de 1853 ([1]).

Le Conseil d'État pourrait-il, après avoir reconnu le caractère disciplinaire d'une révocation, la tenir pour non avenue, au point de vue de la déchéance, parce qu'elle aurait été prononcée illégalement, par exemple, en violation des formes auxquelles elle était soumise ? Il paraît juridique de résoudre cette question en matière de pensions comme nous l'avons résolue en matière de traitements : Tant que l'acte d'autorité hiérarchique qui a atteint le fonctionnaire n'a pas été annulé il doit produire tous ses effets, parmi lesquels la loi a placé la déchéance du droit à pension ; si cet acte est illégal, l'intéressé ne peut s'en prendre qu'à lui-même de ne l'avoir pas attaqué pour excès de pouvoir et de l'avoir laissé devenir définitif.

Que décider si la destitution est prononcée contre un ancien agent qui avait déjà quitté le service avec l'agrément de ses chefs, ou par suite d'un remplacement administratif ?

On a souvent soutenu que la destitution peut être ainsi prononcée après coup lorsqu'on découvre, après le départ de l'agent, des malversations qui l'auraient fait destituer si on les avait connues plus tôt. Plusieurs fois la déchéance a été, en pareil cas, opposée par le ministre, non seulement à l'agent incriminé, mais encore à sa veuve et à des titulaires de pensions déjà liquidées et inscrites au grand-livre. Cette prétention, d'abord écartée par le Conseil d'État en 1839 et en 1848 ([2]), a été accueillie par un arrêt du 9 février 1850 (*de Vailly*) qui admet, comme cause de déchéance, une destitution prononcée trois ans après l'admission à la retraite. Un autre arrêt du 30 décembre 1858 (*Vaissié*) refuse à un agent, destitué postérieurement à son remplacement administratif, le droit de contester par la voie contentieuse cette destitution et la déchéance qui en était résultée.

Nous ne saurions nous rallier à cette doctrine. Les pouvoirs

---

1. Conseil d'État, 27 novembre 1885, *Lacombe*, et les conclusions du commissaire du Gouvernement ; — 29 juillet 1887, *de Watteville*.

2. Conseil d'État, 15 août 1839, *Arnoux* ; — 6 mai 1848, *Boudet*. Dans la première de ces affaires, il s'agissait d'une pension déjà concédée ; dans la seconde, d'une pension de veuve.

disciplinaires de l'administration à l'égard de ses fonctionnaires ne survivent pas à la fonction ; l'autorité hiérarchique ne peut plus s'exercer sur une personne qui a cessé d'appartenir à la hiérarchie. Le ministre peut assurément destituer un agent démissionnaire dont il a refusé la démission, parce que l'agent reste sous ses ordres tant que sa démission n'est pas acceptée. Mais telle n'est pas la situation de l'agent remplacé ou admis à la retraite : au regard de l'administration, il cesse d'être un fonctionnaire pour devenir un simple particulier, ou bien un pensionnaire de l'État, contre lequel on peut seulement provoquer le retrait de la pension dans les cas et dans les formes prévus par la loi ([1]).

Si maintenant on se place au point de vue administratif et politique, on reconnaît qu'il peut se présenter des cas où le droit revendiqué par l'administration serait utile à exercer : par exemple le cas où des malversations ou autres fautes graves seraient tardivement découvertes à la charge d'un fonctionnaire admis à faire valoir ses droits à la retraite. Mais l'administration sera rarement désarmée en pareil cas, parce que l'article 27 de la loi de 1853 permet de retirer la pension, à toute époque, à un ancien agent reconnu en déficit, convaincu de malversations ou atteint de condamnations graves. Par contre, il y aurait de grands inconvénients à ce qu'un ministre pût frapper de déchéance, au moyen d'une destitution tardive, des fonctionnaires admis à la retraite par son prédécesseur.

III. *Déchéance résultant de la démission.* — D'après l'article 27

---

1. Cette doctrine nous paraît avoir été acceptée par le Conseil d'État et par le ministre de l'intérieur dans une affaire jugée le 7 juillet 1870 (*Moris*). Le dispositif de l'arrêt se borne à déclarer *sans objet* le pourvoi d'un fonctionnaire qui avait été révoqué après avoir été admis à faire valoir ses droits à la retraite et avoir effectivement cessé ses fonctions, et à qui la pension avait été refusée à raison de cette révocation. Mais les motifs de l'arrêt constatent qu'au moment où le requérant avait été révoqué « *il ne faisait plus partie de l'administration ;* que notre ministre de « l'intérieur a reconnu que, dans ces circonstances, l'arrêté par lequel le préfet a « prononcé la révocation du sieur Moris *devait être considéré comme non avenu*, et « que cet arrêté ne faisait pas obstacle à ce que le sieur Moris pût se prévaloir de « l'arrêté du... (portant admission à la retraite) pour faire reconnaître par l'autorité « compétente les droits qu'il prétendait avoir à une pension de retraite ».

Cf. un avis de la section des finances du 2 avril 1878 qui décide que le fonctionnaire remplacé, puis réintégré dans un emploi, doit la retenue du douzième comme s'il n'avait jamais appartenu à l'administration.

de la loi de 1853, la démission entraîne, comme la révocation, la déchéance du droit à pension. A première vue, cette règle se comprend moins que la précédente. En effet, si la démission n'est pas acceptée, l'agent reste en fonctions ; si elle l'est, le consentement donné à la cessation de ses services semble absoudre l'initiative qu'il a prise. La vérité est que la loi n'admet pas cette initiative ; elle l'assimile à une sorte de désertion et elle punit le déserteur, même quand le ministre le laisse quitter son poste. On doit d'ailleurs reconnaître que le ministre n'a guère le moyen de retenir malgré lui un fonctionnaire civil décidé à quitter le service. La déchéance sert donc de sanction à la règle d'après laquelle les fonctionnaires civils ayant des droits à pension doivent, avant de quitter le service, être admis par le ministre à faire valoir leurs droits à la retraite. Aussi le Conseil d'État a-t-il appliqué cette déchéance à un juge de paix qui avait adressé sa démission au garde des sceaux, en termes d'ailleurs respectueux, et qui avait même obtenu que son fils fût nommé à sa place ([1]).

La déchéance subsisterait-elle si le ministre, après avoir accepté la démission, admettait le fonctionnaire démissionnaire à faire valoir ses droits à la retraite ? En droit strict, cette solution rigoureuse devrait peut-être prévaloir, car l'admission à la retraite ne préjuge rien sur le fond du droit, elle autorise le fonctionnaire à faire valoir tels droits qu'il peut avoir, droits nuls s'il a encouru une déchéance. Mais on peut dire, en sens inverse, que l'admission à la retraite couvre après coup la démission, qu'elle constate que le départ de l'agent a été librement consenti par le ministre, et n'entraîne aucun inconvénient pour le service, aucune charge imprévue pour le budget ; elle ferait ainsi disparaître ce que l'initiative du fonctionnaire avait eu d'incorrect. C'est en ce sens que l'arrêt du 30 novembre 1862 (*Descrimes*) nous paraît s'être implicitement prononcé : tout en appliquant la déchéance, il prend soin de constater que le fonctionnaire démissionnaire n'a été admis à faire valoir ses droits à la retraite ni par le décret qui acceptait sa démission, ni *par aucun décret postérieur*. C'est là une solution équitable et à laquelle nous nous rallions volontiers.

---

1. Conseil d'État, 30 novembre 1862, *Descrimes*.

La démission peut-elle exercer une influence sur les droits acquis à une pension militaire? Nous avons vu que la loi de 1831 ne mentionne pas la démission comme cause de déchéance. Antérieurement à cette loi, un avis du Conseil d'État du 12 prairial an XI avait décidé que « l'officier qui donne sa démission après trente ans de service est susceptible de la solde de retraite si sa démission n'a pas été donnée en temps de guerre, ou si, en ce cas, elle a été acceptée par le ministre ». Cet avis, qui admet implicitement que la démission n'aurait besoin d'être acceptée qu'en temps de guerre, ne pourrait plus s'accorder avec l'article 1er de la loi du 19 mai 1834, d'après lequel toute démission doit être « acceptée par le roi ». Il est même à remarquer que, lors du vote de cette loi, la Chambre des pairs n'a pas voulu adopter un amendement qui proposait de réserver des cas où la démission serait entièrement libre pour l'officier. Aussi la jurisprudence du Conseil d'État décide-t-elle que le refus de démission relève entièrement de l'appréciation du ministre et ne peut pas être l'objet d'un recours par la voie contentieuse ([1]).

La doctrine de l'avis de l'an XI ne saurait donc trouver aujourd'hui son application. L'officier dont la démission n'est pas acceptée reste dans les liens de la discipline militaire ; il ne peut s'en affranchir qu'en prenant sa retraite dès qu'il a acquis des droits ; le Gouvernement n'a pas alors à intervenir pour l'autoriser, par une décision spéciale, à rentrer dans ses foyers après liquidation de sa retraite ([2]). Mais il pourrait retarder cette liquidation s'il estimait que des raisons de service font obstacle au départ immédiat de l'officier.

Questions réservées à l'autorité judiciaire. — Parmi les questions que le droit à pension peut soulever, il en est qui ne peuvent pas être définitivement tranchées par l'autorité administrative,

---

1. Conseil d'État, 23 mars 1872, *Pichon ;* — 27 janvier 1888, *Germaix ;* — 20 février 1891, *Dève.*

2. Il arrive quelquefois que des officiers, ayant des droits acquis à la retraite, joignent l'envoi d'une démission à leur demande de liquidation de pension. Il n'y a pas lieu, dans ce cas, d'accepter la démission et il suffit de donner suite à la demande de pension. La pratique du ministère de la guerre et de la section des finances est depuis longtemps fixée en ce sens.

parce qu'elles se rattachent à des questions d'état et de nationalité qui sont du ressort des tribunaux judiciaires. Telle est la question de savoir si le demandeur en pension a perdu la qualité de Français, ou si, l'ayant perdue, il l'a recouvrée ([1]) ; si une veuve ou des orphelins avaient la qualité d'épouse ou d'enfants légitimes ([2]). Le renvoi de ces questions à l'autorité judiciaire a lieu conformément aux règles générales de la compétence en matière de questions préjudicielles, règles qui ont été exposées dans une autre partie de cet ouvrage. Bornons-nous à rappeler : que le renvoi ne doit être prononcé que si la question d'état ou de nationalité donne lieu à des difficultés sérieuses ([3]) ; qu'il ne s'impose qu'à la juridiction contentieuse, saisie d'un véritable litige sur le droit à pension, non au ministre qui fait acte d'administrateur en appréciant ce droit, et qui n'est jamais tenu de suspendre ses décisions pour attendre la solution d'une question préjudicielle.

Liquidation et concession de la pension. — Le droit à pension étant reconnu, il faut en fixer le chiffre et en concéder le titre. C'est d'abord l'œuvre du ministre, qui *fait la liquidation*, puis celle du Gouvernement en Conseil d'État qui *concède la pension*. « La li- « quidation, dit l'article 24 de la loi du 9 juin 1853, est faite par le « ministre compétent qui la soumet à l'examen du Conseil d'État « avec l'avis du ministre des finances. Le décret de concession est « rendu sur la proposition du ministre compétent. Il est contre- « signé par lui et par le ministre des finances. »

La liquidation et la concession, bien que distinctes en droit, se confondent en fait, car la liquidation de la pension ne peut définitivement résulter que du décret de concession. Jusque-là elle ne constitue qu'une opération préparatoire et non une véritable décision. Aussi est-ce contre le décret de concession, et non contre la liquidation ministérielle, que doit être formé le recours au Conseil

---

1. Conseil d'État, 10 août 1844, *Clouet*.

2. Conseil d'État, 13 juin 1845, *Sentenary* ; — 23 juin 1846, *de Vaudricourt*.

3. Le Conseil d'État a souvent passé outre à des questions d'état ou de nationalité qui ne lui paraissaient pas de nature à suspendre son jugement sur le droit à pension ; par exemple à la question de savoir si une séparation de corps avait ou non pris fin (7 avril 1841, *Mazian* ; 2 janvier 1844, *Philippon*), ou si le réclamant était Français (7 juillet 1870, *Rauner* ; 19 février 1886, *Siégel*).

'État. Ce recours, prévu par l'article 25 de la loi de 1831 sur les
pensions militaires, a été passé sous silence par la loi de 1853 sur
les pensions civiles, mais il n'en existe pas moins d'après les principes du contentieux administratif, puisqu'il se fonde sur une
atteinte portée à un droit. D'un autre côté, le décret qui sert d'objectif au recours n'est pas un acte de puissance publique, mais un
acte de gestion ; il en résulte qu'il donne lieu à un contentieux de
pleine juridiction, et que le Conseil d'État a qualité pour contrôler
non seulement les bases de la liquidation, mais encore tous ses
éléments appréciés en fait et en droit. Il n'excéderait même pas
ses pouvoirs en rectifiant, par arrêt, le chiffre de la pension, car il
a le droit de réformer la décision attaquée et non pas seulement de
l'annuler. Mais, dans la pratique, il s'abstient d'arrêter lui-même
une liquidation nouvelle ; il se borne à annuler le décret et à renvoyer devant le ministre pour liquidation. D'ailleurs, alors même
que l'arrêt du Conseil d'État liquiderait la pension, il ne pourrait
pas la concéder, et il faudrait toujours qu'un nouveau décret de
concession fût rendu dans les mêmes formes que le premier.

**Décisions relatives à l'inscription des pensions au grand-livre
de la Dette publique.** — Le décret de concession constitue le titre
de créance du pensionnaire à l'égard de l'État, mais son droit au
paiement ne peut résulter que de l'inscription de la pension au
grand-livre de la Dette publique.

Sous l'empire de la loi de finances du 25 mars 1817 et de l'ordonnance du 20 juin suivant, l'inscription de toutes les pensions,
tant civiles que militaires, résultait d'un décret spécial émis sur
la proposition du ministre des finances, sur le vu du décret de
concession, lequel était rendu après son avis, mais n'était proposé et contresigné que par le ministre liquidateur. Le ministre
des finances, avant de faire inscrire la pension au grand-livre,
avait toujours le droit de vérifier la régularité du décret de concession. Il ne pouvait pas remettre en question le fond du droit et
reviser les éléments de la liquidation ('), mais il devait vérifier
si la pension était concédée dans les limites du maximum légal et

---

1. Conseil d'État, 28 juin 1851, *Sapia*.

conformément aux lois sur le cumul, et si le décret de concession avait été rendu dans les formes voulues, notamment après avis du ministre des finances et du Conseil d'État. Dans ces différents cas, il pouvait, si quelque irrégularité était constatée, refuser d'inscrire la pension au grand-livre (¹).

Ces règles n'ont pas cessé d'être applicables aux pensions militaires, qui donnent toujours lieu à deux décrets distincts : le décret de concession et le décret d'inscription. Mais elles ont été modifiées, pour les pensions civiles, par l'article 24 de la loi du 9 juin 1853, d'après lequel « le décret de concession est rendu sur la « proposition du ministre compétent. Il est contresigné par lui et « par le ministre des finances. Il est inséré au *Bulletin des lois*. »

Il résulte de ce texte qu'un décret spécial n'est pas nécessaire pour inscrire une pension civile au grand-livre, et que, par suite, le ministre des finances ne peut pas exercer sur le décret de concession le même droit de contrôle qu'en matière de pensions militaires. Ce droit est remplacé par la participation obligée de ce ministre à la préparation et au contreseing du décret de concession. L'inscription de la pension n'est donc que l'exécution d'un décret rendu en présence du ministre des finances, et dont il est responsable en vertu de son contreseing, au même titre que le ministre liquidateur. Il en résulte qu'il ne saurait, en principe, refuser l'exécution de ce décret qu'il a fait sien, même s'il a été rendu sans son avis. Cette grave irrégularité autoriserait certainement le ministre des finances à refuser son contreseing, mais nous ne pensons pas qu'elle puisse l'autoriser à refuser l'exécution du décret après l'avoir contresigné.

Il y a cependant des cas où le ministre des finances pourrait encore refuser l'inscription d'une pension civile : — d'abord, cela va de soi, si on lui présentait un décret qu'il n'aurait pas contresigné ; — si le décret, régulier en la forme, n'avait pas été inséré au *Bulletin des lois,* ainsi que le prescrit l'article 23 de la loi de 1853 ; — si la pension concédée constituait une infraction à la loi du cumul, à raison d'une pension préexistante (²) ; — si enfin

---

1. Conseil d'État, 23 février 1850, *de la Rochefoucauld ;* — 28 juin 1851, *de Ségur-Dupeyron ;* — même date, *Baudesson de Richebourg.*
2. La compétence du ministre des finances, pour l'application des lois sur le cu-

le ministre ajournait l'inscription en se fondant sur ce que les crédits affectés au service des pensions sont épuisés (¹).

Le recours contentieux est ouvert à toute partie qui se prétend lésée par un refus d'inscription au grand-livre, mais ce recours ne peut tendre qu'à *l'annulation* de la décision du ministre des finances, non à sa *réformation* ; le Conseil d'État ne pourrait pas ordonner par son arrêt l'inscription de la pension, parce que toute inscription sur le grand-livre de la Dette publique constitue un acte d'administration exclusivement réservé au ministre des finances, gardien du grand-livre.

Revision des pensions. — Les pensions concédées et inscrites au grand-livre de la Dette publique sont irrévocables, sauf les cas de *revision* et de *retrait* pour cause de déchéance.

La revision d'une pension ne peut avoir lieu qu'en vertu d'une disposition expresse de la loi, et non en vertu de décisions administratives modifiant après coup, dans l'intérêt du pensionnaire ou de l'État, une liquidation qui doit être définitive pour l'un et pour l'autre. La revision est prévue par la loi du 9 juin 1853 (art. 28), lorsque le fonctionnaire retraité est rentré en activité et qu'il y a lieu de tenir compte de ses nouveaux services pour la liquidation de sa retraite définitive. Elle a été prescrite, pour les pensions militaires, par la loi du 18 août 1881 qui, par une mesure de haute bienveillance, a fait bénéficier les sous-officiers et soldats retraités antérieurement à 1879 des tarifs que les lois des 5 et 18 août 1879 n'avaient établis que pour l'avenir. Mais cette revision a été limitée à l'application des tarifs, et le Conseil d'État n'a pas admis qu'on pût s'en prévaloir pour modifier les bases mêmes de la liquidation primitive (²).

---

mul, exclut celle du ministre liquidateur ; aussi une décision par laquelle ce dernier refuserait de transmettre au ministre des finances une demande tendant au cumul d'une pension avec un traitement d'activité devrait être considérée comme non avenue, ledit ministre n'ayant pas qualité pour statuer. — 15 juin 1888, *Coulmy ;* — 5 décembre 1890, *Tourneix.*

   1. Conseil d'État, 31 juillet 1822, *Arnault ;* — 12 janvier 1835, *Barrot.*

   2. Conseil d'État, 18 juillet 1884, *Davin.* — En ce qui touche les officiers et leurs veuves, ayant obtenu pension antérieurement à 1879, la loi de 1881 n'a pas ordonné la *revision,* comme pour les sous-officiers et soldats, mais un supplément de pension dont elle a fixé le montant.

On peut assimiler aussi à une revision de pension la liquidation nouvelle à laquelle ont droit les militaires retraités pour blessures et infirmités, lorsque celles-ci atteignent, par suite d'une aggravation consécutive, un des degrés de gravité prévus par l'article 13 de la loi du 11 avril 1831 : cécité, amputation, perte de l'usage d'un membre (¹).

Mentionnons aussi plusieurs lois, d'un caractère tout spécial, qui ont ordonné la revision de pensions, non plus dans l'intérêt des pensionnaires, mais dans celui de l'État: lois politiques, rendues après les révolutions de 1830, de 1848 et de 1870, qui ont voulu réagir contre des décisions de gouvernements disparus, considérées comme des largesses politiques, ou contre des liquidations suspectées de complaisance en faveur de fonctionnaires qui ne remplissaient pas les conditions requises pour obtenir une pension d'ancienneté (²). Parmi ces lois, les unes ont pu paraître justifiées, comme abolissant des pensions créées en dehors de la législation générale, mais les autres ont plus ou moins porté atteinte à des droits nés de cette législation et à leur irrévocabilité. A ce titre, elles ont constitué de véritables lois d'exception, dérogeant aux principes de la Dette publique, et elles ne sauraient servir d'exemple au législateur à venir.

Nous avons dit qu'en dehors des cas prévus par ces lois générales ou spéciales, aucune revision ne peut être légalement opérée, soit d'office, soit sur la réclamation de la partie intéressée. La jurisprudence du Conseil d'État au contentieux est formelle en ce sens, soit qu'il s'agisse de changements à apporter aux bases de la liquidation

---

1. Décret du 10 août 1886, art. 1.

2. On peut citer : la loi du 29 janvier 1831 qui ordonne la revision des pensions accordées en vertu de la loi du 11 septembre 1807, qui visait les services exceptionnels de grands dignitaires de l'État ; elle révoque « celles de ces pensions qui n'auraient pas été accordées à la distinction des services et à l'insuffisance de la fortune », ainsi que l'exigeait la loi de 1807 ; — la loi du 19 mai 1849 qui ordonne la revision des pensions concédées depuis le 1er janvier 1848, en dehors des conditions d'âge et de services fixées par la loi, et soumet à un nouvel examen les infirmités qui avaient été invoquées à l'appui de ces pensions ; — la loi du 16 septembre 1871 qui reproduit les dispositions de la loi de 1831, en les appliquant aux pensions exceptionnelles allouées aux grands fonctionnaires de l'Empire en vertu de la loi du 17 juillet 1856 ; — la loi du 17 mars 1875, très analogue à celle de 1849, qui soumet à un nouvel examen les pensions pour infirmités pour lesquelles un crédit supplémentaire avait été demandé pour l'exercice 1874.

ou à la date de l'entrée en jouissance ([1]), soit même qu'il s'agisse de rectifier des erreurs matérielles ; ces erreurs, comme celles qui portent sur le fond du droit, ne peuvent être redressées que par une décision contentieuse, à la suite d'un recours formé contre le décret de concession dans les délais légaux ([2]).

Retrait de pension. — Nous avons vu que les faits entraînant déchéance du droit à pension n'entraînent pas toujours la perte d'une pension concédée et inscrite au grand-livre. Ainsi, la destitution, la révocation, la démission, font obstacle à l'obtention d'une pension civile, mais non à sa jouissance une fois qu'elle est concédée ; il y a cependant un cas où la démission entraînerait une déchéance complète de tous les droits, c'est si elle avait été donnée à prix d'argent (loi du 9 juin 1853, art. 28, § 3). Dans tous les autres cas prévus par la législation des pensions civiles (déficit, malversations, condamnation à une peine afflictive ou infamante, perte de la qualité de Français), la déchéance atteint la pension concédée. Il en est de même dans tous les cas de déchéance des pensions militaires prévus par la loi du 11 avril 1831, par celle du 18 avril 1831 et par le Code de justice militaire : condamnation à une peine afflictive ou infamante, perte de la qualité de Français, résidence à l'étranger sans l'autorisation du Gouvernement, destitution, dégradation.

Par quelles décisions et dans quelles formes sont prononcés les

---

1. Conseil d'État, 15 août 1839, *Arnoux;* — 4 avril 1879, *de Soland;* — 1er avril 1887, *Aigle.* — Sous la Restauration, une jurisprudence différente avait prévalu. Un arrêt du 18 juin 1823, *Eltz,* rejette le recours d'un pensionnaire à qui sa pension avait été retirée, quatre ans après la concession, comme ayant été liquidée par suite d'une erreur sur ses titres. On voit, par cet exemple, combien une telle jurisprudence pourrait être abusive.

2. Conseil d'État, 8 janvier 1836, *Barjon;* — 4 juillet 1838, *Cotte;* — 7 décembre 1883, *Astorg;* — 9 mars 1888, *Dauriac.* La jurisprudence de la section des finances est moins absolue en ce qui touche les erreurs matérielles. Elle admet que ces erreurs peuvent être rectifiées, mais seulement en faveur du pensionnaire, et à condition que celui-ci en ait fait la demande au ministre dans les trois mois de la notification du décret de concession. « Avis du 8 décembre 1858, *Evert;* — 7 août 1860, *Vigier;* — 28 décembre 1881 et 29 mars 1882, *Astor.*)

Mais on ne saurait considérer comme une simple erreur matérielle le fait qu'une pension aurait été liquidée pour ancienneté au lieu de l'être pour accident de service. (Avis du 11 février 1891.)

retraits de pension? Cette question est incomplètement résolue par les textes. L'article 43 du décret du 9 novembre 1853 dispose que la perte du droit à pension est prononcée par un décret rendu sur la proposition du ministre des finances, après avis du ministre liquidateur et de la section des finances du Conseil d'État. Mais cette disposition ne vise que les déchéances de pensions civiles « prononcées dans l'un des cas prévus par les deux derniers para- « graphes de l'article 27 de la loi du 9 juin 1853 », ce qui laisse de côté la déchéance d'une pension civile résultant de la perte de la qualité de Français, et toutes les déchéances de pensions militaires.

Un arrêt du 7 mai 1857 (*Bèirand*) en a conclu que ces dernières déchéances ne sont pas soumises aux règles de compétence et de procédure édictées par le décret de 1853, et qu'elles peuvent ré- sulter de simples décisions ministérielles. Cet arrêt, d'ailleurs isolé, ne nous paraît pas justifié en droit. Nous reconnaissons que l'article 43 est rédigé en termes limitatifs qui ne permettent guère de l'appliquer textuellement à des cas autres que ceux qu'il a prévus. Mais, en dehors de ce texte, il existe une règle générale d'où nous paraît résulter la nécessité d'un décret dans tous les cas de retrait de pension. En effet, il est de principe qu'une décision ne peut être mise à néant que par une décision de même nature et rendue dans les mêmes formes, à moins d'exceptions prévues par la loi ; ces exceptions sont rares, et elles tendent presque toujours à soumettre l'acte révocatoire à des formalités plus sévères. Or le retrait d'une pension concédée supprime, pour un temps ou pour toujours, le titre créé par un décret. En vain dirait-on que le décret subsiste et que c'est seulement son exécution, la jouissance des arrérages, qui cesse pour un temps ou pour toujours ; cela n'est vrai que dans le cas où le paiement de la pension est suspendu par suite d'un rappel du pensionnaire à l'activité (loi du 9 juin 1853, art. 28), mais non quand il y a perte du droit à pension ; le titre est alors supprimé, la qualité de pensionnaire disparaît, et nous pensons, nonobstant l'arrêt de 1857, qu'un décret rendu dans les mêmes formes que le décret de concession, serait nécessaire, même en dehors des cas prévus par l'article 43 du décret du 9 no- vembre 1853.

A peine est-il besoin d'ajouter que, quelle que soit la nature de

la décision, elle peut donner lieu à un recours par la voie contentieuse, fondé sur ce que la déchéance alléguée n'aurait pas été
encourue, en fait ou en droit ([1]). Le recours serait également recevable contre la décision qui refuserait de rétablir les droits d'un
pensionnaire, déchu pour avoir perdu sa nationalité ou pour avoir
encouru des condamnations entraînant la déchéance, et qui aurait
recouvré la qualité de Français, ou aurait été réhabilité ou am-
nistié ([2]).

IV. — RÈGLES DE PROCÉDURE.

Délais de la demande de pension. — Les pensions civiles doivent
être demandées dans un délai de cinq ans qui court, à l'égard du
fonctionnaire, du jour où il a été admis à faire valoir ses droits à
la retraite, ou du jour où il a effectivement cessé ses fonctions,
s'il a été autorisé à les continuer après cette admission ([3]). Les
fonctions sont réputées continuées aussi longtemps que le fonctionnaire touche un traitement, fût-ce un simple traitement de
non-activité ([4]).

A l'égard des veuves, le délai court du décès du mari ; à l'égard
des enfants, du décès qui les a rendus orphelins.

Le même délai de cinq ans est applicable aux pensions militaires
d'ancienneté et aux pensions de veuves et d'orphelins. Cette règle
n'a d'abord été édictée, par la loi du 17 avril 1833 (art. 6), que
pour les pensions de l'armée de terre. Il en était résulté que la
jurisprudence, à défaut de texte applicable aux pensions de la
marine, décidait qu'elles n'étaient soumises qu'à la prescription
trentenaire ([5]). Mais la loi du 15 avril 1885 (art. 2) a mis fin à cette
anomalie en soumettant ces pensions au même délai que celles de
l'armée de terre.

En ce qui touche les pensions militaires pour blessures ou infir-

1. Conseil d'État, 17 décembre 1841, *Lacaille ;* — 16 juillet 1842, *Spinola.*
2. Conseil d'État, 17 novembre 1873, *Lacroix ;* — 23 janvier 1886, *Souvras ;* —
19 janvier 1883, *Justa.*
3. Loi du 9 juin 1853, art. 22.
4. Avis de la section des finances du 5 novembre 1873, *de la Ferté.*
5. Conseil d'État, 21 mai 1852, *Leyritz ;* — 11 janvier 1884, *Gavard.*

mités, la question de délai a donné lieu à de sérieuses difficultés. Elle a paru d'abord nettement tranchée par l'article 1ᵉʳ de l'ordonnance du 2 juillet 1831 portant que « tout militaire qui aura à « faire valoir des droits à la pension de retraite pour cause de « blessures ou d'infirmités, devra *faire sa demande avant de quitter* « *le service.* L'administration de la guerre fera procéder, *immédiate-* « *ment après la réception de cette demande,* à la vérification des droits « du réclamant ». Cette disposition a été longtemps interprétée par la jurisprudence comme obligeant le militaire non seulement à faire constater ses blessures ou infirmités, mais encore à saisir le ministre de sa demande de pension avant de quitter les drapeaux ([1]).

Cette interprétation est la plus conforme au texte de l'ordonnance ; mais la force obligatoire de ce texte, en ce qui touche le délai des demandes, a été contestée. L'ordonnance du 2 juillet 1831, a-t-on dit, est un règlement d'administration publique fait en vertu de l'article 12 de la loi du 11 avril 1831, qui n'avait donné délégation au Gouvernement que pour fixer les formes et délais des justifications, non pour fixer le délai des demandes ; le législateur s'était réservé de statuer lui-même sur ce délai, ainsi qu'il l'a fait par la loi du 17 avril 1833. A cela il a été répondu par un arrêt du 14 novembre 1879 (*Dieulafait*) qu'en admettant que l'article 1ᵉʳ de l'ordonnance de 1831 eût excédé la délégation législative, il aurait été ratifié par la loi même de 1833 (art. 6), qui a établi le délai de cinq ans, « *sans préjudice des règles déjà fixées* et « *des déchéances encourues* ou à encourir d'après la législation « en vigueur ».

Mais, la question s'étant posée de nouveau en 1881, le Conseil d'État l'a résolue en sens contraire par un arrêt du 6 août 1881 (*Boyer*), d'après lequel le militaire qui a fait régulièrement constater ses blessures ou infirmités avant de quitter le service, est recevable à former sa demande de pension pendant les cinq ans qui suivent sa libération. Tel est le dernier état de la jurisprudence ; le ministère de la guerre et la section des finances du Conseil d'État l'ont implicitement adoptée, en proposant et en liquidant des pensions pour blessures demandées dans ce délai.

---

1. Conseil d'État, 7 juillet 1865, *L'Allour.*

Cette dernière solution peut se justifier sans qu'on soit obligé de mettre en opposition l'ordonnance de 1831 et les textes législatifs qui l'ont précédée et suivie. En effet, si l'ordonnance renferme dans le même délai la vérification des blessures ou infirmités, et la demande de pension, c'est parce que, dans la pratique, elles sont ordinairement associées. Mais si ce *plerumque fit* ne se réalise pas, si l'administration procède aux constatations spontanément ou à la suite d'une demande irrégulière, pourquoi priver le militaire qui demande une pension pour blessures des délais accordés à celui qui demande une pension pour ancienneté? L'erreur ou la fraude ne sont pas à craindre, du moment qu'il existe des certificats d'origine, de visite et de contre-visite dressés antérieurement à la libération, et empêchant que le postulant ne puisse se prévaloir d'accidents survenus depuis sa rentrée dans ses foyers. Le but de l'ordonnance étant ainsi rempli, on comprend que le Conseil d'État ait renoncé à un système d'interprétation littérale, que d'autres textes pouvaient mettre en échec, et dont les conséquences étaient souvent contraires à l'équité.

L'unification de délai que la jurisprudence a récemment établie entre les pensions pour blessures ou infirmités et les pensions d'ancienneté, a été étendue, par la législation elle-même, au cas où le droit à pension résulte d'une *aggravation consécutive* des blessures ou infirmités, survenues depuis la libération du service. D'après l'article 2 de l'ordonnance du 2 juillet 1831, ce délai était d'un an ou de deux ans selon les conséquences de l'aggravation ; il avait été porté à deux et trois ans par les décrets des 20 août et 27 novembre 1864, et encore augmenté par le décret du 22 septembre 1876, en faveur des soldats blessés pendant la guerre francoallemande. Le délai a été fixé uniformément à cinq ans, à partir de la cessation de l'activité, par les décrets du 10 août 1886 et du 15 mai 1889. Mais pour que la demande soit recevable dans ce délai, il faut que les blessures ou infirmités aient été régulièrement constatées avant que le militaire ait quitté le service.

Toutes les forclusions résultant des délais ci-dessus sont de rigueur ; elles ne sont suspendues par aucune des causes qui suspendent ou interrompent la prescription. Si le Conseil d'État estime qu'elles n'ont pas été encourues, il annule la décision ministérielle qui les a opposées et renvoie le réclamant devant le ministre. Ce renvoi peut avoir une portée différente selon les termes dans lesquels il est prononcé. Si le réclamant est renvoyé devant le ministre « pour faire liquider s'il y a lieu la pension *à laquelle il peut avoir droit* », rien n'est préjugé sur le fond du droit, la forclusion seule est écartée et la pension peut être refusée pour d'autres motifs ; s'il est renvoyé « pour faire liquider la pension *à laquelle il a droit* », le fond du droit est reconnu, et il n'y a plus qu'à procéder à la liquidation.

Recours au Conseil d'État. — Aux termes du décret du 2 novembre 1864 (art. 1, § 1), les recours « contre les décisions portant refus de liquidation ou contre les liquidations de pensions » sont dispensés du ministère d'un avocat et sont jugés sans autres frais que les droits de timbre et d'enregistrement. Cette règle doit-elle être étendue par analogie à toutes les contestations qui peuvent avoir lieu en matière de pensions, notamment en matière d'admission à la retraite, de suspension ou de retrait d'une pension concédée, de refus d'arrérages, etc. ? Le texte précité ne nous paraît pas se prêter à cette extension ; mais la question a peu d'intérêt pratique, parce que ces autres réclamations pourront être le plus souvent introduites sous forme de recours pour excès de pouvoir, et bénéficieront, à ce titre, de la même dispense de frais.

Le délai du recours est le délai ordinaire de trois mois, qui se compte à partir de la notification de la décision ministérielle ou du décret de liquidation ([1]).

En matière de pensions militaires, l'article 25 de la loi du 11 avril 1831 dispose que le délai ne court que « du jour du pre-« mier paiement des arrérages, pourvu qu'avant ce premier paie-« ment les bases de la liquidation aient été notifiées » ([2]).

Cette disposition était ainsi commentée par M. Allent, rappor-

---

1. Dans la pratique, la notification du décret se fait par la remise du certificat d'inscription de la pension. Le Conseil d'État a admis que cette remise satisfait au vœu de la loi (17 août 1866, *Dausse*), mais une simple lettre d'avis, invitant le pensionnaire à retirer son certificat d'inscription, ne ferait pas courir le délai (même arrêt). — Cf. 31 mars 1874 (*Greterin*) ; 9 mars 1888 (*Petibon*).

2. Cf. loi du 18 avril 1831, art. 27.

teur de la loi de 1831 : — « Le paiement de ce premier quartier a fait connaître aux intéressés, d'une manière certaine, le montant de la pension et leur a permis de la comparer avec les droits que leur donnent la nature et la durée de leurs services. C'est à compter de ce jour seulement que court pour eux le délai de trois mois, pendant lequel ils peuvent se pourvoir. De plus, le ministre est obligé à notifier d'abord les bases de la liquidation, en donnant au militaire la faculté de se pourvoir immédiatement contre cette décision. Ainsi, le militaire est admis à discuter successivement les *bases de la liquidation ministérielle,* et, si le ministre y persiste, *l'ordonnance du roi* qui aura fixé la pension d'après ses bases. » M. Allent faisait également remarquer que cette ordonnance seule pouvait être attaquée par la voie contentieuse, et que la liquidation ministérielle ne pouvait donner lieu qu'à des observations présentées au ministre par la voie administrative.

Malgré l'autorité de ce commentaire, il nous semble difficile que le délai ne coure pas si le paiement des arrérages a été précédé de la notification du décret contenant les bases, alors même que lesdites bases n'auraient pas fait antérieurement l'objet d'une notification spéciale ([1]). Mais, dans aucun cas, il ne pourrait être suppléé à la notification individuelle par l'insertion du décret au *Bulletin des lois.*

Quelles parties ont qualité pour agir. — *Lorsque le titulaire est vivant,* la demande de pension ne peut être formée que par lui, ou bien par ses représentants légaux. Nous ne pensons pas qu'elle puisse être formée par ses créanciers, nonobstant l'article 1166 C. civ. qui leur permet d'exercer « tous les droits et actions de leur « débiteur, à l'exception de ceux qui sont exclusivement attachés « à la personne ». On peut assurément discuter sur la question de savoir si les droits à pension sont de ceux que l'article 1166 a désignés sous la dénomination un peu vague de droits attachés à la personne ([2]) ; mais un fait est certain, c'est que ni la loi du 11 avril

---

1. Conseil d'État, 31 mars 1874, *Gréterin* ; — 16 juin 1876, *Favet.* — Cf. 16 février 1880, *Valentin.*

2. Voy. sur la portée de cette réserve Marcadé (*Code civil,* t. IV, n° 494). Il dit qu'il est difficile de bien préciser l'étendue de cette exception, et il distingue : 1° les

1831, ni celle du 9 juin 1853, n'ont entendu placer les pensions de retraite parmi les biens qui sont « le gage commun des créanciers », puisqu'elles déclarent ces pensions insaisissables pour les créanciers ordinaires, et n'en permettent la saisie, pour débet envers l'État ou pour dettes d'aliments, que jusqu'à concurrence du cinquième ou du tiers (¹). Cela suffit, ce nous semble, pour résoudre la question : les créanciers sont sans qualité pour réaliser un bien qui n'est pas leur gage. Tout au plus la difficulté pourrait-elle subsister pour les créanciers d'aliments ; mais même pour ceux-ci, l'insaisissabilité l'emporte, et nous pensons, tout en reconnaissant que la question est plus délicate, que la même solution doit prévaloir.

Lorsque le titulaire est décédé, la question se pose pour ses héritiers. Un premier point est hors de doute, c'est qu'ils peuvent toujours demander que le droit à pension de leur auteur soit reconnu, lorsque ce droit est reversible sur eux, en leur qualité de veuve ou d'orphelins ; ils invoquent alors un droit personnel.

Lorsque les héritiers demandent que la pension de leur auteur soit liquidée, non pour servir de base à leur droit propre, mais pour produire les arrérages auxquels leur auteur aurait eu droit avant son décès et pour accroître ainsi le patrimoine qu'ils recueillent, la question est plus délicate et la jurisprudence de la section des finances a varié.

Un avis du 30 juillet 1874 (*Trenqualye*) a déclaré qu'il n'y avait pas lieu de liquider une pension à la requête des héritiers, « considérant qu'en principe le droit à pension doit être exercé par la personne qui est appelée par la loi à en bénéficier ».

La doctrine de cet avis était contraire à celle des deux arrêts au contentieux du 17 juin 1835 et du 23 mars 1836 (*héritiers Duval*). Le premier de ces arrêts renvoie les héritiers devant le ministre « pour qu'il soit procédé à la liquidation de la pension *de leur père*,

---

droits *purement moraux*, qui sont toujours réservés ; 2° les droits à la fois *moraux et pécuniaires*, qui donnent lieu à des distinctions ; 3° les droits *purement pécuniaires* qui peuvent, en principe, être exercés par les créanciers ; « il en est cependant, dit Marcadé, que la loi restreint rigoureusement à la personne. C'est ainsi que les *provisions ou pensions alimentaires* ne peuvent pas être saisies par les créanciers, en principe du moins. »

1. Loi du 11 avril 1831, art. 28 ; loi du 9 juin 1853, art. 26.

t pour y suivre leur demande conformément aux lois, tous droits et moyens réservés ». Le ministre s'étant autorisé de ces réserves pour refuser la pension, le second arrêt déclare « qu'il résulte de l'instruction que le sieur Duval est mort en possession de ses droits à une pension et *qu'en conséquence il les a transmis à ses héritiers...* les dames Duval sont renvoyées devant notre ministre des finances pour faire déterminer la quotité de la pension à laquelle le sieur Duval avait droit au jour de son décès, et *faire liquider les arrérages auxquels les réclamantes ont droit comme héritières de leur père* ».

La section des finances s'est ralliée à cette jurisprudence par un avis de principe du 18 janvier 1888 [*dame Godin, veuve Lemarchand*] [1].

Cette dernière solution nous paraît fondée en droit et en équité. En effet, l'héritier continue la personne du défunt et il exerce tous les droits et actions ayant appartenus à son auteur, en tant du moins qu'ils peuvent avoir une influence sur l'état du patrimoine ; ainsi, il n'est pas douteux que l'héritier pourrait réclamer, du chef de son auteur, une rente viagère, une provision alimentaire à laquelle celui-ci aurait eu droit de son vivant, à condition, bien entendu, de ne réclamer que les sommes qui étaient dues au jour du décès. Il en est de même des pensions, non seulement si elles sont déjà concédées et productives d'arrérages, mais encore si elles n'ont été ni concédées, ni demandées avant le décès. Dans ce dernier cas, les héritiers ne réclament en réalité au Trésor que la reconnaissance et le paiement d'une créance préexistante à laquelle leur auteur n'est pas présumé avoir renoncé.

De là se déduisent les règles à appliquer en cas de recours

---

1. Cet avis décide que les héritiers d'une veuve décédée sans avoir fait liquider la pension à laquelle elle avait droit, sont recevables à en demander la liquidation dans les délais impartis à leur auteur. Il est ainsi motivé : — « Considérant que, pour refuser la liquidation de la pension à laquelle pouvait prétendre la dame Godin, on ne saurait s'appuyer sur ce que celle-ci devait personnellement faire valoir ses droits à pension ; qu'en effet les arrérages échus des pensions inscrites au Grand-Livre sont dus, non seulement aux titulaires desdites pensions, mais, après leur décès, le sont également à leurs ayants droit ; que dès lors ceux-ci ne sauraient être privés, en l'absence d'un texte de loi, de la faculté de poursuivre la liquidation de la pension de leur auteur, formalité nécessaire pour obtenir le paiement des arrérages auxquels ils peuvent prétendre. »

contentieux. Si le titulaire est décédé sans avoir formé un pourvoi
mais sans avoir expressément renoncé à attaquer des décisions qui
lui faisaient grief, ses héritiers ont qualité pour les attaquer
pourvu qu'ils soient encore dans les délais qui s'imposaient à leur
auteur. Si le titulaire a formé un pourvoi et si l'affaire se trouve en
état au jour de son décès, il est passé outre au jugement; si l'affaire n'est pas en état, l'instance est suspendue jusqu'à ce que les
héritiers reprennent l'instance ou soient mis en demeure de la reprendre. (Décret du 22 juillet 1806, art. 22.)

V. — QUESTIONS SPÉCIALES AUX PENSIONS DÉPARTEMENTALES COMMUNALES ET AUTRES.

Bases de la compétence administrative. — Bien que les dettes
des départements et des communes ne relèvent pas de plein droit
de la compétence administrative, et qu'aucun texte ne lui ait expressément attribué le contentieux des pensions de leurs employés,
il est admis en doctrine et en jurisprudence qu'une liquidation de
pension, quand elle concerne un fonctionnaire ou employé d'une
administration publique, est une opération administrative. Un
arrêt de la chambre civile de la Cour de cassation, du 5 août 1874
(*Caron*), qualifie même les décisions en matière de pensions, ainsi
que l'instruction à laquelle elles donnent lieu, de « mesures et actes
de pure administration » ; à la vérité, cet arrêt vise une pension de
l'État, mais la décision ne change pas de nature, quel que soit le
service intéressé ; elle est toujours l'application de règlements
administratifs qui touchent à l'organisation et à la discipline d'un
service public ; souvent même elle est en relation étroite avec des
actes de puissance publique et d'autorité hiérarchique, notamment
en cas d'admission à la retraite et de déchéance. Aussi le Conseil d'État a-t-il formellement déclaré « que les contestations qui
peuvent s'élever entre un département et un de ses agents, pour
l'application des statuts de la caisse des retraites des employés
de ce département à la liquidation de la pension à laquelle cet
agent prétend avoir droit, à raison des fonctions qu'il a exercées,
appartiennent au contentieux administratif » ([1]).

1. Conseil d'État, 4 juillet 1884, *Bussereau.*

Autorités compétentes pour liquider et concéder les pensions. — Les pensions des agents communaux sont servies par des caisses de retraite dont le règlement est approuvé par décret en Conseil d'État ; elles sont concédées par les préfets en vertu du décret-loi du 25 mars 1852 (Tab. A, n° 38) ; mais elles ne peuvent l'être valablement qu'après un avis du conseil municipal, auquel il appartient de délibérer sur toutes les dépenses de la commune.

L'arrêté du préfet peut être déféré au Conseil d'État soit par la commune, soit par l'agent intéressé, il peut être attaqué, *omisso medio,* sans recours préalable au ministre, car il constitue par lui-même une décision exécutoire contre laquelle le recours contentieux est ouvert par cela seul qu'on invoque un droit lésé ([1]).

Mais il est toujours loisible à la partie de déférer l'arrêté au ministre, supérieur hiérarchique, sauf à le faire dans le délai de trois mois à partir de la notification de l'arrêté préfectoral, si elle veut conserver le droit d'attaquer ensuite cet arrêté par la voie contentieuse, en même temps que la décision ministérielle confirmative ([2]).

En matière de pensions départementales, les règles sont plus complexes. Avant 1871, la concession se faisait par décret rendu sur l'avis de la section des finances, comme pour les pensions de l'État, et cette règle est encore en vigueur dans les départements où il n'y a pas été dérogé. Mais la loi du 10 août 1871 (art. 46, § 21) a donné aux conseils généraux le droit de statuer définitivement sur « l'établissement et l'organisation des caisses de retraite « ou tout autre mode de rémunération en faveur des employés des « préfectures et des sous-préfectures et des agents salariés sur les « fonds départementaux ». Une jurisprudence du ministère de l'intérieur, sur laquelle nous avons les doutes les plus sérieux, a admis que les règlements faits par les conseils généraux peuvent statuer non seulement sur les conditions du droit à pension et sur les tarifs, mais encore sur la désignation de l'autorité compétente pour liquider ([3]). En conséquence, le Gouvernement s'est abstenu de

1. Conseil d'État, 12 août 1868, *Petiaux;* — 7 avril 1869, *ville de Nîmes ;* — 16 janvier 1874, *ville de Lyon ;* — 24 juin 1881, *Bougard ;* — 8 février 1889, *Guy.*

2. On doit appliquer ici les mêmes règles que celles qui sont exposées plus loin sur le délai du recours pour excès de pouvoir, en cas de recours préalable au ministre.

3. Circulaire ministérielle du 8 octobre 1871.

déférer au Conseil d'État, en vertu de l'article 47 de la loi de 1871
les dispositions des règlements qui substituaient la compétence du
préfet et du conseil général à celle du Gouvernement en Conseil
d'État, et ces dispositions sont devenues définitives.

Il est résulté de là un régime très disparate : dans plusieurs départements, les pensions sont encore concédées par décret en Conseil d'État ; dans d'autres, par arrêté du préfet, après avis du conseil général ; dans d'autres encore, par décision du conseil général
rendue après avis du préfet, quelquefois même sans cet avis.

Pas de difficulté dans les deux premiers cas : le recours s'exerce
contre le décret ou l'arrêté préfectoral. La question est plus délicate quand on est en présence de décisions des conseils généraux.
On s'est demandé si ces décisions doivent être assimilées aux délibérations *définitives* prises par ces conseils en vertu de l'article 46
de la loi du 10 août 1871, et si elles ne peuvent être annulées qu'à
la suite du recours administratif prévu par l'article 47 ; d'après ce
système, on ne pourrait pas attaquer au contentieux la délibération
même du conseil général, mais seulement l'arrêté préfectoral qui
pourvoirait à son exécution.

C'est en ce sens que le ministre de l'intérieur a conclu dans
une affaire jugée le 4 juillet 1884 (*Bussereau*). Mais cette doctrine
ne saurait être admise ; en effet, les décisions rendues sur le droit
à pension ou sur la liquidation sont, de leur nature, éminemment
contentieuses ; en admettant (ce qui est douteux) que le Gouvernement puisse provoquer d'office leur annulation par décret en
Conseil d'État en vertu de l'article 47, son droit ne saurait exclure
celui qu'ont les parties, en vertu des principes généraux, d'attaquer par la voie contentieuse toute décision préjudiciable à leurs
droits. En vain les renverrait-on à attaquer l'arrêté préfectoral
pris en exécution de la décision du conseil général ; ce recours
serait illusoire, car un arrêté préfectoral exécutant une délibération définitive d'un conseil général ne pourrait être attaqué qu'en
tant qu'il y dérogerait ; non en tant qu'il en procurerait l'exacte
application.

C'est pourquoi le Conseil d'État a admis le recours direct des
parties contre les délibérations des conseils généraux rendue en matière de pension ; il a ainsi décidé, d'abord implicitement, par un

rrêt du 28 juillet 1882 (*Arnozan*) qui statue au fond sur un re-
ours, puis explicitement par l'arrêt précité du 4 juillet 1884 (*Bus-
ereau*), véritable arrêt de principe, où on lit : — « qu'aux termes
les lois organiques du Conseil d'État et notamment de la loi du
?4 mai 1872, article 9, il appartient audit conseil de statuer souve-
-ainement sur les recours en matière contentieuse ; que les contesta-
ions qui peuvent s'élever entre un département et un de ses agents,
oour l'application des statuts de la caisse des retraites des employés
le ce département à la liquidation de la pension à laquelle cet agent
orétend avoir droit à raison des fonctions qu'il a exercées, appar-
iennent au contentieux administratif ; que, par suite, le préfet du
lépartement de la Gironde n'est pas fondé à soutenir que le recours
lu sieur Bussereau n'est pas recevable » ([1]).

En cas d'annulation de la décision du conseil général, le requérant est renvoyé devant lui pour qu'il fasse la liquidation ou pour
qu'il la rectifie d'après les bases fixées par l'arrêt. Que décider si
le conseil général refusait de déférer à cette décision ? Nous pensons que le requérant pourrait alors saisir le Conseil d'État de la
difficulté ainsi survenue sur l'exécution de son arrêt et obtenir de
lui une décision qui fixerait le chiffre de la pension ; en exécution
de cette décision, qui constaterait, une *dette exigible* à la charge du
département, le ministre de l'intérieur pourrait provoquer un
décret inscrivant d'office la dépense au budget, par application de
l'article 61 de la loi du 10 août 1871.

Dépens. — A la différence des pensions de l'État, qui ne peuvent donner lieu à aucune condamnation aux dépens contre lui ([2]),
les pensions des départements et des communes peuvent donner
lieu à une condamnation aux dépens contre ces administrations ([3]).
En effet, les contestations intéressant les départements et les communes ne sont pas soumises aux dispositions restrictives de l'article 2 du décret du 2 novembre 1864, relatif aux contestations de
l'État ; elles comportent l'allocation des dépens dans des conditions

1. Même solution : Conseil d'État, 6 juillet 1888, *Pinot ;* — 26 juin 1891, *Dutey.*
2. Conseil d'État, 11 juin 1875, *Pierre ;* — 15 décembre 1882, *Grévin ;* — 1er juin
1883, *Datas.*
3. 1er août 1867, *Barnabé ;* — 24 janvier 1879, *département de la Seine-Inférieure.*

beaucoup plus larges, quand l'objet du litige n'est pas un acte de puissance publique, mais un acte de gestion. Remarquons toute fois que la condamnation aux dépens ne peut être prononcée que si la partie a pris des conclusions en ce sens, et qu'elle ne peut comprendre d'autres frais que les droits de timbre et d'enregistrement, puisque ce sont les seuls qui puissent être taxés en matière de pensions. (Décret du 2 novembre 1864, art. 1er, § 2.)

Pensions de la Banque de France. — Aux termes de l'article 21 de la loi du 22 avril 1806, « le Conseil d'État connaît, sur le « rapport du ministre des finances, des infractions aux lois e « règlements qui régissent la Banque et des contestations relative « à sa police et administration intérieures. Il prononcera de même « définitivement et sans recours entre la Banque et les membre « de son conseil général, ses agents ou employés, toute con « damnation civile, y compris les dommages-intérêts. » Quoique cette disposition paraisse aujourd'hui peu d'accord avec les principes généraux de la compétence, elle est considérée comme étant toujours en vigueur (1), et comme s'appliquant aux contestations en matière de pensions. La compétence du Conseil d'État a d'ailleurs été reconnue par la Banque, par le ministre des finances et par la partie intéressée, lors d'une réclamation de cette nature sur laquelle il a été statué par arrêt du 9 février 1883 (*Doisy de Villargennes*). On pourrait se demander si la loi de 1806 a entendu créer un recours contentieux ouvert à toute partie intéressée, ou un recours administratif ne pouvant être introduit que « sur le rapport du ministre des finances ». Mais les difficultés que prévoit l'article 21, les expressions même qu'il emploie (contestations, condamnations), prouvent qu'il s'agit bien de recours contentieux, dont le ministre des finances ne pourrait prendre l'initiative que si des intérêts publics étaient en cause. Tel n'est pas le cas pour les pensions de la Banque, puisque le ministre reste étranger à leur liquidation et à leur paiement. Mais s'il n'a point qualité pour former le recours ou pour prendre des conclusions, nous pensons

1. Dalloz, *Répertoire*, v° *Banque*, n° 168. — Aucoc, *Conférences*, t. I, p. 505 ; Ducrocq, *Droit administratif*, p. 201.

u'il pourrait, comme dans toutes les affaires entre parties, rece-
oir communication du dossier et émettre un avis sur le pourvoi.
l ne résulte cependant pas des visas de l'arrêt de 1883, — le seul
ui ait été rendu par application de la loi du 22 avril 1806, — que
ette communication ait été jugée nécessaire par le Conseil
'État.

CHAPITRE IV

ACQUITTEMENT DES DETTES DE L'ÉTAT

Nous avons vu, dans les chapitres précédents, comment les dettes de l'État sont discutées et jugées ; nous devons maintenant étudier comment elles sont acquittées, et quelles contestations spéciales peuvent naître à cette occasion.

Trois opérations concourent à l'acquittement des dettes de l'État : la *liquidation,* l'*ordonnancement* et le *paiement.*

Examinons-les successivement.

I. — LIQUIDATION.

En quoi consiste la liquidation. — La liquidation est une opération administrative qui consiste à vérifier si un créancier de l'État a droit au paiement d'après ses titres, et si ce droit n'est pas supprimé ou restreint par suite de paiements antérieurs, de compensation ou de déchéance.

La liquidation comprend, dans beaucoup de cas, la vérification de la créance ; mais elle ne l'implique pas nécessairement ; elle doit avoir lieu même quand la créance est reconnue par le ministre, ou constatée par des jugements passés en force de chose jugée. Cette reconnaissance ou ces jugements ne peuvent, en effet, résoudre les questions qui font spécialement l'objet de la liquidation.

La liquidation est faite par les ministres, chacun pour les dépenses comprises dans le budget de son département, et sans qu'il y ait à distinguer entre les dépenses de l'exercice courant et celles des exercices clos. Il n'en a pas toujours été ainsi. A l'époque où la liquidation de l'arriéré était une des plus grandes préoccupations des gouvernements, elle avait été successivement confiée, de 1790 à 1814, à des commissions spéciales ou à un ministre unique, le ministre d'État directeur général de la liquidation (¹). La loi de finances du 23 septembre 1814 (art. 23) a établi l'unité de compétence pour la liquidation de toutes les dépenses tant anciennes que courantes, en décidant que tous les budgets antérieurs à 1814 seraient clos au 1ᵉʳ avril 1814, et que les créances pour dépenses antérieures à cette date seraient « liquidées et ordonnancées par les ministres dans la forme ordinaire ».

Le ministre peut déléguer ses pouvoirs de liquidateur dans la mesure prévue par les lois et règlements. Cette délégation a été autorisée en principe par l'ordonnance du 31 mai 1838 (art. 39) et le décret du 31 mai 1862 (art. 62), aux termes desquels « aucune « créance ne peut être liquidée à la charge du Trésor que par l'un « des ministres *ou par ses délégués* ».

La liquidation ne peut se faire que sur le vu de titres offrant « la preuve des droits acquis aux créanciers de l'État » et elle doit être rédigée dans la forme déterminée par les règlements spéciaux à chaque service (²).

Ainsi que nous l'avons dit, le ministre liquidateur n'a pas seulement à vérifier les titres de créances et les pièces à l'appui ; il doit aussi rechercher tous les faits qui peuvent exercer une influence sur la situation respective du créancier et de l'État. Si, par exemple, il liquide un compte d'entrepreneur, une facture de fournisseur, ou tout autre *service fait,* il doit faire le relevé des acomptes payés, des débets existant à la charge du créancier, des forclusions et déchéances qu'il a pu encourir.

---

1. Voy. la loi du 22 janvier 1790, qui institue un comité de liquidation agissant sous l'autorité de l'Assemblée nationale ; — les lois des 26 septembre 1793 et 24 frimaire an VI, qui chargent de la liquidation le pouvoir exécutif, sous certaines conditions ; — l'arrêté du 23 vendémiaire an IX, qui crée un liquidateur général, et celui du 13 prairial an X, qui le remplace par un conseil général de liquidation ; — les décrets des 25 février 1808 et du 13 décembre 1809, confirmés par la loi du 15 janvier 1810, qui, après avoir clos les opérations antérieures, renvoient les autres liquidations au ministre d'État directeur général de la liquidation.

2. Décret du 31 mai 1862, art. 63.

En vain le créancier voudrait-il exciper de ce que le ministre aurait antérieurement laissé rendre un jugement sur la créance, sans se prévaloir de tous les moyens qui pouvaient la faire écarter ou réduire par le juge. Parmi ces moyens, il en est qui ne peuvent pas être invoqués devant un conseil de préfecture ou devant un tribunal civil, alors même qu'ils sont juges du contentieux de la créance ; tel est le moyen tiré de la déchéance quinquennale, ou d'une compensation de la créance avec un débet dont ces tribunaux ne seraient pas juges. Bien plus, s'il s'agissait d'un moyen dont ils pourraient être juges, mais dont le ministre se serait abstenu de les saisir, — par exemple d'un paiement antérieur, éteignant la créance en tout ou en partie, — aucune fin de non-recevoir ne serait opposable au ministre qui s'en prévaudrait pour la première fois en faisant la liquidation. La jurisprudence du Conseil d'État est depuis longtemps fixée sur ce point, et l'on peut notamment citer une affaire jugée le 19 août 1835 (*Dubois-Thainville*) dans laquelle cette question a été nettement posée et résolue [1].

Contestations sur la liquidation. — Il résulte de ce qui précède que la liquidation peut donner lieu à des contestations tout à fait distinctes de celles qui ont porté sur l'existence et le chiffre de la créance. A ces contestations, il faut un juge, et ce juge ne peut être qu'administratif, tant en vertu des textes fondamentaux sur la liquidation des dettes de l'État, qu'à raison du caractère propre de la liquidation, opération essentiellement administrative, inhérente à la fonction ministérielle [2]. Le jugement de la liquidation appartient au Conseil d'État, à qui ressortissent, à défaut de

1. On lit dans cet arrêt : — « Sur le moyen tiré de ce que l'allocation de la somme de... ayant été faite sans condition aux réclamants par notre ordonnance (au contentieux) du 18 septembre 1833, aucune exception de paiement ne pouvait leur être opposée : — Considérant que, lors du premier litige, il s'agissait uniquement de savoir si, d'après sa nature et les productions faites, ladite créance pouvait ou non être admise en liquidation ; — que l'ordonnance précitée s'est bornée à déclarer que ladite créance, étant suffisamment justifiée, restait à la charge du Trésor ; — qu'aucune exception de paiement n'était alors opposée par le ministre en cause ; — que l'ordonnance du 18 septembre 1833 n'a statué sur aucun moyen de ce genre, et que dès lors elle ne peut faire obstacle à ce que le ministre se prévale, contre les réclamants, du paiement régulier que l'État pouvait avoir déjà fait de ladite créance. »

2. Voy. lois des 17 juillet-8 août 1790, et 26 septembre 1793, et notre tome Ier, p. 198 et suiv., et p. 432 et suiv.

lérogation formelle, toutes les décisions contentieuses des ministres ; il lui appartient, même lorsqu'il s'agit de créances ayant donné lieu à des contestations judiciaires et à des jugements passés en force de chose jugée.

Toutefois, quelques réserves sont ici nécessaires.

Il peut arriver que le ministre, interprétant mal le jugement rendu sur la créance, oppose, lors de la liquidation, des exceptions que ce jugement aurait rejetées ; ou bien qu'il oppose une compensation entre la créance reconnue et une obligation prétendue relevant de la compétence judiciaire. Dans ces cas, la décision à rendre sur la liquidation ne cesserait pas d'appartenir à la juridiction administrative ; mais celle-ci, tout en retenant le fond du litige, devrait surseoir à statuer jusqu'à ce que l'autorité judiciaire eût interprété le jugement contesté, ou se fût prononcée sur l'obligation de droit commun opposée en compensation par le ministre.

Il y aurait également lieu à renvoi devant l'autorité judiciaire si le ministre excipait d'un paiement dont la validité serait contestée par le créancier de l'État, dans un des cas où les questions de validité des paiements faits par le Trésor sont du ressort des tribunaux [1]. Mais, nous le répétons, ces questions seraient purement préjudicielles et n'opéreraient aucun déplacement de compétence pour le jugement à rendre sur la liquidation.

II. — ORDONNANCEMENT.

En quoi consiste l'ordonnancement. — La décision rendue sur la liquidation ne constitue pas par elle-même un titre permettant au créancier de l'État de se présenter à une caisse publique. Pour qu'il puisse y toucher le montant de sa créance, il faut qu'un paiement lui ait été assigné sur cette caisse en vertu d'une décision spéciale qui est l'*ordonnancement*.

Cette assignation de paiement peut émaner directement du ministre ou d'un ordonnateur secondaire ; dans le premier cas, le

1. Voy. ci-après, p. 248-249.

titre qui est remis au créancier, et qui lui permet de se présenter à la caisse, prend le nom d'*ordonnance de paiement*, dans le second, celui de *mandat*. « Aucune dépense ne peut être acquittée, dit l'ar-« ticle 82 du décret du 31 mai 1862, si elle n'a été préalablement « ordonnancée directement par un ministre ou mandatée par « les ordonnateurs secondaires en vertu de délégations ministé-« rielles. »

L'ordonnancement n'est valable que s'il porte sur un crédit régulièrement ouvert en vue des dépenses de l'espèce, et sur la portion de ce crédit qui peut être effectivement employée, d'après la distribution de fonds faite mensuellement entre les différents ministères par les soins du ministre des finances ([1]).

Tout ordonnancement destiné à acquitter les dépenses d'un exercice doit avoir lieu dans le cours de cet exercice, ou dans un délai de sept mois après son expiration ([2]).

Lorsqu'une dette de l'État a été reconnue et liquidée, il faut qu'elle soit acquittée ; il faut donc qu'elle soit ordonnancée, puisque c'est le seul moyen de parvenir au paiement effectif. L'ordonnancement est l'unique monnaie dont le ministre liquidateur puisse payer le créancier de l'État ; celui-ci ira ensuite échanger cette monnaie administrative contre des espèces, en la présentant au guichet du payeur.

Mais si le ministre a le devoir de s'acquitter envers le créancier en lui délivrant une ordonnance ou en lui faisant délivrer un mandat par l'ordonnateur secondaire, encore faut-il que ce devoir puisse être rempli sans que les règles de la comptabilité soient

---

1. Décret du 31 mai 1862, art. 61 et 81.

2. L'exercice, c'est-à-dire « la période d'exécution des services d'un budget », a toujours compris, jusqu'ici, les services faits et les droits acquis du 1er janvier au 31 décembre de l'année qui donne son nom à ce budget, mais avec une prorogation de sept mois pour l'ordonnancement des dépenses (31 juillet), et d'un mois de plus pour les paiements (31 août), de telle sorte que l'exercice, qui est *expiré* le 31 décembre, n'est *clos* que huit mois après. Depuis quelques années, et particulièrement en 1895, il a été question de modifier ces dates et de substituer à la période comprise entre le 1er janvier et le 31 décembre une nouvelle période comprise entre le 1er juillet d'une année et le 30 juin de l'année suivante. Si cette innovation se réalisait, la prorogation de l'exercice pendant sept mois pour l'ordonnancement, et pendant huit mois pour le paiement, se trouverait reportée au 1er février et au 1er mars de l'année suivante. La période comprise entre l'ouverture et la clôture de l'exercice s'étendrait ainsi sur trois années au lieu de deux.

violées. Or, nous venons de voir qu'il ne peut l'être que si le ministre a un crédit disponible à son budget. Dans le cas contraire, il est obligé de s'abstenir et d'attendre que les ressources nécessaires lui soient assurées. Elles peuvent l'être par ses propres décisions, si l'absence momentanée de crédit ne résulte que des répartitions préparatoires que le ministre a dû faire entre les articles d'un même chapitre de son budget ('), mais qu'il peut modifier selon les besoins de ses services, sous la seule condition ne ne pas excéder le montant du chapitre. Si l'absence de crédit résulte de l'insuffisance même du chapitre, de l'épuisement du seul crédit sur lequel la dépense pouvait être légalement imputée, l'ordonnancement est impossible tant qu'un vote des Chambres n'a pas remédié à cette insuffisance de crédit (²). Il appartient au ministre de solliciter ce vote ; on peut même dire qu'il y est moralement obligé, car il ne serait pas conforme aux devoirs d'exactitude et de loyauté qui incombent à l'État envers ses créanciers que le ministre reconnût la dette sans faire tout ce qui dépend de lui pour qu'elle soit acquittée.

Mais ce devoir de probité publique et de bonne administration ne peut pas trouver de sanction dans un recours contentieux, parce qu'il n'appartient à aucune juridiction d'intervenir dans les rapports du Gouvernement avec les Chambres (³).

Contestations sur l'ordonnancement. — Tout recours par la voie contentieuse serait également non recevable contre un refus ou un ajournement d'ordonnancement fondé sur l'épuisement des crédits ou sur leur indisponibilité actuelle. Le créancier ne pourrait même pas contester les déclarations du ministre sur ce point, ni critiquer, en fait ou en droit, l'emploi qu'il aurait fait de ses crédits : « L'examen de ces questions, dit un arrêt du 4 décembre 1835 (*communes des Basses-Pyrénées*), se rattache à la distribution des crédits ouverts par les lois de finances et à l'emploi qui en a

---

1. Décret du 31 mai 1862, art. 60.

2. En l'absence des Chambres, des crédits peuvent aussi être ouverts par des décrets en Conseil d'État, mais seulement pour des dépenses déterminées, et sous réserve de la ratification des Chambres. (Loi du 16 septembre 1871, art. 32.)

3. Voy. ci-dessus, p. 35.

été fait sous la responsabilité ministérielle ; dès lors, il ne peut
être statué par nous en notre Conseil d'État par la voie conten
tieuse. »

Il ne faudrait pourtant pas conclure de là que tout refus d'ordon
nancement, quels qu'en soient les motifs, échappe de plein dro
au recours contentieux. Ce recours serait recevable si le ministre
au lieu de prononcer comme ordonnateur disposant de son budge
prononçait comme liquidateur appréciant et rejetant la créance
peu importerait alors que le ministre déclarât, dans le disposit
de sa décision, qu'il refuse d'ordonnancer, au lieu de déclarer qu'
refuse de liquider ; au fond, la portée de la décision serait la même
aussi cette décision serait-elle contentieuse et le créancier pourra
la déférer au Conseil d'État, parce que, nonobstant la formule em
ployée, elle statuerait sur le droit du créancier et non pas sur un
question purement administrative et budgétaire. Cette distinctio
a été très nettement indiquée par un arrêt du 19 novembre 188
(*Gorgeu*) suivi de deux autres du 21 janvier 1887 (*Pihoret* et *Sazera*
de Forge). Le ministre de l'intérieur avait refusé d'ordonnanc
des traitements de disponibilité réclamés par d'anciens préfets, e
il soutenait que ce refus n'était susceptible d'aucun recours con
tentieux.

Ces arrêts répondent : — « Considérant que le ministre n
s'est pas borné à faire connaître que, par suite de la réduction d
crédit affecté par le Parlement au traitement des fonctionnair
en non-activité, il ne pouvait lui payer son traitement, mais qu'
a contesté le droit même du sieur X... au paiement des terme
échus dudit traitement ; que, dans ces conditions, *ladite décision n*
constitue pas seulement un refus d'ordonnancement qui échapperait à
compétence de la juridiction contentieuse, mais la négation d'un dro
qu'il appartenait au requérant de faire valoir devant le Conseil d'Ét
par application de la loi du 24 mai 1872... »

Par application des mêmes principes, si l'ordonnance de pai
ment ou le mandat contient des conditions ou réserves que l
créancier se croit en droit de contester, par exemple s'il e
libellé « pour solde », alors que celui-ci prétend ne recevoir qu'u
paiement d'acompte, le recours contentieux peut être ouvert contr
ces clauses, alors surtout qu'elles seraient contraires à des déc

sions passées en force de chose jugée ([1]). Mais s'il appartient au Conseil d'État d'annuler *in parte quâ* un ordonnancement contenant des clauses contraires au droit du créancier, il ne pourrait pas prescrire un nouvel ordonnancement sans empiéter sur les droits de l'administration. Il suit de là que le recours formé contre une ordonnance ou un mandat irrégulièrement libellé ne peut être qu'un recours en annulation, non un recours en réformation.

III. — PAIEMENT.

Obligations et droits du payeur. — Nous avons vu que l'ordonnance ou le mandat est la seule monnaie dont dispose l'ordonnateur pour s'acquitter envers un créancier de l'État. Le paiement est l'opération par laquelle le payeur convertit ce titre en argent. Le payeur n'est lui-même qu'un des caissiers du Trésor, ce banquier commun de tous les ministres ordonnateurs. Pour l'exercice de cette fonction, le payeur relève uniquement du ministre des finances, considéré comme ministre du Trésor ([2]).

Le payeur n'est pas un agent passif des ordonnateurs, obligé d'effectuer, tant qu'il a des fonds, tous les paiements qu'ils ont assignés sur sa caisse. Il a le droit de vérifier non seulement l'authenticité du titre, mais encore sa régularité ; il peut refuser, ou du moins suspendre, le paiement des ordonnances et mandats dans les cas prévus par les lois et règlements sur la comptabilité publique, savoir : — 1° si l'ordonnance ou le mandat dispose d'un crédit épuisé ou non affecté aux dépenses de l'espèce ; — 2° si elle n'est pas accompagnée de pièces justifiant l'existence de la créance et le caractère libératoire que la quittance devra avoir ; — 3° s'il y a dans ces pièces des omissions ou des irrégularités matérielles,

---

1. Conseil d'État, 27 mai 1863, *Pensa* ; — 5 janvier 1883, *Bloch.*

2. Sous le premier Empire, le *ministre du Trésor* a eu une personnalité distincte ; ses attributions étaient soigneusement distinguées de celles du *ministre des finances* par l'arrêté du 7 vendémiaire an X ; cette dualité de la direction financière, critiquée par M. Mollien, a pris fin en 1816 sur l'initiative du baron Louis ; mais, malgré la réunion des deux services, leur nature propre n'en subsiste pas moins, et le ministre des finances agissant comme ordonnateur est soumis, comme tout autre ministre, au contrôle des services de la trésorerie.

notamment défaut de concordance entre les noms, les services faits, les sommes à payer énoncées dans l'ordonnance, et les mentions correspondantes des pièces justificatives.

Dans ces différents cas, l'ordonnateur peut, sous sa responsabilité, adresser au payeur une réquisition, mais celui-ci n'est pas toujours tenu d'y obtempérer ; il peut y résister, notamment si la réquisition doit avoir pour effet de faire acquitter une dépense sans crédit disponible ou sans justification de service fait. Le payeur doit alors en référer au ministre des finances, qui se concerte avec le ministre ordonnateur et adresse au comptable des instructions définitives (¹).

Le refus de paiement devrait être absolu, si le créancier présentait l'ordonnance ou le mandat au payeur après la clôture de l'exercice auquel appartient la dépense, c'est-à-dire après le 31 août de l'année qui suit cet exercice. En effet, les ordonnances ou mandats sont annulés de plein droit par l'expiration de ce délai, — sans préjudice du droit que conserve le créancier de faire réordonnancer sa créance tant qu'elle n'est pas atteinte par la déchéance quinquennale (²).

Contestations sur le paiement. — Il résulte de ce qui précède que diverses contestations peuvent s'élever sur le paiement. A quelle juridiction appartient-il d'en connaître ?

Il faut distinguer :

Si le refus de paiement soulève une question de disponibilité de crédit, aucun recours contentieux n'est ouvert, parce que tout ce qui touche à l'emploi des crédits est d'ordre purement administratif et budgétaire.

Si la difficulté porte sur les conditions du paiement, sur les pièces justificatives à fournir pour établir le service fait, sur la conformité de leurs énonciations avec celles de l'ordonnance ou du mandat, elle peut donner lieu à une réclamation contentieuse,

---

1. Décret du 31 mai 1862, art. 91. — Exceptionnellement, la réquisition de tout ordonnateur de la guerre ou de la marine suffit pour assurer le paiement des mandats délivrés pour la solde des troupes, si les crédits ouverts par les ministres aux ordonnateurs secondaires sont insuffisants (art. 92).

2. Même décret, art. 117, 118.

mais seulement devant le ministre des finances, sauf recours au Conseil d'État. Ces difficultés portent, en effet, sur l'application des règlements administratifs destinés à garantir le Trésor contre l'effet d'ordonnancements irréguliers ou insuffisamment justifiés.

Il en est autrement si le payeur, sans élever d'objections contre l'ordonnancement ou les pièces justificatives, conteste les droits et qualités de la partie qui réclame le paiement, soit en élevant des doutes sur son identité, soit en exigeant qu'elle soit assistée de son tuteur, mari ou conseil judiciaire, soit en réclamant la preuve des qualités d'héritier, de mandataire, de syndic de faillite, en vertu desquelles elle demande le paiement d'un mandat qui n'est pas délivré en son nom. L'État, qui s'est acquitté envers son créancier en lui délivrant un titre constatant son droit au paiement, est désintéressé dans la question de savoir à qui ce titre doit profiter ; mais le payeur, qui ne doit effectuer le paiement que sur une quittance bonne et valable, libératoire pour le Trésor, doit s'enquérir des droits et qualités invoqués par le porteur du mandat ; et, comme ces qualités relèvent du droit privé, c'est à l'autorité judiciaire qu'il appartient d'en connaître [1].

C'est également à l'autorité judiciaire qu'il appartient de statuer, en cas de saisie-arrêt ou de transport de créance. La question de savoir si l'opposition est valable, si le transport a été dûment notifié au Trésor, et si le cessionnaire a fait des justifications suffiantes pour être payé au lieu et place du cédant, ne relève que du droit privé ; aussi les difficultés auxquelles elle peut donner lieu entre le payeur et la partie qui prétend avoir droit au paiement ne sont-elles pas de la compétence des tribunaux administratifs [2].

---

1. Conseil d'État, 31 décembre 1844, *Mancest* ; — 15 décembre 1882, *Maurel*. — Cf. Tribunal des conflits, 31 octobre 1885, *Maurel*.

Un arrêt de la Cour de Metz du 12 mai 1859 (*Vaissié*) nous paraît avoir décliné à tort la compétence judiciaire sur une difficulté relative à la production d'un certificat destiné à faire connaître sous quel régime matrimonial était placé le porteur du mandat. La justification requise sur ce point par le payeur ne tendait qu'à assurer la validité de la quittance par application des règles du droit privé ; elle était donc de la compétence des tribunaux judiciaires.

2. Conseil d'État, 18 septembre 1833, *Chartrey* ; — 16 mai 1839, *Corbie*.

IV. — DÉCHÉANCE QUINQUENNALE.

Les trois opérations qui concourent à l'acquittement des dettes de l'État — liquidation, ordonnancement, paiement — doivent être accomplies dans un délai de cinq ans à partir de l'ouverture de l'exercice auquel appartient la créance. Ce délai expiré, l'exercice est *périmé* et le créancier est déchu de tout droit contre l'État. Ainsi, pour une créance née le 1ᵉʳ juin 1890, le délai commence à courir le 1ᵉʳ janvier précédent, date de l'ouverture de l'exercice 1890, et il expire le 31 décembre 1894.

Cette prescription particulière, établie par la loi du 29 janvier 1831, dont nous allons étudier les dispositions, est ce qu'on appelle la *déchéance quinquennale*. Elle ne peut être opposée qu'aux créanciers de l'État et des colonies, non à ceux des autres administrations publiques.

En ce qui touche les colonies, l'applicabilité de la déchéance résulte de l'ordonnance ayant force de loi du 22 novembre 1841 (art. 44 et 45), qui reproduit les dispositions de la loi du 29 janvier 1831, en spécifiant que les créances sont prescrites « soit au profit de l'État, *soit au profit du service local* ».

En ce qui touche les départements, quelques doutes s'étaient élevés à une époque où leur personnalité n'était pas encore nettement distinguée de celle de l'État, mais ils ont été depuis longtemps dissipés, d'abord par la jurisprudence du Conseil d'État, puis par l'article 480 du décret du 31 mai 1862, qui applique cette jurisprudence en disposant que « les règles prescrites pour « les dépenses générales de l'État s'appliquent aux dépenses des « départements, *sauf en ce qui concerne la déchéance quinquennale à* « *laquelle les créances départementales ne sont pas soumises* ».

Quant aux communes et aux établissements publics, l'inapplicabilité de la déchéance n'a jamais fait l'objet d'aucun doute.

Historique de la déchéance. — De tout temps, les dettes de l'État ont été soumises à une prescription particulière, soit en vertu de règles générales, soit en vertu de décisions spéciales visaut des périodes déterminées de l'arriéré. Sous l'ancien régime, ces règles n'étaient pas fixes ; elles résultaient, en fait plutôt qu'en droit, de procédés financiers consistant à ajourner le paiement des créances les moins pressantes, à les laisser s'accumuler de manière à former un arriéré, puis à mettre les créanciers de la Couronne en demeure de présenter leurs titres dans un bref délai après lequel ils étaient forclos (¹).

L'Assemblée constituante manifesta l'intention de renoncer à ce procédé et elle déclara, le 17 juin 1789, que les créanciers de l'État étaient placés « sous la garde de l'honneur et de la loyauté de la nation française ». Mais la Convention et le Directoire ne pouvaient pas faire face à la fois à l'arriéré et à leurs propres dépenses démesurément accrues par les guerres. Dès l'an VI, on revint au système des déchéances, qui fut même combiné avec la réduction des dettes par la loi du 24 frimaire an VI sur le *tiers consolidé*. Puis le Consulat, l'Empire, la Restauration édictèrent successivement des lois de déchéance pour hâter la liquidation, pour réagir contre la négligence des créanciers, peut-être aussi pour en faire profiter l'État.

C'est ainsi que furent successivement rendus : — le décret du 25 février 1808, qui frappe de déchéance les créances antérieures au 1ᵉʳ vendémiaire an V et ordonne de produire dans le cours de l'année 1808, c'est-à-dire dans un délai de dix mois, tous les titres de l'arriéré formé de l'an V à l'an IX ; — le décret du 13 décembre 1809 et la loi du 15 janvier 1810, qui fixent un dernier délai pour la liquidation de cet arriéré ; — la loi du 25 mars 1817, qui enjoint de produire, dans un délai de six mois, les titres des créances antérieures à 1816 ; — enfin la loi du 17 août 1822 qui, après avoir ouvert au ministre des finances les crédits nécesssaires pour le paiement des créances liquidées, clôt l'arriéré antérieur à 1816 et déclare « éteintes et amorties définitivement au profit de l'État » les rentes et créances de toute nature dont l'inscription ou le paiement n'aurait pas été réclamé avant le 1ᵉʳ avril 1823, pour les créanciers domiciliés en Europe (²).

1. Voy. Dareste, *la Justice administrative en France*, p. 292.
2. Voy. Dumesnil et Pallain, *Législation du Trésor public*, p. 397 et suiv.

Toute cette législation de la déchéance ne se composait, comme on le voit, que de dispositions successives, visant des arriérés déterminés ; elle ne contenait pas encore de règles permanentes, fonctionnant en quelque sorte automatiquement, atteignant les arriérés à venir à mesure qu'ils se reformeraient, tenant en éveil les créanciers de l'État, sans les exposer à de ruineuses surprises. Ces règles permanentes ne furent édictées qu'au lendemain de la Révolution de 1830, par la loi de finances du 29 janvier 1831, qui est encore aujourd'hui la loi de la matière.

Nature de la déchéance établie par la loi du 29 janvier 1831. — D'après l'article 9 de la loi de 1831, « *seront prescrites et définitive-* « *ment éteintes au profit de l'État* toutes créances qui, n'ayant pas été « acquittées avant la clôture des crédits de l'exercice auquel elles « appartiennent, n'auraient pu, à défaut de justification suffisante, « être *liquidées, ordonnancées et payées dans un délai de cinq années,* « *à partir de l'ouverture de l'exercice* ».

Cette règle a paru nécessaire pour le bon ordre des finances, car l'État ne peut pas rester pendant trente ans dans l'incertitude de ses charges ; mais elle cesserait d'être juste si un créancier de l'État pouvait encourir la déchéance par suite de retards imputables aux agents de l'administration, ou de contestations régulièrement engagées devant le juge compétent. C'est pourquoi l'article 10 de la loi de 1831 déclare que la déchéance n'est pas applicable « aux créances dont l'ordonnancement et le paiement « n'auraient pas pu être effectués dans les délais déterminés, *par* « *le fait de l'administration, ou par suite de pourvois formés devant* « *le Conseil d'État* ».

Quelle est la nature juridique de cette forclusion ? Est-ce une *prescription* ou une *déchéance* ? Elle a à la fois ces deux caractères. Elle est une prescription en ce sens qu'elle éteint non seulement le droit au paiement, mais la dette même de l'État ; elle rend toute liquidation impossible parce qu'elle supprime la créance à liquider. C'est là un point important, et par lequel la loi de 1831 diffère des lois antérieures de déchéance. Celles-ci visaient plutôt les justifications à faire que les droits acquis et déjà justifiés ; du moins les lois de 1810, de 1817 et de 1822 avaient toujours été interprétées et appliquées en ce sens ; la loi de 1831, au contraire, atteint les droits acquis et justifiés, par cela seul qu'ils n'ont pas reçu leur pleine et entière exécution dans les délais au moyen d'un ordonnancement suivi d'un paiement. Dans ce cas, disent très justement MM. Dumesnil et Pallain, « le fond du droit se trouve atteint et l'État complètement libéré » ([1]).

Mais en même temps, la déchéance quinquennale est une déchéance proprement dite, opérant avec une rigueur qu'aucun moyen de fait ou de droit ne peut tempérer, en dehors des deux cas uniques prévus par l'article 10, savoir : le fait de l'administration, ou le pourvoi devant le Conseil d'État. C'est pourquoi la déchéance n'est pas suspendue par les causes qui suspendent la prescription. Contrairement à la règle *contra non valentem agere non currit prescriptio*, et à l'article 2252 du Code civil, la déchéance est encourue par le mineur ou par l'interdit aussi bien que par le majeur jouissant de ses droits ([2]).

On comprend d'ailleurs que la déchéance ne puisse pas, comme la prescription de droit civil, être influencée par la situation personnelle du créancier, puisqu'elle se fonde uniquement sur la situation du débiteur, c'est-à-dire du Trésor.

Des causes qui interrompent la déchéance. — L'article 10 de la loi du 29 janvier 1831 mentionne deux causes d'interruption de la déchéance.

La première est *le fait de l'administration*. Elle se produit lorsque l'administration, saisie en temps utile de la réclamation et des pièces à l'appui, n'a pas liquidé et ordonnancé la créance avant l'expiration du délai. Peu importe, d'ailleurs, que le retard provienne d'une négligence ou de formalités légitimes de vérification. Le créancier est à l'abri de la déchéance par cela seul qu'il s'est

---

1. *Traité de la législation du Trésor public*, p. 437.

2. Conseil d'État, 13 janvier 1883, *Arbinet :* — « Considérant que les requérants ne sauraient invoquer les dispositions de l'article 2252 du Code civil qui suspend le cours de la prescription en faveur des mineurs ; qu'ils ne pourraient se prévaloir que des exceptions édictées par l'article 10 de la loi du 29 janvier 1831, dans les cas où l'ordonnancement et le paiement des créances n'ont pu être effectués dans les délais déterminés, par le fait de l'administration, ou par suite de pourvoi formé devant le Conseil d'État... »

mis en instance en temps utile auprès du ministre compétent; c'est pourquoi l'article 10 dispose que « tout créancier a le droit de se « faire délivrer par le ministère compétent un bulletin énonçant la « date de sa demande et les pièces produites à l'appui ». La demande dont il s'agit étant une demande de liquidation, elle ne peut, en principe, être valablement présentée qu'à l'autorité qui a qualité pour liquider. Aussi, la déchéance ne serait-elle point interrompue par une pétition adressée aux Chambres ou au Président de la République, du moins jusqu'au renvoi qui pourrait en être fait au ministre compétent.

La jurisprudence du Conseil d'État admet cependant qu'une réclamation adressée au préfet, dans un service où il représente l'État, interrompt la déchéance, le préfet étant alors considéré comme le délégué du ministre liquidateur ([1]).

Elle admet également que la déchéance est interrompue par une demande en justice, quand il s'agit d'une créance litigieuse pouvant être directement réclamée devant le tribunal civil ou le conseil de préfecture. Rigoureusement, on aurait pu exiger que la citation fût précédée d'une demande de liquidation adressée au ministre ; mais il n'arrive guère qu'on plaide contre l'État sans avoir subi un refus de paiement de la part de ses représentants ; c'est pourquoi l'on présume que la demande en justice constate par elle-même un *fait de l'administration* ayant fait obstacle à la reconnaissance et à l'acquittement de la dette. Mais la déchéance ne serait pas interrompue par une demande formée devant une juridiction incompétente, ni à plus forte raison par un simple commandement, bien que ce soient là des cas d'interruption de la prescription d'après les articles 2244 et 2246 du Code civil ([2]).

La seconde cause d'interruption de la déchéance, c'est *un pourvoi formé devant le Conseil d'État.* Cette règle se confond-elle avec la précédente, et s'agit-il ici de toute instance engagée devant le Conseil d'État sur une créance litigieuse? Non, car s'il en était ainsi, il n'y aurait pas de raison de distinguer entre le pourvoi

---

1. Conseil d'État, 22 juin 1850, *Bernard ;* — 10 janvier 1856, *Billard ;* — 25 février 1881, *Raveaud* (solution implicite) ; — 12 janvier 1894, *Dufourcq.*

2. Conseil d'État, 19 mai 1853, *Touillet.*

devant le Conseil d'État et les autres instances dont nous venons de parler. Le pourvoi dont il est ici question est celui qui est formé contre la liquidation, spécialement contre un refus de liquidation fondé sur la déchéance. La loi n'a pas voulu que la déchéance puisse surprendre le créancier, au moment même où il la conteste devant le Conseil d'État, et où il prouve peut-être qu'elle lui était opposée à tort.

Quelles créances sont frappées de déchéance. — La déchéance atteint *toutes les créances d'un exercice périmé,* c'est-à-dire toutes celles qui sont nées d'un *service fait* ou de *droits acquis* au cours d'un exercice dont l'ouverture remonte à plus de cinq ans ([1]).

Il n'y a pas à faire de distinction entre les causes de la dette ni entre les diverses qualités que l'État a pu avoir en la contractant. Que cette dette résulte de décisions prises dans l'exercice de la puissance publique, ou d'actes de gestion faits pour assurer un service de l'État, ou d'engagements pris par l'État propriétaire administrant son domaine privé, ou de restitutions dues par le Trésor pour impôts

---

1. D'après l'article 1er de l'ordonnance du 14 septembre 1822, reproduit par l'article 6 du règlement de 1862, « sont seuls considérés comme appartenant à un exercice les « *services faits* et les *droits acquis* du 1er janvier au 31 décembre de l'année qui lui « donne son nom ».

Le *service fait* consiste dans l'accomplissement matériel du service, tel que l'exécution d'un ouvrage ou partie d'ouvrage, la livraison d'une fourniture, l'exercice d'une fonction ou emploi, etc.

Le *droit acquis* résulte du service fait, et aussi de tout acte ou événement quelconque ayant engendré une créance contre l'État, tel qu'une vente ou autre contrat, un dommage résultant de travaux publics ou d'un autre fait engageant la responsabilité de l'État.

En matière de dommages, si les conséquences du fait dommageable ont été retardées par diverses causes, par exemple si la perte de force motrice d'une usine ne s'est produite que quelque temps après l'exécution des travaux en rivière qui l'ont occasionnée, on doit considérer la date du *dommage subi,* non celle du travail public qui l'a causé, et qui a pu d'abord être inoffensif (avis des sections réunies des travaux publics et des finances du 23 novembre 1875). — Mais on ne doit pas retarder le point de départ de la déchéance jusqu'au jour où le dommage et ses causes ont été judiciairement constatés. Ainsi la créance qu'une compagnie d'assurances prétend avoir contre l'État, après avoir indemnisé le propriétaire d'une maison incendiée par la faute de troupes qui y étaient logées, remonte à l'année où l'incendie a eu lieu, et non à la date du paiement de l'indemnité, ou de la décision de justice qui a déclaré l'État responsable (9 février 1883, Cie *la Providence*). — Une créance d'indemnité contre l'État pour homicide ou blessures par imprudence imputables à des agents, remonte à l'époque de l'accident et non à celle des jugements qui ont constaté la faute (13 janvier 1888, *Arbinet*).

indûment perçus, la règle est la même ([1]). Il n'y a pas à distinguer non plus entre les obligations auxquelles pourvoit explicitement le budget et celles qui résulteraient de causes non prévues. La déchéance atteint tout droit, toute action, toute prétention tendant à constituer l'État débiteur à quelque titre que ce soit. Cette interprétation est seule conforme au texte et à l'esprit de la loi du 29 janvier 1831, car l'article 9 dit : « *toutes créances* » et son but est de clore l'arriéré, et d'empêcher qu'il ne s'en forme aucun à l'avenir, du moins pour une période de plus de cinq ans.

Mais si la déchéance est générale et absolue pour les *créances*, elle n'atteint pas les réclamations qui se fondent non sur un droit de créance, mais sur un droit de propriété, et qui tendent à la revendication de biens que l'État détiendrait à titre de propriétaire ou de dépositaire. Cette réserve s'applique notamment à la demande en restitution du capital d'un cautionnement déposé au Trésor, ou à la revendication d'une succession appréhendée par l'État comme succession en déshérence. Toutefois, des difficultés s'étant élevées sur ces deux points, quelques explications sont nécessaires.

1. Demandes en restitution de cautionnement. — En ce qui touche les demandes en restitution des capitaux de cautionnement ([2]), le ministère des finances soutint, après la promulgation de la loi de 1831, qu'elles étaient atteintes par la déchéance quinquennale ; mais, cette opinion ayant rencontré de sérieuses objections, il crut nécessaire de la faire sanctionner par un texte. En conséquence, lors de la présentation de la loi du 9 juillet 1836, portant règlement définitif du budget de 1833, il introduisit dans le projet soumis aux Chambres une disposition déclarant la déchéance applicable aux capitaux des cautionnements aussi bien qu'aux intérêts. Mais cette proposition fut rejetée par la Chambre des députés, conformément aux conclusions de sa commission, dont M. Dufaure était rapporteur ([3]).

---

1. Conseil d'État, 2 août 1889, *Compagnie d'assurances la Garonne ;* — 5 février 1892, *Chemin de fer de l'Est.*

2. Nous ne parlons que des *capitaux* des cautionnements parce qu'il ne peut pas y avoir de question pour les *intérêts,* qui ne donnent lieu qu'à une créance soumise à la déchéance quinquennale.

3. *Moniteur* du 11 mai 1836, 2° suppl.

Le ministre des finances fit alors valoir la nécessité où se trouvait le Trésor d'être libéré, avant l'expiration du délai de trente ans, de la garde et du remboursement des cautionnements à restituer. Cette libération, qui lui avait été refusée sous forme de déchéance, lui fut accordée sous la forme d'un versement à la Caisse des dépôts et consignations ne préjudiciant pas aux droits des créanciers. De cette transaction est sorti l'article 16 de la loi du 9 juillet 1836, ainsi conçu : « Le montant des cautionnements « dont le remboursement n'aura pas été effectué par le Trésor « public, faute de productions ou de justifications suffisantes, dans « le délai d'un an à compter de la cessation des fonctions du titu- « laire ou de la réception des fournitures et travaux, pourra être « versé en capital et intérêts à la Caisse des dépôts et consigna- « tions, à la conservation des droits de qui il appartiendra. Ce « versement libérera définitivement le Trésor public. »

Il résulte de là que les actions appartenant au titulaire du cautionnement, ou à ses héritiers ou ayants cause, peuvent être exercées pendant le délai de la prescription trentenaire. Toutefois, si, au moment du dépôt à la Caisse des consignations, le capital du cautionnement n'était pas intact, par suite d'un prélèvement opéré pour débet et non couvert par un versement complémentaire, nous pensons que la réclamation de la portion saisie ne pourrait pas durer trente ans ; dans ce cas, en effet, la décision ministérielle qui aurait déclaré le débet, et qui en aurait imputé le montant sur le cautionnement, serait définitive à l'égard du titulaire de ce cautionnement s'il ne l'avait pas attaquée dans les délais du recours contentieux, ou si, l'ayant attaquée, il n'en avait pas obtenu l'annulation.

II. Revendication de successions contre l'État. — En ce qui touche la pétition d'hérédité formée contre l'État envoyé en possession d'une succession réputée vacante, des dissentiments sérieux se sont produits, non seulement devant les tribunaux judiciaires et administratifs, mais encore au sein même de l'administration. En 1844, lors d'un litige soumis au Conseil d'État sur la question de déchéance, les avis les plus différents furent émis par le Conseil d'administration de l'enregistrement et des domaines, qui déclarait la déchéance applicable, par le directeur général de ce service et par le directeur du contentieux qui se prononçaient en sens contraire, par le ministre des finances qui, tout en concluant à l'application de la déchéance, reconnaissait que la question était douteuse et transmettait au Conseil d'État les divers avis de son département en demandant qu'elle fût résolue « dans un esprit de justice et non de fiscalité ». A ces intéressants documents s'en joignait un plus précieux encore, une remarquable consultation de M. Vivien, qui était momentanément rentré dans les rangs du barreau de Paris.

L'illustre jurisconsulte n'hésitait pas à se prononcer contre l'application de la déchéance quinquennale : « L'État, disait-il, héritier de par la loi civile, ne peut altérer cette qualité spéciale par l'application des règles établies pour les actes de l'administration. Il procède en vertu du Code civil, il doit subir les conditions de son titre. Le Code, en lui conférant une succession, admet tout héritier à la lui réclamer pendant trente ans ; l'État ne peut point échapper à cette règle ; ce serait diviser son droit et mutiler la loi même qui a constitué sa propriété... L'État héritier ne diffère pas de tout autre héritier ; il jouit des mêmes droits et est soumis aux mêmes recours et aux mêmes prescriptions. *L'héritier qui l'évince n'est point un créancier ; c'est un propriétaire qui revendique sa chose*, à qui la loi commune a donné trente ans pour la réclamer, quel que soit celui qui la détient. Tels sont les vrais principes et leur application préviennent les injustices et les énormités qui résulteraient d'une interprétation abusive de la loi de 1831 ([1]). »

Conformément à ces conclusions, le Conseil d'État a jugé, par arrêt du 26 juillet 1844 (*Pellegrini*), que la déchéance de la loi de 1831 « ne peut être opposée aux héritiers qui réclament les sommes dont l'État s'est fait envoyer en possession à titre de déshérence ».

Nous n'hésitons pas à penser que telle est la vraie doctrine, la seule qui soit justifiée par les textes, par la situation juridique que le Code civil crée à l'État, par les devoirs de justice et de probité qui s'imposent à lui à l'égard des héritiers inconnus: — les textes,

---

1. Cette consultation et les avis ci-dessus ont été publiés par MM. Dumesnil et Pallain, *op. cit.*, p. 425 et suiv.

car l'article 9 de la loi de 1831 ne parle que des *créances*, et le droit de l'héritier sur la succession que la loi lui défère n'est pas une créance, mais un droit de propriété dont la mort de son auteur l'a instantanément investi ; — la situation juridique résultant du Code civil, car l'État envoyé en possession n'est pas à proprement parler un *héritier*, mais un *successeur irrégulier* assimilable à un administrateur des biens vacants, soumis aux mêmes formalités qu'un héritier bénéficiaire, et obligé de restituer si un héritier du sang se présente dans le délai de la prescription trentenaire ([1]). Il suit de là que la succession en déshérence n'est pas, pendant ce délai, un patrimoine de l'État, mais un dépôt dont il peut avoir à rendre compte ; — les devoirs de justice et de probité, parce que l'héritier peut ignorer l'envoi en possession de l'État, le décès même de son auteur ; la loi lui donne trente ans, à partir de ce décès, pour faire valoir ses droits contre tout détenteur ; l'État, qui doit protéger les transmissions héréditaires voulues par la loi, ne saurait y mettre obstacle à son profit par une sorte de confiscation.

III. Créances dépendant de succession en déshérence. — La plupart des considérations qui précèdent permettent de résoudre, dans le même sens, une autre question qui a également donné lieu à controverse : celle de savoir si la déchéance quinquennale éteint les dettes d'une succession en déshérence administrée par le domaine. Le Conseil d'État s'est prononcé pour l'affirmative par un arrêt du 12 avril 1843 (*Sallentin*), qui décide que « la créance du réclamant sur la succession en déshérence est soumise aux dispositions des lois qui régissent la dette publique, à partir de l'époque où l'État a été envoyé en possession de ladite succession ». Mais cet arrêt est antérieur à celui du 26 juillet 1844 (*Pellegrini*) ci-dessus rapporté, et sa solution aurait sans doute été différente si le Conseil d'État avait pu s'inspirer des principes reconnus en 1844.

En effet, les raisons de décider sont les mêmes : si l'État est administrateur plutôt que possesseur de la succession en déshérence, tant que l'action en revendication est ouverte, il en résulte que cette succession ne se confond pas encore avec les biens de l'État,

---

1. Code civil, art. 769 et suiv.

qu'elle conserve son identité et sa comptabilité propres. Patrimoine privé, grevé de dettes privées, elle ne peut être régie par la législation de la dette publique. Elle ne le sera qu'à partir du jour où la possession de l'État aura cessé d'être conditionnelle et où la consolidation de son titre aura créé une novation complète dans la personne du débiteur.

Contestations sur la déchéance. — Les contestations sur la déchéance sont des contestations sur la liquidation ; elles ne peuvent donc relever que du ministre liquidateur, sauf recours au Conseil d'État, et cela alors même que le contentieux de la créance à liquider ressortirait au conseil de préfecture ou au tribunal civil. Ces juridictions sont radicalement incompétentes pour statuer sur une question de déchéance, de quelque manière qu'elles en soient saisies : soit par la partie venant contester devant elles une déchéance opposée par le ministre, soit par le représentant de l'État venant à tort demander à ces tribunaux de prononcer la déchéance contre le créancier. De telles conclusions ne sauraient en effet déroger aux règles de compétence, qui sont d'ordre public [1].

Résulte-t-il de là que l'État, actionné devant le conseil de préfecture ou devant un tribunal civil, en paiement d'une créance frappée de déchéance, doit laisser le débat suivre son cours sans faire connaître l'obstacle qui sera mis à la liquidation ? Non sans doute, car s'il est vrai que le créancier demandeur plaide à ses risques et périls, il n'en doit pas moins être averti qu'il s'engage dans des frais frustratoires. Le ministre peut donc opposer la déchéance, par une décision spéciale, dès qu'il est touché par la demande en justice ou même par le mémoire qui doit être remis

---

1. Parmi les décisions qui déclarent l'incompétence des conseils de préfecture, on peut citer : — Conseil d'État, 25 novembre 1842, *Plossard;* — 12 août 1854, *Reig;* — 10 janvier 1856, *Thiboust;* — 5 février 1857, *Charpentier;* — 4 février 1858, *Hubaine;* — 28 mai 1862, *Roumagoux,* etc. — Dans l'affaire jugée en 1854, le Conseil d'État a relevé *d'office* l'incompétence du conseil de préfecture.

Parmi les décisions qui déclarent l'incompétence des tribunaux judiciaires, on peut citer : — Conseil d'État sur conflit, 16 mai 1839, *Reversal;* — 28 mai 1838, *Chevrier;* — 7 décembre 1844, *Finot;* — 28 août 1841, *de Saint-Priest.*

Cf. Serrigny, *Compétence administrative,* t. II, p. 198 ; — Dumesnil et Pallain, *op. cit.,* p. 434.

au préfet préalablement à toute instance judiciaire contre l'État [1]. Rien ne ferait d'ailleurs obstacle à ce que cette décision ministérielle fût déférée au Conseil d'État avant tout débat au fond, et même au cours de ce débat, car il ne saurait y avoir litispendance entre l'instance sur le fond et l'instance sur la déchéance dont l'objet est essentiellement distinct.

Par la même raison, le ministre qui s'est abstenu d'opposer la déchéance devant le conseil de préfecture peut l'opposer devant le Conseil d'État au cours de l'instance d'appel. Mais l'exception de déchéance qu'il peut ainsi soulever, soit dans son recours, soit dans ses observations en défense, n'en conserve pas moins son caractère de décision ministérielle. Il en résulte qu'elle ne peut se produire que sous la signature du ministre, non sous celle de son avocat ; celui-ci a qualité pour prendre des conclusions, mais non pour prendre des décisions, et le ministre ne peut pas lui déléguer ce dernier pouvoir. L'exception de déchéance présentée devant le Conseil d'État sous la seule signature de l'avocat du ministère ne serait donc pas recevable [2].

Une autre conséquence de cette distinction, que nous avons déjà plus d'une fois signalée, entre le contentieux de l'obligation et le contentieux de la liquidation qui comprend celui de la déchéance, c'est que le ministre qui veut opposer la déchéance à une créance réclamée en justice, ne pourrait pas pour cela décliner la compétence du juge du fond et élever le conflit. La question de déchéance n'a point, en effet, le caractère d'une question préjudicielle tenant en suspens le jugement de la créance [3]. Le conflit ne pourrait être élevé que si le juge civil, saisi du contentieux de la créance, prétendait se saisir d'une question de déchéance qui ne relève que du ministre liquidateur, sauf recours au Conseil d'État.

Que décider cependant si le ministre a laissé discuter la question de déchéance devant un tribunal incompétent, et si elle a été tranchée contre lui par un jugement passé en force de chose jugée ? Le respect dû à l'autorité de la chose jugée doit faire accepter cette décision, si irrégulière qu'elle puisse être, car la présomp-

1. Conseil d'État, 14 janvier 1842, *de Sainte-Marie d'Agneaux.*
2. Conseil d'État, 22 novembre 1889, *min. des trav. publics c. Nicquevert.*
3. Conseil d'État sur conflit, 23 juillet 1844, *commune de Riel-les-Eaux.*

tion de vérité qui s'attache aux jugements définitifs couvre le vice d'incompétence comme les autres vices dont ils peuvent être entachés. Cette solution, conforme aux principes que nous avons exposés dans une autre partie de cet ouvrage ([1]), a été consacrée par un arrêt solennel de la Cour de cassation du 7 décembre 1830 et par un arrêt du Conseil d'État du 17 mai 1855 (*Benech*). « Considérant, dit ce dernier arrêt, qu'il est intervenu un jugement par lequel le tribunal, *nonobstant la déchéance dont il avait retenu la connaissance* ([2]), a condamné l'État à restituer aux héritiers du sieur Benech les sommes par eux réclamées, et que ce jugement est passé en force de chose jugée ; qu'ainsi *il y a chose jugée tant sur la question de savoir si l'État était débiteur desdites sommes, que sur la question de savoir si la déchéance était opposable* aux héritiers du sieur Benech, et que dès lors notre ministre de la marine n'a pu, sans violer l'autorité de la chose jugée, leur appliquer cette déchéance par sa décision en date du..... »

Le ministre a-t-il le droit de renoncer, en faveur d'un créancier de l'État, soit à la déchéance acquise, soit à une déchéance à venir ? Nous pensons, avec MM. Dumesnil et Pallain, que ce droit ne lui appartient pas : « Le ministre, disent ces auteurs, serait radicalement incapable de relever les créanciers de l'État des déchéances et péremptions qu'ils auraient encourues, car dans ce cas, il s'agirait d'aliéner un droit acquis à l'État, puisque la renonciation aurait pour effet de faire revivre des créances éteintes, ce qui serait formellement contraire aux lois d'ordre public sur les déchéances ([3]). »

On doit conclure de là que toute convention entre un ministre et un créancier de l'État, tendant à affranchir ce dernier d'une déchéance encourue, ou à renoncer à celle qu'il pourrait encourir, serait radicalement nulle ; elle ne ferait pas obstacle à ce que la déchéance fût invoquée par le successeur du ministre qui aurait pris cet engagement et par ce ministre lui-même. Mais si le mi-

1. Voy. t. 1er, p. 508 et suiv., spécialement p. 511. — Cf. Serrigny, *Compétence administrative*, t. III, p. 200.

2. Un déclinatoire proposé devant le tribunal avait été rejeté, et le conflit n'avait pas été élevé.

3. Dumesnil et Pallain, *op. cit.*, p. 26.

nistre ne peut pas valablement renoncer à la déchéance, il faut bien reconnaître qu'il peut, en fait, y renoncer tacitement, car il a seul qualité pour l'opposer ; s'il s'abstient, le Conseil d'État ne peut pas l'opposer d'office à sa place, ce qui serait s'ingérer dans les opérations de liquidation et empiéter sur le domaine de l'administration active.

La même réserve s'impose au Conseil d'État, lorsque le ministre renonce à une déchéance précédemment opposée en rapportant la décision par laquelle il l'avait prononcée. En pareil cas, le Conseil s'est toujours borné à donner acte à la partie de la décision qui rapporte la déchéance contre laquelle elle réclamait, et il termine l'affaire par un arrêt de non-lieu à statuer (¹). En effet, les décisions ministérielles rendues en matière de liquidation et de déchéance ne constituent pas, en faveur de l'État, des jugements qui ne pourraient pas être rétractés, mais de simples décisions administratives qui peuvent être rapportées par leur auteur. D'un autre côté, on doit présumer, non que le ministre a voulu léser l'État en le privant d'une prescription acquise, mais seulement qu'il a reconnu que la déchéance n'était pas encourue ; s'il s'est trompé sur ce point, nulle juridiction ne peut prendre d'office la défense des droits du Trésor contre le représentant même de l'État.

Résulte-t-il de là que l'État soit sans défense contre toute erreur ou tout abus d'un ministre liquidateur qui priverait le Trésor des déchéances qui lui sont acquises ? Non, car le mécanisme de notre comptabilité publique créerait, en pareil cas, de sérieux obstacles au paiement d'une dette éteinte. Il appartient en effet au payeur, lorsque les énonciations du mandat ou les pièces justificatives lui révèlent que la dépense appartient à un exercice périmé, et qu'elle n'est pas imputée sur un crédit spécial voté pour l'acquitter, de suspendre le paiement, et de signaler la déchéance encourue, dans la déclaration écrite et motivée qu'il doit remettre au porteur du mandat et au ministre des finances pour expliquer son refus de paiement (²).

1. Conseil d'État, 13 août 1851, *Bermond de Vaulx* ; — 12 août 1879, *Esquirc*.
2. Décret du 31 mai 1862, art. 91.

Le ministre liquidateur serait ainsi appelé à examiner de nouveau la question, et il aurait le droit d'invoquer la déchéance nonobstant tout ordonnancement antérieur, car cet ordonnancement n'aurait pu conférer un droit irrévocable au créancier [1]. Si le ministre croyait devoir passer outre aux observations du payeur et lui adressait une réquisition, celui-ci pourrait encore en référer au ministre des finances, car l'absence de crédit est un des cas où la difficulté soulevée par le payeur ne peut être résolue que par une décision concertée entre ce ministre et le ministre ordonnateur [2].

On voit par là que, si le Conseil d'État n'a pas qualité pour opposer d'office la déchéance, les droits de l'État n'en sont pas moins sauvegardés ; ils le sont, ou du moins ils peuvent l'être, par le payeur au lieu et place de la juridiction contentieuse.

1. Conseil d'État, 16 février 1870, *Delaubier.*
2. Décret du 31 mai 1862, art. 91, *in fine.*

CHAPITRE V

CONTENTIEUX DES CONTRIBUTIONS DIRECTES

———

Les contributions directes peuvent donner lieu à plusieurs espèces de réclamations contentieuses, parmi lesquelles on distingue : — 1° les *demandes en dégrèvement,* qui tendent à obtenir la décharge ou la réduction d'une contribution mal établie ; — 2° les *demandes en mutation de cote,* qui ont pour but de transférer une imposition d'un contribuable à un autre, par suite d'un changement survenu dans la propriété de la matière imposable ; — 3° les *demandes d'inscription au rôle,* par lesquelles un contribuable omis sur un rôle demande à y être porté ; — 4° les *réclamations contre les opérations cadastrales,* qui sont dirigées contre des opérations et décisions servant de base à la répartition de l'impôt foncier sur les propriétés non bâties ; — 5° les *demandes en cessation ou en annulation de poursuites,* par lesquelles le contribuable conteste les mesures coercitives prises contre lui pour l'obliger au paiement de l'impôt ; — 6° les demandes *en décharge de cotes irrecouvrables et indûment imposées,* par lesquelles les agents de perception demandent à être exonérés du recouvrement de certaines cotes ; — 7° les réclamations relatives aux *taxes assimilées,* taxes de nature diverse qui, sans être de véritables impôts directs, sont recouvrées dans les mêmes formes.

Examinons successivement ces différents recours contentieux.

I. — DEMANDES EN DÉGRÈVEMENT.

Nature et objet de ces demandes. — Les contributions directes étant perçues au moyen de *rôles* qui sont exécutoires et font titre contre le contribuable, il en résulte que celui-ci doit prendre l'initiative d'une réclamation toutes les fois qu'il se croit surtaxé. Cette réclamation constitue la demande en *dégrèvement,* qui prend le nom de demande en *décharge* ou en *réduction* selon qu'elle tend à un dégrèvement total ou partiel. Ces demandes ressortissent au conseil de préfecture en vertu de l'article 4, § 4, de la loi du 28 pluviôse an VIII, d'après lequel il prononce « sur les demandes des « particuliers tendant à obtenir la décharge ou la réduction de leur « cote de contributions directes ».

La demande en dégrèvement, qui attaque un article du rôle comme erroné et lésant un droit, ne doit pas être confondue avec la demande *en remise* ou *en modération* qui n'attaque pas le rôle, et qui tend seulement à obtenir de l'administration une décision de pure équité, dispensant le contribuable d'acquitter tout ou partie de sa cotisation, à raison de pertes ayant diminué ses ressources. Aussi la demande en remise ne doit pas être portée devant la juridiction contentieuse, mais devant le préfet, sauf recours au ministre des finances agissant comme supérieur hiérarchique ([1]).

La demande en dégrèvement ne doit pas non plus être confondue avec l'*action en répétition* que le contribuable peut former, pendant un délai de trois ans, contre les agents qui auraient établi ou recouvré des contributions non autorisées par la loi du budget. Cette action, créée par la loi de finances du 15 mai 1818 (art. 94), confirmée chaque année par la disposition finale de la loi du budget, met en jeu la responsabilité personnelle des agents et ressortit exclusivement aux tribunaux judiciaires ([2]).

Pour que l'action en répétition soit ouverte, il ne suffit pas que des illégalités aient été commises dans l'établissement ou la perception d'un impôt autorisé par le législateur, il faut que l'impôt manque absolument de base légale comme n'ayant pas été autorisé

---

1. Arrêté du 24 floréal an VIII, art. 28.

2. Cette disposition est ainsi conçue : — « Toutes contributions directes ou indirectes autres que celles autorisées ou maintenues par la présente loi, à quelque titre et sous quelque dénomination qu'elles se perçoivent, sont formellement interdites ; à peine, contre les autorités qui les ordonneraient, contre les employés qui confectionneraient les rôles et tarifs, et ceux qui en feraient le recouvrement, d'être poursuivis comme concussionnaires, sans préjudice de l'action en répétition pendant trois années... »

par la loi annuelle du budget. L'action en répétition sert en effet de sanction à la prérogative des Chambres en matière budgétaire, au droit qu'ont les citoyens de résister aux impôts que le Parlement n'aurait pas consentis ; mais elle n'a pas pour but de transférer de la juridiction administrative à l'autorité judiciaire le jugement de toutes les questions de légalité que peut soulever la perception de l'impôt.

Bien plus, la juridiction administrative reste compétente, concurremment avec les tribunaux judiciaires, même sur les questions de légalité de la taxe qui se rattacheraient à un prétendu défaut d'autorisation. Le Conseil d'État s'est expressément prononcé en ce sens dans une espèce où le contribuable réclamait le dégrèvement de centimes additionnels communaux en se fondant sur ce qu'ils excédaient le nombre des centimes autorisés par la loi du budget [1]. Mais, même dans ce cas, la demande en dégrèvement et l'action en répétition n'en n'ont pas moins un objet très différent, puisque la première est dirigée contre le rôle afin d'en empêcher le recouvrement, tandis que le second vise les agents de l'administration et tend à leur faire restituer, de leurs deniers personnels, les taxes dont ils auraient réclamé ou effectué le recouvrement sans l'autorisation de la loi.

La compétence du conseil de préfecture sur cette question de légalité se rattache d'ailleurs aux pouvoirs généraux du juge de l'impôt, pouvoirs que nous devons maintenant préciser en ce qui touche le jugement des demandes de dégrèvement.

Étendue et limites de la juridiction du conseil de préfecture. —
Le conseil de préfecture n'a pas seulement à vérifier les faits et

---

1. Conseil d'État, 26 juillet 1854, *Laurentie :* — « Considérant qu'aux termes de l'article 4 de la loi du 28 pluviôse an VIII, les conseils de préfecture sont chargés de statuer sur les demandes des particuliers tendant à obtenir la décharge ou la réduction de leur cote de contributions directes ; que pour l'exercice de cette attribution, et au cas où le réclamant soutient que la contribution ne serait pas autorisée par la loi, les conseils de préfecture ont nécessairement le pouvoir de vérifier si l'impôt a une base légale ; que la disposition des lois de finances, qui a ouvert aux contribuables le droit d'intenter devant les tribunaux une action en répétition des impôts qui auraient été perçus sans l'autorisation de la loi, n'a eu ni pour but ni pour effet de modifier les attributions conférées aux conseils de préfecture par l'article 4 de la loi du 28 pluviôse an VIII... »

les évaluations qui ont servi de base à une imposition contestée il est aussi appelé à se prononcer sur la régularité et sur le caractère obligatoire de toutes les décisions administratives en vertu desquelles l'impôt est perçu. Telles sont les délibérations des conseils généraux ou municipaux relatives à l'imposition de centimes additionnels départementaux ou communaux ; tels sont aussi les arrêtés préfectoraux et les décrets du Chef de l'État qui rendent ces délibérations exécutoires. Quoique ces actes aient au plus haut degré le caractère d'actes de la puissance publique, il appartient au conseil de préfecture d'en apprécier la légalité, parce que celle de l'impôt en dépend (¹). La jurisprudence décide même que la compétence du juge de l'impôt est si absolue en cette matière, qu'elle exclut celle du Conseil d'État statuant comme juge de l'excès de pouvoir : de telle sorte que tout recours directement formé devant lui, contre des délibérations et décisions servant de base à l'impôt, doit être déclaré non recevable (²).

Cette plénitude de juridiction du conseil de préfecture prend une extension plus grande encore quand il s'agit du contentieux de certaines taxes assimilées, telles que les taxes de curage, de pavage, de pâturage, les taxes syndicales, etc...

Dans beaucoup de cas, la légalité de ces taxes est subordonnée non seulement à la régularité intrinsèque des actes administratifs qui autorisent la perception, mais encore à ce qu'on pourrait appeler leur régularité extrinsèque, c'est-à-dire celle qui dépend de circonstances, de constatations administratives sans lesquelles l'impôt ne pourrait pas être levé. Ainsi les taxes de curage ne peuvent être légalement perçues que conformément aux règlements ou anciens usages ; les taxes de pavage, que si les ressources ordinaires de la commune sont insuffisantes pour pourvoir à la mise en état de viabilité des voies nouvelles ; les taxes syndicales, que si elles sont perçues au profit d'une association régulièrement organisée et pour le paiement de travaux réellement exécutés. L'appréciation que l'administration active doit nécessairement faire de ces circonstances, avant d'autoriser la perception, ne lie pas tou-

---

1-2. Conseil d'État, 30 novembre 1877, *de Séré ;* — 29 juillet 1881, *Genolat ;* 9 mars 1883, *Broet ;* — 28 juin 1889, *Loppin de Gémeaux ;* — 17 mai 1890, *Lafosse.*

urs la juridiction contentieuse ; celle-ci a le droit de vérifier si les usages invoqués pour percevoir des taxes de curage sont des usages nciens, et quelle est leur véritable portée ([1]) ; si l'insuffisance e ressources, alléguée par une commune qui réclame des taxes e pavage, résulte réellement de ses budgets et de ses comptes ([2]) ; l'association syndicale dont les perceptions sont contestées nctionne régulièrement et a exécuté les travaux dont elle de-ande le paiement aux intéressés ([3]).

Mais si le conseil de préfecture est compétent pour vérifier, en it aussi bien qu'en droit, la *légalité* de la perception, il ne peut apprécier l'*opportunité*, car ce serait s'immiscer dans la fonc-on même de l'administration ; ainsi, lorsqu'une imposition com-unale a été votée pour couvrir une dépense inscrite au budget e la commune, il n'appartient pas au conseil de préfecture de cri-quer cette dépense, et d'accorder décharge de l'impôt sous pré-xte qu'elle ne serait pas justifiée ; en effet, les questions d'ins-iption de la dépense sont uniquement du ressort du conseil unicipal qui vote le budget et de l'autorité supérieure qui le gle ([4]). De même, lorsqu'une commune a été autorisée à s'im-ser extraordinairement pour rembourser en partie un emprunt nt le surplus serait couvert par les ressources ordinaires, et rsque la loi d'autorisation n'a pas fixé dans quelle proportion s deux éléments doivent concourir au remboursement, le con-ibuable n'est pas recevable à contester devant le conseil de pré-cture la proportion déterminée par l'autorité municipale ([5]).

Il va de soi que le contrôle du conseil de préfecture ne sau-it s'exercer sur les décisions souverainement prises par le Par-ment, soit pour fixer le contingent de chaque département dans

---

1. Conseil d'État, 9 décembre 1864, *Bourbon ;* — 24 novembre 1876, *Villedary ;* — novembre 1882, *Boyenval ;* — 20 janvier 1888, *Vaqué.*

2. Conseil d'État, 21 décembre 1877, *Portier ;* — 26 décembre 1879, *Mesquite ;* — avril 1886, *Oudin ;* — 8 février 1890, *Naveau.*

3. Conseil d'État, 21 mai 1880, *ministre des travaux publics ;* — 22 juin 1883, *de ys ;* — 14 novembre 1891, *de Barbentane ;* — 18 mars 1893, *Association syndicale Grand-Vey.*

4. Conseil d'État, 30 mai 1884, *Larcher ;* — 30 janvier 1885, *Séguin ;* — 20 juillet 68, *Bertrand ;* — 16 mars 1894, *Gagnier et autres.*

5. Conseil d'État, 16 décembre 1868, *Mourchon ;* — 14 février 1890, *Guilloteaux.*

la répartition de l'impôt direct, soit pour déterminer le nombre d
centimes que les autorités locales pourront ajouter au principa
de cet impôt.

Doit-on décider de même pour les délibérations que prennent le
conseils généraux et les conseils d'arrondissement, afin de réparti
entre les arrondissements, puis entre les communes, le continger
assigné au département ? La doctrine et la jurisprudence sont d'ac
cord pour reconnaître que ces décisions ne peuvent être contestée
devant le conseil de préfecture, ni directement par les collectiv
tés intéressées, ni indirectement par les contribuables ([1]). Ma
nous ne pensons pas qu'on doive se fonder, pour expliquer l'inte
diction du recours, sur le caractère législatif qu'auraient ces déc
sions, à raison de la délégation donnée par la loi aux consei
généraux et d'arrondissement pour opérer la répartition du conti
gent départemental. Il faut être très sobre de ces assimilatio
entre la fonction d'autorités administratives et celle du législateu
répartir l'impôt est, en soi, un acte d'administration, et nous s
rions plus porté à regarder la répartition faite par la loi du budg
entre les départements, comme un acte de haute administratio
accompli en forme de loi, qu'à assimiler à une décision législativ
les sous-répartitions opérées par les conseils locaux dans l'intérie
de chaque département. C'est à bon droit qu'un arrêt du 14 juin 18
(*Witz-Witz*) a qualifié ces sous-répartitions d'*opérations administr
tives*, et l'on ne doit pas chercher en dehors de ce caractère adm
nistratif la raison d'être de l'interdiction du recours.

On la trouve d'abord, ainsi que l'indique l'arrêt du 29 août 18
(*Salines de l'Est*), rendu sur le rapport de M. Vivien, dans la limi

---

1. Conseil d'État, 29 août 1884, *Salines de l'Est ;* — 14 juin 1837, *Witz-Witz ;*
28 décembre 1894, *commune de Sérignac.*
Cette jurisprudence est conforme aux déclarations faites par les auteurs de la
du 10 mai 1838 (art. 2) dont les dispositions, sur ce point, ont été reproduites par
loi du 10 août 1871. On lit en effet dans le rapport de M. Vivien devant la Chamb
des députés : « Toutes les questions relatives à la répartition de l'impôt entre les arro
dissements et les communes sont résolues par les conseils généraux en dernier resso
On a demandé si ces décisions ne pourraient être l'objet d'un recours quelconqu
On a proposé de les soumettre soit à l'autorité du pouvoir législatif, soit à un recou
devant le Conseil d'État. Ces deux propositions ont été écartées... La commission
voulu rendre *définitives et irrévocables* toutes les décisions des conseils généraux
matière de répartition des impôts directs. »

que la loi de pluviôse an VIII assigne au contentieux des contributions directes, en ne déférant aux conseils de préfecture que les
demandes *des particuliers* tendant à obtenir décharge ou réduction
de *leur côte de contributions,* ce qui exclut implicitement tout recours contentieux relatif au contingent; le seul recours en cette
matière est celui que prévoit l'article 38 de la loi départementale
du 10 août 1871, qui charge le conseil général de prononcer définitivement sur les demandes formées par les communes, afin de
faire réduire le contingent fixé par le conseil d'arrondissement. On
est donc en présence d'actes de pure administration ayant un caractère définitif, et dont la juridiction contentieuse ne doit pas connaître. D'ailleurs, la répartition du contingent départemental entre
les arrondissements et les communes ne repose pas uniquement,
comme la répartition individuelle du contingent communal, sur
l'application de la loi à des faits nettement déterminés, mais aussi
sur des appréciations d'ordre administratif, ayant pour objet les
facultés contributives des communes.

La demande en dégrèvement, ayant le caractère d'un recours
contentieux, ne saisit le conseil de préfecture que des conclusions
formulées par le réclamant. C'est pourquoi le conseil de préfecture
ne peut, en principe, rien adjuger en dehors de ces conclusions;
il ne saurait, par exemple, accorder la décharge d'une taxe dont
on ne lui demande que la réduction ([1]), ou étendre à la contribution
mobilière les effets d'une réclamation qui n'a visé que la taxe
personnelle ([2]). Mais la jurisprudence admet que le conseil de
préfecture peut faire droit à des conclusions qui, sans être expressément formulées dans la demande, y sont implicitement contenues.
Ainsi, il peut accorder la réduction d'une contribution dont la
décharge a été réclamée, même en l'absence de conclusions subsi-
diaires tendant à cette réduction ([3]); il peut également prononcer
d'office les dégrèvements et les remboursements qui sont la consé-

---

1. Conseil d'État, 19 mai 1882, *ministre des finances;* — 7 mars 1890, *Jo'y;* —
18 juillet 1891, *Delhomme-Friard.*
2. Conseil d'État, 29 novembre 1854, *Bourrières.*
3. Conseil d'État, 21 juillet 1882, *Basque;* — 7 novembre 1884, *Bion.* — Toutefois,
la demande en décharge qui serait présentée pour la première fois au Conseil d'État,
le conseil de préfecture n'ayant été saisi que d'une demande en réduction, serait non
recevable comme constituant une demande nouvelle : 12 novembre 1892, *Eiffel.*

quence nécessaire de sa décision, par exemple le dégrèvement des centimes additionnels lorsqu'il accorde décharge du principal ([1]), et le remboursement des sommes payées, lorsqu'elles excèdent celles qui étaient réellement dues ([2]).

Mais le conseil de préfecture ne peut jamais rehausser d'office la taxe dont décharge ou réduction lui est demandée ; il ne peut même pas ordonner ce rehaussement à la suite de conclusions reconventionnelles prises par l'administration, car celle-ci ne peut rien recouvrer contre les contribuables au delà des impositions portées sur les rôles. En d'autres termes, il n'a le droit de réparer aucune omission du rôle, sinon sur la demande même du contribuable ([3]). Il peut cependant être amené, en statuant sur une demande en décharge ou en réduction, à vérifier la situation réelle du contribuable, à reconnaître et à indiquer ainsi que la cote, loin d'être exagérée, est inférieure à celle qui serait légalement due. Une telle constatation peut avoir pour effet indirect de provoquer un rehaussement ultérieur de la taxe, en révélant à l'administration des éléments d'imposition qui lui avaient échappé ; mais elle n'excède pas les pouvoirs du conseil de préfecture, puisqu'il ne prononce pas lui-même une aggravation de l'impôt, et qu'il se borne à démontrer que le contribuable n'est pas surtaxé.

Des déclarations prévues par la loi du 21 juillet 1887. — La loi du 21 juillet 1887 (art. 2) a créé une forme particulière de la demande en dégrèvement, consistant en une simple *déclaration* faite à la mairie par le contribuable, et sur laquelle le conseil de préfecture n'est appelé à statuer que si la réclamation est reconnue fondée par l'administration. D'après ce texte, « tout contribuable « qui se croira imposé à tort ou surtaxé pourra en faire la décla- « ration à la mairie du lieu de l'imposition dans le mois qui suivra « la publication du rôle. Cette déclaration sera reçue sans frais ni « formalités sur un registre tenu à la mairie ; elle sera signée par « le réclamant ou son mandataire. Celles de ces déclarations qui,

---

1. Ce dégrèvement est de droit, d'après l'article 13 de l'arrêté du 24 floréal an VIII.
2. Conseil d'État, 12 novembre 1868, *Russé.*
3. Conseil d'État, 26 décembre 1879, *ministre des finances.*

« après examen sommaire, auront pu être immédiatement reconnues
« fondées, seront analysées par les agents des contributions directes
« sur un état qui sera revêtu de l'avis du maire ou des répartiteurs,
« suivant les cas, ainsi que de celui du contrôleur ou du directeur.
« Le conseil de préfecture prononcera les dégrèvements ; il s'abs-
« tiendra toutefois de statuer sur les cotes ou portions de cotes qui
« lui auraient paru devoir être portées au rôle. »

Cette disposition a eu pour but de faire prononcer immédiatement et sans débat, par le conseil de préfecture, les dégrèvements
sur lesquels il y a accord entre l'administration et le contribuable.
Le conseil est saisi au moyen d'un *état* dressé par les agents des
contributions, et sur lequel toutes les déclarations par eux admises
sont analysées ; mais sa mission ne se borne pas à prendre acte de
cet accord ; il doit le contrôler à l'aide des avis joints au dossier et
de ceux qu'il pourra provoquer lui-même. Dans le doute, il devra
s'abstenir de prononcer le dégrèvement ; le contribuable pourra
alors le demander, dans la forme ordinaire, conformément au § 3
du même article : « Les contribuables dont les déclarations n'au-
« raient pas été portées ou maintenues sur l'état dont il s'agit, et
« ceux sur la cote desquels le conseil de préfecture n'aurait pas eu
« à statuer, en seront avisés et ils auront la faculté de présenter
« des demandes en dégrèvement dans les formes ordinaires. »

L'application de ces dispositions peut donner lieu à quelques
difficultés, notamment en ce qui touche les délais de la réclamation
contentieuse ; nous les examinerons en étudiant ci-après les règles
de procédure.

II. — DEMANDES EN MUTATION DE COTE ET EN TRANSFERT DE PATENTE.

La demande en *mutation de cote* tend à faire décider qu'un
immeuble cotisé sous le nom d'un contribuable doit l'être sous le
nom d'un autre, par suite d'un changement survenu dans la propriété de la matière imposable. Elle a donc à la fois le caractère
d'une demande en décharge pour l'ancien propriétaire, et d'une
demande d'inscription au rôle pour celui qui lui a succédé.

Il en résulte que l'un et l'autre peuvent en prendre l'initiative ; l'administration ne saurait le faire à leur place, parce que, d'après l'article 36 de la loi du 3 frimaire an VII, elle doit maintenir au rôle le propriétaire primitif, tant que le changement survenu dans la propriété n'a pas été constaté sur le livre des mutations, à la demande des parties elles-mêmes (¹).

La mutation de cote devant produire ses effets à l'égard de l'ancien et du nouveau propriétaire, il faut que l'instruction de la demande et la décision du conseil de préfecture soient contradictoires à l'égard de l'un et de l'autre. Celui qui n'a pas pris l'initiative de la demande doit donc être mis en cause devant le conseil de préfecture (²) ; en cas de désaccord des parties sur la question de propriété, celle-ci ne peut pas être tranchée par la juridiction administrative ; le conseil de préfecture doit, conformément aux règles générales de la compétence et aux dispositions formelles de l'article 7 de la loi du 2 messidor an VII, surseoir à statuer sur la mutation de cote, jusqu'à ce que la question de propriété ait été jugée par les tribunaux judiciaires à la requête de la partie la plus diligente.

Pendant longtemps, la contribution foncière a été la seule qui pût donner lieu à des demandes en mutation de cote. Cette mesure a été étendue à la contribution des portes et fenêtres par la loi de finances du 8 juillet 1852 ; mais elle est restée inapplicable à la contribution mobilière, bien que celle-ci ait aussi le caractère d'impôt de répartition (³).

La contribution des patentes peut donner lieu à une demande qui est analogue, mais non identique, à la mutation de cote ; c'est la demande en *transfert de patente* prévue par l'article 28 de la loi des patentes du 15 juillet 1880, et antérieurement par l'article 23 de la loi du 25 avril 1844. Ces textes autorisent le patentable qui a cédé son établissement, et celui qui s'en est rendu acquéreur,

---

1. Conseil d'État, 8 juin 1888, *Vuillerme;* — 17 mars 1893, *Defoin.*

2. Conseil d'État, 11 novembre 1891, *Bonnemaison;* — 27 mai 1892, *Compagnie du Gaz;* — 24 février 1894, *Chailley.*

3. Voy. dans le paragraphe suivant les questions auxquelles ont donné lieu les demandes d'inscription au rôle, tendant à faire opérer indirectement des mutations de cote en matière de contribution mobilière.

à demander que la patente du cédant soit transférée au cessionnaire.

Ce transfert diffère, à un double point de vue, de la mutation de cote : — en premier lieu, il peut s'opérer en cours d'exercice, quelle que soit l'époque de la cession, tandis que les cotes foncières et des portes et fenêtres ne peuvent être modifiées qu'à raison de mutations de propriété survenues avant le 1er janvier ; — en second lieu, le transfert de patente n'exige pas nécessairement, comme la mutation de cote, une décision contentieuse ; il est opéré par une décision administrative émanée du préfet ; le conseil de préfecture n'a à intervenir que si cette décision est contestée, ou s'il s'agit d'accorder au cessionnaire décharge de droits qui formeraient double emploi avec ceux qui lui ont été transférés (Loi du 15 juillet 1880, art. 28).

III. — DEMANDES D'INSCRIPTION AU RÔLE.

Le droit qui appartient au contribuable omis sur les rôles, de réclamer son inscription par la voie contentieuse, a été formellement reconnu par la loi du 21 avril 1832 (art. 28), qui soumet ces demandes à la même procédure que les demandes en dégrèvement. Ces réclamations présentaient un grand intérêt à l'époque où la législation électorale reposait sur le régime censitaire ; elles peuvent encore présenter aujourd'hui un intérêt de même nature, quoique très atténué, quand il s'agit de l'éligibilité d'un candidat au conseil général, municipal ou d'arrondissement, qui n'est pas électeur dans le département ou dans la commune, et qui peut s'y rendre éligible par le paiement d'une contribution directe. Un commerçant peut aussi avoir intérêt à être nominalement inscrit sur le rôle des patentes afin de pouvoir justifier de sa qualité de patenté, notamment en vue des élections commerciales.

La demande d'inscription au rôle peut s'appliquer à toute contribution directe ; elle peut tendre, selon les cas, soit à critiquer une omission complète d'éléments imposables, soit à faire attribuer au réclamant ceux de ces éléments qui auraient été attribués à un autre contribuable ; ce dernier caractère apparaît dans les demandes en mutation de cote ou en transfert de patente dont l'initiative est prise par l'acquéreur d'une propriété foncière ou d'un fonds de commerce.

On s'est demandé si les demandes d'inscription au rôle de la contribution mobilière ne pouvaient pas aussi aboutir à une véritable mutation de cote, lorsque les éléments d'imposition revendiqués par un contribuable avaient été cotisés au nom d'un autre. En effet, a-t-on dit, ces mêmes éléments ne peuvent pas, sans double emploi, être simultanément imposés au nom de deux contribuables différents ; l'inscription de l'un doit donc entraîner la radiation de l'autre. Le Conseil d'État l'a d'abord ainsi décidé par un arrêt du 25 avril 1855 (*Souchon*), qui, après avoir constaté que l'habitation du requérant avait été cotisée sous un autre nom que le sien, dit « qu'il ne pouvait obtenir sa propre inscription qu'en demandant la rectification de celle du contribuable inscrit par erreur à sa place ».

Mais le Conseil d'État n'a pas persisté dans cette jurisprudence, dont il était facile d'abuser pour étendre la mutation de cote, contrairement au vœu de la loi, non seulement à la contribution mobilière, mais encore à des taxes qui reposent sur la possession d'objets susceptibles de changer de mains, telle que la taxe des prestations, des chevaux et voitures, etc... Il a annulé des décisions de conseils de préfecture qui avaient admis des mutations de cote en matière de prestations en nature[1] ; puis il a jugé de même pour la contribution mobilière[2]. Cette dernière jurisprudence doit assurément être préférée, car il est de principe que les demandes des contribuables — demandes en inscription aussi bien que demandes en dégrèvement — ont un caractère absolument personnel, et ne peuvent réagir sur la situation d'autres contribuables qu'en vertu de dispositions spéciales de la loi.

---

1. Conseil d'État, 29 juillet 1859, *Baudesson ;* — 27 juin 1879, *Vitalis.*
2. Conseil d'État, 9 juin 1876, *Mercier ;* — 9 avril 1892, *héritiers Danrée.*

IV. — RÉCLAMATIONS CONTRE LES OPÉRATIONS CADASTRALES.

Réclamations contre les opérations d'art. — Parmi les opérations qui concourent à la confection du cadastre et qui préparent l'assiette de l'impôt foncier sur les propriétés non bâties, on distingue, d'une part, les *opérations d'art* et, d'autre part, les opérations administratives, dont l'ensemble constitue l'*expertise*.

Les opérations d'art sont : la *délimitation* du territoire de la commune, la *triangulation*, le *levé des plans* et l'*arpentage*. A raison de leur caractère technique, elles ne donnent lieu, en principe, à aucun recours direct par la voie contentieuse ([1]).

Plusieurs arrêts ont cependant admis que le contribuable peut discuter, à propos d'une réclamation contre sa cote foncière, l'inscription de tout ou partie de sa propriété sur le plan cadastral de telle ou telle commune, et que le conseil de préfecture peut vérifier, à cette occasion, si les limites du plan correspondent avec les limites réelles de la commune ([2]).

En ce qui touche les opérations de levé de plan et d'arpentage, il a toujours été reconnu qu'elles ne peuvent pas être directement attaquées par la voie contentieuse ; mais la jurisprudence a admis que les réclamations contre des erreurs de contenance peuvent être assimilées à des réclamations contre le classement et être formées dans le même délai, c'est-à-dire pendant les six mois qui suivent l'émission du premier rôle ([3]).

En dehors de ces opérations techniques, la confection du cadastre comprend des opérations administratives : la *classification,*

---

1. Conseil d'État, 27 février 1836, *commune de Gajan ;* — 2 février 1877, *commune de Sotteville-lès-Rouen.*

2. Conseil d'État, 14 décembre 1859, *de Marcieu ;* — 7 août 1883, *commune de Meudon ;* — 10 juillet 1885, *Legrand ;* — 16 juillet 1886, *Varnier.*

3. Conseil d'État, 18 juin 1856, *Chabrol ;* — 3 avril 1861, *Gonnet ;* — 28 janvier 1876, *Pernin.* — Un arrêt du 11 juillet 1864 (*Hudelet*) a même décidé que l'on pouvait réclamer contre les erreurs de contenance à l'occasion d'une réclamation contre les rôles annuels ; mais cette doctrine enlèverait toute stabilité aux opérations d'arpentage ; le Conseil d'État n'y a pas persisté ; il admet seulement, en tout temps, la rectification des erreurs matérielles qui ont été commises non dans l'arpentage, mais dans la constatation de ses résultats sur la matrice cadastrale (14 janvier 1863, *Angebault*).

ou division en classes de chaque nature de propriétés ; le *tarif des évaluations,* qui détermine le revenu d'après lequel chaque classe doit être imposée ; enfin le *classement,* qui assigne à chaque parcelle sa place dans telle ou telle classe. Ces deux dernières opérations peuvent seules donner lieu à des réclamations par la voie contentieuse.

Réclamations contre le tarif des évaluations. — Sous l'empire de la loi du 15 septembre 1807, et jusqu'à la loi du 10 août 1871, le tarif des évaluations était approuvé par le préfet en conseil de préfecture, après avis des conseils municipaux. Il n'était susceptible, en principe, d'aucun recours contentieux, mais seulement d'un recours hiérarchique au ministre des finances sous l'autorité duquel le préfet prenait sa décision (¹).

Exceptionnellement, le règlement du 15 mars 1827 (art. 81) et la jurisprudence du Conseil d'État ouvraient un recours, devant le conseil de préfecture, au propriétaire qui possédait à lui seul la totalité ou la presque totalité d'une nature de culture ; en effet, le tarif des évaluations n'est plus, à l'égard de ce propriétaire, une opération générale ne préjugeant rien sur le classement de ses terres, il implique d'avance ce classement d'après un revenu imposable déterminé ; il peut donc léser directement le propriétaire, et c'est avec raison qu'un droit de recours lui a été reconnu. Mais la jurisprudence n'avait pas attribué le même droit aux communes ; elle les admettait seulement à défendre le tarif des évaluations contre les réclamations du propriétaire, et à déférer au Conseil d'État la décision du conseil de préfecture, lorsqu'elle modifiait le tarif (²).

Dans quelle mesure ces solutions ont-elles été modifiées par la loi du 10 août 1871, dont l'article 87 a transféré du préfet à la commission départementale le droit d'approuver le tarif des évaluations cadastrales (³) ? Une première conséquence à tirer de ce

---

1. Conseil d'État, 11 avril 1837, *commune d'Épernay.*
2. Conseil d'État, 24 juillet 1862, *commune de Beaubray.*
3. Loi du 10 août 1871, art. 87 : « La commission départementale approuve le tarif des évaluations cadastrales, *et elle exerce à cet égard les pouvoirs attribués au préfet en conseil de préfecture* par la loi du 15 septembre 1807 et le règlement du 15 mars 1827. »

changement de compétence, c'est que le recours administratif au ministre des finances se trouve remplacé par l'appel au conseil général, supérieur hiérarchique de la commission départementale ; cet appel est en effet ouvert, par l'article 88, aux préfets, aux conseils municipaux et à toute autre partie intéressée « pour cause d'inopportunité ou de fausse appréciation des faits ».

Mais ce recours hiérarchique n'est pas le seul que l'article 88 autorise contre les décisions des commissions départementales ; il ouvre aussi un recours « au Conseil d'État statuant au contentieux « pour cause d'excès de pouvoir ou de violation de la loi ou d'un « règlement d'administration publique ». Les tarifs d'évaluations cadastrales peuvent-ils également être l'objet de ce recours ? Le Conseil d'État s'est prononcé pour l'affirmative par un arrêt du 2 décembre 1887 (*commune de Ferron*), qui a admis une commune à déférer directement au Conseil d'État une décision de la commission départementale approuvant un tarif d'évaluations. Cette solution paraît en effet imposée par le rapprochement des articles 87 et 88 de la loi de 1871 ; nous pensons qu'elle doit également profiter aux autres personnes dont l'article 88 autorise le recours, c'est-à-dire au préfet et « à toute autre partie intéressée ». Mais il ne faut pas perdre de vue que le recours de l'article 88 n'est qu'un recours en *annulation* pour excès de pouvoir ou violation de la loi, non un recours en *réformation* permettant de modifier le tarif des évaluations ; ce dernier recours n'appartient, après la loi de 1871 comme avant, qu'aux propriétaires d'une seule espèce de culture, et ils doivent continuer à le soumettre au conseil de préfecture.

Les communes ont aussi le droit de défendre à ce recours devant le conseil de préfecture, et de se pourvoir devant le Conseil d'État, droit qui leur était reconnu par la jurisprudence antérieure.

Réclamations contre le classement. — Il faut distinguer ici entre le classement des propriétés non bâties et celui des propriétés bâties.

A l'égard des propriétés non bâties, le classement est un facteur immédiat et permanent de l'impôt, car il assigne à chaque parcelle un revenu imposable d'après lequel la cote foncière sera établie, non seulement pour le présent, mais pour l'avenir. Afin de concilier la permanence du cadastre avec l'intérêt qu'a le propriétaire à faire modifier un classement inexact, la loi lui a ouvert un recours contentieux : non un recours annuel, permettant de contester l'assiette de l'impôt après l'émission de chaque rôle, mais un recours unique, qui doit être exercé une fois pour toutes, dans un délai de six mois à partir de la mise en recouvrement du premier rôle cadastral (¹). Ce délai passé, le classement devient définitif; il ne peut plus être attaqué même pour erreur matérielle relevée dans le classement (²).

Il y a cependant un cas où le principe de la permanence du cadastre doit fléchir devant de véritables nécessités de justice et de bonne administration : c'est lorsque l'état de choses qui a servi de base au classement se trouve supprimé ou profondément altéré par des événements postérieurs, indépendants de la volonté du propriétaire, et qui n'avaient pas pu être prévus à l'époque du classement. Ces faits exceptionnels peuvent se produire quand une parcelle est absorbée par un chemin ou par tout autre ouvrage public, quand elle est entraînée par les eaux, ou bien quand elle a cessé d'être propre à la culture par suite d'ensablement, de submersion, d'éboulement, ou de destruction complète des plantations qui la rendaient productive (³). Remarquons, toutefois, que si cette destruction résultait d'un fléau commun à toute une contrée, par exemple de gelées exceptionnelles, du phylloxéra, etc., elle ne pourrait pas avoir pour effet de faire modifier le classement des propriétés détériorées, — ce qui reporterait la charge de l'impôt sur d'autres propriétés également éprouvées; — elle ne pourrait donner lieu qu'à une revision générale du cadastre de la commune, mesure qui ne peut être prescrite que par l'autorité administrative, non par la juridiction contentieuse (⁴).

La destruction générale de certaines cultures pourrait aussi donner lieu à une remise totale ou partielle de l'impôt foncier à l'en-

---

1. Ordonnance du 3 octobre 1821, art. 9.

2. Conseil d'État, 14 juin 1847, *Chanoine;* — 13 avril 1867, *Tallotte.* — En ce qui touche les erreurs de contenance, voy. ci-dessus, p. 277, note 3.

3. Conseil d'État, 11 décembre 1853, *Vial;* — 20 novembre 1856, *commune de Saint-Hélen;* — 12 août 1859, *Gressin;* — 2 août 1878, *Huiard.*

4. Conseil d'État, 26 novembre 1880, *Saucerotte;* — 18 juillet 1884, *de Baritault;* — 3 juillet 1885, *Roques;* — 22 janvier 1886, *Gauthier.*

semble des propriétaires de ces cultures, mais seulement en vertu d'une loi (¹).

Lorsque l'événement étranger et postérieur au classement est de nature à motiver le changement de classe d'une propriété, la loi du 15 septembre 1807 (art. 37) et l'ordonnance du 3 octobre 1821 (art. 9) permettent d'en faire la demande devant le conseil de préfecture et le règlement du 10 octobre 1821 (art. 31) dispose que cette demande peut être formée « à toute époque ». Ce texte a d'abord été interprété comme dispensant la réclamation de tout délai, quelle que fût la date de l'événement qui la motive (²). Mais une jurisprudence plus récente et mieux fondée a décidé que les mots « à toute époque » visent la date de l'événement par rapport à la confection du cadastre, et non la date de la réclamation par rapport à l'événement ; celle-ci doit donc rester soumise au délai de six mois fixé par l'ordonnance du 3 octobre 1821, seulement ce délai, au lieu de courir de l'émission du premier rôle mis en recouvrement après le classement primitif, se compte à partir du premier rôle qui suit l'événement donnant lieu à un changement de classe (³).

Réclamations relatives aux propriétés bâties. Loi du 8 août 1890. — En ce qui touche les propriétés bâties, il faut distinguer entre les règles qui étaient en vigueur antérieurement à la loi du 8 août 1890 et celles que cette loi a établies, en même temps qu'elle a transformé en impôt de quotité l'impôt foncier sur la propriété bâtie qui était auparavant un impôt de répartition.

La législation antérieure à 1890 admettait que la permanence du classement ne pouvait pas s'appliquer aux propriétés bâties, à raison des variations fréquentes qu'éprouve le revenu de ces immeu-

---

1. Voy. la loi du 29 décembre 1887 (complétée par le décret du 2 mai 1888), qui dispose : « Dans les arrondissements atteints par le phylloxéra, les terrains plantés ou replantés en vignes âgées de moins de quatre ans lors de la promulgation de la loi seront exempts de l'impôt foncier ; ils ne seront soumis à cet impôt que lorsque ces vignes auront dépassé leur quatrième année. » Cette loi a été appliquée par le Conseil d'État, notamment : 6 août 1892, *Jeanjean.*

2. Conseil d'État, 16 novembre 1850, *Pécourt ;* — 20 novembre 1856, *commune de Saint-Hélen.*

3. Conseil d'État, 11 janvier 1865, *Laurent ;* — 27 avril 1871, *Beaumier ;* — 28 février 1873, *ministre des finances ;* — 30 janvier 1880, *Roux ;* — 17 mai 1890, *Mieulet ;* — 14 février 1891, *Messot.*

bles. En conséquence, les propriétaires étaient recevables, en cas de surtaxe ou de destruction totale ou partielle des bâtiments cotisés, à réclamer chaque année contre le classement dans les trois mois de la mise en recouvrement du rôle, et à demander au conseil de préfecture décharge ou réduction de leur contribution ([1]). Ce droit leur était même reconnu dans le cas d'une destruction accidentelle survenue postérieurement au 1er janvier ([2]).

La loi du 8 août 1890 a établi, pour la propriété bâtie, la permanence des évaluations décennales. D'après cette loi, les valeurs locatives déterminées par l'administration des contributions directes, ou, en cas de réclamation, par la décision qui a modifié cette évaluation, ne peuvent être, en principe, revisées que tous les dix ans. Il suit de là que le propriétaire qui a obtenu par la voie contentieuse réduction de la valeur locative primitivement évaluée par l'administration, n'est pas recevable à demander une nouvelle réduction les années suivantes, même s'il allègue des causes nouvelles de moins-value ([3]).

Voici dans quels cas et dans quels délais les propriétaires d'immeubles bâtis peuvent, sous l'empire de la loi de 1890, contester l'évaluation qui sert de base à leur imposition.

S'ils se bornent à soutenir que la valeur locative a été mal appréciée lors de l'évaluation primitive, ils peuvent réclamer soit dans un délai de six mois à partir de la publication du *premier rôle* où leur immeuble est cotisé, soit dans un délai de trois mois à partir de la publication des deux rôles suivants (Loi du 8 août 1890, art. 5 et 7, et loi du 18 juillet 1892, art. 33). Ces délais sont de rigueur, et leur expiration entraîne la non-recevabilité de la réclamation ([4]).

Le contribuable qui réclame contre l'évaluation ne peut pas in-

1. Loi du 15 septembre 1807, art. 38 ; ordonnance du 3 octobre 1821 et règlement du 15 mars 1827 ; — Conseil d'État, 23 décembre 1845, *Changeur* ; — 29 janvier 1863, *Chemin de fer d'Orléans.*

2. Conseil d'État, 27 mai 1857, *Delermoy* ; — 9 mars 1859, *Médart* ; — voy. toutefois 22 mars 1878, *Boulet.*

3. Conseil d'État, 2 mars 1894, *ministre des finances* ; — 21 avril 1894, *Quinquet de Montjour* ; — 18 janvier 1895, *Ausbert-Labbé.*

4. Pour le délai de six mois après le premier rôle : 23 juillet 1892, *Caïphes* ; — 10 juillet 1893, *Allery* ; — 5 mai 1894, *Humbert.*

Pour le délai de trois mois après les deux rôles suivants : 2 décembre 1893, *Jacob.*

voquer tous les éléments de moins-value qui ont pu se produire jusqu'à la date de sa réclamation, ni même jusqu'au 1er janvier 1891, date de la mise en vigueur de la loi (¹), mais seulement ceux qui existaient déjà lorsque le travail des évaluations a été fait par l'administration. La date de ce travail est déterminée par le procès-verbal de clôture des opérations faites dans la commune (²). Si ces opérations ont donné lieu à plusieurs procès-verbaux correspondant à des circonscriptions différentes de la commune, on prend pour date celle du procès-verbal qui concerne la circonscription intéressée (³).

Si le contribuable, au lieu de contester l'évaluation primitive, soutient que son immeuble a subi, depuis cette évaluation, une dépréciation résultant de circonstances exceptionnelles, il peut réclamer contre l'imposition portée aux rôles subséquents dans les trois mois de la publication de ces rôles (Loi de 1890, art. 7). Les communes peuvent aussi demander qu'il soit procédé à une nouvelle évaluation des propriétés bâties de leur territoire, non dans le cas ci-dessus où la moins-value n'affecte qu'une ou quelques propriétés déterminées, mais si des circonstances exceptionnelles ont produit une dépréciation générale des propriétés de la commune ou d'une fraction notable de son territoire (Loi de 1890, art. 8).

On s'est demandé si, dans ce dernier cas, le droit qu'a la commune de réclamer la revision exclut le droit des propriétaires de demander individuellement la réduction de leur imposition. Pour l'affirmative, on a invoqué par analogie les dispositions de la loi du 3 frimaire an VII et la jurisprudence rapportée ci-dessus, qui excluent les réclamations individuelles, dans les cas qui peuvent donner lieu à une revision des évaluations cadastrales à raison du caractère général de la dépréciation. Mais le principal motif de cette législation et de cette jurisprudence vient de ce que la réduction accordée à une propriété retomberait sur d'autres propriétés également éprouvées ; ce motif ne saurait être invoqué ici, puisque l'impôt foncier de la propriété bâtie a cessé d'être un impôt de répartition.

---

1. Conseil d'État, 21 décembre 1894, *Geneste*.
2. Conseil d'État, 15 décembre 1893, *de Vaux*.
3. Conseil d'État, 21 juillet 1894, *Lecoulteux*.

Aussi le Conseil d'État a-t-il décidé que le droit de la commune n'exclut pas celui du propriétaire, et il a admis les réclamations individuelles dans un cas où la circonstance exceptionnelle invoquée (dans l'espèce la suppression d'un marché) avait affecté les immeubles de tout un quartier de la commune (¹).

V. — CONTESTATIONS RELATIVES AUX POURSUITES.

Règles générales de compétence. — Le recouvrement des contributions directes peut donner lieu à deux sortes de poursuites : les poursuites administratives qui consistent dans la sommation avec frais et la contrainte (²) ; les poursuites judiciaires, qui consistent dans le commandement, la saisie et la vente des biens. De là une division naturelle des compétences d'après le caractère de l'acte de poursuite contre lequel le contribuable réclame.

Mais cette division doit être bien comprise : il ne faut pas l'interpréter comme créant deux périodes de temps, l'une antérieure et l'autre postérieure au commandement, pendant lesquelles tout le contentieux des poursuites appartiendrait successivement à la juridiction administrative et aux tribunaux judiciaires. Un pareil système serait doublement inexact : d'abord parce qu'il peut y avoir, avant le commandement, des actes de poursuites, et même des actes d'exécution faits en vertu de la contrainte, par exemple des saisies-arrêts, dont le contentieux est toujours judiciaire (³) ; en second lieu, parce que les oppositions faites aux poursuites, pendant la période postérieure au commandement, peuvent soulever des questions relatives à la dette du contribuable envers le Trésor, lesquelles sont toujours du domaine de la juridiction administrative.

Il ne faut donc pas s'attacher à la *date* des contestations, mais à

---

1. Conseil d'État, 28 décembre 1891, *Lambert.*

2. D'après la loi du 17 brumaire an V, il y avait deux actes de poursuites administratives désignés sous le nom de *garnison collective* et de *garnison individuelle.* La loi du 9 février 1877 a supprimé la garnison individuelle et a remplacé la garnison collective par la sommation avec frais.

3. Req. rej. 19 mars 1873, *Legoubey.* (Voy. les conclusions de M. l'avocat général Reverchon, Dall. Pér. 1873, I, 276.)

leur *objet* ; or, on peut dire d'une manière générale que la compétence judiciaire ne s'applique qu'aux contestations dirigées *contre la validité intrinsèque des actes de poursuite et d'exécution judiciaire*, et non à celles qui ont pour objet *les causes de ces poursuites*, c'est-à-dire l'existence et la quotité de la dette du contribuable envers l'État.

Le contribuable ne peut en effet discuter sa dette, à un moment quelconque des poursuites, sans mettre en cause des actes, des décisions, des faits d'ordre administratif dont il n'appartient pas aux tribunaux de connaître. Ce caractère administratif est évident toutes les fois qu'il s'agit de la cote du contribuable, ou des décisions contentieuses ou gracieuses qui ont pu la modifier ; il apparaît également dans toutes les opérations de comptabilité de l'impôt entre le contribuable et le percepteur ; c'est pourquoi les contestations relatives aux paiements faits par le contribuable, aux émargements portés sur les registres de la perception, aux quittances délivrées par le percepteur, à l'imputation des paiements sur telle cote de contribution plutôt que sur telle autre, ne peuvent ressortir qu'à la juridiction administrative. « Dans toutes ces questions, dit très justement M. Serrigny, il s'agit toujours d'établir la quotité de la somme due au Trésor par le contribuable ; le débat a donc lieu entre l'intérêt collectif de l'État et le droit privé du redevable (¹). »

La jurisprudence du Conseil d'État s'est affirmée en ce sens dès les premières applications de la législation en vigueur. Parmi ses plus anciennes décisions on peut citer : l'arrêté consulaire du 12 brumaire an XI, rendu sur conflit, qui déclare « que, d'après toutes les lois de la matière, la surveillance de la perception des contributions et *le contentieux relativement au recouvrement entre le contribuable et le percepteur* sont attribués à l'autorité administrative » ; le décret sur conflit du 18 juillet 1809 (*Paga*), qui décide qu'une contestation relative à la validité d'une quittance délivrée par le percepteur « porte sur les actes de la perception, *se classe ainsi dans le contentieux des contributions directes*, et rentre dans les attributions de l'autorité administrative ». Cette doctrine,

---

1. Serrigny, *Compétence administrative*, t. II, nᵒ 531.

qu'un grand nombre d'arrêts ont également consacrée sous la Restauration ([1]), trouve une nouvelle consécration dans un arrêt du 21 juillet 1876 (*Ducatel*), qui prononce sur la validité d'un paiement allégué par un contribuable, bien que la question fût celle de savoir si ce paiement avait été réellement effectué, et entre les mains d'une personne ayant qualité pour le recevoir ([2]).

Nous ne voyons guère qu'un cas où le contentieux du paiement de l'impôt cesserait d'appartenir au juge administratif, ce serait celui où les pièces et registres opposés par le percepteur seraient argués de faux par le contribuable. Mais nous n'admettrions pas avec M. Durieu que le contentieux du paiement fût également transféré à l'autorité judiciaire, si le contribuable jugeait à propos d'invoquer la preuve testimoniale contre le percepteur, ou de lui déférer le serment décisoire ([3]); ces modes de preuve ne nous paraissent pas de nature à établir la libération d'un contribuable, laquelle ne peut résulter que d'une quittance du percepteur ou de sont commis ([4]).

La compétence judiciaire n'a donc réellement pour objet, entre le contribuable et l'administration, que la validité des actes de poursuite qui relèvent du droit commun (commandement, saisie, exécution sur les biens), c'est-à-dire la question de savoir si ces

---

1. Conseil d'État, 24 mars 1820, *Pujols;* — 30 juin 1824, *Bressler;* — 15 juin 1825, *Baudot;* — 15 mars 1826, *Pétinaud.*

2. Voy. dans le même sens un arrêt de la cour d'appel de Douai du 25 janvier 1875 rappelé par M. Durieu (*Poursuites en matière de contributions directes,* t. II, p. 178). Nous ne pensons pas qu'on puisse invoquer en sens contraire une décision du Tribunal des conflits du 15 décembre 1888 (*préfet de la Nièvre c. Moreau*) qui admet la compétence judiciaire sur la réclamation d'un contribuable tendant à faire condamner le percepteur *personnellement* à restituer une somme qu'il avait reçue sans l'affecter à la libération de ce contribuable. En effet, dans cette espèce, le contribuable reconnaissait que le versement litigieux, dont il ne s'était pas fait donner de quittance régulière, ne pouvait pas le libérer à l'égard du Trésor; il avait même renouvelé ce paiement en forme régulière; son action ne tendait qu'à mettre en jeu la responsabilité personnelle du percepteur; elle ne soulevait, comme le dit le Tribunal des conflits, qu'une « contestation entre simples particuliers » dans laquelle le Trésor était désintéressé.

3. *Op. cit.,* t. II, p. 157 et 395. — M. Durieu cite un arrêt du 3 décembre 1828 (*Dutremblay*) qui ne nous paraît pas consacrer la solution qu'il propose.

4. Voy. avis du Conseil d'État des 19 avril et 18 octobre 1816 et du 4 mai 1822, cités dans les observations du ministre des finances rapportées au *Recueil des arrêts du Conseil d'État,* 1876, p. 701.

actes sont réguliers en la forme et susceptibles de produire leurs effets légaux, et aussi celle de savoir si les poursuites sont frappées de déchéance pour avoir été exercées plus de trois ans après la remise du rôle au percepteur, ou pour être restées suspendues pendant ce délai ([1]).

Il résulte de ce qui précède que la compétence judiciaire est très limitée quand il s'agit de contestations entre l'administration et le redevable. Elle est au contraire très étendue et à peu près exclusive lorsqu'il s'agit de contestations entre l'administration et des tiers, qui viennent s'opposer aux effets des poursuites, soit en revendiquant la propriété des biens saisis, soit en contestant l'exercice du privilège du Trésor sur les biens de leur débiteur commun. Nous aurons à revenir sur ce point en parlant des poursuites exercées contre les tiers.

La compétence judiciaire ne comporte même aucun partage lorsque le contribuable, ayant acquitté l'impôt sous le coup de poursuites, exerce contre le percepteur l'action en répétition prévue par l'article final de la loi de finances, en soutenant que l'impôt n'était pas légalement autorisé. L'autorité judiciaire, juge de cette action, n'a même pas à soumettre à la juridiction administrative, sous forme de question préjudicielle, la question de légalité des actes invoqués à l'appui de la perception.

Après ces indications générales sur les règles de compétence, voyons les applications dont elles sont susceptibles dans les diverses contestations auxquelles peuvent donner lieu les poursuites.

Demandes en cessation de poursuites. — Les demandes en cessation de poursuites ne tendent pas à critiquer les actes de poursuites ou d'exécution à raison de vices qui leur seraient pro-

---

1. Loi du 3 frimaire an VII, art. 149 ; arrêté du 16 thermidor an VIII, art. 17. — Quelques arrêts du Conseil d'État ont même décidé que la question de déchéance ressortit toujours aux tribunaux judiciaires, même quand elle se pose à propos de poursuites administratives (14 novembre 1821, *Héraud* ; — 26 décembre 1852, *ville d'Alger*) ; — mais cette jurisprudence, qui reposait sur une assimilation inexacte entre cette prescription spéciale et la prescription de droit civil, a été abandonnée par le Conseil d'État, qui réserve au conseil de préfecture la question de savoir si la poursuite administrative est périmée (2 mars 1877, *ville de Paris* ; — 2 août 1878, *de Béarn* ; — 4 février 1881, *Dazet*).

pres, mais à paralyser ou à suspendre le recouvrement que ces actes ont pour but d'assurer. Elles peuvent se fonder sur ce que la personne poursuivie n'est pas le débiteur de la taxe, ni le représentant de ce débiteur, soit à titre d'héritier, soit à titre d'associé, de directeur, d'administrateur, de gérant, si le contribuable poursuivi est une société civile ou commerciale ou toute autre collectivité imposable.

La demande en cessation de poursuites peut également se fonder sur ce que les douzièmes réclamés ne seraient pas encore échus, ou sur ce qu'ils ne seraient pas exigibles quoique échus. Ce dernier cas est prévu par l'article 28 de la loi du 21 avril 1832, d'après lequel les réclamations en matière de contributions directes doivent être jugées dans les trois mois ; si elles ne le sont pas, le contribuable a le droit de différer, jusqu'à ce que le jugement soit rendu, le paiement des termes qui viennent à échoir après ce délai.

Pour obtenir la cessation ou la suspension des poursuites, le contribuable peut s'adresser d'abord au sous-préfet, qui a visé la contrainte et qui peut en suspendre les effets ; puis au conseil de préfecture. Mais il ne peut pas s'adresser à l'autorité judiciaire, même s'il est sous le coup d'une saisie, et lui demander, soit par la voie du référé, soit par action principale, de prononcer un sursis, par application de l'article 28 précité, jusqu'à ce que le conseil de préfecture ait statué sur sa réclamation, ou de lui accorder terme et délai pour le paiement. Le tribunal ne pourrait accueillir ces conclusions sans faire obstacle au recouvrement du rôle, et à la contrainte administrative dont la saisie n'est qu'un mode d'exécution (¹).

Mais si la demande en discontinuation de poursuites était fondée sur une des causes qui peuvent motiver l'annulation des actes de poursuites judiciaires, et qui sont examinées ci-après, l'autorité judiciaire, compétente pour arrêter les poursuites, aurait, à plus forte raison, qualité pour les suspendre.

Demandes en annulation des actes de poursuites. — Ces de-

1. Conseil d'État, 28 juillet 1819, *Reybaud ;* — 3 décembre 1846, sur conflit, *de Genoude ;* — 9 décembre 1858, *syndicat de la Chalaronne ;* — 21 décembre 1858, *Pebernard.*

mandes peuvent se fonder sur deux moyens d'ordre très différent :
— 1° sur des moyens du fond, tirés de ce que les causes de la poursuite ne seraient pas justifiées, sur ce que le contribuable ne serait
pas débiteur de ce qu'on lui réclame ; — 2° sur des moyens de
forme, tirés de ce que les actes de poursuites, considérés en eux-
mêmes, ne seraient pas conformes aux lois de procédure administrative ou judiciaire qui les régissent, et par suite ne seraient pas
valables.

Lorsque les actes attaqués sont des actes de poursuites administratives, tous les moyens de forme et de fond peuvent être invoqués devant le conseil de préfecture qui est à la fois le juge de la
dette et celui des poursuites. Le conseil doit donc prononcer l'annulation de ces actes, s'ils ne sont pas justifiés par une créance
actuelle de l'État[1] ou s'ils sont irréguliers par suite d'un vice
de forme ou d'un défaut de qualité de l'agent[2].

Ce droit d'annulation cesse-t-il d'appartenir au conseil de préfecture lorsque les actes de poursuites judiciaires ont succédé à
l'acte administratif attaqué ? L'affirmative résulte de plusieurs
arrêts, notamment d'un arrêt du 3 décembre 1886 (*Léchelle*). Il
s'agissait, dans cette affaire, d'une demande en annulation d'une
sommation avec frais, qui n'avait été formée qu'au cours d'une
procédure de saisie et alors que les affiches annonçant la vente
avaient déjà été apposées ; l'arrêt décide « qu'en cet état des poursuites, il n'appartenait plus qu'à l'autorité judiciaire de connaître
de la demande du sieur Léchelle, sauf à elle à renvoyer à la juridiction compétente la question préjudicielle de régularité et de validité des actes administratifs de poursuite ; que dès lors le conseil
de préfecture et par suite le Conseil d'État sont incompétents pour
statuer sur ladite demande »[3].

Il résulte de cette jurisprudence que les poursuites doivent tou-

---

1. Conseil d'État, 22 février 1821, *de Villenouvette*; — 21 juillet 1876, *Ducatel*; —
3 décembre 1886, *Léchelle* (4e esp.) ; — 10 février 1894, *Bontroux*; — 5 mai 1894,
Rocamora.

2. Conseil d'État, 17 janvier 1814, *Pons*; — 22 février 1821, *de Villenouvette*; —
6 août 1886, *Giraud*; — 3 décembre 1886, *Léchelle* (3e esp.).

3. Même solution : Conseil d'État, 24 décembre 1886, *ministre des finances*; —
29 avril 1887, *Larrieu*. — Cette jurisprudence est contraire à celle qui résultait d'un
arrêt sur conflit du 22 février 1821, *de Villenouvette*.

jours être considérées dans leur dernier état ; qu'il n'appartient pas au contribuable d'en attaquer directement les préliminaires administratifs lorsque les procédures judiciaires sont en cours d'exécution ; qu'il doit prendre à partie ces procédures elles-mêmes qui absorbent, en quelque sorte, toutes celles qui les ont précédées. Cette manière de concevoir le contentieux des poursuites est conforme à la tendance générale qu'a la jurisprudence du Conseil d'État d'attribuer exclusivement compétence à l'autorité judiciaire (sous réserve des questions préjudicielles), lorsque des actes administratifs n'ont fait que précéder et préparer des actes de droit commun. Ce sont alors ces derniers actes, une fois consommés, qui doivent être l'unique objectif de la réclamation, ainsi qu'on le décide, par exemple, lorsqu'il s'agit de contrats civils passés à la suite d'autorisations administratives.

Lorsque les actes auxquels le contribuable fait opposition sont des actes de poursuites et d'exécution judiciaires (commandement, saisie, vente, saisie-arrêt), le tribunal civil est seul compétent pour apprécier la régularité de ces actes et les effets légaux dont ils sont susceptibles ([1]).

Mais il n'en est pas de même s'il s'agit d'apprécier les causes de la poursuite, les titres en vertu desquels l'administration veut contraindre son débiteur. L'autorité judiciaire ne peut alors qu'appliquer les décisions émanées de l'autorité administrative, ou provoquer, dans certains cas, par voie de question préjudicielle, les solutions qui lui seraient nécessaires pour statuer sur le litige.

Ainsi, il appartient aux tribunaux judiciaires d'annuler une saisie, à la suite d'une décision du conseil de préfecture ou du Conseil d'État qui a déchargé le contribuable de la taxe pour laquelle il était poursuivi, ou qui a annulé la contrainte servant de base au commandement et, par suite, à la saisie ([2]). Le tribunal ne fait alors qu'assurer, en ce qui le concerne, l'exécution d'une décision émanée de la juridiction compétente ; il n'aurait à surseoir que si le sens et la portée de cette décision étaient contestés et donnaient

1. Conseil d'État, 10 février 1835, *Regnault*; — 31 mai 1854, *Robert*; — 22 mars 1878, *Seillon*; — 22 juin 1888, *Estier*; — 13 décembre 1890, *Blancou*.
Tribunal des conflits, 2 avril 1881, *Busselet*.
2. Conseil d'État, 22 mars 1878, *Seillon*; — 30 juillet 1880, *Maurel*.

lieu à une question préjudicielle d'interprétation. La solution serait la même si, au lieu d'une décision contentieuse, le contribuable produisait une décision gracieuse lui accordant remise de la taxe.

Supposons maintenant qu'il n'existe pas de décision administrative libérant le contribuable, et que celui-ci demande l'annulation de la saisie, en se fondant sur ce qu'il a été mal imposé ou sur ce qu'il s'est libéré par un paiement. Le tribunal est manifestement incompétent pour statuer sur ces moyens ; mais doit-il rejeter *de plano* la demande, ou bien doit-il la retenir en renvoyant à la juridiction administrative les questions préjudicielles dont la solution lui paraîtrait nécessaire ?

Cette question est délicate, et nous pensons qu'elle doit être résolue d'après certaines distinctions.

Si la validité de la saisie ou de tout autre acte d'exécution judiciaire dépend de la régularité des sommations ou de la contrainte, le tribunal doit retenir la contestation, mais surseoir à statuer jusqu'à ce que le conseil de préfecture ait apprécié la régularité de ces actes administratifs. Le Conseil d'État s'est prononcé en ce sens, notamment par l'arrêt précité du 3 décembre 1886 (*Léchelle*).

Nous pensons qu'il doit en être de même si le contribuable allègue qu'il s'est libéré, *depuis la contrainte,* par un paiement dont l'existence et le caractère libératoire sont contestés par l'administration. Dans ce cas, le paiement invoqué ne tend pas à infirmer la contrainte, puisqu'il lui est postérieur ; il tend seulement à infirmer la saisie, et à juste titre, puisque celle-ci ne peut subsister que s'il y a dette, et pour le montant actuel de la dette. Il est donc naturel que le juge de la saisie puisse demander au juge de l'impôt si la dette a été éteinte ou réduite par des paiements.

Il en doit être autrement si la validité de la saisie n'est pas l'objectif réel de la réclamation portée devant le tribunal, et si elle n'est mise en question qu'à raison de difficultés pendantes entre le contribuable et l'administration au sujet de la taxe, ou de paiements *antérieurs à la contrainte.* Dans ce cas, en effet, la véritable question est de savoir si le contribuable a été bien imposé ou si la contrainte décernée contre lui l'a été pour le chiffre réel de sa dette. De telles questions ne peuvent être portées devant la juridiction administrative que par voie d'action principale, parce qu'elles aboutissent réellement soit à une demande en dégrèvement, soit à une demande en annulation d'actes de poursuites administratives ; or ces deux sortes de réclamations ne peuvent se produire que dans un délai de trois mois, qui court de la publication des rôles, s'il s'agit d'une demande en dégrèvement, ou de la signification de l'acte de poursuite, s'il s'agit de l'annulation de cet acte (¹). Si donc on admettait que ces réclamations peuvent se produire incidemment, au cours d'une contestation sur la saisie, et sous forme de questions préjudicielles affranchies de tout délai, on permettrait au contribuable de faire revivre, au moyen d'une procédure judiciaire, des contestations qui sont définitivement éteintes en vertu des lois administratives.

En vain essaierait-on ici de distinguer entre l'action directe qui resterait périmée, et une décision purement préjudicielle qui apprécierait la validité de la taxe ou de la contrainte, sans infirmer la force exécutoire du rôle ni celle de l'acte de poursuite.

Une telle distinction ne pourrait conduire qu'à des résultats inadmissibles : à quoi servirait en effet que le conseil de préfecture, par une décision préjudicielle, déclarât que la taxe a été mal imposée ou que la contrainte n'était pas justifiée ? Du moment que le rôle ou la contrainte n'auront pas été directement attaqués ou annulés, la taxe n'en devra pas moins être recouvrée et la contrainte exécutée. Nonobstant la décision préjudicielle, le percepteur restera toujours chargé, sous sa responsabilité personnelle, d'assurer le recouvrement par toutes les voies de droit. Cette décision préjudicielle ne serait donc pas seulement inutile, elle serait nuisible, puisqu'elle ne servirait qu'à mettre en lumière l'irrégularité d'un impôt qui n'en devrait pas moins être recouvré.

Il suit de là qu'il n'y a pas, en pareil cas, matière à question préjudicielle, et que le tribunal doit rejeter *de plano* l'opposition faite au commandement ou à la saisie, toutes les fois que le contribuable conteste la dette mise à sa charge par le rôle ou par la contrainte (²).

---

1. Conseil d'État, 18 novembre 1881, *de Saint-Ours*.
2. Pour les raisons exposées ci-dessus, nous ne pouvons pas accepter sans réserve la doctrine d'une décision du Tribunal des conflits (2 avril 1881, *Busselet*) qui a ren-

Des poursuites exercées contre des tiers. — Nous n'avons parlé jusqu'ici que des poursuites exercées contre le contribuable inscrit au rôle ; nous devons maintenant examiner le cas où des tiers sont tenus de payer l'impôt en l'acquit du contribuable, et où des poursuites peuvent être exercées contre eux.

On doit d'abord rechercher, pour déterminer les compétences, si le tiers est poursuivi comme étant devenu personnellement débiteur de l'impôt, ou comme étant nanti de valeurs qui appartiennent au contribuable et sur lesquelles le Trésor prétend faire valoir ses droits.

Un propriétaire peut devenir personnellement débiteur d'un impôt qui n'est pas le sien, lorsqu'il laisse déménager ses locataires, assujettis à la contribution mobilière ou à celle des patentes, sans s'assurer qu'ils ont entièrement acquitté l'impôt de l'année courante et sans avoir, à défaut de cette justification, donné avis du déménagement au percepteur ([1]). En pareil cas, il paraît conforme aux principes de la matière que les contestations qui s'élèvent entre le propriétaire et l'administration soient jugées

voyé au conseil de préfecture le jugement d'une question préjudicielle dans les circonstances suivantes : — le président d'une société philharmonique, imposé au droit des pauvres en vertu d'un rôle exécutoire, avait fait opposition au commandement et assigné le percepteur en dommages-intérêts, en se fondant notamment sur ce que la taxe n'était pas due, et sur ce qu'en tout cas elle n'était pas due par lui en sadite qualité. — L'arrêt décide « que le sieur Busselet soulevait ainsi des difficultés sur la taxe même, ainsi que sur la personne qui en serait redevable et que si, envisagée à ce point de vue, sa réclamation ne constituait pas absolument une demande en décharge, elle soulevait tout au moins des questions préjudicielles qui n'étaient pas de la compétence de l'autorité judiciaire et dont il ne pouvait appartenir qu'au conseil de préfecture de connaître...; que de ce qui précède il résulte que, si le préfet de la Dordogne n'a pu valablement revendiquer dans son ensemble pour l'autorité administrative la connaissance de la contestation, il y a lieu toutefois de confirmer son arrêté en ce qu'il a décliné la compétence du tribunal et a élevé le conflit d'attributions, en tant que le débat portait sur les questions et difficultés précitées, dont l'appréciation ne rentrait pas dans la compétence de l'autorité judiciaire. » Nous adhérons à la doctrine de cet arrêt en ce qui touche l'incompétence des tribunaux judiciaires sur les questions dont il s'agit, et qui n'étaient autres que des questions de dégrèvement ; mais nous nous en séparons en ce qui touche la réserve d'un débat préjudiciel ayant ces questions pour objet, parce qu'elles ne pouvaient être soulevées que par voie d'action principale dirigée contre le rôle. Par cela seul que le contribuable n'apportait pas au tribunal une décision du conseil de préfecture le déchargeant de l'impôt et mettant le rôle à néant à son égard, le tribunal ne pouvait, selon nous, que rejeter *de plano* l'opposition faite au commandement, et non subordonner le sort de cet acte à une appréciation préjudicielle de la légalité de la taxe.

1. Loi du 21 avril 1832, art. 22 et 23 ; — loi du 15 juillet 1880, art. 30.

par le conseil de préfecture, puisque ce propriétaire est poursuivi comme débiteur personnel de l'impôt, à raison de la responsabilité que sa négligence lui a fait encourir. Le contraire avait cependant été jugé par un arrêt du 17 septembre 1838 (*Lavaud*) qui posait en principe « que l'application de ladite responsabilité et les poursuites faites en exécution contre des tiers *non compris au rôle* sont de la compétence des tribunaux » , mais cet arrêt reposait sur une confusion entre le cas où le tiers devient personnellement débiteur de l'impôt, et celui où il est seulement détenteur des deniers du contribuable ; aussi n'a-t-il pas fait jurisprudence ; le Conseil d'État a toujours reconnu, depuis, que la compétence appartient au conseil de préfecture (¹).

Il en est de même pour les poursuites qui peuvent être exercées, en vertu de l'article 147 de la loi du 3 frimaire an VII, contre les fermiers ou locataires, pour le paiement de la contribution foncière assise sur l'immeuble qu'ils tiennent à ferme ou à loyer. A la vérité, ce paiement ne leur est réclamé qu'en l'acquit du propriétaire, la loi leur permet même de l'imputer sur le premier terme de leurs loyers ou fermages ; mais ils n'en sont pas moins tenus, sous réserve de ce remboursement ultérieur, d'effectuer le paiement de leurs deniers personnels comme débiteurs directs du Trésor. A ce titre, ils sont, eux aussi, justiciables au conseil de préfecture (²).

Au contraire, la compétence appartient à l'autorité judiciaire lorsque le tiers est personnellement étranger à la dette de l'impôt, et n'est poursuivi que comme détenteur de sommes et valeurs appartenant au contribuable et affectées au privilège du Trésor. Ce cas est prévu par la loi du 12 novembre 1808, dont l'article 2 enjoint à « tous fermiers, locataires, receveurs, économes, notaires, commissaires priseurs et autres dépositaires et débiteurs de deniers provenant du chef des redevables et affectés au privilège du Trésor public » d'acquitter les impôts dus par ces redevables, sur le montant des sommes qu'ils doivent ou qui sont entre leurs mains. On

---

1. Conseil d'État, 2 mars 1849, *Bourgeois ;* — 31 juillet 1856, *Ardisson ;* — 19 février 1863, *de Calvière ;* — 8 novembre 1878, *Pierlot ;* — 6 décembre 1889, *Grou ;* — 24 mai 1890, *Debord.*

2. Conseil d'État, 27 janvier 1848, *Chanard.*

voit que cette disposition crée de plein droit une sorte de saisie-arrêt au profit du Trésor ([1]). Il est donc naturel que la compétence appartienne aux tribunaux judiciaires, soit sur les questions relatives à la qualité du tiers saisi, à ses rapports avec le redevable, aux privilèges réclamés sur les sommes saisies par d'autres créanciers du contribuable, soit sur la forme et les effets des poursuites exercées par le Trésor. C'est pourquoi la jurisprudence du Conseil d'État reconnaît à ces tribunaux le droit d'annuler les actes de poursuites reconnus irréguliers, d'ordonner le remboursement des sommes perçues à tort, et d'allouer au tiers des dommages-intérêts en cas de poursuites manifestement abusives ([2]).

Mais si le tiers, au lieu de discuter ses rapports avec le contribuable, entendait discuter les rapports du contribuable avec l'État, par exemple la légalité ou la quotité de la taxe ou les effets de paiements effectués par le redevable, il va de soi que la compétence ferait retour au conseil de préfecture, seul juge de la situation du contribuable au regard du Trésor ([3]).

Remarquons en terminant que, dans le cas où un tiers revendique la propriété de meubles saisis pour le paiement de contributions, l'article 4 de la loi du 12 novembre 1808 veut que l'action à exercer devant les tribunaux judiciaires soit précédée d'une demande formée devant l'autorité administrative. Il ne s'agit pas là d'une réclamation contentieuse devant le conseil de préfecture, lequel ne saurait connaître de l'action en revendication, mais d'une requête au préfet, afin qu'il puisse ordonner la suspension de la poursuite et même donner mainlevée de la saisie, si la réclamation du tiers lui paraît fondée. La compétence du préfet, sur laquelle des doutes s'étaient d'abord élevés, a été définitivement reconnue par un avis du Conseil d'État du 28 août 1823 et consacrée par la jurisprudence du contentieux ([4]).

---

1. Cette saisie s'opère en vertu d'une sommation faite au tiers par le percepteur et, s'il y a lieu, d'une contrainte nominative.

2. Conseil d'État, 11 janvier 1865, *Gallut*; — 4 juin 1870, *Christophe*; — 27 décembre 1878, *Colard*; — 12 mars 1880, *Salin*.
Cf. Tribunal des conflits, 30 juin 1877, *Monet*.

3. Conseil d'État, 22 août 1838, *Hamel*; — 19 février 1833, *de la Carrière*; — 22 décembre 1882, *percepteur de Lille*.

4. Conseil d'État, 17 février 1853, *Brosse*; — 28 février 1856, *Peyte*.

VI. — RÉCLAMATIONS DES PERCEPTEURS.

États de cotes irrecouvrables. — Les rôles de contributions ne sont pas seulement obligatoires pour les contribuables ; ils le sont aussi pour les percepteurs chargés de leur recouvrement. D'après la loi du 17 brumaire an V (art. 2) et l'arrêté du 16 thermidor an VIII (art. 30), les percepteurs sont personnellement responsables du recouvrement des contributions portées sur les rôles, et débiteurs envers le Trésor du montant de chaque cote.

Mais s'il importe que l'État soit ainsi protégé contre la négligence du percepteur, il est de toute justice que celui-ci ne soit pas exposé à des risques excessifs et ne réponde pas de recouvrements devenus impossibles. L'impossibilité de recouvrer le montant intégral du rôle peut résulter de ce que des contribuables, recensés à l'époque de la confection des rôles, sont morts ou ont quitté la commune sans faire connaître le lieu de leur nouvelle résidence, ou bien sont devenus insolvables. Dans ce cas, les cotes sont dites *irrecouvrables* ; le percepteur en dresse un état qu'il présente au préfet dans les deux mois qui suivent l'expiration de l'exercice ; le préfet le décharge du montant de ces cotes qu'il impute sur le fonds de non-valeur.

En cas de refus du préfet d'admettre en non-valeur tout ou partie de ces cotes, le percepteur peut s'adresser par la voie hiérarchique au ministre des finances ; mais il ne peut attaquer par la voie contentieuse ni la décision du préfet ni celle du ministre, parce que les imputations à faire sur le fonds de non-valeur relèvent uniquement de l'administration active ('). Les états de cotes irrecouvrables sont donc pour les percepteurs ce que les demandes en remise ou modération sont pour les contribuables, c'est-à-dire des demandes administratives et gracieuses qui ne peuvent être portées ni devant le conseil de préfecture ni devant le Conseil d'État.

États de cotes indûment imposées. — Entre la date de la confec-

---

1. Arrêté du 24 floréal an VIII, art. 28. — Conseil d'État, 9 mars 1853, *Sando* ; — 27 mars 1857, *percepteur de Coudat.*

tion des rôles et celle de leur remise au percepteur, il peut se produire des faits qui modifient ou font disparaître la matière imposable, de telle sorte que la cote n'a plus de raison d'être au moment où le percepteur est chargé de la recouvrer. Tel est le cas où le contribuable imposé à la contribution mobilière ou à la patente a cessé, avant le 1er janvier, d'avoir une habitation meublée ou d'exercer sa profession, ou le cas où une maison a été démolie avant cette date. La cote est dite alors *indûment imposée,* car l'impôt se règle d'après les faits existants au 1er janvier et non d'après ceux qui existaient à l'époque de la confection des rôles, souvent antérieure de plusieurs mois. La cote indûment imposée ne doit plus figurer au rôle ; mais lorsqu'elle concerne une taxe susceptible de réimposition, elle ne doit pas grever le fonds de non-valeur, elle doit être réimposée l'année suivante. De là naît un autre recours qui est, pour le percepteur, ce que la demande en décharge ou en réduction est pour le contribuable, et qui est porté devant la juridiction contentieuse.

Pendant longtemps ce recours a été exercé sans avoir l'appui d'aucun texte. Le Conseil d'État admettait, d'accord avec le ministère des finances, que le percepteur pouvait, à raison de sa responsabilité personnelle, exercer l'action en dégrèvement qui appartenait au contribuable indûment imposé, et agir devant le conseil de préfecture en vertu de l'article 4 de la loi de pluviôse an VIII et des articles 28 et 29 de la loi du 21 avril 1832. Mais cette jurisprudence, qui avait donné lieu, en doctrine, à de graves objections ([1]), fut abandonnée en 1844 ; le Conseil d'État décida, par un arrêt du 27 décembre 1844 (*percepteur de Limoges*), qu'aucune loi ne conférait aux percepteurs le droit de demander aux conseils de préfecture la décharge ou la réduction des taxes inscrites sur les rôles dont le recouvrement leur est confié, et que les percepteurs n'avaient d'autre droit que de se faire exempter de toute responsabilité, quand ils justifiaient, en fin d'exercice, que les cotes étaient irrecouvrables.

Cette jurisprudence, quoique fondée en droit, avait plusieurs inconvénients : elle infirmait des pratiques anciennes et officielle-

1. Voy. Gabriel Dufour, *Droit administratif,* t. IV, p. 215 et suiv.

ment consacrées par l'instruction générale du ministre des finance
du 17 juin 1840 ; elle faisait retomber sur le fonds de non-valeu
le montant de toutes les cotes indûment imposées, lesquelles n
pouvaient plus désormais figurer que sur les états de cotes irrecou
vrables ; elle obligeait les percepteurs à prouver que la cote étai
irrecouvrable, par des poursuites reconnues inutiles et dont les frai
étaient frustratoires. C'est pourquoi le Gouvernement jugea néces
saire de faire consacrer par une loi le droit de recours des percep
teurs ; l'article 6 de la loi de finances du 3 juillet 1846 les autoris
à présenter, dans les trois mois de la publication des rôles, de
états de cotes indûment imposées, sur lesquels le conseil de préfectur
prononce, après une instruction faite par les agents des contribu
tions directes, comme s'il s'agissait de demandes en dégrèvement
Ce texte décida en outre que le montant des décharges serait re
porté au rôle de l'année suivante, pour les impôts de répartitio
susceptibles de réimposition.

Malgré cette solution législative, de nouvelles difficultés sur
vinrent. Les percepteurs, ne pouvant pas toujours reconnaître dan
le délai de trois mois toutes les cotes indûment imposées, priren
l'habitude de les faire figurer, lorsqu'elles leur avaient échappé
sur les états de cotes irrecouvrables présentés en fin d'exercice. L
Conseil d'État refusa de sanctionner cette pratique qui tendait
éluder le délai fixé par la loi de 1846, et à faire imputer sur l
fonds de non-valeur des cotes qui auraient dû être réimposées ([1])

Cette fois encore la loi est intervenue pour étendre le droit d
recours des percepteurs ; l'article 16 de la loi de finances du 22 juin
1854 les a autorisés à demander, en fin d'exercice, au conseil de
préfecture, décharge des cotes indûment imposées qui n'auraient pas
été comprises en temps utile dans l'état prévu par la loi de 1846,
mais à une condition, c'est qu'il s'agisse de cotes « dont l'irrecouvrabilité serait d'ailleurs dûment constatée ». Le percepteur ne
peut donc pas, après le délai de trois mois, demander décharge
d'une cote indûment imposée, s'il n'a pas fait toutes les diligences
nécessaires pour en démontrer l'irrecouvrabilité.

Le Conseil d'État, tout en reconnaissant les nouveaux droits ac-

---

1. Conseil d'État, 17 mars 1853, *Leharivel.*

:ordés aux percepteurs par les lois de 1846 et de 1854, n'a cependant pas pensé qu'ils pussent avoir pour conséquence de dispenser les contribuables de former eux-mêmes les demandes en décharge qui leur incombent, et de faire du percepteur une sorte de *negotiorum gestor* des redevables négligents. L'exposé des motifs de la loi du 22 juin 1854 déclare d'ailleurs que « les percepteurs ne seront pas admis à inscrire sur leurs états de fin d'année des cotes indûment imposées, omises dans leurs premiers états *et qui concerneraient des contribuables connus et solvables* ». C'est pourquoi le Conseil d'État n'admet pas que le percepteur puisse demander décharge au lieu et place de contribuables solvables, qui ont continué de résider dans la commune ou qui, l'ayant quittée, ont une nouvelle résidence connue du percepteur et où celui-ci peut les poursuivre au moyen de contraintes extérieures (¹).

En résumé, les percepteurs peuvent se faire décharger de leur responsabilité par trois sortes de demandes, qui sont : — 1° *pour les cotes bien imposées, mais irrecouvrables,* des états présentés en fin d'exercice au préfet, sauf recours au ministre des finances, et qui ne peuvent donner lieu à aucun débat contentieux (arrêté du 24 floréal an VIII, art. 28) ; — 2° *pour les cotes indûment imposées, même si elles sont recouvrables,* des états de cotes indûment imposées, présentés au conseil de préfecture dans les trois mois de la publication des rôles, et qui ont le caractère de réclamations contentieuses (Loi du 3 juillet 1846, art. 6) ; — 3° *pour les cotes qui sont à la fois indûment imposées et irrecouvrables,* des états présentés en fin d'exercice au conseil de préfecture et qui ont également le caractère de réclamations contentieuses (Loi du 22 juin 1854, art. 16).

En dehors des états que les percepteurs peuvent ainsi présenter, l'article 3 de la loi de finances du 21 juillet 1887 prévoit de nouveaux états de cotes indûment imposées qui pourront être soumis, à toute époque, au conseil de préfecture non par le percepteur, mais par le directeur des contributions directes : « Les cotes ou portions de cotes qui seront reconnues former *double emploi*, ou avoir été mal établies par suite *d'erreurs matérielles d'écriture ou de*

---

1. Conseil d'État, 27 avril 1854, *Fontaine ;* — 20 novembre 1856, *Brocard ;* — 18 mars 1857, *Taquet ;* — 18 janvier 1860, *percepteur de Vergt.*

« *taxation,* pourront *en tout temps* être inscrites par le directeur de
« contributions directes sur des états particuliers de cotes indûme
« imposées, et être soumises au conseil de préfecture pour qu'il e
« prononce le dégrèvement ».

Pourvoi des percepteurs devant le Conseil d'État. — Les per
cepteurs sont-ils recevables à déférer au Conseil d'État, en leu
nom personnel, les décisions des conseils de préfecture qui refu
sent de les décharger d'une cote indûment imposée ? Pendan
longtemps, le Conseil d'État s'est prononcé pour la négative et n'
reconnu le droit de recours qu'au ministre des finances [1] ; toute
fois, il se tenait pour valablement saisi si le ministre, sur la com
munication qui lui était faite du pourvoi du percepteur, déclarai
se l'approprier. Cette jurisprudence se fondait sur ce que les récla
mations des percepteurs pour cotes indûment imposées intéres
sent le service du recouvrement de l'impôt qui doit, comm
les autres services publics, être représenté devant le Conseil d'Éta
par le ministre compétent. Mais une jurisprudence plus récente
reconnu qualité au percepteur pour former le pourvoi [2]. Nous l
croyons mieux fondée que celle qui avait d'abord prévalu. En effet
dans les recours dont il s'agit, ce n'est pas à proprement parler l
recouvrement de l'impôt qui est en jeu, mais la responsabilité per
sonnelle du percepteur ; le service public est désintéressé, puisque
si la cote n'est classée ni comme irrecouvrable ni comme indû
ment imposée, et si, d'autre part, le contribuable n'en a pas obtenu
décharge, le percepteur est tenu d'en représenter le montant. Par
la même raison, le percepteur a un intérêt personnel et pécuniaire
à obtenir du Conseil d'État la décharge de responsabilité qui lui
aurait été refusée à tort par le conseil de préfecture. Il est donc
juste qu'il puisse lui-même faire appel, sauf au ministre des
finances à émettre tel avis que de droit sur le pourvoi qui lui
sera communiqué.

Toutefois, le Conseil d'État n'admet pas qu'un percepteur lui

1. Conseil d'État, 17 mars 1853, *Riquet ;* — 27 avril 1857, *percepteur d'Allanche ;* —
26 mars 1863, *Linas ;* — 7 août 1872, *Bacre.*

2. Conseil d'État, 7 mai 1880, *percepteur de Baume-les-Dames ;* — 12 mai 1882, *percepteur de Spincourt ;* — 8 juin 1888, *Marx.*

défère, par la voie de l'appel, un arrêté du conseil de préfecture qui a accordé à un contribuable décharge ou réduction d'une contribution qu'il avait été contraint de payer, et a ordonné que le montant lui en serait remboursé. La seule voie de recours ouverte dans ce cas au percepteur est la tierce-opposition ([1]).

En ce qui touche les états particuliers de cotes indûment imposées que l'article 3 de la loi du 21 juillet 1887 permet au directeur des contributions directes de présenter au conseil de préfecture, nous ne pensons pas que les décisions par lesquelles ce tribunal refuserait de prononcer le dégrèvement de tout ou partie de ces cotes, puissent être déférées au Conseil d'État autrement que par un pourvoi du ministre des finances. Dans ce cas, en effet, le service public est seul en jeu, et non la responsabilité personnelle du directeur qui présente l'état.

VII. — RÈGLES DE PROCÉDURE.

Les contributions directes donnent lieu chaque année à plus de trois cent mille réclamations ([2]). La procédure doit donc être très rapide pour que le recouvrement des rôles ne soit pas longtemps incertain, très économique pour que le contribuable ne soit jamais gêné dans l'exercice de son droit. Elle a pour base trois articles (28, 29 et 30) de la loi du 21 avril 1832, et l'arrêté consulaire du 24 floréal an VIII, auxquels se sont ajoutées quelques dispositions des lois de finances du 29 décembre 1884 et du 21 juillet 1887. La loi du 22 juillet 1889 sur la procédure des conseils de préfecture n'a pas modifié ces règles, pour tout ce qui touche l'introduction et l'instruction des réclamations. Elle les a même formellement maintenues par son article 11, § 1, qui porte que « les réclamations en matière de contributions directes continueront à

---

1. Conseil d'État, 3 novembre 1882, *percepteur de Livry;* — 26 février 1886, *Monnier;* — 13 février 1892, *Arnal.*

2. Le chiffre a varié, dans ces dix dernières années, de 300,000 à 380,000, et même à 400,000 (en 1887), y compris les réclamations contre les impôts communaux et les autres taxes assimilées aux contributions directes qui ont varié de 70,000 à plus de 150,000. — Voy. les tableaux statistiques, t. I, p. 295.

être présentées et instruites dans les formes prescrites par les lois spéciales de la matière ».

La rapidité de la procédure est assurée par deux dispositions, dont l'une oblige le contribuable à réclamer dans les trois mois de la publication des rôles, et dont l'autre prescrit au conseil de préfecture de statuer dans les trois mois de la réclamation ; de telle sorte que, dans le vœu de la loi, toutes les rectifications à faire au rôle doivent être opérées dans les six mois de leur publication ([1]). L'économie, on peut même dire la gratuité des instances, résulte de l'exemption de tous frais, sauf ceux du papier timbré de la requête lorsque la cote atteint trente francs, et ceux de l'expertise lorsque cette mesure d'instruction a été réclamée par le contribuable. Aussi, plus des neuf dixièmes des réclamations ne donnent-elles lieu à aucune espèce de déboursés, et ceux-ci ne dépassent pas soixante centimes dans la plupart des affaires non gratuites. D'un autre côté, il est nécessaire que la gratuité des instances ne nuise pas à la vérification attentive des réclamations ; de là des règles spéciales d'instruction que nous aurons à indiquer.

Formes et délais des réclamations. — La requête doit être présentée sur timbre, non seulement si la cote est supérieure à 30 fr., mais encore si elle atteint ce chiffre, car l'article 28, § 3, de la loi du 21 avril 1832 n'exempte de timbre que « les réclamations ayant pour objet une cote *moindre de 30 fr.* ». On ne considère que le montant de la cote, non celui du dégrèvement demandé. Si une même requête est signée par plusieurs contribuables ayant des cotes de 30 fr., elle n'est recevable que si la valeur du timbre correspond à l'ensemble de leurs requêtes individuelles ; dans le cas contraire, elle n'est valable que pour le premier signataire, ou pour les suivants jusqu'à épuisement de la valeur du timbre ([2]). Le Conseil d'État admet que la nullité d'une requête sur papier libre peut être couverte, si le contribuable en confirme les conclusions par une requête sur

---

1. Ce vœu est devenu plus difficile à réaliser, depuis que la loi de finances du 21 juillet 1887 a créé, sous forme de *déclarations*, des réclamations préalables qui peuvent reculer la date des réclamations contentieuses, mais qui, souvent aussi, ont l'avantage de les prévenir. (Voy. ci-dessus, p. 272.)

2. Conseil d'État, 14 février 1876, *Sabatier* ; — 20 mai 1881, *Aldrophe* ; — Ces décisions visent des requêtes multiples formées sur une seule feuille timbrée à 60 cent.,

apier timbré présentée avant la décision du conseil de préfec-
ure (¹).

La réclamation doit être accompagnée, sous peine de nullité,
e la quittance des termes échus de la cotisation (loi de 1832,
rt. 28, § 1). Toutefois, le Conseil d'État admet, dans ce cas en-
ore, que la nullité peut être couverte par la production ultérieure
e la quittance, pourvu qu'elle ait lieu avant la décision du conseil
e préfecture (²).

On s'est demandé si le contribuable pourrait être entièrement
égagé de l'obligation de produire la quittance, par ce fait que le
ôle mis en recouvrement n'aurait été publiée qu'après l'expiration
e l'année qu'il concerne. Jusqu'en 1891, le Conseil d'État s'est
rononcé pour la négative (³); mais il est revenu sur cette juris-
rudence par une série de soixante-quinze arrêts des 10 et 18 juil-
et 1891 (*Préfet et maire d'Oran c. Marty et autres*) qui décident que
'obligation de produire la quittance a pour contre-partie la faculté
le s'acquitter par douzièmes et que, lorsque l'expiration de l'année
 rendu le rôle recouvrable en totalité, le contribuable cesse d'être
enu de justifier d'un paiement préalable pour former sa réclama-
ion. Cette jurisprudence est équitable puisqu'elle s'inspire de cette
dée que les retards de l'administration ne doivent pas aggraver la
ituation du contribuable, mais on ne peut se dissimuler qu'elle
liminue les garanties que l'article 28 de la loi de 1832 a voulu
lonner au Trésor, et quelquefois sans qu'on puisse relever une
véritable négligence à la charge de l'administration, notamment si
e rôle mis en recouvrement est un rôle supplémentaire du qua-
rième trimestre.

Il est à remarquer que la réclamation, quoique contentieuse, ne
doit pas être déposée au greffe du conseil de préfecture ; elle doit

qui ne peut évidemment servir que pour un seul contribuable. Une autre décision (31 janvier 1891, *Husson*) vise le cas où la valeur du timbre correspond à l'ensemble des
requêtes. Le contribuable avait formé une requête unique contre quatre arrêtés du
conseil de préfecture, mais il l'avait présentée sur deux feuilles timbrées chacune à
1 fr. 80 c., soit 3 fr. 60 c., excédant par conséquent le timbre qu'auraient exigé quatre
requêtes. Aussi le pourvoi a-t-il été considéré comme recevable.

1. Conseil d'État, 8 janvier 1867, *Alata* ; — 8 août 1884, *Bardou.*
2. Conseil d'État, 20 février 1880, *Théron* ; — 2 mars 1833, *Duroy* ; — 25 avril 1891, *Maurel.*
3. Conseil d'État, 16 décembre 1887 *Leyer* ; — 14 mars 1891, *Hennequin.*

être adressée au préfet ou au sous-préfet, qui sont chargés de la faire instruire et de la transmettre au conseil de préfecture. C'est sans doute pour cela que l'article 29 de la loi du 21 avril 1832 qualifie cette réclamation de *pétition*, comme si elle était adressée à l'autorité administrative et non à la juridiction contentieuse. Cela est vrai en ce sens que le préfet doit la recevoir et la mettre, d'office, en état d'être jugée ([1]).

Le contribuable doit former sa demande dans un délai de trois mois, qui court de la publication des rôles et qui se compte de quantième à quantième, sans comprendre ni le jour de la publication ni celui de l'échéance. Ainsi, le rôle ayant été publié le 1er mai, la réclamation est recevable jusqu'au 2 août inclusivement ([2]).

La publication des rôles est le point de départ du délai, parce qu'elle met de plein droit en demeure tous les contribuables de la commune de vérifier leurs cotes de contributions et de réclamer s'il y a lieu. Ils ne sauraient éluder les effets de cette mise en demeure en alléguant qu'ils étaient momentanément absents de la commune lors de la publication ([3]), ou qu'ils n'ont pas reçu l'avertissement qu'il est d'usage d'adresser aux contribuables ([4]).

La publication du rôle atteint même les contribuables qui n'habitent pas la commune, mais qui y ont un représentant. Sont considérés comme ayant un représentant dans la commune tous ceux qui y possèdent soit un immeuble exploité, habité ou surveillé par un tiers, soit une habitation meublée, soit un établissement com-

---

1. Une décision du 18 mars 1892, *Mazet*, a admis la recevabilité d'une réclamation déposée dans une mairie de Paris, mais c'est là une décision d'espèce motivée par ce fait que la mairie avait délivré au contribuable « un récépissé qui doit être considéré par les indications qu'il contient et les mentions qu'il renferme comme émanant de la préfecture du département de la Seine ». — Cf. 2 mars 1858, *Leroy*.

2. La loi du 21 avril 1832 faisait courir le délai « de l'émission des rôles » ; la loi du 4 août 1844 a donné plus de précision à cette disposition en décidant que ce délai ne courrait « qu'à partir de la publication desdits rôles ». Cette publication, prévue par l'article 14 de l'arrêté du 16 thermidor an VIII, doit avoir lieu par les soins des municipalités ; dans la pratique, elle consiste, non dans la publication des rôles eux-mêmes, mais dans celle d'une affiche informant les contribuables que les rôles sont déposés à la mairie, et qu'ils peuvent en prendre connaissance.

3. Conseil d'État, 27 février 1880, *Rousseau* ; — 5 février 1886, *Regnault* ; — 25 avril 1891, *Libéria*.

4. Conseil d'État, 16 avril 1880, *Giafferi* ; — 13 juillet 1883, *Vayssières* ; — 8 juin 1888, *Mahieux*.

nercial ou industriel géré en leur nom ; dans ce cas, la publication les rôles produit effet pour l'ensemble des contributions imposées lans la commune, et non pas seulement pour celles qui grèvent l'immeuble ou l'établissement occupé ([1]).

Mais si le contribuable n'a ni résidence ni représentant dans la commune, la publication du rôle ne suffit pas pour le mettre en demeure, il faut alors que l'imposition soit officiellement portée à sa connaissance, soit par la remise d'un avertissement, soit par des actes de poursuites.

En dehors de cette exception consacrée par la jurisprudence, il en est d'autres qui résultent de dispositions spéciales de la loi. Ainsi, en matière de contribution foncière, les demandes en dégrèvement pour destruction ou démolition totale ou partielle de bâtiments ont pour point de départ les faits qui les motivent ([2]). En matière de patentes, le délai de la demande de transfert, lorsqu'il y a eu cession d'établissement, court de cette cession, ou de la publication du rôle supplémentaire sur lequel le cessionnaire est personnellement imposé à raison de cet établissement ([3]). En cas de fermeture d'établissement pour cause de décès ou de faillite, le délai court de la date du décès ou du jugement déclaratif ; il peut courir aussi de la fermeture effective, si celle-ci n'a pas eu lieu immédiatement ([4]).

Le point de départ du délai peut être modifié, pour toute nature de contribution, lorsque la demande en dégrèvement se fonde sur un *faux* ou *double emploi*. L'article 4 de la loi de finances du 29 décembre 1884 décide que, dans ce cas, le délai court du jour où le contribuable indûment imposé a eu connaissance des poursuites exercées contre lui.

Enfin, la durée du délai, aussi bien que son point de départ, peuvent être modifiés lorsque la demande en dégrèvement a été précédée de la *déclaration* prévue par l'article 2 de la loi de finances du 21 juillet 1887 ([5]). D'après ce texte, les contribuables dont la

1. Conseil d'État, 23 février 1877, *Lavenas*.
2. Loi du 15 septembre 1807, art. 37.
3. Loi du 15 juillet 1880, art. 28.
4. Conseil d'État, 20 novembre 1856, *Bergeriaux ;* — 6 mai 1857, *Pilat ;* — 12 février 1868, *Petit.*
5. Voy. ci-dessus, p. 257.

déclaration a été écartée doivent en être avisés par l'administration
« et ils auront la faculté de présenter des demandes en dégrève
« ment *dans un délai d'un mois* à partir de la date de la notification
« *sans préjudice des délais* fixés par les lois du 21 avril 1832
« art. 28, et du 29 décembre 1884, art. 4 ».

La rédaction de ce texte laisse beaucoup à désirer. Littéralemen
il voudrait dire que le délai de trois mois subsiste toujours, puis
qu'il ne lui est pas porté préjudice. Mais cette interprétation es
inadmissible ; en effet, le contribuable a un délai d'un mois pou
faire sa *déclaration* ; de son côté, le conseil de préfecture (auquel on
a omis d'assigner un délai) peut ne statuer qu'après un ou deux
mois, de sorte que le délai ordinaire de trois mois serait singuliè
rement réduit et pourrait même être entièrement épuisé au momen
où le contribuable serait dans la nécessité de former sa demande
en dégrèvement. Le résultat pourrait être le même si le délai spécial d'un mois, imparti par la loi de 1887, venait simplemen
s'ajouter au délai de trois mois des lois de 1832 et de 1884 ; il se
pourrait en effet que le contribuable ne reçût notification du reje
de sa *déclaration* que quatre mois et plus après la publication des
rôles, et n'eût plus alors le temps de réclamer par la voie contentieuse.

La seule interprétation possible nous paraît donc être la suivante : le contribuable peut, à quelque époque que sa *déclaration*
ait été écartée par le conseil de préfecture, présenter sa *réclamation*
audit conseil dans un délai d'un mois à partir de la notification
l'informant du rejet de sa déclaration. Mais si, au moment où ce
délai spécial expire, le délai ordinaire de trois mois court encore,
le contribuable continuera à en bénéficier jusqu'à son entière expiration. En d'autres termes, le délai spécial de la loi de 1887 peut
proroger, et même faire revivre pendant un mois, le délai ordinaire des demandes en dégrèvement, mais il ne peut jamais le
réduire (¹).

Les demandes en dégrèvement sont non recevables, non seule-

---

1. Cette interprétation est conforme à celle qui résulte de la circulaire du directeur
général des contributions directes du 19 novembre 1887, où on lit : « Les réclamations
seront recevables, *au moins et en tout état de cause*, jusqu'à l'expiration du troisième
mois après la publication des rôles, *d'après les règles actuellement existantes, règles*

ment quand elles sont tardives, mais encore lorsqu'elles sont prématurées. Elles ne doivent pas précéder la publication des rôles ([1]), ni devancer les faits sur lesquels elles se fondent, par exemple la cession ou la fermeture effective d'un établissement commercial ([2]).

Les fins de non-recevoir tirées de ce que les réclamations sont tardives ou prématurées sont d'ordre public ; l'administration peut les opposer en tout état de cause ; le conseil de préfecture et le Conseil d'État peuvent même les opposer d'office.

Mesures d'instruction. — L'instruction des réclamations comprend : — 1° des vérifications et avis des agents de l'administration, qui sont requis dans toutes les affaires ; — 2° des expertises, qui sont obligatoires toutes les fois qu'elles sont demandées par le contribuable ; — 3° des contre-vérifications administratives, auxquelles il est procédé par l'inspection des contributions directes, et qui ne sont jamais obligatoires.

Mesures d'instruction administratives. — Les vérifications et avis des agents de l'administration qui sont requis dans toutes les affaires, sont prévus par l'article 29 de la loi du 21 avril 1832, ainsi conçu : « La pétition sera renvoyée au contrôleur des con-
« tributions directes, qui vérifiera les faits et donnera son avis
« après avoir pris celui des répartiteurs. Si le directeur des con-
« tributions directes est d'avis qu'il y a lieu d'admettre la demande,
« il fera son rapport et le conseil de préfecture statuera. Dans le
« cas contraire, le directeur exprimera les motifs de son opinion,
« transmettra le dossier à la sous-préfecture et invitera le récla-
« mant à en prendre communication et à faire connaître dans les
« dix jours s'il veut fournir de nouvelles observations ou recourir
« à la vérification par voie d'experts... »

---

qui sont maintenues. C'est, du reste, ce qui ressort de la discussion du projet de loi devant le Sénat, dans la séance du 19 juillet 1887.
La jurisprudence du Conseil d'État s'est prononcée dans le même sens : — 24 mars 1891, *Jeanperrin;* — 13 février 1892, *Arnaud;* — 11 février 1893, *Lacroix.*
1. Conseil d'État, 5 mars 1880, *compagnie* le Phénix; — 16 novembre 1883, *petit séminaire de Bordeaux;* — 21 mars 1883, *Sautière;* — 27 décembre 1890, *Ravazé.*
— Il a cependant été jugé qu'une réclamation est recevable, quoique antérieure à la publication des rôles, si elle est postérieure à l'arrêté préfectoral qui a rendu le rôle exécutoire (21 avril 1864, *Piquesnal*).
2. Conseil d'État, 21 avril 1882, *Fontalirant;* — 21 juillet 1882, *Domenjoud.*

Toutes ces formalités sont considérées comme substantielles par la jurisprudence du Conseil d'État ; elle déclare nulles les décisions rendues à la suite d'instructions où quelqu'une d'entre elles a été omise ou irrégulièrement accomplie : tel est le cas où le maire, les répartiteurs, le contrôleur ou le directeur n'ont pas donné leur avis ([1]) ; où les répartiteurs ont délibéré sans être au nombre de cinq prescrit par la loi ([2]) ; où l'avis du directeur, n'étant pas entièrement conforme à la réclamation, n'a pas été communiqué au contribuable ou à son mandataire ([3]) ; où cette communication et celle du dossier de la réclamation n'ont pas duré pendant dix jours ([4]).

Dans tous ces cas, l'annulation de la décision du conseil de préfecture donne lieu à un renvoi devant ce tribunal pour qu'il statue de nouveau après instruction régulière ; le Conseil d'État n'use jamais du droit qu'il pourrait avoir, comme juge d'appel, d'évoquer le fond après avoir annulé pour vice de forme la décision des premiers juges (art. 47 C. procéd. civ.) ; il considère en effet que l'affaire n'est pas en état, tant que les mesures d'instructions prescrites par l'article 20 de la loi de 1832 n'ont pas été régulièrement accomplies, et cela alors même qu'il s'agit d'une simple question de déchéance ([5]).

Il n'est point dérogé aux règles qui précèdent, lorsque la demande en dégrèvement se produit après une *déclaration* écartée par les agents des contributions ou par le conseil de préfecture. A la vérité, la loi du 21 juillet 1887 exige que cette déclaration soit soumise au maire, aux répartiteurs, au contrôleur et au directeur des contributions directes, mais ce n'est pas une raison pour que l'avis de ces mêmes agents ne soit pas donné de nouveau lorsque la réclamation se reproduit en forme contentieuse. La loi de 1887 n'autorise sur ce point aucune dérogation à la loi de 1832.

---

1. Conseil d'État, 4 août 1876, *Moutier* ; — 2 juillet 1886, *Perrier*.
2. Loi du 3 frimaire an VII, art. 23. — Conseil d'État, 18 décembre 1874, *Leblanc*; — 21 novembre 1891, *Oxner*; — 2 décembre 1893, *de Ribier*.
3. Conseil d'État, 1er mars 1878, *Maire* ; — 20 mars 1885, *Lépine* ; — 24 mars 1893, *Lange*; — 18 janvier 1895, *Ribière*.
4. Conseil d'État, 9 avril 1886, *Rongieras* ; — 14 janvier 1893, *Calon*.
5. Conseil d'État, 9 mai 1879, *Blain* ; — 16 décembre 1887, *Nogués*. — Voy. cependant 6 juillet 1888, *chemin de fer de Lyon*. — L'évocation n'est pas prononcée non plus lorsque le contribuable a été privé du droit de présenter des observations orales.

En dehors des vérifications et avis exigés par la loi, le conseil de préfecture et le Conseil d'État peuvent toujours ordonner une contre-vérification par l'inspecteur des contributions directes, conformément à l'article 29 de la loi du 26 mars 1831 ; l'administration peut aussi la prescrire d'office, mais l'absence de cette mesure d'instruction ne peut jamais vicier la procédure, alors même que la partie l'aurait expressément demandée.

La contre-vérification par l'inspecteur pourrait-elle être remplacée par une autre mesure d'instruction, par exemple par une visite sur les lieux confiée à un membre du conseil de préfecture conformément à l'article 25 de la loi du 22 juillet 1889 ? Nous ne le pensons pas, l'intention de cette loi, formellement exprimée dans son article 11, ayant été de ne pas innover en matière de contributions directes. Un arrêt du 26 décembre 1891 (*de Beauséjour*) avait paru admettre implicitement la solution contraire, mais un arrêt très explicite du 20 avril 1894 (*Min. des finances c. Mazuc*) a annulé comme entaché d'un vice de procédure un arrêté rendu à la suite d'une visite de lieux.

Expertise et tierce expertise. — L'expertise est obligatoire toutes les fois qu'elle est réclamée par le contribuable, à moins cependant qu'elle ne soit manifestement inutile et frustratoire, à raison d'une déchéance encourue ([1]) ou du défaut de pertinence des faits allégués ([2]) ; ou parce que la solution du litige dépend d'une question de droit que l'expertise ne saurait éclaircir ([3]).

D'après l'article 29 de la loi de 1832, l'un des experts doit être désigné par le sous-préfet, l'autre par le réclamant. Ils peuvent être récusés devant le conseil de préfecture, mais la récusation prononcée devant le Conseil d'État serait tardive et non recevable ([4]).

Les causes de récusation ne sont fixées par aucun texte. Les dispositions que la loi du 2 messidor an VII contenait à cet égard ont

1. Conseil d'État, 20 juillet 1853, *Renouard* ; — 14 mars 1884, *Bonyala* ; — 29 janvier 1886, *Rouillier* ; — 30 novembre 1888, *ville de Paris*.

2. Conseil d'État, 22 avril 1857, *Maurouard* ; — 28 mars 1860, *Bastien* ; — Cf. t. Iᵉʳ, p. 326 et 327.

3. Conseil d'État, 4 mai 1894, *Jacquier* ; — 18 janvier 1895, *Sébul*.

4. Conseil d'État, 30 avril 1875, *Blanchard* ; — 30 juillet 1880, *Turquand*.

été considérées comme implicitement abrogées par l'arrêté du 24 floréal an VIII, qui a créé un nouveau mode d'expertise ; mais ni cet arrêté, ni la législation postérieure des contributions directes n'ont rien statué sur la récusation. Le Conseil d'État n'a jamais admis que les articles 308 et 310 du Code de procédure civile fussent textuellement applicables en cette matière. L'esprit de sa jurisprudence est de n'admettre la récusation que lorsqu'il y a une véritable incompatibilité entre la situation personnelle de l'expert et la mission qui lui incombe comme auxiliaire de la justice. Ainsi, de même qu'une partie ne pourrait pas expertiser dans sa propre cause, de même le mandataire qui la représente dans l'instance ne saurait être son expert [1]. Le Conseil d'État a également jugé qu'un expert condamné correctionnellement pour outrages adressés aux agents des contributions directes pendant les opérations d'expertise est à bon droit récusé par l'administration [2]. Il en serait de même si d'autres circonstances nettement caractérisées semblaient faire obstacle à la liberté des appréciations de l'expert. Mais la jurisprudence n'admet pas qu'il y ait atteinte présumée à cette liberté, par cela seul que l'administration aura choisi pour expert un agent attaché à un service public [3].

La tierce expertise n'existe, en matière de contributions directes, que depuis la loi du 29 décembre 1884. Antérieurement, il y était suppléé par l'avis du contrôleur présent aux opérations d'expertise [4] et, s'il y avait lieu, par une contre-vérification de l'inspecteur ordonnée par le conseil de préfecture en vertu de l'article 29 de la loi du 26 mars 1831 ; la jurisprudence déclarait illégales les tierces expertises ordonnées par les conseils de préfecture [5]. Cet état de choses a été modifié par l'article 5 de la loi précitée de 1884 qui dispose : « S'il y a désaccord entre l'expert de l'administration et celui du réclamant, ce dernier ou l'administration « pourra réclamer une tierce expertise. Le tiers expert sera désigné, sur simple requête de la partie la plus diligente et sans

---

1. Conseil d'État, 29 décembre 1872, *Rouillé-Glétrais.*
2. Conseil d'État, 27 mai 1887, *Berthier.*
3. Conseil d'État, 9 décembre 1887, *Terrier.*
4. Arrêté du 24 floréal an VIII, art. 6.
5. Conseil d'État, 16 mars 1877, *Boillot*; — 4 avril 1884, *Daudin.*

« frais, par le juge de paix du canton. Le tiers expert devra dépo-
« ser son rapport dans la quinzaine de sa nomination, faute de quoi
« le conseil de préfecture pourra refuser de le comprendre dans la
« liquidation des dépens. »

La jurisprudence de la section du contentieux a interprété cette
disposition comme créant une tierce expertise qui doit avoir lieu
de plein droit si l'une des parties la requiert, et qui dépend exclusivement d'elles et non du juge ; aussi refuse-t-elle au conseil
de préfecture le droit de l'ordonner, soit d'office (1), soit même si
l'une des parties la requiert, et d'apprécier s'il existe ou non entre
les experts un désaccord rendant une tierce expertise nécessaire (2).
A plus forte raison ce droit d'appréciation ne saurait appartenir au
juge de paix dont la fonction se borne à désigner le tiers expert
sans rien préjuger sur la régularité de son intervention. Mais il ne
nous paraît pas douteux que ce droit d'appréciation revit tout entier
au profit du conseil de préfecture, lorsque les parties reviennent
devant lui pour faire statuer sur les résultats de l'expertise. Le
conseil pourra alors refuser de tenir compte d'une tierce expertise
qui n'aurait pas pour cause un véritable désaccord des experts, et
qui constituerait en réalité la vérification personnelle d'un troisième expert.

La faculté, reconnue aux parties par la loi de 1884, de provoquer
une tierce expertise en cas de désaccord des experts, suppose que
les parties ont connaissance de leurs avis contraires. S'ensuit-il
que ces avis doivent être officiellement portés à leur connaissance
sous peine d'irrégularité de la procédure ? Le Conseil d'État a d'a-
bord pensé que, dans le silence des textes, cette communication
n'était pas obligatoire (3) ; mais ses arrêts les plus récents ont reconnu l'obligation, et ont considéré l'instruction comme irrégulière

1. Conseil d'État, 19 mars 1886, *ministre des finances c. Castillon.*
2. Conseil d'État, 1er avril 1887, *Arnaud;* — même date, *Germain-Duforestel.* On
lit dans ce dernier arrêt : « Que le texte susvisé (loi du 29 décembre 1884) donnant à
la partie la plus diligente le droit de réclamer au juge de paix la désignation d'un
tiers expert, il n'appartenait pas au conseil de préfecture de décider s'il y avait lieu
à tierce expertise, que dans ces conditions il devait surseoir à statuer jusqu'à ce qu'il
eût été procédé par le tiers expert régulièrement désigné... » Même solution : 15 mars
1889, *Fieschi;* — 16 juin 1893, *Bellière;* — 2 décembre 1893, *Masselin.*
3. Conseil d'État, 22 novembre 1890, *Perrier.*

lorsque la communication n'a pas eu lieu ([1]). Nous pensons toutefois que ce serait aller trop loin que d'exiger une notification intégrale du texte des avis, car il suffit que la partie en connaisse les conclusions pour exercer le droit que la loi de 1884 lui confère.

La disposition précitée de la loi du 29 décembre 1884 contient une autre innovation en ce qui touche les frais d'expertise. Antérieurement, et conformément à l'article 18 de l'arrêté du 24 floréal an VIII, ces frais étaient entièrement supportés par l'administration toutes les fois que la réclamation était partiellement admise ([2]). La loi de 1884 permet de les répartir « suivant l'appréciation du « juge, dans les termes des articles 130 et 131 du Code de procé- « dure civile ».

Avant la loi du 22 juillet 1889, la liquidation des frais d'expertise et de tierce expertise était faite par le préfet, sauf réclamation des experts ou des parties devant le conseil de préfecture ([3]).

Mais d'après l'article 23 de cette loi, dont les dispositions sont générales et s'appliquent en matière de contributions, c'est au président du conseil de préfecture qu'il appartient de faire cette liquidation ([4]); les parties et les experts ont le droit de faire opposition à la décision du président devant le conseil de préfecture en chambre du Conseil, dans le délai de trois jours à partir de la notification de cette décision.

Les frais d'expertise étaient liquidés, avant 1889, soit comme ceux des expertises civiles, soit d'après un tarif établi dans le département par arrêté préfectoral; mais depuis que l'article 23 de la loi du 22 juillet 1889 a été reconnu applicable en matière de contributions, les expertises et les tierces expertises se trouvent régies par le tarif du 18 janvier 1890, promulgué en exécution dudit article 23.

Décision du conseil de préfecture. — La décision doit être rendue dans les formes prescrites par la loi du 22 juillet 1889, et elle

---

1. Conseil d'État, 5 février 1892, *Leber et Sanguin;* — 10 décembre 1892, *dame Biot.*
2. Conseil d'État, 26 mars 1886, *Société du Crédit industriel.*
3. Conseil d'État, 16 avril 1880, *Thévenin;* — 3 juin 1881, *Boiscourbeau.*
4. Conseil d'État, 19 janvier 1894, *Dumortier.*

doit intervenir dans le délai de trois mois à partir du dépôt de la réclamation (Loi du 21 avril 1832, art. 28). Toutefois l'expiration de ce délai n'a pas pour effet de rendre nulle la décision du conseil de préfecture, ni de faire considérer la réclamation comme rejetée et d'ouvrir *de plano* le droit de recours au Conseil d'État (comme en matière d'élections municipales). Elle a seulement pour résultat d'affranchir le contribuable de l'obligation d'acquitter les termes de la contribution contestée qui viennent à échoir après le délai de trois mois ([1]).

Recours au Conseil d'État. — Avant la loi de procédure du 22 juillet 1889, le recours au Conseil d'État était régi par l'article 30 de la loi du 21 avril 1832, portant que « le recours contre « les arrêtés du conseil de préfecture ne sera soumis qu'au droit « de timbre. Il pourra être transmis au Gouvernement par l'inter- « médiaire du préfet et sans frais ». Ce mode de transmission, que la loi de 1832 semblait mentionner comme facultatif pour le contribuable, était considéré comme obligatoire parce qu'il avait pour but d'assurer, en même temps que la transmission de la requête, celle de la décision et de toutes les pièces de l'instruction déposées à la préfecture. C'est pourquoi il ne pouvait y être suppléé ni par un dépôt direct de la requête au secrétariat du contentieux ([2]), ni par un dépôt à la sous-préfecture ([3]). Le délai du recours était, pour le contribuable, le délai de trois mois à partir de la notification administrative de la décision.

Sur ces deux points les règles antérieures ont été modifiées par la loi du 22 juillet 1889 (art. 57 à 61). La requête, au lieu d'être nécessairement déposée à la préfecture, peut également l'être à la sous-préfecture ou au secrétariat du Conseil d'État. En outre, le délai du recours est réduit de trois à deux mois, plus les délais de distance pour les parties domiciliées hors de la France continentale.

On aurait pu se demander si la disposition générale de la loi de

---

1. Conseil d'État, 20 avril 1888, *Boisgontier*.
2. Le Conseil d'État n'a pas à prononcer par arrêt la non-recevabilité des requêtes déposées au secrétariat du contentieux, parce que celui-ci ne les enregistre pas et les retourne à leurs auteurs avec avis de les faire transmettre par le préfet.
3. Conseil d'État, 24 mai 1878, *Lefèvre*.

1889 qui réduit de trois à deux mois le délai du recours contre les décisions du conseil de préfecture, était applicable aux pourvois en matière de contributions, cette loi ayant réservé la plupart des règles antérieurement en vigueur pour le contentieux des contributions directes. Mais d'une part l'article 11 de la loi de 1889, qui contient cette réserve, ne parle que de « l'introduction et l'instruction des demandes », ce qui ne comprend pas l'appel des décisions ; d'autre part les recours contre les arrêtés des conseils de préfecture rendus en matière de contributions sont expressément prévus dans les dispositions de la loi de 1889 relatives au pourvoi devant le Conseil d'État (art. 61).

Le délai de deux mois court de la notification faite au contribuable par le directeur des contributions directes. La qualité de cet agent pour notifier la décision résulte des dispositions combinées de la loi du 2 messidor an VII (art. 28) et de l'arrêté du 24 floréal an VIII (art. 23) dont l'application a été consacrée par des instructions successives du ministre des finances ou du directeur général des contributions directes (16 septembre 1825 ; 22 avril 1829 ; 18 septembre 1845 ; 31 mai 1849 ; 5 février 1883). On a cependant soutenu que la notification ne pouvait être valablement faite sous l'empire de la loi du 22 juillet 1889, que par le préfet que l'article 51 de cette loi charge de notifier les décisions « lorsque l'instance a été engagée par l'État ou contre lui ». Mais le Conseil d'État, qui avait toujours reconnu, avant 1889, cette attribution du directeur des contributions directes ([1]) l'a de nouveau consacrée depuis la loi du 22 juillet 1889, en se fondant sur ce que l'article 51, § 3, de cette loi dispose « qu'il n'est pas dérogé aux règles spéciales établies pour la notification des décisions en matière de contributions directes et de taxes assimilées ([2]) ».

La jurisprudence est également fixée en ce sens que la notification faite par le directeur, ou à lui signifiée par la partie, ne fait pas courir le délai du pourvoi contre le ministre. Même sous l'empire de la loi de 1889, dont l'article 59 attribue cet effet aux notifications faites par le préfet, le délai ne court contre le ministre des finances

---

1. Conseil d'État, 26 mai 1876, *Paradan ;* — 13 janvier 1893, *Bouillant.*
2. Conseil d'État, 29 mars 1895, *Société nouvelle des raffineries de la Méditerranée.*

que de la réception des pièces au ministère ou de la communication de la décision au ministre par le directeur des contributions directes du département (¹).

Le recours n'étant pas suspensif, on ne saurait interpréter comme un acquiescement rendant le recours non recevable le paiement fait par le contribuable dont la requête a été rejetée (²), ni le remboursement fait par l'administration au contribuable qui a obtenu gain de cause devant le conseil de préfecture (³). Il va de soi que le pourvoi ne saurait arrêter des poursuites en cours (⁴). On ne pourrait pas même faire obstacle à ces poursuites par un arrêt de sursis demandé au Conseil d'État par application de l'article 3 du décret du 22 juillet 1806, en effet, ainsi que nous l'avons vu, les poursuites n'ont pas lieu en vertu d'une condamnation prononcée contre le contribuable par le conseil de préfecture, mais en vertu de la force exécutoire qui est inhérente au rôle et à la contrainte.

Les pourvois en matière de contributions directes ne sont pas soumis, en principe, à la double procédure des affaires contentieuses ordinaires, d'abord devant la section du contentieux puis devant l'assemblée du Conseil d'État statuant au contentieux. Ils sont directement jugés, sur le rapport du rapporteur et sur les conclusions du commissaire du Gouvernement, par la section (permanente ou temporaire) à laquelle ils ont été distribués, et cela même s'il y a constitution d'avocat. La loi du 26 octobre 1888 a modifié sur ce point les règles antérieures d'après lesquelles toute affaire, quelle que fût la nature, dans laquelle un avocat était constitué, était portée de plein droit devant l'assemblée du contentieux sur le rapport de la section. Elle a autorisé la section à connaître, en audience publique, des affaires de contributions (et d'élections) dans lesquelles il y a constitution d'avocat, et l'assemblée du contentieux n'en est exceptionnellement saisie que si leur renvoi a été réclamé par un

---

1. Conseil d'État, 16 juin 1876, *ministre des finances c. Supply* ; — 9 novembre 1877, *Martin* ; — 25 janvier 1885, *ministre des finances c. Duhamel* ; — 13 janvier 1893, *Bouillant*.

2. Conseil d'État, 16 avril 1886, *Henry*.

3. 27 avril 1877, *ministre des finances c. Richard* ; — 23 janvier 1885, *ministre des finances c. Roux-Lavergne*.

4. Conseil d'État, 17 juillet 1885, *Carraud*.

conseiller d'État de la section ou par le commissaire du Gouvernement conformément à l'article 19 de la loi du 24 mai 1872.

VIII. — RÈGLES SPÉCIALES AUX TAXES ASSIMILÉES.

On désigne sous la dénomination générale de « taxes assimilées » un grand nombre de taxes ayant des origines et des destinations diverses, et qui sont perçues : soit au profit de l'État (taxe des biens de mainmorte, redevances des mines, taxe sur les billards, sur les cercles, etc.) ; — soit au profit des communes (prestations pour les chemins vicinaux, taxe des chiens, taxe de pavage, de balayage, de pâturage, etc.) ; — soit au profit des associations syndicales, des établissements publics et des associations d'habitants dûment autorisées. Cette dénomination s'applique aussi d'une manière générale à toutes les perceptions, même les plus spéciales et les plus accidentelles, qui doivent être, d'après la loi, « recouvrées dans la forme des contributions directes » ou « des contributions publiques ».

Il résulte de ces expressions, dont l'équivalence a été reconnue par la jurisprudence, que la perception doit avoir lieu en vertu d'un rôle rendu exécutoire par le préfet, et que les réclamations auxquelles elle peut donner lieu ressortissent au conseil de préfecture.

Il ne faut pas confondre, avec les perceptions ainsi faites au moyen de *rôles*, celles qui se font, au profit des communes, au moyen d'*états* dressés par le maire et visés par le préfet. Les lois municipales du 18 juillet 1837 (art. 63) et du 5 avril 1884 (art. 154), qui ont prévu ces états, ont eu en vue, ainsi que l'expliquait le rapporteur de la loi de 1837, « un certain nombre de recettes communales dont le recouvrement éprouve quelques difficultés parce qu'*elles ne peuvent pas s'effectuer dans la forme rapide et énergique que la loi a imprimée au recouvrement des contributions directes*, par exemple le prix d'une vente mobilière, d'une location, etc. ».

A la vérité, l'article 154 dit que ces états sont « exécutoires », mais ils diffèrent à un double point de vue des véritables rôles exécutoires : d'abord en ce que leur effet est suspendu par le seul fait d'une opposition ; puis en ce que cette opposition ressortit aux tribunaux judiciaires toutes les fois que la réclamation de la commune est relative à des matières de leur ressort (art. 154, § 2). Les états dont il s'agit n'ont donc en réalité d'autre effet que d'obliger les débiteurs prétendus de la commune à prendre l'initiative d'une opposition et à agir comme demandeurs, au lieu d'attendre que la commune les poursuive devant la juridiction compétente. C'est pourquoi le Conseil d'État a toujours soigneusement distingué les recouvrements par *états* et les recouvrements par *rôles,* tant au point de vue de leur force coercitive que de la compétence ([1]).

Avant la loi du 22 juillet 1889, les réclamations auxquelles donnent lieu les taxes assimilées recouvrées au moyen d'un rôle étaient soumises aux mêmes règles que les contributions directes, sauf certaines particularités spéciales à quelques-unes de ces taxes.

Mais une distinction a été faite par l'article 11 de la loi de 1889, selon que l'assiette et la répartition des taxes sont confiées à l'administration des contributions directes ou à une autre administration.

Dans le premier cas, il y a assimilation complète du contentieux de la taxe à celui des contributions directes et cette règle est applicable notamment : à la taxe des biens de mainmorte, des chevaux et voitures, des billards, à la taxe militaire, à la redevance sur les mines, aux prestations pour chemins vicinaux ou ruraux. Toutes les règles ci-dessus exposées sont applicables au contentieux de ces taxes.

Dans le second cas, celui où l'assiette de la taxe est confiée à d'autres agents que ceux du service des contributions directes, par exemple aux ingénieurs des ponts et chaussées, aux représentants des communes ou des associations syndicales, les réclamations sont formées et instruites conformément aux règles édictées par les articles 1 à 9 de la loi de 1889. En conséquence, l'instance est introduite par requête déposée au greffe du conseil de préfecture ou par assignation ([2]), et l'instruction se poursuit par les soins du rapporteur et du conseil ([3]). Cette procédure est applicable notamment :

---

1. Conseil d'État, 19 juillet 1878, *ville d'Issoudun ;* — 5 janvier 1883, *Thélolan ;* — 26 mars 1836, *Michaud ;* — 23 mai 1890, *ville de Granville ;* — 5 août 1892, *Lempérière.*

2-3. Voy. t. Ier, p. 367, 368.

aux taxes de curage, d'assèchement des mines, d'affouage, de pâturage, de balayage, de pavage, aux taxes syndicales, etc.

On s'est demandé si, dans ce dernier cas, l'expertise doit ou non se faire d'après les règles spéciales aux contributions directes. La raison de douter vient de ce que l'article 11 ne déclare applicables aux taxes de la seconde catégorie que les règles de procédure ordinaires établies dans les articles 1 à 9 de la loi, et que ces textes ne visent pas l'expertise.

La direction générale des contributions directes (circulaire du 1er février 1890) et le ministre des finances (instruction générale du 31 juillet 1890) avaient pensé que la référence aux articles 1 à 9 n'était pas limitative et que les règles ordinaires de la procédure, y compris celles de l'expertise, étaient applicables dans leur ensemble aux taxes de la seconde catégorie.

Mais la doctrine et la jurisprudence se sont prononcées en sens contraire ([1]) et nous pensons que c'est à bon droit, car l'article 11 de la loi de 1889, en se référant aux articles 1 à 9, laisse de côté l'expertise ; et à supposer même que le texte soit douteux, on ne saurait facilement admettre que la loi de 1889 ait entendu retirer aux taxes qui ne sont pas établies par le service des contributions directes les bénéfices de la jurisprudence antérieure, c'est-à-dire le caractère obligatoire de l'expertise lorsqu'elle est demandée ([2]), et la faculté de tierce expertise en cas de désaccord des experts ([3]).

Il y a des taxes assimilées qui diffèrent, en outre, des contributions directes proprement dites, au point de vue de l'émission des rôles et du mode d'acquittement de la taxe : de là découlent certaines différences relativement aux délais des réclamations.

Ainsi la jurisprudence admet que la publication des rôles ne suffit pas toujours pour faire courir le délai quand il s'agit, non de taxes annuelles, mais de taxes qui correspondent à certains travaux et qui ne sont mises en recouvrement que plus ou moins long-

---

1. Conseil d'État, 2 décembre 1893, *Lambert et autres,* et les conclusions du commissaire du Gouvernement.
Cf. Picard, *Traité des eaux,* t. II, p. 277 ; — Teissier et Chapsal, *Traité de la procédure devant les conseils de préfecture,* p. 200.
2. Conseil d'État, 30 novembre 1883, *Courot* (taxe de curage).
3. Conseil d'État, 6 décembre 1890, *ministre de l'agriculture.*

temps après leur exécution. On ne peut, en effet, obliger le redevable à rester indéfiniment en éveil pour surveiller un rôle de taxes syndicales ou de taxes de pavage qui se fera peut-être attendre pendant plusieurs années. Dans ce cas, le délai ne court que du jour où le redevable a eu effectivement connaissance de son imposition ([1]).

La jurisprudence n'a pas pu non plus soumettre à des règles identiques les taxes qui sont divisibles par douzièmes et celles qui ne le sont pas. Pour ces dernières (taxes syndicales, taxes de curage, etc.), il serait injuste que le redevable fût tenu de joindre à sa réclamation la quittance des termes échus, puisque ce serait l'obliger à payer d'avance la totalité de la taxe qu'il conteste. Aussi le Conseil d'État n'exige-t-il pas cette quittance ([2]). Par contre, le redevable ne peut pas bénéficier d'une autre disposition qui se rattache également à la division par douzièmes, celle qui interdit à l'administration de poursuivre le recouvrement des termes venus à échéance plus de trois mois après la réclamation, lorsque la décision du conseil de préfecture n'a pas été rendue dans ce délai (loi du 21 avril 1832, art. 28). La taxe étant recouvrable en totalité dès que le rôle est publié, l'administration ne peut pas être entravée dans ses poursuites par les retards de la procédure contentieuse ([3]).

Nous n'insisterons pas davantage sur ces particularités. Celles que nous venons d'indiquer suffisent pour montrer que l'assimilation entre le contentieux des taxes assimilées et celui des contri-

---

1. Conseil d'État, 12 mai 1876, *ville de Paris ;* — Cf. 2 février 1883, *Langlois.* — Dans cette dernière affaire, la publication du rôle d'une taxe de pavage avait eu lieu un an après les travaux, et le Conseil a admis qu'elle avait fait courir le délai. Peut-être pourrait-on mettre fin à quelques incertitudes de la jurisprudence sur les effets de la publication du rôle, si l'on admettait que la publication ne suffit pas pour faire courir le délai, quand elle n'a eu lieu ni pendant l'année des travaux, ni pendant tout le cours de l'année suivante.

On peut consulter aussi : 18 janvier 1884, *ville de Paris ;* — 16 mars 1888, *Arizolli ;* — 17 mai 1890, *Duverdy ;* — 29 décembre 1894, *Dumont.*

Lorsque le rôle a été publié avant le 1er janvier, ainsi que cela arrive souvent en matière de prestations, le délai ne court que du 1er janvier et non de la publication du rôle : — 29 janvier 1892, *Bonjour ;* — 11 février 1893, *Dumas.*

2. Conseil d'État, 3 mars 1876, *Chabert ;* — 3 août 1877, *ville de Paris.* — Cf. 30 janvier 1892, *syndical d'Alfortville.*

3. Conseil d'État, 3 août 1877, *ville de Paris.*

butions directes n'est pas sans comporter quelques restrictions, surtout depuis la loi du 22 juillet 1889. Mais on ne doit déroger aux règles générales de la matière qu'avec beaucoup de réserve, et seulement si les règles spéciales de la taxe ne peuvent pas se concilier avec elles.

CHAPITRE VI

CONTENTIEUX ÉLECTORAL

Observation préliminaire. — Les élections législatives échappent à tout recours contentieux et sont souverainement vérifiées par l'une ou l'autre Chambre du Parlement. Les élections des juges aux tribunaux de commerce sont soumises à la juridiction des cours d'appel, en vertu de l'article 621 du Code de commerce modifié par les lois du 21 décembre 1871 et du 8 décembre 1883.

Sous réserve de ces deux exceptions, le contentieux électoral ressortit à la juridiction administrative. Mais celle-ci n'est pas toujours exercée par les mêmes juges et dans les mêmes formes ; elle appartient, d'après la nature des élections contestées :

1° Au Conseil d'État statuant en premier et dernier ressort, pour les élections des conseils généraux (loi du 31 juillet 1875) ;

2° Au conseil de préfecture, sauf appel au Conseil d'État, pour les élections des conseils d'arrondissement (loi du 22 juin 1833); — pour les élections des conseils municipaux, des maires et des adjoints (loi du 5 avril 1884) ; — pour les élections des délégués sénatoriaux (loi du 2 août 1875) ; — des conseils de prud'hommes (loi du 1er juin 1853) ; — des délégués à la sécurité des ouvriers mineurs (loi du 8 juillet 1890) ;

3° Aux conseils du contentieux des colonies, sauf appel au Conseil d'État, pour les élections des conseils généraux et municipaux, des maires, des adjoints et des délégués sénatoriaux des colonies (textes spéciaux de la législation coloniale et loi du 2 août 1875 sur les élections des sénateurs) ;

4° Aux ministres, sauf recours au Conseil d'État, pour les élections spéciales non déférées à d'autres juridictions, telles que les élections des conseils de l'instruction publique, des conseils de fabrique, des conseils presbytéraux de l'Église réformée, etc....

Nous n'avons pas à exposer ici les règles de fond relatives à ces différentes espèces d'élections, mais seulement celles qui régissent leur contentieux. Nous réunirons d'abord dans une même étude les élections des conseils généraux, municipaux et d'arrondissement, puis nous indiquerons les particularités qui distinguent les autres élections administratives.

I. — Contestations relatives aux listes électorales et au droit de vote.

Compétence judiciaire sur les questions de capacité électorale. — Les listes électorales sont dressées à la suite de diverses opérations administratives, ayant pour but de recenser les citoyens qui possèdent le droit de vote et qui sont appelés à l'exercer, soit dans une commune déterminée, soit dans une de ses sections lorsque la commune a été l'objet d'un sectionnement en vertu d'une décision du conseil général. Ces opérations administratives, réglées par le décret organique et le décret réglementaire du 2 février 1852, et par la loi du 7 juillet 1874, sont successivement confiées à deux commissions : l'une, composée du maire, d'un délégué du préfet et d'un délégué du conseil municipal, exerce, depuis la loi de 1874, les attributions qui appartenaient au maire seul d'après le décret de 1852 ; elle dresse la liste et procède à sa revision annuelle, en opérant d'office les additions et les retranchements qui résultent des changements survenus dans la composition du corps électoral, ou en exécutant les décisions des juridictions compétentes qui ordonnent des inscriptions ou des radiations ; — l'autre commission, composée des mêmes éléments que la première, avec adjonction de deux autres délégués du conseil municipal, prononce sur les réclamations auxquelles donnent lieu les opérations préparatoires de la première commission, statue sur les demandes d'inscription ou de radiation qui peuvent être formées devant elle par les intéressés, par tout électeur ou par l'administration représentée par le préfet ou le sous-préfet.

Les décisions de cette commission ont donc un caractère juridictionnel ; mais, quoiqu'elles émanent d'une autorité administrative, elles relèvent de l'autorité judiciaire ; elles peuvent être attaquées devant le juge de paix qui statue comme juge d'appel, et dont les décisions ne peuvent être déférées qu'à la Cour de cassation. Cette dérogation apparente aux règles de la compétence en est en réalité l'exacte application. En effet, l'inscription sur les listes électorales constate l'existence et assure l'exercice d'un droit individuel, d'un véritable droit civique, qui doit être placé sous la sauvegarde de l'autorité judiciaire comme les autres droits attachés à la personne.

Mais ce droit peut lui-même dépendre de véritables *questions d'état* sur lesquelles le juge de paix n'est pas moins incompétent que la juridiction administrative ; il est en effet de principe que les questions d'état, c'est-à-dire les questions d'âge, de nationalité, de jouissance des droits civils, sont exclusivement du ressort de la juridiction civile ordinaire, représentée par les tribunaux civils d'arrondissement et par les cours d'appel. C'est pourquoi l'article 22 du décret organique de 1852 dispose que « si la demande « portée devant lui (le juge de paix) implique la solution préjudi- « cielle d'une *question d'état,* il renverra préalablement les parties « à se pourvoir devant les juges compétents, et fixera un bref délai « dans lequel la partie qui aura élevé la question préjudicielle « devra justifier de sa diligence ».

Il résulte de ce qui précède que les questions d'inscription sur les listes électorales, quelle que soit la nature des difficultés qu'elles soulèvent, ne peuvent pas, en principe, être discutées devant le juge de l'élection à l'appui des griefs dirigés contre les opérations électorales. La juridiction administrative excéderait ses pouvoirs si elle reconnaissait le droit de vote à des électeurs qui ne sont pas inscrits sur les listes électorales et qui ne sont pas porteurs de décisions du juge de paix ordonnant leur inscription, ou si elle refusait de tenir compte des suffrages d'électeurs inscrits, en se fondant sur ce que leur inscription serait irrégulière ([1]). Nous

1. Conseil d'État, 4 juin 1875, *Él. de Parny-Douaville ;* — 7 mars 1878, *Él. de Murato ;* — 3 janvier 1880, *Él. d'Arjuzanx ;* — 4 janvier 1884, *Él. de Saint-Thegonnec ;* — 17 mai 1889, *Él. de Grand-Bourg ;* — 23 juin 1891, *Él. de Saint-Cirq.*

verrons cependant plus loin que les électeurs inscrits n'ont pas toujours le droit de vote, qu'ils peuvent en être privés ou déchus dans des cas prévus par la loi, et qu'il appartient alors au juge de l'élection de tenir leurs suffrages pour non avenus, sans s'immiscer pour cela dans la question d'inscription sur les listes.

Le juge de paix exerçant une juridiction d'appel à l'égard de la commission municipale, il en résulte qu'il a le droit de rechercher non seulement si ses décisions sont justifiées en fait et en droit, mais encore si elles sont régulières en la forme et notamment si la commission a été composée et a fonctionné conformément à la loi. La jurisprudence du Conseil d'État, d'accord avec celle de la Cour de cassation, reconnaît que ce pouvoir appartient au juge de paix, nonobstant les actes administratifs qui ont constitué la commission : « Considérant, dit un arrêt du 4 juin 1875 (*Coural*), que la désignation faite par l'autorité administrative ne faisait pas obstacle à ce que la régularité de la composition de la commission qui a statué sur les réclamations fût discutée devant le juge de paix, auquel il appartenait, en vertu du décret du 2 février 1852 et de la loi du 7 juillet 1874 combinés, de connaître par la voie de l'appel des décisions de ladite commission. »

Faut-il aller plus loin et reconnaître au juge de paix le droit d'apprécier la régularité de toutes les opérations administratives qui ont précédé les décisions de la commission? Nous ne le pensons pas. Autant il est conforme aux principes de la compétence et aux pouvoirs généraux du juge d'appel, que le juge de paix vérifie si les décisions du premier juge sont entachées de vices de forme, ou d'irrégularités dans la composition de la commission, autant il nous paraîtrait contraire à ces principes que le juge de paix, étendant plus loin son contrôle, appréciât toutes les opérations administratives qui concourent à la confection des listes électorales, et qui n'influent pas directement sur la validité des décisions qui lui sont déférées en appel. Les griefs qui peuvent être soulevés contre ces opérations prises dans leur ensemble ne peuvent être discutés que devant la juridiction administrative ; nous allons voir dans quelle forme.

Du cas où les opérations de revision des listes peuvent être annulées ou être déclarées irrégulières. — Les autorités locales procèdent à la revision des listes sous la surveillance des représentants du pouvoir central ; elles doivent adresser au sous-préfet le tableau des additions et retranchements, en même temps qu'elles le communiquent aux électeurs, et y joindre un procès-verbal constatant l'accomplissement des formalités prescrites par la loi. Le sous-préfet doit, à son tour, transmettre ces pièces au préfet, avec ses observations, dans un délai de deux jours (¹). Le préfet apprécie alors s'il doit user du droit de recours qui lui est ouvert par l'article 4 du décret réglementaire de 1852, ainsi conçu : « Si le « préfet estime que les formalités et les délais prescrits par la loi « n'ont pas été observés, il devra, dans les deux jours de la récep- « tion du tableau, déférer les opérations au conseil de préfecture « du département, qui statuera dans les trois jours et fixera, s'il « y a lieu, le délai dans lequel les opérations annulées devront « être refaites. »

Le recours qui est ainsi ouvert au préfet, lorsqu'il estime que les opérations sont irrégulières, peut-il également s'exercer lorsque les opérations n'ont pas eu lieu et qu'aucun tableau rectificatif n'a été dressé ? Le ministère de l'intérieur s'est d'abord prononcé pour l'affirmative, d'accord avec plusieurs conseils de préfecture qui estimaient que le droit de faire recommencer la revision lorsqu'elle a été irrégulière, implique à plus forte raison le droit de la prescrire quand elle n'a pas eu lieu. Mais le Conseil d'État n'a pas admis cette doctrine, qui n'est nullement conforme au texte de l'article 4, et qui tendrait en réalité à transférer au conseil de préfecture des pouvoirs qui ne doivent être exercés que par le préfet. Il appartient en effet à ce fonctionnaire, en sa qualité de supérieur hiérarchique, de prescrire à l'autorité municipale les actes de sa fonction qu'elle refuserait ou négligerait d'accomplir ; il n'a pas besoin pour cela d'une décision du conseil de préfecture, laquelle n'a sa raison d'être, dans le cas prévu par l'article 4, que parce qu'il existe des opérations irrégulières et qu'il faut les annuler. Le droit qu'a le conseil de préfecture de prescrire des opérations nou-

---

1. Décret du 2 février 1852, art. 3.

velles n'est qu'une conséquence de cette annulation ; il ne saurait
donc s'exercer lorsqu'il n'y a pas d'opérations à annuler, mais seulement des instructions à donner, des injonctions à adresser à une
autorité négligente. C'est pourquoi le Conseil d'État a décidé, par
un arrêt du 22 mars 1875 (*Él. de Saint-Martin du Bon-Fossé*), que l'article 4 du décret de 1852 n'est pas applicable au cas où les opérations de revision n'ont pas eu lieu : « C'est au préfet, chargé d'assurer dans l'étendue de son département l'exécution des lois et
règlements, qu'il appartenait de prendre les mesures nécessaires
pour qu'il fût immédiatement procédé au travail de revision. »

Le recours de l'article 4 étant exclusivement réservé au préfet,
le conseil de préfecture doit rejeter comme non recevable toute
demande en annulation formée par des électeurs ([1]). Le Conseil
d'État doit également écarter, comme empiétant sur les attributions du préfet et du conseil de préfecture, les recours pour excès
de pouvoir qui seraient formés par des électeurs contre les opérations administratives de revision des listes ([2]).

Des controverses se sont élevées sur le point de savoir si les
décisions prises par le conseil de préfecture en vertu de l'article 4
sont des actes de juridiction, ou des actes d'administration non
susceptibles d'être attaqués devant le Conseil d'État. M. Serrigny
se prononce dans ce dernier sens ; il ne voit dans l'annulation prononcée en vertu de l'article 4 « qu'une mesure d'ordre prise par
l'administration dans un intérêt public ([3]) » ; la même opinion a
été soutenue devant le Conseil d'État par le ministre de l'intérieur
et par le commissaire du Gouvernement dans une affaire jugée le
21 décembre 1850 (*Coudray et Picard*), sous l'empire de la loi du
15 mars 1849, dont l'article 6 instituait un recours identique à
celui de l'article 4 du décret de 1852. Plus hésitant, l'arrêt de
1850 s'est borné à opposer au recours une fin de non-recevoir
tirée du défaut de qualité des requérants, qui n'agissaient que
comme délégués du conseil municipal, assistant le maire pour la
confection des listes électorales. Mais l'arrêt précité du 22 mars
1875 et un arrêt du 29 juin 1888 (*Gamet*) ont formellement reconnu

---

1. Conseil d'État, 2 juillet 1880, *Quilichini ;* — 27 juillet 1883, *Despeaux.*
2. Conseil d'État, 12 novembre 1875, *Seguin* (implicite).
3. Serrigny, *Compétence administrative*, t. III, p. 6.

le caractère contentieux des décisions et la possibilité de l'appel, puisqu'ils ont statué au fond sur cet appel. Cette doctrine nous paraît pleinement justifiée, car l'annulation prévue par l'article 4 ne peut se fonder que sur une atteinte portée à la loi, et le conseil de préfecture la prononce comme juridiction, en vertu de conclusions prises devant lui par le préfet qui ne saurait passer outre à sa décision. Le caractère contentieux de la décision étant reconnu, le droit d'appel en découle, car le conseil de préfecture ne prononce jamais comme juridiction de dernier ressort.

Par qui le droit d'appel peut-il être exercé? Il ne peut évidemment l'être que par l'administration, lorsque le conseil de préfecture a refusé de prononcer l'annulation demandée par elle. Mais qui représentera l'administration devant le Conseil d'État? Est-ce le préfet auteur du recours primitif, ou le ministre, qui est le représentant légal de l'administration devant le Conseil d'État, d'après les principes généraux de la procédure administrative? Cette dernière solution doit être préférée; mais un recours formé par le préfet deviendrait recevable si le ministre de l'intérieur déclarait se l'approprier (¹).

Si au contraire la décision du conseil de préfecture prononce l'annulation et ordonne une revision nouvelle, doit-on reconnaître un droit de recours soit aux électeurs qui étaient inscrits sur les listes annulées, soit au maire agissant au nom de la commission qui les avait dressées? Cette question fort délicate nous paraît avoir été tranchée négativement par la jurisprudence, à l'égard des électeurs agissant *ut singuli* (²), mais affirmativement à l'égard du maire agissant au nom de la commune ou comme chef de l'administration municipale. Sur ce dernier point la jurisprudence n'est qu'implicite, mais elle n'en est pas moins concluante, car elle résulte d'arrêts qui ont annulé, à la requête du maire, des décisions du conseil de

---

1. Conseil d'État, 22 mars 1875, *Él. de Saint-Martin du Bon-Fossé.*

2. Conseil d'État, 21 décembre 1850, *Coudray;* — 27 juillet 1883, *Despaux;* — 7 août 1883, *commune de Voudenay.* Dans cette dernière affaire le ministre de l'intérieur a paru admettre le droit de recours d'un électeur agissant en son nom personnel. (Voir les observations analysées au *Recueil*, 1883, p. 763.) Mais, il est à remarquer que le Conseil d'État n'a retenu le recours que comme formé au *nom de la commune.* (Voir les *visas* de l'arrêt.)

préfecture qui avaient annulé des opérations de revision et ordonné qu'elles seraient recommencées (¹).

Cette distinction nous paraît rationnelle ; en effet, s'il ne semble pas possible de reconnaître un droit personnel de recours aux électeurs, il n'en est pas de même de l'autorité municipale dont les actes sont directement pris à partie devant le conseil ; d'autre part, il est bon que l'intérêt collectif du corps électoral de la commune puisse être défendu devant le Conseil d'État, par le chef de l'administration municipale, contre les erreurs de droit qui peuvent être commises par le préfet et par le conseil de préfecture, et dont les arrêts précités ont relevé des exemples.

Nous venons de voir un cas d'annulation directe des opérations de confection des listes électorales ; ces opérations peuvent aussi, sans être annulées, être déclarées irrégulières par le juge de l'élection, toutes les fois que leur irrégularité lui paraît de nature à compromettre la validité des opérations électorales. En effet, si le juge de l'élection n'a pas qualité pour contrôler la capacité électorale des citoyens portés ou omis sur ces listes, il a le droit de rechercher si les listes ont été dressées conformément à la loi, et si l'élection est l'œuvre d'un corps électoral régulièrement recensé. Il peut être ainsi amené à vérifier si les formes et délais prescrits pour la revision ont été observés, si des retranchements ou des additions ont été opérés après la clôture des listes ou si, ayant été effectués dans les délais voulus, ils ont été régulièrement publiés (²).

Un arrêt du 9 août 1880 (*Él. d'Aumale*) a même fait résulter l'annulation de l'élection d'erreurs commises par le juge de paix qui, sur l'appel de décisions de la commission municipale relatives aux

---

1. Conseil d'État, 7 août 1883, *commune de Voudenay* ; — 26 décembre 1884, *de Maïra* ; — 29 juin 1888, *Gamet.*

2. Conseil d'État, 13 juin 1878, *Él. de Gourin* ; — 12 avril 1879, *Él. de Cauro* ; — 12 août 1879, *Él. de Morosaglia.* On lit dans ce dernier arrêt : « Considérant qu'il est établi par l'instruction que des irrégularités ont été commises dans la confection des listes électorales, qu'elles sont le résultat de manœuvres, et qu'elles ont été de nature à porter atteinte à la sincérité des opérations électorales. »

La tendance générale de la jurisprudence est de distinguer : d'une part, les manœuvres et les irrégularités graves qui mettent obstacle à la confection légale de la liste, et qui peuvent être relevées par le juge de l'élection ; — d'autre part, les erreurs plus ou moins nombreuses qui auraient pu faire l'objet de réclamations dans les

listes électorales de 1880, avait ordonné l'inscription de nouveaux électeurs sur des listes antérieures, closes le 31 mars 1879, et qui devaient servir à l'élection contestée. L'arrêt déclare que ces listes étaient devenues définitives, que le juge de paix ne pouvait plus les modifier, et que l'irrégularité par lui commise a été de nature à modifier le résultat du scrutin. C'est là une application remarquable du principe de l'indépendance respective des juridictions. La sentence du juge de paix dont l'irrégularité est constatée, reste debout, les inscriptions qui en résultent sont acquises, mais le juge de l'élection, sans s'immiscer dans les questions de capacité électorale, constate qu'une atteinte a été portée à la permanence des listes et que celles-ci, ainsi altérées, n'ont pas pu servir de base à une élection régulière.

Du cas où le juge de l'élection peut apprécier le droit de vote. — Examinons maintenant les cas où la juridiction administrative, en statuant sur l'élection, peut exceptionnellement connaître du droit de vote de l'électeur. Nous parlons ici du *droit de vote* et non de l'inscription sur les listes électorales. A première vue, les deux choses paraissent se confondre, mais le juge de l'élection est quelquefois obligé de les distinguer, car les questions d'inscription sur les listes lui échappent toujours, et les questions de droit de vote lui appartiennent quelquefois. Les questions d'inscription lui échappent parce qu'elles sont tranchées à son égard par les autorités administratives et judiciaires préposées à la confection des listes et au jugement de leur contentieux. Les questions de droit de vote sont de son ressort, lorsqu'elles concernent des personnes inscrites sur les listes électorales et néanmoins privées du droit de voter. En effet, s'il n'y a pas de droit de vote sans inscription sur les listes (ou sans décision qui l'ordonne), la réciproque n'est

---

délais prévus, être dénoncées à la commission ou au juge de paix, et qui ne peuvent pas être relevées devant le juge de l'élection.

2 juin 1868, *Él. de Tlemcen;* — 20 janvier 1885, *Él. de Barbaggio;* — 7 août 1885, *Él. de Saint-Didier-la-Sauve;* — 29 mars 1889, *Él. de la Chaussée;* — 9 décembre 1893, *Él. de Paris.*

Cf. 27 décembre 1890, *Él. de Saint-Louis,* qui se fonde pour annuler les élections sur ce que de nombreuses radiations opérées sur la liste électorale n'avaient pas été notifiées aux intéressés ainsi que le constataient des jugements joints au dossier.

pas vraie, et le droit de vote peut quelquefois être refusé à un électeur inscrit.

Les exemples ne manquent pas à l'appui de cette distinction : — Ainsi, les militaires en activité de service sont électeurs, ils doivent être inscrits sur les listes électorales, mais ils n'ont le droit de prendre part à aucun vote s'ils ne sont pas en congé régulier ([1]). — Un citoyen peut être inscrit sur les listes électorales de plusieurs communes, mais il n'a pas le droit de profiter d'une inscription multiple pour participer à des élections de même nature dans des communes différentes, sinon il s'expose à des peines correctionnelles ([2]). — Les individus qui ont perdu la capacité électorale, soit par suite d'une condamnation judiciaire, soit par suite d'une faillite non suivie de réhabilitation, peuvent figurer sur des listes dressées antérieurement à leur déchéance, ou y être maintenus par erreur; mais il leur est interdit de voter, sous peine de condamnation correctionnelle ([3]).

Lorsqu'il y a ainsi opposition entre l'inscription sur les listes et une situation particulière de l'électeur qui le met hors d'état de voter, quelles conséquences doit-on en tirer au point de vue des opérations électorales?

Une chose est certaine : c'est que le bureau chargé de recueillir les votes n'a jamais le droit de refuser le suffrage d'un électeur inscrit; il ne peut que se conformer aux indications de la liste, si erronées qu'elles lui paraissent; il n'a pas non plus le pouvoir, lors du dépouillement du scrutin, de ne pas compter le suffrage d'un électeur déchu, car la mission du bureau se borne à constater les résultats matériels de l'élection, et il n'a point à en apprécier la légalité.

Mais si le bureau ne peut exercer aucun contrôle sur le vote des inscrits, le juge de l'élection a des pouvoirs plus étendus. En 1868, le Conseil d'État a hésité à les lui reconnaître ([4]); mais il n'a pas persisté dans ses doutes. Il a décidé, en 1878, qu'il n'y avait pas lieu de tenir compte du vote d'un électeur inscrit, parce qu'il était

---

1. Loi du 15 juillet 1889, art. 9 ; loi du 30 novembre 1875, art. 5.
2. Décret org. du 2 février 1852, art. 34.
3. Même décret, art. 32.
4. Conseil d'État, 22 août 1868, *Él. de Béziers*.

déchu du droit de vote, et avait été condamné correctionnellement pour avoir pris part au scrutin ([1]). Depuis 1881, il décide de même, sans exiger que le caractère délictueux du vote ait été constaté par une décision de la juridiction répressive. Cette jurisprudence a été appliquée : — à des électeurs déchus de leurs droits électoraux par suite de condamnations judiciaires ([2]) ; — à des faillis non réhabilités ([3]) ; — à des électeurs ayant profité d'une double inscription pour exercer leurs droits électoraux dans des communes différentes ([4]).

Cette doctrine est entièrement justifiée par la mission que le juge de l'élection doit remplir, et qui consiste à contrôler la validité, la sincérité et la moralité de l'élection. On ne saurait admettre, en effet, qu'une élection puisse être le résultat d'infractions formelles à la loi et de véritables délits. Cette jurisprudence nous paraît échapper également à toute critique au point de vue des compétences. En effet, le juge de l'élection n'empiète pas sur les attributions du juge de la liste, puisqu'il n'exerce son contrôle sur le droit de vote que dans les cas où la loi supprime elle-même ce droit, nonobstant l'inscription sur la liste. Il n'empiète pas non plus sur la juridiction répressive, puisqu'il se borne à constater l'illégalité d'un vote sans s'immiscer dans les sanctions pénales qu'elle peut entraîner. Ce qu'il retient, ce n'est pas l'existence d'un délit, c'est la nullité d'un vote émis contrairement à une prohibition légale.

La jurisprudence que nous venons de rapporter ne doit pas être étendue au cas où la loi n'a pas elle-même prononcé la déchéance du droit de vote et n'a pas expressément interdit à l'électeur de faire usage de son inscription, obtenue ou maintenue par erreur. Ainsi, si l'on a inscrit à tort sur les listes électorales des mineurs,

1. Conseil d'État, 6 décembre 1878, *Él. du Sautel.*

2. Conseil d'État, 11 février 1881, *Él. de Bugue;* — 8 juillet 1881, *Él de Luzy;* — 25 janvier 1884, *Él. d'Alger;* — 9 janvier 1885, *Él. de Volpajola;* — 19 mai 1893, *Él. d'Yssingeaux;* — 20 avril 1894, *Él. de Calacuccia.*

3. Conseil d'État, 3 novembre 1882, *Él. d'Arles;* — 9 janvier 1885, *Él. de Sainte-Marie-Siché;* — 7 juin 1889, *Él. de Saint-Aimé;* — 5 août 1893, *Él. de Riom.*

4. Conseil d'État, 6 février 1885, *Él. de Francillon;* — 7 août 1885, *Él. de Saint-Christophe;* — 20 juillet 1893, *Él. de Villeneuve-Durfort;* — 16 mars 1894, *Él. de Sainte-Anne.*

des étrangers, des interdits, des personnes non domiciliées dans la commune, l'irrégularité de ces inscriptions n'autorise pas le juge de l'élection à tenir pour non avenus les votes de ces électeurs, parce qu'aucune disposition de loi ne leur défend de voter, et ne contredit, à leur égard, la présomption de capacité qui résulte de leur inscription sur la liste (¹).

II. — Contestations relatives a l'éligibilité.

Compétence administrative sur les questions d'éligibilité. — L'éligibilité n'est pas comme l'électorat un droit civique et individuel placé sous la sauvegarde des tribunaux judiciaires ; c'est une aptitude d'ordre administratif, aptitude à la fonction ou au mandat que l'élection a pour but de conférer. A ce titre, toutes les questions d'éligibilité ressortissent en principe au juge de l'élection. Il est naturel qu'il en soit ainsi, car on ne saurait statuer sur la validité d'une élection et consacrer ses résultats définitifs sans vérifier si elle a pu conférer un titre légal à l'élu.

La plénitude de juridiction qui doit appartenir au juge de l'élection sur les questions d'éligibilité a seulement pour limite le droit qui appartient aux tribunaux judiciaires, de statuer par des décisions préjudicielles sur les questions d'état et de capacité civile dont l'éligibilité peut dépendre. Mais ce droit n'est pas plus étendu dans les contestations électorales que dans toutes les autres affaires administratives contentieuses que peuvent soulever des questions de même nature, par exemple dans les affaires de recrutement et de pensions : la compétence judiciaire est strictement limitée à l'application des lois civiles sur l'état et la capacité des personnes, et ne s'étend pas à l'application des lois administratives sur l'aptitude légale du candidat et sur les cas d'inéligibilité et d'incompatibilité qui peuvent faire obstacle à son élection.

Cette doctrine a été contestée sous l'empire des lois du 21 mars 1831 et du 22 juin 1833, qui renvoyaient devant le tribunal civil

---

1. Conseil d'État, 10 mai 1890, *Él. de Trégunc* ; — 1ᵉʳ juillet 1893, *Él. de Casteguède* ; — 5 août 1893, *Él. de Criquebœuf.*

« les réclamations fondées sur l'*incapacité légale* d'un ou de plusieurs élus ». Ces lois avaient été interprétées par la Cour de cassation comme visant l'inéligibilité du candidat aussi bien que son incapacité civile, et il en était résulté de graves dissidences entre sa jurisprudence et celle du Conseil d'État. Mais toute hésitation sur la véritable répartition des compétences a pris fin, depuis que la loi municipale du 5 mai 1855 (art. 47), puis celle du 5 avril 1884 (art. 39), ont expressément limité la compétence judiciaire au cas où « une réclamation implique la solution préjudicielle *d'une question d'état* ». A la vérité les termes équivoques de la loi du 22 juin 1833 ont été reproduits par la loi du 31 juillet 1875 relative aux élections des conseils généraux; mais il n'est venu à l'esprit de personne d'en conclure que les règles de compétence sont différentes selon que la question d'éligibilité se pose dans une élection départementale ou dans une élection municipale. Aussi est-il aujourd'hui constant, en doctrine et en jurisprudence, que les dispositions des lois municipales de 1855 et de 1884, qui limitent la compétence judiciaire aux questions d'état, sont applicables à toutes les élections.

Sous réserve de ces questions préjudicielles d'état, dont nous préciserons plus loin l'objet et la portée, toutes les questions d'éligibilité et d'incompatibilité ressortissent de la manière la plus large, en fait aussi bien qu'en droit, au juge de l'élection. Celui-ci peut même être amené, en vérifiant l'aptitude légale du candidat, à connaître indirectement de questions auxquelles la loi assigne des juges spéciaux, par exemple de questions de capacité électorale et de questions d'impôt.

Sur ces deux points quelques explications sont nécessaires.

I. — *Questions relatives à la capacité électorale de l'élu.* — Les questions de capacité électorale sont souvent liées aux questions d'éligibilité, parce que, pour être éligible, il faut d'abord être électeur. Mais la possession de la qualité d'électeur ne doit pas être ici confondue avec l'inscription effective sur les listes électorales. L'article 31 de la loi du 5 avril 1884 déclare éligibles au conseil municipal « tous les électeurs de la commune », sans exiger qu'ils soient réellement inscrits; l'article 6 de la loi du 10 août 1871 déclare éligibles au conseil général « tous les citoyens inscrits sur une liste d'électeurs *ou justifiant qu'ils devaient y être inscrits avant le jour de l'élection* ».

Le juge de l'élection peut donc avoir à rechercher, pour résoudre une question d'éligibilité, si un candidat non inscrit sur les listes électorales réunit les qualités requises pour être électeur. En cela il n'empiète pas sur les attributions du juge de la liste, car il ne confère le droit de vote à personne, et il n'inscrit personne sur les listes électorales ; il se borne à retenir, comme réalisant certaines conditions d'éligibilité, des faits que le juge de la liste pourrait retenir de son côté comme réalisant des conditions de l'électorat.

C'est pourquoi le Conseil d'État s'est reconnu le droit de déclarer éligible, comme ayant acquis ou recouvré la capacité requise pour être électeur : — un candidat qui avait acquis la qualité de Français en vertu d'un décret de naturalisation antérieur à l'élection [1] ; — un candidat qui avait cessé, à la date de l'élection, d'être sous le coup d'une incapacité pour laquelle on lui avait refusé son inscription sur les listes électorales [2].

Il n'appartient pas seulement au juge de l'éligibilité de reconnaître la capacité électorale d'un citoyen non inscrit sur les listes, il lui appartient aussi de dénier cette capacité à un électeur inscrit, et d'en conclure qu'il n'est pas éligible. C'est là une application du principe souvent rappelé de l'indépendance respective des juridictions ; cette indépendance n'existerait pas pour le juge de l'élection s'il était lié, au point de vue de l'éligibilité qui ne relève que de lui, par des constatations faites par un autre juge au point de vue de l'électorat. L'identité qui peut exister entre certaines conditions de l'électorat et de l'éligibilité n'empêche pas que ces conditions ne soient la base de droits différents relevant de juridictions distinctes. La qualité de Français, par exemple, est également requise pour l'électorat et pour l'éligibilité ; mais si un étranger a été inscrit par erreur sur les listes électorales, cette erreur ne saurait lier le juge de l'élection et l'empêcher d'invalider

---

1. Conseil d'État, 30 janvier 1885, *Él. de Mangiennes.*

2. Conseil d'État, 15 mars 1878, *Él. de Moyenneville :* — 26 novembre 1892 *Él. de Rougemontot.*

le candidat comme ne satisfaisant pas à la première condition de l'éligibilité, qui est de posséder la qualité de Français.

Il en est de même si l'inéligibilité résulte de condamnations. Ainsi, l'article 27 du décret organique du 2 février 1852 déclare « indignes d'être élus les individus désignés aux articles 15 et 16 de la présente loi », et ces textes sont ceux qui interdisent de porter sur les listes électorales diverses catégories de condamnés et les faillis non réhabilités. En termes plus généraux encore, l'article 32 de la loi du 5 avril 1884 déclare inéligibles aux conseils municipaux « les individus privés du droit électoral ». Le juge de l'éligibilité est donc appelé à apprécier ces déchéances aussi bien que le juge de l'électorat, et l'on ne saurait lui opposer comme ayant autorité de chose jugée à son égard les décisions rendues par un autre juge sur une question d'inscription sur les listes électorales.

Le Conseil d'État s'est plusieurs fois prononcé en ce sens, notamment par ses arrêts du 7 août 1875 (*Élection de Prades*) et du 12 mai 1882 (*Élection de Boynes*). Ce dernier arrêt dispose : — « Sur le moyen tiré de ce que l'arrêté attaqué aurait méconnu l'autorité de la chose jugée en déclarant le sieur G... inéligible, ledit sieur G... ayant été inscrit sur la liste électorale en vertu d'une décision de la commission municipale : Considérant que si ladite commission a, par sa décision du 8 février 1880, fait droit à la réclamation du sieur G... et admis qu'il devait être inscrit sur la liste des électeurs de la commune de Boynes, *cette décision ne faisait pas obstacle à ce que le conseil de préfecture, juge des questions d'éligibilité, reconnût que ledit sieur G... n'était pas éligible au conseil municipal.* »

II. — *Questions relatives aux contributions directes.* — Le juge de l'éligibilité peut aussi avoir à statuer sur la question de savoir si le candidat est imposé ou tout au moins imposable à une contribution directe. En effet, la loi départementale du 10 août 1871 (art. 6) et la loi municipale du 5 avril 1884 (art. 31) admettent à siéger dans les conseils généraux ou municipaux, mais seulement jusqu'à concurrence du quart de leurs membres, des candidats non domiciliés dans le département ou dans la commune, pourvu qu'ils y soient inscrits au rôle d'une des contributions directes au

1er janvier de l'année de l'élection, *ou qu'ils justifient qu'ils devaient y être inscrits à cette date* ([']). L'article 6 de la loi du 10 août 1871 déclare même éligible le candidat non imposé qui a hérité, depuis le 1er janvier, d'une propriété foncière dans le département, parce qu'il est alors considéré comme continuant la personne de son auteur qui était lui-même imposé ou imposable à la contribution foncière.

Le juge de l'élection se trouve appelé par ces dispositions, non seulement à vérifier si le candidat est inscrit sur le rôle d'une contribution directe, mais encore à rechercher s'il était susceptible d'y être inscrit à la date du 1er janvier. Bien entendu, sa décision ne saurait empiéter sur les attributions du juge de l'impôt, elle ne peut pas ordonner l'inscription du candidat au rôle ni, à plus forte raison, lui assigner une cote de contribution, mais elle n'en constate pas moins l'existence de la matière imposable et son attribution à une personne déterminée. De nombreux arrêts ont ainsi décidé qu'un candidat était imposable comme ayant acquis, par acte ayant date certaine avant le 1er janvier, un immeuble passible de la contribution foncière ([2]) ; ou comme étant devenu locataire d'une habitation meublée imposable à la contribution mobilière ([3]) ; d'autres arrêts ont prononcé sur la qualité de contribuable qui peut appartenir à un père ayant la jouissance légale des biens de son fils ([4]), ou à un mari administrant les biens de sa femme, sous le régime de la communauté ou sous le régime dotal ([5]).

Le juge de l'élection a-t-il également compétence pour vérifier

---

1. Le décret du 3 juillet 1848 sur les conseils d'arrondissement (art. 14) et la loi municipale du 14 avril 1871 (art. 4) ont conféré l'éligibilité à ceux qui « *payent* une contribution directe » ; ces dispositions ont d'abord été interprétées comme exigeant qu'on fût réellement *imposé* et non pas seulement *imposable*. Mais, depuis que la loi du 10 août 1871 a admis les candidats à *justifier qu'ils devaient être inscrits* sur le rôle des contributions, les lois antérieures ont été interprétées comme soumettant à une même règle toutes les élections départementales et communales ; la loi du 5 avril 1884 a consacré législativement cette interprétation pour les conseils municipaux.

2. Conseil d'État, 16 décembre 1881, *Él. de Saint-Maurice* ; — 31 mars 1882, *Él. d'Aunay* ; — 21 avril 1882, *Él. de Boutouzelles* ; — 14 février 1891, *Él. de Saint-Maur-les-Fossés* ; — 10 mars 1894, *Él. de Toureilles.*

3. Conseil d'État, 8 août 1882, *Él. de Saint-Aubin* ; — 11 juillet 1884, *Él. de Cancale* ; — 17 mai 1889, *Él. de Decazeville* ; — 25 mars 1893, *Él. de Loxéville.*

4. Conseil d'État, 10 novembre 1876, *Él. de Saint-Félicien.*

5. Conseil d'État, 15 octobre 1878, *Él. de Coourès* ; — 23 mars 1880, *Él. de Saint-Maurice* ; — 31 mai 1889, *Él. de Dimechaux.*

si un candidat qui justifie de son inscription au rôle est réellement imposable et a été régulièrement inscrit? Cette question peut paraître délicate. En effet, les dispositions précitées des lois du 10 août 1871 et du 5 avril 1884 déclarent éligibles les candidats non domiciliés « *inscrits au rôle des contributions directes... ou justifiant qu'ils devaient y être inscrits...* », d'où il semble résulter que les questions d'imposition ne peuvent être débattues devant le juge de l'élection que s'il n'y a pas d'inscription au rôle; si, au contraire, cette inscription existe, fût-elle erronée, on a souvent soutenu que le bénéfice en est acquis au candidat, et que sa qualité de contribuable ne peut plus être contestée devant le juge de l'élection.

Mais cette doctrine n'a pas prévalu devant le Conseil d'État. En effet, l'administration des contributions directes, naturellement disposée à accueillir les déclarations d'une personne qui s'offre elle-même comme contribuable, ne saurait être laissée libre de conférer l'éligibilité par l'impôt, pas plus qu'elle n'est libre de la retirer par une omission au rôle. Ce qui confère l'éligibilité, d'après le vœu de la loi, ce n'est pas une cote de contribution et le versement de son montant dans une caisse publique, c'est l'existence d'une matière imposable qui fait présumer une certaine solidarité d'intérêts entre le candidat non domicilié et la commune ou le département qu'il aspire à représenter. Ce point a été très bien mis en lumière par un arrêt du 29 décembre 1871 (*Élection de Sinard*), qui déclare inéligible un candidat, quoique inscrit au rôle de la contribution foncière, parce qu'il avait vendu sa propriété avant le 1er janvier, et n'était resté inscrit que faute de mutation de cote : — « Considérant, dit l'arrêt, qu'il n'a plus dans la commune les intérêts dont le paiement d'une contribution est le signe aux yeux du législateur; qu'on ne saurait admettre qu'une même propriété pût servir à rendre éligible à la fois et son propriétaire actuel et le précédent propriétaire encore inscrit sur le rôle des contributions directes; que s'il en était autrement le vendeur pourrait, par une entente avec l'acquéreur rester inscrit sur le rôle des contributions, et conserver ainsi ses droits électoraux dans une commune à laquelle il serait devenu complètement étranger (¹). »

1. Il est à remarquer que cette décision a été rendue sous l'empire de la loi du

Le juge de l'élection a donc le droit de rechercher si le candidat inscrit à la contribution foncière avait cessé d'être propriétaire avant le 1ᵉʳ janvier et de considérer, dans ce cas, son inscription au rôle comme non avenue au point de vue de l'éligibilité (¹). Il pourrait aussi vérifier si le candidat inscrit à la contribution mobilière avait cessé, au 1ᵉʳ janvier, d'avoir une habitation meublée dans la commune ; si le candidat porté sur le rôle des patentes exerçait ou non dans la commune une profession pouvant servir de base à cette contribution (²).

Questions préjudicielles réservées à l'autorité judiciaire. — Nous avons vu qu'on doit considérer comme applicables à toutes les élections départementales et communales, malgré la différence des textes qui les régissent, les dispositions des lois municipales du 5 mai 1855 et du 5 avril 1884 qui n'ont réservé aux tribunaux judiciaires que la solution préjudicielle *des questions d'état*. Toutefois, cette expression doit être entendue dans un sens large. Elle ne comprend pas seulement les questions d'état civil proprement dites, relatives à l'âge ou à la nationalité du candidat, ou à ses liens de parenté ou d'alliance, mais aussi les questions de domicile légal et celles qui peuvent se poser relativement à l'interdiction, à la faillite, à la dation d'un conseil judiciaire. Ces situations étant régies par la loi civile, les contestations auxquelles elles peuvent donner lieu relèvent de l'autorité judiciaire.

Rappelons, toutefois, qu'un des caractères essentiels de toute question préjudicielle, c'est qu'elle soulève une véritable difficulté, de nature à faire naître un doute dans l'esprit du juge (³). Mais on ne saurait considérer comme telle une question d'âge ou de nationalité, dont la solution résulterait manifestement d'actes

14 avril 1871, d'après laquelle le candidat devait *payer* une contribution, ce qui pouvait donner encore plus d'importance au fait matériel de l'inscription qui entraîne forcément le paiement de l'impôt.

1. Conseil d'État, 23 mars 1870, *Él. de Saint-Pierre-Église ;* — 21 février 1879, *Él. de Montagnac-d'Auteroche.*

2. Conseil d'État, 21 mars 1883, *Él. de l'île de Cayenne.*

3. Sur les questions préjudicielles, et les conditions qu'elles doivent réaliser, voy. t. Iᵉʳ, p. 492 et suiv.

de l'état civil ou d'un décret de naturalisation versés au dossier ([1]);
ou une question de parenté ou d'alliance qui ne donnerait lieu ni
en fait, ni en droit, à des discussions sérieuses. A l'égard de ces
questions, on comprend que la nécessité d'une question préjudicielle puisse varier selon l'état de la doctrine et de la jurisprudence judiciaire. Ainsi, pendant longtemps, le Conseil d'État a
réservé aux tribunaux la question de savoir si les maris de deux
sœurs sont beaux-frères entre eux ; mais la solution négative est
résultée de tant de décisions concordantes de la Cour de cassation
et des cours d'appel qu'il n'y a plus actuellement de question sur
ce point, et que le juge de l'élection n'a plus qu'à appliquer la doctrine consacrée ([2]). Au contraire, des doutes peuvent encore subsister sur le point de savoir si l'alliance est dissoute par le décès de
l'époux qui l'avait formée, lorsqu'il existe des enfants issus du
mariage ; aussi convient-il de réserver cette question aux tribunaux
judiciaires ([3]).

En ce qui touche les incapacités résultant des condamnations
pénales énumérées dans les articles 15 et 16 du décret organique
de 1852, une distinction est nécessaire. Le juge de l'élection est
compétent pour appliquer les jugements de condamnation dont le
sens et la portée ne prêtent pas à contestation ; il n'a point à demander à l'autorité judiciaire si ces condamnations portent ou non
atteinte à l'éligibilité du candidat, car il est lui-même juge de
toutes les questions d'éligibilité qui ne soulèvent ni question d'état,
ni question de capacité civile. Mais le juge de l'élection cesse
d'être compétent si, pour statuer sur l'incapacité, il est nécessaire
d'interpréter le jugement de condamnation, de trancher une contestation relative à la désignation du condamné, à la nature de la
condamnation encourue par lui, ou aux effets juridiques de cette
condamnation. La jurisprudence du Conseil d'État applique alors

---

1. Conseil d'État, 3 décembre 1880, *Él. de Zicavo ;* — 4 novembre 1881, *Él. d'Ar-
sague ;* — 30 janvier 1885, *Él. de Mangiennes ;* — 20 mars 1891, *Él. de Durcet ;* —
13 janvier 1893, *Él. de Lagleygeolle.*
2. Conseil d'État, 7 novembre 1881, *Él. de Croix-de-Vie ;* — 27 février 1835, *Él. de
Lacapelle-Biron ;* — 2 août 1889, *Él. de Neuvy ;* — 24 décembre 1892, *Él. des Tou-
relles.*
3. Conseil d'État, 15 décembre 1881, *Él. de Pommier ;* — 14 novembre 1884, *Él. de
Villers-les-Pots ;* — 25 novembre 1892, *Él. de Saint-Vincent.*

les règles ordinaires de compétence sur l'interprétation préjudicielle des décisions émanées des tribunaux.

On peut cependant se demander si, dans le dernier cas que nous venons d'indiquer, — celui où il s'agit non d'interpréter un jugement obscur, mais d'apprécier ses conséquences au point de vue de l'éligibilité, — il y a réellement matière à une question préjudicielle d'interprétation. N'est-ce pas alors la question d'éligibilité qui est seule en cause, et n'appartient-il pas au juge de l'élection de la résoudre, malgré les difficultés que peut quelquefois présenter la combinaison de la législation électorale avec la législation pénale, moins familière au juge de l'élection ?

Cette question est fort délicate, et nous ne pensons pas que le Conseil d'État ait jamais entendu la résoudre d'une manière doctrinale et absolue. L'esprit de sa jurisprudence nous paraît être celui-ci : la juridiction administrative est juge de l'éligibilité, mais il ne lui appartient pas de trancher des controverses de droit pénal à propos d'une question d'élection. Si de telles controverses s'élèvent sur la portée légale d'un jugement de condamnation clair dans ses termes, mais obscur quant à ses conséquences juridiques, le juge administratif doit surseoir jusqu'à ce que cette obscurité ait été dissipée par le juge compétent. C'est ainsi que le Conseil d'État a renvoyé à l'autorité judiciaire la question de savoir : si une condamnation prononcée par un tribunal sarde, avant l'annexion de la Savoie à la France, entraînait l'incapacité électorale [1] ; si la loi du 13 mai 1863, qui a correctionnalisé certains faits antérieurement qualifiés crimes, a eu pour effet d'assimiler à une condamnation pour délit une condamnation pour crime prononcée antérieurement à cette loi [2] ; si l'article 15, § 3, du décret organique de 1852, qui frappe d'incapacité les individus condamnés pour crimes à l'emprisonnement *par application de l'article 463 du Code pénal*, n'a eu en vue que les circonstances atténuantes prévues par cet article, ou aussi celles qui résultent de dispositions spéciales du Code de justice militaire [3].

---

1. Conseil d'État, 7 août 1875, *Él. de Saint-Laurent*.
2. Conseil d'État, 7 août 1875, *Él. de Prades*.
3. Conseil d'État, 14 mars 1881, *Él. de Saint-Arnaud*.

Ces questions et autres analogues, qui prêtent à des controverses sur l'interprétation de lois criminelles, sont réellement étrangères à la compétence de la juridiction administrative, et l'on comprend que celle-ci n'ait pas voulu prendre la responsabilité de les résoudre.

On peut donc résumer cette jurisprudence en disant que le juge de l'éligibilité doit en référer à l'autorité judiciaire toutes les fois qu'il existe des doutes sérieux non seulement sur le *sens* d'une condamnation judiciaire, mais encore sur sa *portée juridique* en ce qui touche les droits électoraux.

Les décisions du Conseil d'État qui renvoient aux tribunaux le jugement d'une question préjudicielle doivent impartir un délai à la partie qui a invoqué le moyen rendant ce jugement nécessaire. Faute d'avoir justifié de ses diligences dans ce délai, la partie doit être considérée comme n'ayant pas fait la preuve qui lui incombe, et comme devant, par suite, succomber dans sa réclamation[1].

III. — Contestations relatives aux opérations électorales.

Pouvoirs du juge de l'élection comme juge supérieur du recensement des votes. — Ce qui fait l'élection, c'est la majorité ; le juge de l'élection a donc nécessairement le pouvoir d'apprécier tous les éléments qui concourent à la former : calcul des votes entrant en compte et de la majorité qui s'en déduit, vérification des suffrages, attribution des bulletins aux candidats qui y sont désignés, en un mot tout ce qu'on peut appeler *la matérialité du vote,* — sauf à apprécier ensuite, s'il y a lieu, *la validité et la moralité du vote.*

Le jugement d'une élection ne constitue cependant pas une vérification de pouvoirs à laquelle la juridiction administrative puisse spontanément se livrer. Il faut, pour que le juge de l'élection soit en mesure de contrôler les résultats matériels du vote et faire ainsi fonction de bureau supérieur de recensement, qu'il soit saisi de con-

---

1. Conseil d'État, 7 décembre 1889, *Él. d'Aydins ;* — Même date, *Él. de Saint-Denis-les-Rebais.*

clusions contestant la majorité attribuée à un candidat ou réclamant cette majorité pour un autre. Une fois saisi de telles conclusions, le juge de l'élection est investi de plein droit du pouvoir de reviser le recensement, et il peut faire porter son contrôle non seulement sur les points qui lui sont signalés par la protestation, mais encore sur tous ceux qui peuvent exercer une influence sur le calcul de la majorité. Il peut donc, il doit même, dans certains cas, soumettre *d'office* à un examen rigoureux les procès-verbaux des bureaux de vote ou des commissions de recensement, les bulletins qui y sont annexés, refaire tous les calculs et toutes les vérifications nécessaires pour établir les véritables résultats de l'élection.

En remettant ainsi en question l'ensemble du recensement, quand même on ne lui en a signalé que des éléments déterminés, le juge de l'élection n'excède point ses pouvoirs et ne statue pas *ultra petita*. En effet, par cela seul qu'on discute une question de majorité, on conteste le recensement ; cette opération, une fois soumise au contrôle de la juridiction contentieuse, lui est soumise tout entière, parce qu'elle est indivisible, et que toutes ses parties s'enchaînent comme les divers éléments d'une même opération arithmétique. Peu importent donc les moyens mis en avant par les parties intéressées pour critiquer un calcul de majorité ; le seul point à retenir c'est que ce calcul est argué d'inexactitude et d'erreur, d'où il suit qu'il doit être vérifié, c'est-à-dire revu et refait dans son entier (1).

La juridiction contentieuse, ainsi appelée à faire fonction de bureau supérieur de recensement, a le droit de substituer la proclamation d'un candidat à un autre ; elle a le droit, à plus forte raison, de proclamer l'élu lorsque le bureau ou la commission de recensement se sont abstenus de le faire. La proclamation n'étant que la constatation officielle des résultats du vote, il s'ensuit que son omission ne peut vicier le vote, ni même nécessiter le renvoi des procès-verbaux à l'autorité locale pour qu'elle procède elle-même à la proclamation. C'est au juge de l'élection qu'il appar-

---

1. Conseil d'État, 8 août 1882, *Él. de Gadagne;* — 23 mars 1888, *Él. de Paris (quartier de Javel)*; — 24 février 1892, *Él. de Miradoux;* — 16 mars 1894, *Él. de Forcalquier.*

tient de vérifier ces procès-verbaux et les bulletins annexés, et de proclamer les résultats de l'élection ([1]).

Il en est ainsi même si le scrutin n'a pas été dépouillé par le bureau, et si l'on a envoyé au conseil de préfecture ou au Conseil d'État, non le procès-verbal des opérations, mais l'urne même du scrutin. Ce cas exceptionnel s'est plusieurs fois produit : les urnes scellées ont été envoyées soit au conseil de préfecture, soit au Conseil d'État et ont été ouvertes et dépouillées par ces juridictions qui ont proclamé les candidats élus ([2]).

Il est à remarquer que si le juge de l'élection, en procédant comme bureau supérieur ou unique de recensement, reconnaît qu'aucun des candidats n'a obtenu une majorité suffisante au premier tour de scrutin, il doit prononcer l'annulation des opérations électorales, mais non prescrire un second tour de scrutin. Sa décision diffère, à ce point de vue, de celle que le bureau ou la commission de recensement aurait dû rendre. La jurisprudence qui consacre cette règle se fonde sur ce que le premier et le second tour de scrutin ne sont pas, à proprement parler, deux opérations distinctes, mais une même opération continuée. Cette continuité est définitivement rompue lorsque les délais prévus par le second tour sont expirés ; elle ne peut plus être rétablie par le conseil de préfecture ou par le Conseil d'État, dont la décision intervient trop tard pour renouer les opérations closes prématurément ; celles-ci sont irrémédiablement viciées dans leur ensemble et il faut que l'élection soit entièrement recommencée ([3]).

Appréciation de la régularité des opérations électorales et des actes administratifs qui s'y rattachent. — Le juge de l'élection a pleine compétence pour apprécier la régularité des opérations élec-

1. Conseil d'État, 31 décembre 1877, *Él. d'Alger* ; — 1er août 1884, *Él. de Salice* ; — 7 janvier 1887, *Él. de Valensolle* ; — 15 mars 1890, *Él. d'Abbeville* ; — 5 mai 1894, *Él. de Davignac.*

2. Conseil d'État, 8 mars 1878, *Él. de la Porta* ; — 24 décembre 1880, *Él. de Campile* ; — 7 juin 1889, *Él. de Bonifacio* ; — 25 mars 1893, *Él. de Mayet de Montagne* ; — 3 janvier 1894, *Él. de Saint-Pierre.*

3. Conseil d'État, 25 octobre 1878, *Él. de Naveil* ; — 9 novembre 1883, *Él. de Lézardrieux* ; — 3 mars 1893, *Él. de Flines-lès-Raches* ; — 24 février 1894, *Él. de Labruguière.*

torales, et pour annuler celles dont la légalité lui semblerait compromise par l'omission de formalités essentielles. Ces formalités sont minutieusement réglées par la loi : l'heure de l'ouverture et de la clôture du scrutin, la composition du bureau, le mode de réception et de dépouillement des votes, les dispositions matérielles de la salle, etc., font l'objet de prescriptions dont aucune n'est indifférente, car toutes concourent à assurer la liberté et le secret du vote, la sincérité du dépouillement, le droit de surveillance des électeurs. Mais si toutes ces mesures étaient prescrites à peine de nullité des opérations électorales, peu d'élections seraient tout à fait inattaquables. Trop souvent, en effet, surtout dans les communes rurales, l'ignorance ou la négligence des municipalités favorisent des omissions, des irrégularités qui sont toujours regrettables, même lorsqu'elles ne révèlent aucun esprit de fraude.

Le Conseil d'État a l'habitude de rechercher si les irrégularités qu'on lui dénonce et dont on lui fournit la preuve sont de nature à compromettre le secret ou la liberté du vote ou à jeter un doute sur le résultat réel des opérations. Lorsque ces irrégularités lui paraissent exemptes d'esprit de fraude et sans influence sur les opérations, il maintient l'élection. Il décide de même, lorsque les irrégularités ont une certaine gravité, mais pas assez pour remettre en question les résultats du scrutin ; de même encore, lorsque les irrégularités réelles, ayant pu empêcher un certain nombre d'électeurs de prendre part au vote (publicité insuffisante, abréviation de la durée du scrutin), n'ont pas pu, à raison du nombre des votants et de la majorité obtenue par le candidat élu, modifier les résultats de l'élection. L'annulation ne saurait donc résulter de toutes les infractions commises aux règles de la procédure électorale, mais seulement de celles qui font suspecter la loyauté des opérations ou l'exactitude de leurs résultats.

La validité de l'élection peut aussi être influencée par des actes administratifs de nature diverse, qui ne se confondent pas avec les opérations électorales proprement dites, mais qui les préparent et en règlent certaines conditions. Telles sont, en premier lieu, les décisions des conseils généraux qui opèrent le sectionnement d'une commune. Elles tombent sous la juridiction du juge de l'élection lorsqu'elles lui sont dénoncées, à l'appui d'une protestation, comme étant entachées d'irrégularité et comme ayant pu nuire à la sincérité des opérations électorales. Le conseil de préfecture ne doit donc pas décliner sa compétence sur les griefs dirigés contre le sectionnement, sous prétexte que le conseil général n'est pas une autorité qui lui ressortit. Il ne s'agit en effet pour lui, ni d'annuler ni de modifier l'acte, mais d'apprécier s'il a compromis la validité de l'élection. C'est pourquoi le Conseil d'État annule les décisions des conseils de préfecture qui refusent de prononcer sur la légalité des sectionnements opérés par les conseils généraux : « Considérant, disent plusieurs arrêts, qu'il appartenait au conseil de préfecture, juge de la validité des élections, d'apprécier si la division de la commune en sections et la répartition des conseillers municipaux entre ces sections ont été faites conformément à la loi ; qu'ainsi c'est à tort que le conseil de préfecture s'est déclaré incompétent pour statuer sur la protestation (¹). »

Comme conséquence de cette jurisprudence, le Conseil d'État déclare non recevables les recours pour excès de pouvoir directement formés devant lui contre les actes dont il s'agit (²). C'est là une application de la doctrine dite du *recours parallèle*, que nous exposerons en traitant de la recevabilité du recours pour excès de pouvoir. Il peut cependant arriver que cette fin de non-recevoir, quoique strictement juridique, produise des effets fâcheux : en effet, s'il est reconnu qu'un sectionnement est illégal, et si cependant il n'est pas annulé, il continuera à régir les élections à venir, jusqu'à ce qu'il soit rapporté ou modifié par une nouvelle décision (loi du 5 avril 1884, art. 12, § 3), et ces nouvelles élections, entachées de la même irrégularité que les premières, seront fatalement vouées à la même annulation. Pour obvier à cet inconvénient, diverses propositions furent faites au Sénat, lors de la discussion de la loi municipale de 1884, afin d'autoriser les électeurs, les membres du conseil général ou du conseil municipal intéressé, à provoquer directement l'annulation du sectionnement, soit par un

1. Conseil d'État, 23 juillet 1875, *Él. de Cahan* ; — 28 février 1879, *Él. de Saint-Georges* ; — 23 novembre 1889, *Él. d'Ardres* ; — 10 juin 1893, *Él. de Puech.*

2. Conseil d'État, 9 avril 1875, *Testelin* ; — 7 août 1875, *Él. de Saint-Omer* ; — 27 juin 1884, *Luchetti* ; — 8 août 1888, *Gapail.*

recours administratif, soit par un recours contentieux (¹). Aucune de ces propositions ne fut admise ; mais il fut reconnu que les lois en vigueur suffisent pour que les annulations nécessaires soient prononcées. En effet, en vertu de l'article 47 de la loi du 10 août 1871, les délibérations exécutoires des conseils généraux peuvent être annulées par décret en Conseil d'État, pour excès de pouvoir ou violation de la loi ; cette disposition permet d'annuler les sectionnements opérés en dehors des formes et conditions prescrites par les articles 11 et 12 de la loi du 5 avril 1884, et d'empêcher qu'ils ne vicient les élections à venir (²).

Le droit de contrôle qui appartient au juge de l'élection sur la légalité des actes administratifs qui intéressent l'élection, peut également s'exercer sur les actes qui concernent : la division des communes en bureaux de vote, opérée par les préfets (³) ; — les délais à observer entre le décret ou l'arrêté préfectoral convoquant les électeurs et le jour du vote (⁴) ; — la désignation par le préfet du local dans lequel le vote doit avoir lieu (⁵) ; — les mesures de police prises par le maire en vue des opérations électorales (⁶). Par la même raison que ci-dessus, ces actes étroitement liés au contentieux de l'élection ne peuvent pas être attaqués par la voie du recours pour excès de pouvoir (⁷). Cette règle ne comporte excep-

---

1. Voy. les séances du Sénat des 29 février, 1er, 8 et 10 mars 1884. — Cf. Morgand, *Loi municipale*, t. Ier, p. 112, note 2 (3e édit.).

2. Jusqu'en 1884, le Gouvernement n'avait peut-être pas suffisamment usé du droit que lui confère l'article 47 de la loi de 1871, et que le Conseil d'État lui avait formellement reconnu en matière de sectionnement (Décrets en Conseil d'État du 9 janvier 1875, *Ariège* ; du 8 novembre 1880, *Vienne* ; du 13 novembre 1880, *Tarn*). Depuis la loi de 1884, le ministre de l'intérieur a fait appel à la vigilance des préfets pour que les sectionnements irréguliers soient attaqués par eux dans les formes et délais fixés par l'article 47, aussi les décrets d'annulation ont été beaucoup plus nombreux.

3. Conseil d'État, 7 avril 1876, *Él. de Nantes* ; — 8 février 1884, *Él. de Valence* ; — 17 février 1893, *Él. d'Aignan*.

4. Loi du 10 août 1871, art. 12 ; loi du 5 avril 1884, art. 15. — Conseil d'État, 16 février 1878, *Él. de Vico* ; — 27 novembre 1885, *Él. de Montesquieu* ; — 14 février 1891, *Él. de Villebret* ; — 17 février 1891, *Él. de Rodez*.

5. Conseil d'État, 7 mars 1884, *Él. de Putanges* ; — 18 décembre 1885, *Él. de Val d'Orezza* ; — 25 novembre 1892, *Él. de Saint-Just-en-Chevalet*.

6. Conseil d'État, 13 juin 1879, *Él. de Cauro* ; — 1er mai 1885, *Él. de Saubrigues* ; — 17 mai 1889, *Él. de Grand-Bourg* ; — 23 décembre 1892, *Él. d'Hermaya*.

7. Conseil d'État, 7 avril 1876, *Él. de Polvoroso* ; — 28 mars 1879, *Él. de Paisy-Cosdon*.

tion que lorsqu'il s'agit de décisions individuelles portant atteinte au droit personnel de l'électeur, et dont il a intérêt à poursuivre l'annulation en dehors de toute contestation sur les opérations électorales ; telles sont les décisions portant refus de communiquer les listes électorales ou les listes d'émargement([1]). Cette exception a été étendue au cas où un arrêté municipal interdit la circulation sur une place publique un jour d'élection. Cet arrêté peut, en effet, être critiqué non seulement à raison de son influence sur les opérations électorales, mais encore à raison de l'atteinte qu'il peut porter aux droits des habitants, en restreignant l'usage de la voie publique ([2]).

Appréciation de la moralité de l'élection. — Sur les questions de moralité de l'élection, il ne peut y avoir aucun partage de compétence entre le juge de l'élection et d'autres juges. Ce n'est pas à dire qu'il ait seul qualité pour apprécier le caractère licite ou illicite des actes reprochés aux électeurs, aux candidats ou aux autorités chargées de diriger et de surveiller les opérations électorales ; l'autorité judiciaire a, elle aussi, une mission importante à remplir à cet égard, puisqu'elle peut seule rechercher et punir les délits électoraux ; à ce titre ses décisions peuvent fournir au juge de l'élection des constatations utiles dont il a le droit de faire état, mais elles ne peuvent pas lui dicter ses solutions, et elles n'ont jamais pour lui le caractère de décisions préjudicielles. Il se peut, en effet, que des délits soient constatés dans une élection, sans que son annulation s'ensuive, et à peine est-il besoin d'ajouter que l'élection peut être annulée pour manœuvres et pour fraudes, sans que leurs auteurs soient punis et même sans qu'ils soient punissables.

Lors donc qu'une protestation dénonce des faits contraires à la liberté et à la sincérité du vote, le juge de l'élection n'a pas à se demander si ces faits constituent ou non des délits, mais s'ils excèdent les facultés légales du fonctionnaire, du candidat, de l'électeur, et en outre si ces faits, une fois leur caractère illicite

---

1. Conseil d'État, 19 juin 1863, *de Sonnier;* — 28 janvier 1864, *Anglade;* — 8 juin 1883, *Delahaye;* — 2 mars 1888, *Despelis.*
2. Conseil d'État, 28 mars 1885, *Marie.*

établi, ont pu exercer une réelle influence sur les résultats du scrutin.

Ce dernier point a son importance : il ne faut pas confondre, en effet, le jugement à porter sur des actes illicites, immoraux, délictueux, avec le jugement même de l'élection. Celle-ci peut être valable, quoiqu'on y relève des cas isolés de corruption ou d'abus d'influence, lorsqu'il est avéré qu'ils n'ont pu agir que sur un nombre restreint d'électeurs, et que l'annulation de leurs suffrages, en les supposant acquis à l'élu, ne l'empêche pas de conserver une majorité appréciable.

Si, au contraire, il est impossible de limiter les effets de la manœuvre, de savoir combien d'électeurs ont été exposés à la corruption ou à l'intimidation, de mesurer l'effet produit par des imputations mensongères ou par tout autre procédé de polémique déloyale, l'annulation doit être prononcée. En d'autres termes, il n'est pas nécessaire, pour qu'une élection soit invalidée, qu'elle soit sûrement viciée, il suffit qu'elle puisse l'être ; tout soupçon légitime se retourne contre l'élu, parce que son titre doit être hors de doute. Cette idée apparaît nettement dans la jurisprudence du Conseil d'État, et elle explique cette formule reproduite dans un grand nombre d'arrêts d'annulation : « que les faits constatés *ont été de nature* à altérer la liberté et la sincérité du vote », sans qu'il soit besoin d'affirmer qu'ils l'ont réellement altérée.

Remarquons, en terminant sur ce point, une conséquence de la dualité que nous avons signalée dans la mission du juge de l'élection, en tant qu'il fait office de bureau supérieur de recensement ou de juge des opérations électorales et de la moralité du vote. Il peut arriver, en effet, qu'en revisant le recensement, il déclare la majorité acquise à un candidat et décide qu'il aurait dû être proclamé, et qu'ensuite, dans le même arrêt, il statue sur une protestation éventuelle dirigée contre ce candidat qu'il vient de déclarer élu, et qu'il annule son élection pour irrégularité ou pour fraude. La jurisprudence du Conseil d'État en offre plusieurs exemples (¹).

---

1. Conseil d'État, 10 mai 1878, *Él. de Montceau-les-Mines;* — 24 décembre 1880, *Él. de Sari d'Arcino;* — 25 mars 1887, *Él. de Vieille-Aure;* — 8 juillet 1887, *Él. de Castelbajoux.* — Ce dernier arrêt mérite d'être signalé : il décide d'abord « que le sieur Col s'est trouvé élu au premier tour de scrutin, que par suite *il y a lieu de le*

IV. — Règles de procédure.

Sous le régime du suffrage universel, le droit de réclamer contre les élections doit être largement accordé à tout le corps électoral; il doit l'être aussi à l'administration, non dans l'intérêt de ses préférences, mais dans un intérêt supérieur de légalité et de bon ordre. Cette procédure doit être simple, rapide et gratuite. Tel est le but auquel tend la loi française, plus libérale en cela que la loi anglaise qui n'admet que les protestations signées d'un candidat ou de quatre électeurs, et qui les oblige à fournir une caution pouvant s'élever à 500 livres (12,500 fr.) pour les frais du procès (¹).

La procédure des réclamations électorales a été réglée par les lois qui régissent les élections; les dispositions de ces lois n'ont pas été abrogées par la loi nouvelle du 22 juillet 1889 sur la procédure des conseils de préfecture, dont l'article 11 réserve expressément les règles antérieurement établies. Il y a cependant quelques points sur lesquels cette loi modifie des règles qui résultaient de la jurisprudence et même de certains textes, notamment en matière d'enquêtes électorales; nous les signalerons à mesure qu'ils se présenteront au cours de cette étude.

Qualité pour réclamer. — Le droit de former une *réclamation* ou *protestation* contre les élections aux conseils généraux, municipaux ou d'arrondissement appartient à tout électeur du canton ou de la commune où se fait l'élection (²). Il appartient également à

---

proclamer membre du conseil général et d'annuler les opérations du deuxième tour de scrutin, à la suite desquelles le sieur Martin a été proclamé élu ». Puis il constate que les électeurs ont voté pour le sieur Col, « soit à la suite de manœuvres pratiquées à leur égard dans le but de surprendre leur vote en faveur de ce candidat, soit à la suite de menaces et par intimidation ». En conséquence le dispositif porte : « 1° *le sieur Col est proclamé élu au premier tour de scrutin;* 2° les opérations du second tour sont annulées ; 3° *l'élection du sieur Col est annulée.* »

. 1. Acte du 6 août 1872 « concernant la répression des fraudes dans les élections municipales et l'établissement d'un tribunal pour juger la validité des élections ». — La même disposition est reproduite dans l'acte du 13 août 1888 sur les conseils de comté. (Voy. t. Iᵉʳ, p. 117.)

2. Ce droit appartient à tout électeur de la commune même quand celle-ci est divisée en sections pour les élections municipales. Avant la loi du 5 avril 1884 (art. 37,

tout candidat, même s'il n'est pas électeur dans la circonscription. Les lois du 22 juin 1833 et du 5 mai 1855 n'avaient pas explicitement reconnu ce droit du candidat, elles n'avaient prévu que le recours des électeurs ; mais la jurisprudence du Conseil d'État avait suppléé à leur silence en admettant que le droit de recours du candidat non électeur résulte de sa qualité de partie intéressée ([1]) ; les lois du 31 juillet 1875 (art. 51) et du 5 avril 1884 (art. 37) ont expressément consacré cette jurisprudence. La loi de 1884 va même plus loin ; elle confère le droit de recours à *tout éligible*, c'est-à-dire à tout citoyen âgé de 25 ans et inscrit au rôle d'une des contributions directes, alors même qu'il ne serait pas candidat. Peut-on conclure de l'expression employée par ce texte qu'on pourrait dénier le droit d'un candidat, en soutenant qu'il n'est pas éligible, soit à raison des fonctions qu'il exerce, soit à raison de condamnations qu'il aurait encourues ? Nous ne le pensons pas ; la loi de 1884 n'a pas entendu rester en deçà de la loi de 1875, qui admet le recours de tout *candidat* ; elle a voulu au contraire aller au delà, et assimiler à ceux qui sont effectivement candidats ceux qui auraient pu l'être à raison de leur qualité de contribuables. Mais elle n'a pas voulu qu'on pût se livrer à un véritable débat sur l'éligibilité pour apprécier la recevabilité d'une protestation ([2]).

La loi du 31 juillet 1875 a donné, en outre, le droit de recours à tous les membres du conseil général, quoiqu'on n'eût point jusqu'alors admis les membres d'un corps électif à réclamer personnellement, en cette seule qualité, contre les élections qui concourent à la formation de ce corps. Le même résultat nous paraît avoir été indirectement atteint, pour les conseillers municipaux, par la loi de 1884, puisque les conseillers en exercice sont toujours présumés éligibles, et qu'ils perdent leur siège s'ils deviennent

---

1) qui consacre explicitement ce droit, la loi du 5 mai 1855 n'admettait l'électeur à réclamer que contre « les opérations de l'assemblée dont il fait partie », ce qui excluait le recours des électeurs d'une section contre les élections faites dans une autre section.

1. Conseil d'État, 20 juin 1865, *Él. de Fresnes*, et jurisprudence constante résultant implicitement de toutes les décisions rendues sur les réclamations de candidats non électeurs.

2. Conseil d'État, 12 mars 1886, *Él. d'Oued-Zenati*. Dans cette affaire, le Conseil d'État a statué sur la requête d'un candidat bien qu'il fût inéligible à raison de ses fonctions.

inéligibles pour une cause postérieure à leur nomination ([1]). Mais aucune disposition de la loi du 22 juin 1833 ne permet d'étendre ce droit aux membres des conseils d'arrondissement.

Si le droit de protestation appartient à un grand nombre d'intéressés, il est pour chacun d'eux rigoureusement personnel ; aussi les irrégularités ou les omissions d'une protestation ne sauraient être corrigées par les protestations que d'autres électeurs auraient formées en dehors des délais ([2]). Par la même raison, si l'auteur d'une protestation se désiste, ses conclusions ne peuvent pas être reprises par d'autres électeurs ([3]) ; s'il meurt, ses héritiers sont sans qualité pour reprendre l'instance qui s'éteint de plein droit, si elle n'est pas soutenue par d'autres réclamants ([4]).

Le préfet peut aussi attaquer les opérations électorales. Ce droit lui est reconnu : pour les élections des conseils généraux, par la loi du 31 juillet 1875 (art. 15, § 6) ; — pour les élections des conseils d'arrondissement, par la loi du 22 juin 1833 (art. 50) ; — pour les élections des conseils municipaux, par la loi du 5 avril 1884 (art. 37, § 3). Mais il résulte de tous ces textes que le droit de recours du préfet n'est pas aussi étendu que celui des électeurs ; il ne peut se fonder que « sur l'inobservation des conditions et formalités prescrites par les lois ».

Ces expressions doivent être entendues dans un sens large ; elles s'appliquent non seulement à l'inobservation des formes et délais prescrits pour les opérations électorales, mais encore aux questions d'inéligibilité, de majorité, d'attribution de bulletins, car ce sont là des *conditions* de l'élection ([5]). Mais nous ne saurions admettre avec M. Morgand que le droit du préfet puisse être entièrement assimilé à celui des électeurs : « L'administration, dit cet auteur,

---

1. Loi du 5 avril 1884, art. 36.

2. Conseil d'État, 25 octobre 1878, *Él. de Montvalent.*

3. Conseil d'État, 7 janvier 1881, *Él. de Pellegrue;* — 23 juin 1893, *Él. de Fantac.* — Réciproquement si le désistement émane d'un avocat ou mandataire déclarant agir au nom des auteurs de la protestation, il n'est opposable qu'à ceux qui lui ont donné mandat à cet effet, et il n'engage pas de plein droit l'ensemble des signataires de la protestation : 1er juillet 1893, *Él. de Lauzerte.*

4. Conseil d'État, 26 février 1875, *Delhomel;* — 18 juillet 1884, *Él. de Luzech;* — — 17 décembre 1886, *Él. de Puy-l'Évêque;* — 14 novembre 1890, *de Veye.*

5. Conseil d'État, 19 juillet 1889, *Él. de Puyréaux ;* — 16 décembre 1892, *Él. d'Appeville;* — 3 mai 1893, *Él. de Lacaune;* — 21 décembre 1894, *Él. de Carla-Bayle.*

dont le devoir est de veiller à l'exécution complète de la loi, *à la liberté et à la sincérité du scrutin,* doit avoir des droits égaux sinon supérieurs à ceux des simples particuliers ([1]). » Si telle avait été la pensée du législateur, on ne s'expliquerait pas que tous les textes qui ont consacré le droit du préfet, depuis 1833 jusqu'en 1884, aient pris soin de le limiter au cas où les *conditions et formalités* n'ont pas été observées, et surtout que la loi du 31 juillet 1875 ait accentué cette restriction en disant : « sa réclamation... *ne pourra être fondée que* sur l'inobservation, etc... », ce qui exclut évidemment les griefs d'une autre nature. Cette restriction est d'ailleurs justifiée, car le préfet ne peut constater par lui-même que les irrégularités révélées par les procès-verbaux ou autres pièces, ou celles qui résultent de la situation légale du candidat. Quant aux faits qui entachent la moralité de l'élection, il ne les connaît que par ouï-dire, ou d'après des rapports administratifs ([2]).

Formes et délais des réclamations. — Les réclamations peuvent être consignées, séance tenante, au procès-verbal des opérations. Elles peuvent aussi être formées par acte séparé, dans les conditions prévues par la loi.

Pour les *élections au conseil général,* dont le Conseil d'État connaît en premier et dernier ressort, les protestations doivent être déposées, dans les dix jours qui suivent l'élection, soit au secrétariat du contentieux du Conseil d'État, soit au secrétariat de la préfecture ; — pour les élections *au conseil d'arrondissement,* le dépôt doit avoir lieu dans le délai de cinq jours au secrétariat de la sous-préfecture ; — pour les élections *au conseil municipal,* dans le délai de cinq jours au secrétariat de la mairie, de la sous-préfecture ou de la préfecture. L'indication de ces délais et de ces lieux de dépôt doit être rigoureusement observée ; ainsi une réclamation contre une élection au conseil général qui serait déposée à la sous-préfecture, ne prendrait date qu'à partir du jour où elle aurait été enregistrée à la préfecture, qui est le lieu légal de dépôt ([3]).

1. Morgand, *la Loi municipale,* t. Ier, p. 227 (3e édit.).

2. Le Conseil d'État s'est prononcé en ce sens et a déclaré non recevable un déféré du préfet se fondant sur des faits de corruption et d'intimidation (5 juillet 1889, *Él. d'Étivareilles*).

3. Conseil d'État, 18 janvier 1884, *Él. de Mortain;* — 18 janvier 1890, *Él. de Saint-Hilaire;* — 7 juillet 1893, *Él. de Montesquieu.*

Ces réclamations sont affranchies de tout droit de timbre et d'enregistrement. Le Conseil d'État n'exige même pas que les signatures soient légalisées, ce qui pourrait entraîner des retards préjudiciables aux intéressés à raison de la brièveté du délai ([1]) ; mais il se réserve d'en faire vérifier l'authenticité par une instruction administrative, en cas de contestation de la partie adverse, et même d'office.

En ce qui touche le recours du préfet, le délai est de vingt jours pour les élections au conseil général, de quinze jours pour les élections au conseil municipal ou d'arrondissement ; il court de la réception des procès-verbaux ; il doit être directement adressé à la juridiction qui doit en connaître, c'est-à-dire au Conseil d'État dans le premier cas, au conseil de préfecture dans les deux autres.

Le délai des protestations ne comprend pas le jour de l'élection, qui est le *dies à quo* ; mais il comprend le jour du dépôt, qui est le *dies ad quem*. Ainsi, une élection ayant eu lieu le 1er, la réclamation doit être déposée au plus tard le 11 pour une élection au conseil général, le 6 pour une élection au conseil municipal ou d'arrondissement ([2]). Il faut qu'à cette date elle soit non seulement expédiée (par exemple remise à la poste), mais parvenue à destination ([3]).

Que doit-on entendre par « l'élection » ou « le jour de l'élection », qui est le point de départ du délai ? Est-ce la journée du vote, celle du recensement ou de la proclamation ? Sous l'empire

---

1. Conseil d'État, 7 décembre 1883, *Él. d'Aire ;* — 8 juin 1888, *Él. de Saint-Pardoux-Larrivière ;* — 31 janvier 1890, *Él. de Castifao.*

2. Conseil d'État, 1er février 1878, *Él. de Saint-Girons ;* — 21 décembre 1883, *Él. d'Arc-en-Barrois ;* — 16 mars 1889, *Él. de Mazamet ;* — 10 juillet 1893, *Él. de Sartène.* — La jurisprudence est ici moins large que dans d'autres matières où le *dies ad quem* n'est pas compté ; en effet la loi du 31 juillet 1875 veut que les réclamations soient déposées *dans les dix jours* qui suivent l'élection, la loi du 5 avril 1884 *dans les cinq jours*, ce qui ne permet pas d'aller au delà du dixième ou du cinquième our.

3. Conseil d'État, 1er juillet 1881, *Él. de Marcilly ;* — 23 décembre 1881, *Él. de Vrigne-sous-Bois ;* — 19 mai 1893, *Él. de la Châtre.* Le Conseil d'État admet que la date d'arrivée résultant de l'enregistrement dans les bureaux n'exclut pas toute preuve contraire : 11 novembre 1881, *Él. de Florentin ;* — 14 mai 1886, *Él. de Cascatel.* — Lorsque le dernier jour du délai est un jour férié, l'échéance n'est pas prorogée au lendemain et l'on ne saurait invoquer l'article 1033 du C. de procéd. civ. pour échapper aux déchéances prévues par les lois électorales : 16 janvier 1885, *Él. de Franqucvielle.*

des lois de 1831 et de 1833, le Conseil d'État avait d'abord admis que le jour de l'élection était celui du vote; il n'y avait en effet qu'un seul vote, soit à la commune pour les élections municipales, soit au canton pour les élections départementales, de sorte que son dépouillement constituait en même temps un recensement et faisait connaître l'ensemble des résultats. Il en a été autrement après 1852, du moins pour les élections départementales, lorsque le vote a été transféré du canton à la commune, et qu'il a fallu concentrer les résultats au chef-lieu du canton et les faire recenser par une commission spéciale; la jurisprudence a alors décidé que le délai ne commençait à courir qu'à partir du recensement des votes et de la proclamation des résultats ('). Cette jurisprudence a conservé sa raison d'être sous la législation actuelle et a reçu de nouvelles et nombreuses applications (²).

La distinction entre l'*élection* et le *recensement* étant ainsi justifiée, faut-il en outre distinguer entre le *recensement* et la *proclamation?* Recenser, c'est faire le relevé des résultats partiels, en rectifier au besoin les erreurs, et en fixer le résultat total; proclamer, c'est déclarer qui est élu. Un recensement non suivi de proclamation fait-il courir le délai? La jurisprudence du Conseil d'État s'est prononcée pour l'affirmative (³). En effet, il suffit que l'opération matérielle du recensement ait eu lieu pour que chaque intéressé puisse en déduire les résultats de l'élection, et par suite les attaquer sans attendre la proclamation, formalité utile mais qui n'a rien de sacramentel. La même observation s'applique aux élections communales qui se trouvent recensées par cela seul que les résultats du scrutin sont consignés au procès-verbal.

Enfin, dans l'hypothèse exceptionnelle, mais qui s'est quelquefois présentée, où les urnes sont transmises au conseil de préfecture ou au Conseil d'État sans avoir été ouvertes par le bureau, et où le juge de l'élection procède lui-même au dépouillement, le

---

1. Conseil d'État, 26 novembre 1863, *Él. de Croisic;* — 25 avril 1866, *Él. de Nancy;* — 19 mai 1868, *Él. de Ferrette.*

2. Conseil d'État, 22 février 1889, *Él. de Roubaix;* — 16 décembre 1892, *Él. de Morosaglio.*

3. Conseil d'État, 8 mars 1878, *Él. de Lunas;* — 25 novembre 1881, *Él. de Saint-Laurent;* — 10 mars 1894, *Él. de Toureilles;* — 5 mai 1894, *Él. de Davignac.*

délai de la réclamation ne court que du jour où la décision constatant les résultats de l'élection a été notifiée (¹).

Lorsque l'élection a donné lieu à deux tours de scrutin, le délai des réclamations dirigées contre le premier tour court de sa date et non de celle du second tour ; peu importe d'ailleurs que le premier tour ait été considéré comme ne donnant aucun résultat; il n'en doit pas moins être attaqué par ceux qui prétendent qu'un ou plusieurs candidats auraient dû être proclamés (²).

Signalons cependant un cas exceptionnel où l'on peut attaquer les opérations du premier tour après l'expiration du délai, non par voie principale, mais par une sorte de demande reconventionnelle émanée d'un élu qui défend sa propre élection. — Précisons l'hypothèse. — Une élection donne lieu à deux tours de scrutin dont le second aboutit à la proclamation d'un candidat. Dans l'intervalle de ces deux tours, un compétiteur attaque le premier tour, et demande à la juridiction compétente de déclarer qu'il a été élu à ce premier tour, et d'annuler, par voie de conséquence, l'élection du candidat proclamé. Alors, mais alors seulement, ce candidat a intérêt à relever contre son adversaire, qui demande à être élu à sa place, des griefs de nature à faire annuler les opérations du premier tour; le Conseil d'État a admis qu'il était recevable à le faire (³). Cette solution est juridique; il est évident, en effet, que l'élu du second tour n'avait aucun grief contre le premier tour, jusqu'au moment où l'on a prétendu qu'il en était résulté une élection excluant la sienne.

On peut même se demander si, par une application logique de cette jurisprudence, on ne devrait pas considérer toute décision contentieuse, faisant revivre une élection du premier tour, comme l'équivalent d'une revision du recensement et d'une proclamation de candidat, de telle sorte que l'élection ainsi proclamée par le juge pût être attaquée dans le même délai que si elle était résultée

1. Conseil d'État, 27 juillet 1893, *Él. d'Albas;* — 13 janvier 1894, *Él. de Saint-Pierre.*

2. Conseil d'État, 6 décembre 1878, *Él. de Gournay;* — 6 janvier 1882, *Él. d'Hondschoote;* — 19 juin 1885, *Él. de Saint-Baldoph;* — 25 novembre 1892, *Él. de Verrières.*

3. Conseil d'État, 25 mars 1887, *Él. de Vieille-Aure.* (Voy. les conclusions du commissaire du Gouvernement au *Recueil,* 1837, p. 266.)

du recensement primitif. Le point de départ du délai serait alors ce recensement nouveau effectué par la voie contentieuse, ou plutôt la connaissance qu'en auraient les intéressés, soit par la notification de la décision, soit par l'installation du candidat proclamé. S'il en était autrement, un grand nombre d'électeurs — tous peut-être à l'exception du candidat à qui la protestation aurait été communiquée — seraient privés du droit d'attaquer l'élection, droit qu'ils ne peuvent évidemment exercer que du jour où cette élection existe et où ils en ont connaissance.

Les règles relatives au délai des protestations ne s'appliquent pas seulement à la réclamation primitive et aux *conclusions* qu'elle doit formuler, mais encore aux *moyens* et *griefs* invoqués à l'appui de ces conclusions.

Cette règle mérite d'être signalée, car elle déroge à celle qui est admise en procédure, et d'après laquelle les forclusions n'atteignent que les *demandes nouvelles* et non les *moyens nouveaux*. Cette dérogation est justifiée par la nécessité de soumettre autant que possible à une même instruction tous les griefs qui peuvent faire annuler ou modifier le résultat des opérations. C'est pourquoi la jurisprudence déclare non recevables les griefs formulés en dehors des délais de la protestation, alors même que les réclamants s'étaient réservés de les produire ultérieurement ([1]).

Mais il ne faut pas confondre avec des griefs nouveaux les articulations qui ne sont que le développement et la justification des griefs formulés dans la protestation. La jurisprudence admet que la protestation primitive peut se borner à faire connaître en termes généraux la nature des griefs, sans en préciser toutes les circonstances; celles-ci peuvent être exposées dans des mémoires ampliatifs pendant toute la durée de l'instruction écrite ([2]).

Pourvoi au Conseil d'État. — Dans les affaires dont le conseil de préfecture connaît en premier ressort, le droit d'appel n'est ou-

---

1. Conseil d'État, 13 mars 1885, *Él. de Mérignac;* — 25 novembre 1892, *Él. de Chaunay;* — 2 février 1894, *Él. de Paris (Charonne).*

2. Conseil d'État, 27 juin 1879, *Él. de Saint-Cernin;* — 12 mai 1882, *Él. de Camarès;* — 6 mars 1885, *Él. de Plouhinec;* — 14 février 1891, *Él. de Nîmes;* — 4 août 1893, *Él. de Rocheneuve.*

vert que contre les décisions qui statuent sur l'élection, non contre celles qui ordonnent des enquêtes ou toute autre mesure d'instruction préalable (¹).

Le recours au Conseil d'État est également ouvert lorsque le conseil de préfecture n'a pas statué sur la réclamation dans les délais d'un mois ou de deux mois, fixés par les articles 38 et 39 de la loi du 5 avril 1884, et que nous aurons à préciser quand nous parlerons du jugement des protestations. Ce recours peut être comparé à un appel parce que, d'après l'article 38, la réclamation qui n'est pas jugée dans les délais est *considérée comme rejetée,* c'est alors cette décision implicite de rejet qui est déférée au Conseil d'État ; mais en réalité, il y a plutôt là une évocation qu'un appel, puisque le premier degré de juridiction se trouve entièrement supprimé, et qu'aucun arrêté du conseil de préfecture n'est attaqué devant le Conseil d'État qui juge la protestation en premier et en dernier ressort. Quoique la même règle n'ait pas été expressément édictée pour les élections aux conseils d'arrondissement, la jurisprudence a admis qu'elle leur était applicable, comme sanction de l'obligation que l'article 51 de la loi du 22 juin 1833 impose au conseil de préfecture de statuer dans le délai d'un mois (²).

I. *Qualité pour former le pourvoi.* — Le droit de former un pourvoi devant le Conseil appartient à toute partie dont les conclusions n'ont pas été accueillies par le conseil de préfecture, soit qu'il les ait écartées par un arrêté, soit qu'il les ait implicitement rejetées en ne statuant pas dans les délais. Ce droit peut en outre appartenir à des parties qui ne figuraient pas en première instance, lorsque leur intérêt à se pourvoir naît de situations nouvelles créées par la décision du conseil de préfecture. L'article 40 de la loi de 1884 disposant que le recours au Conseil d'État est ouvert *aux parties intéressées,* la jurisprudence en a conclu que tous les

---

1. Conseil d'État, 31 juillet 1885, *Él. de Mugon;* — 24 juillet 1890, *Él. de Saint-Dié;* — 29 juin 1894, *Él. de Brassac.* — Il peut y avoir des cas où la décision ordonnant l'enquête a un caractère interlocutoire, comme subordonnant le sort de l'élection à la preuve de certains faits, mais la jurisprudence ne distingue pas, elle déclare l'appel non recevable toutes les fois qu'il n'y a pas de jugement rendu sur l'élection.

2. Conseil d'État, 12 juillet 1878, *Él. de Bagnols;* — 9 août 1880, *Él. de Douai;* — 7 juillet 1893, *Él. de Saint-Valéry;* — 2 février 1894, *Él. de Marvéjols.*

électeurs de la commune ont qualité pour se pourvoir contre l'arrêté qui annule une élection, alors même qu'ils ne sont pas intervenus pour la défendre ([1]). Cette jurisprudence est fondée, car les protestations ne sont communiquées qu'aux conseillers dont l'élection est contestée, et elles ne peuvent pas l'être à l'ensemble des électeurs (loi de 1884, art. 37, § 4) ; ceux-ci ont cependant le droit de défendre l'élection de leur candidat aussi bien que d'attaquer celle de l'adversaire ; n'ayant pu exercer ce droit en première instance, il est juste qu'ils puissent l'exercer en appel, en prenant fait et cause pour ce candidat contre l'arrêté d'annulation ([2]).

Le droit d'appel appartient, à plus forte raison, au candidat contre lequel aucune protestation n'avait été dirigée, mais dont l'élection a été annulée *par voie de conséquence,* notamment comme ayant été faite au second tour de scrutin alors que les opérations du premier tour étaient reconnues valables par le conseil de préfecture. Ce droit appartient aussi aux élus qui, sans être invalidés, voient l'ordre des nominations interverti, et leur rang au tableau modifié par suite de la décision du conseil de préfecture. Toutes ces personnes sont des *parties intéressées* dans le sens de l'article 40 de la loi de 1884.

En ce qui touche le droit de recours de l'administration, représentée par le préfet ou par le ministre de l'intérieur, la question a donné lieu à plus de difficultés.

La loi du 21 mars 1831 (art. 51), qui donnait au préfet le droit de déférer les élections municipales au conseil de préfecture, était muette sur son droit de recours au Conseil d'État. On en avait conclu que le ministre seul pouvait se pourvoir, conformément aux règles ordinaires sur les recours formés au nom de l'administration ([3]).

Mais la loi du 5 mai 1855 (art. 46) a consacré explicitement le

---

1. Conseil d'État, 3 mars 1876, *Él. de Lanneray;* — 15 juillet 1881, *Él. de Cellier-du-Luc;* — 16 janvier 1885, *Él. de Carmières;* — 10 juillet 1893, *Él. de Sartène.*

2. La règle est la même si l'annulation a été prononcée sur un déféré du préfet (4 janvier 1889, *Él. de Réallon).*

3. Conseil d'État, 7 mai 1847, *Él. de Banlouzel;* — 24 juillet 1847, *Él. de Neuvillette;* — 24 août 1849, *Préfet de Seine-et-Oise.*

droit du préfet, en décidant que « le recours au Conseil d'État con-
« tre la décision du conseil de préfecture est ouvert *soit au préfet,*
« soit aux parties intéressées » ; cette disposition reproduite par la
loi du 5 avril 1884 (art. 40, § 1) tranche la question dans le cas
prévu par l'article 37, c'est-à-dire lorsque le conseil de préfecture
a statué sur une réclamation du préfet, fondée sur ce que les conditions et les formes légalement prescrites n'auraient pas été remplies : nul doute que, dans ce cas, le préfet ne puisse déférer au
Conseil d'État la décision du conseil de préfecture qui rejette ses
conclusions.

Mais l'administration n'a-t-elle pas devant le Conseil d'État, un
droit de recours plus étendu que celui qui est attribué au préfet
par l'article 40 ? Ne peut-elle pas, même quand elle est restée
étrangère à l'instance devant le conseil de préfecture, se présenter
devant le Conseil d'État comme étant une de ces « parties intéressées » auxquelles le recours est ouvert, comme ayant à faire
valoir des intérêts permanents de légalité et de bon ordre qui peuvent avoir été méconnus par le conseil de préfecture ? N'est-ce pas
alors au ministre de l'intérieur, et non au préfet, qu'il appartient
de se pourvoir ? La jurisprudence s'est prononcée dans ce dernier
sens ; elle a admis le recours du ministre [1], en excluant celui du
préfet toutes les fois qu'il s'agit d'élections dont il n'a pas saisi
lui-même le conseil de préfecture [2].

Mais, le droit du ministre étant admis en principe, faut-il le restreindre au cas où le conseil de préfecture a annulé les opérations électorales, ou l'étendre au cas où il s'est borné à les maintenir en rejetant les protestations dont il était saisi ? Pendant
longtemps la jurisprudence du Conseil d'État, conforme à la doctrine du ministère de l'intérieur, s'est abstenue de faire cette distinction et elle a décidé que le ministre a qualité pour se pourvoir,
même contre les décisions qui ne modifient pas les résultats de
l'élection [3].

1. Conseil d'État, 9 décembre 1871, *Él. d'Artigueloutan;* — 9 juillet 1875, *Él. de Fontenet;* — 7 avril 1876, *Él. de Polveroso;* — 2 mars 1883, *Él. d'Ajaccio;* — 14 no-vembre 1884, *Él. de Prone.*
2. Conseil d'État, 26 décembre 1884, *Él. de Dions;* — 16 janvier 1885, *Él. de Nieppe;* — 22 mars 1889, *Él. de Gilhoc;* — 25 novembre 1892, *Él. de Lapasset.*
3. Conseil d'État, 9 juillet 1875, *Él. de Fontenet;* — 2 mars 1883, *Él. d'Ajaccio.*

Mais le Conseil d'État paraît être revenu sur cette jurisprudence et avoir admis la distinction ci-dessus indiquée, par un arrêt du 9 juin 1894 (*Él. de Pantin*). Cet arrêt décide « que s'il appartient au ministre de l'intérieur de se pourvoir contre les arrêtés du conseil de préfecture, soit dans le cas où ils sont intervenus *sur le recours du préfet,* soit quand ils ont *modifié les résultats* de l'élection, il n'est pas recevable à déférer un arrêté *qui a rejeté la protestation d'un électeur* » (¹).

Cette distinction nous paraît entièrement justifiée. En effet, lorsque le conseil de préfecture s'est borné à rejeter la protestation d'un électeur contre une élection que l'administration, représentée par le préfet, s'était abstenue d'attaquer, le pourvoi du ministre équivaut en réalité à une protestation nouvelle, il fait revivre, longtemps après l'expiration des délais légaux, le droit de recours que le préfet a laissé périmer. En pareil cas, il nous paraît plus juridique de ne reconnaître d'autre droit au ministre que celui de former un pourvoi dans l'intérêt de la loi, qui permettrait de redresser toute erreur de droit commise par le premier juge, sans remettre en question, pendant un délai indéterminé, la situation acquise au candidat.

Au contraire, le droit de recours du ministre est justifié, lorsque la décision du conseil de préfecture a créé une situation nouvelle, soit en annulant une élection, soit en proclamant un nouvel élu. Il est alors nécessaire que l'administration puisse, aussi bien que les candidats évincés ou les électeurs, attaquer les résultats des élections, tels qu'ils résultent de la décision du conseil de préfecture. Il est naturel aussi que l'administration soit alors représentée par le ministre et non par le préfet, puisqu'il s'agit d'un droit de réclamation qui ne peut être exercé qu'en appel, et puisque le ministre est le représentant légal de l'administration devant le Conseil d'État, comme le préfet devant le conseil de préfecture.

II. *Formes et délais du pourvoi.* — Jusqu'en 1884, les diverses élections dont le conseil de préfecture connaît en premier ressort n'étaient soumises, quant au délai du pourvoi au Conseil d'État,

---

1. Voy. les observations publiées sur cet arrêt par la *Revue générale d'administration,* août 1894.

à aucune règle spéciale ; il en résultait que le délai ordinaire de trois mois prévu par l'article 11 du décret du 22 juillet 1806 leur était applicable.

La loi du 5 avril 1884 a d'abord modifié cet état de choses, pour les élections municipales, en réduisant le délai du pourvoi à un mois. Puis, la loi de procédure du 22 juillet 1889 a réduit de trois mois à deux mois le délai ordinaire des pourvois contre les arrêtés des conseils de préfecture. Il en est résulté que les pourvois relatifs aux élections des conseils d'arrondissement et du conseil général de la Seine se sont trouvés régis, à défaut de textes spéciaux, par la loi de 1889, comme ils l'étaient antérieurement par le décret de 1806 ; ils doivent donc être actuellement formés dans un délai de deux mois ([1]).

Les pourvois relatifs à ces dernières élections peuvent être déposés, par application des mêmes règles générales édictées par la loi du 22 juillet 1889 (art. 61), soit à la préfecture ou à la sous-préfecture, soit au secrétariat général du Conseil d'État.

En ce qui touche les élections municipales, la loi de 1889 n'ayant pas modifié les règles spéciales de l'article 40 de la loi du 5 avril 1884, celles-ci demeurent applicables, soit en ce qui concerne le délai du recours fixé à un mois ([2]), soit en ce qui touche le point de départ de ce délai, qui reste, pour les parties, la date de la notification de l'arrêté, et la date même de l'arrêté pour le ministre ou le préfet ([3]).

Que décider à l'égard des parties qui, étant restées étrangères à la protestation, sont cependant recevables à se pourvoir contre une décision du conseil de préfecture modifiant les résultats de l'élection ? L'article 40 de la loi de 1884 n'a pas prévu ce recours, mais il n'est pas douteux qu'il doit être formé dans le délai d'un mois puisque c'est le délai légal des pourvois en matière d'élections municipales, et puisque la loi de 1889 (art. 11), en maintenant les règles en vigueur pour le contentieux électoral, a écarté elle-même

1. Conseil d'État, 3 mai 1890, *Él. de Craon;* — 4 avril 1893, *Él. de Vienne.*
2. Conseil d'État, 17 mai 1892, *Él. de Bô;* — 13 janvier 1893, *Él. de Champs;* — 4 mai 1894, *Él. de Mazerolles* ; — 2 mars 1895, *Él. de Verdun.*
3. Loi du 5 avril 1884, art. 40, § 2. Antérieurement, le délai ne courait, à l'égard du ministre, que du jour où il avait eu officiellement connaissance de l'arrêté (7 avril 1876, *Él. de Polveroso*).

l'application du délai de deux mois prévu par son article 61. Quant
au point de départ du délai, ce ne peut être ici la notification de
l'arrêté à la partie qui se pourvoit, puisqu'elle a été étrangère à
l'instance suivie devant le conseil de préfecture. Nous pensons que
ce n'est pas non plus la date de la décision, car, d'après les règles
en vigueur, c'est seulement à l'égard de l'administration que cette
date peut, dans certains cas, faire courir le délai. Nous concluons
de là que le délai courra, pour les tiers, du jour où l'arrêté aura
été notifié aux auteurs de la protestation, car ceux-ci peuvent être
considérés comme représentant l'ensemble des électeurs intéressés
à la vérification de l'élection ([1]).

En matière d'élections municipales, le pourvoi doit être déposé,
non au secrétariat du contentieux, mais au secrétariat de la sous-
préfecture ou de la préfecture. Cette disposition, qui doit être observée à peine de nullité (art. 40, § 2), a eu pour but d'accélérer
l'instruction ; le préfet doit immédiatement donner connaissance
du pourvoi aux parties intéressées, en les prévenant qu'elles ont
quinze jours pour tout délai à l'effet de produire leurs défenses
(art. 40, § 3). A l'expiration de ce délai, le préfet transmet au
ministre de l'intérieur, qui les adresse au Conseil d'État, le pourvoi, les défenses et les pièces, auxquelles il joint son avis motivé
(art. 40, § 4).

Cette procédure est également applicable lorsque le conseil de
préfecture n'a pas statué dans le délai d'un mois qui lui est imparti
par l'article 38 de la loi de 1884, et qu'un pourvoi est formé contre
la décision implicite de rejet résultant de l'expiration du délai.
Seulement, dans ce cas, le pourvoi doit être déposé à la préfecture
dans un délai de cinq jours, à partir du jour où le préfet aura fait
connaître que le conseil de préfecture est dessaisi ([2]).

---

1. Ces questions ont été soulevées mais non résolues dans une affaire jugée le
14 janvier 1893 (*Él. de Bujaleuf*). Le ministre de l'intérieur proposait, dans son avis
sur le pourvoi, de faire courir le délai du jour où l'arrêté a été rendu, ce qui ferait
aux tiers une situation plus rigoureuse qu'aux parties en cause. La solution que
nous proposons éviterait cette anomalie, et elle serait en harmonie avec la jurisprudence qui décide que, lorsqu'une protestation est faite dans un intérêt public, non
dans un intérêt personnel, la notification faite à l'un des signataires fait courir le délai
à l'égard de tous (1er juillet 1889, *Él. de Castelnau ;* — 3 mars 1893, *Él. de Sonnac*).

2. Conseil d'État, 6 février 1885, *Él. de Genevrière ;* — 7 mars 1890, *Él. de Gours ;*
— 9 mai 1890, *Él. de Fournès*.

La jurisprudence a cependant admis que si le conseil de préfecture a illégalement statué quoique dessaisi, le pourvoi formé contre son arrêté peut être formé dans le délai d'un mois (¹) ; on n'est plus alors dans le cas spécial prévu par l'article 38 et le délai rigoureux que ce texte impose ne doit pas être appliqué par analogie.

III. *Effet suspensif du pourvoi.* — La législation des conseils d'arrondissement et des conseils municipaux déroge à la règle générale d'après laquelle le pourvoi au Conseil d'État n'a pas d'effet suspensif. — Pour les conseils d'arrondissement, cette dérogation résulte de l'article 54 de la loi du 22 juin 1833, d'après lequel « le « recours au Conseil d'État sera suspensif lorsqu'il sera exercé par « le conseiller élu ». — Pour les conseils municipaux, elle résulte de l'article 40, § 7, d'après lequel « les conseillers municipaux « proclamés restent en fonctions jusqu'à ce qu'il ait été définitive- « ment statué sur les réclamations ».

Il résulte de là que les conseillers élus conservent leur siège, bien que leur élection ait été annulée par le conseil de préfecture, tant que le pourvoi formé contre l'arrêté d'annulation n'a pas été rejeté par le Conseil d'État. Cette disposition va bien au delà de la règle posée par la loi des 15-27 mars 1791, d'après laquelle « l'exercice provisoire appartient à ceux dont l'élection est *attaquée* « tant qu'elle n'a pas été *annulée* ».

L'article 40 a pour effet d'assimiler une élection annulée en premier ressort à une élection simplement attaquée. Mais il renverse ainsi l'ordre des présomptions légales ; car s'il est vrai qu'une protestation ne saurait suffire pour mettre en échec la proclamation d'un candidat faite par un bureau électoral, il est naturel que cette proclamation cesse provisoirement de produire ses effets dès qu'elle est infirmée par un jugement de premier ressort. Sans doute, il peut y avoir des inconvénients à considérer trop tôt comme invalidé un candidat élu qui obtiendra peut-être gain de cause en appel ; mais ces inconvénients ne sont pas plus graves que ceux que la

1. Conseil d'État, 2 décembre 1888, *Él. de Kellermann;* — 17 juin 1893, *Él. de Tain.* Les solutions de ces arrêts ne sont qu'implicites, mais elles résultent de ce que le Conseil d'État a statué quoique les pourvois eussent été formés bien après l'expiration du délai de cinq jours (15 jours après dans la première affaire, 19 dans la seconde).

règle nouvelle a fait naître. Ainsi qu'il était facile de le prévoir, le pourvoi au Conseil d'État est souvent devenu, de la part des candidats invalidés par le conseil de préfecture, un simple expédient de procédure destiné à prolonger l'exercice provisoire d'un mandat usurpé. Il pourrait même arriver — et ce n'est malheureusement pas une simple hypothèse — que des bureaux électoraux, plus attachés à des intérêts de parti qu'à la loi, proclament élus des candidats qui ne le sont pas, qu'ils savent ne pas l'être, mais à qui ils veulent assurer un siège au conseil municipal jusqu'à ce que le vice de leur titre ait été successivement reconnu par le conseil de préfecture et par le Conseil d'État [1].

Instruction et jugement. — La procédure contentieuse n'est réellement engagée que lorsque la protestation ou le pourvoi a fait l'objet des notifications ou communications administratives destinées à provoquer les observations en défense des parties intéressées, et lorsque le dossier est parvenu à la juridiction compétente [2]. Ces notifications et communications, au lieu d'être réglées par le conseil de préfecture comme dans les matières ordinaires, s'opèrent par les soins du préfet. Celui-ci donne connaissance des protestations, par la voie administrative, aux conseillers dont l'élection est contestée, et il doit les prévenir qu'ils ont un délai de cinq jours pour produire leurs défenses et faire connaître s'ils entendent présenter des observations orales à l'audience [3]. Dans ce dernier cas, les parties doivent être averties du jour de l'audience quatre jours au moins à l'avance sous peine de nullité de la décision à intervenir [4].

Cet avertissement peut être envoyé par simple lettre recommandée — exempte de taxe par suite de la gratuité des procédures électorales — soit aux signataires de la protestation ou seulement

1. L'abrogation de cette disposition a fait l'objet d'une proposition présentée au Sénat le 28 février 1890 par MM. Morel, Lenoël et Le Guay.
2. Voy. pour les élections aux conseils généraux, la loi du 31 juillet 1875, art. 15, § 3 ; — pour les élections municipales, la loi du 5 avril 1884, art. 37, 38 et 39; pour les élections aux conseils d'arrondissement, les articles 51 et 52 de la loi du 22 juin 1833.
3. Loi du 5 avril 1884, art. 37, et loi du 22 juillet 1889, art. 11, § 2.
4. Conseil d'État, 3 mars 1893, *Él. de Nieul;* — 10 juillet 1893, *Él. de Châtenois.*

au premier d'entre eux, soit à leur mandataire commun ([1]) ; quant
aux conseillers dont l'élection est contestée et qui ont demandé à
présenter des observations orales, chacun d'eux doit recevoir l'a-
vertissement, leurs intérêts étant distincts. L'affaire, ainsi introduite, suit son cours conformément aux règles ordinaires de l'instruction et du jugement, qui ne sont modifiées que sur deux points :
1° en ce que l'affaire est jugée sans aucuns frais, même ceux de
timbre, et qu'elle est dispensée du ministère de l'avocat lorsqu'elle
est portée devant le Conseil d'État ([2]) ; — 2° en ce qu'elle doit être
jugée dans des délais que la loi a déterminés et que nous allons
indiquer.

I. *Délais du jugement par le conseil de préfecture.* — Lorsqu'il
s'agit d'élections au conseil municipal, le conseil de préfecture
doit, en principe, statuer dans le délai d'un mois, qui court de l'enregistrement des pièces au greffe du conseil de préfecture (loi du
5 avril 1884, art. 38, § 2). Ce délai peut être prorogé dans les cas
.suivants :

1° En cas de renouvellement général des conseils municipaux, le
délai est doublé et porté à deux mois à raison du grand nombre des
affaires à juger (art. 38, § 3).

2° Si le conseil de préfecture a rendu une première décision ordonnant une enquête, le délai d'un mois ne court que de la date
de cette décision (art. 38, § 3). Il est à remarquer que la règle est
ici la même, qu'il s'agisse d'élections partielles ou d'élections générales, et que la décision ordonnant une preuve ne fait jamais
courir qu'un délai d'un mois ([3]). Mais si, dans le cas d'élections
générales, le conseil de préfecture dépasse ce délai d'un mois, sans
cependant excéder le délai de deux mois auquel il a droit, il va de
soi que sa décision est régulière ([4]).

3° Si le conseil de préfecture a renvoyé une question préjudicielle de nationalité, de domicile, etc., à l'autorité judiciaire, le
délai d'un mois ne court que du jour où un jugement définitif est
intervenu sur cette question préjudicielle (art. 38, § 4).

---

1. Loi du 22 juillet 1889. art. 44.
2. Loi du 31 juillet 1875, art. 16, § 1 ; — loi du 5 avril 1884, art. 40, § 6.
3. Conseil d'État, 13 février 1885, *Él. de Fontcouverte.*
4. Conseil d'État, 13 février 1885, *Él. de Remèze* ; — 28 juin 1889, *Él. de Montrejeau.*

Lorsqu'il s'agit d'élections au conseil d'arrondissement, le conseil de préfecture doit statuer dans un délai d'un mois à partir de la réception de la protestation à la préfecture (loi du 22 juin 1833, art. 51).

La loi de 1833 n'a prévu aucune prorogation de délai pour le cas où le conseil de préfecture ordonne une preuve ou renvoie une question préjudicielle aux tribunaux ; l'article 38 de la loi de 1884 n'a pas suppléé à son silence puisqu'il vise exclusivement les élections municipales ; la loi du 22 juillet 1889 a remédié en partie à cette situation en décidant, par son article 34, que la prorogation de délai prévue par l'article 38 de la loi municipale s'appliquerait à toutes les élections jugées par les conseils de préfecture lorsqu'elles seraient l'objet d'une enquête. Mais elle est restée muette sur le cas de renvoi d'une question préjudicielle à l'autorité judiciaire ; il nous paraît en résulter que le jugement des élections au conseil d'arrondissement ne peut pas être prorogé dans ce dernier cas, mais seulement dans le cas d'enquête.

II. *Délai du jugement par le Conseil d'État.* — Aucun délai spécial n'est assigné au Conseil d'État pour statuer en appel sur les élections des conseils d'arrondissement ou des conseils municipaux. Pour ces dernières, l'article 40, § 5 de la loi de 1884, décide seulement que « le pourvoi est jugé comme *affaire urgente* », il ne prescrit point ainsi un mode spécial d'instruction ou de jugement, mais il manifeste un vœu du législateur dont le conseil doit s'inspirer pour hâter autant que possible le jugement des pourvois.

La règle est plus précise quand il s'agit des élections aux conseils généraux jugées en premier et dernier ressort par le Conseil d'État. La loi du 31 juillet 1875 dispose que les réclamations « seront jugées dans le délai de trois mois à partir de l'arrivée des « pièces au secrétariat du Conseil d'État ». Les pièces visées par ce texte ne sont pas seulement les réclamations, mais aussi les autres pièces nécessaires au jugement, notamment les documents et avis transmis par le ministre de l'intérieur en réponse à la communication qui lui a été donnée du pourvoi. Le Conseil d'État estime qu'il est satisfait au vœu de la loi par un arrêt ordonnant une enquête ; le plus souvent, en effet, il serait matériellement

impossible d'ordonner cette mesure, d'y faire procéder, et d'en
apprécier les résultats par arrêt définitif, dans le délai de trois mois.

A peine est-il besoin d'ajouter que l'inobservation du délai par
le Conseil d'État n'aurait pas pour effet de le dessaisir comme elle
dessaisit le conseil de préfecture, puisque dans ce cas la réclamation resterait sans juge. A la vérité on pourrait invoquer l'adage :
factum judicis, factum partis, prétendre que la réclamation est frappée de déchéance à l'expiration du délai et que, par suite, l'élection attaquée doit être considérée comme définitive; mais cette
prétention ne saurait être admise, aucune disposition de la loi ne
l'ayant consacrée.

III. *Enquêtes électorales.* — La loi du 22 juillet 1889 sur la procédure devant les conseils de préfecture a déterminé, pour la première fois, les règles des enquêtes électorales; la loi municipale
de 1884 avait déjà prévu cette mesure d'instruction en prorogeant
le délai du jugement quand le conseil de préfecture aurait rendu
une décision « ordonnant une preuve » (art. 38, § 3), mais elle
n'avait tracé aucune règle de procédure. Cependant, antérieurement à ces lois, la jurisprudence reconnaissait aux conseils de préfecture le droit de procéder à des enquêtes, droit dont ils ne pouvaient guère user sous l'empire de la loi de 1855 qui les obligeait à
statuer, dans tous les cas, dans le délai d'un mois; après la loi de
1884, qui a créé des facilités nouvelles en prorogeant le délai du
jugement, en cas d'enquête, cette mesure d'instruction est devenue
plus fréquente.

L'enquête n'a été régie, jusqu'en 1889, que par la jurisprudence
qui, sans lui appliquer les règles du Code de procédure civile, s'inspirait des principes essentiels de la matière. Le Conseil d'État exigeait notamment que toute enquête fût contradictoire, et que ses
résultats fussent consignés dans un procès-verbal versé au dossier
et livré à la discussion des parties, mais il n'astreignait pas les
témoins au serment et ne précisait pas les cas de récusation; il autorisait le conseil de préfecture à faire procéder à l'enquête soit par
un de ses membres, soit par un commissaire enquêteur pris en
dehors du conseil ([1]).

---

1. On peut consulter, sur les principales règles établies en matière d'enquêtes

Toute incertitude sur les règles à suivre dans les enquêtes est actuellement supprimée par les dispositions du titre II, § 3, de la loi de 1889 relatives aux enquêtes. A la vérité, l'article 11 de la loi de 1889 dispose que les réclamations en matière électorale continueront à être présentées et instruites dans les formes prescrites par les lois spéciales de la matière. Mais cette réserve ne saurait être applicable aux enquêtes : d'abord parce qu'elles ne sont l'objet d'aucune disposition spéciale de la législation électorale, puis parce que la loi de 1889 a expressément visé les enquêtes électorales dans deux dispositions du titre qu'elle consacre aux enquêtes, les articles 34, § 1, et 35, § 2.

Les règles essentielles à suivre en vertu de ces dispositions sont les suivantes :

L'enquête peut avoir lieu sous deux formes : en séance publique ou devant un membre du conseil délégué à cet effet (art. 27); elle ne peut être confiée ni à un maire (¹), ni à un sous-préfet (²), ni à un commissaire de police (³).

Les témoins sont cités aux frais des parties (art. 28), et ils ne peuvent être récusés que dans le cas de parenté ou d'alliance en ligne directe, ou s'ils sont sous le coup d'incapacités légales (art. 29) ; la jurisprudence admet cependant que les auteurs des protestations ne peuvent pas être entendus comme témoins, à raison de l'incompatibilité qui existe de plein droit entre ces deux qualités (⁴).

Les témoins sont astreints au serment (art. 30) ; ils ne peuvent réclamer aucune taxe, toutes les procédures étant gratuites en matière électorale (art. 35).

L'enquête étant un élément de l'instruction écrite, ses résultats doivent être consignés dans un procès-verbal spécial qui est dressé par le greffier quand l'enquête se fait à l'audience, par le commissaire enquêteur quand elle se fait par délégation (art. 31 et 32).

électorales par la jurisprudence du Conseil d'État avant la loi du 22 juillet 1889, les arrêts suivants : 21 janvier 1881, *Él. de Rabastens* ; — 6 mai 1881, *Él. de Saint-Denis* ; — 23 mai 1884, *Él. de Salignac* ; — 21 novembre 1884, *Él. de Buzançais* ; — 6 mars 1885, *Él. d'Arreau* ; — 24 avril 1885, *Él. de Roquebrun.*

1. Conseil d'État, 13 janvier 1894, *Él. de Bouzigues* ; — 20 janvier 1894, *Él. de Vieux-Boucau.*

2. 28 juillet 1893, *Él. de Magland.*

3. 7 août 1890, *Él. de Saint-Quentin ;* — 19 mai 1893, *Él. de Montgaillard.*

4. Conseil d'État, 24 juin 1893, *Él. de Saint-Laurent du Mottay.*

Dans tous les cas, le procès-verbal est déposé au greffe où les parties peuvent en prendre connaissance. Celles de ces parties qui n'ont pas assisté à l'enquête doivent être averties du dépôt au greffe par une notification spéciale (art. 33), et le Conseil d'État décide que l'omission de cet avertissement entraîne l'annulation de l'arrêté intervenu sur l'enquête ([1]) ; elle enlève en effet à la discussion de l'enquête son caractère contradictoire.

Le conseil de préfecture pourrait-il, sans ordonner une enquête proprement dite, entendre, à l'audience, à titre de renseignement et sans prestation de serment, une partie ou des fonctionnaires par lui désignés? Le Conseil d'État l'avait admis avant la loi de 1889 ([2]), mais il nous paraît douteux que ces mesures, non prévues par la loi, et qui constitueraient en réalité des enquêtes restreintes et dégagées des formalités légales, puissent être admises depuis que le législateur a déterminé lui-même la nature et les formes des mesures d'instruction en matière électorale.

En ce qui touche les enquêtes qui se feraient, non devant le conseil de préfecture, mais devant le Conseil d'État, soit en appel, soit dans les affaires électorales dont il connaît comme juge unique, la loi du 22 juillet 1889 n'est pas textuellement applicable puisqu'elle ne règle que la procédure des conseils de préfecture ; celle du Conseil d'État demeure régie par le décret du 22 juillet 1806 dont l'article 14 dispose que « s'il y a lieu d'ordonner que des faits ou des écritures soient vérifiés ou qu'une partie soit interrogée, il y est procédé dans les formes prescrites par le grand juge », aujourd'hui par la section du contentieux. Le Conseil d'État, malgré cette plus grande latitude de décision, ne saurait s'écarter des formes substantielles de l'enquête prévue par la loi de 1889, notamment de celles qui assurent le caractère contradictoire de cette mesure d'instruction, la constatation écrite de ses résultats dans un procès-verbal spécial, et la communication de ce procès-verbal aux parties ou à leurs avocats. Mais la disposition de la loi de 1889 qui exige que l'enquête ait lieu devant le conseil de préfecture, ou devant un de ses membres, ne saurait s'appliquer

1. Conseil d'État, 29 juin 1894, *Él. de Brassac.*
2. Conseil d'État, 6 mai 1881, *Él. de Saint-Denis*, 6 mars 1885, *Él. de Callias.*

par analogie au Conseil d'État qui est éloigné du lieu du litige.
Aussi rien ne nous paraît faire obstacle à ce qu'il désigne un commissaire enquêteur résidant dans le département, et notamment le
vice-président du conseil de préfecture quand il s'agit d'élections
au conseil général dont ce conseil n'a pas connu (¹).

IV. *Annulation par voie de conséquence.* — Il est d'ordre public
qu'un corps électif ne soit pas composé de plus de membres que la
loi ne lui en assigne, et qu'un collège électoral n'ait pas plus de
représentants qu'il n'en doit légalement avoir. Si donc les changement apportés à un premier tour de scrutin par une décision contentieuse, combinés avec les résultats primitivement proclamés du
second tour, doivent avoir pour effet d'altérer la composition légale d'un corps électif, il faut que le juge administratif remédie
de lui-même à cette conséquence de sa décision ; il faut qu'il ra-
mène le corps électif à son effectif légal ; il ne peut le faire qu'en
annulant d'office les résultats du second tour, qui sont devenus incompatibles avec ceux du premier. C'est ce que l'on appelle l'annulation *par voie de conséquence.* Il ne faut pas chercher la raison
d'être du pouvoir ainsi exercé par le juge de l'élection dans les
conclusions que les réclamants du premier tour auraient prises devant lui au sujet du second tour ; sa décision devrait être la même
si ces conclusions n'existaient pas, et même si on les avait prises
en sens contraire. Le pouvoir du juge de l'élection repose exclusivement sur les raisons d'ordre public que nous venons d'indiquer.

Appliquons ces principes, soit aux élections des conseils généraux et d'arrondissement, qui se font au scrutin uninominal, soit aux
élections des conseils municipaux, qui se font au scrutin de
liste.

Pour les élections uninominales, cette application est sans difficulté : le second tour n'a de raison d'être que si le premier n'a
pas donné de résultats ; si donc il est jugé qu'un candidat avait été
élu au premier tour, il s'ensuit que personne ne pouvait être élu
au second ; sinon le canton, qui n'a droit qu'à un représentant, en
aurait deux. L'annulation par voie de conséquence de l'élection
faite au second tour s'impose donc.

---

1. Conseil d'État, 28 janvier 1887, *Él. de Jugon ;* — 24 janvier 1890, *Él. de Payrac.*

Pour les élections faites au scrutin de liste, la solution est moins simple, parce que les résultats du premier tour de scrutin peuvent être modifiés de manières différentes.

Supposons d'abord qu'il y a eu des élus proclamés à chaque tour, et que la décision contentieuse a réduit le nombre des élus du premier tour. Dans ce cas, on ne peut pas craindre que l'effectif légal soit dépassé ; aucune atteinte ne sera donc portée aux droits des élus du second tour ; il y aura seulement lieu de faire ultérieurement des élections complémentaires pour combler les vides que l'annulation aura produits dans le conseil municipal (¹).

Si, au contraire, le juge de l'élection a déclaré élus au premier tour plus de membres que le bureau n'en avait proclamé, il en résultera que le second tour aura eu lieu pour plus de sièges qu'il n'y avait de sièges vacants ; l'effectif légal sera dépassé d'autant et il sera nécessaire d'annuler par voie de conséquence. Mais que devra-t-on annuler? Est-ce seulement l'élection des derniers élus, en commençant par celui qui a eu le moins de voix, ou bien est-ce l'ensemble des opérations du second tour ?

Cette question est délicate et a donné lieu à des variations de la jurisprudence. Jusqu'à 1885, le Conseil d'État n'a pas suivi de règle uniforme : tantôt il a décidé qu'il n'y avait lieu d'annuler que l'élection des derniers élus (²), tantôt il a annulé l'ensemble du second tour, spécialement lorsqu'il y avait un écart notable entre le nombre des élus et celui des conseillers à élire, et surtout lorsqu'on avait procédé à plusieurs élections au lieu d'une seule (³).

Depuis 1885, l'annulation intégrale a été admise, quel que fût l'excédent des élus du second tour (⁴).

---

1. Conseil d'État, 28 mars 1879, *Él. de Vers ;* — 8 mai 1885, *Él. de Rupt-sur-Saône ;* — 10 décembre 1892, *Él. de Rougères;* — 28 janvier 1893, *Él. de Pringy.*

2. Conseil d'État, 25 avril 1866, *Él. de Castelsarrasin;* — 6 août 1878, *Él. du Louroux;* — 4 avril 1879, *Él. de Montignac.*

3. Conseil d'État, 20 mars 1866, *Él. de Say;* — 26 juillet 1878, *Él. de Maizet;* — 24 juin 1881, *Él. d'Arsonval.*

4. Conseil d'État, 6 mars 1885, *Él. de Montcel;* — 16 décembre 1892, *Él. de Loché;* 16 mars 1894, *Él. de Forcalquier.*

Exceptionnellement l'annulation peut être limitée aux derniers élus si leur proclamation a eu lieu par erreur, et contrairement aux indications contenues dans l'arrêté convoquant les électeurs, lequel indiquait exactement le nombre des conseillers restant à élire ; dans ce cas, en effet, les électeurs n'ont pas été induits en erreur sur le nombre de sièges à pourvoir, et n'ont pas été convoqués pour un nombre de con-

Cette dernière solution paraît préférable à plusieurs points de vue : d'abord elle évite les appréciations nécessairement arbitraires qu'entraînaient les distinctions précédemment admises ; en second lieu, elle est en harmonie avec la jurisprudence depuis longtemps établie, qui annule l'ensemble des élections d'un premier tour lorsqu'elles ont eu lieu pour un plus grand nombre de conseillers municipaux que n'en comporte la population de la commune ([1]).

Ne perdons pas de vue cependant que l'annulation par voie de conséquence ne se justifie que par la nécessité de défendre l'effectif normal du conseil municipal contre les résultats d'un second tour plus nombreux qu'il n'aurait dû l'être. Il en résulte que si ce second tour, quoique plus nombreux, n'a pas pu avoir pour effet de dépasser cet effectif normal, il ne doit pas être annulé. Cette hypothèse, difficile à concevoir à première vue, se présente lorsque le juge de l'élection a proclamé élus au premier tour des candidats qui avaient été élus au second ; il se produit alors un changement dans les résultats respectifs des deux tours, mais le nombre total des élus n'est pas augmenté ([2]).

Supposons enfin un dernier cas : celui où les opérations du premier tour ont été annulées dans leur ensemble à raison d'un vice général qui entachait l'élection. Le second tour doit alors tomber tout entier : non par application des règles ci-dessus, — car il est évident que le nombre des conseillers municipaux n'est pas dépassé, puisque tous les élus du premier tour disparaissent, — mais par application de cette autre règle que le second tour est le complément du premier et qu'il n'a plus de raison d'être quand le premier tour n'existe plus. Dans ce cas, ce n'est plus l'élection de tel ou tel candidat qui est annulée, ce sont les opérations électorales tout entières ([3]).

seillers supérieurs à celui des conseillers restant à élire (24 mars 1893, *Él. de Tortequesne*).

1. Conseil d'État, 16 janvier 1885, *Él. d'Ennery;* — 6 février 1885, *Él. de Castelnaudary;* — 25 novembre 1892, *Él. des Vans;* — 19 mai 1893, *Él. d'Erbajolo.*

2. Conseil d'État, 6 mars 1885, *Él. de Saint-Broingt;* — 17 mai 1889, *Él. de Salies de Béarn;* — 24 décembre 1892, *Él. de Versigny.*

3. Conseil d'État, 10 juillet 1866, *Él. d'Aix-en-Othe;* — 18 février 1876, *Él. de Nistos;* — 12 août 1870, *Él. d'Aubiet;* — 24 décembre 1892, *Él. de Saint-Bendelle;* — 16 février 1894, *Él. de Saint-Porquier.*

V. — Option et démission d'office.

Nul ne peut être simultanément membre de plusieurs assemblées départementales ou municipales, ni d'un conseil général et d'un conseil d'arrondissement, ni représenter plus d'un canton dans un de ces conseils. Toute élection multiple rend donc nécessaire une *option* qui maintient une des élections et fait tomber celles qui étaient incompatibles avec elle. A défaut d'option dans les délais, il doit être procédé d'office à la désignation du siège assigné à l'élu : s'il s'agit d'un conseiller général, cette désignation est faite par le conseil général par voie de tirage au sort ; s'il s'agit d'un conseiller municipal, il siège de plein droit dans le conseil municipal de la commune qui compte le moins d'électeurs [1].

Il y a également lieu d'éliminer d'office les conseillers *forains,* c'est-à-dire non domiciliés dans le département ou dans la commune, qui ont été élus membres d'un conseil général ou municipal au delà de la proportion du quart fixée par la loi. Dans ce cas, il est procédé par la voie du sort pour les conseillers généraux, et d'après l'ordre inverse du tableau pour les conseillers municipaux [2].

Enfin, tout membre d'un corps électif qui se trouve, postérieurement à son élection, dans un des cas d'inéligibilité ou d'incompatibilité prévus par la loi doit être déclaré d'office démissionnaire. Cette déclaration est faite par le conseil général pour les membres de cette assemblée, par le préfet pour les membres des conseils d'arrondissement ou des conseils municipaux.

L'option et la démission d'office peuvent donc soulever des questions très analogues, quelquefois même identiques à celles qui se posent dans une contestation électorale. C'est pourquoi il convient de les en rapprocher et d'examiner ici le contentieux spécial auquel elles peuvent donner lieu.

Option. — L'opération de tirage au sort à laquelle procède le

---

1, Pour les conseils d'arrondissement : loi du 22 juin 1833, art, 10 ; — pour les conseils généraux, loi du 10 août 1871, art. 17, et loi du 31 juillet 1875, art. 17 ; — pour les conseils municipaux, loi du 3 avril 1884, art. 35.

2. Loi du 10 août 1871, art. 18 ; loi du 5 avril 1884, art 31 et 49.

conseil général n'est pas, par elle-même, susceptible de débat contentieux ; mais il peut se présenter des cas où la décision qui est prise à la suite du tirage au sort, et qui assigne un canton au conseiller élu dans plusieurs, ou qui évince un élu non domicilié comme excédant la proportion légale des conseillers forains, peut être l'objet d'un recours.

Ce recours pourrait être fondé sur ce que l'on aurait procédé au tirage avant l'expiration du délai d'option fixé par l'article 17 de la loi du 31 juillet 1875, — délai de trois jours qui court de l'ouverture de la session, mais dont le point de départ est retardé, en cas de contestation sur la validité de l'élection, jusqu'à la notification de la décision du Conseil d'État.

Un conseiller évincé comme domicilié hors du département pourrait aussi prétendre qu'il y est domicilié ; en cas de contestation, la question préjudicielle de domicile devrait être soumise à l'autorité judiciaire [1], et le conseil général ne pourrait pas procéder au tirage avant qu'elle eût été résolue. L'annulation de la décision irrégulière pourrait être demandée par le conseiller intéressé ou par le ministre de l'intérieur, mais non par les électeurs qui sont désintéressés dans le débat, puisque le choix du siège dépend d'une option de l'élu. Le recours serait directement porté devant le Conseil d'État, statuant soit comme juge d'un excès de pouvoir, soit comme juge d'une difficulté se rattachant à des élections au conseil général.

En ce qui touche le conseiller municipal élu dans plusieurs communes, et qui est déclaré d'office représentant de celle qui compte le moins d'électeurs (loi de 1884, art. 35), il peut contester la décision s'il prétend qu'elle a été rendue avant l'expiration du délai de dix jours qui lui est accordé pour opter. La loi de 1884 n'a pas décidé, comme celle de 1875, que le délai ne court, en cas d'élection contestée, que du jour où elle aurait été l'objet d'un jugement définitif. On s'est demandé si cette disposition doit être appliquée par analogie. La solution négative a été consacrée par la jurisprudence qui décide que le délai de dix jours a toujours pour point de départ le jour de l'élection [2]. On peut aussi concevoir un

1. Loi du 31 juillet 1875, art. 17, § 3.
2. Conseil d'État, 26 janvier 1889, *Él. de Neuvy-Saint-Sépulchre* ; — 22 février 1889,

débat sur la question de savoir si toutes les règles applicables au cas où un candidat est élu dans plusieurs communes s'appliquent également lorsque l'élection a eu lieu dans plusieurs sections d'une même commune. La nécessité d'une option s'impose assurément dans ce cas comme dans l'autre. Mais à défaut de cette option, comment devra-t-on déterminer la section à laquelle appartiendra le conseiller municipal? Sera-ce d'après le nombre des électeurs, d'après le chiffre des voix obtenues par le candidat, ou d'après le rang qu'il occupe sur la liste des élus de chaque section? Ce sont là des questions délicates, que la loi n'a pas tranchées, et sur lesquelles un débat contentieux doit pouvoir s'ouvrir.

L'option doit être expresse et résulter d'une déclaration adressée aux préfets des départements intéressés. On ne saurait y suppléer par des actes d'où semblerait résulter le choix de telle commune fait par le conseiller élu (¹). Faute d'option régulière, il est réputé avoir toujours fait partie du conseil municipal de la commune qui compte le moins d'électeurs.

Le recours du conseiller municipal contre l'arrêté préfectoral qui lui assigne un siège, doit être porté devant le conseil de préfecture. Il ne serait pas recevable s'il était porté directement devant le Conseil d'État par la voie du recours pour excès de pouvoir (²).

Démission d'office prononcée pour perte de l'éligibilité. — Plus encore que l'option imposée, la démission d'office a un caractère essentiellement contentieux, puisqu'elle statue sur des cas d'inéligibilité ou d'incompatibilité survenus après l'élection ; il est donc naturel qu'elle soit soumise au même juge que l'élection.

Él. de Chamaillard. — Voy. en sens contraire Morgand (*Loi municipale*, t. Iᵉʳ, p. 208). Cet auteur pense que la raison de décider est la même pour les élections municipales que pour les élections départementales. Mais la situation n'est pas identique, à raison du double degré de juridiction et du pourvoi suspensif qui existent pour les élections municipales, et qui pourraient avoir pour effet de doubler ou de tripler le délai d'option. La prorogation de délai pouvant être ainsi beaucoup plus large que lorsqu'il s'agit d'élections au conseil général, et la loi de 1884 ne l'ayant pas explicitement admise, quoique le projet primitif l'eût proposée, la jurisprudence nous paraît avoir consacré la solution la plus juridique en faisant courir le délai du jour même de l'élection.

1. Conseil d'État, 26 janvier 1889, *Él. de Neuvy-Saint-Sépulchre.*
2. Conseil d'État, 26 juillet 1889, *Normand.*

Cependant la loi du 31 juillet 1875 n'a rien statué en ce qui touche les démissions d'office des conseillers généraux et les recours dont elles seraient susceptibles. Elle a simplement laissé subsister l'article 18 de la loi du 10 août 1871, d'après lequel la démission est prononcée par le conseil général, soit d'office, soit sur la réclamation de tout électeur. Avant la loi de 1875, cette décision n'aurait pas été susceptible de recours, puisque le conseil général vérifiait souverainement les élections de ses membres, même lorsqu'une question d'éligibilité soulevait une question d'état ou de capacité civile. Mais il n'en saurait être de même depuis que la loi du 31 juillet 1875 a transféré au Conseil d'État le contentieux de l'élection, sauf les questions préjudicielles réservées aux tribunaux judiciaires. Le Conseil d'État, seul compétent sur les questions d'éligibilité qui se posent lors de l'élection, l'est également sur les questions de même nature qui surgissent après l'élection. Aussi n'est-il pas douteux, malgré le silence de la loi de 1875, que la déclaration de démission émanée du conseil général pourrait être attaquée devant le Conseil d'État [1].

La démission d'office de conseillers municipaux devenus inéligibles est prévue par l'article 36 de la loi municipale de 1884. D'après ce texte, la démission est prononcée par le préfet, « sauf « réclamation au conseil de préfecture dans les dix jours de la noti- « fication, et sauf recours au Conseil d'État conformément aux « articles 38, 39 et 40 ci-après ». Il résulte de cette référence aux articles 38 et 39 que le conseil de préfecture doit statuer dans le même délai que sur les contestations électorales, et qu'après expiration de ce délai la réclamation doit être considérée comme rejetée et peut être portée devant le Conseil d'État.

Il résulte également de la référence à l'article 40 que le pourvoi

---

1. Le recours serait-il ouvert aux électeurs contre une délibération du conseil général refusant de prononcer la démission ? La négative semble résulter d'un arrêt du 12 juillet 1882 (*Couvert*), qui refuse de statuer sur un recours pour excès de pouvoir formé par des électeurs contre une délibération du conseil général de l'Ain, décidant qu'un membre de ce conseil n'était pas devenu entrepreneur d'un service départemental dans le sens de l'article 10 de la loi de 1871. Mais cet arrêt paraît se fonder sur ce que le conseil général avait souverainement statué sur une question de fait, ne relevant pas de la juridiction du Conseil d'État comme juge de l'excès de pouvoir ; il n'oppose pas une fin de non-recevoir absolue à tout recours des électeurs.

formé contre la décision du conseil de préfecture prononçant une démission d'office est suspensif, de même que le pourvoi formé contre l'annulation d'une élection ([1]).

Démission d'office par mesure disciplinaire. — Les démissions d'office pour inéligibilité ou incompatibilité, dont nous venons de parler, ne doivent pas être confondues avec une autre espèce de démissions également prononcées d'office, mais qui proviennent d'autres causes.

Le conseiller général qui, sans excuse légitime, manque une session ordinaire, peut être déclaré démissionnaire par le conseil général dans la dernière séance de la session (loi du 10 août 1871, art. 19). La même mesure peut être prise par le préfet contre le conseiller municipal qui a manqué à trois convocations successives, sans motifs reconnus légitimes par le conseil, qui doit préalablement inviter le conseiller à fournir ses explications (loi du 5 avril 1884, art. 60). Ce dernier texte prévoit expressément un recours contentieux, qui doit être formé devant le conseil de préfecture dans les dix jours de la notification de l'arrêté préfectoral. La décision du conseil de préfecture est susceptible d'appel devant le Conseil d'État ; mais le Conseil d'État ne pourrait pas être saisi directement d'un recours pour excès de pouvoir formé contre l'arrêté préfectoral prononçant la démission. Ces contestations n'ayant pas le caractère de contestations électorales, et aucune disposition législative ne les ayant dispensées de frais de procédure, le Conseil d'État en a conclu que le ministère d'un avocat est nécessaire pour les pourvois formés devant lui ([2]).

Nous pensons que le droit de recours appartient également au conseiller général déclaré démissionnaire, bien que les lois de 1871 et de 1875 soient restées muettes sur ce point. En effet, le retrait d'un mandat conféré par l'élection constitue une décision

---

1. Parmi les décisions du Conseil d'État statuant en matière de démissions d'office pour inéligibilité ou incompatibilité survenue postérieurement à l'élection, on peut citer : 28 avril 1888, *Él. de Bourganeuf;* — 18 décembre 1835, *Él. de Saint-Florent ;* — 1er février 1890, *Él. de Begay ;* — 5 décembre 1891, *Carbonari.*

2. Conseil d'État, 11 novembre 1887, *Daunes;* — 17 février 1888, *Andreucci;* — 29 avril 1892, *Vinsonnaud.* — La jurisprudence était la même sous l'empire de la loi du 5 mai 1855 (8 décembre 1857, *Pambel).*

administrative qui peut porter atteinte à un droit et être ainsi susceptible de recours contentieux. Ce recours ressortirait directement au Conseil d'État.

Mentionnons enfin les démissions prévues par la loi du 7 juin 1873 d'après laquelle le ministre de l'intérieur peut demander au Conseil d'État, statuant au contentieux, de déclarer démissionnaire « tout membre d'un conseil général de département, d'un conseil « d'arrondissement ou d'un conseil municipal qui, sans excuse « valable, aura refusé de remplir une des fonctions qui lui sont « dévolues par la loi » (¹).

La démission étant prononcée, dans ce cas, par arrêt du Conseil d'État ne peut évidemment faire l'objet d'un recours contentieux.

VI. — Élections spéciales.

En dehors des élections que nous venons d'étudier et qui servent de base à la représentation du département, de l'arrondissement et de la commune, il existe un assez grand nombre d'élections spéciales, dont le contentieux n'a pas toujours été bien défini par le législateur. Nous les grouperons en trois séries, selon qu'elles ressortissent aux conseils de préfecture, aux ministres sauf recours au Conseil d'État, ou qu'elles ne relèvent d'aucune juridiction déterminée. Nous nous bornerons a signaler pour chacune d'elles les particularités que présente leur contentieux.

Élections relevant des conseils de préfecture. — Dans cette catégorie nous trouvons d'abord un certain nombre d'élections qui ont un caractère municipal : ce sont les élections des maires et des adjoints, des délégués sénatoriaux, et de certaines commissions chargées de représenter, en vue d'objets spéciaux, des communes

---

1. Le Conseil d'État a été saisi trois fois de conclusions du ministre de l'intérieur tendant à l'application de cette loi. Deux fois elles ont été écartées par une fin de non-recevoir tirée de l'inobservation du délai de trois mois imparti au ministre par l'article 4. Elles ont été accueillies par un arrêt du 4 juillet 1884 (*ministre de l'intérieur c. Catala*) qui déclare démissionnaire un membre d'un conseil d'arrondissement qui avait refusé de siéger au conseil de revision.

ou des sections de communes ; ce sont en outre des élections diverses : prud'hommes, délégués mineurs.

I. *Élections des maires et des adjoints.* — Les réclamations sont
soumises aux mêmes règles que lorsqu'il s'agit d'élections de conseillers municipaux. L'article 79 de la loi du 5 avril 1884 confirme
sur ce point la jurisprudence que le Conseil d'État avait adoptée,
lorsque les lois du 22 juillet 1870 et du 14 avril 1871 avaient établi l'élection des maires sans rien statuer sur leur contentieux.
D'après cet article 79, « l'élection peut être arguée de nullité
« dans les conditions, formes et délais prescrits pour les réclama-
« tions contre les élections du conseil municipal ». Elle peut donc
être attaquée, non seulement par les conseillers municipaux qui
ont pris part à l'élection, mais encore par tous les électeurs de
la commune, et par le préfet. D'après une disposition spéciale de
l'article 79, le délai de cinq jours ne court pas du jour de l'élection, mais « à partir de vingt-quatre heures après l'élection ».
Cette disposition s'explique par l'article 78, qui exige que les nominations soient rendues publiques dans les vingt-quatre heures
de leur date par voie d'affiche à la porte de la mairie ; mais alors
même que l'affichage serait immédiat, le supplément de délai n'en
serait pas moins acquis, et il ne pourrait pas être étendu, quand
même cet affichage aurait été retardé. En somme, cela revient à dire
que le délai des protestations est de six jours au lieu de cinq ([1]).

L'assimilation que l'article 79 établit, quant aux règles des réclamations, s'étend aussi aux règles du jugement, notamment en ce
qui touche le délai d'un mois (deux mois en cas d'élections générales) imparti au conseil de préfecture pour rendre sa décision ([2]),
et en ce qui touche les formes et délais des pourvois au Conseil
d'État émanés des candidats, des électeurs ou du ministre de l'intérieur ([3]).

II. *Élections des délégués sénatoriaux.* — Le contentieux de ces
élections est réglé par la loi organique du 2 août 1875 sur l'élection

---

1. Conseil d'État, 1er juillet 1887. *Él. de Belleau;* — 17 mai 1889, *Él. de Saint-
Barthélémy;* — 3 mars 1893, *Él. de Fort-de-France.*
2. Conseil d'État, 3 mars 1893, *Él. de Fort-de-France.*
3. Conseil d'État, 2 mars 1883, *Él. d'Ajaccio;* — 27 mars 1885, *Él. de Bez;* —
14 juin 1890, *Él. de Sère Rustaing;* — 20 juillet 1891, *Él. de Cassagnes.*

des sénateurs, modifiée par celle du 9 décembre 1884. D'après les articles 7 et 8, l'élection peut être attaquée par tout électeur de la commune et par le préfet (¹).

Ces textes manquant de précision sur certains points, la jurisprudence du Conseil d'État a adopté à leur égard la méthode d'interprétation suivante : les règles qu'ils édictent doivent être textuellement appliquées ; celles qu'ils omettent doivent être complétées à l'aide des textes relatifs aux élections municipales. Ainsi l'article 7 dispose que l'électeur doit *adresser* directement sa protestation au préfet *dans un délai de trois jours* ; il se tait sur le point de départ du délai, et l'on supplée à son silence en le fixant au jour de l'élection, conformément à l'article 37 de la loi de 1884, et sans comprendre ce jour dans le délai. Mais comme ce même article 7 dit que les protestations doivent être *adressées,* et non *déposées,* dans le délai, la jurisprudence admet, contrairement à la règle suivie pour les élections municipales, qu'il suffit qu'elles soient *envoyées* à la préfecture dans ce délai, quand même elles n'y seraient pas *parvenues* (²).

En ce qui touche le recours du préfet, l'article 7 n'indique ni délai ni point de départ. Faut-il en conclure qu'il bénéficie du délai de quinze jours prévu par l'article 37, § 3, de la loi municipale de 1884 ? Il nous semble difficile de décider autrement. Nous pensons aussi que la protestation non jugée par le conseil de préfecture dans le délai d'un mois doit être considérée comme rejetée, et que le recours au Conseil d'État est ouvert.

Mais il nous paraît impossible d'admettre que ce recours soit suspensif par application de l'article 40, et que le délégué dont l'élection est annulée par le conseil de préfecture puisse prendre part à l'élection, en se prévalant de son pourvoi et en soutenant que

---

1. On doit entendre ici par électeur non seulement l'électeur inscrit sur les listes électorales de la commune, mais encore le conseiller municipal non électeur dans la commune, car il est appelé à élire le délégué.

2. Conseil d'État, 29 janvier 1886, *Él. de Brucamps.* — Cette jurisprudence est plus large que celle qui a prévalu pour les réclamations en matière de contributions directes, lesquelles doivent être *parvenues* dans les délais, bien que la loi du 21 avril 1832 se soit aussi servie de l'expression : « adressées » (26 février 1867, *Chanal;* 8 novembre 1872, *Masse).* La brièveté du délai imparti pour protester contre l'élection des délégués a sans doute motivé cette interprétation bienveillante, mais peu concordante avec l'interprétation donnée ailleurs aux mêmes mots.

l'annulation n'est pas *définitive* tant que le Conseil d'État ne l'a pas confirmée. Une telle solution paralyserait, en fait, le droit d'annulation du conseil de préfecture, car il est à peu près impossible que le Conseil d'État puisse rendre son arrêt avant le jour de l'élection du sénateur. L'article 8, § 3, de la loi de 1875 permet d'ailleurs d'échapper à cette application de la loi de 1884, car il dispose que « le délégué dont l'élection est annulée est remplacé par le suppléant », et que, « en cas d'annulation de l'élection du délégué et du suppléant, il est procédé à de nouvelles élections au jour fixé par un arrêté du préfet » ; l'annulation que ce texte a en vue est manifestement celle que le conseil de préfecture a prononcée, et il n'est point question ici d'attendre l'arrêt confirmatif du Conseil d'État. On doit donc admettre que la loi de 1875 a implicitement décidé que le pourvoi ne serait pas suspensif, conformément d'ailleurs à la règle qui était en vigueur avant la loi de 1884 (¹).

Le délai du recours au Conseil d'État est d'un mois par application de l'article 40, § 2, de la loi du 5 avril 1884, il court, à l'égard des parties, de la notification de la décision et, à l'égard du préfet, du jour même de la décision. Le pourvoi peut être déposé soit à la sous-préfecture ou à la préfecture conformément à l'article 40 de la loi de 1884, soit au secrétariat du Conseil d'État en vertu de l'article 61 de la loi du 22 juillet 1889 applicable en matière d'élections municipales.

III. *Élections des commissions syndicales représentant des sections de commune.* — La loi municipale prévoit deux cas où des sections de commune peuvent être représentées par une commission élue en vue d'un objet déterminé.

Tel est d'abord le cas, prévu par l'article 4 de la loi du 5 avril 1884, où la commission est formée pour émettre un avis sur un projet tendant à ériger une section en commune distincte. La commission est alors élue par les électeurs domiciliés dans la section. La jurisprudence admet que les réclamations relatives à cette élec-

---

1. La jurisprudence n'a pas encore eu à se prononcer expressément sur la question. Mais on peut mentionner un arrêt du 17 février 1888, *Él. de Gouts*, qui, tout en déclarant que les §§ 1 à 6 de l'article 40 de la loi de 1884 sont applicables aux élections des délégués sénatoriaux, passe sous silence le § 7. Or c'est précisément ce § 7 qui déclare le pourvoi suspensif.

tion sont soumises aux mêmes règles qu'en matière d'élections municipales (¹). Ce sont, en effet, de véritables élections municipales restreintes à une seule section.

Il en est de même des commissions syndicales nommées, en vertu de l'article 129 de la loi du 5 avril 1884, pour soutenir, au nom d'une section, un procès contre une autre section ou contre la commune. Leurs membres, qui étaient désignés par le préfet d'après la loi du 18 juillet 1837 (art. 56), sont actuellement élus par les électeurs qui habitent la section intéressée, et par les propriétaires fonciers non portés sur la liste électorale. Les raisons sont les mêmes, en l'absence de règles spéciales, pour assimiler ces élections à des élections municipales (²).

Mais la jurisprudence n'a pas étendu cette assimilation au cas où d'autres commissions sont élues, non par le corps électoral, mais par un ou plusieurs conseils municipaux. Telles sont : — les *commissions syndicales* élues en vertu de l'article 161 de la loi de 1884, pour administrer des biens ou des droits indivis entre plusieurs communes ; — les commissions spéciales prévues par l'article 117, qui sont élues par chacun des conseils municipaux intéressés, lorsqu'il y a lieu d'instituer des *conférences intercommunales* pour traiter des questions concernant plusieurs communes ; — les *commissions administratives* des hospices, hôpitaux et bureaux de bienfaisance, en tant que leurs membres sont élus par le conseil municipal, en vertu de la loi du 5 août 1879 ; — les *commissions scolaires*, dont la plupart des membres sont élus par les conseils municipaux, en vertu de la loi du 28 mars 1882 (art. 5).

Toutes ces commissions ont pour caractère commun d'être des délégations électives du conseil municipal. Il est donc naturel que les difficultés relatives à leur élection soient, en l'absence de textes spéciaux, soumises à des règles communes. Le Conseil d'État n'a encore eu à se prononcer qu'à l'égard des commissions syndicales créées pour l'administration de biens indivis, et il a refusé com-

---

1. Conseil d'État, 16 mai 1866, *Él. de Noyal;* — 8 juillet 1881, *Breuil;* 21 mars 1891, *Él. de Balléville;* — 25 mai 1894, *Él. de Saint-Élix-Theux.*

2. Conseil d'État, 15 janvier 1886, *Él. de Saint-Symphorien;* — 4 février 1893, *Él. de Villechantria.*

pétence au conseil de préfecture pour connaître de leurs élections (¹). A défaut de ces conseils, à qui les réclamations pourront-elles être adressées? Au ministre de l'intérieur? C'est ce qui a été dit, lors de la discussion de la loi du 5 août 1879, par M. Martin-Feuillée, sous-secrétaire d'État de l'intérieur (²). Mais, si les ministres peuvent être appelés à vérifier la légalité et la sincérité de certaines élections, nous pensons que ce droit ne leur appartient, dans le silence des textes, que s'il n'existe aucune autre procédure permettant de saisir une juridiction contentieuse. Or, cette procédure nous paraît exister quand il s'agit d'élections faites par des conseils municipaux, lesquelles sont assimilables aux autres décisions exécutoires de ces conseils; à ce titre, elles sont susceptibles d'être déférées au préfet, sauf recours au Conseil d'État, par application des articles 63 à 67 de la loi municipale de 1884 (³).

IV. *Élections des conseils de prud'hommes*. — Les élections des conseils de prud'hommes ont été déférées au conseil de préfecture par l'article 8 de la loi du 27 mai 1848.

D'un autre côté, l'article 8 de la loi du 1ᵉʳ juin 1853 dispose : « En cas de réclamation, le recours est ouvert devant le conseil de « préfecture ou devant les tribunaux civils, *suivant les distinctions* « *établies par la loi sur les élections municipales.* » Si l'on rapproche ce texte de l'article 7 de la loi du 1ᵉʳ juin 1853, qui est relatif à la confection des listes électorales; si, d'autre part, on se réfère à la loi du 21 mars 1831, qui régissait alors les élections municipales, on voit que l'article 8 de la loi de 1853 soumet en principe le contentieux de la liste électorale au conseil de préfecture (loi du

<hr/>

1. Conseil d'État, 3 mai 1845, *Barbé;* — 3 juillet 1866, *Luz;* — 7 août 1875, *Vignalat.*

2. Voy. Duvergier, *Lois et décrets*, année 1879, p. 509, notes.

3. Telle est aussi l'opinion de M. Morgand (*Loi municipale*, t. II. p. 219). — Cf. une étude de M. Puibaraud sur les commissions administratives des hospices (*Revue gén. d'administration*, mai 1881). — Une solution analogue pourrait être adoptée pour les élections des commissions départementales. Le Conseil d'État a déclaré non recevable une protestation formée devant lui, par application de la loi du 31 juillet 1875, contre l'élection de membres de ces commissions (8 mai 1885, *Lépiney*); mais il ne nous semble pas résulter de là que l'élection échappe à tout recours, car elle constitue une délibération définitive du conseil général susceptible d'être annulée par décret en Conseil d'État pour excès de pouvoir ou violation de la loi (loi de 1871, art. 47), et aussi par la voie du recours pour excès de pouvoir, pourvu que ce recours soit formé par une personne ayant qualité.

21 mars 1831, art. 36), et exceptionnellement aux tribunaux civils quand il s'agit de questions relatives à la jouissance des droits civiques ou civils ou au domicile (loi de 1831, art. 42). Il est donc dérogé, pour ces élections spéciales, à la règle qui est actuellement en vigueur pour les élections politiques, départementales ou communales, et d'après laquelle le contentieux de la liste est toujours judiciaire.

La jurisprudence a interprété d'une manière large l'article 8 de la loi du 1er juin 1853, en déclarant que ce texte a rendu applicables aux élections des prud'hommes, à défaut de dispositions spéciales, les règles qui régissent les élections municipales. Ainsi que nous venons de le voir, la référence à ces règles n'existe en termes exprès que pour le contentieux des listes électorales, tel qu'il était réglé par l'ancienne loi municipale de 1831. Cependant la jurisprudence décide que l'article 8 a une portée générale, et qu'il rend notamment applicable aux élections des prud'hommes l'article 37 de la loi municipale de 1884 qui régit les formes et délais des protestations ([1]).

Par application de cette jurisprudence, le Conseil d'État a reconnu qualité au préfet pour attaquer les élections. Il a également reconnu qualité au ministre du commerce pour déférer au Conseil d'État la décision du conseil de préfecture, mais seulement en vertu des principes généraux sur les recours des ministres, et non en vertu de textes spéciaux ([2]).

V. *Élections des délégués à la sécurité des ouvriers mineurs.* — La loi du 8 juillet 1890 a institué des délégués à la sécurité des ouvriers mineurs « pour visiter les travaux souterrains des mines,

---

1. Conseil d'État, 23 novembre 1883, *Ollivier*, déclare applicable l'article 46 de la loi municipale du 5 mai 1855 alors en vigueur ; — 18 décembre 1891, *Bertrand*, déclare applicable l'article 34 de la loi de 1884.

2. Conseil d'État, 23 juin 1882, *ministre du commerce*.
Un arrêt du 19 décembre 1891 (*Prud'hommes d'Oran*) émet un doute sur la question de savoir si le ministre pourrait déférer un arrêté validant les élections : « en admettant, dit cet arrêt, que le ministre du commerce soit recevable... » La jurisprudence inaugurée par l'arrêt du 9 juin 1894 (*Él. de Pantin*), qui refuse qualité au ministre de l'intérieur lorsque le conseil de préfecture n'a pas été saisi par le préfet et que sa décision n'a pas modifié les résultats des élections, confirme cette réserve ; cette jurisprudence nous paraît applicable, par analogie, aux recours que formerait le ministre du commerce contre un arrêté du conseil de préfecture rejetant des protestations contre l'élection de prud'hommes. (Voy. ci-dessus, p. 359-360.)

« minières ou carrières, dans le but exclusif d'en examiner les
« conditions de sécurité pour le personnel qui y est occupé et, en
« cas d'accident, les conditions dans lesquelles cet accident se se-
« rait produit » (art. 1ᵉʳ). Le délégué est assisté d'un délégué suppléant et l'un et l'autre sont élus pour trois ans au scrutin de liste
par les ouvriers d'une circonscription minière « qui y travaillent
au fond » (art. 4, 5). Les contestations relatives aux listes électorales sont jugées par le juge de paix (art. 7); les réclamations dirigées contre les opérations électorales sont portées devant le conseil
de préfecture (art. 12), sauf recours au Conseil d'État conformément aux principes généraux. Le droit de déférer les élections appartient aux électeurs, aux exploitants, et au préfet lorsqu'il estime
« que les conditions prescrites par la loi ne sont pas remplies »
(art. 12).

Le préfet nous paraît avoir, en cette matière, des pouvoirs plus
étendus qu'en matière d'élections municipales, car il semble naturellement appelé à dénoncer, dans un intérêt d'ordre public, la
manœuvre que l'article 11 a prévue, et qui consiste à « influencer le
vote en promettant de s'immiscer dans des questions ou revendications étrangères à l'objet des fonctions de délégué ». Nous avons
vu au contraire que, dans les élections municipales, les manœuvres ne sont pas au nombre des moyens que le préfet peut invoquer
pour déférer les opérations électorales au conseil de préfecture.

Devant le Conseil d'État, le ministre des travaux publics a le
droit d'exercer, soit dans l'intérêt de la loi, soit au fond, les recours qui appartiennent au ministre de l'intérieur en matière d'é-
lections municipales (¹).

**Élections soumises aux ministres sauf recours au Conseil
d'État.** — Nous avons déjà eu l'occasion d'expliquer que si les ministres ne sont pas juges du contentieux administratif, ils sont
cependant appelés à rendre des décisions contentieuses, et que la
loi leur défère notamment certaines élections spéciales (²). Il est
en effet naturel que les ministres, ayant la responsabilité des ser-

1. Les recours du ministre des travaux publics n'ont été exercés, jusqu'en 1895,
que dans l'intérêt de la loi : 22 février 1895, *Él. des Issards.*
2. Voy. t. Iᵉʳ, p. 462 et suiv.

vices publics relevant de leur département, puissent vérifier le titre en vertu duquel des délégués électifs viennent prendre part au fonctionnement de ces services. Dans certains cas, ce droit leur a été reconnu par des textes spéciaux, dans d'autres, par la jurisprudence, mais toujours sous réserve de recours au Conseil d'État (¹).

I. Le *ministre de l'instruction publique* connaît des élections au Conseil supérieur de l'instruction publique et aux conseils académiques, en vertu des articles 12 et 13 du décret du 16 mars 1880. Les protestations doivent être formées devant lui dans un délai de cinq jours à partir de la publication des résultats de l'élection au *Journal officiel*. La décision du ministre peut être attaquée devant le Conseil d'État dans un délai de quinze jours à partir de la notification. Faute par le ministre d'avoir statué dans le délai d'un mois, la réclamation est considérée comme rejetée et peut être portée devant le Conseil d'État statuant au contentieux.

Les mêmes règles sont applicables aux élections des conseils départementaux de l'instruction publique, en vertu de l'article 12 du décret du 12 novembre 1886, sauf en ce qui touche le délai des protestations, qui est de quinze jours au lieu de cinq, et qui court de la publication du procès-verbal de l'élection au *Bulletin départemental* ou au *Recueil des actes administratifs*.

II. Le *ministre des cultes* est compétent pour statuer sur les élections des conseils de fabrique (²), des conseils presbytéraux et des consistoires.

A l'égard des *conseils presbytéraux*, des règles précises ont été édictées par le décret du 12 avril 1880, tant sur le contentieux des inscriptions électorales que sur celui des élections. Les contestations relatives à l'inscription sur le « registre électoral » sont portées devant le consistoire, dont les décisions peuvent être défé-

---

1. Voy. à la page suivante, l'exception unique faite à cette règle, pour les élections des consistoires israélites.

2. Conseil d'État, 11 août 1859, *Lagineste*. — Cf. avis du Conseil d'État du 15 janvier 1845. Les conseils de fabrique sont d'abord organisés en vertu de nominations faites par le préfet et par l'évêque ; ils sont réorganisés de la même manière, s'ils ont encouru la révocation que le ministre des cultes peut prononcer sur la demande de l'évêque et l'avis du préfet ; mais, en dehors de ces deux cas, ils se renouvellent partiellement tous les trois ans par l'élection. (Décret du 30 décembre 1809, art. 6 et suiv.)

rées, dans le délai de dix jours, à deux juridictions différentes : au tribunal civil, sauf pourvoi en cassation, si la contestation porte sur les conditions civiles de l'électorat ; au ministre des cultes, sauf recours au Conseil d'État, si elle porte sur les conditions religieuses ([1]).

En ce qui touche les opérations électorales, elles peuvent être annulées *d'office,* soit par le consistoire, soit par le ministre des cultes. Le consistoire statue également, sauf recours au ministre des cultes, sur les protestations que les électeurs peuvent former au cours des opérations électorales ou dans les dix jours qui suivent la proclamation du scrutin (art. 12 et 13). Faute par le consistoire de statuer dans le délai d'un mois, la réclamation peut être portée devant le ministre des cultes et, faute par le ministre de statuer dans le délai de quatre mois, elle peut être portée directement devant le Conseil d'État (art. 14 et 15). Le pourvoi au Conseil d'État peut être formé dans les formes prévues par l'article 1er du décret du 2 novembre 1864, c'est-à-dire qu'il est dispensé du ministère de l'avocat, mais non des droits de timbre et d'enregistrement (décret de 1880, art. 16).

À l'égard des *consistoires israélites,* le droit de décision du ministre des cultes a été reconnu par l'article 34 de l'ordonnance du 25 mai 1844, qui permet de lui déférer les décisions rendues par le bureau sur les opérations électorales de « l'assemblée des notables ». Ce texte ajoute que le ministre *prononce définitivement,* et c'est avec raison qu'il a été interprété comme supprimant exceptionnellement l'appel au Conseil d'État sur les questions de validité des opérations électorales ([2]). Mais il ne ferait pas obstacle à la recevabilité d'un recours en annulation pour incompétence ou excès de pouvoir : il est, en effet, de principe que les décisions juridictionnelles de dernier ressort sont susceptibles d'un recours en cassation devant le Conseil d'État. À la vérité, lorsque ces déci-

---

1. La jurisprudence antérieure à 1880 hésitait beaucoup à admettre la compétence du ministre et du Conseil d'État quand il s'agissait des conditions religieuses fixées par les consistoires (11 août 1866, *Febvre*; — 22 décembre 1869, *Consistoire de Caen*). Mais cette compétence est actuellement hors de doute, d'après les dispositions du décret du 12 avril 1880, et plusieurs arrêts en ont fait l'application : 17 avril 1885, *Consistoire de Paris*; — 29 décembre 1893, *Laüne*; — 19 janvier 1894, *Jolly*.

2. Conseil d'État, 6 juin 1862, *Lang*.

sions sont qualifiées de *définitives,* elles ne peuvent pas être attaquées pour violation ou fausse application de la loi sans qu'un
texte l'autorise, mais elles peuvent toujours l'être pour incompétence ou excès de pouvoir, en vertu des principes généraux ([1]).

III. Le *ministre du commerce* statue, en vertu de la jurisprudence,
sur les élections aux chambres de commerce ([2]) et aux chambres
consultatives des arts et manufactures ([3]). Mais si le ministre, au
lieu de rendre une décision contentieuse sur la validité de l'élection, use du droit qui lui appartient, d'après l'arrêté du 3 nivôse
an XI, de refuser son approbation à l'élection, cette décision, purement administrative et discrétionnaire, n'est pas susceptible de
recours contentieux ([4]).

Le ministre du commerce prononce également sur l'élection des
représentants des caisses d'épargne à la Commission supérieure de
ces caisses instituée par l'article 11 de la loi du 20 juillet 1895.
Cette attribution lui a été conférée par le règlement d'administration publique du 17 août 1895, rendu par délégation de cette loi,
et dont l'article 9 a appliqué au contentieux de ces élections les
règles qui ont été établies par le décret du 16 mars 1880 pour les
élections au conseil supérieur de l'instruction publique.

IV. Le *ministre de la justice* a été reconnu compétent pour connaître des élections des chambres de notaires (29 janvier 1857,
Goulley). La doctrine de cet arrêt, qui pourrait être facilement
étendue par analogie aux chambres de discipline des autres officiers ministériels, et même au conseil de l'ordre des avocats au
Conseil d'État et à la Cour de cassation, nous paraît très contes-

1. Voy. ci-après, livre VI, chap. v.
2. Conseil d'État, 22 août 1853, *de Rochetaillée;* — 2 novembre 1877, *Bertrand-
Binet;* — 8 août 1890, *Sebert.*
3. Conseil d'État, 23 décembre 1887, *Courvesy.*
4. Voy. les décrets du 30 août 1852 et du 22 janvier 1872 sur l'élection et les conditions d'éligibilité des chambres de commerce et des chambres consultatives des
arts et manufactures.
Dans la pratique, le ministre du commerce n'exerce plus le droit d'approbation
prévu par l'arrêté du 3 nivôse an XI et qui a paru en opposition avec le principe
électif. Il vérifie seulement la légalité des élections. Plusieurs propositions ont été
présentées aux Chambres en vue d'attribuer ce contentieux aux conseils de préfecture. [Voy. les propositions de MM. Félix Faure, Siegfried, Méline (Chambre des députés, 1880, annexes nos 34 et 115); — le projet de loi de M. Tirard (Sénat, 1890,
no 397); — la proposition de M. Durand-Savoyat (Sénat, 1895, no 11).]

table. En effet, les chambres de discipline de ces compagnies ne sont pas assimilables aux corps administratifs ou ecclésiastiques dont il vient d'être parlé et qui sont plus ou moins directement associés au fonctionnement de services publics, civils ou religieux. Bien que ces chambres puissent être quelquefois appelées à émettre des avis à la demande du Gouvernement, elles ont plutôt le caractère d'autorités corporatives destinées à assurer la police intérieure des compagnies.

Mais, en admettant que la juridiction ministérielle puisse s'exercer en cette matière, elle ne saurait être une juridiction de dernier ressort, puisqu'elle se prononce sur des questions contentieuses. Aussi le Conseil d'État a-t-il écarté, par l'arrêt précité du 29 janvier 1857, des conclusions du ministre de la justice tendant à faire déclarer que sa décision n'était susceptible d'aucun recours contentieux. « Considérant, dit cet arrêt, que le droit de nommer eux-mêmes par la voie de l'élection les membres de leur chambre de discipline, a été conféré aux notaires par l'arrêté du 2 nivôse an XII et par l'ordonnance royale du 4 janvier 1843, qui ont réglé les conditions et les formes de ces élections ; que, dès lors, dans le cas où le ministre de la justice a prononcé sur la validité des élections et sur la capacité des candidats élus, les notaires sont recevables à attaquer sa décision par la voie contentieuse. »

V. Le *ministre des travaux publics* est compétent, d'après la jurisprudence, pour statuer sur les élections des syndics des associations syndicales autorisées. Le Conseil d'État a cependant hésité entre la juridiction du ministre et celle du conseil de préfecture. Cette dernière a d'abord été implicitement admise par un arrêt du 4 juillet 1867 (*syndicat de Langres*); mais elle a été écartée par des décisions postérieures fondées sur ce que : « aucune disposition de la loi n'a attribué aux conseils de préfecture la connaissance des demandes tendant à faire annuler les élections des syndicats institués en vertu de la loi du 21 juin 1865 ([1]) ». Une troisième solution, indiquée par M. Aucoc, tendrait à distinguer, selon que l'acte constitutif de l'association aurait prévu la compétence du conseil de préfecture, soit explicitement, soit en s'en référant aux

___

1. Conseil d'État, 18 décembre 1875, *Toutain* ; — 14 janvier 1880, *Aprille*.

règles des élections municipales ([1]). Mais nous ne pensons pas qu'un acte de cette nature puisse être attributif de juridiction, les compétences ne pouvant résulter que de la loi, ou de règlements d'administration publique rendus en vertu d'une délégation du législateur.

On peut seulement se demander si la loi du 21 juin 1865 n'aurait pas pu servir de base à la compétence du conseil de préfecture. A la vérité, elle est muette sur les élections syndicales, car son article 16 ne défère explicitement au conseil de préfecture que les contestations relatives au périmètre, au classement, aux taxes et à l'exécution des travaux. Mais ces contestations ne sont en réalité que les difficultés les plus fréquentes auxquelles donne lieu l'acte d'association, dont le contentieux est ainsi dévolu, en tout ce qu'il a d'essentiel, au conseil de préfecture. Il n'aurait pas fallu un grand effort de jurisprudence pour y faire rentrer le contentieux des élections, qui se rattache directement à l'exécution de l'acte d'association, puisque, d'après les articles 20 et 21 de la loi de 1865, c'est cet acte qui fixe le nombre des syndics à élire, leur répartition, et le nombre de voix attribuées aux divers intéressés.

L'analogie dont on aurait pu ainsi s'inspirer eût été certainement aussi justifiée que celle qui a fait attribuer au conseil de préfecture les élections des commissions syndicales des sections de commune, quoique aucune disposition législative ne les leur ait expressément déférées.

1. Aucoc, *Conférences*, t. II, n° 883.

LIVRE VI

CONTENTIEUX DE L'ANNULATION

SOMMAIRE DU LIVRE VI

LIVRE VI

OBSERVATION PRÉLIMINAIRE

Le présent livre est consacré au *Contentieux de l'annulation*, c'est-à-dire à l'étude des recours contentieux qui ont, et qui ne peuvent avoir pour objet, que l'*annulation* des décisions attaquées, non leur réformation. Ces recours ne peuvent être fondés que sur l'illégalité des décisions, non sur les erreurs de fait ou d'appréciation dont elles seraient entachées.

Le Conseil d'État est seul investi du droit de statuer sur ces recours, et c'est à raison de cette attribution qu'on l'a quelquefois comparé à une Cour de cassation de l'ordre administratif : — « Annuler, disait M. Vivien, les décisions de premier et de der-« nier ressort qui contiendraient des excès de pouvoir et celles « mêmes qui violent la loi ; remplir ainsi dans l'ordre administra-« tif l'office de cour de cassation ; à ce titre, maintenir l'observation « de la loi, renfermer toutes les autorités dans le cercle qui leur « est tracé et assurer l'unité de la jurisprudence, tel est l'office « réservé à la juridiction administrative supérieure (¹). »

Ce pouvoir régulateur qui appartient au Conseil d'État s'exerce à l'égard de deux espèces de décisions : — d'une part, les *actes administratifs* émanés des autorités centrales ou locales qui exercent des pouvoirs de puissance publique ; — d'autre part, les *décisions juridictionnelles* rendues par les tribunaux ou les corps administratifs qui exercent une juridiction de dernier ressort.

Les recours contentieux en annulation qui peuvent être formés devant le Conseil d'État contre ces deux espèces de décisions se rattachent à un même principe général, consacré par les lois des 7-14 octobre 1790 et 24 mai 1872, et d'après lequel les décisions administratives de toute nature sont susceptibles d'annulation quand elles sont entachées d'incompétence ou d'excès de pou-

---

1. Vivien, *Études administratives*, t. Iᵉʳ, p. 158.

voir. Mais l'application de ce principe comporte des nuances assez sensibles, selon que la décision attaquée est un acte de juridiction ou un acte d'administration.

Les deux principales différences sont les suivantes :

A l'égard des actes de juridiction, la notion de l'excès de pouvoir n'a pas été étendue par la jurisprudence au delà de son acception juridique ordinaire. L'excès de pouvoir est demeuré distinct de la violation et de la fausse application de la loi, d'où il suit que ces derniers vices ne constituent des moyens de recours contre les décisions juridictionnelles, que si le législateur les a lui-même prévus comme causes d'annulation. A l'égard des actes administratifs au contraire, et par des raisons que nous aurons à expliquer, la notion de l'excès de pouvoir a été notablement élargie par la jurisprudence, et elle comprend dans beaucoup de cas la violation et la fausse application de la loi.

Une seconde différence apparaît dans les effets de l'annulation prononcée par le Conseil d'État. L'annulation d'une décision juridictionnelle, rendue par un tribunal administratif statuant en dernier ressort, ne produit d'effet que *inter partes,* c'est-à-dire à l'égard des parties qui étaient en cause dans le litige. Au contraire, l'annulation d'un acte administratif opère *erga omnes* ; elle met l'acte à néant, tant à l'égard de l'administration que de toutes les personnes que l'acte pourrait atteindre, alors même qu'elles sont restées étrangères au recours.

Ces deux principales différences ne sont pas les seules, mais elles suffisent pour justifier dès à présent la division du contentieux de l'annulation en deux branches, selon que la décision attaquée est un acte d'administration ou un acte de juridiction. Nous étudierons donc séparément les deux espèces de recours en annulation, et nous proposerons de leur appliquer, pour les distinguer, deux dénominations différentes : celle de *recours pour excès de pouvoir* aux demandes d'annulation des actes administratifs, et celle de *recours en cassation* aux demandes d'annulation des décisions juridictionnelles ([1]).

1. L'expression de « demande *en cassation* » est appliquée par la loi du 16 septembre 1807 (art. 17) aux demandes en annulation des arrêts de la Cour des comptes.

CHAPITRE Ier

NOTIONS GÉNÉRALES ET HISTORIQUES SUR LE RECOURS POUR EXCÈS DE POUVOIR (¹)

Avant d'exposer les règles du recours pour excès de pouvoir, telles que la jurisprudence, la doctrine et les textes les ont progressivement établies, il est nécessaire d'expliquer comment elles se sont formées.

On sait, en effet, que les règles actuellement en vigueur sur l'annulation des actes administratifs par la voie contentieuse sont œuvre de jurisprudence plutôt que de législation. A la différence

---

1. Comment doit-on orthographier l'expression : « excès de pouvoir » ? *Pouvoir* doit-il être écrit au singulier ou au pluriel ? Les textes, les arrêts, les auteurs ne fournissent point de règles certaines sur ce point.

On est d'accord pour écrire *pouvoirs* au pluriel quand on dit : telle autorité a excédé *ses pouvoirs*, ou la *limite de ses pouvoirs*. Peut-être serait-ce une raison pour conserver le pluriel dans l'expression : « excès de pouvoirs ». On la trouve ainsi écrite dans l'article 9 de la loi du 24 mai 1872 sur le Conseil d'État, dans l'article 30 de la loi du 27 juillet 1872 sur le recrutement de l'armée, dans la plupart des arrêts du Conseil d'État postérieurs à 1852, et dans les *Conférences* de M. Aucoc.

Le mot *pouvoir* est, au contraire, écrit au singulier dans les lois du 14 juillet 1837 (art. 26) et du 13 juin 1851 (art. 30) sur les recours contre les décisions des jurys de revision ; dans le décret du 2 novembre 1864 sur la procédure devant le Conseil d'État ; dans les lois du 18 juillet 1866 (art. 3) et du 10 août 1871 (art. 47 et 88) sur l'annulation des décisions des conseils généraux et des commissions départementales; dans la loi municipale du 5 avril 1884 (art. 67) ; dans la loi sur le recrutement de l'armée du 15 juillet 1889 (art. 32), etc. ; dans un grand nombre d'arrêts du Conseil d'État; dans les arrêts de la Cour de cassation; enfin dans presque tous les auteurs anciens ou modernes : MM. de Cormenin, Macarel, Henrion de Pansey, Faustin-Hélie, F. Laferrière, Gabriel Dufour, Batbie, Ducrocq, etc., ainsi que dans les dictionnaires de l'Académie et de Littré.

Le Conseil d'État ayant eu à prendre parti entre ces deux versions, pour la rédaction de ses arrêts et de ses rôles d'audience, s'est rallié à ces dernières autorités, lors d'une affaire jugée le 19 juin 1891 (*Ville d'Angers*).

de la plupart des règles de droit, qui sont d'abord formulées par les textes, puis sont commentées et développées par les auteurs et par les arrêts, les règles du recours pour excès de pouvoir ont pris place dans les arrêts avant d'être consacrées par les textes. Ceux-ci n'ont fait en quelque sorte que ratifier, par des dispositions très brèves, l'œuvre accomplie par la jurisprudence. La dénomination même de *recours pour excès de pouvoir* n'a trouvé place dans nos lois administratives que longtemps après qu'elle était usitée en jurisprudence.

De là l'intérêt particulier que présentent, en cette matière, les origines et la progression des doctrines.

Recherchons d'abord quelles inspirations la jurisprudence administrative pouvait puiser dans les lois et dans la jurisprudence de la Cour de cassation relatives à l'excès de pouvoir en matière judiciaire.

I. — DE L'EXCÈS DE POUVOIR EN MATIÈRE JUDICIAIRE.

Législation. — Les mots « excès de pouvoir » ont été employés pour la première fois dans les Constitutions de 1791 et de l'an III, pour désigner la plus grave infraction que le juge puisse commettre, celle qui consiste à violer le principe de la séparation des pouvoirs en empiétant sur la fonction législative ou exécutive.

D'après la Constitution du 3 septembre 1891 (titre III, chap. V, art. 27), « le ministre de la justice dénoncera au tribunal de cas-« sation les *actes* par lesquels les juges auraient *excédé les bornes de* « *leurs pouvoirs* ». D'après l'article 262 de la Constitution du 5 fructidor an III, « le Directoire exécutif dénonce au tribunal de cassa-« tion par la voie de son commissaire les *actes* par lesquels *les juges* « *ont excédé leurs pouvoirs* ». Ces dispositions se retrouvent dans l'article 80 de la loi du 27 ventôse an VIII, aux termes duquel « le « Gouvernement, par la voie de son commissaire, et sans préjudice « du droit des parties intéressées, dénoncera au tribunal de cassa-« tion, section des requêtes, les *actes* par lesquels les juges *auront* « *excédé leurs pouvoirs* ».

L'excès de pouvoir prévu par ces textes est celui qui résulte non de jugements proprement dits, mais d'*actes* faits par des juges en dehors de leurs attributions constitutionnelles. C'est là l'excès de pouvoir pris dans son sens le plus strict, celui dont Henrion de Pansey a pu dire : « Un juge excède ses pouvoirs lorsque, franchissant les limites de l'autorité judiciaire, il se porte dans le domaine d'une autre autorité. Celui-là seulement commet un excès de pouvoir, qui usurpe des fonctions étrangères à celles dont il est investi et que la constitution de l'État avait placées dans les attributions d'un autre pouvoir » (¹).

Lorsqu'il s'agit non plus d'*actes*, mais de *jugements*, l'excès de pouvoir peut également se produire, mais il commence à prendre une signification plus large. Les textes qui le prévoient ne sont plus les mêmes : les dispositions précitées des Constitutions de 1791 et de l'an III et l'article 80 de la loi de ventôse an VIII cessent d'être applicables ; on se trouve seulement en présence des articles 77 et 88 de la loi de ventôse an VIII. D'après l'article 88, « si le commissaire du Gouvernement apprend qu'il a été rendu en « dernier ressort un *jugement* contraire aux lois ou aux formes de « procéder, ou dans lesquels un juge *ait excédé ses pouvoirs,* il en « donnera connaissance au tribunal de cassation... » Ce texte ne prévoit plus, comme les précédents, la *dénonciation* d'un acte contraire à la Constitution, mais seulement le *pourvoi dans l'intérêt de la loi* formé contre un jugement entaché d'illégalités plus ou moins graves, parmi lesquelles peut figurer l'excès de pouvoir. C'est dans ce même sens que l'article 77 de la loi de ventôse, et plus tard l'article 14 de la loi du 25 mai 1838, ont prévu l'excès de pouvoir des juges de paix, et que ce même article 77 a prévu l'excès de pouvoir des tribunaux militaires.

Aperçu de la jurisprudence de la Cour de cassation. — L'excès de pouvoir des jugements et celui des actes diffèrent, non seulement par la nature du recours dont ils sont l'objet, mais encore par la juridiction à laquelle ils sont soumis, et qui est la Chambre des requêtes pour les *actes,* la Chambre civile ou criminelle pour les *jugements.* Ils diffèrent aussi par le caractère de l'annulation à

1. Henrion de Pansey, *Autorité judiciaire,* chap. 33.

prononcer : lorsqu'il s'agit des actes, cette annulation a un tel caractère d'ordre public et constitutionnel, que la jurisprudence de la Cour de cassation refuse tout droit de défense ou d'intervention aux parties à qui l'acte a pu profiter, et décide que l'annulation produit ses effets *erga omnes*. Au contraire, lorsqu'il s'agit des jugements, l'annulation prononcée dans l'intérêt de la loi par application de l'article 88, laisse subsister la décision à l'égard des parties ; celles-ci ne peuvent pas s'en prévaloir pour éluder les dispositions du jugement cassé, « lequel vaudra transaction pour elles ».

Enfin la notion même de l'excès de pouvoir varie selon qu'il s'agit d'actes ou de jugements. Pour les actes, l'excès de pouvoir est synonyme d'inconstitutionnalité ; pour les jugements, il peut s'étendre à des illégalités d'une autre nature, à des violations très diverses des règles essentielles qui régissent l'office du juge, sa compétence, les formes substantielles de ses décisions.

C'est ici que nous apparaît, dans la jurisprudence même de la Cour de cassation, l'extension dont est susceptible l'idée d'excès de pouvoir en matière judiciaire, extension très réelle quoique moins large que celle qui s'est produite en matière administrative.

Ainsi la Cour de cassation admet comme excès de pouvoir les cas les plus graves d'incompétence : non seulement ceux qui éveillent l'idée d'une atteinte à la séparation des pouvoirs, mais encore ceux qui constituent l'empiétement d'un corps judiciaire sur les attributions d'un autre corps judiciaire ayant une juridiction supérieure ou de nature différente : tel est l'empiétement commis par un juge d'exception sur un juge ordinaire, ou par un tribunal de répression sur un tribunal civil, ou par un tribunal de premier ressort sur une juridiction d'appel, ou encore par un tribunal correctionnel sur la cour d'assises.

En dehors de ces cas graves d'incompétence *ratione materiæ*, qui éveillent l'idée d'une véritable usurpation, l'excès de pouvoir peut comprendre des manquements au devoir du juge, tels que le refus d'accomplir un acte de sa fonction, refus qui prend sa forme la plus accentuée dans le cas de déni de justice ; l'obstacle mis à l'exercice des droits que la loi assure aux parties ou au ministère public ; l'infraction aux règles substantielles des jugements, telle que celle qui résulte de la composition irrégulière du tribunal, de l'absence de publicité, de l'inobservation des règles sur les délibérations ou sur les partages.

L'excès de pouvoir en matière judiciaire peut donc être ramené, d'après la jurisprudence de la Cour de cassation, à l'une de ces trois idées : — l'usurpation d'un pouvoir interdit à l'autorité judiciaire ; — l'usurpation d'un pouvoir appartenant à une autorité judiciaire de nature différente ou d'ordre plus élevé ; — la violation des règles substantielles qui assurent la validité des jugements. En d'autres termes, les cas les plus caractérisés d'incompétence et de vice de forme rentrent, d'après cette jurisprudence, parmi les cas d'excès de pouvoir.

C'est là un point à retenir, car nous verrons bientôt que la jurisprudence primitive du Conseil d'État, sur l'excès de pouvoir en matière administrative, a peu différé de la jurisprudence de la Cour de cassation sur l'excès de pouvoir judiciaire. Ajoutons qu'une telle jurisprudence ne va point au delà de la stricte notion d'excès de pouvoir et ne la détourne pas de son sens étymologique. C'est en effet sortir de son pouvoir que d'empiéter sur un pouvoir supérieur ou différent, ou bien d'exercer son pouvoir propre, en s'affranchissant des conditions auxquelles il est subordonné par la loi. Il y a, dans ces différents cas, soit pour l'administrateur, soit pour le juge, une transgression des limites assignées à son pouvoir, d'où il suit qu'il dépasse et *excède* ce pouvoir.

Peut-on aller plus loin, et faire rentrer aussi dans l'excès de pouvoir l'abus ou l'erreur du juge qui viole la loi, ou qui en fait une application erronée ? La jurisprudence judiciaire n'a jamais franchi la distance très réelle qui sépare ces deux idées. On ne peut pas dire en effet qu'un juge excède ses pouvoirs parce qu'il se trompe en les exerçant. Si l'erreur de droit, à la différence de l'erreur de fait, donne ouverture à cassation, c'est parce qu'il importe d'assurer l'unité de la loi par la jurisprudence d'une cour régulatrice, ce n'est pas uniquement pour faire rentrer dans leurs attributions légales des autorités qui en seraient sorties. Aussi les lois d'organisation judiciaire et la jurisprudence de la Cour de cassation ont-elles toujours soigneusement distingué entre l'excès de pouvoir et la violation de la loi. Une telle extension de la notion d'excès de pouvoir n'était d'ailleurs provoquée par aucun intérêt public, car le pourvoi en cassation permet d'atteindre et d'annuler les décisions judiciaires entachées de toute autre illégalité que l'excès de pouvoir, sauf dans les cas très rares où des dispositions législatives toutes spéciales ne permettent de relever que ce dernier vice.

Remarquons toutefois que si la jurisprudence de la Cour de cassation a toujours maintenu, entre l'excès de pouvoir et la violation de la loi, une ligne de démarcation que nul intérêt social ne la portait à franchir, elle n'a pas hésité à étendre la notion même de la violation de la loi, lorsqu'elle s'est trouvée en présence de textes qui paraissaient trop la restreindre.

En effet, la loi du 27 novembre 1790 (art. 3) n'ouvrait le recours en cassation que contre les jugements contenant une *contravention expresse au texte de la loi*; la loi du 20 avril 1810 (art. 7), tout en atténuant cette formule, exige encore une *contravention expresse à la loi.* Ces expressions révèlent, à n'en point douter, une intention restrictive ; elles ne s'appliquent point littéralement à toute fausse interprétation ou fausse application de la loi. Henrion de Pansey l'avait fort bien compris lorsqu'il exigeait, pour qu'il y eût ouverture à cassation, « que le jugement et la loi fussent *en opposition diamétrale,* ce qui ne peut arriver, disait-il, que lorsque le point litigieux est réglé par une loi formelle et qu'aucune circonstance de fait n'en peut détourner l'application ». On sait que cette stricte interprétation des lois de 1790 et de 1810 n'a jamais été admise par la Cour de cassation. Trop d'illégalités, trop d'erreurs de droit altérant le sens et l'esprit de la loi sans en violer expressément les termes, auraient pu demeurer inattaquables, s'il n'y avait eu ouverture à cassation que dans les cas de contravention *expresse* à la loi. Aussi, d'après la jurisprudence, il n'est pas nécessaire que la violation ou la fausse interprétation de la loi soit explicite, qu'elle se manifeste par une fausse thèse de droit développée dans le jugement ; il suffit qu'elle soit implicite et qu'elle résulte d'une fausse application de la loi, d'une simple opposition entre les faits constatés et les conséquences juridiques que le juge en a tirées. De là cette formule très habituelle des arrêts de cassation déclarant que l'arrêt attaqué *a faussement appliqué et par suite violé* telle disposition de loi.

Ce rapide aperçu de la jurisprudence judiciaire ne nous sera point inutile pour suivre les développements de la jurisprudence administrative. L'une et l'autre, tout en s'appuyant sur des textes différents, ont tendu vers le même but : assurer le plus complètement possible la répression des illégalités commises soit par les juges, soit par les administrateurs. En vue de cet intérêt général, la Cour de cassation et le Conseil d'État ont largement interprété les lois qui servent de base à leurs pouvoirs ; mais pour atteindre l'illégalité dans l'ordre administratif, il a fallu que le Conseil d'État fît un effort plus long et plus difficile, parce que les textes ne lui offraient qu'un faible et étroit point d'appui. De là ce long travail de jurisprudence dont nous devons maintenant retracer les principales phases.

II. — HISTORIQUE DU RECOURS POUR EXCÈS DE POUVOIR EN MATIÈRE ADMINISTRATIVE.

Législation. — Quels sont les textes législatifs qui ont servi de point de départ à la jurisprudence du Conseil d'État en matière d'excès de pouvoir? On enseigne généralement que c'est la loi des 7-14 octobre 1790, d'après laquelle « les réclamations d'incompé- « tence à l'égard des corps administratifs seront portées au roi, « chef de l'administration générale ».

Il est cependant à remarquer que les arrêts rendus sous le premier Empire et sous la Restauration n'ont pas mentionné cette loi. C'est seulement après 1830 que le Conseil d'État a pris l'habitude de l'invoquer dans ses décisions: on la voit apparaître pour la première fois dans deux arrêts en date du 15 juillet et du 28 décembre 1832 ([1]).

Les auteurs s'abstiennent aussi, jusqu'à cette époque, de mentionner la loi des 7-14 octobre 1790 comme base du recours pour excès de pouvoir. Ni M. Macarel, ni M. de Cormenin, ni M. de

---

1. Conseil d'État, 15 juillet 1832, *Garde nationale de Paris,* au rapport de M. Macarel, — et 28 décembre 1832, *Préfet de la Seine,* au rapport de M. Vivien. — Ces deux arrêts statuaient sur des recours formés contre des décisions rendues en dernier ressort par des jurys de revision de la garde nationale.

Gérando n'y font allusion dans les éditions de leurs traités antérieures à 1830 (¹).

Il est permis de conclure de là que la loi des 7-14 octobre 1790 n'a pas eu, dès le début de la jurisprudence, l'influence qu'elle a exercée plus tard sur la théorie de l'excès de pouvoir. On ne saurait s'en étonner lorsqu'on se rend compte du véritable caractère de cette loi. Elle était moins une loi de principe qu'une sorte de *résolution* de l'Assemblée nationale, destinée à mettre en œuvre des règles déjà posées par des lois antérieures. Son préambule indique qu'elle a eu pour but de résoudre des difficultés d'interprétation et d'exécution auxquelles ces lois avaient donné lieu, et spécialement de régler des contestations survenues entre le directoire du département de la Haute-Saône et la municipalité de Gray, au sujet d'une route royale traversant cette ville.

L'Assemblée, conformément aux conclusions de son comité de constitution à qui elle avait demandé un rapport sur cette affaire, vota trois résolutions : la première interprète le décret du 6 septembre 1790 sur les attributions des corps administratifs en matière de grande voirie ; la seconde interprète les dispositions des lois du 22 décembre 1789 et des 16-24 août 1790 sur l'interdiction faite aux tribunaux de connaître des actes d'administration, et elle en conclut qu'aucun administrateur ne peut être traduit devant les tribunaux pour raison de ses fonctions, à moins qu'il n'y ait été renvoyé par l'autorité supérieure ; enfin la troisième décide que

---

1. M. de Cormenin, dans les premières éditions de ses *Questions de droit administratif*, mentionne les recours pour incompétence et excès de pouvoir sous la même rubrique que les conflits, et il pose en principe que « le Conseil d'État a le suprême règlement des compétences » (édit. de 1826, t. Iᵉʳ, p. 29 et 30 et p. 157) ; mais il ne fait point reposer ce principe sur la loi des 7-14 octobre 1790. Le même auteur, dans ses éditions postérieures à 1830, cite cette loi, tout en faisant remarquer que son texte ne s'applique qu'aux recours pour incompétence (édit. de 1840, t. Iᵉʳ, p. 208 et notes). M. de Gérando, dans ses *Institutes de droit administratif* publiées en 1829 (t. Iᵉʳ, p. 273), mentionne, comme pouvant servir de base aux pouvoirs du Conseil d'État, la loi des 27 avril et 25 mai 1791 qui renvoie au conseil des ministres, désigné sous le nom de Conseil d'État, « l'examen des difficultés et la discussion des affaires dont la connaissance appartient au pouvoir exécutif » ; mais cet auteur ne propose pas d'appliquer la loi des 7-14 octobre 1790.

Voy. aussi l'intéressante étude de M. Aucoc sur les Recours pour excès de pouvoir, publiée dans les *Comptes rendus de l'Académie des sciences morales et politiques* (année 1878) et dont les principales parties ont trouvé place dans la 3ᵉ édition des *Conférences*, t. Iᵉʳ, p. 510 et suiv.

« les réclamations d'incompétence à l'égard des corps administra-
« tifs ne sont dans aucun cas du ressort des tribunaux : elles seront
« portées au roi, chef de l'administration générale ; et, dans le cas
« où l'on prétendrait que les ministres de Sa Majesté auraient fait
« rendre une décision contraire aux lois, les plaintes seront adres-
« sées au Corps législatif ». Enfin la loi se termine en ordonnant
l'apport de la procédure commencée au bailliage de Gray, à l'occasion de l'une des traverses de cette ville, « pour être sur ladite
« procédure statué ce qu'il appartiendra ».

Telle est, dans son ensemble, la loi des 7-14 octobre 1790. On
comprend que le Conseil d'État ait pu ne pas voir immédiatement
en elle un texte formel, instituant le recours pour excès de pouvoir
en matière administrative, comme d'autres textes l'avaient institué
en matière judiciaire.

A défaut de cette loi, sur quels textes pouvait s'appuyer la jurisprudence antérieure à 1830, pour atteindre les actes administratifs
entachés d'excès de pouvoir ? Les anciens arrêts ne paraissent pas
s'en être beaucoup préoccupés ; ils ne contiennent ni *visas*, ni motifs destinés à établir la compétence du Conseil d'État en matière
d'excès de pouvoir ; ils semblent admettre que cette compétence
est inhérente à l'institution même du Conseil d'État, et s'inspirer
des traditions de l'ancien Conseil du roi, qui était chargé de régler
souverainement les compétences, de réprimer tous les empiétements, et de vider tous les conflits survenus entre les dépositaires
de l'autorité publique.

Cette ancienne règle était d'ailleurs rappelée en termes généraux dans les lois fondamentales du Conseil d'État de l'an VIII :
dans l'article 52 de la Constitution consulaire, d'après lequel le
Conseil d'État est « chargé de résoudre les difficultés qui s'élèvent
en matière administrative » ; dans l'article 11 de l'arrêté du 5 nivôse an VIII, qui appelle le Conseil d'État à prononcer « sur les
conflits qui peuvent s'élever entre l'administration et les tribunaux ».

Après les lois de 1790 et de l'an VIII, on ne peut citer, comme
dispositions générales relatives au recours pour excès de pouvoir,
que le décret du 2 novembre 1864 et l'article 9 de la loi du 24 mai
1872. Le décret de 1864 ne règle qu'une question de procédure : il

dispense de tous autres frais que les droits de timbre et d'enregistrement « les recours portés devant le Conseil d'État en vertu « de la loi des 7-14 octobre 1790 contre les actes des autorités « administratives pour incompétence ou excès de pouvoir ([1]) ».

L'article 9 de la loi du 24 mai 1872 dispose que « le Conseil « d'État statue souverainement... sur les demandes d'annulation « pour excès de pouvoirs ([2]) formées contre les actes des diverses « autorités administratives ». Ce texte consacre expressément le recours, et lui donne une base législative plus solide que la loi des 7-14 octobre 1790 ; il peut en outre être considéré comme ayant implicitement ratifié l'acception large dans laquelle la jurisprudence avait employé les mots « excès de pouvoir », car en les reproduisant sans aucune interprétation restrictive, il est présumé les avoir pris dans le sens que le Conseil d'État leur donnait depuis longtemps dans les matières administratives, et non dans le sens plus restreint que la Cour de cassation leur a assigné dans les matières judiciaires.

En dehors de ces textes généraux, on peut citer un certain nombre de textes spéciaux qui prévoient un recours en annulation, soit contre des décisions de juridictions administratives statuant en dernier ressort, soit contre des actes d'autorités administratives.

Parmi les premiers, on doit mentionner : — la loi du 16 septembre 1807 (art. 17) qui prévoit la cassation d'arrêts de la Cour des comptes « pour violation des formes ou de la loi » ; — la loi du 14 juillet 1837 (art. 26) qui ouvrait le recours au Conseil d'État contre les décisions des jurys de revision de la garde nationale de la Seine « pour incompétence, excès de pouvoir et violation de la loi » ; — la loi du 13 juin 1851 (art. 30) qui ouvrait le recours, dans les mêmes cas, contre les décisions de tous les jurys de revision : — la loi sur le recrutement de l'armée, du 27 juillet 1872 (art. 30), qui n'ouvrait le recours aux parties intéressées, contre les décisions définitives des conseils de revision, que dans le cas d'incompétence et d'excès de pouvoirs, et réservait au ministre de la guerre, agissant dans l'intérêt de la loi, le recours pour violation

_____

1-2. Nous conservons, pour ces lois et pour celles qui sont citées plus bas, l'orthographe que chacune d'elles a adoptée pour l'expression d'excès de pouvoir. (Voir la note de la page 396.)

de la loi ; — la loi sur le recrutement de l'armée du 15 juillet 1889 (art. 32) qui ouvre à toute partie intéressée, aussi bien qu'au ministre de la guerre, le recours pour incompétence, excès de pouvoir ou violation de la loi.

Parmi les textes qui prévoient l'annulation d'actes d'administration, nous citerons : l'article 88 de la loi départementale du 10 août 1871, qui dispose que les décisions des commissions départementales « pourront être déférées au Conseil d'État statuant au conten- « tieux, pour cause d'excès de pouvoir et de violation de la loi ou « d'un règlement d'administration publique » ; — les articles 63 et 67 de la loi municipale du 5 avril 1884, d'après lesquels les délibérations des conseils municipaux « prises en violation d'une loi ou d'un règlement d'administration publique » peuvent être annulées par le préfet en conseil de préfecture, sous réserve d'un recours au Conseil d'État contre l'arrêté préfectoral, recours qui « est instruit et jugé dans les formes du recours pour excès de pouvoir ».

Nous ferons remarquer, sans y insister quant à présent, cette fréquente association des idées d'excès de pouvoir et de violation de la loi ; elle se retrouve également dans l'article 3 de la loi du 18 juillet 1866, et dans l'article 47 de la loi du 10 août 1871, qui prévoient l'annulation par décret en Conseil d'État des délibérations définitives des conseils généraux « pour excès de pouvoir ou pour « violation d'une disposition de la loi ou d'un règlement d'adminis- « tration publique ».

Tels sont les textes. Voyons maintenant quel usage en a fait la jurisprudence.

Origine et développements de la jurisprudence. — Nous avons dit que le Conseil d'État, depuis l'an VIII jusqu'à 1830, n'avait pas cherché de points d'appui, pour sa juridiction en matière d'excès de pouvoir, en dehors des traditions, des analogies empruntées à la jurisprudence judiciaire, et des dispositions générales de la législation de l'an VIII. L'article 11 de l'arrêté du 5 nivôse an VIII, qui le chargeait de prononcer « sur les conflits qui s'élèvent entre l'administration et les tribunaux », consacrait certainement la juridiction du Conseil d'État à l'égard des actes administratifs empiétant sur la fonction judiciaire, aussi bien qu'à l'égard des décisions judiciaires dénoncées par la voie du conflit comme empiétant sur la fonction administrative. Aussi le Conseil d'État n'a jamais hésité, dès le début de son institution, à annuler pour incompétence et excès de pouvoir les décisions administratives qui statuaient sur des questions réservées aux tribunaux. Ces anciens arrêts nous paraissent être le point de départ le plus certain de la jurisprudence des excès de pouvoir. On en peut citer d'assez nombreux rendus sous le premier Empire (¹).

D'après cette ancienne jurisprudence, l'annulation pour incompétence et excès de pouvoir n'atteint pas seulement les actes administratifs qui empiètent sur la fonction judiciaire, mais encore ceux qui violent les règles de la compétence administrative en empiétant sur les attributions d'un autre administrateur ou d'un juge administratif. De 1807 à 1815 on relève plusieurs arrêts qui annulent pour excès de pouvoir des arrêtés préfectoraux statuant sur des questions qui ne pouvaient être tranchées que par des décrets ou des décisions ministérielles, ou par des décisions contentieuses du Conseil d'État, de la Cour des comptes ou des conseils de préfecture (²). Sous la Restauration, cette jurisprudence arrive à se formuler dans de véritables arrêts de doctrine, notamment dans un arrêt du 18 novembre 1818 (*Egret Thomassin*) où on lit : « C'est devant nous, en notre Conseil d'État, que doivent être déférés les

1. Voy. 28 mars 1807 (*Dupuy-Briacé*), qui annule un arrêté préfectoral statuant sur la propriété d'alluvions par des riverains : « Considérant que le préfet n'était pas compétent pour opérer le partage entre les propriétaires riverains, cette opération ne pouvant légitimement résulter que de l'examen de leurs droits de propriété qui ne compète qu'aux tribunaux. » — 22 janvier 1808 (*Hours*), qui annule un arrêté préfectoral statuant sur des difficultés entre usiniers au sujet de la jouissance des eaux : « Considérant que pour tout ce qui touche aux intérêts des divers propriétaires riverains qui peuvent être en litige entre eux, c'est à tort que le préfet a cru pouvoir statuer sur le litige, qui est entièrement de la compétence des tribunaux. » — 25 mai 1811 (*Outin*), qui annule un arrêté prononçant la suppression d'un vannage, parce qu'il statue non dans un intérêt général, mais pour trancher une contestation du ressort des tribunaux. Ce dernier arrêt est remarquable en ce qu'il applique déjà la théorie du *détournement de pouvoir* en la rattachant à l'empiétement sur la fonction judiciaire.
Voy. aussi : 22 janvier 1808, *Delamotte* ; — 12 avril 1812, *Royre* ; — 1ᵉʳ janvier 1813, *Taillard*.

2. 1ᵉʳ septembre 1807, *Lavocat* ; — 7 octobre 1807, *hameau de Pré-l'Évêque* ; — 14 juillet 1811, *habitants de Montgard* ; — 25 janvier 1813, *Pellerin*.

actes administratifs attaqués pour incompétence et excès de pouvoir. » Un autre arrêt du 18 janvier 1826 (*Bouis*) décide en termes exprès que les arrêtés préfectoraux argués d'incompétence peuvent être attaqués devant le Conseil d'État, sans recours préalable au ministre de l'intérieur.

Outre ces deux cas d'excès de pouvoir, la première jurisprudence du Conseil d'État en admet un troisième : la violation des formes substantielles. Les décisions anciennes sont moins nombreuses sur ce point, mais la doctrine n'est pas moins certaine, et, dans ce cas encore, elle s'appuie moins sur des textes que sur une idée générale des conditions de validité qui s'imposent à tous les actes. Deux décrets en Conseil d'État du 4 juillet 1813 (*Bertau*) et du 1er mars 1814 (*Bruher*), — rendus, il est vrai, sur le rapport des sections de législation et de la guerre et non de la commission du contentieux, mais qui n'en attestent pas moins l'esprit de la jurisprudence, — annulent des décisions d'une juridiction militaire irrégulièrement constituée : « *C'est un principe constant,* portent les considérants de ces décrets, qu'il n'y a pas de plus grand défaut que le défaut de pouvoir, et que ce vice doit être reproché à tout tribunal non régulièrement composé. » Sous la Restauration, le Conseil d'État appliqua le même principe aux conseils de révision, bien que la loi du 10 mars 1818 n'eût prévu aucun recours contre leurs décisions ([1]).

L'assimilation du vice de forme à l'excès de pouvoir était également admise pour les actes d'administration proprement dits. Ces actes étaient annulés lorsqu'ils étaient faits sans les mesures d'instruction prescrites par les lois et règlements ([2]).

On voit que la doctrine de l'excès de pouvoir, telle que le Conseil d'État l'a conçue dès l'origine, est très analogue à celle de la Cour de cassation. L'une et l'autre font rentrer dans l'excès de pouvoir l'atteinte à la séparation des pouvoirs, l'empiétement d'une autorité ou d'une juridiction sur une autre, la violation des formes substantielles, mais elles n'assimilent point à l'excès de pouvoir la violation ou la fausse application de la loi.

---

1. Conseil d'État, 21 janvier 1829, *Brière.*
2. Conseil d'État, 2 juillet 1820, *Biberon;* — 10 août 1828, *Rodier.*

Le parallélisme des deux jurisprudences ne s'est pas maintenu. Tandis que l'idée d'excès de pouvoir est demeurée la même en matière judiciaire, elle s'est élargie en matière administrative, elle s'est étendue peu à peu à toutes les espèces d'illégalités qui peuvent entacher les actes de l'administration. Le recours pour excès de pouvoir s'est ainsi progressivement transformé en une sorte de pourvoi en cassation, à l'appui duquel les parties ont pu invoquer des griefs tirés de la violation de la loi et de l'atteinte aux droits acquis.

Par quel moyen s'est opérée cette difficile transition entre l'idée d'excès de pouvoir et celle de violation de la loi? Au moyen d'une évolution de jurisprudence, qui a peut-être été moins profonde et moins hardie qu'on ne le pense généralement, car elle a plutôt porté sur des questions de procédure et de terminologie juridique que sur des questions d'attributions.

En effet, le Conseil d'État a admis, de tout temps, d'une manière plus ou moins large, que les parties pouvaient réclamer devant lui l'annulation d'actes administratifs faits en violation de la loi et portant atteinte à leurs droits. A la vérité, ces recours n'étaient presque jamais considérés comme des recours pour excès de pouvoir; on les désignait sous le nom de « recours contentieux... recours par la voie contentieuse »; on ne leur donnait pas pour base la loi des 7-14 octobre 1790, mais le principe général d'après lequel l'acte administratif qui porte atteinte à un droit peut donner naissance à une réclamation devant le juge administratif. C'est en vertu de ce principe que le Conseil d'État, après 1830, admettait les recours des officiers contre les décisions ministérielles ou les ordonnances royales qui portaient atteinte à leur grade ou à leurs droits à l'avancement; les recours des communes contre les arrêtés préfectoraux, qui inscrivaient d'office des crédits à leur budget pour des dépenses n'ayant pas un caractère obligatoire, ou pour des sommes supérieures au montant de l'obligation; d'autres recours encore, formés dans des matières très diverses, contre des actes administratifs rapportant ou modifiant des actes antérieurs qui avaient créé des droits à des particuliers ou à des communes.

Mais, après le décret du 2 novembre 1864, le Conseil d'État a pris l'habitude de viser la loi des 7-14 octobre 1790 dans les affaires de cette nature, et de faire ainsi rentrer dans les cas d'excès de pouvoir les diverses illégalités qui peuvent porter atteinte à un droit. On comprend l'influence exercée par ce décret : il permettait aux parties de former, sans le ministère d'un avocat, et sans autres frais que les droits de timbre et d'enregistrement, « les recours portés devant le Conseil d'État *en vertu de la loi des 7-14 octobre 1790,* contre les actes administratifs, *pour incompétence et excès de pouvoir* » ; le Conseil d'État pensa que l'esprit de cette disposition — qu'il avait lui-même rédigée et dont il devait connaître la véritable portée — était d'étendre cette procédure à toutes les demandes d'annulation d'actes administratifs contraires à la loi et au droit ; il estima qu'une partie ne mérite pas moins de faveur lorsqu'elle dénonce un acte violant son droit individuel, que lorsqu'elle relève un cas d'incompétence ou de vice de forme contre un acte administratif qui ne blesse que son intérêt. De là l'assimilation que la jurisprudence fit de plus en plus entre les *recours contentieux* en annulation fondés sur la violation de la loi et des droits acquis, et le *recours pour excès de pouvoir* proprement dit. Nul arrêt de principe n'érigea cette assimilation en doctrine, mais elle n'en fut pas moins réalisée en jurisprudence. En cette matière comme en beaucoup d'autres, le Conseil d'État démontra le mouvement en marchant ([1]).

La fusion qui s'est ainsi opérée entre l'ancien recours contentieux en annulation et le recours pour excès de pouvoir n'allait pas sans soulever quelques objections ; elle troublait, il faut le reconnaître, la terminologie consacrée ; elle étendait la dénomination d'excès de pouvoir à des illégalités qui ne la comportent pas dans la langue ordinaire du droit ; mais il faut reconnaître aussi que cette jurisprudence si favorable aux parties, ne portait pas atteinte au fond même des doctrines. En effet, le recours contentieux,

---

1. Rapprocher les arrêts rendus, en matière de grades, avant et après 1870. — Avant 1870, ils ne visent jamais la loi des 7-14 octobre 1790, mais seulement les lois sur l'avancement et sur l'état des officiers. (Voy. 21 mai 1840, *Tirlet ;* 23 juin 1841, *Darthesé ;* 23 décembre 1842, *Fontan ;* 11 décembre 1848, *Hélie ;* 21 avril 1853, *Rigollot ;* 12 mai 1868, *Renno ;* 26 juin 1869, *Lullier.*)
Au contraire, la loi des 7-14 octobre 1790 et celle du 24 mai 1872 sont visées dans les arrêts plus récents du 23 mars 1872, *Pichon ;* 6 février 1874, *Houneau ;* 28 décembre 1877, *West ;* 4 juillet 1879, *Roch ;* 22 juillet 1881, *Thile,* etc... 9 mars 1894, *Layrle.*

quand il est dirigé contre un acte de puissance publique, ne peut, comme le recours pour excès de pouvoir, tendre qu'à l'annulation de l'acte attaqué, non à sa réformation. Il ne saurait donc y avoir de différence entre les deux recours au point de vue du résultat que la partie peut obtenir. La différence n'aurait subsisté qu'au point de vue des procédures, puisque le décret de 1864 ne permet d'introduire sans avocat que les recours pour excès de pouvoir, et non les autres recours contentieux en annulation. Mais il aurait été très difficile, dans la pratique, de maintenir cette distinction, et d'exiger ou non le ministère de l'avocat selon que le grief invoqué à l'appui d'une demande d'annulation aurait été un excès de pouvoir proprement dit ou une autre espèce d'illégalité. Telles sont les considérations qui paraissent avoir déterminé le Conseil d'État à faire subir cette évolution à la doctrine de l'excès de pouvoir.

La jurisprudence a fait plus encore. Elle a trouvé moyen d'étendre aux actes faits par l'administration en vertu de ses pouvoirs discrétionnaires un contrôle de légalité auquel il semblait difficile de les soumettre. Ce contrôle ne pouvait pas s'exercer sur des questions de violation ou de fausse application de la loi, puisque les actes discrétionnaires ne sont point réglés d'avance par des prescriptions légales et qu'ils relèvent de la libre appréciation de leurs auteurs. Mais si la loi ne fixe pas d'avance la teneur de ces décisions, elle détermine du moins leur but général et l'esprit dans lequel elles doivent être prises : ainsi les pouvoirs de police n'ont été donnés à l'administration que dans un but d'intérêt général, et ils seraient dénaturés s'ils étaient exercés dans un but de fiscalité ou pour favoriser des entreprises particulières. S'inspirant de cette vérité, la jurisprudence a admis — et c'est là une de ses plus ingénieuses créations — que les actes discrétionnaires peuvent être annulés comme illégaux lorsqu'ils sont faits dans un but étranger à celui que la loi a eu en vue. Elle décide que, dans ce cas, le pouvoir discrétionnaire est *détourné* de sa destination légale, et que l'administration commet une espèce particulière d'excès de pouvoir que l'on appelle le *détournement de pouvoir*.

Telle a été, dans ses développements principaux, cette jurisprudence de l'excès de pouvoir, qu'on a qualifiée quelquefois de « prétorienne ». Elle l'a été, en effet, par les transformations qu'elle a fait subir aux règles primitives, au moyen de déductions ingénieuses et parfois un peu subtiles ; elle l'a été aussi par le but qu'elle a poursuivi : « combler les lacunes de l'ancien droit et en adoucir la rigueur en vue de l'intérêt public ([1]) ».

Pour terminer cet aperçu, nous devons dire un mot des efforts faits, depuis 1872, pour affermir et préciser la doctrine juridique du recours pour excès de pouvoir.

Ainsi que nous l'avons vu, l'extension du droit de recours et des moyens d'annulation s'est principalement opérée sous le régime de la justice retenue, antérieurement à la loi du 24 mai 1872. Le Conseil d'État, qui rendait ses décisions au nom du chef suprême de l'administration, avait alors plus de latitude que n'en pourrait avoir un tribunal administratif, si haut qu'il fût placé, pour créer en dehors des textes, et pour faire accepter aux administrateurs de tout ordre, un contrôle chaque jour plus sévère de la légalité de leurs actes. Cette œuvre une fois accomplie, il n'était pas inutile de la compléter à un autre point de vue. En effet, dans les dernières années de l'Empire, la théorie de l'excès de pouvoir s'était quelque peu ressentie de l'omnipotence du souverain sous les auspices duquel on l'avait développée ([2]). A force de faire intervenir les pouvoirs propres du chef de l'État et sa responsabilité personnelle, on en était arrivé à un certain relâchement de la doctrine juridique. Des appréciations d'équité, d'opportunité politique — qui presque toujours, il est vrai, étaient profitables aux justiciables — tenaient quelquefois lieu de règle, même dans des questions de recevabilité, de procédure, de délais qui exigent des solutions fixes et concordantes. Ces solutions ont été étudiées de plus près depuis 1872. Le Conseil d'État, investi d'une juridiction propre, a éprouvé le besoin de mieux déterminer, sans cependant les restreindre, ses attributions et l'étendue des droits des parties. De là des doctrines plus nettes sur les conditions de recevabilité du recours, sur les délais, sur la compétence respective du Conseil d'État et des autres tribunaux administratifs ou judiciaires lorsqu'une même question de légalité peut relever de plu-

---

1. *Adjuvandi, vel supplendi, vel corrigendi juris civilis gratia, propter utilitatem publicam...* (Dig., L. I, tit. 1, L. 7.)
2. Voy. sur l'esprit de la jurisprudence à cette époque, t. Ier, p. 257.

sieurs juridictions. Dans le cours de cette étude nous aurons à préciser ces doctrines, qui ont donné plus de cohésion juridique à la théorie du recours pour excès de pouvoir.

III. — DISTINCTION DU RECOURS POUR EXCÈS DE POUVOIR ET DES RECOURS EN ANNULATION PAR LA VOIE ADMINISTRATIVE.

Nous avons déjà fait remarquer combien il est peu conforme à une bonne classification juridique d'opposer, comme on l'a fait si souvent, le *recours pour excès de pouvoir* au *recours contentieux*. Le recours pour excès de pouvoir est en effet, par son essence même, un recours contentieux ; il s'exerce, d'après une procédure déterminée, devant le Conseil d'État constitué en tribunal, il provoque une décision qui est un acte de juridiction. Par ce caractère contentieux, il diffère d'autres recours qui tendent eux aussi à l'annulation d'actes administratifs illégaux, mais qui sont portés devant le Gouvernement en Conseil d'État, et qui ne sont pas des recours pour excès de pouvoir, parce qu'ils provoquent une *annulation administrative,* non une annulation contentieuse, et parce que le Conseil d'État en connaît comme corps consultatif, délibérant sur des projets de décrets, non comme cour souveraine statuant par arrêt.

Ces recours en annulation par la voie administrative sont les suivants :

1° Les *recours pour abus* en tant qu'ils tendent à la suppression ou à l'annulation d'actes entachés d'abus ecclésiastique ou d'abus civil, par application des articles 6 et 7 de la loi du 18 germinal an X. Ainsi que nous l'avons expliqué dans le chapitre relatif au recours pour abus, le Gouvernement en Conseil d'État a seul compétence pour prononcer ces annulations ou suppressions, soit qu'il s'agisse d'actes émanés de l'autorité ecclésiastique, soit qu'il s'agisse d'actes administratifs émanés de l'autorité civile, par exemple d'arrêtés de préfet ou de maires argués d'excès de pouvoir comme « portant atteinte à l'exercice public du culte et à la liberté que les lois et règlements assurent à ses ministres ([1]) ».

---

1. Voy. ci-dessus, p. 84 et suiv.

2° Les recours des préfets tendant à l'*annulation des délibéra-tions des conseils généraux*, soit parce qu'elles ont été prises sur des objets qui ne sont pas légalement compris dans les attributions de ces conseils (loi du 10 août 1871, art. 33), soit parce qu'elles sont entachées d'excès de pouvoir ou de violation d'une disposition de la loi ou d'un règlement d'administration publique (loi du 10 août 1871, art. 47). Bien que ces recours tendent à l'annulation d'actes administratifs illégaux, et qu'ils soient portés devant le Conseil d'État, ce ne sont pas des recours pour excès de pouvoir dans le sens juridique du mot, parce que les articles 33 et 47 pré-cités portent que « l'annulation ne peut être prononcée que par un décret rendu dans la forme des règlements d'administration pu-blique ».

Ces recours peuvent également être dirigés, d'après une juris-prudence constante, contre des délibérations de commissions dé-partementales entachées des illégalités prévues par les articles 33 et 47. Dans ce cas, le recours se distingue nettement de celui qui est prévu par l'article 88 de la loi du 10 août 1871, et par lequel les parties peuvent demander l'annulation contentieuse des décisions des commissions départementales.

3° Les recours formés en vertu de l'article 13 de la loi du 21 juin 1865 sur les associations syndicales, par les propriétaires intéressés ou par les tiers, contre les arrêtés préfectoraux qui créeraient une association autorisée en dehors des cas où cette forme de syndicat est prévue par la loi. D'après cet article 13, « le recours est déposé « à la préfecture et transmis avec le dossier au ministre dans le délai « de quinze jours. Il est statué par un décret en Conseil d'État. » On s'est demandé si ce texte, rédigé à une époque où les décisions contentieuses du Conseil d'État étaient rendues en forme de dé-crets, prévoyait un recours par la voie contentieuse ou par la voie administrative. Cette dernière interprétation, conforme aux tra-vaux préparatoires de la loi, a été consacrée par plusieurs décrets délibérés en Conseil d'État ([1]). On est donc là encore en présence d'un recours en annulation fondé sur l'illégalité d'un acte admi-nistratif, mais qui n'est pas un recours pour excès de pouvoir.

---

1. Décrets des 11 janvier 1873, *canal de Crest;* — 23 juin 1881, *syndicat de Meil-kan;* — 8 juillet 1886, *marais de Sabarèges.*

4° *Les recours prévus par l'article 40 du décret du 22 juillet 1806*, qui tendent à faire rapporter ou réformer par la voie administrative des décrets rendus après délibération du Conseil d'État.

Arrêtons-nous un instant sur ce texte qui a donné lieu à des difficultés d'interprétation. Il est ainsi conçu : « Lorsqu'une partie se « croira lésée dans ses droits ou dans sa propriété, par l'effet d'une « décision de notre Conseil d'État rendue en matière non conten- « tieuse, elle pourra nous présenter une requête pour, sur le rapport « qui nous en sera fait, être l'affaire renvoyée, s'il y a lieu, soit à « une section du Conseil d'État, soit à une commission. »

On s'est demandé si ce texte est encore en vigueur, si ses dispositions peuvent se concilier avec les principes actuels du contentieux administratif, et s'il ne doit pas être considéré comme dénué de toute application, depuis qu'on admet que l'atteinte portée à un droit ouvre à la partie lésée un recours contentieux, et non une simple réclamation par la voie administrative.

Pour éclaircir ce point, il faut remonter aux origines de l'article 40 et aux applications qu'il a reçues en jurisprudence.

Il est hors de doute que, de l'an VIII à 1806, lorsque la commission du contentieux n'était pas encore instituée, il n'existait aucune espèce de recours contre les décisions administratives ou contentieuses rendues en Conseil d'État. Lorsque fut élaboré le décret de procédure du 22 juillet 1806, la commission du Conseil d'État chargée de le préparer eut la pensée d'admettre un recours contentieux contre les décisions administratives délibérées en Conseil d'État; elle proposa en ce sens une disposition ainsi conçue : « Lorsqu'une partie se croira lésée dans ses droits ou dans sa propriété par l'effet d'une décision de notre Conseil d'État rendue en matière non contentieuse, elle pourra présenter une requête qui sera déposée avec les pièces au secrétariat du Conseil. Il en sera donné connaissance par un auditeur au ministre du département que l'affaire concerne ; et *si la Commission du contentieux estime qu'il y a lieu de recevoir la réclamation*, elle fera son rapport au Conseil, qui statuera. »

Cette disposition ne fut pas adoptée, l'article fut remanié et le recours contentieux prévu par le projet fut transformé en un recours administratif soumis d'abord à l'appréciation du Gouvernement,

puis, sur son renvoi, à l'examen d'une section ou d'une commission
spéciale, puis de l'assemblée générale du Conseil d'État. Toute intervention de la commission du contentieux fut ainsi écartée par
l'article 40, tel qu'il a été inséré dans le décret de 1806 (¹).

Conformément à la règle ainsi établie, plusieurs anciens arrêts
du Conseil d'État ont décidé que le recours de l'article 40 était le
seul que l'on pût former contre des décrets rendus après avis du
Conseil d'État, et qu'il excluait toute réclamation par la voie contentieuse (²).

Ces solutions étaient conformes à l'esprit de la législation de 1806
qui, ainsi que nous venons de le voir, n'admettait pas que le Conseil d'État pût annuler ou réformer comme juridiction contentieuse
une décision à laquelle il avait concouru comme conseil du Gouvernement. Mais la jurisprudence se relâcha de cette rigueur et
admit que le recours contentieux était recevable contre des décisions ministérielles et même contre des ordonnances rendues en
Conseil d'État. Elle fut implicitement consacrée par l'article 3 de
l'ordonnance du 12 mars 1831, qui prévoit des recours contentieux
formés contre des décisions délibérées par un des comités du Conseil d'État, et qui décide que les membres de ce comité ne doivent
pas participer au jugement de l'affaire.

Le recours de l'article 40 a cependant continué d'être pratiqué
depuis que le recours contentieux a été reconnu recevable : avec
raison, car il a une portée plus grande ; il permet d'obtenir la réformation d'une décision erronée, tandis que le recours pour excès
de pouvoir ne pourrait aboutir qu'à l'annulation d'une décision

---

1. Ce remaniement de l'article 40 explique la place qu'il occupe dans le paragraphe
du décret de 1806 relatif à la *tierce opposition*. Dans l'esprit du projet, cette place
était justifiée, puisque la commission avait proposé une véritable tierce opposition
contentieuse à des décisions administratives. En substituant un recours administratif
à un recours contentieux, on a transformé le système, mais on n'a pas déplacé l'article : de là un défaut de concordance entre la teneur de l'article 40 et l'intitulé du
paragraphe dont il a continué de faire partie.

2. 11 mai 1807, *Desmazures ;* — 13 janvier 1813, *Verneur ;* — 28 juillet 1819, *com-
missaires-priseurs ;* — 22 février 1821, *Truffault.* — Il était également de jurisprudence qu'aucun recours par la voie contentieuse ne pouvait être formé soit contre
la décision du garde des sceaux refusant de donner suite à la requête et d'en saisir
une commission (17 décembre 1823, *Vandenberghe*), soit contre la décision du Conseil d'État rendue sur le rapport de la commission (15 février 1823, *Truffault*).

illégale. Il permet même, du moins nous le pensons, au Gouvernement en Conseil d'État, de tenir compte de réclamations qui ne seraient pas fondées sur un droit proprement dit, mais qui invoqueraient un de ces intérêts respectables qu'on a quelquefois appelés « des intérêts imprégnés de droit ». Tel serait le cas de l'inventeur d'une mine à qui le décret de concession aurait refusé une indemnité d'invention faute de renseignements suffisants sur la valeur de ses recherches ; le cas de riverains d'un cours d'eau non navigable qu'on aurait omis de comprendre dans un décret de répartition des eaux entre l'agriculture et l'industrie, et les cas où des tiers, restés étrangers à l'instruction administrative qui a précédé le décret, seraient lésés par quelqu'une de ses dispositions([1]).

On ne doit donc pas considérer l'article 40 du décret de 1806 comme inconciliable avec le recours contentieux, ou comme faisant double emploi avec lui. Aussi le Conseil d'État, consulté en 1878 sur la question de savoir si l'article 40 est encore en vigueur, a répondu affirmativement par un avis des sections réunies de l'intérieur et du contentieux en date du 4 juin 1878. On lit dans cet avis : — « L'article 40 du décret de 1806 a eu pour but d'ouvrir aux tiers, à défaut de recours par la voie contentieuse, une voie régulière pour solliciter la réformation de décrets rendus en Conseil d'État et par lesquels ils se croiraient lésés dans leurs droits ou leur propriété. Il n'est pas impossible qu'il se présente des cas où des droits seraient lésés par un décret en Conseil d'État, sans que cependant le recours pour excès de pouvoir fût ouvert. D'autre part, l'article 40 n'ouvre pas un recours dans le sens juridique du mot, tel que le recours contentieux saisissant une juridiction qui est tenue de statuer et dont la décision s'impose à tous avec l'autorité de la chose jugée ; il autorise seulement à présenter une requête qui provoque plus énergiquement qu'une pétition ordinaire l'examen des dépositaires du pouvoir ; mais le chef de l'État reste libre de ne donner aucune suite à la requête. »

L'avis du 4 juin 1878 décide en outre : que la commission pré-

---

1. Les décrets rendus en vertu de l'article 40, pendant la période moderne, sont rares ; ils ont surtout été rarement publiés. On peut cependant en citer un, en date du 21 juin 1864, rendu sur un avis de la section des travaux publics, et rapporté au *Recueil des arrêts du Conseil d'État*, année 1882. p. 412, note 2.

vue par l'article 40 doit être formée dans le sein du Conseil d'État ; qu'elle ne peut que donner un avis et non rendre une décision ; que la revision du décret attaqué ne peut résulter que d'un nouveau décret proposé et contresigné par le même ministre que le décret primitif (¹). Il ajoute que si ce nouveau décret porte lui-même atteinte à la loi ou à des droits acquis, l'article 40 ne fait pas obstacle à ce qu'il soit attaqué par la voie contentieuse.

Le recours de l'article 40 doit donc continuer à figurer parmi les recours par la voie administrative dont le Conseil d'État ne connaît que comme corps consultatif, et qui doivent être soigneusement distingués du recours en annulation par la voie contentieuse. Il a en outre un caractère particulier, qui ne se retrouve ni dans les autres recours administratifs précédemment énoncés, ni dans le recours pour excès de pouvoir, et qui lui permet de faire prononcer non seulement l'annulation, mais encore la réformation plus ou moins complète de l'acte attaqué.

Abordons maintenant l'étude du recours pour excès de pouvoir, d'après la jurisprudence et la doctrine en vigueur : celles-ci ne sont elles-mêmes que le résultat des efforts et de l'expérience accumulés depuis le commencement du siècle, et qu'on a quelquefois comparés à la force imperceptible et continue qui finit par former une solide alluvion : *incrementum latens*.

1. D'après le système du décret de 1806, c'était uniquement le ministre de la justice qui proposait et contresignait les décrets rendus en vertu de l'article 40 ; mais l'avis de 1878 a reconnu que ce droit devait appartenir, en vertu du principe de la responsabilité ministérielle, au ministre qui avait fait rendre le décret primitif.

CHAPITRE II

CONDITIONS DE RECEVABILITÉ DU RECOURS
POUR EXCÈS DE POUVOIR

Division. — Le recours pour excès de pouvoir est soumis à deux sortes de règles. Les unes sont relatives à la recevabilité du recours ; les autres, aux moyens d'annulation qui peuvent être invoqués contre les actes administratifs.

Cette division correspond à la distinction qui doit être faite, dans l'étude de toute action, entre les règles de recevabilité et celles du fond. Quelle que soit en effet la juridiction devant laquelle une action est portée et le but auquel elle tend, elle soulève toujours deux questions pour le juge : l'action est-elle recevable ? est-elle fondée ? L'action est dite *recevable* lorsqu'elle remplit les conditions nécessaires pour qu'elle soit reçue par le juge et examinée dans ses moyens et conclusions ; elle est dite bien ou mal *fondée,* selon que les conclusions de la demande paraissent ou non justifiées.

Il suit de là qu'il ne faut pas confondre la non-recevabilité d'un recours pour excès de pouvoir avec celle de tel ou tel moyen d'annulation que ce recours aurait invoqué à tort contre un acte administratif. Si, par exemple, on attaque pour vice de forme un acte qui n'est soumis à aucune forme particulière, il est certain qu'on invoque un moyen inefficace, inexistant en droit, et qui peut être qualifié de moyen non-recevable. Mais pour arriver à qualifier ainsi ce moyen, il faut l'apprécier, c'est-à-dire juger une des conclusions du recours. Or le propre du recours *non recevable,* c'est de se heurter à une fin de non-recevoir qui dispense le Conseil d'État d'examiner les moyens d'annulation proposés, de rechercher s'ils ont quelque valeur en fait ou en droit.

Cette distinction n'a pas toujours été exactement observée par la jurisprudence. On peut citer de nombreux arrêts qui déclarent des recours non recevables, bien qu'ils ne les écartent pas par une fin de non-recevoir proprement dite, mais les rejettent comme dénués de moyens suffisants. On est même quelquefois allé jusqu'à dire qu'un recours n'est pas recevable attendu qu'il n'est pas fondé. Ce sont là des confusions qu'il importe d'éviter si l'on veut mettre un peu de clarté dans la doctrine de l'excès de pouvoir.

Nous croyons donc nécessaire de renfermer la notion de *non-recevabilité* dans sa véritable acception juridique, celle qui éveille l'idée d'une *fin de non-recevoir* opposée à une action et faisant échouer cette action avant tout examen de ses moyens. Ainsi circonscrites, les questions de recevabilité n'en conservent pas moins une grande importance dans la matière du recours pour excès de pouvoir. Elles sont relatives : — 1° à la nature de l'acte attaqué ; — 2° à la qualité des parties qui l'attaquent ; — 3° aux formes et délais du recours ; — 4° à l'existence d'un *recours parallèle* ouvert devant une autre juridiction.

Nous examinerons successivement ces quatre questions de recevabilité. Nous étudierons ensuite les moyens d'annulation qui peuvent être invoqués à l'appui d'un recours reconnu recevable.

I. — RECEVABILITÉ D'APRÈS LA NATURE DE L'ACTE.

Des actes qui ne sont pas de nature à être attaqués pour excès de pouvoir. — La première condition pour qu'un recours pour excès de pouvoir soit recevable, c'est que l'acte attaqué soit un acte administratif, émané d'une des autorités comprises dans la hiérarchie administrative.

Pour assurer l'observation de cette règle, il suffit de se reporter aux principes qui ont été exposés dans d'autres parties de cet ouvrage sur les limites de la compétence administrative à l'égard de l'autorité judiciaire (livre III), et à l'égard du Gouvernement et des Chambres (livre IV).

Faisant application de ces principes à la matière du recours pour excès de pouvoir, nous nous bornerons à mentionner les actes suivants comme échappant d'une manière absolue au recours, parce qu'ils échappent à la compétence même du Conseil d'État statuant au contentieux :

I. Les *actes judiciaires et de police judiciaire* (¹) même s'ils émanent d'autorités comprises dans la hiérarchie administrative, et notamment :

1° Les décisions prises par le ministre de la justice lorsqu'il exerce les pouvoirs de haute surveillance judiciaire qui lui ont fait autrefois attribuer le titre de Grand-Juge, par exemple lorsqu'il exerce le droit d'injonction prévu par l'article 274 du Code d'instruction criminelle. Cette attribution exceptionnelle ne doit pas être confondue avec celles que le ministre de la justice exerce à l'égard du personnel des cours et tribunaux, soit en nommant ou en révoquant des magistrats, soit en prononçant leur mise à la retraite, soit en exerçant les attributions disciplinaires prévues par la loi du 21 avril 1810 et par celle du 30 août 1883. Ce sont là des pouvoirs d'administration qui se rattachent à la fonction ministérielle, et dont l'exercice peut donner lieu à des recours devant la juridiction contentieuse ;

2° Les décisions des consuls, lorsqu'elles ont le caractère d'actes de juridiction ;

3° Les actes d'instruction faits par le préfet de police à Paris et par les préfets dans les départements, en vertu de l'article 10 du Code d'instruction criminelle, à l'effet de rechercher et de constater les crimes, délits et contraventions ;

4° Les actes de même nature faits par les commissaires de police, agissant comme officiers de police judiciaire auxiliaires du procureur de la République, en vertu des articles 11 et suivants du Code d'instruction criminelle ;

5° Les actes faits par les maires et autres officiers municipaux, soit en qualité d'officiers de police judiciaire, soit en qualité d'officiers de l'état civil.

1. Voy. tome Iᵉʳ, p. 486.

II. Les *actes législatifs* ([1]), même lorsqu'ils émanent du chef de l'État participant à l'exercice du pouvoir législatif, ce qui comprend :

1° Les décrets dits *dictatoriaux* qui ont reçu force de loi dans des circonstances politiques exceptionnelles ;

2° Les décrets du chef de l'État réglant des matières sur lesquelles la Constitution ou les lois lui ont conféré la puissance législative, notamment des matières de législation algérienne et coloniale ;

3° Les règlements d'administration publique faits en Conseil d'État en vertu d'une délégation spéciale du législateur.

III. Les *actes de gouvernement* ([2]) faits par le pouvoir exécutif dans l'exercice de ses attributions politiques et gouvernementales, et notamment :

1° Les décrets par lesquels le Président de la République convoque et proroge les Chambres législatives, ou prononce la dissolution de la Chambre des députés ;

2° Les *actes diplomatiques* ([3]), c'est-à-dire les actes et décisions du Président de la République, du ministre des affaires étrangères ou des agents qui leur sont subordonnés, concernant les rapports du gouvernement français avec les puissances étrangères ;

3° Les actes dits de *sûreté publique* ([4]), tels que la déclaration d'état de siège dans les cas où elle relève du pouvoir exécutif ; les mesures prises en vue de protéger le territoire contre l'invasion des épidémies, et consistant dans l'établissement de quarantaines et de cordons sanitaires ; et, d'après certains auteurs, les décisions exceptionnelles de haute police gouvernementale que le Gouvernement prend, sous sa responsabilité, en vue de conjurer un péril public.

4° Les faits de guerre ([5]).

IV. Certains *actes d'administration* peuvent aussi échapper, par leur nature même, au recours pour excès de pouvoir, lorsqu'ils émanent d'autorités qui ne sont pas comprises dans la hiérarchie administrative.

---

1. Voy. tome II. p. 5.
2. Voy. tome II, p. 32.
3. Voy. tome II, p. 46.
4. Voy. tome II, p. 35.
5. Voy. tome II, p. 53.

Tels sont les actes d'administration que les Chambres accomplissent en forme de lois ([1]) : déclaration d'utilité publique, autorisations et concessions de travaux publics, actes de tutelle administrative concernant l'État, les départements et les communes. Telles sont aussi les décisions prises par les assemblées parlementaires, par leurs commissions ou par leurs bureaux à l'égard des membres de ces assemblées, de leurs auxiliaires ou des tiers.

Il en est de même des actes d'administration accomplis par les autorités ecclésiastiques, même en vue du temporel des établissements religieux. Ces autorités ne sont pas en effet des « corps administratifs », des « autorités administratives », dans le sens des lois des 7-14 octobre 1790 et 24 mai 1872. Si leurs décisions relèvent, dans certains cas, du Conseil d'État agissant comme conseil du Gouvernement en matière d'abus, elles ne relèvent pas du Conseil d'État statuant au contentieux comme juge des excès de pouvoir ([2]).

Des actes de pure administration. — Doit-on considérer comme échappant de plein droit à tout recours en annulation pour excès de pouvoir certains actes d'administration, émanant d'autorités comprises dans la hiérarchie administrative, et désignés en doctrine et en jurisprudence sous le nom d'*actes de pure administration?*

Cette dénomination est souvent appliquée à des actes que l'administration accomplit d'après sa libre appréciation, afin de pourvoir aux *intérêts* généraux ou particuliers, et non pour satisfaire à des *droits* ou à la *loi.* Tels sont les règlements administratifs faits dans un intérêt général ; les mesures de police, spécialement celles qui intéressent la salubrité et la sécurité publiques ; les actes de tutelle administrative ; les nominations et révocations de fonctionnaires, lorsqu'il n'existe pas de lois qui fixent leur état et leurs droits à l'avancement ; les mesures disciplinaires ; les suspensions ou dissolutions de corps administratifs électifs ; le refus ou le retrait d'autorisations ou de concessions révocables, et un grand nombre d'autres actes, dans lesquels domine également la libre appréciation de l'administrateur.

1. Voy. tome II, p. 16.
2. Voy. tome II, p. 82.

Des recours formés contre des actes de cette nature ont souvent
été écartés par une fin de non-recevoir tirée de ce que la décision
« est un acte de pure administration *qui n'est pas de nature* à être
déféré par la voie contentieuse ».

Faut-il conclure de là qu'il existe toute une catégorie d'actes
d'administration échappant d'une manière absolue au recours pour
excès de pouvoir ? Nous ne pensons pas, car de nombreux arrêts
ont accueilli des recours formés contre des règlements de police,
des actes de tutelle, des actes d'autorité hiérarchique et d'autres
mesures souvent qualifiées d'actes de pure administration. Ce qui
est vrai, c'est que ces sortes de décisions, à raison du caractère facultatif et discrétionnaire qui leur appartient le plus souvent, ne
comportent pas de discussion sur le terrain des droits acquis ou
de la violation de la loi : c'est pour cela que les anciens arrêts déclaraient que ces actes n'étaient pas susceptibles de *recours contentieux,* c'est-à-dire d'un recours fondé sur un droit lésé ; mais
il n'en résultait pas qu'ils fussent affranchis de tout recours, car
on a pu de tout temps invoquer contre eux les griefs tirés de l'incompétence ou du vice de forme.

Il n'est donc point exact de dire, comme l'ont fait quelques
arrêts, que les actes de pure administration, les actes discrétionnaires « *ne sont pas de nature* à être déférés par application des lois
des 7-14 octobre 1790 et 24 mai 1872 » ; leur nature ne répugne
point à tout recours devant le Conseil d'État, et il n'y a, sous ce
rapport, aucun rapprochement à faire entre eux et les actes de
gouvernement. Seulement, il va de soi qu'ils ne peuvent être
attaqués que pour les griefs d'illégalité auxquels se prête leur
nature plus ou moins discrétionnaire, griefs qui sont quelquefois
très restreints, et qui peuvent se réduire au seul cas d'incompétence ([1]).

---

1. Ces solutions ne font pas plus de doute en doctrine qu'en jurisprudence. On lit
dans le traité de la *Compétence administrative* de M. Serrigny (t. Ier, p. 35 et suiv.) :
— « Si l'acte émané de l'autorité exécutive est l'exercice d'un pouvoir discrétionnaire qui lui est confié, il est de *pure administration;* mais l'omission ou la violation des formes établies par les lois et règlements suffit en général pour faire passer
un acte de pure administration dans la classe des actes qui donnent ouverture à la
voie contentieuse. »
On lit aussi dans l'article *Conseil d'État* de M. Dalloz (rédigé par M. A. Dalloz, l'un

Le Conseil d'État a tenu compte de ces nuances dans plusieurs arrêts rendus depuis 1872. On peut citer notamment : l'arrêt du 10 juillet 1874 (*de Grand'maison*) sur un recours formé contre un décret approuvant un plan général d'alignement ; on y lit que « le décret attaqué constitue un acte d'administration pris par l'autorité administrative en vertu des pouvoirs qui lui ont été attribués par l'article 52 de la loi du 16 septembre 1807, que dès lors il n'est susceptible de recours par la voie contentieuse que pour violation ou inobservation des formalités prescrites par la loi... » ; — l'arrêt du 17 janvier 1879 (*Spindler*), rendu sur un recours contre un arrêté préfectoral qui prononçait le remplacement d'un médecin des indigents, porte que « le requérant n'est pas fondé à contester qu'il appartient au préfet de procéder à son remplacement en observant les mêmes formes... et qu'il n'est pas recevable à discuter devant le Conseil d'État *les motifs de cette mesure de pure administration* » ([1]).

On peut cependant se demander si, parmi les actes discrétionnaires et de pure administration, il n'en est pas qui échappent véritablement à tout recours par la voie contentieuse, quel que soit le grief invoqué contre eux, même celui d'incompétence ou de vice de forme. La raison de douter vient de ce qu'il existe des actes administratifs ayant un caractère si général et si impersonnel qu'on a peine à concevoir quelle partie pourrait les attaquer s'ils étaient entachés d'excès de pouvoir. Tels sont, par exemple, les règlements qui déterminent la marche d'un service public, qui tracent des règles aux subordonnés pour le fonctionnement de ce service,

---

des rapporteurs de la loi organique de 1845) : — « Remarquons que les actes de *pure administration* peuvent être déférés au Conseil d'État par voie contentieuse lorsque le fonctionnaire dont ils émanent ne s'est pas renfermé dans les limites des lois et règlements. » (*Répertoire*, v° *Conseil d'État*, n° 74.)

1. On peut citer plusieurs exemples de rédactions analogues qui distinguent très justement entre la discussion de la légalité de l'acte, qui appartient au Conseil d'État, et la discussion de ses motifs qui lui échappe : — Cf. 14 décembre 1883, *Lequeux* ; — 18 février 1887, *Sortino Valentino* ; — 3 février 1888, *Buisson* ; — 22 mars 1889, *Delaine* ; — 25 novembre 1892, *Schwalbach*.

Nous verrons plus loin que même les motifs de l'acte de pure administration peuvent quelquefois être discutés devant le Conseil d'État, lorsqu'on soutient qu'ils révèlent un *détournement de pouvoir*, c'est-à-dire l'usage du pouvoir discrétionnaire en dehors du but pour lequel il a été institué par la loi.

mais qui n'adressent aucune prescription aux personnes étrangères à l'administration. Alors même que les règlements de cette nature seraient entachés d'incompétence ou de vice de forme, il semble douteux qu'ils puissent être attaqués devant le Conseil d'État. Qui les attaquerait en effet ? Ni les simples citoyens, ni les agents du service intéressé ne semblent avoir qualité pour se constituer les défenseurs officieux de la légalité méconnue, ou les censeurs d'un supérieur hiérarchique. Aussi est-ce avec raison que le Conseil d'État a opposé une fin de non-recevoir à des recours formés par des militaires contre des décisions du ministre de la guerre réglant leur uniforme et les insignes de leur grade ([1]).

Mais cette fin de non-recevoir se rattache-t-elle réellement à la *nature de l'acte* ? Ne tient-elle pas plutôt au défaut de qualité des parties qui prétendraient l'attaquer ?

Quoi qu'il en soit, nous pensons qu'on doit être très sobre de la formule : « tel acte *n'est pas de nature* à être attaqué par la voie contentieuse » et qu'on devrait la réserver pour les actes qui échappent absolument à tout recours devant le Conseil d'État, quelle que soit la partie qui les défère et quelle que soit l'illégalité dont on les prétend entachés.

Ce que nous venons de dire des actes de pure administration s'applique également aux actes dits de *haute administration,* qui ne sont en réalité qu'une variété des premiers et qui n'en diffèrent que par l'importance des décisions et par le rang élevé de l'autorité dont elles émanent. Cette dénomination a été quelquefois appliquée à des décrets prononçant la dissolution de corps administratifs électifs, créant ou modifiant des circonscriptions administratives ou ecclésiastiques, supprimant des offices ministériels, et à d'autres actes relevant de l'appréciation souveraine du chef de l'État. Si restreints que puissent être les moyens d'annulation opposables à ces décisions, on ne doit pas dire qu'elles échappent *par leur nature* à tout recours pour excès de pouvoir ; elles peuvent tomber sous la juridiction du Conseil d'État si elles sont entachées d'incompétence ou de vice de forme. C'est pourquoi il faut éviter de confondre, comme on l'a fait quelquefois, les actes dits de haute

---

1. 13 novembre 1885, *Sévigny ;* — même date, *Dalard.*

administration, qui sont des actes administratifs, avec les actes dits *de gouvernement* dont la nature est différente.

Des actes n'ayant pas le caractère de décisions exécutoires. — L'acte administratif est, comme nous venons de le voir, l'objectif du recours pour excès de pouvoir ; mais toute manifestation des intentions d'un administrateur n'est pas par elle-même un *acte* sur lequel un débat contentieux puisse s'engager. Pour que le recours soit recevable, il faut qu'il existe une décision susceptible d'être exécutée ; si l'administrateur s'est borné à manifester des intentions qui ne pourraient se réaliser que par des actes ultérieurs, la partie doit attendre que ces actes l'atteignent. Le recours pour excès de pouvoir ne saurait, en effet, être un simple procès de tendance ; pour le former valablement, il ne suffit pas qu'on se croie menacé par une décision éventuelle, il faut qu'on soit réellement touché par une décision actuelle.

La jurisprudence a fait de nombreuses applications de cette règle, en rejetant comme non recevables des recours formés contre des mesures purement préparatoires ou comminatoires, telles que les suivantes :

1° Les *instructions* données par les supérieurs hiérarchiques à leurs subordonnés, en vue de leur faire prendre des décisions de leur ressort. Ces instructions n'ont point d'effet direct sur les tiers, qui doivent attendre, pour se pourvoir, que ces décisions soient rendues ([1]).

2° Les *prétentions* que l'administration émet au cours d'une discussion avec une partie, et qui n'ont point par elles-mêmes un caractère décisoire ; elles ne peuvent donner lieu à un recours que lorsqu'elles se sont traduites en décisions exécutoires ([2]).

Quelquefois le Conseil d'État, en présence de véritables décisions qu'il n'appartenait pas à l'administration de prendre, les a qualifiées de « simples prétentions » et leur a dénié par ce moyen

---

1. Conseil d'État, 9 février 1870, *commune de Beaumont-le-Roger ;* — 16 janvier 1880, *fabrique d'Astaffort;* — 15 mars 1889, *Dubois ;* — 25 juillet 1890, *commune de Philippeville ;* — 9 juin 1893, *Delhomme.*

2. Conseil d'État, 22 janvier 1863, *de la Moskowa ;* — 6 juillet 1877, *Rousset.*

toute force exécutoire ([1]). Mais ce procédé d'interprétation ne doit être employé qu'avec réserve, car lorsqu'une partie défère au Conseil d'État une décision exécutoire qui est entachée d'illégalité, elle a en principe le droit d'en obtenir l'annulation à moins que l'auteur de l'acte ou son supérieur hiérarchique ne le mettent eux-mêmes à néant.

3° Les *mesures d'instruction* que l'administration prescrit pour préparer la solution d'une affaire. La décision qui prescrit ces mesures est, à la vérité, susceptible d'exécution en ce qui concerne les vérifications à opérer, mais elle ne préjuge pas par elle-même le fond du droit ; elle ne sert qu'à préparer une décision ultérieure contre laquelle on se pourvoira s'il y a lieu. La règle est ici la même que pour les jugements préparatoires des juridictions contentieuses ([2]).

4° Les *mises en demeure*, qui précèdent et font pressentir des décisions exécutoires, mais qui ne constituent en réalité que des prétentions émises par l'administration et auxquelles la partie peut ne pas déférer. Il lui suffit de se pourvoir contre la décision qui suivrait la mise en demeure, ou de se défendre contre les poursuites qui seraient engagées si l'infraction à la mise en demeure donnait lieu à un procès-verbal de contravention ([3]).

Il peut cependant arriver qu'une mise en demeure perde son caractère purement comminatoire et se transforme en une véritable décision susceptible d'être ultérieurement exécutée. Tel est le cas où l'administration fait savoir que, faute de satisfaire à une injonction déterminée, elle procédera d'office à des mesures d'exécution, après tel délai et sans décision nouvelle. En pareil cas, il y a une véritable décision à terme, qui peut être l'objet d'un recours, aussi bien qu'une décision susceptible d'exécution immédiate ([4]).

---

1. Conseil d'État, 24 juin 1881, *évêque de Coutances;* — 25 juillet 1884, *Pacte social de Briche.*

2. Conseil d'État, 6 août 1886, *ville de Dijon;* — 17 février 1888, *Veyrières:* — 15 mars 1889, *ville de Douai.*

3. Conseil d'État, 10 décembre 1875, *Béhic;* — 29 décembre 1876, *Pomel;* — 5 avril 1884, *Compagnie parisienne du gaz,* — 7 mars 1890, *Phélippon;* — 5 février 1892, *Courmont.*

4. Conseil d'État, 2 juillet 1875, *Fouques de Wagnonville;* — 23 mars 1877, *Sudoul;* — 21 novembre 1884, *fabrique Saint-Nicolas-des-Champs.* — Voy. cependant 9 mai 1890, commune de *Saint-Leu-Taverny.*

Du silence gardé par l'administration. — Si les décisions purement préparatoires de l'administration ne peuvent pas donner lieu
à un recours, à plus forte raison l'absence complète de décision, le
silence et l'inaction de l'administration ne sauraient, en principe,
faire naître une action devant la juridiction contentieuse. Il n'appartient pas à cette juridiction d'intervenir par voie d'injonction dans
le domaine de l'administration active ; or, à quoi pourrait tendre
une réclamation contentieuse formée contre l'inaction d'une autorité administrative, sinon à faire juger que cette autorité doit agir
et comment elle doit agir ? On placerait ainsi une certaine part
d'impulsion et d'action administratives dans le domaine d'une juridiction, c'est-à-dire là où ne sauraient résider ni l'exercice direct
de la puissance publique ni la responsabilité qui s'y rattache.

Il est cependant hors de doute que le silence de l'administration,
son abstention systématique, peuvent avoir quelquefois pour effet
de léser un droit. Tel serait le cas où un ministre laisserait sans
réponse une demande tendant à faire liquider une créance sur
l'État ou une pension de retraite ; le cas où un préfet ou un maire,
saisi d'une demande d'alignement, s'abstiendrait d'y donner aucune
suite ; celui où un supérieur hiérarchique affecterait de ne tenir
aucun compte des réclamations formées contre les actes d'autorités
inférieures et ne rendrait aucune décision. L'incorrection administrative prendrait alors le caractère d'une sorte de déni de justice
et l'on serait tenté d'y voir un véritable excès de pouvoir. Comment
concilier le principe de justice, qui semblerait en pareil cas autoriser un recours, avec la règle de droit qui l'interdit ?

Cette conciliation ne peut résulter que de dispositions législatives
assimilant, par une fiction légale, le silence de l'administration à
une décision de rejet, et permettant de recourir contre cette décision
supposée comme contre une décision véritable.

L'article 7 du décret du 2 novembre 1864 contient une disposition de ce genre à l'égard des ministres. Il dispose que, « lorsque
« les ministres statuent sur des recours contre les décisions d'auto-
« rités qui leur sont subordonnées, leur décision doit intervenir
« dans le délai de quatre mois à dater de la réception de la récla-
« mation. Après l'expiration de ce délai, s'il n'est intervenu
« aucune décision, *les parties peuvent considérer leur réclamation*

« *comme rejetée* et se pourvoir devant le Conseil d'État. » On voit que ce texte assimile fictivement le silence du ministre, prolongé pendant plus de quatre mois, à une décision de rejet ; c'est en vertu de cette fiction qu'il autorise le recours (¹).

Cette disposition, à raison de son caractère exceptionnel, n'a pas paru au Conseil d'État susceptible d'être étendue par voie de jurisprudence. Elle demeure limitée au cas où le ministre est saisi, en qualité de supérieur hiérarchique, d'un recours contre un acte d'une autorité inférieure ; elle ne s'applique pas quand le ministre est sollicité de prendre une décision à tout autre titre, par exemple comme représentant de l'État, comme liquidateur de ses dettes, ou comme dépositaire direct de la puissance publique (²).

Cette fiction légale ne s'applique pas non plus aux autorités autres que les ministres ; sans qu'il y ait lieu de distinguer si ces autorités sont subordonnées aux ministres, comme les préfets, ou sont seulement placées sous leur surveillance, comme les conseils généraux ou les commissions départementales ou comme l'autorité municipale, dans les matières où elle possède un droit de décision propre. Quelque prolongé que soit le silence gardé par ces autorités, il ne peut pas, dans l'état actuel de la législation, être assimilé à une décision de rejet susceptible d'être directement déférée au Conseil d'État pour excès de pouvoir. Cette solution a été explicitement consacrée, à l'égard des préfets, par plusieurs arrêts du Conseil d'État, notamment par celui du 6 mars 1869 (*Hervé*), rendu sur un recours qui attaquait le silence gardé par un préfet sur une demande d'autorisation de travaux. « Considérant, porte cet arrêt, qu'aucune disposition de loi ou de règlement n'autorisait le requérant à se pourvoir *directement* devant nous, contre le refus d'autori-

---

1. Des textes spéciaux ont créé une fiction semblable en matière de contentieux électoral. Voy. l'article 38, § 4, de la loi du 5 avril 1884 (reproduisant l'article 45, § 4, de la loi du 5 mai 1855), qui considère comme rejetée par le conseil de préfecture une protestation formée contre une élection municipale, si le conseil n'a pas statué dans le délai d'un mois. — Voy. aussi les articles 11 et 12 du décret du 16 mars 1880, relatif aux élections du Conseil supérieur de l'instruction publique et des conseils académiques, qui contiennent une disposition semblable lorsque le ministre de l'instruction publique n'a pas, dans le même délai d'un mois, statué sur les protestations.

2. Conseil d'État, 19 juillet 1872, *Drouard ;* — 21 mars 1879, *Guimard ;* — 27 mai 1881, *ville de Beauvais.*

sation qu'il prétendait résulter implicitement du silence gardé par le préfet. »

Mais si l'on ne peut pas, en pareil cas, se pourvoir *directement* au Conseil d'État contre le silence d'une autorité subordonnée, a-t-on du moins la faculté de dénoncer ce silence au ministre, puis de se pourvoir au contentieux, si le ministre s'abstient à son tour de statuer pendant plus de quatre mois ? Précisons la question par un exemple. Un propriétaire, voulant construire le long d'une route nationale, demande un alignement au préfet qui laisse cette demande sans réponse ; il se plaint au ministre qui s'abstient de statuer pendant quatre mois ; ce propriétaire pourra-t-il assimiler ce double silence à une décision portant refus d'alignement ?

L'affirmative a été admise par deux arrêts du 11 janvier 1866 (*Chabanne*) et du 6 mars 1869 (*Hervé*). « Dans ce cas, disait le commissaire du Gouvernement (M. Aucoc), le refus de statuer du préfet et le refus de statuer du ministre ne font qu'un (¹). » Malgré l'autorité de ces décisions, nous éprouvons des doutes sérieux sur la solution qu'elles consacrent. En effet, l'article 7 du décret de 1864 ne crée d'assimilation entre le silence du ministre et une décision implicite de rejet que « lorsque les ministres statuent sur des recours contre les *décisions* d'autorités subordonnées » ; or, dans les espèces jugées en 1866 et en 1869, il n'existait pas de décision de l'autorité inférieure, puisqu'on se plaignait précisément de ce qu'elle n'en voulait rendre aucune. Les arrêts précités en arrivent donc à assimiler le silence du préfet à une décision de rejet quand on se pourvoit devant le ministre, tout en déclarant cette assimilation impossible quand on se pourvoit directement devant le Conseil d'État. Nous ne voyons pas comment une telle distinction pourrait se justifier.

Cette application du décret de 1864 soulève deux autres objections : en premier lieu elle laisse sans solution la question de savoir après quel délai le silence du préfet pourrait être assimilé à une décision susceptible d'être déférée au ministre : on ne peut pas appliquer ici le délai de quatre mois qui est exclusivement prévu pour les ministres ; on ne peut pas non plus admettre que

---

1. Voy. ces conclusions, au *Recueil,* sous l'arrêt *Chabanne* du 11 janvier 1866.

ce délai soit indéterminé ou puisse varier au gré de l'impatience des parties ; on est donc en dehors de tout terrain légal. En second lieu, si l'on acceptait la doctrine de ces anciens arrêts, il est clair qu'on pourrait, au moyen d'une simple évolution de procédure, former un recours contentieux contre le silence de toute autorité subordonnée : il suffirait pour cela de remonter l'échelle des recours hiérarchiques jusqu'au ministre, dont la décision ou le silence fournirait la matière du débat contentieux, non seulement contre le ministre lui-même, mais encore contre toutes les autorités dont on lui aurait signalé l'inaction. Un tel système de recours n'aurait certainement rien de commun avec celui que le décret de 1864 autorise.

Au surplus, les arrêts précités n'ont pas eu pour but, dans la pensée même de leurs auteurs, de fonder une jurisprudence extensive du décret de 1864 et de généraliser le droit de recours en cas de silence des autorités administratives ; ce sont plutôt des arrêts d'espèce et d'équité, tels que le Conseil d'État s'est cru autorisé à en rendre, pendant une certaine période, pour déjouer les procédés blâmables d'une grande administration qui était parvenue à se soustraire au contrôle ministériel, et qui avait voulu se soustraire aussi au contrôle du Conseil d'État, en déguisant ses refus sous un silence systématique afin d'éviter tout débat contentieux. De là l'effort de jurisprudence fait par le Conseil d'État pour ouvrir son prétoire aux parties lésées, nonobstant les expédients imaginés pour le leur fermer. Mais, tout en reconnaissant les services que de telles décisions ont pu rendre dans des circonstances exceptionnelles, il faut se garder d'en généraliser la doctrine qui n'est point celle de la loi.

Si maintenant on voulait examiner, non en droit positif mais en législation, la délicate question des refus de statuer ou d'agir, il serait certainement permis de concevoir un autre système que celui du décret de 1864. Le décret ne vise que les ministres, et seulement lorsqu'ils agissent comme supérieurs hiérarchiques ; nous ne verrions pas d'objection grave à ce que l'assimilation entre un silence prolongé et une décision de rejet fût applicable à toute autorité investie d'un droit de décision propre, — surtout depuis que la législation a soustrait au contrôle hiérarchique des ministres plusieurs de ces autorités, telles que les commissions départementales, les conseils généraux et même, dans certains cas, les maires et les conseils municipaux. — Il ne nous répugnerait pas non plus que les ministres eux-mêmes, lorsqu'ils ont à statuer directement comme représentants de l'État ou comme dépositaires de la puissance publique, fussent tenus de prononcer sur les requêtes des parties dans un délai déterminé (¹).

Mais cette extension des règles en vigueur ne saurait être séparée d'une restriction importante : l'assimilation du silence à une décision de rejet ne pourrait, selon nous, être admise que si ce silence constituait un véritable déni de justice, c'est-à-dire si l'autorité qui s'abstient de statuer était légalement tenue de rendre une décision. Tel serait le cas où le ministre serait saisi d'une demande de pension ou de liquidation d'une créance sur l'État ; le cas où les préfets sont chargés de statuer sur les recours de particuliers contre des délibérations de conseils municipaux attaquées comme illégales ; celui où les préfets ou les maires ont à prononcer sur des demandes d'alignement ; tels seraient, en termes plus généraux, les cas où une autorité, hiérarchisée ou élective, a mission de statuer sur une demande qui s'appuie sur un droit et qui, par suite, exige une décision. Si libre que l'administration puisse être de faire une réponse négative, il n'en peut résulter pour elle le droit de ne faire aucune réponse, et de supprimer indirectement tout contentieux sur la demande, en refusant la décision qui peut seule ouvrir l'accès du tribunal administratif. Un tel refus constituerait un véritable déni de justice, et il pourrait, à ce titre, être assimilé à un excès de pouvoir. Mais de telles innovations, si jamais elles semblaient nécessaires, ne sauraient être l'œuvre de la jurisprudence ; elles ne pourraient résulter que d'une loi qui remanierait le système du décret de 1864, déterminerait les délais opposables aux diverses autorités, créerait enfin de nouveaux cas d'assimilation entre le silence et la décision, véritable fiction légale qui ne peut être que l'œuvre du législateur (²).

1-2. Des dispositions en ce sens ont été proposées dans un projet de loi relatif au Conseil d'État, élaboré par une commission de la Chambre des députés, et dont le rapport a été déposé le 21 juillet 1894 (annexe n° 869). Ce projet contient un article 12 ainsi conçu : — « Dans les affaires contentieuses qui ne peuvent être introduites

II. — RECEVABILITÉ D'APRÈS LA QUALITÉ DE LA PARTIE.

Conditions générales. — Le recours pour excès de pouvoir doit, pour être recevable, être formé par une partie *ayant qualité* pour en saisir le Conseil d'État.

L'idée de *qualité* peut être ici envisagée sous deux aspects différents : au point de vue des conditions générales d'aptitude juridique qu'une partie doit remplir pour exercer une action, et au point de vue des conditions spéciales que comporte le recours pour excès de pouvoir.

« devant le Conseil d'État que sous la forme de recours contre une décision ministérielle, lorsqu'un délai de plus de quatre mois s'est écoulé sans qu'il soit intervenu aucune décision, les parties intéressées peuvent considérer leur demande comme rejetée et se pourvoir devant le Conseil d'État. »

Tout en approuvant l'idée dont s'inspire l'innovation proposée, nous pensons que cette disposition serait trop absolue à l'égard des ministres, et qu'elle aurait besoin d'être complétée de manière à atteindre des autorités autres que les ministres.

Elle nous paraît trop absolue à l'égard des ministres, parce qu'elle ne distingue pas entre le silence qui constituerait un véritable déni de justice (tel qu'un refus de répondre à une demande de pension, de liquidation d'une créance sur l'État), et le silence que le ministre croirait devoir garder en présence de réclamations ou d'injonctions ne reposant sur aucun droit acquis. La faculté donnée à la partie d'actionner, dans tous les cas, le ministre devant le Conseil d'État pourrait avoir pour conséquence non seulement d'encourager des procès téméraires, mais encore, ainsi que nous l'avons fait remarquer ci-dessus, d'introduire la juridiction contentieuse dans le domaine de l'action administrative.

A un autre point de vue, la disposition nous paraît trop restreinte, car elle n'ouvre le droit de recours que contre les ministres, non contre les autorités départementales ou municipales qui sont investies, elles aussi, de certains droits de décision, et qui peuvent commettre des dénis de justice par leur silence systématique. En matière de pensions par exemple, si l'on crée un recours contre le silence des ministres chargés de liquider les pensions de l'État, il nous paraîtrait rationnel de le créer également contre le silence des préfets ou des conseils généraux chargés de liquider les pensions dues par les communes ou les départements.

Remarquons aussi que le silence gardé sur des demandes d'alignement, — c'est-à-dire le genre d'abus qui s'est le plus révélé dans la pratique et qui a donné lieu aux arrêts précités du 11 janvier 1866 et du 6 mars 1869, — ne pourrait pas être réprimé par le texte proposé, puisque ce n'est point aux ministres, mais aux préfets ou aux maires qu'il appartient de statuer sur ces demandes.

L'innovation dont il s'agit pourrait donc, ce semble, être mieux réalisée par une disposition qui s'appliquerait aux diverses autorités administratives investies d'un droit propre de décision, mais qui ne viserait que les demandes formées en vertu d'un titre ou d'une disposition de loi, et à l'égard desquelles un refus de statuer équivaudrait à un déni de justice.

En ce qui touche les conditions générales, nous nous bornerons à rappeler les règles du droit commun qui refusent le droit d'ester en justice aux mineurs, aux interdits et autres incapables, s'ils ne sont pas assistés de leurs représentants légaux, aux femmes mariées si elles ne sont pas autorisées de leurs maris, aux communes et aux établissements publics si ceux qui les représentent ne sont pas pourvus des autorisations exigées par la loi. Ces règles s'appliquent, selon nous, au recours pour excès de pouvoir dans la même mesure qu'aux autres actions portées devant la juridiction administrative.

Ce point pourrait faire doute si l'on considérait, comme on l'a fait à de certaines époques, le recours pour excès de pouvoir comme un recours suprême au chef de l'État, comme une sorte de pétition au souverain siégeant en son Conseil, en un mot, comme la forme la plus élevée du recours hiérarchique. En effet, les pétitions adressées aux pouvoirs publics, ou les recours purement administratifs ne sont pas rigoureusement soumis aux mêmes conditions d'aptitude légale que les actions proprement dites ; il est dans leur nature d'être plus librement accessibles. Mais depuis que le recours pour excès de pouvoir a définitivement pris le caractère d'une action contentieuse, sur laquelle le Conseil d'État statue souverainement en vertu de l'article 9 de la loi du 24 mai 1872, il ne nous semble pas qu'on puisse légalement l'affranchir des conditions générales d'aptitude juridique imposées à ceux qui agissent en justice.

On devra donc appliquer au recours pour excès de pouvoir les règles relatives à la représentation légale des incapables. Si, par exemple, un mineur veut attaquer une décision d'un conseil de révision ou du ministre de la guerre en matière de recrutement, le pourvoi devra être formé avec l'assistance de son père ou tuteur. S'il s'agit d'un recours intéressant une commune, il devra être formé par le maire à ce autorisé par le conseil municipal, ou par un contribuable dûment autorisé à exercer les actions des communes [1].

Remarquons cependant que les recours pour excès de pouvoir formés par les communes sont dispensés de l'autorisation du con-

1. Conseil d'État, 3 novembre 1882, *Duffaut;* — 20 novembre 1885, *Rulée.*

seil de préfecture, prévue par l'article 121 de la loi du 5 avril 1884 pour les actions judiciaires exercées par les communes. Cette dispense n'est pas spéciale à ce recours ; on sait qu'elle s'applique également à toutes les actions portées devant la juridiction administrative, soit en premier ressort, soit en appel.

Nous n'insisterons pas davantage sur ces règles générales, notre attention devant plus particulièrement se porter sur les règles qui sont spéciales au recours pour excès de pouvoir.

Intérêt direct et personnel. — La qualité requise pour former un recours naît de l'*intérêt direct et personnel* que la partie peut avoir à l'annulation de l'acte. C'est là une règle depuis longtemps consacrée par la jurisprudence. Elle semble plus large que la règle ordinaire relative aux actions en justice, car celui qui exerce une action doit, en principe, invoquer à la fois un droit et un intérêt : un droit, parce que l'action est à proprement parler le moyen de poursuivre en justice ce qui vous est légalement dû, *jus persequendi in judicio quod sibi debetur* ; un intérêt, parce qu'on n'a pas d'action si l'on ne peut retirer aucun effet utile du jugement qu'on sollicite.

Si l'on avait exigé, pour la recevabilité du recours pour excès de pouvoir, que la partie se prévalût d'un droit contre l'acte administratif attaqué, on n'aurait en réalité ouvert ce recours que contre les actes qui lèsent les droits acquis. Ceux qui ne lèsent que des intérêts auraient échappé au recours, alors même qu'ils auraient été entachés d'incompétence ou de vice de forme ; il était cependant nécessaire que ces irrégularités pussent être relevées, même dans les actes facultatifs et discrétionnaires de l'administration, car la vigilance des intérêts lésés est ici la meilleure sauvegarde de la légalité. On doit d'ailleurs remarquer que si une décision discrétionnaire ne peut jamais blesser que de simples intérêts par les dispositions qu'elle édicte, elle peut néanmoins blesser de véritables droits par la manière dont elle est rendue ; c'est ce qui arrive lorsque les règles de compétence ou de forme ne sont pas observées, car chacun a le droit d'exiger, dans toute décision qui le touche, l'observation de ces règles qui sont la garantie commune de tous les intéressés. C'est ainsi que l'idée de droit lésé, cette idée-mère de tout le contentieux administratif, apparaît aussi dans la matière de l'excès de pouvoir : sans doute, en présence d'actes discrétionnaires, on n'a pas le droit d'exiger que l'autorité prononce dans tel ou tel sens, mais on a le droit d'exiger qu'elle prononce dans les formes de droit et dans les limites de sa compétence.

L'intérêt doit être *direct et personnel*; il ne saurait se confondre avec l'intérêt général et impersonnel que tout citoyen peut avoir à ce que l'administration se renferme dans les bornes de la légalité; un tel intérêt peut suffire pour inspirer une pétition aux pouvoirs publics, mais non pour justifier une action devant une juridiction contentieuse; cette action ne peut se fonder que sur les intérêts propres du réclamant, car les intérêts généraux ont des représentants investis d'un caractère public, auxquels de simples particuliers n'ont pas le droit de se substituer.

L'intérêt direct et personnel que la partie doit avoir à l'annulation de l'acte attaqué n'est pas nécessairement un intérêt pécuniaire ou matériel; un intérêt moral peut suffire, pourvu qu'il touche directement l'auteur du recours : tel est l'intérêt qu'un corps constitué peut avoir à faire respecter ses prérogatives, en attaquant une décision de l'administration supérieure qui les aurait méconnues; tel est aussi l'intérêt que peuvent avoir des particuliers à faire annuler un acte déjà exécuté par l'administration, bien que l'arrêt qu'ils sollicitent ne soit plus susceptible d'aucune application pratique.

Le Conseil d'État s'est quelquefois demandé si, dans ce dernier cas, le recours n'a pas plutôt le caractère d'une protestation contre un fait accompli que d'une procédure à fins utiles, motivée par un intérêt direct et personnel; mais il s'est toujours prononcé pour l'affirmative, estimant qu'une partie est suffisamment intéressée à obtenir la condamnation même tardive d'un acte illégal qui l'a lésée [1]. Il y aurait d'ailleurs de graves inconvénients à ce que

---

1. La jurisprudence sur ce point n'est qu'implicite; elle résulte des arrêts qui ont passé outre au jugement du pourvoi, bien que les actes attaqués eussent reçu toute l'exécution dont ils étaient susceptibles. On en trouve des exemples dans plusieurs décisions qui ont statué sur des arrêtés préfectoraux ordonnant des battues dans les bois de particuliers, quoique ces battues fussent depuis longtemps exécutées lorsque les arrêts ont été rendus : — 1er avril 1881, *Schneider*; — même date, *Gravier, Larochefoucauld-Bisaccia*. — Cf. 12 avril 1889, *Évêque de Marseille*; cet arrêt statue sur un

l'exécution précipitée d'une décision irrégulière pût de plein droit paralyser un recours que la loi laisse ouvert pendant trois mois.

L'intérêt du recours n'est présumé complètement disparaître que si l'acte attaqué est rapporté par son auteur ou annulé par le supérieur hiérarchique avant le jugement du pourvoi ; dans ce cas, le Conseil d'État ne déclare pas la requête non recevable, si elle avait sa raison d'être au moment où elle a été formée ; mais il décide qu'*il n'y a lieu à statuer*. Il n'y a plus en effet matière à arrêt lorsque la décision attaquée n'existe plus (¹).

Cherchons maintenant à distinguer l'intérêt direct et personnel des intérêts plus vagues et plus généraux qui ne peuvent pas servir de base au recours.

Il n'est pas nécessaire, pour que l'intérêt soit réputé direct et personnel, que l'auteur du recours soit nommément désigné dans l'acte attaqué, il suffit qu'il soit atteint. Ainsi, un règlement de police qui impose des obligations à tous les habitants d'une commune peut être attaqué par chacun de ceux à qui ces obligations sont imposées et qui ont intérêt à s'y soustraire. De même, si des plans d'alignement doivent avoir pour effet de modifier l'état de voies publiques et d'enlever à des propriétés riveraines l'accès, l'espace, la vue dont elles jouissaient, les propriétaires sont personnellement intéressés à déférer les actes qui approuvent ces plans. Il peut arriver que cet intérêt soit très distinct d'un droit à indemnité pour dommage, car tel propriétaire qui ne pourrait réclamer aucune indemnité devant le conseil de préfecture parce qu'il ne subirait pas un dommage direct et matériel, n'en serait pas moins recevable à former un recours pour excès de pouvoir en invoquant un dommage moins caractérisé, n'affectant que la commodité ou l'agrément de son immeuble (²).

Dans le même ordre d'idées, la jurisprudence a reconnu qualité à des aubergistes et à des commerçants, établis auprès d'un champ de foire pour attaquer un arrêté modifiant son emplacement et en-

---

recours formé contre un décret de désaffectation d'un édifice consacré au culte, quoique l'édifice fût déjà démoli lors du recours.

1. Conseil d'État, 9 août 1880, *hospice de Chaumont ;* — 20 décembre 1835, *commune des Fins ;* — 17 mai 1895, *commune de Villeréal.*

2. Conseil d'État, 21 mai 1867, *Cardeau.*

traînant pour eux une diminution de clientèle (¹); à des négociants, voisins d'une gare de chemin de fer où ils faisaient leurs expéditions, pour attaquer une décision ordonnant le déplacement de cette gare (²); à des habitants non compris dans le périmètre d'un octroi, pour attaquer un décret qui étendait ce périmètre et devait avoir pour effet de les assujettir à l'octroi (³).

Mais le recours serait non recevable pour défaut de qualité, si son auteur n'invoquait pas d'autre intérêt que celui du public et de la généralité des habitants. Dans ce cas, en effet, ce n'est pas sa personne qui est en jeu, c'est la commune, la ville, la collectivité tout entière, laquelle a des représentants légaux ayant seuls qualité pour agir en son nom. En d'autres termes, tout ceux qui font partie d'une collectivité peuvent bien agir *ut singuli* à raison de leurs intérêts particuliers, mais ils ne peuvent pas agir *ut universi* pour la défense d'intérêts généraux qu'ils n'ont pas mission de défendre. Ainsi, des décisions relatives aux chemins d'une commune ne peuvent pas être attaquées par tout habitant de cette commune, mais seulement par ses représentants légaux ou bien par les propriétaires riverains du chemin, justifiant d'un intérêt direct et personnel à ce que la décision soit annulée (⁴).

Il peut se présenter d'autres cas très variés où des personnes appartenant à des associations, corporations, professions, peuvent se croire autorisées à attaquer des décisions intéressant tout le groupe dont elles font partie. Leur recours est ou non recevable, selon qu'elles justifient ou non d'une atteinte portée à leur intérêt personnel. Ainsi, le Conseil d'État n'a pas hésité à statuer sur des recours formés par des facteurs à la halle de Paris, par des propriétaires de bateaux-lavoirs ou d'établissements de bains, contre des actes administratifs imposant des obligations à tous les membres de ces professions (⁵); mais il n'a pas admis les membres d'un tribunal, les professeurs d'une faculté, les notaires d'un canton, à

1. Conseil d'État, 14 août 1835, *habitants de Richelieu;* — 29 juin 1894, *Debrat.*
2. Conseil d'État, 20 août 1864, *Mesmer;* — 22 janvier 1892, *Jaulerry.*
3. Conseil d'État, 28 décembre 1851, *Rousset.*
4. Conseil d'État, 17 juillet 1835, *Guillon.*
5. Conseil d'État, 30 juillet 1880, *Brousse;* — 25 mars 1887, *syndicat des propriétaires de bains de Paris.*

attaquer des décrets de nomination d'un magistrat, d'un professeur, d'un notaire, qu'ils estimaient irréguliers, ou des arrêtés ministériels fixant l'ouverture d'un concours en vue de pourvoir à des chaires vacantes (¹). Il a également écarté comme non recevables pour défaut de qualité les recours formés, sous l'empire de la loi sur l'enseignement du 15 mars 1850, par des supérieurs de congrégations religieuses ou par des consistoires, contre des arrêtés remplaçant des instituteurs qui avaient été nommés sur leur présentation (²). Dans ces différents cas, en effet, l'auteur du recours n'est pas atteint dans sa situation propre, il ne justifie pas d'un intérêt direct et personnel.

Recours formés par les contribuables au nom des communes. — Les contribuables d'une commune, de même que ses habitants, ne sont pas recevables, en cette seule qualité, à attaquer des décisions intéressant les finances de la commune et la bonne gestion de ses biens ; en vain allégueraient-ils que leur intérêt pécuniaire peut être affecté si ces décisions imposent à la commune des charges nouvelles dont ils auraient à supporter leur part sous forme d'impôt ; un tel intérêt n'est pas direct, car il ne peut que dériver de l'intérêt des finances municipales, lequel a ses représentants (³).

La loi a cependant prévu des cas où le contribuable peut agir pour la commune, sans justifier d'un intérêt personnel. D'après l'article 123 de la loi du 5 avril 1884, qui reproduit sur ce point l'article 49, § 3, de la loi du 18 juillet 1837, « tout contribuable « inscrit au rôle de la commune a le droit d'exercer à ses frais et « risques, avec l'autorisation du conseil de préfecture, les actions « qu'il croit appartenir à la commune ou section, et que celle-ci « préalablement appelée à en délibérer, a refusé ou négligé d'exer-

---

1. Conseil d'État, 23 octobre 1835, *Bugnet ;* — 7 mars 1849, *Bidard ;* — 7 juillet 1863, *Bonnet.*

Exceptionnellement, la loi du 18 mars 1889 (art. 24) autorise les sous-officiers rengagés, candidats à des emplois civils, à attaquer par la voie contentieuse les nominations d'autres candidats qui seraient faites au préjudice de leurs droits.

2. Conseil d'État, 16 février 1878, *Maraval ;* — 9 décembre 1879, *Thomas ;* — 16 janvier 1880, *Legoff ;* — 11 février 1881, *Roux.*

3. Conseil d'État, 8 août 1873, *Delucq ;* — 26 novembre 1880, *d'Anvin de Hardenthum ;* — 13 janvier 1882, *Albert ;* — 15 novembre 1889, *Vannaire ;* — 10 février 1893, *Bied-Charreton.*

« cer ». La jurisprudence n'a pas hésité à comprendre le recours pour excès de pouvoir parmi les actions que les contribuables, dûment autorisés, peuvent exercer au nom des communes ou sections ([1]).

On s'est demandé si le contribuable a besoin, dans ce cas, d'une autorisation du conseil de préfecture. On a cru trouver la raison d'en douter dans la jurisprudence qui dispense de cette autorisation les instances engagées par les communes devant la juridiction administrative. Mais les deux cas sont très différents : l'autorisation de plaider, qui est nécessaire aux communes d'après l'article 121 de la loi municipale, a pour but d'habiliter la commune à ester en justice, même quand elle agit par ses mandataires légaux ; l'autorisation de représenter la commune, qui est nécessaire au contribuable d'après l'article 123, a pour but d'habiliter ce contribuable à agir au nom de la commune. On comprend que l'autorisation de plaider soit inutile à la commune quand elle plaide devant le conseil de préfecture ou le Conseil d'État, à qui le droit d'autorisation appartient en premier ou dernier ressort ; mais quand il s'agit d'autoriser le contribuable à exercer une action au lieu et place de la commune, le conseil de préfecture n'a plus seulement à rechercher si la commune a intérêt à plaider, mais s'il est opportun qu'elle plaide par l'organe du contribuable, nonobstant le refus de ses représentants légaux d'exercer eux-mêmes l'action. Cette dernière appréciation conserve toute son utilité pour les recours portés devant la juridiction administrative ; spécialement, quand il s'agit de recours pour excès de pouvoir, la commune peut avoir intérêt à laisser subsister l'acte irrégulier, pour éviter un acte nouveau qui pourrait lui être plus préjudiciable. Aussi la jurisprudence de la section de l'intérieur statuant en matière d'autorisation de plaider est-elle d'accord avec celle du Conseil d'État statuant au contentieux, pour exiger que le contribuable, qui veut représenter la commune devant la juridiction administrative, soit autorisé à cet effet par le conseil de préfecture ([2]).

1. Conseil d'État, 15 janvier 1868, *Ruby ;* — 4 mars 1887, *Mainguet.*
2. Décret du 27 mai 1867, *Barba,* sur le rapport de la section de l'intérieur, annulant une décision du conseil de préfecture de Seine-et-Oise qui avait décidé qu'un contribuable peut, sans autorisation, agir au nom de la commune devant la juridic-

Il y a cependant un cas où le contribuable peut, d'après les dispositions de la loi municipale de 5 avril 1884 (art. 66 et 67), agir au nom de la commune sans aucune autorisation. D'après l'article 66, toute personne intéressée, et en outre « tout contribuable de la commune », même s'il n'invoque aucun intérêt personnel, peut demander au préfet de prononcer en conseil de préfecture l'annulation des délibérations des conseils municipaux déclarées *annulables* par l'article 64, c'est-à-dire de celles qui ont été prises avec la participation de conseillers municipaux intéressés à l'affaire sur laquelle porte la délibération. D'après l'article 67, « le conseil « municipal, et en dehors du conseil *toute partie intéressée,* peut se « pourvoir contre l'arrêté du préfet devant le Conseil d'État ; le « pourvoi est instruit et jugé dans les formes du recours pour excès « de pouvoir ». Bien que le contribuable ne soit pas spécialement désigné dans ce dernier texte, la jurisprudence du Conseil d'État admet qu'il a le droit de se pourvoir en son nom personnel si son recours a été rejeté par le préfet (¹).

La règle ne serait pas la même s'il s'agissait, non des délibérations *annulables* prévues par l'article 64 de la loi de 1884, mais des délibérations *nulles de plein droit* comme entachées d'excès de pouvoir ou de violation de la loi, prévues par l'article 63. A l'égard de ces dernières, la loi ne mentionne pas le droit de recours du contribuable ; la jurisprudence du Conseil d'État en a conclu que celui-ci n'a pas qualité soit pour déférer la délibération au préfet, soit pour déférer au Conseil d'État l'arrêté préfectoral qui a refusé d'en prononcer l'annulation (²).

Les communes et les sections de commune sont les seules collectivités au nom desquelles un contribuable peut, dans les cas prévus par la loi, former un recours pour excès de pouvoir sans avoir à justifier d'un intérêt direct et personnel. Les dispositions qui lui ont conféré ce droit sont exceptionnelles, et elles ne sauraient être étendues, par voie d'analogie, aux recours intéressant d'autres collectivités. Un contribuable ne saurait donc, en sadite

tion administrative. — Conseil d'État au contentieux, 20 novembre 1840, *Garnier ;* — 23 février 1841, *de Vilette ;* — 15 janvier 1868, *Ruby ;* — 30 mai 1890, *Siméon et Millot.*
1. Conseil d'État, 22 janvier 1886, *Castex.*
2. Conseil d'État, 22 janvier 1886, *Castex ;* — 8 mars 1889, *Védier.*

qualité, former un recours dans l'intérêt de l'État, d'un département, ou d'un établissement public ayant une personnalité distincte de celle de la commune.

Recours formés par les autorités locales. — En dehors du cas spécial que nous venons d'examiner, les autorités chargées de représenter les diverses collectivités ont seules qualité pour former un recours en leur nom ; en d'autres termes, le recours doit être formé par la collectivité elle-même, véritable partie intéressée agissant par ses organes légaux. Il suit de là que des personnes même investies d'un mandat public, telles que des conseillers généraux ou municipaux, ne peuvent pas former un recours au nom du département ou de la commune ; les membres des corps électifs ne peuvent pas davantage assimiler à un intérêt personnel l'intérêt qu'ils portent, à raison de leur mandat, aux affaires qu'ils contribuent à administrer. Aussi de nombreux arrêts ont déclaré non recevables des recours formés par des membres de conseils généraux ou municipaux, de conseils de fabrique, de commissions administratives, d'établissements hospitaliers, etc., qui ne justifiaient pas d'un intérêt personnel distinct de l'intérêt de la collectivité ([1]).

Il ne faut pas confondre avec les recours formés par des autorités locales au nom des collectivités qu'elles administrent, les recours que ces autorités peuvent quelquefois former en leur nom propre, dans l'intérêt de leurs prérogatives qu'elles croiraient méconnues par un acte de l'autorité supérieure. En effet, ces autorités, et spécialement les assemblées électives chargées d'administrer les intérêts locaux, ont une personnalité, des droits qu'elles ont intérêt à défendre, par exemple si elles se plaignent d'obstacles mis à leurs sessions légales, à leur organisation intérieure, à leur fonctionnement. Ainsi, un conseil général aurait certainement qualité pour déférer au Conseil d'État un décret de dissolution ou de suspension, ou un arrêté préfectoral enjoignant au conseil de se séparer comme siégeant en dehors de ses sessions légales ([2]). Un

---

1. Conseil d'État, 5 décembre 1873, *commune de Saint-Maurice ;* — 21 janvier 1881, *Fortin ;* — 3 novembre 1882, *Duffaut ;* — 4 mars 1887, *Mainguet ;* — 14 mars 1890, *Duchasseint ;* — 4 janvier 1895, *Corps et autres.*

2. Conseil d'État, 8 août 1872, *Laget.* — Cf. 17 avril 1885, *Consistoire de l'Église réformée de Paris.*

conseil municipal pourrait également attaquer la décision qui le dissoudrait en dehors des formes prévues par l'article 43 de la loi municipale. Dans ces cas et autres semblables, les corps administratifs ont qualité pour se pourvoir, au même titre qu'un fonctionnaire qui se prétendrait frappé d'une révocation ou d'une suspension illégale.

Les conseils généraux ou municipaux auraient-ils également qualité pour attaquer, en leur nom personnel, une décision de l'autorité supérieure qui prononcerait l'annulation de leurs délibérations en dehors des formes prescrites, ou qui déclarerait à tort illégales des délibérations qui ne le seraient pas ?

Cette question est plus délicate, parce qu'il ne s'agit plus ici d'une atteinte directement portée aux prérogatives du corps électif, mais de l'usage irrégulier que l'autorité supérieure aurait fait des pouvoirs de surveillance hiérarchique qui lui appartiennent. C'est pourquoi la loi du 5 mai 1855 (art. 23 et 24) n'avait autorisé les conseils municipaux à réclamer contre les arrêtés préfectoraux annulant leurs délibérations comme illégales, que par un recours administratif sur lequel il était statué par décret rendu après avis de la section de l'intérieur du Conseil d'État. Lorsque ces recours étaient formés par la voie contentieuse, ils étaient déclarés non recevables en vertu d'une jurisprudence constante.

La loi municipale du 5 avril 1884 a modifié cet état de choses : les conseils municipaux peuvent, en vertu de l'article 67, attaquer pour excès de pouvoir l'arrêté préfectoral qui annule leurs délibérations. Faut-il en conclure que le législateur de 1884 a implicitement reconnu qualité à tous les corps administratifs électifs pour attaquer par la voie contentieuse les décisions qui annulent leurs délibérations ? Nous ne le pensons pas : la loi municipale de 1884 comme celle de 1855, a voulu que les conseils municipaux pussent faire contrôler les arrêtés d'annulation des préfets par le Conseil d'État ; la loi actuelle, en convertissant en recours contentieux le recours administratif prévu par la loi de 1855, a voulu donner aux conseils municipaux une garantie plus complète contre les erreurs ou les abus de l'autorité préfectorale. Mais on ne saurait tirer de là une conclusion générale et dire que tout corps électif a le droit d'attaquer, en son nom personnel, les décisions de l'autorité supérieure qui annulent ses délibérations comme illégales.

Ce droit de recours contentieux doit notamment être refusé aux conseils généraux contre les décrets en Conseil d'État qui annulent leurs décisions. Si ces conseils pouvaient attaquer par la voie contentieuse les décrets d'annulation rendus en vertu des articles 33 et 47 de la loi du 10 août 1871, le contrôle de leurs délibérations n'appartiendrait plus qu'en apparence au Gouvernement en Conseil d'État, il appartiendrait en réalité au Conseil d'État statuant au contentieux, qui prononcerait en dernier ressort sur la légalité de leurs décisions.

Cependant il existe un cas où l'on ne saurait refuser au conseil général le droit d'attaquer pour excès de pouvoir un décret d'annulation, c'est celui où le recours relèverait une illégalité inhérente au décret lui-même, par exemple un vice de forme résultant de ce qu'il n'aurait pas été rendu après avis de l'assemblée générale du Conseil d'État, ou de ce qu'il n'aurait pas été précédé de la notification prescrite par l'article 47 de la loi du 10 août 1871. Cet avis et cette notification sont en effet des garanties légales que la loi accorde aux conseils généraux et qu'il ne peut dépendre du Gouvernement de leur retirer.

Les recours qui appartiennent à un corps administratif pour la défense de ses droits et prérogatives doivent être exercés par ce corps lui-même, légalement représenté, et non par un ou plusieurs de ses membres agissant individuellement. Le président lui-même ne peut agir qu'en vertu d'une délégation spéciale résultant d'une délibération régulière ([1]).

On peut cependant se demander si le droit de recours n'appartiendrait pas aux membres d'un corps électif agissant *ut singuli,* en présence d'une décision de l'autorité supérieure prononçant la suspension ou la dissolution de ce corps. Une telle décision, ayant pour effet de paralyser le mandat individuel de chaque membre en même temps que la fonction collective de l'assemblée, nous pensons qu'elle pourrait être attaquée par chacun des intéressés ([2]).

1. Conseil d'État, 19 novembre 1880, *Kerjégu;* — 3 novembre 1882, *Conseil général de la Martinique.*

2. Cette solution paraît avoir été implicitement admise par un arrêt du 22 août 1853 (*Warnier*), qui, tout en déclarant non recevable le recours formé par les électeurs contre l'arrêté de suspension d'un conseil municipal, relève la circonstance

Recours formés par les fonctionnaires. — Il va de soi que les fonctionnaires de tout ordre, civils ou militaires, peuvent demander l'annulation pour excès de pouvoir des décisions prises à leur égard qu'ils estimeraient contraires à leurs droits, aux règles d'avancement, d'inamovibilité, de discipline, auxquelles leur fonction est soumise. Le principe de la subordination hiérarchique n'est pas considéré, en France, comme faisant obstacle aux recours légaux d'un inférieur contre les infractions à la loi ou aux droits acquis que le supérieur commettrait à son préjudice.

Mais si la décision du supérieur hiérarchique, au lieu d'atteindre la personne même du fonctionnaire, atteint ses actes, les réforme, les annule, celui-ci n'a aucune qualité pour se pourvoir devant la juridiction contentieuse. Ce n'est pas que le fonctionnaire inférieur ne puisse avoir un certain intérêt à voir tomber la décision qui annulerait illégalement la sienne ; mais, d'une part, cet intérêt n'est pas *personnel* ; il concerne la fonction et non l'agent qui l'exerce ; d'autre part, les principes de la hiérarchie et de la subordination administrative s'opposent à ce que l'inférieur puisse entraver l'action de son supérieur et lui susciter une opposition devant un juge. A ce point de vue, la situation du fonctionnaire subordonné, agissant *sous l'autorité* d'un supérieur hiérarchique, est très différente de celle d'une administration décentralisée, qui n'est soumise qu'à la *surveillance* de l'autorité centrale, en vue d'infractions déterminées.

C'est pourquoi le Conseil d'État a souvent décidé que les maires ne sont pas recevables à déférer pour excès de pouvoir les arrêtés préfectoraux qui annulent les mesures par eux prises en qualité de représentants du pouvoir central dans la commune, ou qui suspendent ou annulent leurs arrêtés de police municipale en vertu des pouvoirs conférés aux préfets par les articles 92 et 95 de la loi du 5 avril 1884 ([1]).

Au contraire, un maire est recevable à se pourvoir en son nom personnel lorsqu'il défend une attribution qui lui appartient en

qu'aucun des requérants *ne justifiait être membre de ce conseil;* d'où, il est permis de conclure que le Conseil d'État aurait reconnu qualité à tout membre du conseil municipal.

1. Conseil d'État, 13 janvier 1853, *Barrau;* — 29 janvier 1886, *maire de Vassy.*

propre, et lorsqu'il soutient que le préfet a illégalement empiété sur les attributions municipales. La subordination hiérarchique ne serait plus en cause en pareil cas, puisque le préfet aurait, par hypothèse, agi en dehors de ses pouvoirs et exercé une attribution qui lui serait étrangère ([1]).

Il peut aussi se présenter des cas où le maire aurait qualité pour agir, non plus en son nom personnel, mais comme représentant de la commune et avec l'autorisation du conseil municipal : par exemple, si un arrêté préfectoral annulait ou réformait un arrêté du maire pris au sujet de biens communaux ou d'autres propriétés municipales. Mais alors ce n'est plus le maire c'est la commune qui se pourvoit ([2]).

Les fonctionnaires soumis à la hiérarchie administrative sont également sans qualité pour déférer au Conseil d'État des décisions du supérieur hiérarchique conférant à un autre fonctionnaire une attribution qu'ils croiraient leur appartenir. Aussi le Conseil d'État a-t-il déclaré non recevable un recours formé par le préfet de la Seine contre une décision du ministre des travaux publics qui chargeait le préfet de Seine-et-Marne de prendre certaines décisions concernant la rivière l'Ourcq, alors que le préfet de la Seine revendiquait pour lui-même ce droit de décision ([3]).

Recours formés par les ministres. — La question de savoir si les ministres ont qualité pour former un recours par la voie contentieuse contre des décisions administratives entachées d'excès de pouvoir ne peut se poser que rarement dans la pratique. Le plus souvent, en effet, le ministre a le droit d'annuler lui-même les décisions des autorités qui ressortissent à son département, ou bien d'en provoquer l'annulation par décret lorsqu'elles échappent à son action hiérarchique directe.

Il peut cependant arriver que le ministre se trouve en présence d'autorités dont les décisions ne peuvent pas être annulées admi-

---

1. Conseil d'État, 13 juillet 1883, *maire de Bourges;* — 8 avril 1892, *maire de Rennes;* — 17 novembre 1893, *maire de Lavardin;* — 8 décembre 1893, *maire de Gеslé.*

2. Conseil d'État, 3 juin 1892, *commune de Mustapha.*

3. Conseil d'État, 6 janvier 1865, *préfet de la Seine.*

nistrativement et ne peuvent l'être que par la voie contentieuse.
Telles sont les autorités administratives investies d'une juridiction
ou d'une quasi-juridiction de dernier ressort, par exemple les conseils de revision, les commissions spéciales prévues par la loi du
16 septembre 1807, les commissions chargées de liquider certaines
indemnités ; telles étaient aussi les commissions scolaires avant
que la loi du 30 octobre 1886 (art. 59) eût soumis leurs décisions
à un appel devant les conseils départementaux de l'instruction publique.

Dans ces cas et autres semblables, où il n'existerait pas d'autre
moyen d'annulation que le recours par la voie contentieuse pour
faire tomber une décision illégale, les ministres auraient qualité
pour saisir le Conseil d'État. Ce droit leur a été formellement reconnu par la jurisprudence : « Le leur dénier, disait très justement
le commissaire du Gouvernement dans une affaire jugée le 16 mars
1883, ce serait reconnaître que des intérêts privés et individuels
sont mieux protégés que les intérêts généraux et collectifs du pays,
en vue desquels les départements ministériels ont été institués. Si
une décision peut compromettre l'exécution d'une loi intéressant
le service public que le ministre a mission d'assurer sous sa responsabilité, ce ministre a non seulement le droit, mais encore le
devoir de la déférer au Conseil d'État, quand c'est le seul moyen
de la faire disparaître. » Aussi le Conseil d'État a-t-il reconnu qualité au ministre de l'instruction publique pour former un recours
contre les décisions des commissions scolaires entachées d'excès
de pouvoir, à une époque où ces décisions n'étaient pas encore
susceptibles d'appel devant le conseil départemental. L'arrêt du
16 mars 1883 (*ministre de l'instruction publique*) se fonde sur ce que
l'article 9 de la loi du 24 mai 1872 ouvre le recours au Conseil
d'État contre toute décision administrative entachée d'excès de
pouvoir, et il justifie la qualité du ministre par le motif « qu'il est
chargé de veiller à l'observation des lois et au maintien des compétences parmi les autorités ressortissant à son département ».

Cette doctrine n'est d'ailleurs pas nouvelle ; on la retrouve dans
un arrêt du 26 août 1842 (*ville de Lyon*), rendu sur un recours du
ministre de l'intérieur contre une décision d'une commission spéciale. Une fin de non-recevoir tirée du défaut de qualité **du** minis-

tre ayant été opposée au pourvoi, cet arrêt l'écarte en disant « que le ministre de l'intérieur avait dans ses attributions l'exécution de la loi du 16 septembre 1807 ; que d'ailleurs l'exécution des ordonnances du... lui était confiée ; que dès lors, s'il pensait que la commission spéciale avait excédé les pouvoirs qui lui avaient été confiés par lesdites ordonnances, il avait le droit et l'obligation de nous déférer cette décision ».

Les principes posés par cette jurisprudence peuvent être d'autant moins contestés que la loi les applique elle-même quand il s'agit de décisions juridictionnelles qui ne peuvent être annulées que par la voie du recours en cassation : c'est ainsi qu'elle reconnaît aux ministres compétents le droit de se pourvoir pour excès de pouvoir ou violation de la loi contre les décisions définitives de la Cour des comptes et des conseils de revision (voy. ci-après, chap. V). La raison de décider est la même quand il s'agit d'autres décisions définitives dont l'annulation ne peut être poursuivie que par la voie contentieuse.

III. — RECEVABILITÉ D'APRÈS LES FORMES ET DÉLAIS DU RECOURS.

Le recours pour excès de pouvoir n'est pas recevable s'il n'est pas introduit dans les formes et les délais déterminés par la loi.

Formes du recours. — Jusqu'en 1864, le recours pour excès de pouvoir était soumis aux mêmes règles que les autres recours formés devant le Conseil d'État ; il était régi par l'article 1er du décret du 22 juillet 1806 qui exigeait le ministère d'un avocat au Conseil. Le décret du 2 novembre 1864, voulant faciliter l'accès du Conseil d'État aux parties lésées par un acte administratif illégal, les a autorisées à présenter elles-mêmes leurs requêtes et mémoires, sans l'assistance d'un avocat. D'après l'article 1er de ce décret, « seront « jugés sans autres frais que les droits de timbre et d'enregistre- « ment : 1º les recours portés devant le Conseil d'État en vertu de « la loi des 7-14 octobre 1790 contre les actes des autorités admi- « nistratives pour incompétence ou excès de pouvoir... ».

Il suit de là que le recours n'est pas recevable s'il est présenté sur papier non timbré ou si les droits d'enregistrement n'ont pas été acquittés (¹).

Par exception, l'exemption de frais est complète et s'étend même aux droits de timbre et d'enregistrement, dans les deux cas suivants :

En premier lieu, s'il s'agit de recours dirigés contre les décisions des commissions départementales en vertu de l'article 88 de la loi du 10 août 1871. D'après ce texte, les décisions prises par « la commission départementale sur les matières énumérées aux « articles 86 et 87 de la présente loi... pourront être déférées au « Conseil d'État statuant au contentieux pour cause d'excès de « pouvoir ou de violation de la loi ou d'un règlement d'adminis- « tration publique. Le recours au Conseil d'État *peut être formé sans* « *frais.* » L'exemption de frais est donc ici complète, et comprend celle des droits fiscaux. Mais on peut se demander si cette disposition s'applique indistinctement à tous les recours pour excès de pouvoir qui peuvent être formés contre des décisions prises par une commission départementale. Remarquons en effet que l'article 88 ne parle que des décisions prises *dans les cas prévus par les articles 86 et 87,* c'est-à-dire lorsque la commission exerce un droit de décision propre en matière de vicinalité et d'évaluations cadastrales ; mais elle peut, en outre, prendre des décisions de nature très diverse, au lieu et place du conseil général, en vertu d'une délégation de cette assemblée (loi du 10 août 1871, art. 77); l'exemption totale des frais s'appliquerait-elle également à ces décisions ? Nous ne le pensons pas : d'une part, en effet, la disposition exceptionnelle de l'article 88 vise limitativement les décisions prises en vertu des articles 86 et 87 et non les décisions d'une nature toute différente prévues par l'article 77 (²); d'autre part, lorsqu'il s'agit d'affaires ressortissant au conseil général, l'exemption de frais ne s'appliquerait certainement pas si le recours était dirigé contre la décision de ce conseil (³); la règle ne saurait être diffé-

---

1. Ces droits s'élèvent actuellement à 46 fr. 90 c., quelle que soit la décision contre laquelle est formé le recours.

2. Conseil d'État, 17 mai 1895, *commune de Moltifao.*

3. Conseil d'État, 22 mars 1889, *Joly de Brésillon.*

rente quand le recours est formé contre la décision de la commission statuant au lieu et place du conseil genéral.

L'exemption complète de frais s'applique, en second lieu, aux recours pour excès de pouvoir formés contre les décrets ou arrêtés portant déclaration d'utilité publique. La jurisprudence s'inspire ici de l'article 58 de la loi sur l'expropriation du 3 mai 1841, d'après lequel « les plans, procès-verbaux, certificats, significations, juge- « ments, contrats, quittances *et autres actes* faits en vertu de la pré- « sente loi seront visés pour timbre et enregistrés gratis lorsqu'il y « aura lieu à la formalité de l'enregistrement ». On aurait pu certai- nement soutenir qu'un recours pour excès de pouvoir formé contre une déclaration d'utilité publique ne rentre pas dans les prévisions de ce texte ; cependant le Conseil d'État, s'inspirant de l'esprit de la loi de 1841, qui tend à exempter de frais toutes les procédures relatives à l'expropriation, a admis que le recours était recevable bien que formé sur papier libre et non enregistré ; de son côté, l'ad- ministration de l'enregistrement a renoncé à toute perception sur la requête et sur l'arrêt.

Recours « omisso medio ». — Le recours pour excès de pouvoir peut toujours être formé *omisso medio*, sans recours préalable au mi- nistre. Cette règle était admise même à l'époque où la doctrine du ministre-juge était le plus en faveur ([1]) ; à plus forte raison ne peut- elle faire aucun doute depuis qu'il est reconnu par la jurisprudence que l'on peut se pourvoir au Conseil d'État contre les décisions des autorités inférieures, lorsqu'elles ont le caractère d'actes ad- ministratifs exécutoires par eux-mêmes ([2]).

Il n'est donc plus nécessaire d'invoquer aujourd'hui, pour jus- tifier le recours direct au Conseil d'État, dans le cas d'excès de pouvoir, les motifs très contestables auxquels s'étaient arrêtés les auteurs. « La jurisprudence est fondée, disait M. Serrigny, sur ce qu'il importe de réprimer promptement les actes d'incompétence qui troublent plus ou moins l'ordre public, d'où l'on a conclu que

---

1. Conseil d'État, 18 janvier 1826, *Bouis* ; — 25 mars 1835, *Krils* — 4 février 1836, *Saint-Didier ;* — 6 mai 1853, *Perruche.*
2. Voy. t. Ier, p. 316 et 322.

le recours au Conseil d'État faisant office de Cour de cassation doit
être ouvert immédiatement ([1]). » Mais cette raison perd beaucoup
de sa valeur lorsqu'on remarque que le recours direct au Conseil
d'État est une simple faculté pour la partie, que celle-ci peut toujours demander d'abord au ministre l'annulation de la décision
rendue par son subordonné, et que le décret du 2 novembre 1864 a
même organisé une procédure spéciale à cet effet.

Or il est difficile d'admettre qu'il puisse dépendre des parties
de rétablir un premier degré de juridiction que des raisons d'ordre public auraient fait supprimer. Le motif tiré de l'urgence
se concilierait d'autant moins avec la faculté laissée à la partie
d'adresser d'abord un recours au ministre, que ce recours a été
longtemps considéré comme affranchi de tout délai ; la procédure
d'excès de pouvoir, réputée si urgente par les commentateurs, pouvait ainsi être la plus lente de toutes les procédures administratives.

Ces anomalies disparaissent lorsqu'on rattache la faculté de
recourir *omisso medio* au Conseil d'État, dans le cas d'excès de
pouvoir, non plus à des motifs d'ordre public et d'urgence, mais à
la nature même de la juridiction du Conseil d'État telle que nous
avons cherché à la définir dans notre premier volume ([2]). Étant
admis que le Conseil d'État a juridiction sur tous les actes administratifs qui violent la loi ou les droits acquis, il s'ensuit que l'on
peut recourir directement devant lui, aussi bien contre l'acte d'une
autorité inférieure investie du droit de décision, que contre l'acte
d'un ministre ou du chef de l'État.

Délai du recours. — Aucun des textes sur lesquels repose le recours pour excès de pouvoir n'en a déterminé le délai. La loi des
7-14 octobre 1790, le décret du 2 novembre 1864 et l'article 9 de
la loi du 24 mai 1872 sont également muets sur ce point. A défaut
de textes spéciaux, on applique la règle générale posée par l'article
11 du décret du 22 juillet 1806, d'après lequel « le recours au
« Conseil d'État contre la décision d'une autorité qui y ressortit

1. Serrigny, *Compétence administrative*, t, Ier, p. 3J7.
2. Voy. tome Ier, p. 316 et suiv.

« ne sera pas recevable après trois mois du jour où cette décision « aura été notifiée ».

Toutefois, l'application de cette règle n'a pas toujours été unanimement admise. Quelques auteurs, parmi lesquels M. Gabriel Dufour, ont soutenu que l'article 11 du décret de 1806, en parlant d'autorités qui *ressortissent* au Conseil d'État, n'a eu en vue que le cas d'appel et non celui de cassation. Le même auteur ajoute que la déchéance de l'article 11 repose sur une présomption d'acquiescement et que l'acquiescement ne peut pas se présumer en présence de moyens d'annulation intéressant l'ordre public (¹).

Mais, avant même que la jurisprudence se fût définitivement prononcée, la grande majorité des auteurs, parmi lesquels MM. de Cormenin (²), Chauveau, Serrigny, enseignaient que le délai de trois mois s'applique au recours en annulation aussi bien qu'à l'appel, parce que toute autorité administrative ressortit au Conseil d'État pour les questions d'excès de pouvoir (³).

C'est aussi la solution que la jurisprudence a toujours consacrée, bien qu'on ait cherché à la mettre en doute à une époque où l'on souhaitait, pour des raisons d'ordre politique, une extension presque illimitée du recours pour excès de pouvoir, où on le présentait comme la « soupape de sûreté » du régime existant, et où on allait jusqu'à le comparer au droit de pétition (⁴). Plusieurs arrêts de principe décidèrent néanmoins que le délai du décret de 1806 est applicable au recours pour excès de pouvoir (⁵).

---

1. Dufour, *Droit administratif appliqué*, t. Iᵉʳ, p. 389.

2. M. Dufour invoquait à tort l'opinion de M. de Cormenin, qui enseigne au contraire que le délai de l'article 11 s'applique aux recours « contre les arrêtés des préfets quand ils ont excédé leur compétence, contre les décisions des conseils de revision pour incompétence ou excès de pouvoir, etc. » (*Droit administratif*, t. Iᵉʳ, p. 53 et note 2). — Le passage de M. de Cormenin invoqué à tort par M. Dufour (t. Iᵉʳ, p. 381), ne vise pas le recours direct au Conseil d'État, mais le recours au ministre précédant un recours au Conseil d'État. Cette question spéciale est examinée plus loin.

3. Serrigny, *Compétence administrative*, t. Iᵉʳ, p. 381.

4. Voy. les conclusions de M. Aucoc, commissaire du Gouvernement dans l'affaire *Bizet* (13 mars 1867), et celles de M. Charles Robert dans l'affaire *Académie des Beaux-Arts* (21 juillet 1864).

5. Conseil d'État, 8 décembre 1859, *commune de Saint-Pierre;* — 20 mars 1862, *ville de Chalon;* — 5 juin 1862, *d'Andigné de Resteau;* — 16 avril 1863, *Guibert.* Le projet de loi de 1894 sur le Conseil d'État, que nous avons déjà eu occasion de mentionner, contient un article 11 portant que « le délai du recours au Conseil d'É-

La déchéance résultant de l'inobservation du délai est d'ordre public, d'où il suit qu'elle peut être prononcée d'office ([1]). Le Conseil d'État s'est souvent abstenu de le faire quand le recours lui semblait fondé et que la déchéance n'était pas relevée par des conclusions formelles. Toutefois, depuis qu'il statue comme juridiction souveraine en vertu de la loi de 1872, il hésite davantage à laisser les parties exercer devant lui un recours périmé. Il pourrait d'ailleurs y avoir un certain danger d'arbitraire, si des recours reconnus tardifs étaient ou non l'objet d'une décision au fond, selon que la requête paraîtrait plus ou moins fondée.

Le délai de trois mois est exceptionnellement réduit à deux mois, en vertu de l'article 88 de la loi du 10 août 1871, quand il s'agit des recours formés contre les décisions des commissions départementales. Mais nous reproduirons ici l'observation que nous avons déjà faite sur ces recours en parlant du timbre et de l'enregistrement des requêtes : les règles spéciales de l'article 88 ne sont applicables que si les décisions attaquées ont été prises par la commission départementale en vertu des pouvoirs propres qu'elle tient

---

tat, fixé à trois mois par l'article 11 du décret du 22 juillet 1806, *est réduit à deux mois.* »

Le rapport donne pour motif de cette abréviation du délai « qu'il y a lieu de généraliser la règle admise par la loi du 22 juillet 1889 pour l'appel des décisions des conseils de préfecture, et d'uniformiser les délais devant le Conseil d'État et devant la Cour de cassation ».

L'assimilation qui est ainsi faite entre les délais de l'appel ou du pourvoi en cassation, et ceux des recours dont le Conseil d'État connaît en premier et dernier ressort, ne nous paraît point exacte. La partie qui fait appel ou se pourvoit en cassation est depuis longtemps éclairée sur les éléments d'un litige qui a déjà donné lieu à une ou deux instances ; un court délai peut lui suffire pour décider si elle se pourvoira ou non devant une nouvelle juridiction.

Au contraire les recours pour excès de pouvoir, — ainsi que les recours contre les décisions ministérielles et tous ceux dont le Conseil d'État connaît comme juge unique — sont des demandes initiales, de véritables *actions* sur lesquelles la partie doit avoir le temps de délibérer et de consulter.

Le délai de trois mois, auquel ces recours sont soumis, est déjà très bref si on le compare au délai ordinaire des actions en justice, et sa réduction à deux mois constituerait une innovation peu favorable aux parties.

1. La question avait fait doute lorsque le Conseil d'État avait été investi pour la première fois d'une juridiction propre en 1849, mais elle fut résolue affirmativement par un arrêt du 9 juin 1849 (*de Carbon*). Depuis, le droit d'opposer d'office la déchéance n'a jamais fait doute, soit sous le régime de la justice retenue, soit sous celui de la justice déléguée. — Cf. Serrigny, *Compétence administrative*, t. Ier, p. 401.

des articles 86 et 87, mais non si ces décisions ont été prises par délégation du conseil général. Dans ce dernier cas, les conditions du recours restent les mêmes que si le conseil général avait lui-même statué.

Le délai ordinaire de trois mois peut s'augmenter des délais de distance prévus par l'article 13 du décret du 22 juillet 1806. Du moment que l'article 11 et le délai de trois mois qu'il édicte sont applicables au recours pour excès de pouvoir, on ne peut refuser à ce recours le supplément de délai dont bénéficient tous les pourvois régis par l'article 11. D'après l'article 13, « ceux qui de-« meurent hors de la France continentale auront, outre le délai de « trois mois, celui qui est réglé par l'article 73 du Code de procé-« dure civile ». D'après cet article 73, modifié par la loi du 3 mai 1862, les délais de distance varient de un à huit mois, selon la région dans laquelle le requérant a sa résidence, et il est doublé pour les pays d'outre-mer en cas de guerre maritime ([1]).

Point de départ du délai. — D'après l'article 11 du décret de 1806, le délai de trois mois ne court que « du jour où la décision aura été notifiée ». Cette règle est applicable en principe au recours pour excès de pouvoir, mais elle comporte certaines exceptions qui tiennent à la nature même des décisions attaquées. Il faut distinguer, à cet égard, entre les actes qui sont susceptibles d'une *notification individuelle*, parce qu'ils visent des personnes ou des administrations déterminées, et ceux qui ne sont susceptibles que d'une *publicité* plus ou moins étendue, parce qu'ils s'adressent à un ensemble d'intéressés qui ne pourraient pas être individuellement avertis.

Lorsque l'acte vise une personne déterminée, la notification peut et doit être faite, et le délai ne court que du jour où elle a eu lieu. Cette notification doit émaner de l'autorité qui a fait l'acte ou d'un de ses subordonnés; elle se fait administrativement et non par acte extrajudiciaire, car l'administration n'a jamais besoin de recourir au ministère d'un huissier pour signifier ses propres

1. Conseil d'État, 20 juillet 1877, *de Mathos et Green*.

décisions. Elle n'est assujettie à aucune forme sacramentelle et elle est ordinairement constatée, soit par un récépissé de la partie intéressée, soit par un procès-verbal dressé par l'agent de transmission, soit par une mention consignée sur l'original, ou par toute autre déclaration écrite de l'agent. Toutefois, ces procès-verbaux, mentions ou déclarations ne font foi que jusqu'à preuve contraire. Ils ne constituent d'ailleurs que des procédés de constatation, non des formalités substantielles, d'où il suit qu'il peut y être suppléé par d'autres moyens de preuve, notamment par l'aveu de la partie, consigné dans sa correspondance avec l'administration ou dans ses mémoires devant le Conseil d'État ([1]).

La notification pourrait aussi résulter d'une lettre missive et même d'un télégramme portant officiellement la décision à la connaissance de l'intéressé, mais non d'une simple communication verbale, car toute notification suppose l'existence d'un document écrit remis à un tiers ([2]).

Dans tous les cas, la notification doit faire suffisamment connaître la teneur de la décision, et non pas seulement son existence et l'énoncé sommaire de son dispositif ([3]).

La notification ne doit pas être confondue avec la simple *communication,* qui n'implique pas la remise effective d'un document à la partie, mais seulement une autorisation ou une invitation de prendre connaissance de certaines pièces dans les bureaux de l'administration. Si ce mode de divulgation peut suffire pour les actes qui ne sont pas susceptibles de notification individuelle, il ne suffirait pas pour ceux qui visent des personnes déterminées. Celles-ci ne sont pas tenues d'aller à la recherche des documents qui les touchent personnellement; ce sont ces documents qui doivent se manifester à elles au moyen de la notification.

Des équivalents à la notification peuvent plus facilement être admis lorsque l'acte intéresse non un particulier mais une administration publique. Sans doute, il est possible d'adresser à ces administrations une notification individuelle en la personne de leur représentant légal, et il sera toujours plus régulier de pro-

---

1. Conseil d'État, 7 décembre 1877, *Meinier.*
2. Conseil d'État, 3 décembre 1864, *Lemoine;* — 30 avril 1868, *Desanges.*
3. Conseil d'État, 11 décembre 1871, *Roussel.*

céder ainsi. Mais la jurisprudence admet que le délai peut courir à leur égard du jour où elles sont en possession de la décision, alors même qu'il n'est pas justifié d'une notification régulière ; elle tient ainsi compte des rapports que ces administrations ont avec les autorités dont elles relèvent, rapports plus fréquents et plus étroits que ceux des particuliers, et qui leur fournissent de nombreux moyens de connaître les documents qui les intéressent et d'en faire prendre copie.

C'est pourquoi plusieurs arrêts ont fait courir le délai, à l'égard d'une commune ou d'une fabrique, du jour où le conseil municipal ou le conseil de fabrique a délibéré sur un décret ou sur un arrêté préfectoral, en a discuté les dispositions et a agité la question de savoir s'il y avait lieu de former un recours [1]. Ces discussions prouvent en effet que l'administration intéressée était en possession de la décision et qu'elle en avait le texte sous les yeux. Mais encore faut-il qu'il y ait *possession* de ce texte, et non simple *connaissance* acquise, plus ou moins complète, du contenu de la décision.

A défaut de notification individuelle, dans les cas où elle est nécessaire, le délai du recours courrait-il du jour où la décision a reçu son exécution à l'égard de la partie ? Nous ne parlons ici que d'une exécution forcée, car la question ne peut guère se poser dans le cas d'une exécution volontaire et sans réserve, qui équivaudrait à un acquiescement et impliquerait renonciation à tout recours. On peut certainement soutenir que l'exécution forcée révèle avec une énergie toute particulière l'existence de la décision ; mais elle n'en révèle pas nécessairement la teneur et les motifs ; elle ne permet pas de vérifier les vices de forme ou autres irrégularités dont elle peut être entachée ; elle ne peut, en tout cas, équivaloir qu'à la notification d'un extrait, d'un simple dispositif, laquelle ne suffit pas pour faire courir le délai [2].

---

1. Conseil d'État, 8 décembre 1859, *commune de Saint-Pierre de Sémilly ;* — 10 décembre 1870, *commune de Lugo-di-Nazza ;* — 7 juin 1881, *fabrique de Nailloux ;* — 10 mai 1885, *hospice de Fontenay-le-Comte ;* — 8 août 1890, *commune de Mantes ;* — 20 juillet 1894, *commune de Proviseux.*

2. Conseil d'État, 22 janvier 1863, *Milon.* — Cet arrêt déclare recevable le recours formé par un notaire contre un décret prononçant la suppression de son étude, bien qu'il eût été invité, depuis plus de trois mois, à exécuter ce décret en remettant ses

Parlons maintenant des actes qui ne sont pas susceptibles de notification individuelle parce qu'ils ne s'adressent pas à des personnes ou à des administrations déterminées, mais à un public plus ou moins nombreux. Tels sont les actes réglementaires, les mesures de police générale ou locale, les décisions qui prononcent des déclarations d'utilité publique, des classements ou déclassements de routes, chemins ou rues, etc.

Le délai dans lequel ces actes peuvent être attaqués court, à l'égard de tous les intéressés, du jour où ils ont été portés à la connaissance du public par un mode de divulgation approprié à la nature de l'acte et, le plus souvent, par une publication dans un recueil officiel. Cette espèce de notification *erga omnes* résulte d'une insertion au *Journal officiel* ou au *Bulletin des lois* pour les actes du pouvoir central, au *Journal militaire* pour les décisions de l'autorité militaire, au *Recueil des actes administratifs* du département pour les arrêtés préfectoraux.

Il convient aussi de tenir compte des dispositions de loi qui déterminent la manière dont certains actes administratifs doivent être publiés. Ainsi, les arrêtés des maires contenant des dispositions générales doivent être portés à la connaissance des intéressés par voie d'affiches et de publications (loi du 5 avril 1884, art. 96) [1] ; les décisions des commissions départementales sont l'objet d'une simple *communication* aux intéressés (loi du 10 août 1871, art. 88).

La distinction que nous venons d'indiquer entre les cas où le délai court d'une notification individuelle ou d'une simple publication a été faite de tout temps par la jurisprudence (²), mais elle

---

minutes à un de ses collègues. L'arrêt décide que le délai n'avait couru que du jour où le requérant avait ultérieurement reçu une notification régulière du décret. — Nous n'hésitons pas à préférer cette décision à un arrêt du 9 février 1870 (*Poulizac*) qui déclare tardif le recours formé par un officier contre un décret de mise en réforme dont la notification n'était pas établie, parce qu'il s'était écoulé plus de trois mois depuis que le requérant avait su qu'il était rayé des contrôles de son régiment en exécution de ce décret. Cette radiation révélait sans doute l'existence du décret, mais elle n'en faisait pas connaître la teneur et, par suite, elle n'équivalait pas à la notification.

1. Les publications prévues par ce texte sont des publications à son de caisse ou de trompe faites par le crieur public, et non la publication écrite ; celle-ci résulte des affiches qui peuvent n'être que manuscrites.

2. On peut consulter les arrêts suivants : pour des décrets portant déclaration d'utilité publique, 9 juin 1849, *de Carbon* ; — pour des décrets réglementaires, 1er juil-

a été pour la première fois affirmée en doctrine par un arrêt du 30 avril 1880 (*Albrecht*), portant « que si, aux termes de l'article 11 du décret du 22 juillet 1806, le délai de trois mois pendant lequel le recours au Conseil d'État est recevable ne court que du jour de la notification de la décision attaquée, cette règle ne saurait s'appliquer aux recours formés contre les actes qui ne sont pas susceptibles de notification individuelle et qui sont portés à la connaissance du public par leur insertion au *Bulletin des lois* ou au *Journal officiel*; que pour ces actes, le délai du recours ne commence à courir qu'à partir de la publication qui résulte de cette insertion. »

Le vœu de la loi étant que chaque partie intéressée reçoive la notification prévue par l'article 11, la jurisprudence évite d'étendre les cas où il peut y être suppléé par une simple publication. Elle n'admet pas que celle-ci suffise toutes les fois que l'acte s'adresse à un groupe plus ou moins nombreux d'intéressés et surtout quand il s'agit de propriétaires ou de commerçants que l'administration peut connaître et mettre nominativement en demeure. Aussi le Conseil d'État a-t-il décidé que les loueurs de voitures de Paris, auxquels un arrêté du préfet de la Seine imposait l'emploi d'un compteur kilométrique et horaire, avaient le droit de recevoir une notification individuelle parce qu'ils étaient suffisamment connus de l'administration [1].

Dans les cas où une publication peut suffire parce que l'acte n'est pas susceptible de notification individuelle, la jurisprudence admet qu'il peut y être suppléé par l'exécution même de l'acte, et nous acceptons ici cette règle que nous avons écartée quand il s'agit d'actes susceptibles de notification individuelle. Mais encore faut-il que l'exécution ait effectivement atteint le requérant, par exemple si on l'a mis personnellement en demeure d'exécuter les prescriptions de l'acte [2]; il faut tout au moins que l'exécution ait été publique, no-

---

let 1839, *Fermy de Saint-Martin*; — 30 avril 1880, *Albrecht*; — 17 juillet 1885, *Chambre de commerce de Dunkerque*; — pour des arrêtés de curage, 5 juin 1862, *d'Andigné de Resteau*; — 8 février 1846, *Marqué*; — pour des décrets déterminant le rang d'ancienneté des officiers, 27 mars 1874, *Faidherbe*; — pour des délibérations de conseils généraux, 14 mai 1886, *Tesle*.

1. Conseil d'État, 9 août 1893, *Chambre syndicale des entrepreneurs de voitures*.
2. 1869, p. 469; — 24 janvier 1879, *Le Marrois*; — 19 décembre 1879, *Briet*. Dans cette dernière affaire, le Conseil d'État a retenu comme point de départ du délai la

toire et de nature à s'imposer à l'attention de tous les intéressés (¹).

Calcul du délai. — Le point de départ du délai étant déterminé, les trois mois sont comptés de quantième à quantième, quel que soit le nombre de jours de chaque mois. On ne fait entrer dans le calcul du délai ni les *dies à quo*, c'est-à-dire celui de la notification ou de l'acte équivalent, ni le *dies ad quem*, c'est-à-dire celui de l'enregistrement du pourvoi. En conséquence, la notification ayant eu lieu, par exemple, le 15 janvier, le délai courra du 16 janvier au 15 avril inclus, et le pourvoi pourra encore être formé le 16 avril. En d'autres termes, la partie a droit à un délai franc de trois mois pour délibérer sur le pourvoi, ce délai se place entre le jour de la notification et celui du pourvoi qui lui servent de limite et de cadre, mais qui n'empiètent pas sur lui (²).

Ce mode de calcul, consacré par la jurisprudence, est conforme aux dispositions générales de l'article 1033 du Code de procédure civile et à celles des lois du 1ᵉʳ frimaire an II et du 2 juin 1862 sur le pourvoi en cassation. Mais est-il également d'accord avec l'article 11 du décret de 1806, plus directement applicable à notre matière ? Le doute est permis. En effet, ce texte porte « que le recours au Conseil d'État *ne sera pas recevable après trois mois* du jour où la décision aura été notifiée » ; il exclut certainement ainsi le jour de la notification, mais il semble bien comprendre dans les trois mois le jour du pourvoi, puisque le recours n'est plus recevable une fois ces trois mois accomplis ; or, dans l'exemple cité plus haut, les trois mois commencés le 16 janvier seront accomplis le 15 avril à minuit, car il ne peut y avoir quatre 16 dans trois mois. Quoi qu'il en soit, la pratique est constante, et les auteurs l'ont acceptée (³), ce qui nous dispense d'insister davantage sur la question.

date d'une condamnation prononcée contre le requérant pour infraction à un règlement et a déclaré tardif le recours formé plus de trois mois après cette condamnation.

1. Conseil d'État, 22 février 1878, *Choppin*.

2. Conseil d'État, 14 décembre 1843, — *Colonna;* 23 novembre 1850, *Mourier;* — 20 janvier 1859, *Chemin de fer du Midi;* — 22 janvier 1863, *Milon*.

3. Aucoc, *Conférences*, t. Iᵉʳ, p. 672; — Serrigny, *Compétence administrative*, t. Iᵉʳ, p. 380.

L'acte que la partie est tenue d'accomplir dans le délai légal consiste dans le dépôt de son recours au secrétariat du contentieux, dépôt qui est constaté par l'inscription du pourvoi sur un registre *ad hoc* et par un timbre apposé sur la requête. Il ne faut pas confondre cette inscription (appelée aussi dans la pratique enregistrement du pourvoi) avec la formalité fiscale de l'enregistrement à laquelle sont soumis tous les recours que la loi n'a pas déclarés sans frais. D'un autre côté, les règlements fiscaux s'opposant à ce que le secrétariat du contentieux inscrive sur son registre un recours qui n'a pas acquitté les droits, il peut arriver que la date de cette inscription ne coïncide pas avec celle du dépôt effectif du recours, par suite d'un retard dans le paiement des droits d'enregistrement. Dans ce cas, le Conseil d'État, — par une jurisprudence plus bienveillante pour les parties qu'elle n'est peut-être strictement légale, — s'attache à la date de ce dépôt, et il décide que le pourvoi est recevable s'il a été *déposé* dans les délais, bien qu'il n'ait été régularisé que plus tard par la formalité de l'enregistrement [1].

Du cas où le recours pour excès de pouvoir est précédé d'un recours au ministre. — Les ministres sont investis d'un pouvoir hiérarchique qui leur permet d'annuler et de réformer à toute époque, soit spontanément, soit sur la demande de parties intéressées, les décisions des autorités inférieures. Aucun délai ne peut être assigné à l'exercice de ce droit : un ministre peut mettre à néant aujourd'hui un arrêté d'un préfet de l'an VIII, aussi bien qu'un arrêté signé d'hier ; son droit est illimité dans sa durée : il n'est limité dans ses effets que par l'obligation de respecter les droits acquis.

Un pouvoir analogue appartient aux préfets à l'égard des maires agissant comme agents de la puissance publique : ils peuvent, à toute époque, annuler les arrêtés municipaux, soit d'office, soit sur la réclamation des intéressés, soit sur l'invitation du ministre compétent, à condition de respecter les droits acquis et les faits accomplis.

1. Conseil d'État, 28 novembre 1873, *Aymé* ; — 10 février 1882, *Brun*.

Cette perpétuité du pouvoir hiérarchique, cette pérennité du recours qui peut en provoquer l'exercice, se retrouvent-elles également dans le recours contentieux, et dans les pouvoirs du Conseil d'État, statuant sur une demande en annulation d'un acte administratif préalablement examinée et rejetée par le ministre? Telle est la question sur laquelle la doctrine s'est divisée et qui a donné lieu, en 1881, à une évolution très remarquée de la jurisprudence du Conseil d'État.

Notons d'abord un point qui n'a jamais fait doute. Lorsque le ministre ou tout autre supérieur hiérarchique, agissant spontanément ou à l'instigation d'autrui, *annule* ou *réforme* la décision d'une autorité inférieure investie d'un pouvoir propre, il fait un acte nouveau, il substitue sa décision à celle de son subordonné. La décision du supérieur hiérarchique peut alors soulever des griefs entièrement distincts de ceux que l'acte primitif aurait pu provoquer ; par suite, un recours est ouvert contre cette décision nouvelle dans le délai ordinaire de trois mois.

Mais s'il n'y a pas de décision nouvelle ; si le ministre refuse de la prendre, et se borne à laisser subsister l'acte ancien, la question est de savoir si sa décision purement confirmative, à quelque époque qu'elle ait été provoquée et rendue, fait revivre le délai du recours à l'égard de l'acte émané d'une autorité inférieure.

Cette question a été longtemps résolue dans le sens de l'affirmative, plutôt, il est vrai, par des décisions implicites du Conseil d'État que par des arrêts formels, jusqu'en 1862. Elle n'avait d'ailleurs qu'un intérêt pratique assez limité, à raison du petit nombre des recours, et avant que le décret du 2 novembre 1864 eût permis d'assimiler le silence des ministres, prolongé pendant quatre mois, à une décision de rejet (¹).

---

1. Le peu d'intérêt de la question, avant le décret du 2 novembre 1864, a fait que les anciens auteurs ne s'en sont guère préoccupés. M. Macarel n'en dit rien, M. de Cormenin se borne à y faire brièvement allusion dans une note où il cite quelques arrêts dans les deux sens : ceux du 28 juillet 1820 (*Ogier*) et du 30 juin 1839 (*Cogordan*). dans le sens de la recevabilité du recours ; en sens contraire, d'anciens arrêts du 18 août 1807 et du 9 décembre 1810. (Cf. *Questions de droit*, édit. de 1826, t. Iᵉʳ, p. 159, et note 1 ; et édit. de 1840, t. Iᵉʳ, p. 169, et note 2.)

L'arrêt *Cogordan*, de 1839, dit explicitement « que la loi n'a prescrit aucun délai pour attaquer devant le ministre les arrêtés pris par les préfets » ; mais il ne vise pas notre question ; il s'agissait, en effet, dans cette espèce, d'une décision minis-

La question s'est, au contraire, très nettement posée après le décret du 2 novembre 1864, notamment dans une affaire *d'Andigné de Resteau*. Un premier arrêt du 5 juin 1862 avait déclaré non recevable, par application de l'article 11 du décret du 22 juillet 1806, un recours directement formé devant le Conseil d'État contre un arrêté préfectoral rendu cinq ans auparavant. Par une ingénieuse évolution de procédure, le réclamant alla porter au ministre la requête que le Conseil d'État avait écartée comme tardive. Le ministre l'ayant rejetée à son tour, le sieur *d'Andigné de Resteau* revint devant le Conseil d'État ; il soutint que l'arrêté préfectoral ainsi confirmé faisait désormais corps avec la décision ministérielle, et qu'il pouvait être annulé en même temps qu'elle, en vertu d'un nouveau pourvoi formé contre cette décision.

Cette prétention fut accueillie par un arrêt du 9 février 1865 (*d'Andigné de Resteau*), rendu conformément aux conclusions de M. le commissaire du Gouvernement L'Hôpital, qui ne se dissimulait pas, disait-il, la « bizarrerie » de la solution (¹). Il était en effet singulier qu'un recours, déclaré tardif parce qu'il était formé cinq ans après l'acte attaqué, cessât de l'être en se reproduisant trois ans plus tard.

La doctrine ainsi adoptée en 1865 se comprend mieux lorsque

---

térielle qui avait *modifié* un arrêté préfectoral. Le pourvoi soutenait que l'arrêté avait acquis autorité de chose jugée à l'égard du ministre par suite de l'expiration du délai de trois mois et de l'exécution donnée à l'arrêté ; l'arrêt répond avec raison que ces circonstances ne pouvaient pas faire obstacle à l'exercice de l'autorité ministérielle ; avec raison aussi, il statue au fond sur le recours formé contre la décision ministérielle qui constituait un acte nouveau.

Les autres décisions antérieures à l'arrêt de 1865 dont nous parlons ci-après, ne sont qu'implicites ; mais comme aucune d'elles n'oppose de fin de non-recevoir à des recours formés contre des arrêtés préfectoraux souvent fort anciens, pourvu que ces recours aient été formés en même temps contre une décision ministérielle confirmative notifiée depuis moins de trois mois, on doit certainement en conclure que la jurisprudence du Conseil d'État admettait la recevabilité du recours, sans avoir égard à la date de l'acte primitif.

1. Cet arrêt est ainsi conçu sur la question du délai : « — Considérant que notre ministre a statué sur le pourvoi formé devant lui par le sieur d'Andigné de Resteau contre les arrêtés du préfet de la Sarthe ; que cette décision peut nous être déférée par la voie contentieuse ; et que le décret qui a déclaré que le requérant n'était plus recevable à se pourvoir directement devant nous pour excès de pouvoir contre les arrêtés du préfet ne faisait pas obstacle à ce qu'il attaque devant nous la décision prise par le ministre... » — Voy. les conclusions du commissaire du Gouvernement au *Recueil des arrêts du Conseil d'État*, année 1865, p. 171.

l'on fait la part des préoccupations politiques qui exerçaient leur influence sur la jurisprudence de cette époque, et qui tendaient à faciliter le recours pour excès de pouvoir, à l'affranchir de toute entrave de procédure, afin d'en faire une « soupape de sûreté » donnant issue aux mécontentements nés d'erreurs ou d'abus de l'administration ([1]).

Aussi, lorsque la question du délai du recours pour excès de pouvoir, en cas de recours préalable au ministre, s'est posée de nouveau après 1872, a-t-elle été résolue autrement qu'en 1865. Elle l'a été sans précipitation, car tout changement important de jurisprudence doit être longuement médité et l'on pourrait encore citer, dans la période 1872-1880, plus d'un arrêt qui omet d'appliquer la déchéance. Mais il vint un moment où il fallut prendre parti entre la jurisprudence de 1865 et les principes généraux de la procédure administrative. Dans une affaire jugée le 13 avril 1881 (*Bansais*),

---

1. Ces préoccupations ont été fidèlement rapportées par M. Aucoc, dans ses conclusions souvent citées du 13 mars 1867, dans l'affaire *Bizet* : « Le Gouvernement, « disait-il, sur qui retombe la responsabilité des fautes de ses agents, a grand intérêt « à ce que les plaintes qu'elles soulèvent puissent arriver jusqu'à lui, parce que les « griefs les plus minimes peuvent, en se multipliant, amener de graves mécontente-« ments. Il y a là *une soupape de sûreté qui doit rester toujours ouverte.* »

Un autre organe autorisé du Conseil d'État à cette époque, M. le commissaire du Gouvernement Charles Robert, développait le même ordre d'idées dans des conclusions qui furent jugées dignes, par leur haute portée politique, d'être insérées *in extenso* dans le *Moniteur universel.* « Oui, Messieurs, disait-il dans l'affaire jugée le « 21 juillet 1864 (*Académie des Beaux-Arts*), ouvrir un droit de recours direct au sou-« verain contre toute irrégularité commise dans l'étendue de l'Empire par une autorité « administrative, organiser au sein même du Gouvernement le contrôle sérieux et « efficace des subordonnés par le chef suprême, c'est évidemment une grande pensée. « On comprend que, sous le régime parlementaire, il n'ait paru ni opportun ni utile « de donner au recours pour excès de pouvoir toute l'extension qu'il comporte, mais « à présent, la loi de 1790, ou plutôt son principe développé et rajeuni, est appelée « à prendre une place de plus en plus importante dans l'économie des institutions « impériales. Notre Constitution déclare l'Empereur responsable devant le pays, quoi « de plus naturel et de plus logique que de lui donner les moyens de redresser lui-« même, avec l'aide de son Conseil, les actes qui lui sont signalés comme lésant les « droits acquis? Aussi appelons-nous de nos vœux le jour où le Gouvernement impé-« rial croirait possible *d'ouvrir toute grande la porte du Conseil d'État en rendant* « *le recours pour excès de pouvoir gratuit comme le droit de pétition.* »

On voit par ces citations que la procédure administrative, avec ses règles strictes, ses délais et ses déchéances, devait mal se concilier avec l'idée d'un recours au chef de l'État exerçant une de ses plus précieuses prérogatives. Cette procédure devait paraître importune, presque irrespectueuse, quand elle prétendait limiter par de froids calculs de délais l'action personnelle du souverain, et lui interdire des décisions capables d'alléger sa responsabilité constitutionnelle.

le Conseil d'État se trouvait en présence d'un arrêté d'alignement en date du 14 avril 1831, qui n'avait été attaqué devant le préfet, puis devant le ministre de l'intérieur, qu'en 1879, quarante-huit ans après avoir été exécuté. Le recours formé contre cet arrêté, en même temps que contre les décisions confirmatives du préfet et du ministre, était-il encore recevable ? Avec la jurisprudence de 1865, il aurait fallu répondre affirmativement, mais le Conseil d'État, abandonnant ouvertement cette jurisprudence, a déclaré le recours tardif.

D'autres arrêts du 14 janvier 1887 (*Société de l'Union des Gaz*) et du 14 mars 1890 (*ville de Constantine*), ont appliqué et confirmé la jurisprudence de l'arrêt *Bansais* ([1]).

Ces décisions reposent sur la distinction que nous avons précédemment indiquée entre le recours hiérarchique, affranchi de tout délai, et le recours contentieux, nécessairement soumis à des

---

1. L'arrêt du 14 janvier 1887 (*Société de l'Union des Gaz*), qui reproduit tous les considérants de doctrine de l'arrêt *Bansais*, est ainsi conçu :

« Considérant que le recours formé devant le Conseil d'État par la Société « l'Union des Gaz » tend à obtenir, d'une part, l'annulation d'une décision du 20 novembre 1884, par laquelle le ministre des travaux publics a refusé d'annuler deux arrêtés du préfet du département du Gard du 24 janvier 1881, d'autre part et par voie de conséquence, l'annulation desdits arrêtés préfectoraux ; — Considérant qu'il résulte de l'instruction et qu'il n'est pas contesté qu'à la date du recours formé par la Société « l'Union des Gaz » devant le ministre des travaux publics, il s'était écoulé plus de trois mois depuis que les arrêtés attaqués avaient été exécutés à l'égard de la Société requérante ; qu'ainsi et par application de l'article 11 du décret du 22 juillet 1806, lesdits arrêtés n'étaient plus, à la date précitée, susceptibles d'être déférés au Conseil d'État par la voie du recours pour excès de pouvoir ; — Considérant que si la Société requérante, au lieu de porter directement son recours au Conseil d'État, l'a préalablement soumis au ministre des travaux publics, ce mode de procéder n'a pu avoir pour effet de proroger le délai pendant lequel elle pouvait se pourvoir contre l'arrêté précité par la voie contentieuse ; — Considérant, en effet, que si le recours pour excès de pouvoir peut être, au gré de la partie intéressée, formé directement devant le Conseil d'État, ou préalablement porté devant le supérieur hiérarchique de l'autorité dont la décision est attaquée, ledit recours ne saurait être affranchi, dans ce dernier cas, du délai de trois mois qui lui est imposé quand le Conseil d'État en est directement saisi ; qu'il suit de là qu'en admettant qu'en 1878 le recours par la voie administrative et hiérarchique contre l'arrêté d'alignement du 14 avril 1831 fût resté ouvert à la Société requérante, la réclamation par elle formée à cette date n'a pu avoir pour effet de saisir valablement la juridiction contentieuse ; qu'ainsi son recours doit être déclaré non recevable... »

Cf. *Revue d'administration* (mai 1881, p. 68) l'article de M. Le Vavasseur de Précourt sur cette jurisprudence.

En sens contraire, *Recueil des arrêts du Conseil d'État*, note sous l'arrêt du 14 janvier 1887 (p. 43).

délais de procédure. En vertu d'une jurisprudence immuable, aussi ancienne que le recours pour excès de pouvoir lui-même, les demandes tendant à l'annulation d'actes administratifs par la voie contentieuse peuvent être présentées, au gré de la partie, soit au Conseil d'État, juge de premier et dernier ressort, soit au ministre, sauf recours au Conseil d'État. Quelle que soit la voie suivie, l'action est la même et le Conseil d'État décide qu'elle est soumise au même délai de trois mois : soit par un texte formel, l'article 11 du décret du 22 juillet 1806, lorsqu'elle est directement portée devant le Conseil d'État ; soit en vertu d'un argument *à pari* tiré de ce même texte, lorsqu'elle est présentée d'abord au ministre.

En d'autres termes, le Conseil d'État considère le délai de trois mois comme un délai donné aux parties pour attaquer l'acte par la voie contentieuse, — devant le Conseil d'État ou devant le ministre, à leur choix, — ou pour y acquiescer. Ce délai expiré, l'acquiescement est présumé et l'action en annulation est éteinte. Toutefois, la partie conserve le droit de provoquer en tout temps, par la voie administrative, l'intervention du supérieur hiérarchique, et celui-ci peut, à toute époque, annuler l'acte de son subordonné ; mais s'il s'y refuse, la partie n'a plus d'action pour l'y contraindre, parce qu'elle n'a plus de recours contentieux en annulation contre l'acte lui-même.

Telle est la doctrine à laquelle le Conseil d'État s'est arrêté depuis 1881. Elle a été accueillie par la majorité des jurisconsultes et des praticiens comme une solution rationnelle, devenue inévitable en présence des abus engendrés par la jurisprudence de 1865. « Tout en convenant que la question est fort « délicate, écrivait un commentateur autorisé de la jurisprudence « du Conseil d'État, nous considérons la solution adoptée par le « Conseil d'État comme *un complément nécessaire de la théorie de* « *l'excès de pouvoir*, venant combler une lacune manifeste de cette « heureuse création de notre jurisprudence administrative ([1]). »

---

1. *Revue critique de législation et de jurisprudence.* Examen doctrinal de la jurisprudence du Conseil d'État, par M. Gautier, professeur à la Faculté de droit d'Aix. (Année 1882, p. 13.)

Voy. aussi : — les conclusions du commissaire du Gouvernement sur l'affaire *Bansa's* (*Recueil des arrêts du Conseil d'État*, année 1881, p. 431).; — la *Revue générale*

M. Aucoc a cependant formulé contre cette jurisprudence diverses objections (¹), dont la plus importante nous paraît reposer sur un malentendu. Le savant auteur interprète en effet la jurisprudence comme si elle obligeait la partie à se pourvoir au Conseil d'État, dans le délai de trois mois à partir de la notification de l'acte, même si elle a déféré cet acte au ministre : — « Toutes les

d'administration, mai 1881, p, 68 ; — le Recueil périodique de Dalloz, année 1862, 3ᵉ partie, p. 49.

L'arrêtiste du Recueil de Dalloz, dont la haute compétence est connue, se demande s'il n'aurait pas fallu séparer plus complètement encore que ne l'a fait le Conseil d'État, le recours contentieux du recours hiérarchique : « Le ministre, dit-il, n'a aucune juridiction comme juge des actions pour excès de pouvoir, en tant que ces actions prennent la forme contentieuse ; l'article 9 de la loi du 24 mai 1872 réserve au Conseil d'État la haute fonction de statuer sur les actions de cette nature. » Il en conclut que les parties ont le choix entre deux voies distinctes, le recours administratif et le recours contentieux, ce dernier réservé au Conseil d'État seul, et toujours soumis au même délai de trois mois, sans que ce délai puisse être prorogé par l'effet d'un recours au ministre.

Ce système nous paraît trop absolu et c'est avec raison, croyons-nous, que le Conseil d'État ne l'a pas consacré. En effet, toute la jurisprudence des excès de pouvoir laisse aux parties l'option entre la voie contentieuse directe, omisso medio, et la voie du recours préalable au ministre, aboutissant également à une action contentieuse devant le Conseil d'État. Que l'on oblige la partie à attaquer l'acte dans le délai de trois mois, quelle que soit la voie qu'elle adopte, rien de mieux, car son option ne saurait avoir pour effet de rendre l'acte administratif définitif après trois mois ou indéfiniment précaire ; mais ce serait lui enlever cette option elle-même que de compter pour rien le recours au ministre formé dans le délai du recours contentieux, car il serait matériellement impossible à la partie d'obtenir une décision ministérielle assez tôt pour se pourvoir au Conseil d'État dans un délai de trois mois à partir de la notification de l'acte attaqué. La jurisprudence de 1881 concilie l'intérêt qu'a la partie à conserver cette option, avec la nécessité d'agir dans un certain délai, et cela parce que l'esprit général de la législation, comme le dit fort bien la note de Dalloz, « est de soumettre à un très bref délai les actions qui peuvent mettre en suspens la validité des actes administratifs ».

Il y a cependant un cas où le système proposé par M. Dalloz est appliqué par le Conseil d'État, c'est celui où les décisions des commissions départementales sont déférées, en appel, au conseil général exerçant une sorte d'autorité hiérarchique (Loi du 10 août 1871, art. 88). Dans ce cas particulier, le Conseil décide que l'appel au conseil général, pour inopportunité ou fausse appréciation des faits, est entièrement distinct du recours au Conseil d'État, pour excès de pouvoir ou violation de la loi ou d'un règlement d'administration publique ; pour ce dernier recours, le délai accordé aux parties ne peut pas être prorogé par un appel au conseil général. (Voy. Conseil d'État, 9 février 1883, Bouvier ; — 1ᵉʳ février 1884, Lasvignas.)

1. Ces objections se bornaient à une simple réserve dans les Conférences de M. Aucoc, édit. de 1885, t. Iᵉʳ, p, 671. Mais, depuis lors, et peu de temps avant l'arrêt du 14 janvier 1887 qui a confirmé l'arrêt Bansais, M. Aucoc a développé ses objections dans un article de la Gazette des tribunaux du 24 décembre 1886, et dans un article de la Revue critique de législation et de jurisprudence (livraison de janvier 1887, nouvelle série, t. XVI, p. 63).

« décisions, dit-il, des préfets, des maires, des autres autorités
« administratives qui n'auront pas été attaquées *devant le Conseil d'État*
« *dans le délai de trois mois* deviennent irréformables ; et si les par-
« ties désireuses de s'épargner les frais d'un recours devant le Con-
« seil d'État, ont été d'abord devant le ministre pour obtenir la
« réformation de l'acte qui leur fait grief, *c'est en vain qu'après le*
« *rejet de leur réclamation par le ministre elles voudront former un*
« *pourvoi devant le Conseil.* Le délai de trois mois étant toujours ex-
« piré, leur pourvoi ne sera plus recevable. » Cette conséquence de
la nouvelle doctrine, ajoute M. Aucoc, n'est pas une hypothèse de
notre part, et il cite l'arrêt *Bansais* du 13 avril 1881, comme en
ayant fait une application ([1]).

Le savant auteur nous paraît s'être mépris sur la véritable portée de la nouvelle jurisprudence. Cette jurisprudence ne dit pas
qu'on est déchu de son pourvoi contre une décision d'un préfet ou
d'une autre autorité inférieure si on ne l'a pas formé *devant le Con-*
seil d'État dans le délai de trois mois ; elle dit qu'on est déchu si
on n'a formé, dans ce délai, ni recours au Conseil d'État *ni re-*
cours au ministre. Les arrêts précités de 1881, de 1887 et de 1890
sont formels en ce sens. Le système que M. Aucoc attribue au
Conseil d'État est celui qui a été proposé dans le *Recueil périodi-*
que de Dalloz, et que nous avons discuté et écarté ci-dessus (page
466, note 1).

Donc, nul doute à cet égard : les parties conservent la faculté de
réclamer devant le ministre, seulement, elles doivent le faire dans
le délai de trois mois, si elles veulent donner à cette réclamation
le caractère d'une réclamation contentieuse et se réserver un recours ultérieur devant le Conseil d'État. Quant à ce recours au
Conseil d'État, il sera valablement formé dans les trois mois de la
décision ministérielle, à quelque époque que celle-ci ait été rendue, pourvu qu'elle ait été provoquée dans les délais du recours
contentieux.

Nous ferons remarquer en terminant que cette jurisprudence
unifie d'une manière très rationnelle le délai après lequel les divers
actes administratifs, de quelque autorité qu'ils émanent, cessent

---

1. *Revue critique*, loc. cit.

de pouvoir être attaqués par la voie contentieuse. Pour les actes du Chef de l'État et des ministres, qui échappent à tout recours hiérarchique, ce délai a toujours été de trois mois après leur notification ; pour les actes des préfets, des maires et des autres autorités relevant d'un supérieur hiérarchique, il n'existait aucun délai d'après la jurisprudence de 1865, puisque le recours hiérarchique dont ces actes sont toujours susceptibles est affranchi de tout délai, et que le délai du recours au Conseil d'État ne commençait à courir que lorsque le ministre avait statué ou était resté quatre mois sans répondre. Il y avait ainsi deux catégories d'actes administratifs soumis à des règles très différentes : les uns qui étaient définitifs au bout de trois mois, les autres qui ne l'étaient jamais.

La jurisprudence de 1881 a fait cesser cette disparate en décidant que l'acte devient toujours définitif après trois mois, s'il n'a pas été déféré, dans ce délai, à une autorité ou à une juridiction ayant qualité pour l'annuler.

Du cas où le recours préalable est formé devant un ministre incompétent. — Sous l'empire de la jurisprudence que nous venons d'exposer, que décider si un recours hiérarchique est formé, dans le délai de trois mois, devant un ministre qui n'a pas qualité pour annuler l'acte attaqué ? Ce recours pourra-t-il néanmoins proroger le délai du recours au Conseil d'État ? La négative résulterait d'une stricte application des principes de la procédure. Il est de règle en effet que les forclusions et déchéances ne sont pas évitées par un recours formé devant une autorité incompétente ; elles diffèrent en cela de la prescription proprement dite qui peut être interrompue par une citation devant un juge incompétent (C. civ., art. 2246).

D'un autre côté, il semble difficile que les parties intéressées puissent être tenues, sous peine de perte de leurs droits de recours, d'être exactement au courant des changements qui peuvent survenir dans la répartition de certains services entre les différents ministères, et par suite dans la compétence des ministres ; cette connaissance exacte des attributions peut surtout présenter des difficultés pour les affaires de l'Algérie soumises au régime dit « des rattachements ».

Aussi serions-nous disposé à résoudre la question par la distinction suivante : Si la décision qu'il s'agit d'attaquer est de telle nature qu'aucun ministre ne puisse la réformer et que le recours hiérarchique soit nécessairement frustratoire, nous pensons que ce recours, inexistant en droit, ne saurait proroger le délai du recours pour excès de pouvoir. Tel serait le cas si l'on demandait au ministre de l'intérieur d'annuler une délibération d'un conseil général, qui ne peut être annulée que par décret, ou bien un arrêté préfectoral annulant ou refusant d'annuler une délibération de conseil municipal, alors que l'article 67 de la loi municipale de 1884 n'autorise qu'un recours direct au Conseil d'État contre cet arrêté ([1]).

Mais si l'acte, par sa nature, comporte un recours au ministre, et si la partie l'a formé dans le délai de trois mois en se trompant sur le département ministériel compétent, si, par exemple, elle a déféré au ministre des travaux publics, au lieu du ministre de l'agriculture, une décision ressortissant au service de l'hydraulique agricole, nous ne pensons pas que cette erreur ait pour effet de supprimer la prorogation du délai du recours pour excès de pouvoir. Dans ce cas, en effet, la partie aura manifesté clairement, et par une réclamation dont la loi admet le principe, son intention de se pourvoir par la voie contentieuse.

Du cas où l'acte attaqué est devenu définitif avant l'expiration du délai. — En dehors de la fin de non-recevoir de procédure résultant de l'expiration du délai, la partie peut encourir une forclusion d'une autre nature qui n'est pas sans analogie avec la précédente, et qui résulte de ce que l'acte attaqué est devenu définitif et inattaquable avant l'expiration du délai de trois mois. Ce cas se présente lorsque l'acte administratif a été suivi de décisions ou de contrats qui ont créé des droits acquis et avec lesquels il s'est combiné et uni de telle sorte qu'on ne pourrait plus infirmer l'un sans porter atteinte aux autres. Le juge de l'excès de pouvoir, qui doit respecter ces droits et à qui, souvent, le contentieux de ces contrats n'appartient pas, doit alors écarter le recours qui tend à les remettre en question.

---

1. Conseil d'État, 21 novembre 1890, *commune de Fagnières.*

Citons quelques exemples à l'appui de cette règle.

La délibération d'un conseil municipal relative à un bail ou à une vente de bien communal peut être entachée d'irrégularités qui la rendent annulable. Mais si, avant l'expiration du délai de recours, ce bail ou cette vente sont réalisés, le recours cesse aussitôt d'être recevable, parce qu'il ne pourrait être accueilli sans qu'un contrat civil fût atteint dans une de ses conditions essentielles de validité (¹).

Il en est de même des actes de tutelle par lesquels l'autorité administrative habilite une commune ou un établissement public à passer, soit un contrat civil, soit un marché de travaux publics. Bien que ces actes de tutelle pris isolément soient susceptibles d'être annulés pour excès de pouvoir, ils cessent de l'être dès que le contrat ou le marché ont été passés (²).

Il en est de même encore des actes déclaratifs d'utilité publique ; ils ne peuvent plus être l'objet d'un recours lorsqu'ils ont été suivis d'un jugement d'expropriation qui a créé des droits à l'acquéreur et à l'exproprié lui-même (³).

Le caractère définitif que le jugement d'expropriation imprime à la déclaration d'utilité publique subsiste-t-il en présence d'un pourvoi en cassation formé contre ce jugement ? S'il y a cassation, le jugement tombe, il n'y a plus d'expropriation consommée, plus de consécration judiciaire de la déclaration d'utilité publique, celle-ci peut donc être attaquée et annulée comme elle pouvait l'être avant tout jugement. Si le pourvoi n'est pas encore jugé, le jugement d'expropriation subsiste et il ne nous semble pas douteux

---

1. Conseil d'État, 29 juin 1869, *Prieur.* — Cet arrêt distingue, dans une même délibération d'un conseil municipal, les dispositions relatives à une aliénation consommée et qu'il déclare non susceptibles de recours, et d'autres dispositions non encore exécutées relatives au mode de paiement du prix. Il retient le recours sur ce dernier point et annule *in parte quâ* la délibération illégale. Cet arrêt marque ainsi très nettement la raison d'être de la fin de non-recevoir.

2. Conseil d'État, 9 janvier 1867, *Verdier ;* — 1ᵉʳ août 1867, *Delaplane ;* — 9 avril 1868, *Rivolet ;* — 21 juillet 1870, *Pointeau ;* — 13 novembre 1874, *commune de Sainte-Marie-du-Mont ;* — 2 décembre 1892, *Jullien.*

3. Conseil d'État, 27 mars 1856, *de Pommereu ;* — 8 janvier 1863, *de Rochetaillé ;* — 31 mai 1878, *Touchy ;* — 5 juin 1885, *Fenaux ;* — 29 juillet 1892, *commune de Chapois ;* — 16 décembre 1892, *Grados.*

que le recours pour excès de pouvoir demeure paralysé jusqu'à ce qu'il y ait cassation ([1]).

De la fin de non-recevoir résultant de l'acquiescement. — Une partie peut-elle acquiescer à un acte administratif entaché d'excès de pouvoir et le rendre ainsi définitif à son égard? L'affirmative n'est pas douteuse, malgré l'opinion contraire émise par M. Dufour ([2]). Elle le peut même si la décision qui l'atteint est entachée d'une nullité d'ordre public telle que l'incompétence. La distinction des moyens qui sont d'ordre public et de ceux qui ne le sont pas intéresse le juge qui peut relever d'office les premiers et non les seconds; mais il n'intéresse pas la partie à qui la sauvegarde de l'ordre public n'est pas confiée, mais seulement celle de son intérêt propre. Si cet intérêt lui conseille d'adhérer à une décision irrégulière, — peut-être parce qu'elle pourrait en appréhender une plus rigoureuse, — la partie le peut; elle renonce ainsi à attaquer l'acte, et le recours qu'elle formerait après cette renonciation devrait être déclaré non recevable.

Toutefois, l'acquiescement à une décision administrative, comme l'acquiescement à une décision judiciaire, ne doit pas être aisément présumé, on doit ici appliquer l'adage: *nemo juri suo renuntiasse facile præsumitur.* Mais il ne s'ensuit pas que l'acquiescement doive être exprès et ne puisse jamais résulter de sérieuses présomptions; on ne saurait professer ici une doctrine plus sévère que pour l'acquiescement aux jugements, lequel est valable pourvu qu'il soit formel, c'est-à-dire non équivoque ([3]); il faut seulement conclure

---

1. Quelques arrêts du Conseil d'État ont paru se fonder, pour déclarer non recevable le recours formé contre une déclaration d'utilité publique, suivie d'un jugement d'expropriation déféré à la Cour de cassation, sur ce que le pourvoi en cassation avait été rejeté ou avait pris fin par un désistement, et sur ce que l'expropriation demeurait ainsi consommée. (Conseil d'État, 13 février 1874, *André et Champetier;* — 31 mai 1878, *Touchy;* — 5 juin 1885, *Fenaux.*) Mais si ces arrêts ont ainsi relevé une circonstance décisive assurant au jugement un caractère définitif, on ne peut pas en conclure que la décision devrait être différente si le pourvoi était encore pendant devant la Cour de cassation. Quelque douteux que le sort du jugement puisse être dans l'avenir, son existence n'en est pas moins certaine dans le présent; or, la juridiction administrative ne saurait, selon nous, anéantir indirectement le jugement attaqué, en lui retirant l'appui de la déclaration d'utilité publique.

2. Dufour, *Droit administratif,* t. Iᵉʳ, p. 389.

3. Dalloz, *Répertoire,* vᵒ *Acquiescement,* nᵒˢ 59 et suiv., 83 et suiv. — Pothier, *Obligations,* nᵒ 861.

de cette règle que le doute doit s'interpréter en faveur du droit de recours.

La présomption d'acquiescement naît le plus souvent d'une exécution de l'acte consentie par la partie. Mais il faut que cette exécution soit volontaire et sans réserve. En effet, les actes administratifs étant exécutoires par provision, le fait de s'y soumettre n'implique pas qu'on renonce à les attaquer; le Conseil d'État l'a souvent décidé, même en présence de décisions de tribunaux administratifs soumis à sa juridiction d'appel. « Considérant, — dit un arrêt du 14 décembre 1853 (*Simonet*) souvent reproduit depuis, — qu'aux termes de l'article 3 du règlement du 22 juillet 1806 le recours devant notre Conseil d'État n'est pas suspensif; qu'en conséquence le seul fait d'avoir acquitté sans réserve le montant des condamnations prononcées par le conseil de préfecture ne saurait être considéré comme une exécution volontaire ([1])... » A plus forte raison doit-il en être de même quand il s'agit d'un acte de puissance publique, qui n'est pas susceptible d'appel et qu'on ne peut attaquer que pour excès de pouvoir.

Nous pensons même qu'aucun acte d'exécution sans réserve, de soumission absolue à l'acte administratif, ne saurait être considéré comme un acquiescement quand on est en présence d'un règlement dont l'exécution est sanctionnée par l'article 471, § 15, du Code pénal. Nul, en effet, ne peut être tenu de se mettre en contravention et de s'exposer à des poursuites devant un tribunal de répression, pour sauvegarder son droit de recours devant un tribunal administratif.

---

1. Cf. Conseil d'État, 12 juillet 1866, *de Peyronny*; — 7 mai 1875, *Tréheu*; — 9 février 1877, *Fortin-Hermann*; — 21 janvier 1881, *Bridet*; — 15 décembre 1882, *ville de Paris*. — Voy. aussi un arrêt du 29 décembre 1870, *Duval*, qui déclare non avenu un acquiescement formulé en termes exprès, mais qui ne pouvait pas être considéré comme librement consenti.

IV. — DE LA FIN DE NON-RECEVOIR RÉSULTANT
DU RECOURS PARALLÈLE.

Position de la question. — Le recours pour excès de pouvoir n'est pas recevable, si la partie lésée par un acte administratif argué d'illégalité peut obtenir satisfaction en exerçant un autre recours, dit *recours parallèle*, devant une juridiction judiciaire ou administrative.

Un tel recours existe dans beaucoup de cas. En effet, si le Conseil d'État est le seul tribunal qui puisse annuler un acte administratif, il n'est pas le seul qui puisse en apprécier la légalité ; d'autres juridictions très diverses ont le droit de discuter à ce point de vue les actes administratifs, et de les tenir pour non avenus à l'égard des parties qui les attaquent ou qui se défendent contre eux. Ce droit appartient aux tribunaux administratifs ou judiciaires, toutes les fois que la loi les a institués juges d'un contentieux de pleine juridiction dans des matières où des actes administratifs sont plus ou moins directement en jeu. Ainsi les tribunaux civils, juges du contentieux des contributions indirectes, sont juges de la légalité des tarifs et des décisions administratives qui règlent la perception des taxes ([1]) ; les tribunaux de simple police et les tribunaux de police correctionnelle, juges de la pénalité à infliger à ceux qui ont contrevenu à certaines prescriptions administratives, ont le droit de vérifier si ces prescriptions sont légales et obligatoires ([2]) ; les conseils de préfecture, juges du contentieux des contributions directes, prononcent sur la légalité des impositions et, par suite, sur celle des actes administratifs qui en règlent l'assiette et le recouvrement ; juges du contentieux des élections municipales, ils apprécient, au point de vue de la validité d'une élection, les arrêtés de convocation des électeurs et les décisions qui sectionnent les collèges électoraux ; juges du contentieux des occupations temporaires et des extractions de matériaux, ils connaissent des griefs de toute nature relevés contre les arrêtés préfectoraux

1. Voy. t. Ier, p. 696.
2. Voy. t. Ier, p. 480 et 633.

autorisant l'occupation. Le Conseil d'État lui-même prononce sur la légalité des actes administratifs, sans statuer comme juge des excès de pouvoir, quand il connaît d'un contentieux de pleine juridiction, soit comme juge des élections des conseils généraux, soit comme juge des actions en indemnité formées contre l'État à raison d'actes de l'autorité publique irréguliers et dommageables, soit comme juge d'appel des conseils de préfecture.

Il y a donc des cas très nombreux où la discussion d'un acte administratif argué d'illégalité n'est qu'un élément d'un débat plus complet qui peut être porté devant des juridictions très diverses. Dans ces différents cas, la question de légalité de l'acte administratif peut-elle être détachée du contentieux plus général auquel elle se rattache, et être directement portée devant le Conseil d'État par la voie du recours pour excès de pouvoir ? Ou bien, au contraire, la demande d'annulation pour excès de pouvoir devient-elle non recevable en présence de l'autre recours contentieux qui est ouvert à la partie ? Telle est la question qui a longtemps donné lieu à des hésitations de jurisprudence et à des dissidences de doctrine.

Examen de la doctrine du recours parallèle. — D'après un système que plusieurs auteurs ont défendu, mais que la jurisprudence du Conseil d'État n'a jamais adopté, le recours pour excès de pouvoir n'est pas paralysé par la faculté accordée à la partie de contester, devant un tribunal administratif ou judiciaire, la légalité de l'acte qui lui fait grief et d'obtenir qu'il soit tenu pour non avenu à son égard. L'annulation peut toujours être demandée par action principale devant le Conseil d'État, bien que la nullité puisse être invoquée à l'appui d'une réclamation d'une autre nature soumise à une autre juridiction.

Ce système, qui a été défendu par M. Rozy et par M. P. Collet [1] et qui est également professé, mais non développé, par M. Dufour

1. Voy. les dissertations de M. Rozy, professeur à la Faculté de droit de Toulouse, et de M. le président P. Collet, alors avocat au Conseil d'État et à la Cour de cassation, dans la *Revue critique de législation et de jurisprudence*, année 1870, p. 97, et année 1876, p. 225.

et par M. Ducrocq ([1]), repose sur les arguments suivants. — Les lois des 7-14 octobre 1790 et 24 mai 1872 admettent d'une manière générale les demandes tendant à l'annulation d'actes administratifs entachés d'incompétence ou d'excès de pouvoir. On n'a pas le droit de distinguer là où ces textes ne distinguent pas, et d'interdire le recours direct au Conseil d'État par le motif que ces actes pourraient être également discutés devant une autre juridiction.— En effet, d'après les principes généraux du droit on ne peut pas opposer de fin de non-recevoir à une action sous prétexte que la partie pourrait arriver aux mêmes fins en exerçant une action différente ; la loi elle-même a souvent consacré le droit d'option : ainsi, la partie lésée par un fait délictueux peut à son choix exercer son action en indemnité soit devant le tribunal civil, soit devant le tribunal de répression conjointement avec l'action publique ; de même, la nullité ou la déchéance d'un brevet d'invention peut être demandée devant la juridiction civile par voie d'action directe, ou opposée devant la juridiction correctionnelle comme défense à une action en contrefaçon ([2]).

Au surplus, ajoutent les partisans de cette opinion, le recours pour excès de pouvoir ne fait pas double emploi avec les autres contestations qui peuvent s'élever sur la légalité de l'acte administratif ; ces dernières ne peuvent que prévenir les effets d'un acte illégal dans un cas spécial et à l'égard d'une personne déterminée ; seul le recours pour excès de pouvoir peut produire l'annulation *erga omnes* et supprimer l'acte d'où naît le litige. Enfin, il est contraire à l'esprit général de la législation sur l'excès de pouvoir de dérober au Conseil d'État, juge souverain de la légalité des actes administratifs, tous les actes administratifs qui peuvent être incidemment discutés devant d'autres juridictions. On diminue ainsi la garantie d'ordre politique et administratif que cette législation a voulu assurer aux citoyens, on les oblige à recourir à des procédures compliquées, à renouveler leurs réclamations tant que l'administration n'aura pas elle-même rapporté son acte ou renoncé à lui faire produire tout effet, tandis que la procédure expéditive et

---

1. Dufour, t. Ier, nᵒˢ 463 et 721. — Ducrocq, t. Ier, p. 237.
2. Argument développé par M. P. Collet, *loc. cit.*

peu coûteuse du recours pour excès de pouvoir trancherait une fois pour toutes la question de validité de l'acte administratif (¹).

Ce système est séduisant au premier abord et il paraît étayé de bons arguments juridiques. Mais, lorsqu'on va au fond des choses, on n'est pas surpris que le Conseil d'État l'ait écarté comme trop absolu, et comme inconciliable avec les pouvoirs attribués à d'autres juridictions. Ce système tend en effet à investir le Conseil d'État, comme juge des excès de pouvoir, d'une juridiction presque universelle ; à apporter indistinctement devant lui toutes les questions de légalité d'actes administratifs, même quand elles sont étroitement liées à des contestations réservées à d'autres juges. Il pourrait ainsi faire revivre, sous une autre forme, l'abus des *évocations* si justement reproché à l'ancien Conseil du roi. Les tribunaux administratifs de premier ressort et même les tribunaux judiciaires seraient exposés, dans mille affaires, à se voir enlever la matière d'un débat dont ils sont compétemment saisis, à voir leurs jugements devancés par un arrêt du Conseil d'État qui trancherait la question de la légalité dont la loi les a faits juges. Que deviendrait, par exemple, la compétence des tribunaux civils, sur les réclamations en matière de contributions indirectes ou d'octrois fondées sur l'illégalité des tarifs servant de base à la perception, si le Conseil d'État pouvait être directement saisi d'un recours contre la légalité des actes administratifs édictant ces tarifs? Que deviendrait la compétence des conseils de préfecture sur les demandes en décharge de contributions directes, de taxes syndicales ou d'autres taxes assimilées, si les questions qui touchent à la légalité des impositions et à la régularité des rôles pouvaient lui être dérobées par un recours pour excès de pouvoir?

A ce danger d'usurpation s'ajouterait un danger de conflit. Si, en effet, le Conseil d'État, au lieu d'annuler l'acte sur lequel un

---

1. Argument développé par M. Rozy, *loc. cit.* Mais le savant auteur nous paraît aller un peu loin dans l'interprétation qu'il propose de la loi des 7-14 octobre 1790, lorsqu'il écrit : « La loi de 1790 a voulu empêcher que l'on puisse dire, comme on lisait avec une espèce d'accent de désespoir sous l'ancienne monarchie : Ah ! si le roi le savait ! Il faut donc que le chef du pouvoir exécutif en son Conseil d'État soit facilement abordable sans barrières et sans conditions particulières. » On doit reconnaître que ce passage s'appliquerait mieux au droit de pétition qu'au recours pour excès de pouvoir.

débat s'engage devant une autre juridiction, décidait qu'il est valable et rejetait le recours, cela n'empêcherait pas que le juge du fond ne décidât le contraire et ne proclamât l'illégalité de l'acte. Sans doute il ne faut pas systématiquement reculer devant l'éventualité de pareilles contradictions, elles sont quelquefois une conséquence forcée de l'indépendance respective des juridictions, ainsi que nous l'avons nous-même expliqué et justifié (¹). Mais il serait peu sage, peu conforme à l'intérêt public et à celui des parties, de multiplier à plaisir ces occasions de conflit, et d'ériger en pratique normale des oppositions de décisions qui ne doivent être que rares et accidentelles.

Telles sont les raisons d'ordre général, qui ont fait écarter de tout temps par la jurisprudence le système qui admet le recours pour excès de pouvoir contre tout acte administratif argué d'illégalité, sans se préoccuper des compétences spéciales instituées par la loi. Nous préférons de beaucoup ce motif, tiré du respect dû à la compétence de chaque juridiction, au motif qu'on a quelquefois induit du caractère tout spécial qu'aurait le recours pour excès de pouvoir : il n'est, a-t-on dit souvent, qu'un recours subsidiaire, un *ultimum præsidium* dont on ne peut user que lorsque toute autre voie de droit est fermée. Non ; le recours pour excès de pouvoir n'est, à proprement parler, ni principal ni subsidiaire à l'égard d'un autre recours ; il est d'une nature différente ; il répond à l'idée d'annulation, de cassation, abstraction faite de toute décision sur le fond du droit, tandis que les autres procédures d'ordre administratif ou judiciaire ont le fond du droit même pour objet. Or, la partie à qui une action est donnée pour faire reconnaître intégralement son droit, pour le faire sanctionner par le juge dans la mesure de son intérêt propre, obtient de la loi tout le secours juridique qu'elle est en droit d'en attendre ; la partie n'a pas mission de provoquer l'annulation *erga omnes* d'un acte irrégulier dont on a fait justice à son égard.

Cette considération répond, ce nous semble, à l'objection tirée de la non-identité des recours. Autre chose, a-t-on dit, est d'obtenir la décharge d'une taxe reposant sur un acte illégal, ou d'obtenir

---

1. Voy. t. I⁰ʳ, p. 504 et suiv.

l'annulation de l'acte lui-même ; dans ce dernier cas, l'imposition irrégulière tombe pour tous et pour toujours, tandis que la demande en décharge n'opère que pour une taxe déterminée et laisse subsister l'imposition pour les autres contribuables moins vigilants, pour le contribuable vigilant lui-même, qui devra renouveler sa demande à chaque perception nouvelle. — Cela est vrai, mais c'est ainsi que les choses doivent être. En effet, le recours pour excès de pouvoir n'est point une sorte d'action publique, d'action populaire, que chacun ait mission d'exercer en vue de l'intérêt de tous ; nous savons au contraire qu'il ne peut reposer que sur l'intérêt direct et personnel. Sans doute, une fois qu'il est formé sur la base de cet intérêt, l'annulation qu'il provoque opère *erga omnes* ; c'est une conséquence de la juridiction toute spéciale exercée en cette matière par le Conseil d'État, et à laquelle est inhérente une part de puissance publique et d'autorité hiérarchique. Mais il ne faut pas conclure de là que l'auteur du recours a agi au nom de tous ; il n'a agi qu'en son nom propre et dans la mesure de son intérêt : le reste s'est fait en dehors de lui, par la force propre de l'annulation pour excès de pouvoir. Si donc cet intérêt trouve satisfaction dans une action plus personnelle, plus immédiate dans ses effets, que le recours pour excès de pouvoir, la partie n'a plus aucune raison pour demander que l'acte disparaisse ; il lui suffit qu'il ne l'atteigne pas, dût-il continuer à atteindre d'autres intéressés moins vigilants.

On a fait aussi remarquer que, lorsqu'il s'agit d'actes touchant à des intérêts collectifs, on doit réserver à chacun la faculté d'en accepter ou d'en répudier les effets, et qu'on doit laisser à l'administration le bénéfice des adhésions, des acquiescements que l'acte peut recevoir, en dépit des irrégularités dont il peut être entaché[1]. Mais cet argument comporterait des réserves. En effet, la prétention qu'émettrait la partie, d'être dispensée, par une annulation prononcée une fois pour toutes, de renouveler sa réclamation toutes les fois qu'elle serait atteinte par un acte susceptible d'applications successives, ne saurait être accueillie, parce qu'elle ne repose que sur un intérêt à venir et éventuel, non sur l'intérêt né et ac-

---

1. Aucoc, *Conférences*, t. Ier, p. 542.

tuel qui peut seul autoriser une action. Il suffit à la partie que
l'action lui soit ouverte aussi souvent que l'acte lui fera grief.

Mais s'il suffit que la partie ait une *action* qui lui permette de
détourner les effets de l'acte administratif, il ne suffirait pas qu'elle
n'eût à sa disposition qu'une *exception*, un moyen de défense à
opposer à des poursuites à fins répressives qu'on exercerait contre
elle en vertu de cet acte. Cette distinction, que la jurisprudence a
consacrée depuis 1872, est importante et constitue une juste concession au système dont nous avons combattu la doctrine trop absolue. Un exemple en fera bien comprendre l'application. Supposons
que l'acte dont la légalité est contestée soit un règlement administratif, dont l'exécution est garantie par l'article 471, § 15, du Code
pénal et par les peines de simple police que ce texte édicte, ou bien
une prescription administrative individuelle garantie par une sanction pénale, par exemple un arrêté d'expulsion prononcé contre un
étranger, dont l'infraction est punie de peines correctionnelles.
Le contrevenant poursuivi devant le tribunal de répression aura
certainement le droit de se défendre en invoquant l'illégalité du
règlement ou de l'arrêté ([1]), mais pour cela il faudra qu'il soit poursuivi, c'est-à-dire qu'il se soit mis en contravention. Or il ne serait ni
juridique ni équitable de considérer ce moyen de défense, qu'il
tirerait de l'illégalité de l'acte, comme l'équivalent d'une action ;
d'exiger que la partie lésée soit réduite à la défensive devant le
juge de répression, au lieu de prendre l'offensive devant le juge de
l'excès de pouvoir. C'est pourquoi le recours au Conseil d'État
peut être directement formé contre le règlement ou l'arrêté dont il
s'agit.

La fin de non-recevoir tirée du recours parallèle n'est donc opposable que si la partie lésée peut prendre l'initiative d'un véritable
recours, soit contre l'acte administratif illégal, soit tout au moins
contre les applications qui lui en sont faites.

Un tel recours existe, par exemple, en matière d'impôts directs,
sous forme de demande en décharge devant le conseil de préfecture ; en matière d'impôts indirects, sous forme d'opposition à la
perception de la taxe, ou de demande en restitution de la taxe

---

1. Voy. t. Ier, p. 480 et 633.

acquittée, devant le tribunal civil. En vain dirait-on que ces actions ne constituent pas un recours direct, parce qu'elles sont précédées d'une mise à exécution de l'acte administratif, d'un recouvrement de taxe et peut-être d'un paiement. Il ne faut pas oublier que tous les actes de la puissance publique sont exécutoires par provision ; le recours pour excès de pouvoir n'y fait pas obstacle, il ne paralyserait par lui-même ni un rôle, ni un tarif, ni des poursuites commencées. Il ne faut donc pas confondre une action *directe* avec une action *suspensive*. Cette dernière n'existe, à l'égard des actes administratifs, que si le Conseil d'État ordonne un sursis ; la règle générale est qu'on doit se soumettre d'abord et réclamer après ; l'essentiel est qu'on puisse appeler soi-même l'administration devant un juge, au lieu d'être obligé d'attendre qu'elle prenne l'initiative d'une poursuite.

C'est pourquoi — d'après une formule souvent employée — la fin de non-recevoir tirée du recours existant devant une autre juridiction, n'est opposable que si ce recours est à la fois *parallèle* et *direct* : — *parallèle*, c'est-à-dire s'il conduit la partie au but auquel elle a le droit de tendre en vue de son intérêt personnel ; *direct*, c'est-à-dire s'il l'y conduit directement au moyen d'une action résultant de sa propre initiative.

Ces conditions ne seraient pas remplies si la partie atteinte par un acte administratif ne disposait que d'une action en indemnité fondée sur le dommage que l'acte lui aurait causé : une telle action ne lui permettrait pas de détourner les effets de l'acte, mais seulement de les réparer après les avoir subis. Ainsi les déclarations d'utilité publique et les plans généraux d'alignement peuvent être attaqués pour excès de pouvoir, même par des parties qui pourraient, après la mise à exécution, réclamer une indemnité pour dommages résultant de travaux publics ; de même le droit qui peut appartenir à un citoyen, victime d'un acte illégal et arbitraire, de mettre en jeu, dans certains cas, la responsabilité pécuniaire de l'État, ne fait pas obstacle à ce qu'il réclame l'annulation de l'acte par la voie du recours pour excès de pouvoir.

Enfin le recours parallèle et direct qui fait obstacle au recours pour excès de pouvoir ne doit s'entendre que d'un recours de nature contentieuse, d'une action devant un tribunal judiciaire ou administratif, et non d'un simple recours hiérarchique devant l'autorité supérieure (¹).

Nous venons d'indiquer, en doctrine, les principes qui régissent la fin de non-recevoir tirée du recours parallèle ; étudions maintenant les applications que la jurisprudence en a faites.

Du recours parallèle ouvert devant les tribunaux judiciaires. — Occupons-nous d'abord du cas où la légalité d'un acte administratif peut être discutée devant les tribunaux judiciaires.

Pendant longtemps il a été de règle que la compétence judiciaire, de quelque manière qu'elle s'exerçât à l'égard de l'acte administratif, rendait le recours pour excès de pouvoir non recevable. Cette jurisprudence était toujours appliquée, avant 1852, aux règlements administratifs dont l'exécution est garantie par l'article 471, § 15, du Code pénal ; la légalité de ces règlements ne pouvait être discutée que devant les tribunaux judiciaires juges de la contravention, ou devant l'autorité supérieure saisie d'un recours hiérarchique ; elle ne pouvait pas l'être par la voie du recours pour excès de pouvoir.

Pendant la période 1852-1870, cette règle subsista en principe (²) ; mais le Conseil d'État admit que des exceptions pouvaient y être faites, sans toutefois faire connaître avec une précision suffisante dans quels cas elles pouvaient se produire.

M. Aucoc expliquait, en 1869, que le recours pour excès de pouvoir contre les actes réglementaires était recevable quand on y relevait « un *excès de pouvoir flagrant,* empiétant sur les attributions d'une autre autorité ou portant atteinte aux droits des citoyens sans qu'on puisse le rattacher à l'exercice des pouvoirs attribués par le législateur à l'autorité dont il émane (³) ». La même réserve était indiquée, en termes plus vagues encore, dans des conclusions données par M. de Belbeuf sur une affaire jugée le 4 février 1869 (*Mazet*) : « Il y a des cas, disait-il, des cas rares il est vrai, dans

---

1. Conseil d'État, 6 juin 1879, *de Vilar.*

2. Elle est encore rappelée en termes explicites dans un arrêt du 4 février 1869, *boulangers de Montluçon,* bien que des dérogations fréquentes y eussent déjà été apportées.

3. Aucoc, *Conférences,* t. Iᵉʳ, p. 404. 1ʳᵉ édit.)

lesquels les traditions de l'esprit français, l'intérêt sagement entendu du Gouvernement nous paraissent devoir autoriser le recours pour excès de pouvoir concurremment avec la compétence judiciaire... »

Cependant, à ces formules peu précises correspondait une idée qui se dégage de la jurisprudence de cette époque : ces cas exceptionnels, ces cas d'excès de pouvoir flagrant auxquels MM. Aucoc et de Belbeuf faisaient allusion, c'était ce que nous appelons aujourd'hui des cas de *détournement de pouvoir,* c'est-à-dire ceux où une autorité abuse de son pouvoir réglementaire pour édicter des prescriptions étrangères au but que le législateur a eu en vue en instituant ce pouvoir. Dans cet ordre d'idées, on peut citer plusieurs arrêts qui ont accueilli des recours formés contre des arrêtés de préfets ou de maires qui usaient de leurs pouvoirs de police, non dans un intérêt général de sécurité, de salubrité, d'ordre public, mais en vue des intérêts financiers d'une commune, d'une compagnie de chemins de fer, de certains industriels, en un mot en vue d'intérêts particuliers étrangers au but que doit poursuivre l'autorité chargée de la police [1].

Il était difficile de trouver là un véritable criterium, pouvant éclairer les parties et même les juges sur la recevabilité ou la non-recevabilité des recours formés contre des actes réglementaires : celle-ci dépendait, en effet, d'une appréciation souvent difficile des cas de détournement de pouvoir. D'ailleurs, la règle n'était pas fixe et l'on pourrait relever plusieurs arrêts, rendus pendant la même période, qui admettent d'autres cas d'excès de pouvoir « flagrant » que le cas de détournement de pouvoir, par exemple l'incompétence d'un préfet empiétant sur les pouvoirs du chef de l'État en matière de police du domaine public [2], ou sur ceux d'un maire en matière de police rurale [3].

Cette jurisprudence, malgré les critiques auxquelles elle peut donner lieu, a eu l'avantage de rompre avec la doctrine antérieure qui prohibait tout recours contre les règlements de police argués

1. Conseil d'État, 19 mai 1858, *Vernes ;* — 15 février 1864 et 5 juin 1865, *Lesbats ;* — 5 mai 1865, *de Montailleur ;* — 30 mars 1867, *Carbillers.*
2. Conseil d'État, 22 septembre 1859, *Corbin.*
3. Conseil d'État, 30 mars 1867, *Leneveu.*

d'illégalité, et d'ouvrir ainsi la voie à la jurisprudence plus complète et plus précise qui s'est établie depuis 1872.

D'après cette dernière jurisprudence, le recours pour excès de pouvoir est toujours recevable, nonobstant la faculté qu'auraient les intéressés de contester la légalité de l'acte devant les tribunaux judiciaires en cas de poursuite pour contravention. Cette doctrine s'est affirmée par deux arrêts de principe rendus le 29 novembre 1872 (*Baillergeau*) et le 20 décembre 1872 (*Billette*), qui ont déclaré recevables des recours formés, l'un contre un décret créant une réserve pour la reproduction du poisson en dehors des eaux où la réserve peut être établie, l'autre contre un arrêté de police municipale prescrivant aux riverains de la voie publique d'exécuter certains travaux d'entretien du pavage au droit de leurs propriétés. Dans ces deux cas, les intéressés auraient pu enfreindre les prescriptions qu'ils jugeaient illégales, pêcher dans les eaux interdites, s'abstenir de faire les travaux, puis discuter la légalité du décret et de l'arrêté devant les tribunaux judiciaires à qui leur infraction aurait été déférée. Mais c'est précisément ce que le Conseil d'État a voulu éviter. Il a pensé que les parties qui se croient lésées par un acte administratif garanti par une sanction pénale doivent avoir le droit d'attaquer cet acte, sans commencer par se faire poursuivre pour contravention ou délit ; d'un autre côté, il est conforme au bon ordre que les citoyens se soumettent aux actes de l'autorité ¦publique, exécutoires par provision, tant que ces actes n'ont pas été rapportés ou annulés.

La jurisprudence ainsi motivée n'a pas varié depuis 1872 ([1]), et elle a ainsi rendu inutile la difficile distinction qu'on avait cherché à faire entre les cas d'excès de pouvoir flagrants ou non flagrants. Tous les cas d'excès de pouvoir qui peuvent être relevés contre un acte administratif, réglementaire ou non, susceptible d'une sanction pénale, peuvent être directement dénoncés au Conseil d'État.

Bien entendu, ni cette faculté de recours ni même le rejet de la requête par le Conseil d'État, ne font obstacle à ce que l'intéressé

---

1. Conseil d'État, 5 décembre 1873, *Lièvre*; — 26 novembre 1875, *Pariset*; — 3 décembre 1875, *Clairouin*; — 3 août 1877, *Chardin*; — 18 janvier 1884, *Belleau*; — 9 avril 1886, *Argellier*; — 16 juin 1893, *Codevelle*.

discute également la légalité de l'acte devant le tribunal judiciaire auquel il serait déféré pour contravention. Nous avons déjà eu occasion de nous expliquer sur ce point et sur les conséquences juridiques des décisions, peut-être contradictoires, que le Conseil d'État et les tribunaux judiciaires pourraient rendre en pareil cas [1].

On s'est demandé si la recevabilité du recours pour excès de pouvoir doit être exceptionnellement écartée lorsque le réclamant n'attaque l'arrêté devant le Conseil d'État qu'après avoir été poursuivi et même condamné devant le tribunal de répression. La raison de douter peut naître de ce que le recours au Conseil d'État semblerait être alors une sorte d'appel de la décision déjà rendue par le tribunal de répression sur la question de légalité de l'arrêté ; ou bien, si le tribunal n'a pas encore statué, une tentative faite pour influencer sa décision. D'ailleurs, a-t-on dit, la raison qui a déterminé le Conseil d'État à admettre la recevabilité du recours n'existe pas en pareil cas ; il n'y a plus lieu d'éviter au requérant les risques d'une contravention, puisque la contravention est commise, qu'elle est jugée, ou qu'elle va l'être [2].

Nous ne pensons pas qu'il y ait lieu de déroger, dans ce cas, aux règles générales sur la recevabilité du recours. D'une part, en

1. Voy. t. Ier, p. 501.
2. Voy. en ce sens : les conclusions du commissaire du Gouvernement sur l'arrêt du 19 décembre 1879 (*Briet*) et sur l'arrêt du 14 mars 1884 (*Morphy*). Dans cette dernière affaire, le Conseil d'État a déclaré non recevable un recours pour excès de pouvoir formé contre un arrêté d'expulsion au cours d'une poursuite correctionnelle intentée contre la personne expulsée pour infraction audit arrêté. L'arrêt semble s'appuyer sur cette circonstance exceptionnelle, relevée par le commissaire du Gouvernement, que le prévenu, après avoir opposé l'illégalité de l'arrêté devant le tribunal correctionnel, avait obtenu une remise de l'affaire avec mise en liberté provisoire pour faire juger la question par le Conseil d'État, de telle sorte que celui-ci se trouvait indirectement saisi d'une sorte de question préjudicielle que le tribunal n'aurait pas pu lui renvoyer directement sans méconnaître sa propre compétence. C'est cette marche anormale de la procédure que le Conseil d'État paraît viser dans son arrêt, lorsqu'il dit que l'autorité judiciaire, « compétente pour statuer sur les poursuites exercées en vertu de l'article 8 de la loi du 3 décembre 1849, l'est également pour apprécier les *moyens de défense* que le prévenu croit pouvoir tirer de l'illégalité prétendue de l'arrêté, et qu'il n'appartient pas au Conseil d'État de statuer *sur le mérite desdits moyens de défense* par la voie du recours pour excès de pouvoir ». L'arrêt constate, d'autre part, que le recours était tardif comme formé plus de trois mois après la notification de l'arrêté d'expulsion. Pour tous ces motifs, l'arrêt *Morphy* doit être considéré comme un arrêt d'espèce. — Cf. les observations publiées sur cet arrêt dans la *Revue générale d'administration*, mai 1887, p. 63.)

effet, il n'est pas exact de dire que la contravention suivie de poursuite et même de condamnation enlève tout intérêt au recours pour excès de pouvoir ; il peut encore avoir pour effet de prévenir d'autres contraventions et de rendre non punissables, d'après la jurisprudence de la Cour de cassation, celles qui auraient été commises et poursuivies, même avant que le Conseil d'État eût annulé le règlement ([1]).

D'un autre côté, si la recevabilité du recours pour excès de pouvoir était subordonnée à l'état de la procédure devant le tribunal de répression, il faudrait que le Conseil d'État se livrât, à cet égard, à des investigations difficiles et peu compatibles avec le rôle de cette juridiction. Enfin, il serait regrettable que le délai déjà bref de trois mois, imparti au recours pour excès de pouvoir, pût être abrégé par la date d'une poursuite peut-être légèrement intentée.

Nous écartons, par ces motifs, la restriction proposée, qui d'ailleurs n'a jamais été formellement admise, depuis 1872, par la jurisprudence ([2]).

A la différence des règlements administratifs, dont la légalité ne peut être discutée devant les tribunaux judiciaires que par voie d'exception et de défense à une poursuite, les actes administratifs qui servent de base à la perception de contributions indirectes ou de taxes assimilées peuvent être discutés directement et par voie d'action devant ces tribunaux : non que la partie lésée puisse leur demander de prononcer l'annulation de ces actes, mais elle peut leur demander d'en annuler les effets à son égard ([3]) ; cela suffit pour que cette partie soit considérée comme ayant un recours parallèle et direct devant l'autorité judiciaire, et pour qu'elle soit, en conséquence, non recevable à former un recours pour excès de pouvoir contre les actes dont il s'agit.

1. Crim. cass., 25 mars 1882, *Darsy.* — Cf. t. Ier, p. 457-458.

2. Conseil d'État, 26 novembre 1875, *Pariset;* — 3 août 1887, *Chardin.* — Ces arrêts statuent sur le recours, nonobstant des poursuites antérieures. On ne saurait invoquer en sens contraire l'arrêt du 19 décembre 1879 (*Briet*) qui déclare, il est vrai, le recours non recevable en visant une condamnation prononcée pour contravention, mais qui la vise uniquement comme point de départ du délai du recours, et qui oppose la fin de non-recevoir tirée de l'expiration de ce délai.

3. Voy. sur la compétence des tribunaux judiciaires en matière de contributions indirectes, t. Ier, p. 690 et suiv.

La jurisprudence est aujourd'hui bien fixée en ce sens ; elle s'est entièrement dégagée, depuis 1872, des distinctions quelque peu arbitraires auxquelles la théorie de l'excès de pouvoir *flagrant* avait donné lieu pendant la période précédente. Cette théorie s'appliquait, en effet, aux actes administratifs fixant des tarifs de taxes indirectes ou d'octrois. Quand ces actes ne paraissaient pas entachés d'une irrégularité grave, le Conseil d'État décidait que leur légalité ne pouvait être discutée que devant les tribunaux, juges du contentieux des contributions indirectes. Dans le cas contraire, le Conseil d'État cessait d'opposer au réclamant la compétence exclusive des tribunaux judiciaires, il retenait l'affaire et annulait l'acte attaqué. Cette dérogation aux règles générales de la compétence était considérée comme une mesure de haute prévoyance administrative rentrant dans les pouvoirs souverains du chef de l'État statuant en son Conseil ([1]).

1. Cette jurisprudence était ainsi expliquée dans une affaire jugée le 15 mai 1869 (*commune de Petite-Synthe*), où il s'agissait d'un recours formé contre un décret approbatif d'un tarif et d'un règlement d'octroi, qui consacrait une extension du périmètre : — « En thèse générale, disait le commissaire du Gouvernement, la raison d'être d'un pourvoi ne saurait servir de criterium à sa recevabilité. Cependant, à la raison de la nature exceptionnelle de la matière, de sa délicatesse, de l'intérêt politique, du respect qui est dû aux droits des redevables et aux prérogatives de l'autorité judiciaire, nous n'oserions pas répondre de ne pas avoir recours, dans les questions de l'espèce, *à un expédient* que la droiture des intentions, l'honnêteté du but et son utilité pratique justifient, *mais qui peut-être ne s'accorde pas parfaitement avec la rigueur des principes.* »

Cet expédient consistait à retenir le jugement du recours, tout en reconnaissant la compétence des tribunaux judiciaires sur les questions qu'il soulevait : — « Nous trouvons en présence, disait-on, un pouvoir et un droit, le pouvoir de l'empereur, le droit des justiciables. En cas d'illégalité de la mesure attaquée, le chef de l'État puise *dans la plénitude de son autorité souveraine* une faculté incontestable de réformation, mais ce pouvoir ne va pas jusqu'à priver les redevables de l'examen par les tribunaux de leurs réclamations individuelles. »

Le commissaire du Gouvernement expliquait enfin comment le Conseil d'État était amené, pour ménager les droits de l'autorité judiciaire et ceux du réclamant, à atténuer la portée de ses arrêts par un artifice de rédaction, à décider que le recours était *non recevable* quand il l'estimait *mal fondé*, de manière à ne pas paraître, dans ce cas, juger la question de la légalité de l'acte : « Quand l'acte ne vous paraît pas susceptible d'annulation, vous évitez de rejeter le pourvoi au fond, vous vous contentez de le déclarer non recevable. Ce procédé ménage le droit des redevables en écartant un préjugé qui pourrait leur être opposé devant le juge naturel du litige; il laisse à l'autorité judiciaire, avec une complète liberté d'action, la responsabilité de ses décisions. »

C'était, comme on le voit, une confusion voulue, que celle que l'on faisait alors entre la recevabilité du pourvoi et sa valeur au fond. Le Conseil d'État y était amené

Ces distinctions sont aujourd'hui écartées par la jurisprudence. La fin de non-recevoir tirée du recours parallèle s'applique à tous les recours formés contre des actes administratifs qui servent de base à des taxes indirectes, quel que soit le grief d'illégalité relevé contre ces actes, et de quelque autorité administrative qu'ils émanent (¹).

La fin de non-recevoir s'applique également lorsqu'on défère directement au Conseil d'État un acte de tutelle administrative ayant autorisé ou approuvé un contrat de droit commun relevant des tribunaux judiciaires. La juridiction administrative est cependant compétente, et même seule compétente, pour statuer sur la validité de l'acte de tutelle, mais elle ne peut le faire que si le juge du contrat lui renvoie cette question, sous forme de question préjudicielle reconnue nécessaire pour la solution du litige (²).

Du recours parallèle ouvert devant les conseils de préfecture. — Occupons-nous maintenant du cas où le recours parallèle s'exerce devant un tribunal administratif.

par le désir de ne pas paraître empiéter sur la compétence judiciaire quand il déclarait légaux des actes que les tribunaux avaient le droit d'apprécier autrement. Mais il est douteux que cet « expédient », si bien intentionné qu'il fût, ait jamais produit assez d'avantages pratiques pour compenser ses inconvénients juridiques reconnus par ceux mêmes qui en conseillaient l'usage.

On ne peut guère citer, comme ayant prononcé l'annulation d'actes administratifs relevant du contentieux des contributions indirectes, qu'un arrêt du 28 décembre 1854 (*Rousset*) annulant pour vice de forme un décret qui avait compris dans le périmètre d'un octroi de ville une commune de la banlieue dont le conseil municipal n'avait pas été consulté. Dans une espèce semblable, 15 mai 1869 (*commune de Petite-Synthe*), cette décision était rappelée par le commissaire du Gouvernement, mais la solution n'a pas été la même, et le recours a été simplement rejeté comme tardif. Au contraire, de nombreux arrêts, statuant sur des recours formés contre des actes établissant des taxes indirectes ou d'octroi, et reconnaissant que ces recours étaient mal fondés, les ont écartés comme *non recevables*. (19 mai 1865, *Barthélemy*; — 25 février 1866, *Lavenant*; — 19 décembre 1867, *Point*; — 26 décembre 1867, *Deladerrière*; — 19 février 1868, *Compagnie d'Orléans*.)

1. Comme exemple de cette jurisprudence, postérieure à 1872, on peut consulter notamment : en matière de contributions indirectes proprement dites : 3 mars 1876, *Pillas* ; 4 janvier 1878, *Sougues*; — en matière d'octrois, 24 mars 1876, *Bonnet*; — en matière de droits de stationnement et de droits de place, 5 avril 1878, *Valentin*; 13 juillet 1886, *commune de Courbevoie*; 11 mars 1887, *Compagnie parisienne du gaz*; — en matière de droits de chancellerie, 17 février 1882, *Lemaître*; — en matière de tarifs d'oblations, 23 avril 1875, *Gravelet*; — en matière de droits de tonnage, 26 juin 1874, *Lacampagne*.

2. Jurisprudence constante et, parmi les arrêts les plus récents : 21 novembre 1890, *commune de Mas-d'Azil*; — 30 juin 1893, *Bloquel*.

En ce qui touche les conseils de préfecture, nous avons expliqué, dans d'autres parties de cet ouvrage, qu'ils sont compétents pour apprécier la validité des actes administratifs se rattachant directement aux contestations dont ils sont juges, par exemple aux contestations en matière de contributions directes, de travaux publics, d'élections municipales, etc. Le recours pour excès de pouvoir formé contre ces actes administratifs doit donc être écarté par la fin de non-recevoir tirée du recours plus général organisé devant ces conseils. En vain dirait-on que le Conseil d'État, juge d'appel des conseils de préfecture, ne commettrait point d'empiétement grave en statuant directement, comme juge des excès de pouvoir, sur des questions dont il peut être appelé à connaître comme juge d'appel. L'ordre de juridiction n'en serait pas moins troublé dans ce cas, car il est de principe que les litiges soumis à deux degrés de juridiction ne peuvent être *évoqués* par le juge d'appel que dans les cas et dans les formes déterminés par la loi. On doit donc réserver aux conseils de préfecture, aussi bien qu'aux tribunaux judiciaires, la juridiction qui leur appartient sur les actes administratifs inhérents aux litiges qu'ils ont mission de juger.

La jurisprudence s'est toujours prononcée en ce sens dans les matières où la pleine juridiction des conseils de préfecture ne fait aucun doute : contributions directes, marchés de travaux publics, élections municipales.

Ainsi, *en matière de contributions directes* le conseil de préfecture étant juge de la légalité des impositions, le recours pour excès de pouvoir est non recevable contre les décrets, arrêtés, délibérations de conseils généraux ou municipaux qui établissent des contributions extraordinaires et servent de base à la perception de centimes additionnels ([1]).

Il en est de même pour les actes tendant à établir des taxes assimilées aux contributions directes, telles que les taxes syndicales ([2]), et les taxes spéciales qui sont imposées d'office par l'administration

---

1. Conseil d'État, 23 novembre 1877, *Séré;* — 2 août 1878, *Bernichon ;* — 26 novembre 1880, *d'Anvin de Hardethun ;* — 1er juin 1883, *Raba ;* — 6 janvier 1883, *Guicheux ;* — 17 mai 1890, *Lafosse ;* — Voy. ci-dessus p. 268.

2. 23 mai 1879, *Chemin de fer de Lyon ;* — 26 novembre 1880, *Mainemare.*

à défaut d'exécution de travaux prescrits par elle, telles que les **taxes** de curage, de trottoirs, etc.

On s'est cependant demandé si l'arrêté préfectoral, enjoignant aux riverains d'un cours d'eau non navigable d'exécuter à leurs frais un curage, ne peut pas donner lieu à un recours direct pour excès de pouvoir, lorsqu'il déroge aux règlements ou aux anciens usages et empiète ainsi sur les attributions du chef de l'État. Mais peu importe la nature du grief relevé contre l'acte, lorsque tous les griefs d'illégalité, quels qu'ils soient, peuvent être soumis au juge du contentieux de la taxe. Le Conseil d'État a plusieurs fois décidé que les conseils de préfecture, juges de ce contentieux, ont pleine compétence pour apprécier tous les reproches d'illégalité dirigés contre un arrêté de curage, d'où il suit que le recours pour excès de pouvoir n'est pas recevable (¹).

Les taxes de trottoirs ont donné lieu à une difficulté plus sérieuse. En effet, l'arrêté qui enjoint à un riverain de la voie publique de construire un trottoir est soumis, d'après la jurisprudence de la Cour de cassation, à la sanction pénale de l'article 471, § 15, du Code pénal (²). Le contrevenant n'étant pas seulement exposé à une exécution d'office et à une taxe, mais encore à une poursuite devant le tribunal de simple police, on pourrait en conclure, en vertu des règles ci-dessus exposées, qu'il a le droit d'attaquer directement l'arrêté. La jurisprudence s'est cependant prononcée pour la négative, en se fondant sur ce que l'intéressé peut, même dans ce cas, prendre l'initiative d'une réclamation devant le conseil de préfecture ; il n'est pas obligé de se mettre en contravention pour faire juger la question de légalité de l'arrêté par le tribunal de répression ; il peut la porter directement devant le conseil de préfecture : soit en exécutant d'abord le travail et en demandant la restitution des sommes par lui dépensées, soit en laissant la commune exécuter d'office et en demandant décharge de la taxe qu'elle voudrait percevoir en remboursement de ses avances (³). Cette jurisprudence, comme celle qui a prévalu en ma-

---

1. 25 avril 1868, *Gobert ;* — 4 août 1876, *Lholle ;* — 13 mai 1881, *Arrérat ;* — 20 novembre 1885, *Decamps ;* — 19 novembre 1886, *Nau ;* — 4 juillet 1890, *Périer.*

2. Cass. 25 septembre 1834, *Loriot ;* — 25 avril 1856, *Wattine.*

3. Conseil d'État, 16 janvier 1880, *Lefebvre ;* — 27 février 1880, *Godard-Bellois ;* — 18 novembre 1881, *Pascal.*

tière de curage, tend donc à attribuer au conseil de préfecture non seulement tout le contentieux de la taxe, mais encore tout le contentieux du travail dont cette taxe est la représentation. Il y a en effet un lien étroit entre ces deux éléments du litige, et il est bon que le juge de la taxe puisse prononcer en même temps sur l'obligation du riverain et sur la légalité des décisions qui ont créé cette obligation.

Le Conseil d'État a cependant admis qu'on peut lui déférer pour excès de pouvoir la déclaration d'utilité publique en vertu de laquelle la construction des trottoirs peut être imposée aux riverains dans les communes où il n'existe pas d'anciens usages mettant le premier pavage à leur charge (¹). Il n'a pas entendu se départir ainsi de sa jurisprudence sur le recours parallèle, mais au contraire l'appliquer, en tant qu'elle exige que le recours soit *direct*, et qu'il puisse détourner les effets de l'acte à l'égard du requérant. Or la déclaration d'utilité publique peut donner lieu à des contestations d'un autre ordre que celles qui portent sur l'obligation de construire le trottoir ou d'acquitter la taxe, par exemple à des questions de voirie, de circulation, d'usage de la voie publique, auxquelles des habitants peuvent être directement intéressés, même sans être personnellement tenus d'établir le trottoir.

En matière de marchés de travaux publics, les décisions prises par l'administration à l'égard d'un entrepreneur ou d'un concessionnaire relèvent du conseil de préfecture et échappent au recours pour excès de pouvoir (²). Il en est ainsi non seulement si ces décisions sont attaquées pour infraction au cahier des charges, mais encore si elles sont arguées d'incompétence ou de vice de forme; ainsi l'arrêté qui met un entrepreneur en régie, ou qui prononce la déchéance d'un concessionnaire, sans observer les formes prescrites, ne saurait jamais être l'objet d'un recours pour excès de pouvoir.

---

1. Conseil d'État, 7 août 1886, *Besnier-Jourdain*. — Sur la déclaration d'utilité publique, voy. la loi du 7 juin 1845, art. 2. — On sait que, dans les communes où il existe des anciens usages relatifs au premier pavage, cette déclaration d'utilité publique n'est pas nécessaire, parce que le trottoir est alors considéré comme un pavage d'une nature spéciale.

2. Conseil d'État, 23 mars 1870, *Sellier;* — 1876, *Chemin de fer du Nord;* — 8 février 1878, *Chemin de fer de Lyon;* — 15 novembre 1878, *de Preigne;* — 9 décembre 1879, *fabrique de Marans;* — 29 juillet 1887, *Chemin de fer de Lyon.*

Peut-être cependant y aurait-il lieu de faire une distinction entre les décisions que le ministre des travaux publics prend à l'égard des compagnies de chemin de fer ; celles qui se fondent sur le cahier des charges rentrent incontestablement dans le contentieux de la concession et relèvent du conseil de préfecture (1) ; mais celles qui sont prises en vertu de l'ordonnance du 15 novembre 1846 et qui ont le caractère de mesures de police et d'actes de puissance publique, se distinguent du contentieux de la concession et peuvent faire l'objet d'un recours pour excès de pouvoir.

En matière d'élections municipales, il est de règle en jurisprudence que les réclamations dirigées contre les actes administratifs qui peuvent exercer une influence sur l'élection, — tels que les arrêtés préfectoraux prescrivant la confection de nouvelles listes électorales ou portant convocation des électeurs, ou les décisions des conseils généraux opérant le sectionnement d'une commune, — doivent être portées devant les conseils de préfecture juges du contentieux électoral ; d'où il suit que ces réclamations ne peuvent pas être directement soumises au Conseil d'État (2). Sans doute, on pourrait soutenir qu'il y a intérêt, pour l'électeur ou pour le candidat, à faire annuler, avant toute élection, un sectionnement irrégulier qui peut vicier toutes les opérations électorales à venir ; mais c'est là un intérêt d'ordre public, et non un intérêt direct et personnel pouvant servir de base au recours. Ce dernier intérêt n'est réputé naître que du jour de l'élection, lorsque les conséquences de l'acte se sont fait sentir sur le corps électoral (3).

Au contraire, la fin de non-recevoir ne serait pas opposable si un candidat ou un électeur dénonçait l'illégalité d'un acte qui l'a lésé personnellement et qu'il a intérêt à faire mettre à néant. Telle est la décision qui refuse à un électeur la communication des listes électorales ou des listes d'émargement. Ce refus viole le droit que l'électeur tient de l'article 7 du décret du 2 février 1852 et de l'article 5, § 2, de la loi du 30 novembre 1875 ; aussi le Conseil d'État admet-il que l'intéressé est recevable à déférer la décision, et que ce grief personnel ne se confond pas avec ceux qu'il pour-

1. Conseil d'État, 16 janvier 1885, *Galbrun.*
2. Voy. ci-dessus, page 343, et les arrêts cités.
3. Voy. ci-dessus, p. 345.

rait faire valoir, dans un intérêt général, contre les opérations électorales (¹). Il en est de même de l'arrêté par lequel un maire interdit le stationnement aux abords de la salle du vote (²).

Dans deux autres matières relevant des conseils de préfecture, celle des *occupations temporaires* et celle des *ateliers insalubres,* la jurisprudence du recours parallèle a donné lieu à plus d'hésitations.

Plusieurs arrêts ont admis, même depuis 1872, que les arrêtés préfectoraux autorisant des occupations temporaires ou des extractions de matériaux pouvaient être directement attaqués pour excès de pouvoir (³). La jurisprudence n'était pas encore suffisamment fixée sur le droit qui appartient aux conseils de préfecture de reconnaître l'illégalité de l'arrêté et de faire cesser l'ocupation ; elle considérait leur juridiction comme limitée à la question d'indemnité. Mais, depuis que le Conseil d'État a reconnu que le contentieux des occupations appartient tout entier à ces conseils, elle a décidé, par voie de conséquence, que le recours pour excès de pouvoir n'est pas recevable contre les arrêtés argués d'illégalité. Cette jurisprudence est constante depuis 1876 (⁴).

La même évolution de jurisprudence s'est produite en matière d'établissements insalubres. Le Conseil d'État distinguait autrefois entre les oppositions formées devant le conseil de préfecture pour des raisons d'opportunité et de voisinage, et les oppositions fondées sur l'illégalité de l'arrêté d'autorisation ; il admettait dans ce dernier cas le recours pour excès de pouvoir (⁵). Mais, puisque

1. Conseil d'État, 19 juin 1863, *de Sonnier ;* — 28 janvier 1864, *Anglade;* — 8 juin 1883, *Delahaye;* — 2 mars 1888, *Despelis.*
L'arrêt *Delahaye* de 1883, rendu contrairement à l'avis du ministre de l'Intérieur qui opposait la fin de non-recevoir, indique très nettement la distinction ci-dessus : « Considérant que la faculté qui appartient au sieur Delahaye de poursuivre devant la juridiction compétente l'annulation des opérations électorales en invoquant comme grief le refus de communication des listes d'émargement, ne faisait pas obstacle à ce qu'il attaquât directement la décision dont il s'agit, *comme portant atteinte à l'exercice de ses droits d'électeur,* et en demandât l'annulation par la voie du recours pour excès de pouvoir... »
2. Conseil d'État, 28 mars 1885, *Marie.*
3. Conseil d'État, 20 février 1868, *Chemin de fer de Saint-Ouen;* — 17 juillet 1874, *Monnier.*
4. Voy. ci-dessus pages 172 et suiv., la note de la page 174 et les arrêts cités.
5. Conseil d'État, 6 mai 1835, *Perrache ;* — 17 juillet 1862, *Larnac ;* — 28 juillet 1859, *Gaz de Saint-Quentin.*

l'opposition soumise au conseil de préfecture peut se fonder sur l'incompétence ou le vice de forme entachant l'arrêté d'autorisation, aussi bien que sur les inconvénients de la mesure, il n'y a pas de raison pour ouvrir la voie directe du recours pour excès de pouvoir à ceux qui invoquent ces griefs : ce serait enfreindre la règle des deux degrés de juridiction, car le Conseil d'État, juge d'appel des conseils de préfecture en matière d'établissements insalubres, ne doit pas se créer juge unique des oppositions faites à ces établissements, quels qu'en soient d'ailleurs les moyens. La jurisprudence postérieure à 1872 devait donc appliquer là encore la fin de non-recevoir tirée du recours parallèle ([1]).

Du recours parallèle devant le Conseil d'État. — Le Conseil d'État doit-il déclarer le recours pour excès de pouvoir non recevable, lorsqu'il en est saisi dans des matières où il est juge du fond, par exemple en matière d'élections départementales, de marchés de fournitures, de liquidation des dettes de l'État, de questions préjudicielles touchant l'interprétation ou la validité d'actes administratifs, etc. ? Il est certain que, dans ces cas, la procédure d'excès de pouvoir est incorrecte, car la partie possède un autre recours plus complet que celui qu'elle exerce ; elle doit mettre en mouvement le contentieux de pleine juridiction, ou le contentieux de l'interprétation, et non le contentieux de l'annulation. Mais on doit reconnaître aussi que l'erreur commise par la requête n'entraîne pas d'infraction grave à l'ordre des juridictions, puisque c'est toujours devant le Conseil d'État statuant en premier et dernier ressort que le litige doit être porté. Ce serait donc pousser trop loin la rigueur que de considérer systématiquement le recours pour excès de pouvoir comme non recevable en pareil cas, mieux vaut l'interpréter, lorsque cela est possible, *potius ut valeat quam ut pereat*. C'est pourquoi le Conseil d'État ne refuse pas de statuer sur certains recours tendant à la solution d'une question préjudicielle de validité d'actes administratifs, ou à la réformation de décisions ministérielles rendues en matière de marchés de fournitures, de dettes de l'État, d'arrêtés de débet, etc., lorsque ces re-

---

1. Conseil d'État, 14 janvier 1876, *Regnault;* — 25 février 1876, *Duboys d'Angers.*

cours sont mal à propos qualifiés de recours pour excès de pouvoir.

Mais cette concession ne saurait dépasser certaines limites. Il est évident d'abord que si le Conseil d'État n'est saisi que de conclusions à fin d'annulation, en présence de décisions qu'il aurait le droit de réformer au fond, il ne peut qu'annuler la décision attaquée, ou la maintenir telle qu'elle est, mais non la modifier dans sa teneur.

D'un autre côté, si le recours pour excès de pouvoir vise un acte qui ne peut jamais être détaché d'un contentieux de pleine juridiction, par exemple un arrêté portant convocation des électeurs ou création de bureaux de vote pour une élection au conseil général, il doit être déclaré non recevable. Dans ce cas, en effet, le recours tendrait à attaquer par voie d'action principale un acte qui ne peut être discuté qu'incidemment et comme élément d'un litige électoral.

Enfin il va de soi que, si la partie formait son recours sans le ministère d'un avocat, en se fondant sur ce qu'elle invoque l'incompétence ou tout autre moyen d'excès de pouvoir, ce recours devrait être déclaré non recevable toutes les fois que la matière comporterait un contentieux de pleine juridiction soumis à la procédure ordinaire du décret de 1806 (¹).

Sous ces réserves, la fin de non-recevoir tirée du recours parallèle peut être moins sévèrement appliquée, lorsque la partie confond entre elles deux attributions différentes du Conseil d'État, que lorsqu'elle confond la compétence du juge des excès de pouvoir avec celle d'un autre tribunal administratif ou judiciaire.

1. Conseil d'État, 20 mars 1891, *Pierret.*

CHAPITRE III

DES MOYENS D'ANNULATION DES ACTES ADMINISTRATIFS ATTAQUÉS POUR EXCÈS DE POUVOIR

───

I. — DE L'INCOMPÉTENCE.

Division. — L'incompétence peut être définie l'inaptitude légale d'une autorité à prendre une décision, à faire un acte non compris dans ses attributions.

La nullité résultant de l'incompétence est d'ordre public ; elle peut être prononcée d'office par le Conseil d'État, même si la requête a omis de l'invoquer ([1]).

Ce caractère d'ordre public, qui est commun à tous les cas d'incompétence en matière administrative, n'existe pas au même degré en matière judiciaire. On sait que, dans le droit civil, l'incompétence *ratione materiæ* est seule d'ordre public, et que l'incompétence *ratione personæ* ou *ratione loci* peut être couverte par l'adhésion de la partie ; le plus souvent même elle est couverte par une simple présomption d'adhésion résultant de ce que l'exception d'incompétence n'a pas été soulevée *in limine litis*. La sévérité plus grande de la jurisprudence administrative tient, en premier lieu, à ce que l'autorité qui fait un acte en dehors de sa compétence sort spontanément de ses attributions, tandis que l'incompétence d'un tribunal *ratione personæ* ou *loci* résulte du fait de la partie qui a mal assigné devant lui. D'un autre côté, la désignation que la loi fait du tribunal compétent, d'après le domicile du défendeur ou la

---

1. Conseil d'État, 27 février 1880, *commune de Chébli*; —, 5 février 1886, *Romanatax*.

situation du bien litigieux, a lieu principalement dans l'intérêt des parties, qui peuvent y renoncer ; au contraire, la désignation de l'autorité administrative chargée de prendre une décision est toujours présumée faite dans un intérêt public ; elle se rattache à tout un système de répartition d'attributions qui intéresse le gouvernement même de l'État.

Bien que toute incompétence administrative soit d'ordre public et entraîne l'annulation pour excès de pouvoir, on peut cependant, en doctrine, distinguer plusieurs espèces d'incompétence, notamment les suivantes :

1° L'*usurpation de pouvoir*, qui consiste soit à usurper un droit de décision quand on n'en possède aucun, soit à exercer une attribution étrangère à l'autorité administrative, en empiétant sur l'autorité législative, judiciaire ou gouvernementale ;

2° La *confusion d'attributions* qui consiste à empiéter d'une fonction administrative sur une autre, et qui peut elle-même résulter de plusieurs espèces d'empiétements : — empiétement d'une autorité inférieure sur une autorité supérieure ; — d'une autorité supérieure sur une autorité inférieure ; — d'autorités égales entre elles ;

3° L'incompétence *positive* qui consiste à exercer un pouvoir qu'on n'a pas, et l'incompétence *négative* qui consiste à refuser d'exercer un pouvoir qu'on a, en déclinant à tort sa compétence.

On peut aussi distinguer en doctrine :

4° L'incompétence *ratione materiæ*, qui tient à la nature de l'acte ;

5° L'incompétence *ratione loci* ou incompétence *territoriale*, qui se produit lorsqu'une autorité agit en dehors de la circonscription administrative qui lui est assignée.

De l'usurpation de pouvoir. — Il y a usurpation de pouvoir lorsqu'une décision est prise par une personne dépourvue de toute autorité, soit parce qu'elle est placée en dehors de la hiérarchie administrative, soit parce qu'elle y remplit des fonctions qui ne lui confèrent aucun droit de décision, soit enfin parce qu'elle a cessé, par révocation, expiration de mandat ou autrement, d'exercer les pouvoirs qui lui avaient appartenu. Il faut cependant réserver le cas où le fonctionnaire ou le corps administratif dont les pouvoirs

sont expirés continue à les exercer *par intérim* en attendant l'installation de son successeur ([1]).

L'acte fait par une personne dénuée de toute autorité n'est pas
seulement annulable, il est inexistant; les mesures d'exécution
auxquelles il donnerait lieu peuvent, dans certains cas, constituer
des voies de fait engageant la responsabilité personnelle de leur
auteur devant les tribunaux judiciaires. Il est inutile de recourir à
la procédure du recours pour excès de pouvoir pour mettre à néant
un pareil acte ; il suffit de faire constater son inexistence légale
devant toute autorité ou juridiction appelée à en connaître.

Il en serait de même dans des cas graves d'empiétement d'un
administrateur sur le pouvoir législatif ou sur le pouvoir judiciaire.
Ainsi un décret qui empiéterait sur les pouvoirs du Parlement,
soit en édictant des dispositions législatives, soit en proclamant
l'état de siège dans les cas où il ne peut résulter que d'une loi ; un
arrêté préfectoral qui prétendrait statuer sur une attribution de propriété, pourraient être considérés comme non avenus et non obligatoires par le tribunal devant lequel on voudrait s'en prévaloir,
sans qu'il fût besoin qu'un arrêt du Conseil d'État eût prononcé
leur annulation. Si, en effet, il était nécessaire de recourir à la
procédure d'excès de pouvoir pour faire tomber des actes entachés
d'une incompétence aussi absolue, on pourrait en conclure que ces
actes peuvent acquérir un caractère définitif et obligatoire s'ils ne
sont pas attaqués dans le délai de trois mois ; or cette ratification
tacite, admissible pour un acte annulable, ne saurait l'être pour un
acte légalement inexistant. C'est pourquoi le Conseil d'État a quelquefois évité de statuer sur les recours pour excès de pouvoir dirigés
contre des actes d'administrateurs empiétant sur la fonction législative ou judiciaire : ou bien il interprète ces actes comme de simples prétentions de l'administration dénuées par elles-mêmes de
toute force exécutoire ([2]), ou bien il déclare qu'ils ne peuvent pas
faire obstacle à ce que l'intéressé fasse valoir ses droits devant la
juridiction compétente. En d'autres termes, au lieu de rendre l'acte
inefficient par un arrêt d'annulation, il déclare qu'il est inefficient
par lui-même.

---

1. Voy. ci-après, p. 508.
2. Conseil d'État, 24 juin 1881, *évêque de Coutances.*

Il y a cependant des cas où les limites de la compétence administrative, soit à l'égard de l'autorité judiciaire et des droits privés, soit même à l'égard du pouvoir législatif, sont assez difficiles à tracer pour qu'on ne puisse pas assimiler à une manifeste usurpation de pouvoir toute erreur de l'administrateur, et déclarer son acte inexistant. Ainsi, la plupart des recours pour excès de pouvoir dirigés contre les règlements de police municipale soulèvent la question de savoir si le maire s'est renfermé dans l'exercice de son pouvoir réglementaire, ou s'il a empiété sur le pouvoir législatif en imposant aux citoyens des obligations qui ne pouvaient être créées que par le législateur. Des décrets déclaratifs d'utilité publique peuvent être attaqués comme s'appliquant à des travaux qui ne pourraient être décidés que par une loi. Des règlements d'eau arrêtés par des préfets peuvent être critiqués comme empiétant sur les attributions des tribunaux judiciaires, en tranchant des contestations privées entre usiniers ou riverains relativement à l'usage des eaux. Dans ces cas et autres analogues, on n'est point en présence d'actes inexistants dont toute juridiction pourrait constater la nullité, mais d'actes annulables qui subsistent s'ils ne sont pas annulés pour excès de pouvoir.

La distinction peut quelquefois être délicate entre l'usurpation inconstitutionnelle, qui frappe l'acte d'une nullité radicale et absolue, et la simple incompétence, qui motive et nécessite une annulation pour excès de pouvoir. Mais cette distinction n'en résulte pas moins de la nature des choses, et l'on est obligé d'en tenir compte en droit administratif, aussi bien qu'en droit pénal (¹).

De l'empiétement d'une autorité inférieure sur l'autorité supérieure.

— Occupons-nous maintenant de l'incompétence qui résulte de l'empiétement d'une autorité administrative sur une autre.

Lorsqu'une autorité inférieure empiète sur les attributions de l'autorité supérieure, l'incompétence est manifeste. Nul doute que

---

1. Voy. les articles 120 et 131 du Code pénal qui punissent les administrateurs « qui se seront immiscés dans l'exercice du pouvoir législatif » ou « qui entreprendront sur les fonctions judiciaires » ; ces textes ne seraient cependant pas applicables dans tous les cas d'excès de pouvoir résultant d'empiétements de l'administrateur sur la fonction législative ou judiciaire.

l'annulation ne soit encourue par l'arrêté préfectoral qui s'est substitué à l'arrêté ministériel ou au décret, par l'arrêté municipal qui a empiété sur les pouvoirs du préfet, par la décision d'une commission départementale qui a empiété sur les matières réservées au conseil général, etc...

La seule question qui puisse se poser — et elle présente un sérieux intérêt — est de savoir si une autorité inférieure, et même un fonctionnaire dépourvu de tout droit de décision, peuvent être habilités à agir en vertu d'une *délégation*.

En principe, les compétences ne peuvent pas se déléguer au gré de ceux qui les exercent, parce qu'elles résultent de la loi, qu'elles sont d'ordre public, et que, par conséquent, elles ne peuvent être exercées que par ceux à qui elles sont dévolues. Il ne peut être dérogé à cette règle qu'en vertu de dispositions spéciales de la loi, et dans la mesure qu'elles déterminent.

L'utilité de pareilles dispositions est d'ailleurs évidente, car si toute délégation de compétence était interdite, les accidents qui peuvent atteindre le fonctionnaire, les absences qu'il peut être autorisé à faire, les retards que subirait l'installation de son successeur, risqueraient de paralyser la fonction elle-même et la marche du service public.

De la compétence exercée par suppléance ou par délégation. — La loi pourvoit à ces déplacements temporaires de compétence par deux moyens : la *suppléance* et la *délégation*, qui ne doivent pas être confondues, car il y a entre elles deux différences essentielles.

Le suppléant est désigné d'avance par la loi ; il est substitué de plein droit à l'autorité qu'il a mission de remplacer, dès que le cas de remplacement prévu par la loi vient à se réaliser. Au contraire, la délégation ne peut résulter que d'une décision spéciale émanée de l'autorité, dont les pouvoirs sont délégués, ou de son supérieur hiérarchique ; le délégué peut être l'objet d'un certain choix, quoique généralement restreint. — La suppléance opère le transfert intégral de toutes les compétences attachées à la fonction, à moins d'exceptions prévues par la loi ; la délégation n'opère que le transfert des attributions désignées par l'acte de délégation.

Voyons comment ce double système de transfert de compétence

est organisé pour les principaux dépositaires de l'autorité administrative.

I. — Pour le *Président de la République*, chef suprême de l'administration, une suppléance temporaire est prévue par l'article 7 de la loi du 25 février 1875 : « *En cas de vacance* par décès ou pour toute « autre cause, les deux Chambres réunies procèdent immédiatement « à l'élection d'un nouveau Président. *Dans l'intervalle, le conseil* « *des ministres est investi du pouvoir exécutif.* » La loi constitutionnelle ne prévoit que le cas de vacance ; d'autre part, elle n'autorise pas le Président de la République à déléguer lui-même sa signature. Il pourrait résulter de là quelques difficultés si le chef du pouvoir exécutif, sans cesser d'être en possession de ses fonctions, était temporairement hors d'état de les exercer, par exemple en cas de maladie. Dans le cas unique que prévoit l'article 7, la signature des décrets appartient au conseil des ministres considéré comme autorité collective, c'est-à-dire à l'ensemble des ministres composant le conseil, sans que la signature puisse être déléguée à l'un ou à plusieurs d'entre eux, aucun texte n'ayant autorisé cette délégation.

II. — Pour les *ministres*, il n'existe pas de suppléance organisée par la loi, mais seulement une faculté de délégation qui appartient, selon les cas, au Chef de l'État ou au ministre lui-même. Lorsqu'il s'agit de remplacer un ministre, provisoirement empêché d'exercer l'autorité ministérielle, il y est pourvu par un décret du Président de la République qui désigne un ministre intérimaire choisi parmi les autres membres du cabinet. Cette délégation peut être complète, ou limitée à l'expédition des affaires urgentes (¹).

En dehors du cas d'empêchement, des dispositions de lois ou de décrets peuvent déléguer, ou autoriser les ministres à déléguer, pour assurer une plus prompte expédition des affaires, certaines

---

1. Il n'appartiendrait pas à une partie de contester la compétence du ministre intérimaire en soutenant qu'il a statué en dehors du cas d'urgence, lequel relève uniquement d'une appréciation administrative. Il a été ainsi jugé à l'égard du Conseil d'État dont les attributions administratives sont déléguées, pendant les vacances, à deux sections chargées d'expédier « les affaires urgentes » (Règlement du 2 août 1879, art. 31). Une partie qui contestait la régularité d'une décision prise en vacations sur un décret d'acceptation de legs, en soutenant que l'affaire n'était pas urgente, a été déclarée non recevable à faire valoir ce moyen. (Conseil d'État, 6 août 1887, *Brousse.*)

attributions ministérielles à des fonctionnaires supérieurs de leur administration. Ainsi le ministre de la guerre peut, en vertu du règlement du 3 avril 1869, déléguer aux intendants un certain droit de décision en matière de marchés ; le ministre des finances peut, en vertu de l'ordonnance du 17 décembre 1844 et des décrets du 22 décembre 1881 et du 8 février 1882, déléguer aux directeurs généraux des grandes régies financières des attributions plus ou moins étendues pour la direction du personnel ou du service ; des décrets ont également délégué certains pouvoirs ministériels à des sous-secrétaires d'État et l'on peut citer parmi les plus importants les décrets du 19 mars 1889 et du 12 mars 1892, qui ont défini les attributions du sous-secrétaire d'État des colonies avant que ce département fût érigé en ministère. La jurisprudence du Conseil d'État reconnaît la légalité de ces délégations, comme résultant du pouvoir qu'a le Chef de l'État, de présider à la haute direction des services[1].

S'il n'existe ni loi ni décret autorisant la délégation, le ministre peut-il se dessaisir lui-même de quelqu'une de ses attributions en faveur de ses subordonnés ? Il faut distinguer, selon que l'attribution déléguée comporte ou non un droit de décision. Le ministre peut, de sa propre autorité, déléguer à ses chefs de service la signature de correspondances, de pièces de comptabilité, d'instructions adressées aux agents du service ; mais il ne saurait leur déléguer le droit de prendre des arrêtés ou autres décisions à l'égard des tiers, ni de prendre des engagements au nom du Trésor. La jurisprudence du Conseil d'État n'a jamais varié sur ce point ; elle s'est affirmée à l'égard de directeurs généraux ou secrétaires généraux des ministères[2] ; de chefs de cabinet des ministres, même signant « pour le ministre et par autorisation »[3] ; de sous-secrétaires d'État qui n'étaient pas investis d'un droit de décision par décret, mais seulement par délégation du ministre[4].

---

1. Conseil d'État, 4 avril 1879, *Oulier ;* — 29 avril 1892, *Vaïtilingam ;* — 12 janvier 1894, *Perrier ;* — 22 janvier 1892, *ville de la Pointe-à-Pitre.*

2. Conseil d'État, 30 janvier 1815, *Marguerit ;* — 20 octobre 1819, *Fontaine ;* — 17 avril 1891, *James Morton.*

3. Conseil d'État, 21 février 1890, *Mimieux.*

4. Conseil d'État, 15 mars 1849, *des Roziers ;* — 27 juillet 1888, *Lacarrière ;* — 25 juillet 1890, *Société générale des fournitures militaires.*

Il va de soi que le ministre, ne pouvant pas déléguer son droit de décision, ne pourrait pas davantage y renoncer, en conférant un droit de décision définitive à des agents soumis à son autorité hiérarchique, et qui ne peuvent statuer que sous la réserve du droit de réformation ou d'annulation qui appartient au ministre (¹).

III. — Pour les *préfets,* il n'existe pas de suppléance entière, mais seulement certaines suppléances partielles et limitées, et une faculté plus ou moins large de délégation.

Le préfet peut, en cas d'absence, déléguer ses attributions à son secrétaire général ou à un conseiller de préfecture ; toutefois, la délégation doit être approuvée par le ministre de l'intérieur si le préfet s'absente de son département (ordonnance du 29 mars 1821). Il peut également, même en dehors du cas d'absence ou d'empêchement, déléguer au secrétaire général une partie de ses attributions (Décret du 29 décembre 1854, art. 3). Ces délégations exigent-elles un arrêté formel ou peuvent-elles être simplement verbales ? Il semble résulter des textes précités qu'une décision expresse est nécessaire, puisqu'elle doit, dans certains cas, être approuvée par le ministre. Cependant la pratique est souvent différente, et le Conseil d'État n'a pas cru devoir refuser tout droit de décision au secrétaire général, lorsqu'il n'invoque qu'une délégation verbale (²) ; la question de preuve présente alors plus de difficulté, et le secrétaire général doit être présumé sans pouvoir si, ne produisant aucun arrêté de délégation, il est en outre désavoué par le préfet (³).

On pourrait se demander si la délégation partielle d'attributions, prévue par le décret du 29 décembre 1854, confère de plein droit au secrétaire général le droit de prendre des arrêtés et autres décisions ; en effet, d'après ce texte, le secrétaire général délégué n'agit que « sous la direction du préfet ». Cette réserve donne certainement au préfet le droit de rapporter les décisions que le secrétaire général aurait prises contrairement à ses instructions ; mais elle

---

1. Conseil d'État, 24 décembre 1863, *Malude-Richard;* — 1ᵉʳ mai 1874, *Lezerel de la Maurinerie;* — 14 novembre 1884, *Gisbert.*

2. Conseil d'État, 30 mai 1884, *Paignon.*

3. Conseil d'État, 28 avril 1882, *ville de Cannes.*

n'empêche pas que le secrétaire général n'ait compétence pour statuer sur les affaires qui lui sont déléguées, car autrement il n'y aurait pas de délégation véritable.

En dehors des délégations prévues par l'ordonnance de 1821 et le décret de 1854, on peut mentionner des cas particuliers, où le préfet est suppléé par différents fonctionnaires. Ainsi le préfet empêché est remplacé de plein droit dans ses fonctions de président du conseil de préfecture par le vice-président de ce conseil (loi du 21 juin 1865, art. 4) ; dans celles de président du conseil départemental par l'inspecteur d'académie, vice-président (loi du 30 octobre 1886). Ce sont là des cas de suppléance très limitée.

IV. — Les *maires* sont les fonctionnaires pour lesquels les questions de suppléance et de délégation ont le plus préoccupé le législateur. En effet, la fonction municipale ne comporte aucun temps d'arrêt ; d'un autre côté, il est juste de faciliter le remplacement de fonctionnaires qui exercent des fonctions gratuites ; enfin le Gouvernement, armé du droit de suspendre et de révoquer les maires, doit être en mesure d'assurer l'exercice de la fonction municipale pendant une vacance temporaire.

La suppléance est actuellement réglée par l'article 84 de la loi du 5 avril 1884. D'après ce texte, « en cas d'absence, de suspension, « de révocation ou de tout autre empêchement, le maire est pro- « visoirement remplacé, dans la plénitude de ses fonctions, par un « adjoint dans l'ordre des nominations, et à défaut par un conseiller « municipal désigné par le conseil, sinon pris dans l'ordre du « tableau (¹) ». Donc trois suppléants possibles : 1° l'adjoint dans l'ordre du tableau ; 2° le conseiller municipal désigné par le conseil ; 3° le conseiller municipal pris dans l'ordre du tableau. Aucun

---

1. Avant la loi municipale de 1884, la question de suppléance des maires avait été successivement réglée par le décret du 4 juin 1806, par la loi municipale du 21 mars 1831 (art. 5), et par la loi du 5 mai 1855 (art. 4). Tous ces textes prévoyaient la suppléance du maire par les adjoints, dans l'ordre du tableau. A défaut d'adjoints, la loi de 1831 transférait l'autorité municipale à un conseiller pris dans l'ordre du tableau ; la loi de 1855 à un conseiller désigné par le préfet, et pris dans l'ordre du tableau à défaut de cette désignation. C'est de ce dernier système que se rapproche le plus celui de la loi de 1884, avec cette différence que la désignation du conseiller municipal n'appartient plus au préfet, mais au conseil municipal. — Voy. sur la législation antérieure à 1884 une intéressante dissertation de M. Ducrocq dans le *Recueil périodique* de Dalloz, année 1883, 2ᵉ partie, p. 49.

ne peut être appelé qu'à défaut de ceux qui le précèdent : l'ordre des désignations doit être rigoureusement observé.

En dehors de la *suppléance,* — qui s'exerce en cas de vacance ou d'absence du maire, et qui porte sur l'ensemble de la fonction municipale, — la loi autorise la *délégation,* qui ne peut être que partielle et qui a pour but de soulager le maire de quelques-unes de ses attributions. D'après l'article 82 de la loi du 5 avril 1884, « le maire peut, sous sa surveillance et sa responsabilité, déléguer « par arrêté une partie de ses fonctions à un ou plusieurs de ses « adjoints, et, en cas d'absence ou d'empêchement des adjoints, à « des membres du conseil municipal. Ces délégations subsistent « tant qu'elles ne sont pas rapportées ».

Cette faculté de délégation est très large. Remarquons toutefois que le maire doit d'abord choisir son délégué parmi les adjoints, bien qu'il ne soit pas tenu d'observer entre eux l'ordre du tableau. C'est seulement en cas d'absence ou d'empêchement de tous les adjoints qu'il peut s'adresser à un conseiller municipal, mais ici son choix est libre et ne dépend plus de l'ordre du tableau [1].

Dans tous les cas de suppléance et de délégation que nous venons de passer en revue, la stricte observation des prescriptions légales est-elle une condition nécessaire du transfert de compétence ? En d'autres termes, si un agent inférieur a exercé par délégation un pouvoir dont il ne pouvait pas être légalement investi, la décision qu'il aura rendue de bonne foi devra-t-elle être annulée pour incompétence ? Il nous semble difficile de ne pas répondre affirmativement, si rigoureuse que cette solution puisse paraître dans certains cas.

En effet, la puissance publique ne peut s'imposer aux citoyens que si elle est exercée par son véritable dépositaire ; elle n'existe pas en dehors de lui : tel est le principe. Par exception, la loi permet à un suppléant ou à un délégué d'exercer à la place d'autrui un pouvoir qu'il ne possède pas personnellement ; mais encore faut-il que toutes les conditions légales de cette dévolution de com-

---

1. La loi de 1884 a modifié sur ce point la loi du 18 juillet 1837 (art. 14), d'après laquelle le maire ne pouvait choisir, à défaut d'adjoints, que « ceux des conseillers municipaux appelés à en faire les fonctions », c'est-à-dire les conseillers pris dans l'ordre du tableau. — Cf. Morgand, *Loi municipale*, t. Ier, p. 425.

pétence soient exactement remplies. Aussi nous paraît-il difficile d'étendre aux décisions prises par un délégué irrégulier la solution qu'on a quelquefois admise pour les décisions rendues de bonne foi par un fonctionnaire ou un magistrat irrégulièrement nommé. L'adage *communis error facit jus* ne saurait être invoqué qu'avec beaucoup de réserve en matière de délégations vicieuses.

Encore moins faudrait-il appliquer aux actes administratifs faits par un délégué incompétent la doctrine que la Cour de cassation a appliquée à des actes civils par un arrêt du 7 août 1883. La Cour, ayant reconnu par cet arrêt l'illégalité d'une délégation donnée par un maire à un conseiller municipal pour faire fonctions d'officier de l'état civil, a décidé néanmoins que les actes accomplis par ce délégué étaient valables, par le motif « que le pouvoir de délégation est bien soumis dans son exercice à certaines règles, et que le vœu du législateur est que le maire suive l'ordre qui ressort de la combinaison de l'article 14 de la loi du 18 juillet 1837 avec les lois du 23 mars 1831 et du 5 mai 1855 ; mais que ni la loi du 18 juillet 1837, ni aucune autre disposition législative *n'a attaché à ces prescriptions la sanction de la nullité* et que les nullités ne se suppléent pas ; qu'il en résulte qu'une irrégularité dans la délégation ne saurait avoir pour effet *d'enlever au membre de la municipalité, désigné par le maire pour le remplacer, la capacité nécessaire* pour remplir les fonctions d'officier de l'état civil, et qu'elle ne saurait entraîner la nullité des actes auxquels il a concouru en cette qualité ».

Nous n'entendons pas discuter cette thèse au point de vue de la validité des actes de l'état civil ; mais nous croyons devoir l'écarter en ce qui touche les actes administratifs faits par un délégué irrégulièrement désigné. A l'égard de ces actes, il n'y a pas lieu de se demander si la loi municipale ou toute autre a ou non prononcé la nullité de la délégation faite en dehors des prescriptions légales : cette nullité est de droit, et elle entraîne celle des actes faits par le délégué, puisqu'il était incompétent. Dire qu'une irrégularité dans la délégation — surtout lorsqu'elle résulte de l'inaptitude légale de celui qui la reçoit — n'a pas pour effet *d'enlever* au conseiller municipal désigné par le maire la capacité nécessaire pour le remplacer, serait une proposition inexacte en droit administratif, car il ne s'agit pas ici d'enlever un pouvoir à un agent qui le possède, mais de le conférer à celui qui ne le possède pas.

V. — Un *corps administratif électif* peut-il déléguer tout ou partie de son droit de décision à une commission ou à l'un ou plusieurs de ses membres ? En principe, il ne le peut pas, car l'autorité qui lui appartient est collective ; elle ne réside que dans le corps régulièrement constitué [1]. La loi du 10 août 1871 a pour la première fois fait une exception à cette règle en autorisant, par son article 77, le conseil général à déléguer son droit de décision à la commission départementale dans des affaires déterminées. Ce texte porte que la commission départementale « *règle les affaires* qui lui sont renvoyées par le conseil général, dans les limites de la délégation qui lui est faite ».

Cette délégation est beaucoup plus restreinte que toutes celles qui nous ont précédemment occupé ; elle ne constitue pas à proprement parler un transfert d'attributions, ni un mandat général de régler toutes les affaires d'une même nature, mais seulement un mandat spécial ayant en vue la solution *d'affaires,* c'est-à-dire d'espèces déterminées. Le Conseil d'État n'a jamais hésité à interpréter ainsi l'article 77 de la loi du 10 août 1871, notamment par plusieurs avis émis en assemblée générale sur des projets de décrets tendant à l'annulation de délégations illégales. Nous nous bornerons à mentionner l'avis émis le 13 mars 1873 sur une délibération du conseil général des Bouches-du-Rhône, qui avait délégué à la commission départementale le droit de statuer sur toutes les affaires d'octroi qui se présenteraient dans l'intervalle des sessions. Cet avis porte que les délégations prévues par l'article 77 « doivent être limitées, et ne sauraient s'appliquer qu'à des affaires déterminées dont le conseil général peut apprécier l'importance ; que la délégation à la commission départementale de toute une catégorie d'affaires non spécifiées, quelquefois même non encore connues, excède les pouvoirs du conseil général... [2] ».

Si la délibération du conseil général qui confère une délégation

---

1. Il ne s'agit ici, bien entendu, que du droit de rendre une *décision,* non du droit de la préparer par une instruction et un rapport, ce qui n'a jamais fait doute.

2. Voy. aussi les avis du 15 décembre 1872 et du 2 février 1876, et les deux décrets en Conseil d'État du 27 juin 1874 (*conseil général d'Ille-et-Vilaine*).

irrégulière à la commission départementale n'a pas été annulée par application des articles 33 ou 47 de la loi départementale, il n'en appartient pas moins à toute partie intéressée d'attaquer pour incompétence, pour empiétement sur les pouvoirs du conseil général, les décisions prises par la commission départementale en vertu de cette délégation. Les compétences étant d'ordre public, nulle infraction ne peut être couverte, à l'égard des tiers, par le consentement de l'autorité qui subit l'empiètement, ni par celui de l'autorité supérieure.

Aucune disposition de loi n'autorise les conseils municipaux à déléguer leur droit de décision. Les commissions qu'ils ont le droit de former dans leur sein ne peuvent faire que des actes d'instruction ou préparer des projets de décision.

. Exceptionnellement un certain droit de décision peut appartenir à des commissions des conseils municipaux dans les deux cas suivants : — 1° dans le cas prévu par l'article 117 de la loi du 5 avril 1884, où plusieurs conseils municipaux se font représenter par une commission spéciale de trois membres dans des conférences destinées à régler des intérêts communs ; mais les décisions prises par ces conférences ne sont exécutoires qu'après avoir été ratifiées par les conseils municipaux intéressés ; — 2° dans le cas, prévu par l'article 161 de la loi municipale, où plusieurs conseils municipaux sont représentés dans une commission syndicale formée par décret pour pourvoir à l'administration de biens ou de droits indivis. Mais le droit de décision de cette commission est limité aux actes d'administration et d'exécution de travaux, et il ne s'étend pas aux actes d'aliénation, d'acquisition ou de transaction qui demeurent réservés à la décision des conseils municipaux.

Exercice provisoire de la fonction jusqu'à l'installation du successeur. — Nous devons mentionner en terminant une suppléance particulière, celle qu'une autorité dont les pouvoirs sont expirés exerce pour elle-même, et par intérim, jusqu'à l'installation de son successeur.

C'est surtout à l'égard des autorités municipales que la loi s'est préoccupée d'assurer cet intérim, afin d'éviter les interruptions auxquelles aurait pu donner lieu le renouvellement périodique des municipalités. D'après la loi du 14 décembre 1789 (art. 1er), les corps municipaux conservent l'exercice provisoire de leurs fonctions jusqu'à la nomination de leurs successeurs. La loi du 5 mai 1855 (art. 2 et 49) consacrait la même règle à l'égard des maires, des adjoints et des conseils municipaux. Mais la loi du 5 avril 1884 n'a pas reproduit cette disposition à l'égard des conseils municipaux ; on doit en conclure que les pouvoirs de ces conseils prennent immédiatement fin, non seulement dans les cas de suspension ou de dissolution expressément prévus par l'article 44, mais encore dans le cas d'expiration du mandat (1).

A l'égard des maires et adjoints, l'article 81 de la loi de 1884 dispose qu'ils continuent l'exercice de leurs fonctions jusqu'à l'installation de leurs successeurs ; il réserve toutefois le cas où la cessation des fonctions résulterait d'une incompatibilité, et ceux où le conseil municipal serait suspendu, dissous, ou intégralement renouvelé. Dans ce dernier cas, l'intérim ne dure pas jusqu'à l'installation des nouveaux maire et adjoints, mais seulement jusqu'à celle du nouveau conseil municipal ; ce sont les premiers élus, dans l'ordre du tableau, qui exercent l'intérim jusqu'à l'élection du maire.

L'exercice provisoire de la fonction jusqu'à l'installation du successeur est-il un droit pour les officiers municipaux, ou seulement une obligation, motivée par les besoins du service public, et qui n'empêcherait pas l'administration supérieure de recourir à un autre mode de suppléance si elle le jugeait préférable ? Nous n'hésitons pas à nous prononcer pour cette dernière solution : le maire démissionnaire ou dont l'élection est annulée peut être, en effet, considéré comme étant dans un de ces cas d'empêchement qui justifient la suppléance de l'adjoint, ou la délégation d'un conseiller municipal, prévues par l'article 84 de la loi du 5 avril 1884. Le Conseil d'État l'a ainsi jugé par un arrêt du 20 avril 1883 (*Paquet*) décidant que le maintien des maires et adjoints dans leurs fonctions jusqu'à l'installation de leurs successeurs « n'a eu pour but que d'imposer à ces fonctionnaires une obligation dans l'intérêt de la bonne gestion des services municipaux, mais qu'elle ne leur a

---

1. Voy. Morgand, *Loi municipale*, t. Ier, p. 253.

pas conféré un droit dont ils puissent se prévaloir pour contester le pouvoir attribué au préfet par l'article 4 de la loi du 5 mai 1855 ». Il s'agit ici du pouvoir que ce texte donnait au préfet de désigner, à défaut d'adjoint, un conseiller municipal pour remplir les fonctions de maire, pouvoir qui appartient actuellement au conseil municipal, en vertu de l'article 84 de la loi du 5 avril 1884. Le préfet peut donc décider que l'intérim sera rempli par un adjoint ou par un conseiller municipal désigné conformément à l'article 84.

Pour les fonctions publiques autres que les fonctions municipales, il n'existe pas de textes analogues à ceux que nous venons de rappeler, mais la pratique administrative s'inspire de la même règle : il en résulte que l'exercice provisoire de la fonction incombe au fonctionnaire remplacé, démissionnaire, admis à la retraite, jusqu'à l'installation de son successeur. Mais, si l'autorité supérieure estime que le départ immédiat de l'agent est préférable à son maintien provisoire, l'agent est sans droit pour revendiquer l'intérim nonobstant la décision qui la lui refuse : les actes qu'il ferait contrairement à cette décision seraient entachés d'incompétence.

De l'empiétement de l'autorité supérieure sur une autorité inférieure. — On peut se demander s'il y a lieu d'annuler pour incompétence la décision directement prise par le supérieur hiérarchique, dans une affaire où le droit de décision appartenait à l'un de ses subordonnés. Bien entendu, nous ne parlons pas du cas où le supérieur a réformé ou annulé la décision de l'inférieur ; c'est là l'exercice même du pouvoir hiérarchique, et la question d'incompétence ne saurait se poser dans cette hypothèse ; nous supposons que l'autorité supérieure a statué d'office, au lieu et place de l'autorité compétente.

Dans ce cas, la question de compétence peut se poser. Que décider par exemple si le ministre se substitue au préfet dans une des affaires que le décret du 25 mars 1852 a décentralisées et pour lesquelles il a expressément donné un droit de décision au préfet ? Les articles 1 à 4 du décret disposent que « les préfets *statueront désormais* » sur les affaires énumérées dans les tableaux annexés au décret et qui exigeaient antérieurement une décision du ministre ou du Chef de l'État ; l'article 5 ajoute que les préfets « *nomment directement, sans l'intervention du Gouvernement* et sur la présentation des divers chefs de service, aux fonctions et emplois suivants... ». Enfin l'article 6, qui consacre les droits du ministre comme supérieur hiérarchique, porte que « ceux de ces actes qui seraient contraires aux lois et règlements ou qui donneraient lieu aux réclamations des parties intéressées pourront être annulés ou réformés par les ministres compétents ».

Nous admettons volontiers que le pouvoir hiérarchique comporte, outre le droit de réformer ou d'annuler les décisions prises, celui d'indiquer, de conseiller — nous irions volontiers jusqu'à dire de prescrire — les décisions à prendre. Mais il s'arrête certainement là ; il ne va pas jusqu'à permettre au ministre de prendre lui-même la décision au lieu et place du préfet, de signer par exemple un arrêté de curage, un règlement d'eau, une liquidation de pension d'employé communal, etc., ni d'annuler directement une délibération de conseil municipal. Ce serait là, selon nous, un véritable cas d'incompétence. S'il en était autrement, il dépendrait du ministre de mettre à néant la répartition des compétences établie par la loi, et de statuer seul sur toutes les affaires attribuées aux préfets.

Le Conseil d'État s'est inspiré de cette doctrine lorsqu'il a annulé pour incompétence, par un arrêt du 16 mai 1884 (*commune du Lac*), une décision d'un conseil général interprétant un arrêté de classement de chemins vicinaux au lieu et place de la commission départementale. Compétent pour réformer les décisions de cette commission, le conseil général ne l'est pas pour les prendre à saplace.

Un arrêt du 15 décembre 1865 (*bureau de bienfaisance de Meaux*) a cependant décidé que la compétence du préfet (aujourd'hui du conseil municipal), en matière d'acceptation de dons et legs, s'efface devant celle du Gouvernement en Conseil d'État, lorsqu'un même acte renferme diverses libéralités dont l'acceptation ressortit à ces différentes autorités ; dans ce cas, c'est au Gouvernement qu'il appartient de statuer par un même décret sur ces dispositions d'un même acte, après une instruction qui doit leur être commune. Cette solution, conforme à un avis du Conseil d'État du

27 décembre 1855 ([1]), s'explique par l'indivisibilité de la décision à intervenir et des motifs dont elle peut s'inspirer ; car, ainsi que le dit cet avis : « Si chaque autorité statuait séparément sur la demande en autorisation qui est de sa compétence, la décision du préfet relative aux établissements civils pourrait nuire à la liberté d'appréciation de l'autorité supérieure touchant les établissements ecclésiastiques ; c'est pourquoi c'est au Gouvernement qu'il appartient de statuer sur les libéralités soit connexes, soit collectives, parce que seul il peut embrasser les diverses dispositions dans une vue d'ensemble et apprécier les éléments de décision qu'une instruction commune aurait réunis. »

Mais on ne saurait conclure de cette solution spéciale que l'autorité supérieure peut évoquer l'ensemble d'une affaire et absorber le droit de décision des autorités inférieures, toutes les fois que celles-ci concourent, par leurs décisions propres, à préparer ses résolutions définitives. Ainsi, quoique la déclaration d'utilité publique appartienne toujours au Gouvernement ou aux Chambres, les conseils généraux ou municipaux n'en conservent pas moins le droit de décider les travaux, d'approuver les plans, d'assurer les voies et moyens ; le Gouvernement est assurément libre de refuser la déclaration d'utilité publique et de rendre inefficaces les décisions de ces autorités, mais ce n'est pas une raison pour qu'il puisse les prendre à leur place ([2]).

Cas où l'autorité municipale peut être exercée par le préfet. — En ce qui touche les pouvoirs des préfets à l'égard des maires, des distinctions sont nécessaires parce que le maire agit en deux qualités différentes : comme délégué du pouvoir central et comme représentant de l'autorité municipale ; dans le premier cas il est soumis à l'*autorité* de l'administration supérieure, dans le second

---

1. Le texte de cet avis est rapporté en note sous l'arrêt précité, au *Recueil des arrêts du Conseil d'État*, 1865, p. 1000. — On peut citer en sens contraire un avis du 10 mars 1868 qui motive ce changement de doctrine par les pouvoirs donnés aux conseils municipaux par la loi du 24 juillet 1867 (*Bulletin du ministère de l'intérieur*, 1868, p. 248) ; mais cet avis n'a pas fait jurisprudence.

2. Voy. un avis de la section de l'intérieur du 4 août 1868 qui refuse au Gouvernement le droit d'évoquer le droit de décision sur les voies et moyens lorsqu'il est appelé à déclarer l'utilité publique de travaux communaux (*Bulletin du ministère de l'intérieur*, 1868, p. 442).

cas il n'est soumis qu'à sa *surveillance*. L'instruction législative des 12-20 août 1790 avait indiqué en termes excellents cette distinction que nos diverses lois municipales ont maintenue : « Les « municipalités, dans les fonctions qui sont propres au pouvoir « municipal, sont soumises à l'inspection et à la surveillance des « corps administratifs ; et elles sont entièrement dépendantes de « leur autorité dans les fonctions propres à l'administration géné- « rale qu'elles n'exercent que par délégation. »

De là des différences sensibles dans la faculté de substituer la compétence du préfet à celle du maire. Cette faculté existe de la manière la plus large, lorsque le maire agit « sous l'autorité de l'administration supérieure », c'est-à-dire lorsqu'il est chargé, conformément à l'article 92 de la loi du 5 avril 1884, « de la publica- « tion et de l'exécution des lois et règlements, de l'exécution des « mesures de sûreté générale et des fonctions spéciales qui lui sont « attribuées par la loi ». Dans ces différents cas, si le maire refuse ou néglige de faire un des actes qui lui sont prescrits par la loi, le préfet peut, après l'en avoir requis, y procéder d'office par lui-même ou par un délégué spécial (loi de 1884, art. 85). La substitution de compétence s'opère ici de plein droit, par cela seul que le maire n'obtempère pas à la réquisition. Le préfet pourrait également réformer la décision qu'il estimerait mal prise par le maire ; cette faculté ne lui est pas expressément reconnue par l'article 85, mais elle nous semble résulter de l'article 92, qui parle d'attributions exercées par le maire *sous l'autorité* de l'administration supérieure ; or l'autorité hiérarchique implique le droit de réformation et d'annulation ; c'est en cela qu'elle diffère du simple droit de surveillance.

La règle est différente lorsque le maire exerce les fonctions propres au pouvoir municipal. Dans ce cas, il n'agit pas sous l'autorité de l'administration, mais seulement sous sa surveillance, il en résulte que si le préfet peut annuler ou suspendre les arrêtés du maire (loi du 5 avril 1884, art. 95), il ne peut pas substituer sa compétence à la sienne pour prendre ces arrêtés, ni même pour les amender ([1]). Toutefois, si l'arrêté contient des dispositions dis-

1. Conseil d'État, 20 avril 1883, *de Bastard*.

tinctes, non solidaires entre elles, le préfet peut annuler les unes et laisser les autres recevoir leur exécution ; le droit d'annulation partielle ne se confond pas alors avec le droit de modification et d'amendement (¹).

Il faut cependant réserver certains cas où le préfet a exceptionnellement compétence pour faire un acte se rattachant aux fonctions propres de l'autorité municipale.

En premier lieu, s'il s'agit d'un acte que la loi prescrit au maire d'accomplir et qu'il refuse ou néglige de faire, l'article 85 de la loi municipale autorise le préfet à y procéder d'office après réquisition. La substitution de compétence n'est subordonnée par ce texte qu'au caractère légalement obligatoire de l'acte, elle peut donc s'opérer dans des matières d'administration locale aussi bien que d'administration générale, lorsque cette condition est remplie. Si par exemple le maire refuse systématiquement de délivrer un alignement, une autorisation de bâtir sur une voie publique municipale, il méconnaît une obligation de sa fonction et le préfet peut, après l'avoir requis, délivrer l'alignement à sa place.

La loi municipale de 1884 est même allée plus loin : elle a sérieusement dérogé, par son article 98, § 4, au système général de son article 85, en admettant que le préfet peut se substituer au maire, en matière de permissions de voirie précaires et révocables, c'est-à-dire d'actes essentiellement facultatifs. D'après cette disposition nouvelle, le préfet peut accorder ces permissions, notamment pour l'établissement de canalisations d'eau et de gaz sous la voie publique, lorsque le refus du maire ne lui paraît pas justifié par l'intérêt général.

L'article 99 de la loi de 1884 consacre expressément un autre cas de substitution de compétence qui, il faut bien le reconnaître, réduit à peu de chose l'autonomie du pouvoir communal en matière de police municipale et rurale. D'après ce texte, « les pou- « voirs qui appartiennent au maire en vertu de l'article 91 (²) ne « font pas obstacle au droit du préfet de prendre, pour toutes les

---

1. Cf. Morgand, *Loi municipale*, t. II, p. 31.

2. Article 91 : « Le maire est chargé sous la surveillance de l'administration supérieure, de la police municipale, de la police rurale et de l'exécution des actes de l'autorité supérieure qui y sont relatifs. »

« commues du département ou pour plusieurs d'entre elles, dans
« tous les cas où il n'y aurait pas été pourvu par les autorités mu-
« nicipales, toutes les mesures relatives au maintien de la salu-
« brité, de la sûreté et de la tranquillité publiques. Ce droit ne
« pourra être exercé par le préfet *à l'égard d'une seule commune*
« qu'après une mise en demeure au maire restée sans résultat. »
Cette disposition étend notablement les droits que la jurisprudence
de la Cour de cassation avait reconnus au préfet, sous l'empire de
la loi du 18 juillet 1837. Cette jurisprudence, se fondant sur ce
que le préfet est chargé, en vertu de la loi du 22 décembre 1789
(section 3, art. 2), de veiller au maintien de la salubrité, de la sûreté et de la tranquillité publiques dans le département, l'autorisait à prescrire des mesures de sûreté générale applicables à toutes
les communes du département ou du moins à toutes celles où la
nature des choses en provoquait l'application [1]. La loi actuelle
va beaucoup plus loin, car elle consacre les pouvoirs du préfet dans
tous les cas qui intéressent, non seulement la sûreté publique, mais
la tranquillité et la salubrité, et elle lui permet de faire des règlements pour un groupe quelconque de communes, même pour une
seule commune. Dans ce dernier cas elle exige une mise en demeure préalable, et elle assimile ainsi le régime des mesures de
police locale à celui des actes déclarés obligatoires par la loi.

Ces innovations ont paru justifiées par l'intérêt général qui apparaît dans toutes les questions de sécurité et de salubrité, même
lorsqu'elles ont un caractère local.

Tout autres sont les questions qui touchent à la gestion des
affaires propres de la commune, de ses finances, de ses biens, etc.
Dans cette matière, la loi de 1884 a respecté et même notablement élargi le droit de décision du conseil municipal et du maire.
Le régime de la tutelle administrative, qui était autrefois la règle,
est devenu l'exception; le plus souvent le conseil municipal
prend des délibérations exécutoires par elles-mêmes et qui ne sont
soumises qu'au droit de surveillance du préfet; celui-ci peut les
annuler pour infraction à la loi (art. 63 et suivants), mais il ne

---

1. Cass. 25 novembre 1850, *Bassière;* — 28 août 1858, *Leray;* — 23 décembre 1866,
Foliguet; — Cf. Conseil d'État, 30 mars 1367, *Leneveu.*

peut pas leur substituer sa propre décision. Même dans les cas
où les délibérations du conseil municipal restent soumises à la
nécessité d'une approbation préfectorale, celle-ci ne peut être que
donnée ou refusée, mais elle ne peut pas se transformer en un droit
de décision propre, modifiant la délibération prise. On doit seulement réserver ici, comme pour les arrêtés municipaux, le droit
d'annulation ou d'approbation partielles, lorsqu'une même décision
contient des dispositions distinctes et indépendantes les unes des
autres.

Il y a cependant un cas où la compétence de l'administration
supérieure peut se substituer à celle de l'administration locale
dans des affaires d'intérêt purement communal, c'est celui où les
représentants de la commune refusent d'acquitter les obligations
pécuniaires qui lui sont imposées par la loi ; l'acquittement de ces
obligations peut alors être imposé à la commune, au moyen de
l'inscription d'office, qui inscrit à son budget le crédit nécessaire,
et du mandatement d'office qui assure l'emploi de ce crédit.

Tel est le seul cas de déplacement des compétences lorsqu'il
s'agit des affaires propres de la commune. On s'explique ainsi
l'extension donnée par la jurisprudence du Conseil d'État au contentieux de l'inscription d'office. Même à une époque où la notion
de l'excès de pouvoir était beaucoup plus restreinte qu'aujourd'hui,
le Conseil d'État n'en vérifiait pas moins le caractère obligatoire
de la dépense inscrite d'office au budget, et même sa quotité légale,
parce que la compétence du préfet en dépend.

**Empiétements entre autorités de même ordre. Questions de
compétence territoriale.** — L'incompétence peut résulter de l'empiétement d'une autorité sur une autre autorité occupant un rang
égal dans la hiérarchie : tel serait l'empiétement d'un ministre
sur les attributions d'un de ses collègues ([1]), du préfet de la Seine
sur le préfet de police ou réciproquement. Tels sont aussi la plupart des cas d'incompétence territoriale ou *ratione loci*. Cette in-

---

1. Conseil d'État, 27 novembre 1891, *Syndicat d'irrigation de Guyotville*. Cet arrêt
annule pour incompétence une décision du ministre de l'intérieur statuant sur une
question de concession d'eau en Algérie qui était dans les attributions du ministre
de l'agriculture.

compétence se produit lorsqu'une autorité exerce ses pouvoirs en dehors du territoire qui lui est assigné, et franchit, aux dépens d'une autorité voisine, les limites de sa circonscription administrative. Cette espèce d'incompétence est peu fréquente, parce que notre système administratif se rattache, depuis 1789, à des circonscriptions territoriales uniformes et nettement déterminées, dont les limites sont rarement contestées, et parce qu'il est très rare de voir une autorité, préposée à l'un de ces territoires, posséder des attributions dans un autre. Il y en a cependant des exemples : ainsi, le préfet de police exerce ses pouvoirs dans quelques communes du département de Seine-et-Oise ([1]) ; le préfet de la Seine a la police de la rivière d'Ourcq dans tous les départements qu'elle traverse ([2]) ; le préfet du Rhône fait fonction de préfet de police dans plusieurs communes du département du Rhône et même dans une commune du département de l'Ain ([3]). Enfin les conseils généraux de plusieurs départements, les conseils municipaux de plusieurs communes, peuvent combiner leur action en vue d'intérêts communs, organiser des conférences interdépartementales ou intercommunales et prendre des décisions qui, pour chacun de ces conseils, franchissent les limites de leur circonscription ([4]).

En dehors de ces exceptions, toute décision prise par une autorité, en dehors de son ressort territorial, est entachée d'excès de pouvoir.

Le Conseil d'État saisi d'un recours fondé sur cette espèce d'incompétence a-t-il qualité pour rechercher lui-même les limites contestées ? Nous n'hésitons pas à le penser, car la vérification du ressort territorial où l'autorité peut agir se lie étroitement à la vérification même de la compétence ; elle ne pourrait pas en être distraite sous forme de question préjudicielle renvoyée à l'administration active, car le Conseil d'État représente lui-même cette autorité sous sa forme la plus élevée lorsqu'il s'agit de questions contentieuses ([5]).

---

1. Arrêté du 3 brumaire an IX ; lois des 14 août 1850 et 10 juin 1853.
2. Décret du 4 septembre 1807.
3. Loi du 5 avril 1884, art. 104.
4. Loi du 10 août 1871, art. 89 et 90 ; — Loi du 5 avril 1884, art. 116 et 117.
5. Conseil d'État, 7 août 1883, *commune de Meudon*. Dans cette affaire, le Conseil

Cas de compétence conditionnelle. — La compétence se règle ordinairement d'après la nature intrinsèque de l'acte. Mais il y a des cas assez nombreux où elle varie, pour un même acte, d'après ses modalités, d'après les conditions diverses dans lesquelles il s'accomplit.

Ainsi, en matière de curage de cours d'eau non navigables ou de répartition des eaux entre l'agriculture et l'industrie, le préfet n'est compétent que s'il existe d'anciens règlements ou des usages locaux ; sinon, la compétence appartient au Gouvernement en Conseil d'État[1]. En matière d'acceptation de dons et legs faits aux communes, le conseil municipal (autrefois le préfet) n'est compétent que s'il n'y a pas de réclamation de la famille[2]. Le ministre de l'instruction publique, compétent pour suspendre pendant un an un professeur de l'enseignement secondaire, cesse de l'être lorsqu'il s'agit d'une suspension plus prolongée, et la compétence est alors transférée au conseil académique sauf recours au conseil supérieur[3]. Il serait facile de multiplier ces exemples.

La première règle à retenir en pareil cas — et elle n'a pas besoin d'être démontrée — c'est que l'acte doit être annulé pour incompétence toutes les fois qu'il a été fait en dehors des conditions auxquelles la compétence était subordonnée ; la seconde, c'est qu'il appartient au Conseil d'État, juge de la compétence, de vérifier, non seulement en droit mais en fait, si ces conditions étaient réalisées ; il ne saurait être lié sur ce point par les énonciations de l'acte, par une référence aux décisions ou autres pièces sur lesquelles l'acte s'appuierait, il a le droit de contrôler l'existence et la teneur de ces documents, puisque la compétence elle-même en dépend. Ainsi, en matière de curage ou de répartition des eaux, si le pourvoi allègue que le préfet s'est fondé à tort sur des usages

d'État s'est reconnu compétent pour statuer directement, après renvoi de l'autorité judiciaire, sur une question préjudicielle de limites de communes, bien qu'on eût demandé devant lui que la question fût préalablement renvoyée soit au préfet, soit au Gouvernement statuant par décret. Cette compétence existerait, à plus forte raison, s'il s'agissait de juger un recours pour excès de pouvoir.

1. Loi du 14 floréal an XI. — Décrets des 25 mars 1852 et 13 avril 1861 (tableau D., nos 6 et 7).

2. Loi du 5 avril 1884, art. 111.

3. Loi du 27 février 1880, art. 15.

n'ayant pas le caractère d'anciens usages dans le sens de la loi du 14 floréal an XI, ou sur ce qu'il a dérogé aux règlements existants, il appartient au Conseil d'État de rechercher si ce grief est justifié [1]. De même, si le conseil municipal a accepté un don ou un legs fait à une commune, comme n'ayant donné lieu à aucune réclamation d'héritier, et si une réclamation est alléguée, le Conseil d'État a qualité pour vérifier l'existence du document, pour apprécier, d'après ses termes, s'il constitue ou non une véritable réclamation, et s'il émane d'une personne ayant qualité à cet effet [2].

Du cas où une autorité décline sa compétence. — Pour terminer ce qui concerne le grief d'incompétence, nous devons dire quelques mots du cas où une autorité, au lieu de franchir les limites de sa compétence, reste en deçà, et refuse de faire un acte de son ressort en déclarant qu'elle n'a pas qualité pour l'accomplir. Cette hypothèse est, on le voit, inverse de toutes les précédentes, et elle constitue le cas d'incompétence *négative,* par opposition à l'incompétence *positive* dont nous venons de nous occuper.

Cette espèce d'incompétence doit être également réprimée, car s'il n'est pas permis à une autorité d'étendre le cercle de ses pouvoirs, il ne lui est pas non plus permis de le restreindre ; dans un cas comme dans l'autre, il y a infraction aux lois d'attributions. Aussi le Conseil d'État n'hésite pas à annuler les décisions par lesquelles une autorité décline sa compétence dans une affaire de son ressort [3]. Il est à remarquer que l'annulation est encourue, dans ce cas, même si l'autorité qui décline sa compétence possède un pouvoir discrétionnaire et est libre d'écarter la demande pour un motif de pure appréciation ou même sans aucun motif : ce qui pro-

---

1. Conseil d'État, 18 mars 1868, *Rival ;* — 6 février 1886, *Romanatax.*

2 Conseil d'État, 16 mai 1873, *Boudier.*

3. Conseil d'État, 1er mai 1874 (*Lezeret de la Maurinie*), annule une décision du ministre de la justice déclinant toute autorité hiérarchique à l'égard du grand chancelier de la Légion d'honneur ; — 23 novembre 1883 (*Société des mines d'or de la Guyane*), annule une décision du ministre de la marine et des colonies se déclarant incompétent pour réformer une décision du gouverneur de la Guyane. On lit dans ce dernier arrêt : « Que le ministre, en déclarant qu'il ne lui appartenait pas de statuer sur la réclamation formée contre l'arrêté du gouverneur, a méconnu l'étendue de ses pouvoirs, et que sa décision doit être annulée de ce chef. » — Voy. aussi 2 mai 1890, *Moinet.*

voque l'annulation, ce n'est pas le rejet de la demande, c'est la déclaration d'incompétence sur laquelle ce rejet est fondé.

II. — DU VICE DE FORME.

Le vice de forme consiste dans l'omission ou dans l'accomplissement incomplet ou irrégulier des formalités auxquelles un acte administratif est assujetti par les lois et règlements.

Ces formalités ne doivent jamais être considérées comme des procédures de pure forme, comme un appareil extérieur destiné à donner plus de solennité à l'acte ; dans la pensée de la loi, elles sont des garanties offertes aux intéressés, au public, à l'administration elle-même, contre les décisions hâtives ou insuffisamment étudiées.

Ces formalités consistent principalement dans des mesures d'instruction destinées à éclairer l'autorité qui fait l'acte, telles que les avis demandés à des corps délibérants ou à certains agents administratifs ou techniques, des enquêtes auxquelles le public est appelé, des vérifications administratives ou des expertises, des mises en demeure et autres notifications ayant pour but d'aviser les parties et de provoquer leurs observations. Elles peuvent aussi consister, lorsqu'il s'agit de matières disciplinaires, dans l'organisation de corps consultatifs spéciaux, et dans des procédures à suivre devant eux, pour assurer la manifestation de la vérité et les droits de la défense. Enfin elles peuvent n'avoir en vue que la rédaction de l'acte, par exemple quand la loi exige qu'une décision soit motivée.

A chacune de ces formalités correspond, dans la pensée du législateur, un moyen d'éviter une erreur, d'empêcher une injustice, d'assurer la maturité et l'opportunité de la décision ; de telle sorte que l'acte n'est présumé correct que si toutes les formes requises ont été observées. Telle est l'idée générale qui préside à l'annulation pour vice de forme.

De l'omission des formes prescrites. — Il est souvent utile de distinguer entre l'omission complète d'une formalité et son accomplissement incomplet ou irrégulier.

Parlons d'abord du premier cas.

Lorsqu'une des formes prescrites a été entièrement omise, lorsqu'une autorité a statué sans enquête, sans avis préalable, sans vérification contradictoire, etc., dans un des cas où ces formalités sont requises, il y a vice de forme et, par suite, excès de pouvoir. Cette règle est conforme à la stricte notion de l'excès de pouvoir, car lorsque le droit de décision d'une autorité est subordonné par la loi à certaines formalités sans lesquelles la décision n'est pas présumée bien rendue, l'autorité qui statue sans en tenir compte exerce en réalité un pouvoir qui ne lui appartient pas. Aussi le Conseil d'État n'hésite pas, lorsqu'une telle omission se produit, à prononcer l'annulation de l'acte ([1]).

Il faut se garder d'appliquer ici la règle qui est en vigueur dans certaines matières de droit civil et de procédure, et d'après laquelle les nullités ne se suppléent pas et doivent être expressément prononcées par la loi. Cette règle, qui est appliquée aux décisions judiciaires par l'article 7 de la loi du 20 avril 1810, et aux exploits d'huissier par l'article 1030 du Code de procédure civile, ne doit pas être étendue aux actes administratifs. Les lois administratives, à la différence des lois civiles, se bornent presque toujours à ordonner que telle forme sera suivie, telle vérification faite, sans s'expliquer sur la sanction de cette prescription : de telle sorte que cette sanction n'existerait presque jamais si la nullité n'était encourue que lorsqu'elle a été expressément prévue par un texte.

A-t-on du moins le droit de distinguer entre les formalités *substantielles* et celles qui ne le sont pas ? En règle générale nous ne

---

1. Parmi les arrêts très nombreux qui, à toute époque, ont consacré cette solution, nous nous bornerons à citer quelques-uns des plus récents en les classant d'après la nature de la formalité qui avait été omise.

Avis. — Conseil d'État, 10 novembre 1882, *Chassignon;* — 28 mars 1884, *commune de Chef-Boutonne;* — 14 décembre 1888, *Syndicat des brasseurs de Cambrai;* — 23 janvier 1891, *commune de Montagnac;* — 21 avril 1893, *Zikel.*

Enquête. — Conseil d'État, 7 août 1886, *Besnier;* — 18 mai 1888, *commune de Cherré;* — 1er mars 1889, *Syndicat de Viette.*

Expertise et autres vérifications. — Conseil d'État, 29 janvier 1876, *Reynaud.*

Mises en demeure. — Conseil d'État, 14 novembre 1879, *ville de Blois;* — 27 novembre 1885, *commune de Buzançais;* — 13 juin 1890, *commune de l'Aiguillon-sur-Mer;* — 22 décembre 1893, *Roy.*

Défaut de motifs. — Conseil d'État, 22 janvier 1892, *Maillet et autres.*

croyons pas qu'on doive s'attacher à cette distinction, lorsqu'il y a eu omission complète d'une formalité légale.

Toutes les formalités prescrites par la loi doivent être réputées substantielles, parce que le législateur n'est pas présumé en avoir édicté de superflues. Mais il pourrait en être autrement, ainsi que nous le verrons dans le paragraphe suivant, si l'omission portait, non sur la formalité même qui est imposée à l'acte, mais sur certains détails de son exécution. Ainsi autre chose est de statuer sans enquête, ou de statuer après une enquête où une irrégularité secondaire aura été relevée ; on comprend que l'on puisse distinguer ici entre les irrégularités qui peuvent avoir de l'influence sur l'efficacité de la mesure préparatoire et celles qui n'en ont manifestement aucune.

On s'est demandé si, même en cas d'omission d'une formalité imposée à l'acte, il n'y a pas lieu de distinguer entre les formes établies dans l'intérêt des parties ou du public, et celles qui seraient exclusivement établies dans l'intérêt de l'administration : dans ce dernier cas, a-t-on dit, l'omission ne peut faire grief qu'à l'administration elle-même et les parties ne sauraient s'en prévaloir.

Nous reconnaissons qu'il peut y avoir là matière à quelques hésitations, dont on trouve d'ailleurs la trace dans certaines décisions (¹) ; mais la distinction proposée nous paraîtrait dangereuse à admettre en doctrine : d'abord parce qu'elle peut facilement prêter à l'arbitraire ; en second lieu parce que nous avons beaucoup de doutes sur l'idée même dont elle s'inspire. En effet, les formes imposées à un acte administratif ne le sont pas dans l'intérêt distinct de telle ou telle partie, mais dans l'intérêt de l'acte adminis-

---

1. Un arrêt du 29 novembre 1866 (*Gris*) décide qu'un soumissionnaire n'est pas recevable à attaquer l'arrêté ministériel approuvant une adjudication, en se fondant sur ce que l'adjudicataire n'aurait pas produit de certificat de capacité ; il en donne pour motif que cette garantie est exigée dans l'intérêt exclusif de l'administration. Mais cette décision, critiquée par M. Aucoc, n'a pas été reproduite dans une espèce analogue (9 janvier 1868, *Servat*) ; ce dernier arrêt statue en fait, et n'oppose point de fin de non-recevoir au moyen. (Voy. Aucoc, *Conférences*, t. II, p. 168.)

Cf. 14 juillet, 1876, *Dumortier* ; 4 mars 1887, *Mainguet* ; ces arrêts refusent à des tiers le droit de demander l'annulation de marchés passés sans publicité et concurrence par des communes ou établissements publics. Mais il y a lieu de remarquer que, dans ces deux espèces, il s'agissait de tiers critiquant les formes d'un contrat où ils n'étaient pas parties. On comprend que, dans ce cas, le défaut de qualité puisse être opposé au tiers non contractant.

tratif lui-même, de sa correction, de sa maturité, en un mot dans un but de bonne administration. Il semble donc plus conforme aux principes que les parties qui ont intérêt à l'annulation d'un acte entaché de vice de forme et qui leur fait grief, puissent dénoncer l'omission d'une formalité, même quand cette omission ne les lèse pas personnellement.

L'urgence dûment justifiée d'une décision administrative, l'affranchit-elle de la nécessité des formes ? Non, car lorsque le législateur a prescrit des formalités, il n'appartient qu'à lui de les simplifier et de les abréger en cas d'urgence ; c'est ce qu'il a pris soin de faire en matière d'expropriation urgente, et dans les questions bien plus pressantes encore de « péril imminent » provenant d'édifices menaçant ruine ; il a alors simplifié les procédures ; mais ni l'administrateur ni le juge de l'excès de pouvoir ne peuvent le faire à sa place. A la vérité, un arrêt du 27 juillet 1883 (*syndicat du canal de Briançon*) a décidé qu'un préfet avait pu, à raison de l'urgence, ordonner la suppression d'un barrage sans enquête préalable ; mais cet arrêt constate en fait que cet ouvrage devait, d'après les rapports des ingénieurs, amener à bref délai un débordement ; le préfet, chargé d'assurer le libre écoulement des eaux et de prévenir les inondations, se trouvait investi d'un pouvoir de police plus large et plus prompt que celui qui lui appartient lorsqu'il s'agit d'autoriser ou de supprimer des ouvrages dans les circonstances ordinaires ; c'est sur ce pouvoir de police, distinct du droit d'autorisation proprement dit, que l'arrêt s'est fondé pour rejeter le recours. Il en serait de même en cas de ruine imminente d'un édifice incendié. Ces mesures exceptionnelles de sécurité publique, qui ne peuvent être efficaces qu'à la condition d'être immédiates, ne doivent pas être confondues avec les décisions administratives, même urgentes, auxquelles la loi a imposé des formes.

Des irrégularités commises dans l'accomplissement des formalités. — Lorsque la loi prescrit une mesure d'instruction préalable, elle ne se borne pas, en général, à en indiquer la nature, elle en détermine aussi le mode d'exécution. Ainsi, s'il s'agit d'enquête, elle en prévoit le lieu, la durée, le mode de publicité ; s'il s'agit de vérifications contradictoires, elle décide comment et par qui il doit y être procédé ; d'un autre côté, lorsqu'il s'agit d'avis de corps consultatifs, il va de soi qu'ils doivent être émis régulièrement et conformément aux lois sur les délibérations de ces corps.

En règle générale, l'irrégularité commise dans l'accomplissement d'une formalité la vicie, la rend non avenue au point de vue de l'acte qu'elle était destinée à préparer et, par suite, vicie l'acte lui-même. La jurisprudence a fait de très nombreuses applications de cette règle. Bornons-nous à en citer quelques exemples.

En matière d'avis, plusieurs arrêts ont annulé des décrets rendus après des avis du Conseil d'État qui n'avaient été délibérés que par la section correspondant au ministère intéressé, lorsqu'ils devaient l'être par l'assemblée générale[1] ; des arrêtés préfectoraux rendus à la suite de délibérations irrégulières de conseils municipaux [2].

En matière d'enquête, il y a lieu d'annuler un arrêté préfectoral autorisant une prise d'eau sur un cours d'eau non navigable, lorsque l'enquête qui l'a précédé n'a pas été régulière [3].

En matière d'expertises ou d'autres vérifications, l'annulation doit être prononcée si ces vérifications n'ont pas porté sur tous les points voulus, ou n'ont pas eu le caractère contradictoire prévu par la loi [4].

---

1. Conseil d'État, 23 février 1861, *Dubuc;* — 13 mars 1867, *syndicat de Belleperche;* — 20 mai 1868, *Carrieu.*

La question de savoir si une affaire doit être délibérée par l'assemblée générale du Conseil d'État, ou si elle peut l'être valablement par la section correspondant au ministère intéressé, a souvent donné lieu à des difficultés qu'il est facile de résoudre d'après les règles suivantes. L'attribution d'une affaire à l'assemblée générale ne résulte pas de plein droit de ces formules qu'on trouve souvent dans les textes : « le Conseil d'État entendu..... sur l'avis, après avis du Conseil d'État... » Cette attribution n'a lieu que dans les cas suivants : 1° s'il s'agit d'un règlement d'administration publique fait en vertu d'une délégation de la loi; — 2° s'il s'agit d'un acte administratif devant être fait « dans la forme des règlements d'administration publique »; — 3° si la délibération de l'assemblée générale a été prescrite par le règlement intérieur du Conseil d'État, en vertu de l'article 10, § 4, de la loi du 24 mai 1872, qui charge ce règlement de statuer « sur la répartition des affaires entre les sections, sur « la nature des affaires qui devront être portées en assemblée générale ».

Dans les autres cas, l'avis du Conseil d'État peut être donné par une seule de ses sections administratives, sauf le droit qui appartient au ministre, ou au président de la section statuant d'office ou sur la demande de la section, de renvoyer l'affaire à l'assemblée générale.

2. Conseil d'État, 14 janvier 1887, *Langlard;* — 15 juillet 1887, *Lyannaz.*

3. Conseil d'État, 28 novembre 1861, *Maréchal;* — 1er avril 1892, *d'Engente.*

4. Conseil d'État, 3 juillet 1874, *Millet;* — 13 novembre 1885, *Larbaud.*

En matière de mise en demeure, si le préfet a inscrit d'office un crédit au budget d'une commune, après avoir invité le conseil municipal à voter ce crédit, mais sans donner à cette invitation le caractère d'une véritable mise en demeure affirmant le caractère obligatoire de la dépense et la nécessité légale d'y pourvoir, l'arrêté doit être annulé (¹).

En matière de procédure disciplinaire, le vice de forme résulte de toute irrégularité commise, soit dans la composition d'un conseil d'enquête appelé à donner son avis sur la mise en réforme d'un officier de l'armée active (²), ou sur la révocation d'un officier de réserve (³), soit dans l'organisation de la commission d'enquête qui doit être consultée, d'après le décret du 26 octobre 1882, sur la révocation des employés coloniaux (⁴), soit dans la présentation des rapports, la communication des pièces, ou la lecture qui doit en être faite devant les conseils d'enquête (⁵).

La règle d'après laquelle l'irrégularité d'une formalité, aussi bien que son omission, entraîne l'annulation de l'acte, ne comporte-t-elle aucune exception ? La jurisprudence ne semble point en admettre en matière de procédure disciplinaire, et avec raison selon nous, car tout doit être de droit strict lorsqu'il s'agit de décisions intéressant la situation et même l'honneur d'officiers ou de fonctionnaires : aucune des garanties que les lois et règlements leur assurent ne doit être omise, altérée ni suppléée au moyen d'équivalents arbitraires.

Mais il est permis d'être moins absolu quand il s'agit de simples mesures d'instruction administrative dont tous les détails d'exécution n'ont pas une égale importance. Sans doute il y a des conditions nécessaires — et nous dirons volontiers ici *substantielles* — en dehors desquelles une enquête, une expertise, une vérification administrative ou technique ne sauraient produire effet ; mais il en est d'autres dont l'accomplissement, quoique toujours désirable,

---

1. Conseil d'État, 14 novembre 1879, *ville de Blois ;* — 13 juin 1890, *commune de l'Aiguillon-sur-Mer.*

2. Conseil d'État, 11 janvier 1878, *Nonette ;* — 22 juillet 1881, *Thile ;* — 28 mars 1885, *Bernard Lamarque ;* — 8 juillet 1892, *Otto.*

3. Conseil d'État, 17 mai 1889, *de Béville.*

4. Conseil d'État, 19 février 1886, *Dussert.*

5. Conseil d'État, 27 décembre 1878, *Fauchoux.*

présente un intérêt plus secondaire ; le juge de l'excès de pouvoir a le droit de rechercher si l'irrégularité commise a été ou non de nature à exercer une influence sur la mesure d'instruction elle-même. Ainsi, s'il est établi qu'une enquête a eu lieu et que tous les intéressés ont pu s'y faire entendre, il ne suffira pas de quelque irrégularité dans le mode de publicité, ou d'une abréviation insignifiante du délai, pour entraîner l'annulation de l'acte [1] ; de même, si une partie conviée à une vérification qui l'intéresse a consenti à la suppression de certaines constatations qu'elle jugeait elle-même inutiles, ou si, n'ayant point été régulièrement convoquée, elle a cependant assisté aux opérations qui ont eu ainsi un caractère contradictoire, nous ne pensons pas qu'il y ait lieu d'annuler. Nous reconnaissons toutefois que ces exceptions ne doivent être admises qu'avec beaucoup de réserve et que, s'il y a doute sur l'influence que l'irrégularité a pu exercer, on doit préférer la solution la plus conforme à l'exécution littérale de la loi.

Du cas où les formes sont prescrites par des décisions ministérielles. — Les formalités obligatoires sont celles qui résultent des lois et règlements. Que décider pour celles qui ne seraient prescrites que par des circulaires et instructions ministérielles ? Les ministres ne possèdent point, en général, le pouvoir réglementaire ; les instructions qu'ils donnent, en dehors des cas où ils exercent exceptionnellement ce pouvoir, ne peuvent pas imposer d'obligations aux tiers ; elles ne peuvent pas non plus conférer de droits à ces tiers à l'encontre de l'administration ; ce sont de simples prescriptions hiérarchiques destinées à guider les subordonnés en leur faisant connaître les vues de l'administration supérieure. L'omission des formalités qu'elles prescrivent ne constitue donc pas un vice de forme pouvant entraîner l'annulation de l'acte. Le Conseil d'État s'est prononcé en ce sens par plusieurs décisions [2].

---

1. Conseil d'État, 4 décembre 1874, *commune de Villemoutiers;* — 18 juillet 1884, *Guiches;* — 14 janvier 1887, *de Langlard.*

2. Conseil d'État, 30 juin 1853, *Dumas,* décide qu'un officier mis d'office à la retraite ne peut se prévaloir de ce que cette décision n'a pas été précédée de propositions et avis prévus par des instructions du ministre de la guerre ; — 19 mars 1868, *Champy,* décide qu'un arrêté préfectoral, revisant d'anciens règlements sur l'usage des eaux, n'est pas annulable pour vice de forme, bien que le préfet ne se soit pas

Il a écarté une distinction qui lui avait été proposée en 1864, et d'après laquelle le vice de forme pourrait exister si les instructions ministérielles avaient pour but non de restreindre les garanties données aux tiers, mais de les accroître, en limitant la liberté d'action des fonctionnaires placés sous l'autorité du ministre, et investis d'un droit de décision. Dans ce cas, a-t-on dit, le ministre ne fait que tracer, au nom du chef du pouvoir exécutif, les limites de la délégation qui a été faite à l'agent inférieur ([1]). Cette distinction, si bien intentionnée qu'elle soit, manque de base juridique ; on ne peut pas la faire reposer sur l'idée de délégation, car toutes les fois qu'une autorité inférieure exerce un droit de décision propre, c'est de la loi qu'elle le tient, non du ministre ; c'est aussi la loi ou les décrets rendus pour son exécution qui fixent, s'il y a lieu, les formes dans lesquelles la décision doit être rendue. Le ministre ne peut donc pas modifier les conditions de cette délégation légale ; les instructions qu'il donne ne peuvent être que des actes de direction hiérarchique qui ne sauraient être invoqués par les tiers, ni contre eux.

Cette règle ne comporte d'exception que si le ministre a été exceptionnellement investi d'un pouvoir réglementaire. Ainsi le Conseil d'État a toujours reconnu le caractère obligatoire des formalités prescrites par l'instruction ministérielle du 19 thermidor an VI, pour les règlements d'usines et les prises d'eau pour l'irrigation ; il voit dans cette instruction une sorte de règlement d'administration publique fait pour l'exécution de l'arrêté du Directoire du 19 ventôse an VI, et il annule pour vice de forme des arrêtés rendus contrairement à ces prescriptions ([2]). Il en serait de même des formalités prescrites par les règlements sur les chemins vicinaux que la loi du 21 mai 1836 a chargé les préfets de faire,

---

conformé aux instructions qui lui prescrivaient d'en référer au ministre ; — 14 décembre 1833, *Lacroix,* décide qu'un décret ordonnant la translation d'une étude de notaire ne peut pas être attaqué comme ayant été rendu sans les avis prévus par une circulaire du ministre de la justice, attendu « qu'aucune *disposition législative ou réglementaire* » n'avait exigé ces avis.

1. Voy. les conclusions du commissaire du Gouvernement sur l'arrêt du 15 juin 1864, *Gaunard.*

2. Conseil d'État, 25 juin 1864, *Gaunard ;* — 22 mars 1866, *Fléchet ;* — 23 juillet 1867, *Trône.*

sauf l'approbation du ministre de l'intérieur; elles sont obligatoires à raison de la délégation du pouvoir réglementaire faite aux
préfets par l'article 21 de la loi de 1836 ([1]).

De la recherche et de la constatation du vice de forme. — Le
Conseil d'État, juge de l'excès de pouvoir qui résulte du vice de
forme, s'est toujours reconnu un pouvoir étendu pour rechercher
et constater ce vice. Il n'est pas lié, à cet égard, par les mentions
contenues dans l'acte attaqué, dans ses motifs, dans ses *visas*. Si
l'acte vise une vérification, un rapport, un avis dont l'existence, la
teneur ou la régularité sont contestées, il appartient au juge de
l'excès de pouvoir d'ordonner la production de toutes pièces et documents utiles, et de provoquer, s'il y a lieu, telles investigations
que de droit par la voie administrative. Le jugement qu'il a à porter
sur le vice de forme l'autorise également à vérifier les diverses
circonstances dont l'irrégularité peut dépendre.

La jurisprudence relative aux décrets de mise en réforme pour
cause disciplinaire présente de nombreux exemples de ces appréciations. Ainsi, pour décider si un officier devait être traduit devant
un conseil d'enquête de régiment ou de région, ou par quel général
les membres du conseil devaient être désignés, le Conseil d'État a
été amené à rechercher si l'officier employé à un service spécial
était ou non « détaché » de son régiment ([2]); si un escadron envoyé en Algérie relevait, au point de vue de la discipline intérieure,
du corps d'armée auquel appartenait le régiment, ou de la division
à laquelle l'escadron était temporairement attaché ([3]). Pour reconnaître si un conseil d'enquête était régulièrement composé, il a dû
rechercher si l'un de ses membres, remplacé comme empêché,
était dans un cas réel d'empêchement ou d'absence ([4]); s'il y avait
ou non, dans le régiment de l'inculpé, des officiers du grade
voulu, en nombre suffisant pour qu'on fût dispensé de recourir à
ceux d'un autre régiment ([5]).

1. Avis du Conseil d'État du 9 mai 1838; — C. cass. 8 février 1840, *Decante*; —
29 mai 1846, *Ponvillion*.
2. Conseil d'État, 11 janvier 1878, *Nouette*; — 29 juin 1883, *Pety*.
3. Conseil d'État, 17 juillet 1885, *Boullenot*.
4. Conseil d'État, 10 février 1882, *Brun*; — 7 août 1891, *Hinault*.
5. Conseil d'État, 27 novembre 1885, *Le Cadre*; — 6 juillet 1892, *Otto*.

On peut donc dire que, d'après sa jurisprudence, le Conseil d'État exerce, pour la constatation du vice de forme, une juridiction complète, plus étendue que celle que se reconnaît la Cour de cassation en présence des énonciations d'une procédure civile ou criminelle. Il est bon qu'il en soit ainsi, parce que les constatations d'une procédure administrative ne peuvent pas, dans beaucoup de cas, offrir les mêmes garanties d'authenticité que celles d'une procédure judiciaire rédigée, sous la surveillance du juge, par des officiers ministériels assermentés, exposés aux peines du faux en cas d'altération de la procédure.

Questions relatives aux avis. — Pour terminer ce qui concerne le vice de forme, nous examinerons certaines questions relatives aux *avis*, qui constituent une des formalités les plus importantes et les plus fréquemment exigées pour la validité des actes administratifs.

Les avis peuvent être demandés : soit à des corps consultatifs permanents, placés auprès du Gouvernement ou des préfets, tels que le Conseil d'État et les conseils de préfecture ; soit à des assemblées électives locales, conseils généraux, conseils d'arrondissement, conseils municipaux ; soit à des commissions, comités, conseils techniques institués auprès des différents ministères ; soit à des fonctionnaires déterminés, préfets, sous-préfets, ingénieurs, etc.

Les avis prennent le nom de *propositions* quand ils supposent une certaine initiative, spontanée ou provoquée, des autorités dont ils émanent, et de *présentations* lorsqu'ils ont pour objet des nominations de fonctionnaires.

Les avis sont *facultatifs* quand l'autorité qui les provoque n'est obligée ni de les demander ni de les suivre ; — *consultatifs* quand elle est obligée de les demander, mais non de les suivre ; — *impératifs* lorsqu'elle est tenue à la fois de les demander et de s'y conformer.

Les avis *facultatifs*, ainsi que leur nom l'indique, excluent toute idée d'obligation pour l'autorité qui les demande. En conséquence, si un avis a été demandé en vue d'une décision à prendre, et si plus tard cette décision est rapportée, elle peut l'être sans nouvel avis du corps primitivement consulté ([1]). Le Conseil d'État, les conseils généraux et municipaux, les comités et conseils techniques sont tenus de donner les avis qui leur sont facultativement demandés par l'autorité compétente ([2]), à moins, bien entendu, qu'il ne s'agisse de questions étrangères à leurs attributions. Le Conseil d'État et les conseils de préfecture, qui sont des juridictions en même temps que des corps consultatifs, pourraient aussi décliner l'obligation de donner un avis sur une difficulté dont ils seraient ou pourraient être saisis comme juges.

Les avis *consultatifs* sont tous ceux que la loi prévoit comme devant précéder une décision, mais non comme devant la dicter. Ils sont obligatoires en tant qu'ils constituent une mesure d'instruction nécessaire à la validité de la décision, mais ils ne le sont pas en tant qu'ils conseillent une décision plutôt qu'une autre.

Les formules dont la loi se sert pour indiquer la nécessité d'un avis consultatif sont très diverses.

On peut citer les suivantes : « décret en Conseil d'État, — arrêté en conseil de préfecture, — après avis de tel conseil, — tel conseil entendu... »

Le caractère *impératif* de l'avis résulterait au contraire d'un texte disposant expressément que telle décision doit être rendue « sur l'avis conforme... ou conformément à l'avis » de tel conseil. Les textes rédigés en termes aussi précis sont rares, on en trouve cependant des exemples dans quelques lois récentes qui ont attribué un caractère impératif à des avis du Conseil d'État : ainsi la loi du 22 mars 1890 sur les syndicats de communes (devenue le titre VIII de la loi municipale de 1884) dispose que ces syndicats ne peuvent être dissous d'office que par un décret « rendu sur l'avis conforme du Conseil d'État » ; la même formule se retrouve dans la loi du 22 juillet 1893 (modifiant l'article 9 du Code civil) pour les décrets qui refusent l'enregistrement des déclarations faites par les étrangers nés en France qui réclament la qualité de Français.

Le caractère impératif d'un avis peut aussi quelquefois résulter

---

1. Conseil d'État, 30 juillet 1880, *Brousse*.
2. Pour le Conseil d'État, loi du 24 mai 1872, art. 8-3° ; — pour les conseils généraux, loi du 10 août 1871, art. 48-5° ; — pour les conseils municipaux, loi du 5 avril 1884, art. 70.

d'expressions moins formelles, telles que celles-ci : « de l'avis...d'après l'avis... sur l'avis ». Dans ce cas, il faut interroger, en même temps que les textes, la nature des décisions à intervenir, les rapports légaux de l'autorité qui demande l'avis avec celle qui le donne. Ainsi, lorsqu'il s'agit du classement de chemins vicinaux, l'article 86 de la loi du 10 août 1871 dispose que la commission départementale prononce « sur l'avis des conseils municipaux » ; le Conseil d'État n'a jamais hésité à interpréter ce texte comme exigeant un avis conforme ; mais le véritable motif de sa jurisprudence est que le classement d'un chemin vicinal a pour effet de grever la commune d'une dépense qui ne peut devenir obligatoire que si elle a été consentie par le conseil municipal (¹).

Par des motifs analogues, tirés du droit des communes plutôt que d'un argument de texte, le Conseil d'État a annulé : des arrêtés préfectoraux ordonnant la suppression de chemins ruraux sans avis conforme du conseil municipal, et disposant ainsi d'un domaine de la commune sans l'assentiment de ses représentants (²), des arrêtés approuvant des plans d'alignement non conformes à la délibération du conseil municipal (³).

La jurisprudence interprète aussi la loi des 11-19 septembre 1792, comme n'autorisant le préfet à ordonner la suppression d'un étang insalubre que sur l'avis conforme du conseil général (⁴).

La nécessité d'avis conformes peut également exister en matière disciplinaire ; bornons-nous à en citer le cas le plus important, celui de la mise en réforme des officiers qui ne peut être prononcée que « d'après l'avis d'un conseil d'enquête » ; cette disposition est précisée par celle-ci : « les avis du conseil d'enquête ne pourront être modifiés qu'en faveur de l'officier » (loi du 19 mai 1834, art. 13 et 14) ; d'où il résulte bien que la peine disciplinaire ne peut pas être prononcée contrairement à l'avis du conseil d'enquête.

---

1. Conseil d'État, 19 mars 1875, *Piron* ; — 23 février 1883, *commune de Blaymont.*
2. Conseil d'État, 1er février 1866, *Roger.*
3. Conseil d'État, 12 mai 1869, *commune de Seignelay.*
4. Conseil d'État, 22 novembre 1889, *Patureau-Miran* ; — 13 mars 1891, *Dupuy.*

III. — VIOLATION DE LA LOI ET DES DROITS ACQUIS.

Notions générales sur l'annulation pour violation de la loi. — Nous avons expliqué, en faisant l'historique du recours pour excès de pouvoir, comment le moyen d'annulation tiré de la violation de la loi s'est progressivement introduit dans la jurisprudence, et comment il a eu pour effet de créer, dans certains cas, un véritable pourvoi en cassation plutôt qu'un recours pour excès de pouvoir dans le sens strict du mot. Nous avons aussi fait observer que cette évolution de la jurisprudence n'avait pas été aussi accentuée, aussi hardie qu'on a paru quelquefois le croire : en effet, le Conseil d'État a admis de tout temps, dans une mesure plus ou moins large, que les actes administratifs illégaux et portant atteinte à des droits acquis pouvaient être attaqués par la voie contentieuse ; mais pendant longtemps il a fait reposer le recours, non sur la loi des 7-14 octobre 1790, mais sur le principe général d'après lequel l'atteinte à un droit ouvre un recours devant la juridiction contentieuse.

L'œuvre de la jurisprudence a donc moins consisté à créer le recours pour violation de la loi et des droits acquis, qu'à l'assimiler au recours pour excès de pouvoir au point de vue de sa procédure et de ses effets. En même temps, elle a développé l'application de ce recours, en l'étendant à beaucoup d'actes qualifiés actes de pure administration, qui autrefois ne pouvaient être attaqués que pour incompétence ou vice de forme.

Nous n'avons pas à revenir ici sur ces différentes phases de la jurisprudence qui ont été exposées plus haut (¹). Nous devons seulement essayer de préciser la doctrine qui s'en dégage.

Un premier point important à retenir, c'est que la *violation de la loi* n'est un moyen d'annulation que si elle constitue en même temps une *atteinte à un droit.*

Si donc une autorité administrative a pris pour base de sa décision une erreur de droit, une fausse interprétation de la loi, mais

---

1. Voy. ci-dessus, p. 406 et suiv.

si elle n'a ainsi lésé que des intérêts et non des droits, son acte n'est pas annulable par la voie contentieuse. Supposons, par exemple, qu'un préfet refuse d'approuver une délibération d'un conseil municipal, en se fondant sur ce qu'elle a été irrégulièrement rendue et qu'elle n'a pas d'existence légale, et que cette appréciation du préfet repose sur une erreur de droit ; supposons encore que le préfet, sollicité par un créancier d'une commune d'inscrire d'office un crédit à son budget pour assurer le paiement de la créance, refuse de prendre cette mesure, et qu'il en donne pour raison que la dépense n'est pas obligatoire alors qu'elle a réellement ce caractère : dans ces deux cas, il y a erreur sur une question de légalité et cette erreur détermine la décision ; mais, dans les deux cas aussi, la décision ne peut léser aucun droit, parce que ni l'approbation d'une délibération soumise à la tutelle administrative, ni l'inscription d'office d'un crédit pour obliger une commune à acquitter une dépense, ne constituent des droits pour ceux qui sollicitent ces décisions [1].

Renversons maintenant l'hypothèse. Supposons que le préfet, au lieu de refuser son approbation à la délibération d'un conseil municipal, la retire après l'avoir donnée, et après que cette délibération a servi de base à un contrat ou à une décision créant des liens de droit entre la commune et des tiers ; ou bien que le préfet, au lieu de refuser l'inscription d'office, dans un cas où la dépense était obligatoire, l'accorde dans un cas où elle ne l'était pas. Ici encore, il y a erreur de droit et l'erreur détermine la décision, mais il y a quelque chose de plus : il y a des droits lésés par suite de cette erreur : droit de la commune et des tiers qui avaient contracté à la suite de la délibération approuvée, droit de la commune qui peut légalement s'opposer à ce qu'on inscrive d'office à son budget une dépense non obligatoire.

Il faut donc, pour qu'on puisse invoquer le grief de violation de la loi, que cette violation résulte du dispositif même de la décision, il ne suffit pas qu'elle apparaisse dans les motifs. Si la décision est

---

1. Sur le refus d'inscription d'office : Conseil d'État, 15 janvier 1875, *Larralde;* — 4 août 1876, *ville de Besançon;* — 17 avril 1885, *consistoire de Nimes.*

Sur le refus d'approbation d'une délibération du conseil municipal : Conseil d'État, 20 juillet 1883, *Du Lac;* — 27 juillet 1883, *ville de Saint-Étienne.*

facultative, discrétionnaire pour l'administration, elle ne peut léser que des intérêts, non des droits, et le recours pour violation de la loi n'est pas ouvert ([1]).

Il y a là, comme on voit, une notable différence entre le moyen d'annulation tiré de la violation de la loi et les moyens tirés de l'incompétence ou du vice de forme : ceux-ci peuvent être invoqués par toute personne ayant un intérêt direct et personnel à l'annulation de l'acte ; celui-là, au contraire, ne peut être invoqué que par la partie dont le droit est violé. Il ne faut pas voir là une simple différence dans les conditions de *recevabilité* du recours, une dérogation à la règle d'après laquelle un intérêt direct et personnel suffit pour donner qualité à celui qui forme un recours pour excès de pouvoir ; non, ce qui est en jeu, c'est la nature même du moyen d'annulation, lequel n'admet la violation de la loi que si elle est caractérisée et aggravée par la violation d'un droit.

Cette idée de violation de la loi, lorsqu'elle est associée à la violation d'un droit, doit être largement comprise. Elle s'étend, dans certains cas, à la fausse interprétation et même à la fausse application de la loi. Le Conseil d'État s'est souvent reconnu le droit de rechercher si les faits servant de base à la décision avaient été bien définis au point de vue juridique, et de vérifier, dans ce but, l'existence et la nature de ces faits. On en trouve des exemples très remarquables dans la jurisprudence relative aux délimitations du domaine public et notamment dans l'arrêt du 29 juillet 1881 (*Duval*), qui ordonne, avant faire droit, qu'il sera procédé à une visite de lieux par une commission du Conseil d'État statuant au contentieux, afin de vérifier si les limites du domaine public maritime à l'embouchure de la Seine ont été tracées conformément à la loi.

1. Cette distinction a été nettement indiquée par un arrêt du 10 novembre 1887 (*Lefebvre*). Il s'agissait d'un recours formé contre une décision du ministre de la guerre, réglant les conditions de l'examen imposé aux engagés conditionnels d'un an et attaquée par l'un des candidats, comme ayant prescrit des épreuves non prévues par le règlement d'administration publique du 10 mai 1880, et comme ayant, par suite, violé ce règlement.

L'arrêt décide : « que la décision prise par le ministre de la guerre ne concernait pas personnellement le requérant *et qu'elle n'a lésé aucun droit qui lui fût acquis;* que, par suite, celui-ci n'est pas recevable à en demander l'annulation, *en se fondant uniquement sur ce qu'elle aurait fait une inexacte application* de l'article 3 du règlement d'administration publique du 10 mai 1880. »

Quelques jurisconsultes ont invoqué cet exemple et d'autres analogues pour soutenir que le Conseil d'État ne statue pas, en pareil cas, comme juge de l'excès de pouvoir, mais comme juge d'un contentieux plus étendu auquel peuvent donner lieu les délimitations abusives. Nous n'y contredisons pas, car nous sommes de ceux qui pensent que le Conseil d'État, chargé de statuer souverainement « sur les recours en matière contentieuse administrative » (loi du 24 mai 1872, art. 9), puise dans les lois générales de son institution le droit de connaître des réclamations contentieuses dirigées contre tout acte administratif qui viole un droit. Mais, nous ne saurions trop le répéter, le contentieux des actes de puissance publique ne peut jamais aboutir qu'à leur *annulation,* à la différence du contentieux des actes de gestion, qui est un contentieux de pleine juridiction pouvant aboutir à leur *réformation,* à leur remplacement par des décisions nouvelles édictées par le juge. On est donc toujours ramené, quand il s'agit d'actes de puissance publique, à des questions de cassation, d'annulation pour illégalité, qui sont précisément la caractéristique du recours pour excès de pouvoir. Que l'illégalité consiste dans une violation des lois de compétence, des lois de procédure ou des lois qui régissent le fond ; que la juridiction du Conseil d'État résulte de la loi des 7-14 octobre 1790 ou des attributions plus générales du Conseil en matière contentieuse, le résultat sera toujours le même : l'annulation de l'acte illégal.

La distinction du recours contentieux ordinaire et du recours pour excès de pouvoir ne présente donc d'intérêt pratique qu'au point de vue de la procédure du recours et plus spécialement de la dispense du ministère d'avocat ; nous avons dit pourquoi le Conseil a cru devoir étendre cette procédure de faveur à tous les recours en annulation formés contre des actes de puissance publique [1]. Aussi, même dans ces affaires de délimitation du domaine public, où le Conseil d'État a poussé si loin l'examen du fond, les recours sont introduits comme recours pour excès de pouvoir, ils sont ainsi qualifiés dans les arrêts, et les lois des 7-14 octobre 1790 et 24 mai 1872 y sont toujours visées.

La violation d'un droit résultant d'une violation de la loi est un

1. Voy. ci-dessus, p. 409.

moyen d'annulation, non seulement quand le droit lésé est celui d'une personne déterminée, visée par l'acte administratif, mais encore quand ce droit est commun aux membres d'une collectivité plus ou moins étendue, par exemple aux habitants d'une commune, aux membres d'une profession industrielle ou commerciale, à qui des obligations illégales seraient imposées par un règlement.

La jurisprudence a longtemps hésité à admettre, dans ce dernier cas, un recours direct de chacune des personnes atteintes dans leur droit ; elle a d'abord décidé que lorsqu'un acte a un caractère général ou réglementaire, sa légalité ne peut être discutée que devant le supérieur hiérarchique ou devant les tribunaux judiciaires chargés de prononcer une sanction pénale en cas de contravention ; mais cette restriction n'a pas été maintenue ; la violation de la loi peut, d'après la jurisprudence en vigueur, être relevée dans une décision générale, aussi bien que dans une décision individuelle. On en trouve la preuve dans les nombreux arrêts qui ont examiné au fond, et qui ont souvent accueilli des recours formés par des habitants, des propriétaires, des industriels, qui contestaient la légalité d'obligations ou d'interdictions qui leur étaient collectivement imposées par des règlements de police[1].

La violation de la loi doit s'entendre de la violation de toute prescription légalement obligatoire pour l'administration, qu'elle résulte d'une loi proprement dite ou d'un autre acte ayant force de loi. Des textes relativement récents ont plus d'une fois associé ces expressions : « violation de la loi ou d'un règlement d'administration publique » ; on les trouve dans la loi départementale du 10 août 1871 (art. 47 et 88) et dans la loi municipale du 5 avril 1884 (art. 63), qui paraissent les avoir empruntées à la loi sur les conseils généraux du 18 juillet 1866. Il n'en faudrait pas conclure que des décrets qui ne seraient pas des règlements d'administration publique proprement dits, résultant d'une délégation du législateur, ou qui ne seraient pas délibérés en Conseil d'État en la forme de ces règlements, pourraient être enfreints sans que l'annulation pour violation de la loi fût encourue. L'expression : règlement d'adminis-

---

1. Conseil d'État, 28 mars 1885, *Languellier;* — 25 mars 1887, *Syndicat des propriétaires de bains de Paris;* — 3 juin 1892, *bouchers de Bolbec.*

tration publique, est prise ici dans son acception la plus large : elle désigne tous les règlements émanés du pouvoir central, par opposition aux règlements purement locaux. Il n'est même pas douteux que la violation d'un décret n'ayant pas le caractère réglementaire, mais contenant des prescriptions légalement obligatoires pour l'autorité qui a fait l'acte, pourrait constituer un cas d'annulation.

Il n'en serait pas de même des prescriptions qui résulteraient de simples instructions ministérielles : celles-ci ne peuvent, ainsi que nous l'avons vu, créer des droits ou des obligations aux tiers, même en ce qui touche la forme des actes ; elles ne le peuvent pas, à plus forte raison, en ce qui touche le fond du droit [1].

La violation de la chose jugée doit être assimilée à la violation de la loi, car la chose jugée crée des prescriptions légalement obligatoires. Aussi le Conseil d'État a-t-il plusieurs fois annulé, pour excès de pouvoir, des actes administratifs qui étaient en opposition avec des droits résultant de décisions définitives de tribunaux judiciaires, du Conseil d'État, des conseils de préfecture ou de la Cour des comptes [2].

On a quelquefois agité la question de savoir si la violation de la chose jugée résultant de décisions judiciaires est toujours un excès de pouvoir de la part de l'autorité administrative, ou s'il y a des cas exceptionnels où celle-ci peut légalement passer outre. Cette question a été examinée dans une autre partie de cet ouvrage à laquelle il nous suffit de renvoyer [3].

Applications tirées de la jurisprudence. — La jurisprudence a fait de très nombreuses applications des règles que nous venons

---

1. Conseil d'État, 15 juin 1864, *Gaunard* ; — 19 mars 1868, *Champy*.

2. Annulation pour violation de décisions judiciaires : 26 janvier 1854, *ville de Bastia* ; — pour violation de décision d'un conseil de préfecture : 21 février 1867, *ville de Montbéliard* ; — pour violation d'un arrêt du Conseil d'État : 15 avril 1868, *Robineau* ; — pour violation d'un arrêt de la Cour des comptes : 3 juillet 1885, *de Bonardi*. Toutes ces décisions visent la loi des 7-14 octobre 1790 ou mentionnent expressément l'excès de pouvoir.

Des décisions plus anciennes qui statuent dans les mêmes conditions que l'arrêt *de Bonardi* de 1885, c'est-à-dire sur des réclamations de comptables se plaignant de décisions ministérielles contraires à des arrêts de *quitus* de la Cour des comptes, ne visent pas la loi des 7-14 octobre 1790 et statuent au fond comme en matière contentieuse ordinaire.

3. Voy. t. Ier, p. 508.

d'indiquer ; nous croyons utile de mentionner les plus importantes, parce qu'elles marqueront mieux que des explications purement doctrinales, l'étendue et les limites du moyen que nous étudions. Pour plus de clarté, nous classerons ces applications d'après la nature du droit auquel une atteinte est portée par l'acte administratif.

I. *Atteintes à la propriété et aux droits qui en dérivent.* — Les questions de propriété relèvent, en principe, de la compétence judiciaire, mais cette règle n'est vraie que s'il s'agit de statuer sur une attribution ou sur une translation de propriété, ou sur d'autres questions de droit civil (¹). Elle cesse de l'être quand il s'agit de servitudes d'utilité publique, et des diverses restrictions et obligations que l'autorité administrative peut imposer à la propriété en vue d'un intérêt général, par des décisions qui ont le caractère d'actes de la puissance publique. Dans ce cas, c'est la juridiction administrative qui est compétente, en principe, pour connaître des réclamations auxquelles ces actes peuvent donner lieu, et pour annuler ceux qui imposeraient à la propriété des obligations illégales.

Parmi ces actes, ceux qui peuvent porter à la propriété l'atteinte la plus grave sont ceux qui supprimeraient la propriété elle-même : c'est ce qui arrive lorsqu'une délimitation du domaine public fluvial ou maritime, tracée contrairement à la définition légale de ce domaine, vient à absorber des fonds riverains susceptibles de propriété privée ; ou bien lorsque l'administration, après avoir concédé une mine et créé ainsi une véritable propriété, retire la concession et dispose de cette propriété en dehors des cas prévus par la loi et par l'acte de concession. Dans ces cas, l'acte peut être annulé pour violation ou fausse application de la loi entraînant une atteinte à la propriété (²).

Il en est de même si un acte administratif prétend établir, en dehors des cas prévus par la loi, une servitude d'utilité publique ou

---

1. Voy. t. Iᵉʳ, p. 553 et suiv.

2. Voy. sur les décrets ou arrêtés de délimitation : 28 mai 1864, *Coquard;* — 27 mai 1863, *Drillet de Lanigou;* — 13 décembre 1866, *Coicaud;* — 9 janvier 1868, *Archambault;* — 10 mars 1882, *Duval;* — 22 mars 1889, *Véron et Mabilat;* — 6 juin 1890, *Dolnet;* — 23 avril 1875, *Bélamy.* — Cf. tome Iᵉʳ, p. 544.

Sur les retraits de concession de mines : 28 juillet 1852, *Péron;* — même date, *Girard;* — même date, *Talabot.* — Cf. t. Iᵉʳ, p. 569.

d'autres restrictions du libre usage de la propriété. Ainsi, il y a lieu d'annuler : les dispositions d'un arrêté de curage ou d'un règlement d'eau qui décident qu'un marchepied sera établi sur les fonds riverains d'un cours d'eau non navigable, ou qui interdisent d'y établir des constructions ou plantations [1].

On peut rattacher au même ordre d'idées des décisions rendues dans des matières très diverses, et qui tendent toutes à défendre la propriété privée contre des entreprises excédant les droits de l'administration, par exemple : contre des décisions de commissions départementales qui classent comme vicinaux ou ruraux des chemins dont le sol est revendiqué comme propriété particulière [2]; — contre des arrêtés préfectoraux qui réglementent comme cours d'eau navigable des eaux qui sont réclamés comme eaux de source ayant le caractère de propriété privée [3]; — contre des arrêtés qui ordonnent la création, la translation ou l'agrandissement de cimetières sans tenir compte des distances légales à observer à l'égard des habitations [4]; — contre des arrêtés prescrivant des battues dans les bois de particuliers pour la destruction d'animaux autres que les animaux nuisibles prévus par l'arrêté du 19 pluviôse an V [5]; — contre des arrêtés municipaux prétendant soumettre certaines propriétés privées à des droits de jouissance commune au profit de tous les habitants, en dehors des cas et conditions prévus par la loi [6]; — contre des arrêtés prescrivant à des propriétaires d'exécuter dans leurs immeubles des travaux de salubrité qui excèdent leurs obligations légales [7].

1. Conseil d'État, 15 décembre 1853, *Biennais*; — 10 juillet 1862, *Molard*; — 19 mai 1865, *Daire*.

2. Conseil d'État, 9 juin 1882, *Maixent*; — 4 juillet 1884, *Laffont*; — 8 mars 1889, *Donau*.

3. Conseil d'État, 9 février 1854, *Poirier*; — 23 décembre 1858, *Cornet d'Yseux*; — 8 août 1894, *Thorrand*.

4. Conseil d'État, 28 mai 1866, *Blondeau*; — 21 janvier 1868, *Lesbros*; — 6 février 1874, *Hanin*; — 2 juillet 1875, *Olivier*; — 25 avril 1890, *Meunier*. Dans la plupart de ces affaires, le Conseil d'État a vérifié, d'après l'instruction et les plans, quelle était la distance réelle entre les habitations et les terrains affectés au cimetière, afin de reconnaître s'il y avait ou non une fausse application de la loi.

5. Conseil d'État, 1er avril 1881, *Schneider*; — 12 mai 1882, *Chaïou*; — 8 août 1890, *Breton-Bonnard*.

6. Conseil d'État, 23 mai 1890, *Ferron*.

7. Conseil d'État, 12 mai 1882, *Palazzi*.

II. — *Atteintes à la liberté du commerce et de l'industrie.* — Cette liberté peut être soumise à diverses restrictions par l'administration agissant dans l'exercice de ses pouvoirs de police ; mais les décisions individuelles ou réglementaires qui vont au delà des restrictions légales tombent sous le coup du recours pour excès de pouvoir ([1]).

Il en est de même des dispositions des règlements de police municipale ou rurale qui imposent aux habitants d'une commune des obligations non conformes à la loi ([2]).

III. *Atteintes aux droits résultant de fonctions, grades ou titres.* — Ces droits, tels que ceux qui appartiennent aux magistrats inamovibles, aux officiers propriétaires de leur grade, aux membres de la Légion d'honneur, doivent être protégés contre les décisions qui leur porteraient atteinte, non seulement dans le cas d'incompétence ou de vice de forme, mais encore dans le cas de violation ou fausse interprétation des lois qui règlent le fond du droit.

Ainsi, la loi du 19 mai 1834 assure aux officiers la propriété de leur grade ; il en résulte qu'une nomination, faite en vertu d'un décret inséré au *Journal militaire officiel*, ne peut pas être rapportée, même si le brevet n'a pas encore été délivré, sous prétexte que l'officier promu a démérité ([3]). Cette même loi (art. 12) ayant prévu limitativement les cas dans lesquels un officier peut être mis en réforme (inconduite habituelle, faute grave dans le service ou contre la discipline, faute contre l'honneur), le décret qui prononcerait une mise en réforme pour une autre cause serait annulable, alors même qu'il aurait été précédé de l'avis d'un conseil d'enquête. Mais il n'appartiendrait pas au Conseil d'État de discuter l'existence ou la gravité des faits auxquels le conseil d'enquête aurait reconnu l'un des caractères prévus par la loi.

La recevabilité du moyen tiré d'une erreur de droit portant at-

---

1. Conseil d'État, 30 avril 1868, *Desauges;* — 21 mars 1879, *Coudert;* — 18 janvier 1884, *Belleau;* — 13 mars 1885, *Vignet;* — 25 mars 1887, *Syndicat des propriétaires de bains de Paris;* — 3 juin 1892, *bouchers de Bolbec.*

2. Conseil d'État, 20 décembre 1872, *Billette;* — 28 mars 1885, *Languellier;* — 24 décembre 1886, *Compagnie des terrains de la gare de Saint-Ouen.*

3. Conseil d'État, 13 mars 1852, *Mercier.* On lit dans cet arrêt : « Que la décision qui a annulé cette nomination n'est fondée sur aucune des causes déterminées par la loi de 1834, que dès lors elle a été rendue *en violation de cette loi.* »

teinte à l'état d'un officier a été très nettement reconnue par l'arrêt du Conseil d'État du 20 mai 1887 (*Murat*), qui a annulé une décision du ministre de la guerre rayant des contrôles de l'armée un officier général et un capitaine, par suite d'une application erronée de la loi du 22 juin 1886, relative aux membres des familles ayant régné en France. L'arrêt décide que la famille Murat n'étant pas de celles que cette loi a eues en vue, la décision attaquée doit être annulée « comme en ayant fait *une inexacte application* ».

L'officier qui avait un droit acquis à une nomination à l'ancienneté peut-il attaquer, pour fausse application des lois sur l'avancement, et comme portant atteinte à son droit, la nomination d'un officier moins ancien que lui ? Cette question est délicate : d'abord parce que les erreurs qui peuvent être commises sur l'ancienneté respective des officiers sont plutôt des erreurs de fait que des erreurs de droit ; en second lieu, parce que l'officier moins ancien, qui a été nommé par erreur, a acquis la propriété de son nouveau grade et ne peut en être privé que dans les cas prévus par la loi[1].

Cette dernière raison nous a toujours paru décisive contre tout recours en annulation, malgré l'opinion contraire énoncée en 1862 par M. le commissaire du Gouvernement, Ch. Robert[2], et malgré quelques arrêts qui ont paru implicitement l'admettre[3].

Il est cependant certain que l'officier dont le rang d'ancienneté a été méconnu doit obtenir satisfaction, tout en respectant la situation acquise à l'officier indûment nommé. La conciliation de ces deux droits a été faite, dans la mesure où elle pouvait l'être, par l'ordonnance du 16 mars 1838. D'après l'article 36, « lorsqu'un officier n'a pas obtenu l'avancement auquel il avait droit par son ancienneté, il est nommé à la première vacance qui survient... L'officier compte son ancienneté dans son nouveau grade, du jour où l'emploi qui lui appartenait a été conféré à un officier moins ancien que lui, et ce dernier conserve son ancienneté[4].

---

1. Loi du 19 mai 1834, art. 1er; — Conseil d'État, 6 février 1874, *Houneau*.

2. Conclusions sur l'arrêt du 20 mars 1862 (*Petit*).

3. Conseil d'État, 30 juillet 1840, *Périés*; — 20 mars 1862, *Petit*; — 24 juillet 1874, *Caillet*.

4. L'ordonnance de 1838 avait été précédée d'une décision royale du 25 août 1836 qui prêtait à critique en ce qu'elle modifiait le rang de l'officier qui avait été nommé par erreur, et le reportait à la date ultérieure où il aurait pu être régulièrement

L'ordonnance de 1838 restitue ainsi les droits qui avaient été méconnus, sans porter atteinte à ceux qui avaient été créés par erreur. Elle établit, pour ce cas spécial, un véritable contentieux de pleine juridiction qui permet au Conseil d'État, non seulement d'annuler une décision illégale, mais encore de la réformer et de fixer le rang d'ancienneté contesté ; enfin, elle organise la procédure à suivre devant le ministre préalablement à toute instance devant le Conseil d'État, et fixe le délai de la réclamation à six ou à neuf mois, selon que l'officier dont l'ancienneté a été méconnue est employé en France ou hors du territoire (¹). Il y a là, ce nous semble, un système complet de contrôle et de redressement des décisions erronées, qui rend inutile la procédure du recours pour excès de pouvoir ; il empêche que les droits de l'officier nommé par erreur ne subissent l'atteinte irréparable qui résulterait d'une annulation par la voie contentieuse. Aussi ne pensons-nous pas que les lois des 7-14 octobre 1790 et 24 mai 1872 doivent être visées dans les décisions rendues sur les réclamations prévues par l'ordonnance de 1838.

Les droits acquis aux *membres de la Légion d'honneur* ont beaucoup d'analogie avec ceux qui résultent des grades. Le Conseil d'État les protège par un examen attentif des violations ou fausses applications de la loi qui peuvent leur porter atteinte. Il a entièrement renoncé à une première jurisprudence d'après laquelle les décisions prises par le chef de l'État à l'égard des légionnaires étaient considérées comme échappant par leur nature à tout recours par la voie contentieuse (²).

L'irrévocabilité du titre conféré aux légionnaires ne pouvant être remise en question qu'à la suite de décisions judiciaires ou disci-

---

nommé. Elle portait ainsi atteinte au rang d'ancienneté qui est un des éléments du grade.

Mais la décision royale de 1836 n'en constituait pas moins un réel progrès sur l'état de choses antérieur ; elle déclarait formellement dans ses motifs « que la nomination d'un officier qui n'est point le plus ancien de son grade à un emploi supérieur constitue une violation de la loi, et que dans ce cas, il faut absolument rendre à l'officier qui n'a point obtenu l'emploi auquel son ancienneté lui donnait droit le rang qu'il aurait eu si une erreur ne l'en avait pas privé ».

1. Ordonnance du 16 mars 1838, art. 36, § 3.

2. Conseil d'État, 22 février 1838, *Gérard*.

plinaires (¹), le Conseil d'État a accueilli les réclamations formées contre des décrets qui rapportaient des nominations, à raison d'erreurs commises dans l'appréciation des titres qui les avaient motivées (²). Il a annulé, pour fausse interprétation de la loi, des décisions rayant des contrôles de l'Ordre des officiers mis *en non-activité par retrait d'emploi,* alors que cette mesure ne pouvait être légalement prise qu'à l'égard d'officiers *mis en réforme* pour cause de discipline, ou mis à la retraite d'office à la suite de l'avis d'un conseil d'enquête (décret du 14 avril 1874, art. 9) [³].

Dans le cas d'exclusion prononcée à la suite de condamnations judiciaires, plusieurs arrêts ont statué sur la question de savoir si l'amnistie, la grâce, la réhabilitation étaient de nature à priver le Gouvernement du droit de suspension ou d'exclusion résultant de ces condamnations (⁴).

Le Conseil d'État a même admis les intéressés à discuter devant lui une question beaucoup plus délicate de fausse application de la loi. En présence de l'article 46 du décret du 16 mars 1852, portant que le chef de l'État peut suspendre ou exclure le légionnaire à la suite de condamnations correctionnelles, « lorsque *la nature du délit et la gravité de la peine* paraissent rendre cette mesure nécessaire », il s'est demandé si le chef de l'État possède à cet égard un pouvoir d'appréciation entièrement discrétionnaire, ou si la réserve faite par l'article 46 autorise un recours par la voie contentieuse, quand il s'agit de condamnations excluant toute idée d'atteinte à l'honneur, de gravité de la peine ou du délit.

Il a statué dans ce dernier sens par un arrêt du 15 janvier 1875 (*Ballue*), qui annule un décret prononçant l'exclusion d'un légionnaire à la suite d'une simple condamnation à l'amende prononcée pour injures à un particulier et outrages à un fonctionnaire. Cet arrêt se fonde uniquement sur ce que l'article 46 du décret organique du 16 mars 1852, rapproché de l'article 5 du décret réglementaire

---

1. Décret-loi du 13 mars 1852, art. 46, et décret du 24 novembre 1852, art. 5. — Loi du 25 juillet 1873, art. 6, et décret du 14 avril 1874.

2. Conseil d'État, 30 mai 1873, *Burgues ;* — 12 novembre 1875, *Maréchal.*

3. Conseil d'État, 2 juin 1859, *Gosse ;* — 1ᵉʳ mars 1860, *Chanas ;* — 26 avril 1860, *Fabritzius.* — Cf. 22 novembre 1889, *Lamarque.*

4. Conseil d'État, 13 mai 1881, *Brissy ;* — 20 février 1835, *Delahourde.*

du 24 novembre 1852 (¹), ne permet pas de considérer les condamnations à l'amende comme étant de celles qui peuvent motiver l'exclusion « à raison de la nature du délit et de la gravité de la peine ».
Cette base de décision était peut-être trop étroite. Aussi, lorsque
l'article 5 du décret réglementaire de 1852 a été abrogé par le décret du 9 mai 1874, la jurisprudence libérale de 1875 s'est trouvée
ébranlée ; le Conseil d'État a décidé par arrêt du 25 mai 1876
(*Randoing* [²]) que la seule disposition dont il y ait désormais lieu
de tenir compte est l'article 46 du décret organique de 1852, et que
« cet article, par la généralité de ses termes, laisse au chef de
l'État tout pouvoir d'apprécier à l'égard des légionnaires condamnés correctionnellement le caractère de gravité que peuvent avoir
le délit commis et la peine encourue... ; que cette appréciation ne
saurait donner ouverture à un recours devant le Conseil d'État ».

Malgré les termes généraux de cette décision, qui ne peut encore
être considérée comme ayant fixé la jurisprudence, nous avons
peine à croire que de légères condamnations à l'amende, encourues
pour duel, pour certains délits de chasse ou de pêche, et surtout
pour délit politique et de presse, puissent autoriser le Gouvernement
à prononcer la radiation. Il est certain, en effet, que le droit d'exclusion prévu par l'article 46 du décret organique n'est pas illimité : ce texte ne le confère que sous certaines réserves, et il semble rationnel que la portée légale de ces réserves puisse être discutée par la voie contentieuse, alors qu'il s'agit de défendre un
droit acquis (³).

---

1. D'après cet article 5, « sur le vu de toute condamnation définitive à l'une des
peines du boulet, des travaux publics ou de l'emprisonnement », le grand chancelier
pouvait proposer au chef de l'État de suspendre le condamné de ses droits de légionnaire, d'où l'on concluait que les jugements portant condamnation à l'*amende*, non
mentionnés par ledit article 5, n'autorisaient pas la suspension. L'article 5, qui ne visait que des condamnations prononcées contre des militaires, était rendu applicable
par analogie aux membres civils de la Légion par la jurisprudence de l'arrêt *Ballue*.

2. Le légionnaire exclu avait été condamné à 6,000 fr. d'amende pour infraction à
la loi du 24 juillet 1867 sur les sociétés.

3. On doit signaler l'extrême réserve que le Conseil d'État a apportée dans la rédaction des arrêts postérieurs à l'arrêt *Randoing* de 1876. Il semble qu'il ait voulu
éviter d'en reproduire la rédaction et d'en confirmer la doctrine si absolue. Voir
notamment un arrêt du 2 février 1883 (*Grillet*), où il s'agissait d'une exclusion prononcée à la suite d'une condamnation à l'amende pour diffamation envers des particuliers. Le pourvoi s'était borné à invoquer un prétendu vice de forme ; l'arrêt vise

IV. *Retrait de décisions ayant créé des droits.* — Les décisions administratives ne peuvent plus être rapportées, non seulement lorsqu'elles ont par elles-mêmes créé des droits, mais encore lorsqu'elles se sont bornées à autoriser ou à approuver des actes ou contrats d'où ces droits sont résultés. Si libre que soit l'administration de refuser son autorisation ou son approbation lorsqu'elle lui est demandée, si libre qu'elle soit encore de la retirer une fois donnée, et tant qu'elle n'a pas été suivie d'actes conférant des droits à des tiers, elle perd cette liberté dès que ces actes sont consommés.

L'irrévocabilité que l'acte de tutelle acquiert dans ce dernier cas, s'impose non seulement à l'autorité qui a fait l'acte [1], mais encore au supérieur hiérarchique de cette autorité [2]. Elle s'impose même, comme nous l'avons vu, au Conseil d'État statuant au contentieux, lequel déclare non recevables les recours formés contre les actes de tutelle suivis d'exécution, en se fondant sur le caractère définitif désormais acquis à ces actes au regard de l'autorité et de la juridiction administratives [3].

L'excès de pouvoir dont sont entachées, en pareil cas, les décisions qui rapportent ou annulent des actes de tutelle, a été souvent

exclusivement ce moyen qu'il écarte, et il a soin de faire remarquer « que, pour attaquer le décret, *le requérant se borne à invoquer l'inobservation des formes* prescrites par le décret du 14 avril 1874 », ce qui peut laisser à entendre qu'il aurait peut-être pu invoquer un autre moyen tiré de la gravité manifestement insuffisante du délit et de la peine. — Un autre arrêt du 3 décembre 1885, *Vallet de Lubriat*, tout en rejetant le recours, s'abstient de reproduire dans ses motifs la doctrine absolue de l'arrêt *Randoing*.

Enfin un arrêt du 1er mai 1891, *Belleville*, constate en fait la nature et la cause de la condamnation encourue par le requérant (3,000 fr. d'amende pour infraction à la loi sur les sociétés); il en conclut que le Président de la République, prononçant la radiation *en raison de la nature du délit et de la gravité de la peine prononcée correctionnellement* », a agi dans l'exercice de ses pouvoirs; il paraît ainsi autoriser implicitement le juge de l'excès de pouvoir à retenir l'examen de cas où la réserve prévue par l'article 46 du décret de 1852 pourrait trouver son application.

La doctrine qui écarte toute possibilité de réserve relevant de l'appréciation du juge de l'excès de pouvoir a été au contraire soutenue par M. Aucoc. (*La Discipline de la Légion d'honneur*, p. 38 et suiv.)

1. Conseil d'État, 6 juillet 1863, *Delrial*; — 28 juillet 1864, *Bandy de Nalèche*; — 27 juillet 1877, *Delondre*.

2. Conseil d'État, 2 août 1877, *Institut catholique de Lille*.

3. Conseil d'État, 7 mars 1873, *Ducros*; — 13 novembre 1874, *commune de Sainte-Marie-du-Mont*; — 2 février 1877, *Soubry*. — Voy. ci-dessus, p. 470.

signalé comme se rattachant à l'incompétence ; cela est vrai toutes
les fois que l'acte de tutelle fait corps avec un contrat de droit commun ou avec tout autre acte de droit civil relevant des tribunaux
judiciaires. Mais l'atteinte aux droits acquis nous paraît cependant
être le véritable grief, car l'excès de pouvoir n'en existe pas moins
quand la compétence judiciaire est entièrement hors de cause, par
exemple quand l'acte autorisé ou approuvé est un marché de travaux publics passé par une commune, ou tout autre contrat ou
décision relevant de la juridiction administrative.

Ce que nous venons de dire de l'acte de tutelle est également vrai
de l'*agrément,* par lequel l'administration valide et rend définitives
certaines nominations qu'elle ne peut pas faire elle-même. Tel est
l'agrément donné par le Gouvernement à la nomination des curés
de canton, des chanoines, des pasteurs de l'Église réformée (articles organiques du 18 germinal an X, loi du 20 messidor an III,
art. 4). L'administration est toujours libre de refuser cet agrément,
mais une fois qu'elle l'a donné, elle ne peut plus ni révoquer directement le titulaire, ni le révoquer indirectement en retirant
son agrément. De telles décisions se heurteraient à des droits acquis et, par suite, encourraient l'annulation pour excès de pouvoir ([1]).

V. *Refus d'accomplir un acte prescrit par la loi.* — Les décisions
par lesquelles l'administration refuse de faire un acte qu'elle est
légalement tenue d'accomplir peuvent être attaquées pour violation de la loi et des droits acquis. Ce cas ne se confond pas avec
celui d'une abstention complète, d'un silence systématique de l'administration dont nous nous sommes prédédemment occupé ([2]) ; il
ne se confond pas non plus avec le refus d'agir, fondé sur une déclaration d'incompétence, lequel peut donner lieu au recours pour incompétence ; nous supposons ici que l'administrateur, sans décli-

---

1. Il en était de même en ce qui touche l'agrément des gardes particuliers sous
l'empire de la loi du 20 messidor an III, art. 4, qui prévoyait leur agrément par l'administration mais non leur révocation. Aussi plusieurs arrêts avaient-ils annulé des
arrêtés préfectoraux prononçant indirectement la révocation sous forme d'un retrait
de l'agrément (13 juin 1879, *Grellier ;* — 23 janvier 1880, *Doumayrou*). Mais cette
jurisprudence n'est plus applicable depuis que la loi du 12 avril 1892 a conféré aux
préfets le droit de rapporter, par une décision motivée et après audition du propriétaire et du garde, les arrêtés agréant les gardes particuliers.

2. Voy. ci-dessus, p. 429.

ner sa compétence, a déclaré qu'il ne ferait pas l'acte qui lui était demandé, et qu'il a ainsi méconnu ses obligations légales.

Des arrêts nombreux ont annulé, dans ce cas, des décisions portant refus d'alignement ou d'autorisation de bâtir, attendu que l'administration n'est pas libre de refuser aux propriétaires l'indication des limites qu'il doivent observer pour élever des constructions le long de la voie publique, et de paralyser ainsi l'exercice d'un des droits inhérents à la propriété (¹).

En matière de brevets d'invention, le Conseil d'État, saisi de recours contre des décisions du ministre du commerce refusant la délivrance de brevets, a admis les parties à discuter devant lui si elles se trouvaient ou non dans un des cas où la loi du 5 juillet 1844 permet au ministre d'écarter leur demande (²).

De même en matière de permis de chasse : les cas où ils peuvent être refusés n'étant pas laissés à la libre appréciation de l'administration, mais étant limitativement énoncés par l'article 6 de la loi du 3 mai 1844, le Conseil d'État peut connaître de la fausse application de la loi que le préfet aurait commise en refusant un permis en dehors de ces cas (³).

Il en est de même encore lorsque le refus a pour objet des communications de pièces ou des constatations qui ne peuvent être légalement refusées ; aussi, le Conseil d'État a-t-il annulé le refus fait par un maire de communiquer les listes électorales (⁴), ou de recevoir la déclaration d'ouverture d'un débit de boissons et d'en délivrer récepissé (⁵).

Il semble bien résulter de la jurisprudence dont nous venons d'analyser les principaux monuments que la violation et même la fausse application de la loi constituent des cas d'excès de pouvoir lorsqu'ils ont pour effet de porter atteinte à un droit.

---

1. Conseil d'État, 2 mai 1861, *Letellier;* — 26 décembre 1862, *Malice;* — 22 janvier 1863, *de la Moskowa;* — 12 janvier 1883, *Matussière.*

2. Conseil d'État, 14 avril 1864, *Laville;* — 12 août 1879, *Giroud-Dargoud.* — Cf t. Ier, p. 521.

3. Conseil d'État, 13 mars 1867, *Bizet.*

4. Conseil d'État, 19 juin 1863, *de Sonnier;* — 8 janvier 1883, *Delahaye;* — 2 mars 1888, *Despetis.*

5. Conseil d'État, juillet 1834, *Blanc et Delcasso.*

IV. — Du détournement de pouvoir.

Notions générales sur le moyen d'annulation tiré du détournement de pouvoir. — L'expression « de détournement de pouvoir » s'est introduite, à une époque relativement récente, dans la langue du contentieux administratif. Le vice qu'elle désigne consiste à détourner un pouvoir légal du but pour lequel il a été institué, à le faire servir à des fins auxquelles il n'est pas destiné. « Le détournement de pouvoir, — dit M. Aucoc, qui a été l'un des premiers à accréditer cette expression, — est le fait d'un agent de l'administration qui, tout en faisant un acte de sa compétence et en suivant les formes prescrites par la législation, use de son pouvoir discrétionnaire pour des cas et pour des motifs autres que ceux en vue desquels ce pouvoir lui a été attribué. » De nombreux arrêts ont exprimé la même idée, en faisant résulter le détournement de pouvoir de ce que l'auteur de l'acte « a usé des pouvoirs qui lui appartenaient pour un objet autre que celui à raison duquel ils lui étaient conférés ».

Le détournement de pouvoir constitue donc un abus du mandat que l'administrateur a reçu ; celui qui le commet prend, sous une fausse apparence de légalité, des décisions qu'il ne lui appartient pas de prendre, et qui sont ainsi entachées d'une sorte d'incompétence, sinon par les prescriptions qu'elles édictent, du moins par le but qu'elles poursuivent.

Ainsi, les préfets ont la police des cours d'eau non navigables ; ils sont chargés de régler les retenues des usines de manière à empêcher, dans un intérêt général, la stagnation et le débordement des eaux. Mais ils n'ont pas pour mission de se prononcer sur les droits d'usage qui appartiennent aux riverains, d'apprécier les titres qu'un usinier invoque contre un autre pour lui contester l'emploi de telle force motrice empruntée au cours d'eau. Si donc le préfet règle des retenues d'usine ou des prises d'eau d'irrigation, non dans un intérêt général, mais pour vider entre riverains des différends qui relèvent de l'autorité judiciaire, il abuse du mandat qui lui a été confié, il commet un détournement de pouvoir. Il en est de même si l'administration, qui a la police des routes et du domaine public maritime et fluvial, dans le but d'en assurer la conservation et l'usage public, exerce ses pouvoirs dans un but différent, par exemple dans un but financier, ou pour favoriser des entreprises particulières aux dépens du public ou d'entreprises rivales.

Le détournement de pouvoir est donc une véritable illégalité qui peut entacher un acte discrétionnaire, malgré la pleine liberté de décision qui paraît inhérente aux actes de cette nature ; cette illégalité résulte de ce que l'administrateur poursuit un but qu'il n'a pas le droit de poursuivre par les moyens qu'il emploie, ou qui même lui est complètement interdit, comme étant en dehors des attributions de l'administration. Dans ce dernier cas, le détournement de pouvoir peut constituer un véritable cas d'incompétence, et c'est par ce lien que la jurisprudence l'a d'abord rattaché à la théorie de l'excès de pouvoir. C'est pourquoi le Conseil d'État, à l'époque même où il se renfermait dans la plus stricte application de la loi des 7-14 octobre 1790, a plus d'une fois annulé pour incompétence, — et en réalité pour détournement de pouvoir, — des actes dont le dispositif semblait irréprochable, mais dont les motifs et les mobiles plaçaient l'administrateur en dehors de ses attributions légales.

Le détournement de pouvoir étant ainsi caractérisé par l'incorrection du but, des intentions qui ont guidé l'administrateur, plutôt que par des prescriptions ouvertement illégales, il en résulte que la tâche du Conseil d'État, dans l'appréciation de ce grief, est particulièrement délicate. Juge administratif, il ne peut pas mander à sa barre les agents de l'administration active pour leur demander compte des motifs de leurs décisions, il ne peut pas non plus organiser d'enquêtes en dehors d'eux, pour scruter leurs arrière-pensées et vérifier les mobiles de leurs actes. De telles investigations, permises au supérieur hiérarchique, sont interdites au juge administratif qu'elles feraient indûment pénétrer dans l'administration active. La preuve du détournement de pouvoir doit donc résulter, autant que possible, de documents émanés de l'administration elle-même et versés par elle au dossier, soit spontanément, soit sur la demande que le Conseil a pu faire en communiquant le pourvoi au ministre compétent. Parmi ces documents on peut mentionner : les motifs que l'auteur de l'acte a lui-même insérés dans sa décision ; la correspondance qui l'a précédée ou suivie et qui en fait connaître la portée ; les instructions du supérieur hiérarchique d'après lesquelles la décision a été prise ; les explications contenues dans les observations du ministre et dans les rapports des agents intéressés répondant à la communication du pourvoi. Le Conseil peut aussi se fonder sur les circonstances de fait révélées par l'instruction écrite et d'où naissent des présomptions graves, précises et concordantes ; mais nous ne pensons pas qu'il puisse aller jusqu'à ordonner des mesures d'instruction pour rechercher lui-même quelles ont été ces circonstances.

Le détournement de pouvoir n'est pas, en général, un moyen d'ordre public qui puisse être relevé d'office ; il faut qu'il soit invoqué par la partie, à qui la preuve en incombe. Cependant, si l'on se trouvait dans un cas où le détournement de pouvoir constitue un véritable empiétement, nous pensons que le grief pourrait être relevé d'office comme le grief même d'incompétence. Tel serait le cas où un préfet abaisserait la retenue d'une usine en se fondant, dans les motifs mêmes de son arrêté, sur un contrat civil ou sur un jugement dont il croirait devoir assurer l'exécution entre les parties intéressées.

Applications tirées de la jurisprudence. — La théorie du détournement de pouvoir a surtout été appliquée en matière de mesures de police réglementaires ou individuelles ; c'est en effet dans cette matière si vaste et si variée, que l'administration peut exercer ses pouvoirs avec le plus de liberté, et qu'elle peut être le plus tentée d'en user pour faire des œuvres auxquelles ils ne sont point destinés. A la vérité, lorsqu'un acte de cette nature a un dispositif correct et ne révélant pas par lui-même une violation de la loi et une atteinte aux droits des particuliers, il peut paraître difficile que la juridiction administrative demande compte à l'administrateur des motifs et de la valeur des mesures qu'il a prescrites dans la limite de ses pouvoirs. Cette juridiction ne peut pas en effet connaître de l'opportunité de ces mesures ; elle ne peut pas rechercher si un préfet ou un maire a fait de bonne ou mauvaise police, mais elle a le droit de se demander s'il a réellement fait de la police, ou bien s'il a fait, sous cette apparence, quelque chose qu'il n'avait pas le droit de faire. C'est à ce point de vue que le Conseil d'État se place pour apprécier si l'administration agit ou non « dans l'exercice de ses pouvoirs de police », lorsqu'elle statue dans les diverses matières où ces pouvoirs peuvent s'exercer, et que nous allons passer rapidement en revue.

I. — La *police du domaine public* appartient à l'administration dans un intérêt général, en vue d'assurer la conservation, l'usage public, le bon entretien de ce domaine ; mais elle ne lui a pas été confiée pour servir les intérêts financiers de l'État, des départements ou des communes, sauf dans la mesure restreinte où la loi a autorisé la perception de redevances, péages, droits d'occupation ou de stationnement et autres taxes assimilées à des contributions indirectes. Elle ne lui a pas été donnée non plus pour favoriser des intérêts privés et pour créer indirectement des monopoles. Si donc la police du domaine public, s'écartant de sa destination légale, dévie vers ces intérêts qui doivent lui rester étrangers, il en résulte un détournement de pouvoir qui peut entraîner l'annulation de la décision.

La jurisprudence présente de nombreuses applications de cette règle.

Ainsi plusieurs arrêts ont décidé que les *permissions de voirie* qui sont nécessaires pour établir des canalisations d'eau ou de gaz sous le sol d'une voie publique, ou des passerelles au-dessus de cette voie, bien qu'elles soient essentiellement révocables, ne peuvent pas être légalement révoquées pour des motifs étrangers à la conservation et à la liberté de la voie publique. En conséquence, ces arrêts ont annulé pour excès de pouvoir des arrêtés qui retiraient des autorisations de cette nature, soit parce que le permissionnaire ne voulait pas souscrire l'engagement de payer des redevances (¹),

---

1. Conseil d'État, 29 novembre 1878, *Dehaynin ; —* 23 mars 1880, *Compagnie centrale du gaz ; —* 8 juin 1883, *Société du matériel agricole.*

Si l'administration estime que la redevance pour laquelle un engagement est demandé au permissionnaire est autorisée par la loi, peut-elle, sans commettre un détournement de pouvoir subordonner à cet engagement le maintien d'une autorisation qu'elle avait d'abord donnée sans imposer cette condition ? La négative semble résulter de l'arrêt précité du 29 novembre 1878 (*Dehaynin*). D'après cet arrêt, il appartenait à l'administration, « si elle se croyait fondée à réclamer une redevance, d'en

soit parce qu'il refusait de consentir une réduction de prix du gaz,
que la commune réclamait en vertu de clauses du marché contestées par le concessionnaire (¹), soit parce que l'administration voulait exclusivement réserver l'usage du sous-sol à un particulier, à
une compagnie, et même à une commune agissant dans l'intérêt de
son domaine privé (²).

Toutes les fois, au contraire, que l'arrêté de révocation invoque
un intérêt de viabilité ou de conservation de la voie publique, et
que cette assertion n'est pas détruite par l'instruction administrative, le Conseil d'État décide que l'administration a agi « dans
l'exercice de ses pouvoirs de police », et, sans vouloir rechercher
si elle a bien ou mal agi, il rejette la requête (³).

Les décisions d'annulation prononcées par le Conseil d'État ne
visent que des *retraits d'autorisation* ou, ce qui revient au même,
des conditions mises après coup au maintien d'autorisations régulièrement concédées. Mais la jurisprudence est différente quand il
s'agit simplement de *refus d'autorisation*.

Ainsi elle admet qu'une commune peut s'interdire, par des engagements pris envers le concessionnaire d'un service public d'eau
ou de gaz, la faculté d'accorder à d'autres intéressés la permission
d'user du sous-sol des voies publiques communales pour y établir
des canalisations (⁴). Elle décide même, d'une manière plus géné-

---

poursuivre le recouvrement par les voies de droit, sauf au sieur Dehaynin à en contester la légalité devant l'autorité judiciaire; mais si le préfet avait le droit, dans
l'intérêt de la conservation et de la police du domaine public, de retirer les autorisations données au sieur Dehaynin, il ne pouvait sans excès de pouvoir user de ce
droit dans l'intérêt financier de l'État, pour obliger le sieur Dehaynin à se soumettre
à une redevance dont il contestait la légalité ». — Cette solution nous paraît juridique. On ne voit pas en effet quelle peut être la portée de l'engagement demandé
au permissionnaire : cet engagement est inutile si la redevance est légale, car il
suffit alors à l'administration d'en poursuivre le recouvrement qui ne dépend pas du
consentement du permissionnaire ; si, au contraire, la redevance n'est pas autorisée
par la loi, elle constitue une taxe illégale, et le permissionnaire peut refuser de la
payer, quand même il y aurait consenti par erreur ou sous une pression de l'administration ; l'établissement d'un impôt indirect ou d'une taxe assimilée ne peut en
effet résulter que de la loi et des tarifs régulièrement édictés, non d'un accord entre
l'administration et le redevable.

1. Conseil d'État, 4 janvier 1895, *Compagnie du gaz d'Agen.*
2. Conseil d'État, 18 mars 1868, *Dubur;* — 12 février 1886, *Chanet.*
3. Conseil d'État, 25 janvier 1884, *Leblanc;* — 19 février 1886, *Georgi.*
4. 17 novembre 1882, *Compagnie générale des eaux.* — Cf. Cass. 25 juillet 1882.

rale, qu'un **refus** d'autorisation « n'est pas de nature à être déféré à la juridiction contentieuse par application des lois des 7-14 octobre 1790 et 24 mai 1872 » ([1]).

Cette distinction entre les retraits et les refus d'autorisation a été critiquée ([2]). Dans les deux cas, a-t-on dit, il y a décision discrétionnaire se rattachant à l'exercice d'un pouvoir de police ; or, si le détournement de pouvoir peut entacher les décisions qui suppriment des autorisations précaires et révocables, on ne voit pas pourquoi il ne pourrait pas également vicier les décisions qui refusent de les délivrer.

L'objection est sérieuse : on comprend très bien cependant que le Conseil d'État ne s'y soit pas arrêté. En effet, l'administration qui refuse une autorisation discrétionnaire ne lèse ni un droit, ni même un intérêt ; elle s'abstient simplement d'accorder une faveur ; elle n'agit pas, elle se borne à refuser d'agir. Or, nous avons vu que les refus d'agir ne sont, en général, susceptibles de recours contentieux que s'ils sont contraires à un droit. Au contraire, quand l'administration prononce le retrait d'une autorisation accordée, elle supprime un état de choses existant et lèse directement les intérêts qui s'y rattachaient. On peut même dire qu'elle lèse un droit, car la partie qui a obtenu une autorisation reconnue compatible avec l'usage et la conservation du domaine public — et qui, pour la mettre à profit, a fait le plus souvent des travaux et des dépenses, — a le droit de n'en être privée que si les intérêts de ce domaine l'exigent. La précarité de son titre n'existe qu'au regard du domaine public et de ses exigences propres ; elle ne peut pas résulter du caprice de l'administrateur ou de son désir de favoriser une partie aux dépens d'une autre. On doit donc reconnaître qu'il y a une grande différence entre la situation d'un permissionnaire et celle d'un simple pétitionnaire ; le premier peut se prévaloir de

---

1. Conseil d'État, 6 mars 1885, *Bonhomme* : l'arrêt veut dire qu'un refus d'autorisation est une décision entièrement discrétionnaire qui ne peut être attaquée ni pour violation de la loi, ni pour détournement de pouvoir ; mais, la formule «... n'est pas de nature à être déféré » est trop générale, car la décision pourrait certainement être déférée soit pour incompétence, soit pour vice de forme. (Voy. 26 novembre, 1886, *Larbaud*.)

2. *Recueil des arrêts du Conseil d'État*, année 1885, p. 266, note sur l'arrêt *Bonhomme*. — En sens contraire : Dalloz, *Recueil périodique*, année 1886, 3e partie, p. 113, note sous le même arrêt.

rapports déjà créés entre lui et l'administration, le second ne peut invoquer que son désir de voir ces rapports s'établir, ce qui n'est pas suffisant pour donner ouverture à une action contentieuse.

La *police des rivages de la mer* peut aussi donner lieu à des actes entachés de détournement de pouvoir. Le Conseil d'État a annulé des décisions qui tendaient à supprimer l'usage public des plages, à le monopoliser au profit de l'État, d'une commune ou d'un concessionnaire et à imposer au public l'obligation de payer une redevance pour accéder à la mer. De telles décisions confondent en effet les droits que l'administration possède sur le domaine privé de l'État et sur le domaine public : elle peut disposer du premier, mais elle ne peut qu'administrer le second dans l'intérêt de tous [1].

Le retrait des permissions et autorisations concédées sur le rivage de la mer ne peut pas être prononcé, de même que le retrait des permissions de voirie, pour des motifs d'ordre purement financier; aussi le Conseil d'État a-t-il annulé un arrêté qui retirait à un industriel l'autorisation d'extraire du phosphate de chaux d'une plage, non dans l'intérêt de la conservation de cette plage, mais afin d'obtenir une redevance plus élevée offerte par d'autres concessionnaires [2].

La police et la surveillance *des chemins de fer, de leurs gares et dépendances,* qui font partie du domaine public, a pour but d'assurer la liberté et la sécurité de la circulation et le libre accès du public aux gares et stations; elle est détournée de sa destination légale si elle tend à assurer le monopole de voituriers desservant les trains, et l'exécution de traités passés entre eux et les compagnies de chemins de fer, en vue de réserver l'accès des gares à leurs voitures [3]. Elle s'exerce au contraire conformément aux droits de l'adminis-

---

1. Conseil d'État, 19 mai 1858, *Vernhes :* annulation d'un arrêté du maire de Trouville qui, se prévalant d'une concession de la jouissance de la plage faite à la commune par le ministre des finances, prétendait interdire l'accès de la mer aux baigneurs qui n'acquittaient pas une taxe au profit de l'établissement de bains, même sans user de ses services. — 30 avril 1883, *ville de Boulogne :* annulation d'un arrêté du préfet du Pas-de-Calais portant concession exclusive au profit de la ville de Boulogne de la portion de plage affectée aux bains de mer, et du droit d'y établir des cabines et d'y faire circuler des véhicules.

2. Conseil d'État, 21 novembre 1873, *Astier.*

3. 25 février 1864, *Lesbats ;* — 7 juin 1865, *même partie.* — Cf. 16 août 1867, *Chemin de fer de Lyon.*

tration, si la décision ne règle le stationnement et la circulation des voitures dans la cour des gares que dans un intérêt public (¹).

La législation *des mines* autorise l'administration, dans un intérêt supérieur de conservation des chemins de fer, canaux et autres ouvrages, à interdire l'exploitation des mines sous le sol qui les supporte et sous ses abords. Mais ce droit ne saurait s'exercer dans le but d'obtenir d'un concessionnaire de mine qu'il s'engage à fournir un concours pécuniaire à l'administration pour l'entretien de ces ouvrages publics (²).

II. — La *police des cours d'eau non navigables* est encore plus limitée que la police du domaine public. En effet, ce n'est pas l'administration qui concède aux riverains le droit d'user des eaux; ils tiennent ce droit du Code civil (art. 644 et 645); l'administration ne peut qu'en régler l'exercice dans un but d'intérêt général. En vue de cet intérêt, l'administration peut et doit assurer le libre écoulement des eaux et empêcher que la hauteur ou la mauvaise disposition des barrages n'occasionnent des inondations; elle est aussi chargée « de diriger autant que possible toutes les eaux du territoire vers un but d'utilité générale » et, par suite, de faire des règlements pour répartir les eaux entre les riverains de la manière la plus profitable à l'agriculture et à l'industrie (³). Mais elle n'a pas à intervenir dans les questions d'intérêts purement privés, ni surtout dans les questions litigieuses qui s'agitent entre riverains sur leurs droits respectifs à l'usage des eaux, sur la hauteur de chute qu'ils peuvent réclamer d'après leurs titres. Toutes les fois que des règlements d'eau sont faits pour résoudre des questions de

---

1. Conseil d'État, 20 mars 1885, *Paul*.

2. Conseil d'État, 15 février 1895, *Société des mines de Lens*.

3. Instruction législative des 12-20 août 1790. — Remarquons cependant que la compétence n'est pas la même quand il s'agit d'autorisations individuelles ou de règlements généraux. Dans le premier cas, la compétence appartient au préfet, en vertu du décret du 13 avril 1861 (tableau D, nº 7); dans le second, elle appartient au Gouvernement en Conseil d'État. Mais dans les deux cas les pouvoirs de l'administration doivent avoir pour mobile l'intérêt général. La limite peut être quelquefois difficile à tracer entre les règlements individuels et les règlements généraux et, par suite, entre la compétence des préfets et celle du Gouvernement. Sur cette question on peut consulter un avis de doctrine de la section des travaux publics rapporté dans le *Recueil des arrêts du Conseil d'État* (année 1885, p. 7) et les arrêts des 22 mars 1860, *Herrgott*; — 3 août 1877, *Brescon*; — 9 janvier 1885, *Bouffard*.

cette nature, le Conseil d'État n'hésite pas à les annuler ([1]). Ainsi que nous l'avons fait remarquer, ce cas est un de ceux où le détournement de pouvoir confine le plus à l'incompétence, puisque le règlement tend alors à résoudre des difficultés qui relèvent des tribunaux judiciaires. A plus forte raison, cette incompétence devrait-elle être réprimée si, lorsque la contestation a été tranchée par décision judiciaire, le préfet prétendait la résoudre autrement par voie de règlement d'eau ([2]).

Le Conseil d'État annule aussi, pour détournement de pouvoir, les règlements d'eau qui ne se bornent pas à prescrire les ouvrages nécessaires au fonctionnement de la retenue et au libre écoulement des eaux en temps de crue, mais qui imposent aux usiniers l'obligation d'établir des chemins d'accès et des passerelles pour faciliter le passage des cours d'eau aux habitants de la commune ([3]).

III. *Police de la salubrité.* — Il peut paraître superflu de dire que la police de la salubrité ne doit avoir en vue que la salubrité et la santé publiques, et qu'elle ne peut pas être employée à favoriser les intérêts financiers de l'État, des communes ou de sociétés particulières. La jurisprudence du Conseil d'État a cependant eu plus d'une fois à rappeler cette règle, en annulant pour détournement de pouvoir des décisions qui l'avaient méconnue.

L'une des espèces qu'il a jugées présentait une importance particulière. A la suite de la loi du 2 août 1872, qui a attribué à l'État le monopole de la fabrication et de la vente des allumettes et qui a décidé que les fabriques existantes seraient expropriées, le ministre des finances, afin d'alléger les charges incombant au Trésor, prescrivit aux préfets de ne soumettre à l'expropriation que les usines pourvues d'une autorisation régulière et de fermer les autres par mesure administrative. Cette fermeture ne pouvant être

---

1. 1er février 1866, *Couillaud ;* — 18 avril 1866, *de Colmont ;* — 4 décembre 1874, *Robelin ;* — 29 juin 1877, *Rivière ;* — 18 janvier 1878, *Villon ;* — 17 juillet 1891, *Garros ;* — 19 janvier 1894, *Pommerol.*

2. Conseil d'État, 4 février 1876, *Turcat.* — Il en serait autrement si, en dehors de toute préoccupation d'intérêt privé, le préfet s'opposait à l'établissement d'une retenue, reconnue conforme aux titres des parties par l'autorité judiciaire, mais considérée par l'autorité administrative comme nuisible au libre écoulement des eaux. (Voy. l'arrêt ci-dessus, et la décision du Tribunal des conflits du 26 décembre 1874, *Turcat c. Laugier.*)

3. Conseil d'État, 18 février 1876, *d'Anselme de Puisaye ;* — 5 juillet 1878, *Barrier.*

.également ordonnée qu'en vertu de la législation sur la police des
établissements insalubres, et non dans l'intérêt financier de l'État
que le ministre avait plus spécialement en vue, les instructions
ministérielles recommandaient aux préfets de ne faire aucune allusion à cet intérêt et de passer sous silence la loi du 2 août 1872,
de telle sorte que leur arrêté parût uniquement motivé par des
raisons de salubrité publique. Néanmoins, le Conseil d'État a annulé les arrêtés de fermeture prononcés conformément à ces instructions, dont la véritable portée était révélée par leur texte et
par la signature même du ministre de qui elles émanaient : ce n'est
pas en effet au ministre des finances, mais au ministre du commerce,
qu'incombe l'application des lois sur les établissements insalubres ([1]).

Dans une autre espèce, un arrêté préfectoral confirmé par le ministre du commerce avait interdit au propriétaire d'une source
d'eau minérale de vendre les eaux provenant de cette source, bien
qu'elles eussent été reconnues salubres après les vérifications et
avis prévus par la loi, et afin d'éviter que leur vente ne fît concurrence à l'exploitation de sources de même nature appartenant à
l'État. Cet arrêté a été annulé parce que la vente des eaux minérales n'a été soumise à une autorisation que dans l'intérêt de la santé
publique, et que la décision attaquée avait en vue des intérêts d'une
autre nature ([2]).

---

1. 26 novembre 1875, *Pariset;* — même date, *Laumonnier-Carriol :* « Considérant
qu'il est établi par l'instruction que le préfet, en ordonnant la fermeture de la fabrique
d'allumettes du sieur... en vertu des pouvoirs qu'il tenait des lois et règlements sur
les établissements dangereux, incommodes et insalubres, n'a pas eu pour but les
intérêts que ces lois et règlements ont en vue de garantir ; qu'il a agi en vertu d'instructions émanées du ministre des finances, à la suite de la loi du 2 août 1872 et
dans l'intérêt d'un service financier de l'État ; qu'il a ainsi usé des pouvoirs de police
qui lui appartenaient sur les établissements dangereux, incommodes et insalubres
pour un objet autre que celui à raison duquel ils lui étaient conférés... »

2. 6 décembre 1878, *Larbaud.* « Considérant qu'il résulte tant du texte de la décision attaquée que des déclarations que le ministre de l'agriculture et du commerce a
faites sur le pourvoi, que ledit ministre n'a pas entendu apprécier la demande au
point de vue de l'intérêt de la santé publique, mais qu'en refusant l'autorisation, il a
entendu prendre une mesure de conservation pour la protection d'une source minérale appartenant à l'État ; que si la loi du 14 juillet 1856 autorise l'administration à
prendre, dans l'intérêt de la conservation des sources minérales les mesures de protection que ladite loi détermine, le ministre ne pouvait faire servir à ce but les pouvoirs qui lui ont été conférés dans l'intérêt de la santé publique... »

IV. *Police municipale.* — Les détournements de pouvoir que la jurisprudence a relevés dans l'exercice de la police municipale ne diffèrent pas, pour la plupart, de ceux qui viennent d'être signalés. Ils consistent le plus souvent en mesures prises dans l'intérêt financier des communes, ou d'entreprises privées qu'elles cherchent à favoriser au moyen de règlements de police qui ne sauraient se prêter à ce but. Nous citerons, comme exemples des décisions rendues en pareil cas, celles qui ont annulé : — un arrêté relatif au nettoiement de la voie publique, qui imposait aux riverains des travaux de réfection du pavage [1] ; — des arrêtés portant refus d'alignement, dans le but de procurer à la commune une exécution moins coûteuse de travaux publics projetés [2] ; — un règlement refusant le droit de stationnement sur la voie publique à toute voiture autre que celles d'un entrepreneur avec lequel la commune avait traité [3] ; — un arrêté réglant la vente du poisson en vue de restreindre la liberté de la concurrence et de favoriser certaines catégories de vendeurs, ou d'assurer le paiement de droits au concessionnaire de la halle [4] ; — un arrêté municipal ordonnant que toutes les denrées seraient transportées au marché, non pour y être vendues, ou vérifiées au point de vue de la salubrité, mais simplement pour y acquitter des droits de place [5] ; — enfin des arrêtés retirant des permissions de voirie pour des motifs étrangers à la conservation et à la police de la voie publique [6].

Conclusion. — En terminant cette étude des moyens qui peuvent être invoqués à l'appui d'une demande d'annulation pour excès de pouvoir, nous ne pouvons nous défendre d'une réflexion.

On aurait, croyons-nous, quelque peine à citer un autre État

---

1. Conseil d'État, 20 décembre 1872, *Billette.*
2. Conseil d'État, 12 janvier 1883, *Matussière.*
3. Conseil d'État, 2 août 1870, *Bouchardon.* — Si au contraire l'opposition faite par l'autorité municipale à l'établissement de nouveaux services de voitures publiques dans l'intérieur d'une ville, se fonde sur des motifs tirés de la sécurité de la voie publique et de la commodité de la circulation, la décision ne saurait être annulée pour détournement de pouvoir : 7 décembre 1888, *Ponthas.*
4. Conseil d'État, 3 décembre 1885, *Clairouin ;* — 15 février 1895, *Tostain et autres.*
5. Conseil d'État, 15 février 1892, *Syndicat des agriculteurs du Loiret.*
6. Voy. ci-dessus, p. 551, 552 et les arrêts cités.

que la France où le contrôle de la légalité administrative soit aussi étendu, où les voies de recours soient aussi largement ouvertes aux citoyens contre les abus de pouvoir ou les erreurs de droit de l'administration. Nous n'exceptons pas les États où les actes administratifs peuvent être discutés devant les tribunaux judiciaires : ni en Belgique, ni en Angleterre, ni aux États-Unis cette discussion ne peut être portée aussi loin qu'elle l'est en France devant le Conseil d'État ([1]). En effet, des tribunaux judiciaires ne peuvent déclarer non avenu un acte de l'administration, que s'ils relèvent contre lui une infraction formelle à la loi, tandis que le Conseil d'État peut, comme nous venons de le voir, atteindre des infractions plus détournées, et même annuler des actes discrétionnaires qui méconnaissent l'esprit de la loi; il le peut, sans causer un trouble dans la répartition des pouvoirs, parce qu'il siège auprès de l'autorité administrative supérieure, tandis que des investigations et des censures de même nature, venant de l'autorité judiciaire, seraient considérées comme un empiétement sur le pouvoir exécutif.

Cela est si vrai que la Cour da cassation, qui exerce sur la légalité des règlements de police un contrôle aussi étendu que celui des tribunaux anglais ou belges, n'a jamais voulu retenir le moyen d'annulation tiré du détournement de pouvoir, parce que la recherche de ce moyen lui a paru l'entraîner trop loin dans le domaine de l'administration active ([2]).

L'ensemble de cette jurisprudence répond aussi aux critiques que quelques théoriciens adressent encore à la juridiction administrative, en prétendant que son organisation ne lui permet pas d'offrir aux particuliers les mêmes garanties que les tribunaux ju-

---

1. Voy. t. Ier, p. 91, 133 et suiv.

2. On en trouve un exemple remarquable dans une des affaires citées plus haut, celle des fabriques d'allumettes non autorisées, fermées administrativement en vertu d'instructions du ministre des finances ayant pour but d'éviter à l'État le paiement d'indemnités d'expropriation. Les arrêtés de fermeture, jugés illégaux par le Conseil d'État (26 novembre 1875, *Pariset* et *Laumonnier-Carriol*), avaient été déclarés légaux par la Cour de cassation (Crim. rej. 21 août 1874, *Pariset*). On comprend en effet combien il eût été difficile à la Cour suprême d'entrer, comme le Conseil d'État a pu le faire, dans l'examen des instructions émanées du ministre des finances et du véritable but qu'elles poursuivaient.

diciaires. Il nous semble que si quelqu'un pouvait se plaindre des tendances de la jurisprudence, ce serait l'administration plutôt que les particuliers. Si le Conseil d'État avait voulu favoriser la liberté d'action des administrateurs aux dépens des droits privés, il n'aurait eu qu'à se renfermer dans la stricte interprétation des lois des 7-14 octobre 1790 et 24 mai 1872 ; rien ne lui eût été plus facile que de déclarer non recevables les recours fondés sur d'autres moyens que l'*incompétence* prévue par la loi de 1790, ou l'*excès de pouvoir* tel qu'il est défini par la jurisprudence de la Cour de cassation. Au lieu d'agir ainsi, le Conseil d'État s'est constamment appliqué à développer les moyens de recours, à en étendre les applications. En cela il n'a pas seulement servi les intérêts des citoyens, mais aussi ceux d'une bonne administration qui ne sauraient se séparer de l'exacte observation des lois.

CHAPITRE IV

DE LA PROCÉDURE DU RECOURS POUR EXCÈS DE POUVOIR
ET DE L'EFFET DES DÉCISIONS

I. — RÈGLES DE PROCÉDURE.

Formes et délais du recours. — Nous avons fait connaître, en traitant de la recevabilité du recours pour excès de pouvoir, les règles relatives aux formes et aux délais de la réclamation([1]). Nous nous sommes également expliqué, en traitant de la procédure devant le Conseil d'État, sur le caractère non suspensif des recours et sur les arrêts de sursis qui peuvent exceptionnellement suspendre l'exécution des décisions attaquées ([2]).

Nous n'avons donc à nous occuper ici que de la procédure postérieure à l'introduction de l'instance.

Communications et défenses. — Le recours pour excès de pouvoir n'est pas un procès fait à une partie, c'est un procès fait à un acte. La requête n'est dirigée ni contre l'agent qui a fait l'acte, ni contre la personne civile (État, département ou commune) dont cet agent a pu servir les intérêts, mais contre la puissance publique, au nom de laquelle il a agi ([3]). Il suit de là que si, dans la procé-

---

1. Voy. ci-dessus, p. 449.

2. Voy. t. Ier, p. 334.

3. Le Conseil d'État a fait une intéressante application de ce principe en décidant qu'un recours pour excès de pouvoir, formé par un département contre un décret inscrivant d'office une dépense au budget départemental, ne constitue pas un litige entre le département et *l'État*. En conséquence, ce n'est pas à un délégué de la commission départementale qu'il appartient de représenter le département dans l'instance, comme il en aurait le droit d'après l'article 54 de la loi du 10 août 1871 s'il s'agissait d'un véritable procès contre l'État : — 27 janvier 1893, *département du Gard*.

dure d'excès de pouvoir, il y a un *demandeur*, il n'y a pas à proprement parler de *défendeur*, de partie adverse, comme dans les affaires dites *entre parties*.

Sans doute, pour que l'acte attaqué puisse être l'objet d'un débat contradictoire, il faut qu'il soit défendu par quelqu'un. A défaut de véritable défendeur, il y aura donc un ou plusieurs défenseurs de l'acte. Ce rôle appartient d'abord et nécessairement à un délégué de la puissance publique, puisque c'est elle qui est en jeu; il pourra appartenir aussi à des particuliers ou à des personnes civiles ayant intérêt au maintien de l'acte. Mais ni les intéressés, ni le délégué de la puissance publique ne sont des *parties* dans le sens juridique du mot, d'où ils suit qu'ils ne peuvent pas être assignés devant le Conseil d'État en vertu d'une ordonnance de *soit-communiqué,* mais seulement être appelés au débat au moyen d'une simple *communication* qui se fait par la voie administrative.

Quel est le délégué de la puissance publique auquel le recours doit être communiqué ? C'est le ministre auquel ressortit l'acte attaqué, quelle que soit d'ailleurs l'autorité qui a fait cet acte. Il n'y a pas à distinguer, à cet égard, entre les autorités subordonnées au ministre, telles que les préfets ou les maires agissant comme représentants du pouvoir central, et les autorités qui sont seulement soumises à sa surveillance, telles que les conseils généraux ou les commissions départementales. Dans tous les cas, le ministre seul est appelé à défendre au recours, parce que c'est en lui que se personnifie le service public dont il est le chef responsable.

Si l'acte n'émane pas du ministre lui-même, il faudra presque toujours que celui-ci s'adresse à l'autorité qui a fait l'acte, et lui demande des explications, des rapports, des pièces justificatives ; mais ce ne sont là que des mesures d'ordre hiérarchique, qui ne changent rien à la procédure ; celle-ci ne s'en poursuit pas moins avec le ministre seul ; aussi les autorités secondaires appelées par lui au débat n'ont pas le droit de prendre des conclusions en leur nom propre.

Le recours peut être communiqué, en dehors du ministre, à des personnes ayant un intérêt direct et personnel au maintien de l'acte attaqué ; si, par exemple, cet acte est un arrêté préfectoral réglant la retenue d'une usine, il y a lieu de communiquer le recours au propriétaire de cette usine ; si c'est un décret de concession de mine, on communiquera au concessionnaire ; si c'est un décret autorisant une acceptation de legs, on communiquera à l'établissement légataire. Toutefois, ces communications ne sont pas obligatoires ; elles dépendent de l'appréciation de la section du contentieux. Si elles sont omises, il n'en résulte pas que la procédure soit par défaut et que les intéressés puissent faire opposition à l'arrêt ; nous aurons seulement à nous demander plus loin s'ils peuvent y faire tierce opposition.

Intervention. — Les intéressés qui ne sont pas appelés au débat par une communication peuvent s'y présenter spontanément par la voie de l'intervention.

L'intervention est recevable, non seulement de la part de ceux qui justifient d'un intérêt direct et personnel et qui auraient pu, à ce titre, recevoir communication du recours, mais encore de la part de ceux qui n'ont qu'un intérêt moins immédiat. Le Conseil d'État reconnaît plus facilement qualité à celui qui intervient dans la discussion d'un recours déjà formé, qu'à celui qui demande à le former lui-même. Aussi, les arrêts qui prononcent sur la recevabilité de l'intervention, ne signalent pas la nécessité d'un intérêt « direct et personnel », comme ceux qui prononcent sur la recevabilité d'un recours ; ils constatent, en termes plus généraux, que l'intervenant « a intérêt au maintien de l'arrêté attaqué... » ou qu'il « justifie d'un intérêt suffisant pour que son intervention soit déclarée recevable » ([1]). Quelques-uns se bornent même à dire que l'intervenant « *peut* avoir intérêt » ([2]).

Toutefois, les facilités que la jurisprudence accorde aux tiers intéressés qui veulent intervenir ne sauraient s'étendre à des autorités publiques, spécialement à celles qui ont pris la décision attaquée. Celles-ci sont, comme nous l'avons vu, représentées par le ministre ; c'est par lui qu'elles figurent dans l'instance ; elles ne

---

1. Conseil d'État, 22 janvier 1875, *Compagnie générale des phosphates ;* — 13 décembre 1878, *Auty ;* — 9 août 1880, *ville de Bergerac ;* — 17 juillet 1891, *Syndicat des brasseurs de Cambrai ;* — 24 mars 1893, *Routiou ;* — 9 août 1893, *Chambre syndicale des entrepreneurs de voitures de place.*

2. Conseil d'État, 13 avril 1831, *Lallouette.*

peuvent donc pas plus prendre de conclusions d'intervention que de conclusions en défense (¹).

L'intervention peut-elle avoir lieu pour prêter appui au recours aussi bien que pour y défendre ? Oui ; il n'y a pas de raison pour déroger ici aux règles générales d'après lesquelles on peut intervenir pour seconder une action aussi bien que pour la combattre. Toutefois, les conclusions par lesquelles un intervenant s'associe à un recours pour excès de pouvoir, et demande en son nom personnel l'annulation de l'acte attaqué, ne diffèrent guère d'un véritable recours ; aussi le Conseil d'État déclare ces conclusions non recevables si elles ne sont pas présentées dans le délai de trois mois (²).

Tierce opposition. — Il y a, dans le droit commun, un lien très étroit entre la faculté d'intervenir et celle de former tierce opposition. D'après le Code de procédure civile (art. 466 et 474), les parties qui auraient qualité pour former tierce opposition sont recevables à intervenir, et réciproquement. La même règle est applicable dans les matières contentieuses ordinaires soumises au Conseil d'État, car le décret du 22 juillet 1806 (art. 21 et 37) s'est borné à tracer les formes de l'intervention et de la tierce opposition ; il s'en est référé, pour le fond, aux règles du droit commun.

La corrélation du droit d'intervention et de tierce opposition, dans les matières contentieuses ordinaires, est d'ailleurs facile à justifier, car celui qui avait le droit d'intervenir pour empêcher qu'un jugement ne fût rendu, doit avoir aussi le droit de critiquer ce jugement quand il a été rendu à son insu et à son préjudice.

1. Conseil d'État, 11 janvier 1878, *Badaroux*, déclare non recevable l'intervention du gouverneur général de l'Algérie, tendant au rejet d'un recours formé contre une décision émanée de lui.

2. Conseil d'État, 30 juillet 1880, *Brousse*. — L'arrêt est ainsi motivé sur ce point : « Sur l'intervention des sieurs Lecœur et consorts : considérant que les demandeurs en intervention se présentent dans la cause pour y poursuivre de concert avec les auteurs du recours l'annulation du décret attaqué ; qu'ainsi leurs conclusions doivent être considérées comme un recours pour excès de pouvoir formé contre ledit décret ; considérant, d'autre part, que lesdites conclusions n'ont été enregistrées que le..., plus de trois mois non seulement après l'insertion du décret attaqué au *Bulletin des lois*, mais encore après l'exécution que les sieurs Lecœur et consorts lui avaient donnée... qu'ainsi, et par application de l'article 11 du décret du 22 juillet 1806, lesdites conclusions doivent être rejetées comme non recevables. »

Ces règles sont-elles également applicables, dans toute leur généralité, en matière de recours pour excès de pouvoir? Le Conseil d'État a paru l'admettre par un arrêt du 28 avril 1882 (*ville de Cannes*), où on lit : « Sur la recevabilité de la tierce opposition : considérant que l'arrêté préfectoral du 1er juin 1878 (¹) avait été pris sur la demande et dans l'intérêt de la ville de Cannes ; qu'ainsi ladite ville *avait qualité pour intervenir* dans l'instance qui a donné lieu à l'annulation dudit arrêté pour excès de pouvoir ; que dès lors la requête (en tierce opposition) est recevable. » Tout en admettant que la tierce opposition était recevable dans cette espèce, nous ne saurions admettre la doctrine générale que semble consacrer l'arrêt, en présentant le droit d'intervention comme engendrant toujours le droit de tierce opposition en matière d'excès de pouvoir.

En effet, si ce lien existe dans le droit commun, c'est parce que le Code de procédure et le décret du 22 juillet 1806 ont en vue des *parties* qui ont des *droits* à faire valoir à l'encontre du jugement qu'elles frappent de tierce opposition : « Une partie, dit l'article 474, C. procéd., peut former tierce opposition à un jugement *qui préjudicie à ses droits* et lors duquel ni elle, ni ceux qu'elle représente, n'ont été appelés. » Or nous avons vu qu'en matière de recours pour excès de pouvoir, l'intervention est permise à ceux qui justifient d'un simple intérêt, sans qu'ils aient besoin de se prévaloir d'un droit lésé ou menacé. L'extension ainsi donnée au droit d'intervention en matière d'excès de pouvoir ne saurait s'appliquer à la tierce opposition, et modifier les conditions légales de ce recours exceptionnel. S'il en était autrement, il n'y aurait presque pas d'arrêts prononçant une annulation pour excès de pouvoir qui ne pût être remis en question par une tierce opposition, car il n'y a presque pas d'actes administratifs au sort desquels quelque tiers ne puisse se dire intéressé.

---

1. Cet arrêté avait rapporté l'approbation donnée par le secrétaire général de la préfecture à un contrat passé entre la ville de Cannes et la *Société de Marie*, après que ce contrat avait été réalisé. Cet arrêté avait été annulé, à la requête de la société cocontractante, comme portant atteinte à des droits qui ne relevaient désormais que de l'autorité judiciaire (20 février 1880, *Société de Marie*). La tierce opposition était formée par la ville de Cannes contre cet arrêt d'annulation.

Mais, si l'on doit renoncer ici à l'idée d'une corrélation absolue
entre l'intervention et la tierce opposition, il n'en faut pas conclure que la tierce opposition n'est jamais recevable contre un arrêt
prononçant l'annulation d'un acte administratif ; nous pensons au
contraire que cette voie de recours est ouverte à ceux qui satisfont
aux conditions requises par le droit commun, c'est-à-dire qui justifient que l'arrêt d'annulation « préjudicie à leurs droits ». Tel
serait le cas où le Conseil d'État aurait annulé pour excès de pouvoir un acte ayant conféré des droits à des tiers, ou un acte de
tutelle ayant servi de base à un contrat. La tierce opposition serait
également ouverte au concessionnaire d'une mine dont l'acte de
concession aurait été annulé sans qu'il eût été mis en mesure de le
défendre ; au département ou à la commune qui aurait entrepris
des travaux en vertu d'une déclaration d'utilité publique frappée
d'annulation à la requête d'un tiers ; en un mot, à toute partie pouvant invoquer un droit qui se trouverait mis en échec par l'annulation de l'acte sur lequel ce droit reposait.

Dépens. — L'administration ne peut jamais être condamnée aux
dépens envers la partie qui obtient une annulation pour excès de
pouvoir [1]. En effet, ces contestations ne sont pas de celles où l'article 2 du décret du 2 novembre 1864 permet d'appliquer les articles 130 et 131 du Code de procédure civile [2].

D'un autre côté, les actes administratifs susceptibles d'être déférés pour excès de pouvoir ont le caractère d'actes de la puissance
publique, et il est de principe que la puissance publique n'est point
une partie qui puisse être condamnée aux dépens. La jurisprudence
du Tribunal des conflits est conforme, sur ce point, à celle du
Conseil d'État ; ce tribunal a plus d'une fois annulé des décisions

---

1. Conseil d'État, 29 juin 1870, *Anthon* ; — 12 mai 1876, *ville de Moulins* ; 6 décembre 1878, *ville de Grenoble* ; — 14 mai 1880, *commune de Bruyères-le-Châtel.*

2. L'article 2 du décret du 2 novembre 1864 dispose : « Les articles 130 et 131 du
Code de procédure sont applicables dans les contestations où l'administration agit
comme représentant le domaine de l'État, et dans celles qui sont relatives soit aux
marchés de fournitures, soit à l'exécution de travaux publics aux cas prévus par l'article 4 de la loi du 28 pluviôse an VIII. »

judiciaires qui condamnaient des préfets aux dépens après avoir rejeté leur déclinatoire (¹).

La règle que l'administration est exempte de tous dépens en matière d'excès de pouvoir, ne subit point d'exception dans le cas où l'administration, reconnaissant le bien-fondé du recours, rapporte ou annule elle-même l'acte attaqué, et provoque ainsi un arrêt décidant que le pourvoi est devenu sans objet et qu'il n'y a lieu d'y statuer (²). Peu importe en effet que l'administration fasse elle-même justice de l'acte irrégulier ou que l'annulation lui soit imposée par arrêt : dans un cas comme dans l'autre, l'auteur du recours n'a devant lui que la puissance publique.

Si l'administration ne doit jamais de dépens, elle ne peut pas non plus en réclamer aux parties qui succombent, puisque le ministre, seul chargé de défendre au recours, conclut sans exposer aucun frais (³).

Les questions de dépens ne peuvent donc jamais s'agiter qu'entre le demandeur en annulation d'une part, et, d'autre part, les intéressés mis en cause par la section du contentieux ou intervenus spontanément au débat. Si le demandeur triomphe dans son recours, ses dépens lui sont remboursés par ceux qui ont combattu ses conclusions (⁴) ; dans le cas contraire, c'est lui qui doit rembourser les frais de la défense ou de l'intervention (⁵).

Ces frais ne peuvent comprendre que les droits d'enregistrement

---

1. Tribunal des conflits, 11 décembre 1865, *Maisonnabe;* — 18 mars 1882, *Daniel;* — 15 décembre 1883, *Dézétrées;* — 9 mai 1891, *Lebel.*

2. Conseil d'État, 12 mars 1875, *Giovanelli.* — On a mentionné à tort, comme dérogeant à cette jurisprudence, des arrêts qui condamnent l'administration aux dépens après le retrait d'arrêtés de débet attaqués devant le Conseil d'État (17 janvier 1873, *Lapeyre;* — 26 novembre 1830, *Charlan*).

On sait en effet que les arrêtés de débet ne sont pas des actes de puissance publique, mais des actes de gestion faits pour le recouvrement de certaines créances de l'État; d'où il suit que les recours formés contre ces arrêtés ne sont pas des recours pour excès de pouvoir. Aussi les lois des 7-14 octobre 1790 et 21 mai 1872 ne sont-elles pas visées dans les décisions précitées.

3. Conseil d'État, 2 juillet 1874, *Bornot.*

4. 12 mars 1880, *Bras;* — 29 juin 1883, *archevêque de Sens;* — 25 juillet 1890, *Auscher;* — 16 janvier 1891, *Palfra.*

Les parties dans l'intérêt desquelles l'acte annulé avait été fait ne doivent aucuns dépens si elles n'ont pas pris la défense de cet acte devant le Conseil d'État. (29 novembre 1878, *Petit;* — 20 décembre 1878, *Fiquet.*)

5. Conseil d'État, 1er juin 1870, *Baudelocque.*

perçus sur la requête et sur l'arrêt, et les droits de timbre perçus sur les mémoires et productions, puisque la procédure d'excès de pouvoir est exemptée de tous autres frais par le décret du 2 novembre 1864 (¹).

A peine est-il besoin d'ajouter qu'aucune condamnation aux dépens ne peut être prononcée dans les affaires qui sont jugées sans aucun frais, telles que les recours contre les décisions des commissions départementales prises en vertu des articles 86 et 87 de la loi du 10 août 1871, et les recours formés contre les actes administratifs se rattachant à l'expropriation, c'est-à-dire les déclarations d'utilité publique et les arrêtés de cessibilité (²).

II. — NATURE ET EFFETS DE LA DÉCISION.

Nature de la décision. — La décision ne peut que rejeter le recours ou prononcer l'annulation de l'acte attaqué ; elle ne peut ni réformer cet acte, ni ordonner aucune des mesures qui pourraient être la conséquence de l'annulation.

Cette limitation des pouvoirs du Conseil d'État résulte de la nature même du contentieux de l'annulation, et aussi des termes de l'article 9 de la loi du 24 mai 1872 : ce texte charge le conseil de prononcer sur « les demandes d'annulation pour excès de pouvoir formées contre les actes des diverses autorités administratives », d'où il suit que le demandeur ne peut conclure qu'à l'annulation de l'acte attaqué, et que le Conseil d'État n'a le droit de rien statuer au delà, sauf, bien entendu, les questions de sursis, de procédure et de dépens.

N'ayant que le droit d'annulation et non le droit de réformation, le Conseil d'État ne peut pas modifier, amender l'acte attaqué, car ce serait faire un acte administratif nouveau et empiéter sur les attributions de l'administration active.

Mais l'annulation peut n'être que partielle. En effet, lorsque l'acte contient des dispositions distinctes, le demandeur peut limi-

---

1. Conseil d'État, 25 février 1876, *Duboys d'Angers;* — 2 mai 1879, *Germain;* — 8 août 1882, *Roussaire.*

2. Conseil d'État, 22 novembre 1878, *de l'Hôpital.* — Voy. ci-dessus, p. 449.

ter sa demande d'annulation à celles qui lui font grief ; si même il les attaque toutes ensemble, le Conseil d'État ne peut pas annuler indistinctement les dispositions illégales et celles qui ne le sont pas, et faire subir à l'acte tout entier les conséquences d'une irrégularité partielle.

Aussi s'est-il toujours reconnu le droit d'annuler, dans un règlement de police, des articles déterminés ou même des prescriptions divisibles d'un même article ; dans un arrêté de délimitation, des limites illégales fixées sur une certaine étendue de rives ou de rivages, en respectant les limites régulières tracées ailleurs ; dans un arrêté d'inscription d'office, les dispositions qui visent une dépense purement facultative, en laissant en vigueur celles qui visent une dépense obligatoire. Il se reconnaît même la faculté de distinguer, dans une seule et même inscription d'office, la somme qui correspond à une obligation légale de la commune et celle qui la dépasse, de décomposer ainsi le chiffre unique inscrit dans l'arrêté, et de l'annuler pour partie.

On ne peut nier que, dans quelques-uns de ces cas, l'annulation partielle ne se rapproche beaucoup de la réformation ; elle s'en distingue cependant en ce qu'elle se borne à supprimer certains éléments de la décision sans créer aucun élément nouveau. Si d'ailleurs l'administration estime que sa décision, mutilée par une annulation partielle, ne peut plus produire les effets qu'elle avait en vue, elle est libre de la rapporter tout entière ou de la refaire en évitant les illégalités relevées par l'arrêt. Nous reviendrons sur ce point en examinant ci-après les effets de l'annulation à l'égard de l'administration.

Le Conseil d'État n'ayant pas le droit de réformation n'a pas, à plus forte raison, le droit d'*évocation*, c'est-à-dire le droit de créer une décision administrative lorsqu'il n'en existe aucune. Supposons, par exemple, que la décision attaquée consiste dans un refus d'accomplir un certain acte : si la Conseil d'État déclare ce refus illégal et l'annule, il ne peut pas ensuite faire ce que l'autorité administrative aurait dû faire, et prendre la décision à sa place, car ce serait sortir de sa fonction juridictionnelle et entreprendre sur l'administration active.

La jurisprudence s'est souvent prononcée en ce sens, notamment

par un arrêt du 25 juin 1880 qui, après avoir annulé un arrêté
d'alignement contenant interdiction au propriétaire d'ouvrir des
jours sur une promenade publique, refuse de statuer sur des conclusions tendant à ce que cette autorisation lui soit accordée :
« Considérant qu'il n'appartient pas au Conseil d'État, statuant sur
un recours formé par application des lois des 7-14 octobre 1790
et 24 mai 1872, de faire droit auxdites conclusions... ([1]). »

La règle d'après laquelle l'arrêt ne peut rien décider en dehors
de l'annulation de l'acte, trouve encore d'autres applications dans
la jurisprudence. Ainsi le Conseil d'État décide qu'il ne lui appartient pas de prescrire les mesures qui devront être prises par
l'administration, comme conséquences de l'annulation prononcée ;
d'ordonner, par exemple, la réintégration de fonctionnaires ou de
membres de la Légion d'honneur, lorsque les décisions qui prononçaient leur révocation ou leur exclusion sont annulées ([2]) ; de
mettre à néant les décisions prises en vertu de l'acte annulé, lorsque aucun pourvoi n'a été dirigé spécialement contre elles ([3]) ;
d'ordonner la destruction de travaux exécutés en vertu d'une décision reconnue illégale ([4]).

Le Conseil d'État doit également s'abstenir de statuer sur toutes
les réclamations pécuniaires que le demandeur joindrait à son
recours, soit qu'il réclame le remboursement des sommes payées
ou de dépenses faites en exécution de l'acte annulé ([5]) ; soit qu'il
demande des dommages-intérêts à raison de tout autre préjudice ([6]).

---

1. On pourrait citer en sens contraire un arrêt du 12 mai 1869 (*Clément*) qui, après
avoir annulé un arrêté du préfet de la Seine refusant à un propriétaire l'autorisation
de réparer un mur mitoyen, donne lui-même cette autorisation sous certaines conditions.

C'est là une décision tout exceptionnelle prise à une époque où le Conseil d'État
s'efforçait de déjouer des pratiques fâcheuses de la ville de Paris à l'égard des propriétaires qu'elle projetait d'exproprier, et dont elle cherchait à paralyser les droits
par des refus ou des abstentions systématiques. Nous avons déjà eu occasion de signaler des décisions rendues à la même époque et qui se sont écartées des véritables
règles de droit pour remédier à des abus contre lesquels les propriétaires lésés se
trouvaient sans défense. (Voy. ci-dessus, pages 431-432.)

2. Conseil d'État, 16 janvier 1874, *frères de la Doctrine chrétienne;* — 13 mai 1881,
Brissy.

3. Conseil d'État, 7 mai 1830, *Capgras.*

4. Conseil d'État, 20 avril 1883, *de Bastard.*

5. Conseil d'État, 28 juillet 1876, *commune de Giry;* — 13 juillet 1874, *hospice de
Gray;* — 30 avril 1880, *commune de Philippeville.*

6. Conseil d'État, 29 juin 1883, *archevêque de Sens.* — Cf. 8 août 1882, *Roussaire,*

Effets de la décision. — La décision qui prononce sur un recours pour excès de pouvoir étant un acte de juridiction, les règles sur l'autorité de la chose jugée, telles qu'elles sont édictées par l'article 1351 du Code civil lui sont applicables en principe ; mais elles ne le sont que sous certaines réserves qui résultent de la nature spéciale de ce contentieux. Examinons successivement quels sont les effets de la décision : — 1° à l'égard de la partie qui a formé le recours ; — 2° à l'égard de l'administration ; — 3° à l'égard des tiers.

I. — *A l'égard de la partie qui a formé le recours*, il n'est pas dérogé aux règles générales de l'article 1351. Si le recours est rejeté, l'exception de chose jugée n'est opposable à une nouvelle demande que si elle émane de la même partie, agissant dans la même qualité, si la demande a le même objet, et si elle est fondée sur le même moyen d'annulation.

Le rejet d'un recours pour excès de pouvoir ne ferait donc pas légalement obstacle à ce que la partie demandât une indemnité à raison de la décision dont l'annulation lui a été refusée ; — ni à ce qu'elle formât un nouveau recours dans une qualité différente, par exemple au nom d'une commune qu'elle représenterait comme maire, ou comme contribuable à ce autorisé, après avoir d'abord agi en son nom personnel ; — ni à ce qu'elle relevât contre l'acte un autre moyen d'annulation que celui qui a été écarté. Remarquons toutefois que la faculté de former un nouveau recours pour excès de pouvoir en invoquant d'autres moyens, ne pourra guère être exercée dans la pratique, car le délai de ce nouveau recours sera le plus souvent expiré le jour où le premier sera jugé.

II. — *A l'égard de l'administration*, l'arrêt qui a rejeté le recours ne fait pas obstacle à ce que l'acte soit rapporté par son auteur ou annulé par le supérieur hiérarchique. Cet arrêt se borne en effet à écarter les conclusions à fin d'annulation contentieuse qui étaient dirigées contre l'acte ; elle ne donne à cet acte aucune force nouvelle au regard de l'autorité administrative, qui reste libre de le supprimer après cette décision comme avant.

Si au contraire l'annulation est prononcée, l'acte cesse aussitôt

---

dont la rédaction doit être critiquée, car cet arrêt rejette les conclusions à fin de dommages-intérêts, en se fondant sur ce qu'il n'est justifié d'aucun préjudice, au lieu de déclarer ces conclusions non recevables.

d'exister et l'administration doit veiller à ce qu'il ne reçoive aucune exécution. Cette obligation incombe spécialement au ministre vis-à-vis duquel l'arrêt a été rendu, et qui est chargé d'en assurer l'exécution en vertu de la formule exécutoire dont cet arrêt est revêtu. Le ministre assure cette exécution non seulement auprès du pouvoir central, mais encore auprès des autorités inférieures de qui l'acte peut être émané, et il leur adresse à cet effet toutes les instructions et injonctions nécessaires.

L'annulation n'a-t-elle d'autre effet que d'empêcher à l'avenir toute exécution de l'acte, ou bien réagit-elle aussi sur le passé et oblige-t-elle l'administration à revenir sur une exécution déjà consommée ? Des distinctions sont ici nécessaires.

Supposons d'abord que l'acte a reçu, avant que son annulation ait été prononcée, toute l'exécution dont il était susceptible, de telle sorte que les choses ne puissent pas être remises en l'état. Il s'agissait, par exemple d'un arrêté ordonnant la démolition d'un édifice menaçant ruine, et l'édifice est démoli ; d'un arrêté prescrivant des battues dans les bois de particuliers, et les battues ont eu lieu. En présence de ce fait accompli, la seule réparation qui puisse être accordée serait une indemnité. Mais l'annulation pour excès de pouvoir n'engendre pas par elle-même un droit à indemnité. L'administration peut donc résister à la demande d'indemnité sans violer la chose jugée. C'est un nouveau point à débattre et non une simple question d'exécution de l'arrêt.

Supposons maintenant que l'exécution que l'acte a reçue puisse être réparée par des mesures contraires. Si l'acte annulé est, par exemple, un décret de mise en réforme, on peut rendre à l'officier son grade et l'intégrité de sa solde ; ou bien si c'est un retrait de concession, on peut remettre le concessionnaire évincé en possession de ses droits antérieurs. Dans ce cas, l'administration doit prendre ces mesures réparatrices, bien qu'elles ne soient pas et ne puissent pas être prescrites par l'arrêt. Nous savons en effet que si le Conseil d'État s'abstient de les ordonner, c'est parce qu'elles constituent des actes d'administration étrangers à sa fonction juridictionnelle ; mais elles n'en sont pas moins une conséquence de l'arrêt, une condition de son exécution, et, à ce titre, elles incombent à l'administration.

Il y a cependant des cas nombreux où l'administration peut refaire l'acte annulé et maintenir tous ses effets, en vertu d'une décision nouvelle, sans enfreindre l'autorité de la chose jugée ni ses devoirs d'exécution. Ainsi, lorsqu'un acte a été annulé pour incompétence et qu'il rentre dans les attributions d'une autre autorité administrative, il peut être refait par l'autorité compétente ; quand il a été annulé pour vice de forme, il peut être refait avec les formes prescrites. Cette faculté de l'administration se concilie sans peine avec la décision d'annulation qui ne préjuge rien sur le fond du droit lorsqu'elle se fonde sur l'incompétence ou le vice de forme. Mais il en serait autrement si l'annulation avait été prononcée pour violation de la loi et atteinte au droit acquis ; l'administration ne pourrait pas alors reproduire la décision annulée sans violer l'autorité de la chose jugée, puisque le fond même de la décision aurait été condamné par une décision souveraine.

Supposons enfin que la décision annulée consiste dans le refus d'accomplir un certain acte, par exemple de délivrer un alignement, ou de conférer à un officier le grade auquel son ancienneté lui donne droit. Pour exécuter l'arrêt d'annulation, il faut que l'administration fasse l'acte auquel elle s'était refusée, qu'elle délivre l'alignement, qu'elle confère le grade. Peu importe que l'arrêt ne contienne pas d'injonctions à cet égard ; il ne serait pas exécuté si ces mesures n'étaient pas prises. Le devoir juridique est certain, la sanction seule peut faire défaut ([1]).

III. — *A l'égard des tiers,* la règle *res inter alios judicata aliis neque nocet neque prodest,* reproduite par l'article 1351 du Code civil, ne peut s'appliquer qu'en partie. Elle doit être observée lorsque l'arrêt a prononcé le rejet du recours ; ce rejet ne fait point obstacle à ce qu'une autre partie attaque le même acte pour la même cause, si les délais du recours ne sont pas expirés à son égard.

Si, au contraire, l'arrêt a prononcé l'annulation de l'acte, cette annulation produit ses effets *erga omnes,* parce qu'elle fait disparaître l'acte administratif, aussi complètement que s'il était rap-

1. On sait qu'il en est de même toutes les fois qu'une décision des tribunaux administratifs ou judiciaires met à la charge de l'administration une obligation de payer ou de faire. Toute contrainte légale étant impossible, on ne pourrait mettre en jeu que la responsabilité ministérielle. (Voy. t. Ier, p. 350.)

porté par son auteur ou annulé par le supérieur hiérarchique. Il
ne faut pas oublier, en effet, que si l'annulation pour excès de pouvoir est un acte de juridiction, elle n'en produit pas moins, par la
force des choses, l'effet d'un acte de puissance publique, d'une
décision d'un supérieur hiérarchique. Elle avait entièrement ce
caractère sous le régime de la justice retenue, lorsque c'était le
chef de l'État qui annulait en son Conseil l'acte d'un de ses subordonnés; elle le possède encore dans une large mesure.

Si donc l'acte annulé concerne une collectivité ; s'il consiste, par
exemple, dans un règlement de police municipale, l'annulation doit
profiter à tous les habitants de la commune, et non pas seulement
à ceux qui avaient formé le recours. La Cour de cassation décide
même que cette annulation fait tomber de plein droit toutes les
poursuites engagées contre des contrevenants, à raison d'infractions antérieures à l'arrêt du Conseil d'État (¹).

L'annulation agirait également *erga omnes* si l'acte annulé profitait à des tiers au lieu de leur préjudicier : ainsi un décret de répartition d'eaux, qui serait annulé à la requête d'un riverain à qui
il faisait grief, le serait également à l'égard d'autres riverains fa-
vorisés par la répartition, et alors même que ces derniers seraient
restés étrangers à l'instance.

Il en serait aussi de même, bien que la question puisse paraître
plus délicate, si les tiers pouvaient invoquer non de simples intérêts, mais de véritables droits. Ainsi, il ne nous semble pas douteux que si un décret de concession de mine venait à être annulé
par le Conseil d'État, — soit pour vice de forme, soit pour atteinte
à des droits acquis résultant d'une concession antérieure, — l'arrêt d'annulation serait opposable au tiers qui se serait rendu acquéreur de la mine, alors même qu'il aurait été étranger à l'instance. Mais cet acquéreur pourrait attaquer l'arrêt d'annulation par
la voie de la tierce opposition qui est ouverte, ainsi que nous l'a-
vons vu, à ceux qui peuvent invoquer un droit auquel l'arrêt pré-
judicierait.

1. Crim. Cass. 25 mars 1882, *Darsy*.

CHAPITRE V

DU RECOURS EN CASSATION CONTRE LES DÉCISIONS JURIDICTIONNELLES

I. — NOTIONS GÉNÉRALES.

Différences entre le recours en cassation et le recours pour excès de pouvoir. — Toutes les décisions rendues *en dernier ressort*, soit par des juridictions administratives, soit par des autorités ou par des commissions spéciales faisant office de juridictions, peuvent être l'objet d'un recours en annulation devant le Conseil d'État.

Ce recours a une double base législative : d'une part, les dispositions générales des lois des 7-14 octobre 1790 et 24 mai 1872 ; d'autre part, des textes spéciaux qui déterminent, pour certaines juridictions, les conditions dans lesquelles le recours peut être formé.

Ces textes sont : — l'article 17, § 2, de la loi du 16 septembre 1807, qui prévoit la cassation d'arrêts de la Cour des comptes pour violation des formes ou de la loi ; — l'article 32 de la loi sur le recrutement de l'armée du 15 juillet 1889, qui prévoit l'annulation des décisions des conseils de revision, pour incompétence, excès de pouvoir et violation de la loi. — Telles étaient aussi les dispositions relatives à des juridictions aujourd'hui abolies, telles que les jurys de revision de la garde nationale dont les décisions pouvaient être attaquées, pour incompétence, excès de pouvoir et violation de la loi, d'après l'article 26 de la loi du 14 juillet 1837 et l'article 30 de la loi du 13 juin 1851.

Lorsqu'il n'existe pas de textes prévoyant le recours en cassation à l'égard d'une juridiction déterminée, ce recours n'en est pas moins ouvert en vertu des principes généraux : en effet, les décisions rendues en dernier ressort par une juridiction spéciale ont un caractère administratif en même temps qu'un caractère juridictionnel ; elles sont soumises, par cela seul, à l'application des lois des 7-14 octobre 1790 et 24 mai 1872. La jurisprudence du Conseil d'État a fait, à toute époque, application de cette règle, notamment : — au conseil supérieur de l'instruction publique ([1]) ; — aux conseils de revision, avant que la loi du 27 juillet 1872, puis celle du 15 juillet 1889 eussent expressément prévu le recours ([2]) ; — aux commissions scolaires ([3]), — aux commissions instituées par la loi du 30 avril 1826 pour la liquidation des indemnités de Saint-Domingue ([4]), — par la loi du 7 avril 1873 pour la réparation des dommages résultant de l'insurrection de 1871 ([5]), — par la loi du 30 juillet 1880 pour le rachat des ponts à péage ([6]), — par les lois du 30 juillet 1881 et du 7 août 1882 pour l'allocation d'indemnités aux victimes du coup d'État du Deux-Décembre ([7]).

Dans ces cas et autres analogues, l'existence du recours a été reconnue, non seulement malgré le silence des lois spéciales, mais encore malgré des dispositions de ces lois qui qualifiaient les décisions de *définitives,* ou déclaraient qu'elles étaient rendues *sans recours* et même *sans aucun recours.* Ces expressions, sans en excepter la dernière, quelque absolue qu'elle paraisse, ont été interprétées par la jurisprudence comme n'excluant que l'appel, mais non le recours en cassation en cas d'incompétence ou d'excès de pouvoir ([8]).

Mais si les lois des 7-14 octobre 1790 et 24 mai 1872 sont applicables de plein droit aux décisions juridictionnelles rendues en

---

1. Voy. les arrêts cités ci-après, page 580.

2. Voy. les arrêts cités t. Ier, page 419.

3. Conseil d'État, 16 mars 1883, *min. de l'instr. publ.;* — 13 novembre 1885, *Passerat de la Chapelle.*

4. Conseil d'État, 24 août 1832, *Thévenard;* — 22 juillet 1835, *Gamichon.*

5. Conseil d'État, 12 juin 1874, *Meunié.*

6. Conseil d'État, 23 mai 1890, *préfet de l'Isère.*

7. Conseil d'État, 6 juillet 1883, *Allègre.*

8. Voy. la loi du 22 mars 1831 sur les jurys de revision de la garde nationale des départements, art. 26, et les arrêts du 6 janvier 1849, *Bertrand,* et du 1er décembre

dernier ressort, ces lois ne sont pas aussi largement appliquées, quant aux moyens d'annulation, que lorsqu'il s'agit d'actes administratifs proprement dits. A l'égard des décisions juridictionnelles, la jurisprudence s'est toujours renfermée dans la stricte notion de l'excès de pouvoir; elle n'a admis comme moyens d'annulation que l'incompétence et le vice de forme, quelquefois le détournement de pouvoir; mais elle a toujours écarté les moyens tirés de la violation ou de la fausse application de la loi et de l'atteinte aux droits acquis.

Pourquoi cette différence? Pour deux raisons : — la première c'est que le législateur, ayant indiqué lui-même plusieurs cas où des décisions juridictionnelles peuvent être attaquées pour violation de la loi, est présumé avoir écarté ce moyen toutes les fois qu'il ne l'a pas mentionné et surtout lorsqu'il a dit que les décisions seraient rendues sans recours; — la seconde raison, c'est que les décisions rendues par des juridictions, délibérant après une instruction contradictoire, offrent moins de chances de précipitation et d'erreur que les actes administratifs proprement dits, qui résultent le plus souvent de l'initiative des autorités, sans débat préalable avec les intéressés. Ajoutons que les décisions juridictionnelles ne tranchent que des questions peu nombreuses et nettement déterminées, tandis que les actes de puissance publique ont un champ beaucoup plus vaste et peuvent affecter de mille manières les droits des citoyens.

1849, *Couturier.* — Voy. aussi le décret du Gouvernement de la Défense nationale du 18 novembre 1870, relatif au conseil de revision pour le recrutement des compagnies de guerre de la garde nationale pendant le siège de Paris, et l'arrêt du 3 janvier 1871, *Barizel.*

Il y a eu cependant des décisions à l'égard desquelles le Conseil d'État n'a admis aucun recours, même pour excès de pouvoir : ce sont les décisions que les conseils généraux avaient été appelés à rendre sur l'élection de leurs membres, en vertu de l'article 16 de la loi du 10 août 1871. Ce texte, abrogé par la loi du 31 juillet 1875, disposait : « Le Conseil général vérifie les pouvoirs de ses membres, *il n'y a pas de recours contre ces décisions.* » Plusieurs arrêts ont décidé que cette disposition excluait même le recours pour excès de pouvoir (4 juillet 1872, *élection de Calacuccia*; 25 juillet 1872, *élection de Montpezat*). Mais cette jurisprudence était fondée, moins sur le texte de l'ancien article 16 de la loi de 1871, que sur la nature des décisions rendues par les conseils généraux, et qui ne constituaient pas des décisions contentieuses en matière électorale, mais de véritables vérifications de pouvoir, faites souverainement par un corps délibérant. Ainsi s'explique cette unique dérogation à la jurisprudence ci-dessus rappelée.

Une autre différence doit être signalée entre le recours en cassation et le recours pour excès de pouvoir : elle est relative à l'effet des décisions rendues par le Conseil d'État. A l'égard des actes administratifs, nous avons vu que l'annulation produit ses effets *erga omnes,* et que l'acte annulé disparaît comme s'il avait été rapporté par son auteur ou par le supérieur hiérarchique ; au contraire, l'annulation des décisions juridictionnelles ne produit ses effets que *inter partes,* et les tiers étrangers au recours ne peuvent pas s'en prévaloir ; elle est à leur égard *res inter alios judicata.* Cette différence tient à ce que le Conseil d'État, qui fait à la fois office de juge et d'autorité administrative supérieure lorsqu'il annule un acte de puissance publique, fait seulement office de juge quand il annule une décision ayant un caractère juridictionnel.

Les effets de l'annulation diffèrent encore à un autre point de vue. Lorsqu'un acte administratif est annulé, l'autorité administrative n'est nullement tenue de le refaire dans d'autres conditions ; au contraire, lorsqu'une décision juridictionnelle est annulée, il faut, en général, qu'elle soit remplacée par une autre décision afin que la question à juger ne reste pas sans solution au fond : c'est pourquoi l'arrêt d'annulation emporte de plein droit le renvoi de l'affaire à la juridiction qui avait irrégulièrement statué, — à moins, bien entendu, que le vice de sa décision ne consiste dans une incompétence faisant obstacle à ce que cette juridiction soit saisie de nouveau.

Décisions susceptibles de recours en cassation. — Les décisions rendues *en dernier ressort* sont seules susceptibles d'un recours en cassation devant le Conseil d'État.

Si donc une décision est sujette à appel, soit devant le Conseil d'État, soit devant la Cour des comptes ou devant le conseil supérieur de l'instruction publique, elle ne peut pas être directement déférée au Conseil d'État par la voie du recours en annulation, et cela même si l'on invoque contre elle le grief d'incompétence ou de vice de forme. Ce grief doit d'abord être dénoncé à la juridiction d'appel, dont le contrôle s'étend aux illégalités de toute nature qui peuvent être relevées dans la décision des premiers juges.

Il suit de là que les décisions des conseils de préfecture, qui sont toujours susceptibles d'appel devant le Conseil d'État, ne peuvent jamais être l'objet d'un recours en cassation devant ce Conseil ; elles ne peuvent donc jamais lui être déférées sans le ministère d'un avocat, dans les matières qui le comportent, même si elles ne sont attaquées que pour incompétence et pour excès de pouvoir ([1]).

Il pourrait en être autrement à l'égard de décisions rendues, non par le conseil de préfecture, mais par son président, si celui-ci avait exercé une attribution qui n'appartient qu'au conseil et avait ainsi commis un véritable excès de pouvoir non susceptible d'être réprimé par la voie de l'appel ([2]).

Après ces explications générales, nous devons maintenant étudier l'application du recours en cassation aux trois principales juridictions qui rendent des décisions définitives, savoir : le conseil supérieur de l'instruction publique, la Cour des comptes et les conseils de revision.

---

1. 16 août 1887, *commune de Giry;* — 15 décembre 1887, *Courvesy.*
On ne saurait considérer comme contraire à cette doctrine un arrêt du 5 mars 1886, *Legré,* annulant un arrêté du conseil de préfecture qui avait condamné un avocat à 200 fr. d'amende pour outrage envers le conseil. On ne peut attribuer qu'à une inadvertance un passage de la notice qui précède cet arrêt dans le *Recueil des arrêts du Conseil d'État* (1886, p. 190), et où l'arrêtiste énonce, comme une des solutions résultant de l'arrêt, que « lorsqu'un arrêté du conseil de préfecture est susceptible d'appel au Conseil d'État, les parties auxquelles cet arrêté fait grief peuvent en demander l'annulation pour excès de pouvoir ». Il n'y a pas un mot, dans cet arrêt ni dans ses *visas,* qui puisse être invoqué à l'appui d'une telle proposition. Si l'arrêt se borne à annuler la condamnation prononcée par le conseil de préfecture, c'est parce qu'il n'y avait pas autre chose à décider du moment que la condamnation disciplinaire prononcée par le conseil de préfecture était reconnue illégale. — Voy. sur la question jugée par cet arrêt (et qui a d'ailleurs été tranchée par l'article 56 de la loi du 22 juillet 1889), notre tome Ier, p. 370.

2. Conseil d'État, 13 avril 1894, *fabrique de Ségur.* Cet arrêt annule, sur une procédure de recours pour excès de pouvoir, un arrêté du vice-président du conseil de préfecture du Cantal qui avait statué sur une demande en règlement des honoraires dus à un architecte, et avait ainsi excédé le droit de décision qui lui appartient pour le règlement des frais d'expertise et des dépens. (Loi du 22 juillet 1889, art. 23, 63 et 66.)

II. — Recours en cassation contre les décisions du conseil supérieur de l'instruction publique ([1]).

Aucune disposition des lois actuellement en vigueur ne prévoit de recours contre les décisions du conseil supérieur de l'instruction publique.

Il n'en a pas toujours été ainsi. Avant 1850, plusieurs textes aujourd'hui abrogés avaient soumis certaines décisions du *conseil de l'université* et du *conseil royal de l'instruction publique* à des recours devant le Conseil d'État qui avaient quelquefois le caractère d'un véritable appel ([2]). Mais la loi du 15 mars 1850 (art. 5) a décidé que le conseil supérieur de l'instruction publique prononcerait « en dernier ressort », et la loi du 27 février 1880 a confirmé cette règle. Son article 7 dispose que « le conseil statue en appel et « *en dernier ressort* sur les jugements rendus par les conseils académiques en matière contentieuse ou disciplinaire. Il statue également « ment en appel et *en dernier ressort* sur les jugements rendus « par les conseils départementaux, lorsque ces jugements prononcent l'interdiction absolue d'enseigner contre un instituteur primaire public ou libre. »

Cette disposition doit être complétée par la loi du 30 octobre 1886 sur les conseils départementaux (art. 39), qui étend la juridiction d'appel et de dernier ressort du conseil supérieur aux cas où le conseil départemental prononce, en matière contentieuse, sur les oppositions faites à l'ouverture d'écoles libres, et, en matière disciplinaire, sur les pénalités encourues par les instituteurs privés ([3]).

Ces textes excluent manifestement tout appel au Conseil d'État ; mais le recours en cassation n'en est pas moins ouvert, en vertu des dispositions générales des lois des 7-14 octobre 1790 et 24 mai 1872. La jurisprudence n'a jamais varié sur ce point ; elle s'est

---

1. Voy. sur l'organisation et les attributions du conseil supérieur de l'instruction publique et des conseils qui lui ressortissent, t. Ier, p. 421 et suiv.

2. Décret du 17 mars 1808, art. 82 et 144 ; — Décret du 15 novembre 1811, art. 149 ; — Ordonnance du 4 juillet 1820, art. 10.

3. On sait que la dénomination d'instituteur *privé* remplace, dans la loi du 30 octobre 1886, celle d'instituteur *libre*.

implicitement affirmée par toutes les décisions qui ont statué sur des recours de cette nature.

Mais comme il n'existe, en dehors de ces textes généraux, aucune disposition qui ait explicitement prévu le recours pour violation de la loi, le Conseil d'État s'est toujours refusé à connaître de ce grief; il n'a admis, comme moyens d'annulation recevables contre les décisions du conseil supérieur, que l'incompétence et le vice de forme, c'est-à-dire l'excès de pouvoir *stricto sensu*.

En ce qui touche l'incompétence, le Conseil d'État a retenu, comme se rattachant à ce grief : — la question de savoir si le conseil supérieur, saisi d'un appel contre une décision d'un conseil départemental, peut se déclarer incompétent pour en connaître, en attribuant à cette décision un caractère de dernier ressort qu'elle ne posséderait pas [1]; — si sa juridiction disciplinaire s'étend sur des agents administratifs, tels que les économes qui ne sont ni membres du corps enseignant, ni fonctionnaires de l'enseignement [2]; — si elle peut s'exercer lorsque l'infraction a été commise sur un territoire étranger [3], — ou lorsqu'elle a été déjà l'objet de poursuites devant les tribunaux judiciaires de répression [4].

En ce qui touche le vice de forme, le Conseil d'État n'a guère eu à statuer que sur des questions de liberté des droits de la défense en matière disciplinaire [5]; mais il n'est pas douteux que toute infraction aux règles qui déterminent la composition du tribunal, les mesures d'instruction, la majorité à laquelle certaines condamnations doivent être prononcées, devrait entraîner l'annulation de la décision.

On doit au contraire tenir pour non recevables les moyens d'annulation tirés de la violation ou de la fausse application de la loi: par exemple, de la qualification donnée à une faute professionnelle. Le Conseil d'État refuse de contrôler les appréciations de cette nature, qui ne relèvent, en droit comme en fait, que du tribunal disciplinaire [6].

---

1. Conseil d'État, 3 août 1883, *Raveneau;* — 20 juin 1884, *Poux-Berthe.*
2. Conseil d'État, 6 août 1881, *Sicre.*
3. Conseil d'État, 14 août 1866, *Rey.*
4. Conseil d'État, 25 février 1876, *Dubuc.*
5. Conseil d'État, 15 novembre 1851, *Pierquin;* — 23 janvier 1864, *Petit-Colas.*
6. Conseil d'État, 25 février 1876, *Dubuc.*

Le recours en cassation étant ouvert contre toute décision juridictionnelle définitive, le Conseil d'État a admis qu'il pouvait être formé contre des décisions des conseils départementaux de l'instruction publique, dans les affaires où ces conseils exerçaient une juridiction de dernier ressort ([1]).

Ces affaires étaient encore assez nombreuses sous l'empire de la loi du 27 février 1880 ; elles comprenaient notamment les affaires disciplinaires concernant les membres de l'enseignement primaire public ou libre, toutes les fois que la peine prononcée n'était pas l'interdiction absolue. Mais cette juridiction de dernier ressort nous paraît avoir été complètement supprimée par la loi du 30 octobre 1886, qui a soumis à l'appel devant le conseil supérieur toutes les décisions des conseils départementaux ayant le caractère de jugements disciplinaires([2]), ainsi que les décisions contentieuses rendues sur les oppositions à l'ouverture d'écoles libres ([3]).

Il en est de même des commissions scolaires. Avant la loi de 1886, elles étaient appelées à rendre des décisions définitives contre lesquelles le Conseil d'État avait admis la possibilité d'un recours en cassation ([4]). Mais depuis que l'article 59 de cette loi a érigé le conseil départemental en juridiction d'appel à l'égard des commissions scolaires, le recours en cassation ne pourrait plus être formé que contre les décisions rendues sur appel.

Quant aux conseils académiques, toutes leurs décisions sont rendues à charge d'appel devant le conseil supérieur (loi du 27 février 1880, art. 10) ; elles ne peuvent donc, dans aucun cas, être l'objet d'un recours direct devant le Conseil d'État.

---

1. Conseil d'État, 4 août 1882, *Fillion*.

2. Loi du 30 octobre 1886, art. 32. — Il ne faut pas confondre avec les jugements disciplinaires rendus à l'égard des instituteurs privés, les *avis motivés* que le conseil départemental est appelé à rendre comme corps consultatif, quand il s'agit de peines disciplinaires moins graves que l'interdiction absolue, infligées à des instituteurs *publics*, par décision du préfet ou de l'inspecteur d'académie. Dans ce cas, il ne peut évidemment pas être question d'appel, puisque le conseil départemental ne rend pas de décision, mais seulement un avis.

3. Antérieurement à la loi du 30 octobre 1886, le droit d'appel était déjà reconnu en matière d'ouverture d'écoles, par la jurisprudence du Conseil d'État, qui a été sanctionnée par l'article 39 de la loi de 1886. (Voy. t. Iᵉʳ, p. 372 et 655.)

4. Conseil d'État, 16 mars 1883, *ministre de l'instruction publique;* — 13 novembre 1885, *Passerat de la Chapelle*.

Le recours en cassation contre les décisions du conseil supérieur ayant pour base les lois des 7-14 octobre 1790 et 24 mai 1872, il est hors de doute qu'il peut être formé sans le ministère d'un avocat, conformément à l'article 1ᵉʳ, § 2, du décret du 2 novembre 1864.

III. — RECOURS EN CASSATION CONTRE LES ARRÊTS DE LA COUR DES COMPTES ([1]).

Des cas où le recours peut être formé. — Le recours en cassation contre les arrêts de la Cour des comptes est régi par un texte spécial, l'article 17 de la loi du 16 septembre 1807, qui dispose : « Les arrêts de la Cour contre les comptables seront exécu-« toires ; et dans les cas où un comptable se croirait fondé à atta-« quer un arrêt *pour violation des formes ou de la loi,* il se pourvoira, « dans les trois mois pour tout délai à compter de la notification « de l'arrêt, au Conseil d'État, conformément au règlement sur le « contentieux. Le ministre des finances, et tout autre ministre pour « ce qui concerne son département, pourront faire, dans le même « délai, leur rapport à l'Empereur, et lui proposer le renvoi au « Conseil d'État de leurs demandes en cassation des arrêts qu'ils « croiront devoir être cassés pour violation des formes ou de la « loi ([2]). »

Le recours ouvert contre les arrêts de la Cour des comptes par la loi du 16 septembre 1807 est, comme on le voit, un véritable pourvoi en cassation qui s'exerce aussi largement devant le Conseil d'État que le pourvoi contre les décisions judiciaires devant la Cour de cassation. Ces arrêts peuvent être attaqués « pour violation des formes et de la loi », ce qui comprend à plus forte raison, bien que l'article 17 ne le dise pas, l'incompétence et tous les cas d'excès de pouvoir.

1. Voy. sur l'organisation et les attributions de la Cour des comptes, t. Iᵉʳ, p. 394 et suiv.

2. Sur les origines de cette disposition et de la juridiction de cassation qu'elle confère au Conseil d'État, voy. t. Iᵉʳ, p. 225. — Sur les modifications que cette disposition a passagèrement subies en vertu de l'article 90 de la Constitution de 1848, voy. t. Iᵉʳ, p. 251.

Il n'est donc pas douteux que le recours serait ouvert si la Cour excédait les limites de sa compétence, en prononçant des condamnations contre des ordonnateurs ou contre des comptables de matières, à l'égard desquels elle n'a pas de juridiction et ne peut prononcer que par voie de déclarations ([1]) ; ou bien si elle statuait sur des cas de responsabilité de comptables qui ne relèvent que de l'autorité ministérielle ([2]); ou bien encore si la Cour déclinait sa compétence sur des éléments de compte dont il lui appartiendrait de connaître ([3]).

Nous n'avons pas à insister sur le moyen d'annulation tiré de la violation des formes : l'article 17 l'a expressément prévu ; mais le Conseil d'État n'a jamais eu à se prononcer sur un grief de cette nature, ce qui prouve avec quel soin la Cour surveille la régularité de ses procédures.

Quant au moyen d'annulation résultant de la violation de la loi, il comprend, comme en matière judiciaire, tous les cas où une erreur de droit influe directement sur le dispositif de l'arrêt, soit que la loi ait été mal interprétée, soit qu'elle ait été mal appliquée aux faits constatés. Tel serait le cas où la qualification de gestion occulte serait attribuée à des actes qui ne la comporteraient pas ; le cas où la Cour exigerait, à l'appui d'un paiement, des pièces justificatives qui ne sont pas prévues par les lois et règlements ([4]); le cas où l'arrêt qui règle le compte admettrait ou refuserait d'admettre des recettes ou des dépenses par suite d'une erreur sur leur légalité ([5]). Mais si le Conseil d'État peut ainsi contrôler les conséquences juridiques des faits relevés par l'arrêt, il ne peut pas contrôler ces faits eux-mêmes ni en laisser discuter devant lui l'exactitude : ce serait transformer sa juridiction de cassation en juridiction d'appel. Toutefois, le Conseil d'État s'est toujours reconnu le droit de puiser les éléments de son contrôle juridique non seulement dans les motifs de l'arrêt attaqué, mais encore dans les pièces soumises à la Cour et qui ont servi ou dû servir de base

---

1. Voy. t. Ier, p. 395 et 399.
2. Voy. t. Ier, p. 407.
3. Conseil d'État, 5 mai 1882, *Chasteau.* — Cf. t. Ier, p. 398.
4. Conseil d'État, 8 septembre 1839, *ministre des finances ;* — 22 mars 1841, *id.* — Cf. t. Ier, p. 405.
5. Conseil d'État, 8 avril 1842, *Duvergier.*

à sa décision sur un point de droit. S'il en était autrement, les questions mêmes de violation ou de fausse application de la loi, notamment en matière de comptabilité de fait, ne pourraient pas être utilement discutées devant le Conseil d'État qui serait lié par les appréciations juridiques de la Cour (¹).

Contre quels arrêts le recours en cassation est ouvert. — On sait que les arrêts de la Cour des comptes ne sont pas tous de même nature : les uns sont *provisoires*, les autres *définitifs*; en outre, la Cour peut réformer elle-même ses arrêts définitifs par des *arrêts de revision*. Le recours n'est pas recevable contre les arrêts provisoires (²) : c'est une application des règles générales exposées plus haut, qui n'admettent le recours en cassation que contre des décisions définitives ; d'ailleurs, l'article 17 de la loi du 16 septembre 1807 ne prévoit ce recours qu'à l'égard des arrêts « exécutoires ». Mais, dès qu'ils ont ce caractère, ils sont susceptibles de recours en cassation, nonobstant la revision dont ils peuvent être l'objet à la requête du comptable ou du procureur général, et même d'office (³). Le recours en revision n'enlève pas, en effet, sa force exécutoire à l'arrêt attaqué ; tant que celui-ci n'est pas effectivement revisé, il subsiste et peut être annulé par le Conseil d'État. Mais si un arrêt définitif, attaqué devant le Conseil d'État, venait à être revisé avant que le recours en cassation fût jugé, ce recours perdrait toute raison d'être, et l'instance devrait être

---

1. Conseil d'État, 22 février 1889, *commune du Mont-Dore;* — 9 mai 1890, *bureau de bienfaisance de Semur.* Ces deux arrêts, tout en rejetant le pourvoi, contiennent un énoncé des faits emprunté soit aux arrêts attaqués, soit aux pièces visées. Dans l'affaire du bureau de bienfaisance de Semur, le Conseil d'État a été amené à ne pas s'approprier sur tous les points les constatations que la Cour avait tirées de ces pièces. — Dans une autre affaire, 13 février 1891, *commune de Plancher-Bas,* l'arrêt constate « qu'aucune des circonstances relevées par la commune, *non plus qu'aucun des documents produits à la Cour des comptes et au Conseil d'État,* n'est de nature à faire reconnaître le caractère de deniers publics... »

2. Conseil d'État, 20 juillet 1883, *Monnier :* — « Considérant que c'est devant la Cour des comptes que les comptables doivent contester les arrêts provisoires de situation à eux notifiés, que les pourvois au Conseil d'État pour violation des formes ou de la loi ne peuvent être formés par lesdits comptables que contre les arrêts par lesquels la Cour, après expiration du délai imparti au comptable pour débattre le premier arrêt rendu par elle et faire les justifications requises, statue définitivement... »

3. Loi du 16 septembre 1807, art. 14. — Voy., sur la revision, t. Iᵉʳ, p. 410.

close par un *non-lieu à statuer ;* on ne concevrait pas en effet la cassation d'un arrêt qui aurait déjà cessé d'exister.

L'arrêt de revision peut évidemment être l'objet d'un recours en cassation comme tout arrêt définitif; mais en est-il de même de l'arrêt qui refuse de prononcer la revision ?

Nous ne le pensons pas; en effet, l'article 17 de la loi du 16 septembre 1807 n'a donné au comptable et au ministre qu'un délai de trois mois pour déférer au Conseil d'État un arrêt exécutoire. Le recours en revision devant la Cour des comptes n'étant soumis à aucun délai par l'article 14 de la même loi, rien ne serait plus facile aux parties que d'éluder l'article 17, et de proroger à leur gré le délai, en formant d'abord un recours en revision et en se réservant d'attaquer l'arrêt qui en prononcerait le rejet. Nous pensons que, dans ce cas, l'arrêt de rejet aurait le caractère d'une décision purement confirmative qui, d'après les règles ordinaires, ne fait point revivre le délai, parce qu'elle laisse simplement subsister la décision primitive.

Si cependant l'arrêt qui rejette la revision était entaché d'un vice de forme, ou s'il contenait une violation de la loi distincte de celles qu'on aurait relevées dans l'arrêt définitif, il pourrait être, de ce chef, déféré au Conseil d'État. Mais son annulation ne pourrait pas avoir d'autre effet que de rouvrir devant la Cour la procédure de revision.

Quelles parties ont qualité pour former le recours en cassation. — L'article 17 de la loi du 17 septembre 1807 prévoit le recours des comptables, du ministre des finances et de tout autre ministre pour ce qui concerne son département.

Cette disposition est-elle limitative? Les communes et les établissements publics, dont l'article 17 ne parle pas, sont-ils privés du droit de se pourvoir, par les soins de leurs représentants légaux, et doivent-ils avoir recours au ministre compétent pour déférer un arrêt qui leur fait grief? Il n'est pas impossible que telle ait été la pensée du législateur de 1807, car l'article 17 ne prévoit que deux formes d'introduction du recours : pour les comptables, la forme ordinaire des requêtes contentieuses; pour les ministres, un rapport au chef de l'État lui proposant le renvoi au Conseil d'État de leurs demandes en cassation. La comptabilité publique était d'ailleurs beaucoup plus centralisée en 1807 que de nos jours, les communes et les établissements publics avaient moins d'autonomie, enfin il pouvait paraître plus conforme à la hiérarchie administrative et aux égards dus à la Cour des comptes de ne pas laisser attaquer ses arrêts par toutes les administrations locales dont la comptabilité pouvait être soumise à la Cour.

Mais cette interprétation n'a pas prévalu en jurisprudence ; il ne pouvait guère en être autrement, du jour où les conseils de préfecture ont été chargés, d'abord par l'ordonnance du 23 avril 1823, puis par la loi du 18 juillet 1837 de juger, sauf appel à la Cour, les comptes des communes et des établissements publics ayant un revenu déterminé. Le droit d'appel appartenant nécessairement aux représentés des établissements intéressés aussi bien qu'aux comptables, on ne pouvait pas leur refuser le droit de déférer eux-mêmes au juge de cassation l'arrêt rendu sur leur appel. Aussi le Conseil d'État a interprété l'article 17 de la loi du 16 septembre 1807 comme s'il n'était qu'énonciatif ; en conséquence, il a admis que les représentants légaux des communes et des établissements publics ont qualité pour former le recours en cassation contre les arrêts rendus sur leur comptabilité, soit en premier et dernier ressort, soit en appel ; il a même reconnu qualité au contribuable, agissant dans l'intérêt de la commune avec l'autorisation du conseil de préfecture (¹).

On doit conclure de là que les ministres n'ont qualité pour déférer au Conseil d'État les arrêts de la Cour des comptes que s'ils agissent au nom de l'État, ou dans l'intérêt de la loi. Il ne serait pas admissible, en effet, que le ministre puisse, en cette matière plus qu'en toute autre, se pourvoir au nom des communes ou des établissements publics, concurremment avec leurs représentants légaux (²).

---

1. Conseil d'État, 8 avril 1842, *Duvergnier*. — Cf. 5 mai 1882, *ministre de l'intérieur*, et les conclusions du commissaire du Gouvernement, au *Recueil*, p. 419.

2. Voy. les deux arrêts cités à la note précédente. Celui du 5 mai 1882 peut paraître contraire à notre solution, car il statua sur un recours formé par le ministre de l'intérieur dans une affaire qui intéressait une commune (la ville de Paris). Mais il résulte des visas de l'arrêt et des conclusions du commissaire du Gouvernement que le pourvoi avait été fait à la demande du préfet de la Seine, qui agissait au nom

Les recours en cassation contre les arrêts de la Cour des comptes peuvent-ils être formés sans le ministère d'un avocat ? Le doute est permis ; en effet, le décret du 2 novembre 1864 ne dispense du ministère de l'avocat que « les recours portés devant le Conseil d'État, en vertu de la loi des 7-14 octobre 1790, pour incompétence ou excès de pouvoir » ; or les recours qui nous occupent se font en vertu de l'article 17 de la loi du 16 septembre 1807 ; peut-être même le Conseil d'État ne se serait-il pas reconnu juridiction sur la Cour des comptes, si ce texte spécial n'avait pas existé, et si l'on n'avait pu invoquer que la loi des 7-14 octobre 1790. Cependant, le Conseil a admis, au moins implicitement, que le décret du 2 novembre 1864 est applicable, car il a statué sur des pourvois formés sans le ministère d'un avocat ([1]). On voit là une nouvelle preuve des tendances de la jurisprudence à unifier tous les recours qui se rattachent au contentieux de l'annulation.

Effets de l'annulation. — La cassation d'un arrêt de la Cour des comptes par décision du Conseil d'État ne peut avoir d'autre effet que de mettre cet arrêt à néant, et de provoquer le renvoi de l'affaire à la Cour elle-même pour qu'elle rende un nouvel arrêt. D'après l'ordonnance du 1er septembre 1819 (art. 1 et 2) et le décret du 31 mai 1862 (art. 424 et 425), l'affaire doit être renvoyée devant une des chambres qui n'en ont pas connu ; si parmi les membres de cette chambre il s'en trouve qui avaient siégé dans celle qui a rendu le premier arrêt, ils doivent s'abstenir, et ils sont remplacés, si besoin est, par d'autres conseillers-maîtres.

On s'est demandé si le Conseil d'État, après avoir annulé un arrêt de la Cour des comptes, peut évoquer l'affaire et juger lui-même le fond du litige. L'affirmative a été présentée comme certaine par la Commission de la Chambre des députés qui avait préparé, en 1840, un des projets de loi relatifs au Conseil d'État ([2]).

---

de la ville, et dont le rapport était joint au pourvoi. Dans ces conditions, on comprend que le Conseil d'État n'ait pas relevé d'office le défaut de qualité du ministre de l'intérieur.

1. Conseil d'État, 20 juillet 1883, *Monnier*.

2. On lit dans le rapport de M. Dalloz, en date du 10 juin 1840 : « Votre Commission a porté ses regards sur ce qui se passe dans le cas où, sur le recours au Conseil d'État contre un arrêt de la Cour des comptes, la cassation de cet arrêt est pronon-

Cette commission croyait pouvoir s'appuyer sur l'article 1ᵉʳ de l'ordonnance du 1ᵉʳ septembre 1819 qui dispose : « Lorsqu'après « cassation d'un arrêt de notre Cour des comptes le jugement du « fond aura été renvoyé à notredite Cour, l'affaire sera portée « devant l'une des chambres qui n'en auront pas connu », on concluait de ces mots : « lorsque le jugement aura été renvoyé... » qu'il pouvait ne pas l'être, que le renvoi était purement facultatif, et que le Conseil d'État était libre d'évoquer le fond. Cet argument de texte était assurément peu concluant, surtout quand il s'agissait de consacrer une solution contraire aux règles fondamentales de la juridiction de cassation.

Il est en effet de principe que le juge de cassation, à la différence du juge d'appel, ne peut jamais statuer sur le fond du litige. La raison de cette différence se comprend aisément. Le juge d'appel est juge du fond ; lorsqu'il évoque un litige, il ne s'empare pas de questions étrangères à sa compétence, il se borne à les juger avant qu'elles aient subi le premier degré de juridiction ; le juge de cassation au contraire n'est point appelé à juger les procès, mais seulement à se prononcer sur la légalité des décisions qui les jugent ; en évoquant le fond, il s'attribuerait sur le litige même une compétence qui ne lui appartient pas. Ni l'article 17 de la loi du 16 septembre 1807, ni l'ordonnance de 1819 n'ont entendu créer une dérogation à ces principes ; l'ordonnance dit comment la Cour doit procéder lorsqu'une affaire lui est renvoyée après cassation, mais elle ne décide pas et n'avait point à décider si le renvoi doit ou non avoir lieu. Remarquons enfin qu'il y a un cas où la cassation de l'arrêt ne devrait être suivie d'aucun renvoi, c'est le cas où la Cour aurait statué en dehors de ses atttributions et où son arrêt aurait été cassé pour incompétence *ratione materiæ*. Peut-être est-ce l'hypothèse que les rédacteurs de l'ordonnance de 1819 avaient en vue.

L'opinion émise par la Commission de 1840 ne saurait donc être admise. On doit au contraire décider qu'en dehors du cas d'incompétence, le renvoi à la Cour des comptes résulte de plein droit

cée. Il lui a paru résulter clairement de la combinaison de l'article 17 de la loi du 16 septembre 1807 et de l'ordonnance royale du 1ᵉʳ septembre 1819 que, dans ce cas, le Conseil d'État a la faculté de statuer lui-même sur le fond de l'affaire ou de la renvoyer devant une autre chambre de la Cour des comptes. »

de l'arrêt de cassation. Il n'est même pas nécessaire que le Conseil d'État le prononce ; si son arrêt est muet sur ce point, la partie qui l'a obtenu ou le ministre chargé de son exécution n'en a pas moins le droit de solliciter de la Cour une décision nouvelle sur le fond.

IV. — RECOURS EN CASSATION CONTRE LES DÉCISIONS DES CONSEILS DE REVISION.

Ce recours est actuellement régi par l'article 32 de la loi sur le recrutement de l'armée du 15 juillet 1889 qui dispose : « …Les « décisions du conseil de revision sont définitives. Elles peuvent « néanmoins être attaquées devant le Conseil d'État pour incom- « pétence, excès de pouvoir ou violation de la loi. — Le recours « au Conseil d'État n'aura pas d'effet suspensif et il ne pourra en « être autrement ordonné. — L'annulation prononcée sur le recours « du ministre de la guerre profite aux parties lésées. »

Cette disposition ouvre plus largement le recours que celles qui l'ont précédée. Nous avons eu déjà occasion de rappeler que, sous l'empire des lois de recrutement du 10 mars 1818 et du 21 mars 1832, les textes étaient muets sur le recours en cassation, et que le Conseil d'État avait dû se fonder, pour l'admettre dans les cas d'incompétence et d'excès de pouvoir, sur les dispositions générales de la loi des 7-14 octobre 1790 (¹).

Plus tard la loi du 27 juillet 1872 (art. 29) a expressément prévu le recours dans le cas d'incompétence et d'excès de pouvoir ; elle l'a même étendu au cas de violation de la loi, mais en disposant qu'il ne pourrait être formé, dans ce dernier cas, que par le ministre de la guerre agissant dans l'intérêt de la loi. Elle admettait cependant, par une disposition exceptionnelle, que le pourvoi pour violation de la loi ainsi formé par le ministre profiterait à la partie lésée.

La loi du 15 juillet 1889 a, comme on vient de le voir, complété et unifié le système ; elle a ouvert un même recours aux parties lésées et au ministre de la guerre, et elle l'a autorisé dans le cas de

1. Voy. t. 1ᵉʳ, p. 419.

violation de la loi aussi bien que d'incompétence et d'excès de pouvoir. Elle a en même temps voulu que les parties puissent profiter de toute annulation prononcée, même à la requête du ministre de la guerre, quoiqu'elles aient obtenu la faculté de la faire prononcer elles-mêmes et dans les mêmes cas que le ministre. Cette dernière disposition déroge aux règles ordinaires sur les effets de la chose jugée, mais elle s'explique et se justifie, comme la disposition analogue de la loi de 1872, par un intérêt d'ordre public et d'équité. Il est bon, en effet, que la surveillance exercée par l'autorité militaire sur les décisions des conseils de revision puisse profiter à des parties moins bien placées qu'elle pour rechercher et faire redresser les erreurs de cette juridiction (¹).

Il y a donc lieu désormais d'assimiler, au point de vue du droit de recours, les cas de violation de la loi à ceux d'incompétence et d'excès de pouvoir, tout en continuant à les distinguer au point de vue de leur définition légale.

Recours pour incompétence. — La loi du 15 juillet 1889, comme celles qui l'ont précédée, a nettement distingué la compétence des conseils de revision de celle des tribunaux civils dans toutes les questions de recrutement qui se lient à des questions d'état ou de droits civils. D'après l'article 31 (conforme sur ce point à l'article 29 de la loi du 27 juillet 1872), « lorsque les jeunes gens portés « sur les tableaux de recensement ont fait des déclarations dont « l'admission ou le rejet dépend de la décision à intervenir sur des « questions judiciaires relatives à leur état ou à leurs droits civils, « le conseil de revision ajourne sa décision ou ne prend qu'une « décision conditionnelle ».

---

1. Cette question a fait l'objet d'un échange d'observations dans la séance du Sénat du 25 juin 1888 (*Journal officiel*, 1888, p. 1013). M. Pâris a demandé la suppression de la disposition qui accorde au jeune soldat le bénéfice de l'annulation prononcée à la requête du ministre de la guerre. Il ne contestait pas que cette disposition ne fût équitable, mais il estimait qu'elle était inutile, l'annulation devant, selon lui agir de plein droit *erga omnes*. Mais, ainsi que le fit observer M. Clément, là était précisément la question, et il était utile de la trancher par un texte. En effet, s'il est vrai que l'annulation pour excès de pouvoir d'un acte administratif met l'acte à néant *erga omnes*, il n'en est pas de même de la cassation d'une décision juridictionnelle, qui ne produit effet qu'à l'égard des parties en cause, à moins qu'une disposition spéciale de la loi ne décide le contraire. (Voy. ci-dessus, p. 578.)

L'annulation pour incompétence doit donc être prononcée si le conseil de revision, ayant à statuer sur une demande d'exemption ou de dispense, tranche une question de nationalité, d'âge, de filiation, de domicile, d'où dépend le sort de cette demande, et juge ainsi des questions de droit civil que la loi réserve expressément aux tribunaux judiciaires [1]. A la vérité, la loi n'oblige pas le conseil de revision à suspendre entièrement sa décision en présence de ces questions préjudicielles ; il peut passer outre, mais à condition que la décision qu'il prend sur le fond ne soit que provisoire et conditionnelle.

Convient-il d'aller plus loin et d'admettre qu'un conseil de revision peut rendre une décision même définitive, en présence d'une réclamation fondée sur une question d'état ou de droits civils, en se fondant sur ce que cette question ne soulèverait aucune difficulté sérieuse de nature à être réservée aux tribunaux judiciaires ?

Dans le sens de l'affirmative, on peut dire que ce droit du conseil de revision serait conforme aux règles ordinaires en matière de questions préjudicielles. En effet, ainsi que nous l'avons expliqué en exposant les règles générales de compétence, la première condition pour qu'il y ait une question préjudicielle, c'est qu'il y ait une *question*, c'est-à-dire une difficulté à résoudre, et il est admis en jurisprudence que le juge du fond peut passer outre à de simples allégations ne pouvant susciter de doutes sérieux [2].

En sens contraire, on pourrait invoquer les dispositions, qui semblent très impératives, de l'article 31, d'après lequel le conseil de revision doit ajourner sa décision lorsque les appelés « *ont fait des déclarations* dont l'admission ou le rejet dépend de la décision à intervenir *sur des questions judiciaires* relatives à leur état ou à leurs droits civils... »

---

1. Parmi les arrêts nombreux rendus sur cette matière, on peut citer :
Sur les questions de nationalité : — 26 juillet 1855, *Magne;* — 4 décembre 1874, *Dillon;* — 28 novembre 1890, *Ben Yami.*
Sur les questions de domicile : — 12 décembre 1873, *Vidal;* — 19 janvier 1877, *Gilles.*
Sur les questions d'âge : — 8 juin 1877, *Gonthier.*
Sur les questions de filiation et de légitimation : — 5 août 1887, *Lhermet;* — 20 mars 1891, *Conté;* — 23 juin 1893, *Leclerc.*

2. Voy. t. Ier, p. 498.

En présence d'une disposition ainsi rédigée, on peut se demander si le législateur a voulu laisser à une juridiction aussi spéciale que le conseil de revision, le soin de distinguer entre les déclarations sérieuses et celles qui ne le seraient pas, et s'il n'a pas au contraire entendu que toutes, sur leur simple énoncé, fussent renvoyées aux tribunaux.

La jurisprudence paraît se prononcer pour l'application des règles ordinaires en matière de questions préjudicielles, et autoriser les conseils de revision à passer outre à des allégations qui ne lui paraîtraient pas pertinentes et admissibles. On peut citer notamment en ce sens un arrêt du 15 janvier 1892 (*Wadsworth*), rendu contrairement aux conclusions du ministre de la guerre, qui a rejeté le recours formé contre une décision d'un conseil de revision qui avait passé outre à une question de nationalité ne paraissant pas soulever de difficulté sérieuse.

Nous avons vu, en traitant du recours pour excès de pouvoir, que l'annulation pour incompétence atteint la décision par laquelle une autorité administrative décline sa compétence sur une affaire de son ressort. Cette incompétence négative rendrait également annulable la décision d'un conseil de revision qui refuserait de juger des réclamations relatives à certaines opérations de recensement, par le motif que ces opérations seraient le fait d'autorités administratives non justiciables de ce conseil. En effet, l'article 18 de la loi du recrutement dispose que « les opérations du recrutement *sont revues,* les réclamations auxquelles ces opérations peuvent donner lieu sont entendues... par un conseil de revision... » Aussi est-ce avec raison qu'un arrêt du 28 janvier 1887 (*Hervoite*) a annulé pour infraction aux règles de la compétence une décision d'un conseil de revision refusant de statuer sur une réclamation contre la décision d'un sous-préfet qui avait rayé un jeune homme des listes du canton où il se prétendait domicilié. Par voie de conséquence, si le Conseil d'État était saisi d'un recours pour excès de pouvoir contre une décision de cette nature, ce recours serait non recevable, comme soulevant une question réservée au conseil de revision. Ce serait là une application de la doctrine du recours parallèle.

Autres cas d'annulation pour excès de pouvoir. — En dehors des différents cas d'incompétence, les décisions des conseils de revision sont susceptibles d'annulation si elles ont été rendues contrairement aux dispositions de la loi sur l'organisation et le fonctionnement de ces conseils. Ainsi, l'article 32 de la loi sur le recrutement de 1889 (conforme à l'article 30 de la loi de 1872) dispose que les décisions des conseils de revision sont définitives; il y aurait donc lieu d'annuler toute décision qui rétracterait ou modifierait une décision antérieure à la suite d'une instruction nouvelle([1]).

Il y aurait également excès de pouvoir si le conseil de revision était irrégulièrement composé, notamment s'il statuait étant réduit à trois membres, alors que l'article 18 de la loi de 1889 lui impose un minimum de quatre membres([2]), ou bien si, étant réduit à ce dernier nombre, le président avait usé, en cas de partage, de la voix prépondérante que le même texte lui refuse.

Avant la loi du 15 juillet 1889, il y avait quelquefois lieu de discerner si certains vices de forme constituaient des cas d'excès de pouvoir ou de violation de la loi. Dans ce dernier cas en effet, le recours était refusé aux parties par la loi de 1872, et il ne pouvait être exercé que par le ministre de la guerre. La jurisprudence du Conseil d'État, — moins large pour les recours en cassation contre les décisions juridictionnelles que pour les recours pour excès de pouvoir contre les actes administratifs, — n'assimilait pas tout vice de forme à un excès de pouvoir; elle s'inspirait d'une distinction, consacrée par la jurisprudence de la Cour de cassation, entre les vices de forme qui altèrent le fonctionnement légal d'une juridiction, et qui constituent ainsi de véritables excès de pouvoir, et les infractions moins graves aux règles de la procédure qui ne constituent qu'une violation de la loi.

Mais cette distinction ne présente plus d'intérêt pratique depuis que les parties peuvent, de même que le ministre de la guerre, se pourvoir pour violation de la loi aussi bien que pour excès de pouvoir.

---

1. Conseil d'État, 28 février 1879, *min. de la guerre*; — 5 août 1837, *min. de la guerre c. Massip.*

2. Conseil d'État, 5 décembre 1890, *min. de la guerre.*

La notion du vice de forme reprend ainsi, dans notre matière, la même extension que lorsqu'il s'agit de recours contre les actes administratifs, et l'on peut dire que toute infraction aux règles essentielles de l'instruction et de la procédure peut être invoquée contre les décisions des conseils de revision, soit comme excès de pouvoir, soit comme violation de la loi.

Recours pour violation de la loi. — Avant la loi de 1889, le grief de violation de la loi ne pouvait être invoqué que par le ministre de la guerre. En conséquence, l'appelé qui prétendait qu'une exemption ou une dispense lui avait été refusée à tort par suite d'une fausse interprétation de la loi, ne pouvait pas attaquer la décision du conseil de revision ([1]) ; il ne pouvait que se mettre en instance auprès du ministre de la guerre pour lui demander de former un pourvoi pour violation de la loi, qui profitait à la partie lésée en vertu d'une disposition spéciale de la loi du 27 juillet 1872. La partie peut désormais former elle-même le pourvoi en vertu de l'article 32 de la loi de 1889.

Le recours pour violation de la loi comprend, conformément aux règles ordinaires, les cas de fausse application de la loi ; mais il est nécessaire, pour que le pourvoi soit recevable, qu'il dénonce une véritable erreur de droit et non une simple erreur de fait.

Il y a erreur de droit et le recours est recevable si les faits constatés par le conseil de revision ont été mal qualifiés au point de vue légal, ou si le conseil en a déduit des conséquences juridiques qu'ils ne comportaient pas.

Ainsi, il y a violation de la loi de la part du conseil de revision qui dispense un appelé comme *fils aîné de veuve,* sachant qu'il a un frère utérin plus âgé ; l'erreur de droit consiste à penser qu'il est nécessaire que les deux frères dont on compare l'âge soient issus du même mariage ([2]) ; — de la part d'un conseil de revision qui assimile les enfants naturels aux enfants légitimes pour l'application de la dispense établie en faveur des fils aînés de veuve et des

1. Conseil d'État, 26 février 1875, *Renaud;* — 28 juin 1878, *Dury;* — 5 août 1887, *Kervran.*

2. Conseil d'État, 23 novembre 1877, *min. de la guerre c. Darnaudpeys.* — Cf. 23 juin 1893, *min. de la guerre c. Blanvillain.*

aînés d'orphelins ([1]) ; — ou qui dispense, comme frère d'un soldat mort *sous les drapeaux* celui dont le frère avait été seulement compris dans le contingent, mais n'avait pas été incorporé et n'avait pas, par suite, pris place sous les drapeaux ([2]) ; — ou qui déclare exclu du service militaire, comme indigne, l'individu qui a été condamné à une peine correctionnelle de deux ans de prison, mais qui n'a pas été en outre frappé d'une privation de droits alors que cette aggravation de peine est exigée par la loi ([3]) ; — ou qui assimile au cas *d'absence légale* du père de famille, le fait de sa résidence en dehors du territoire français ([4]).

Au contraire, le Conseil d'État a jugé que la fausse application de la loi résulte d'une erreur de fait, non d'une erreur de droit, dans les espèces suivantes : — dispense accordée à tort à un individu considéré comme aîné d'orphelins, sur le vu de certificats qui laissaient ignorer l'existence d'un frère plus âgé que lui ; — dispenses accordées à des individus que le conseil de revision a crus être fils uniques de veuve ou d'un père aveugle, alors qu'ils n'étaient pas fils uniques, ou que la cécité du père, admise en fait par le conseil, était contestée par le ministre ([5]) ; — appréciation inexacte de la situation de famille de jeunes gens demandant à être dispensés comme soutiens de famille ([6]).

Effets du recours du ministre à l'égard des parties lésées. — Nous avons vu que, d'après l'article 32, § 3, de la loi du 15 juillet 1889, « l'annulation prononcée sur le recours du ministre de la guerre profite aux parties lésées ». Cette disposition, inspirée par l'article 29 de la loi du 27 juillet 1872, en diffère cependant à un double point de vue. En premier lieu, la loi de 1872 ne disposait ainsi que pour le recours formé par le ministre *dans l'intérêt de la loi*, tandis que le recours de l'article 32, § 3, n'est plus ainsi qua-

---

1. Conseil d'État, 13 mars 1891, *min. de la guerre;* — 1er avril 1892, *Marot.*
2. Conseil d'État, 6 août 1887, *min. de la guerre c. Biebuck.*
3. Conseil d'État, 19 juillet 1878, *min. de la guerre c. Delfosse;* — 22 novembre 1889, *min. de la guerre c. Rivaud;* — 26 juillet 1895, *min. de la guerre c. Gady.*
4. Conseil d'État, 26 juillet 1895, *min. de la guerre c. Malot.*
5. Conseil d'État, 28 février 1879, *min. de la guerre c. Celette;* — 13 décembre 1878, *min. de la guerre c. Degert.*
6. Conseil d'État, 29 juin 1888, *Taillandier.*

lifié; il a le caractère d'un recours ordinaire du ministre considéré comme partie, et est assujetti au délai ordinaire des pourvois. En second lieu, sous l'empire de la loi de 1872, c'était seulement le recours du ministre *pour violation de la loi* qui profitait à la partie lésée, tandis que la disposition nouvelle est générale et doit s'appliquer quel que soit le grief relevé par le recours ministériel, incompétence, excès de pouvoir ou violation de la loi.

La loi du 15 juillet 1889 est muette sur le pourvoi dans l'intérêt de la loi formé par le ministre de la guerre. Faut-il en conclure qu'elle exclut implicitement ce recours? Nous n'hésitons pas à penser que non, car le pourvoi dans l'intérêt de la loi, prérogative normale de l'autorité ministérielle, ne pourrait être interdit que par un texte formel; il ne saurait d'ailleurs faire double emploi avec le recours prévu par l'article 32, puisqu'il en diffère à un double point de vue : d'abord parce qu'il ne peut être formé qu'après l'expiration du délai de trois mois imparti au ministre et aux parties intéressées pour former le pourvoi ordinaire; et en second lieu parce que l'annulation qu'il provoque, dans un intérêt supérieur d'ordre public et de légalité, n'a que le caractère d'une censure doctrinale et laisse subsister les effets de la décision. Le pourvoi dans l'intérêt de la loi n'ayant été l'objet d'aucune disposition spéciale de la loi de 1889 conserve, par cela seul, son caractère propre, et il ne peut pas plus profiter aux parties que leur nuire.

Il résulte de ce qui précède qu'il y a lieu de déclarer recevables comme recours dans l'intérêt de la loi, même s'ils ne sont pas ainsi qualifiés, les recours ministériels formés après l'expiration du délai de trois mois ([1]); mais les décisions dont l'annulation est ainsi prononcée dans l'intérêt de la loi n'en subsistent pas moins dans toutes leurs conséquences de fait et de droit, soit pour le ministre, soit pour les parties.

Interdiction du sursis. — Les pourvois contre les décisions des

---

1. On peut citer de nombreux exemples de pourvois du ministre de la guerre formés après les délais et introduits et jugés comme pourvois dans l'intérêt de la loi : 1er février 1895, *min. de la guerre c. Vachier* (pourvoi formé six mois après la décision); — 1er mars 1895, *id. c. Doffin ; —* 28 juin 1895, *id. c. Édy* (pourvois formés quatorze mois après la décision).

conseils de revision présentent cette particularité qu'ils ne peuvent, dans aucun cas, faire l'objet d'arrêts de sursis suspendant l'exécution des décisions attaquées. Cette dérogation, d'ailleurs unique, à l'article 3 du décret du 22 juillet 1806, résulte de l'article 32, § 2, de la loi du 15 juillet 1889, aux termes duquel « le recours au Conseil d'État n'aura pas d'effet suspensif, *et il ne pourra en être autrement ordonné* ». Cette règle est absolue, et elle s'applique aux recours du ministre de la guerre aussi bien qu'à ceux des parties.

Cette disposition exceptionnelle ne peut évidemment s'étendre à des décisions autres que celles qu'elle a en vue, et l'on ne saurait s'en prévaloir pour refuser au Conseil d'État le droit d'ordonner le sursis en présence de décisions du ministre de la guerre attaquées pour excès de pouvoir. Sans doute l'article 32, par son esprit sinon par son texte, doit assurer le bénéfice de l'exécution provisoire aux décisions ministérielles prises en conformité des décisions des conseils de revision et tendant à leur exécution ; mais ce ne peut être là, pour le Conseil d'État, qu'un motif sérieux, non une obligation légale de refuser le sursis ; il pourrait d'ailleurs arriver que la question soulevée par le pourvoi fût précisément de savoir si le ministre s'est réellement conformé à la décision du conseil de revision, ou au contraire s'il s'en est écarté.

A plus forte raison aucun doute ne peut-il exister sur le maintien du droit de sursis à l'égard de décisions du ministre de la guerre qui seraient en opposition manifeste avec celles du conseil de revision. L'exécution provisoire que l'article 32 assure à ces dernières ne peut évidemment être revendiquée en faveur de celles qui les contrediraient. Cependant, dans une affaire jugée le 5 novembre 1892 (*Pioche*), le ministre de la guerre a opposé une fin de non-recevoir fondée sur l'article 32, à des conclusions de sursis prises devant le Conseil d'État par un jeune soldat qui avait attaqué pour excès de pouvoir une décision ministérielle l'appelant à faire trois ans de service, alors qu'une décision du conseil de revision lui avait accordé la dispense de deux ans de service prévue par l'article 23 de la loi sur le recrutement de l'armée.

Le Conseil d'État n'a pas hésité à écarter cette fin de non-recevoir, par le motif « que la décision attaquée a été prise par le ministre de la guerre pour maintenir le requérant sous les drapeaux contrairement à une décision du conseil de revision lui accordant une dispense ; que si, aux termes de l'article 32 de la loi du 15 juillet 1889, le Conseil d'État ne peut accorder de sursis à l'exécution des décisions des conseils de revision, cette dérogation exceptionnelle à l'article 3 du décret du 22 juillet 1806 *ne peut être étendue en dehors du cas prévu par ledit article 32* ; qu'ainsi la fin de non-recevoir présentée par le ministre doit être rejetée. »

LIVRE VII

CONTENTIEUX DE L'INTERPRÉTATION

———

SOMMAIRE DU LIVRE VII.

———

LIVRE VII

OBSERVATION PRÉLIMINAIRE

Le *Contentieux de l'interprétation* comprend les demandes et contestations qui ont pour objet, soit l'interprétation d'actes ou de contrats administratifs, soit l'appréciation de leur légalité.

Le plus souvent, ces questions sont liées au fond même du litige, relèvent du même juge, et ne donnent pas lieu à un contentieux spécial ; mais elles doivent être l'objet de décisons distinctes, toutes les fois que le juge du fond n'est pas compétent pour interpréter ou pour apprécier un acte administratif invoqué devant lui.

Tel est le cas où le fond du litige relève de l'autorité judiciaire, et où sa solution dépend d'un acte administratif dont le sens ou la valeur légale sont contestés entre les parties.

Le principe de la séparation des pouvoirs exige alors que le tribunal judiciaire sursoie à statuer sur le fond, jusqu'à ce que la juridiction administrative ait interprété ou apprécié l'acte litigieux. En effet, déclarer quel est le sens d'un acte administratif, ou décider s'il est ou non dépourvu de force légale, c'est « connaître d'un acte d'administration » dans le sens de la loi du 16 fructidor an III, c'est exercer à son égard un droit de contrôle et de juridiction réservé à l'autorité administrative (¹).

Il peut aussi arriver qu'une question préjudicielle d'interprétation se pose entre diverses autorités ou juridictions administratives, par exemple si la décision qu'un conseil de préfecture ou un ministre doit rendre dépend d'un acte d'autorité souveraine dont l'interprétation est réservée au Conseil d'État.

---

1. Voy. t. Iᵉʳ, p. 18, 477 et suiv., 492 et suiv.

Les questions d'interprétation peuvent avoir pour objet des actes de nature très diverse : soit des *actes de puissance publique* émanés du chef de l'État, des ministres, des préfets, des autorités départementales ou municipales ; soit des *actes de gestion* faits en forme de décisions ou de contrats ; soit des *actes de juridiction* émanés de tribunaux administratifs.

Les règles générales sont les mêmes, soit que la difficulté porte sur le sens d'un acte obscur, soit qu'elle porte sur la validité d'un acte contesté : ce sont là, à proprement parler, deux formes d'un même contentieux ; car dire quel est le sens de l'acte ou quelle est sa valeur, c'est toujours apprécier les effets légaux dont il est susceptible. Cependant, il y a des nuances entre ces deux applications du contentieux de l'interprétation, et même entre les procédures qu'elles comportent. C'est pourquoi nous parlerons d'abord de l'*interprétation* proprement dite des actes administratifs, puis de l'*appréciation de leur validité*.

CHAPITRE Ier

DE L'INTERPRÉTATION DES ACTES ADMINISTRATIFS

I. — DES DEMANDES D'INTERPRÉTATION.

Règles générales. — La juridiction administrative a mission d'interpréter tous les actes administratifs, excepté ceux qui ne sont qu'un élément d'un contentieux de pleine juridiction attribué au juge du fond par la loi : tels sont les actes *réglementaires* que l'autorité judiciaire a mission d'appliquer et auxquels elle est souvent chargée d'assurer une sanction pénale [1]; tels sont aussi les actes de puissance publique qui servent de base à la perception de contributions indirectes ou de taxes assimilées dont le contentieux appartient tout entier à l'autorité judiciaire [2].

Rapelons que, d'après les règles générales de la compétence, l'*interprétation* d'un acte ne doit pas être confondue avec son *application*. L'autorité judiciaire est compétente pour appliquer tous les actes administratifs que les parties invoquent dans des litiges de son ressort, lorsque le sens ou la validité de ces actes ne donnent lieu à aucune difficulté sérieuse; mais il ne lui appartient pas d'interpréter elle-même ces actes, c'est-à-dire de fixer le sens de dispositions obscures ou de se prononcer sur le point de savoir si ces dispositions sont légales et obligatoires. Sur la distinction quelquefois délicate des questions d'application ou d'interprétation, il

---

1. Voy. t. Ier, p. 480 et suiv.
2. Voy. t. Ier, p. 696 et suiv.

nous suffit de renvoyer à ce que nous avons dit en traitant des questions préjudicielles (¹).

Enfin, l'interprétation n'étant autre chose que l'éclaircissement d'un texte obscur, la demande d'interprétation n'a pas de raison d'être et n'est pas recevable si elle porte sur un acte clair, dans lequel on ne signale aucune ambiguïté de nature à entraver son application (²). Remarquons toutefois que si la juridiction administrative peut et doit opposer cette fin de non-recevoir à des demandes d'interprétation formées devant elle, en dehors de tout renvoi de l'autorité judiciaire, elle doit s'en abstenir lorsque la nécessité d'une interprétation a été, à tort ou à raison, affirmée par une décision judiciaire ; l'erreur dont cette décision peut être entachée ne relève que de l'autorité judiciaire supérieure, non de la juridiction administrative qui n'a pas qualité pour critiquer le jugement de renvoi. Il convient donc qu'elle donne l'interprétation demandée, toutes les fois que l'acte est de son ressort, et quand même elle ne verrait aucune difficulté là où le tribunal judiciaire a cru en apercevoir (³).

Nécessité d'un litige né et actuel. — Les parties qui ont intérêt à être éclairées sur le sens d'un acte, d'une décision, d'un contrat administratif ne peuvent pas en demander directement l'interprétation par voie d'action principale. En effet, l'interprétation qui leur serait ainsi donnée, en dehors de tout litige la rendant nécessaire, aurait le caractère d'une consultation, non d'une véritable décision contentieuse. Or la mission du juge n'est pas d'éclairer officieusement les parties sur leurs droits éventuels, mais seulement de prononcer sur leurs droits actuels lorsqu'ils donnent lieu à contestation.

Remarquons d'ailleurs que si une décision interprétative, directement provoquée par la partie, n'était pas pour elle une simple consultation dénuée de tout caractère obligatoire, elle constituerait quelque chose de plus anormal encore, c'est-à-dire une véritable décision réglementaire, fixant pour l'avenir la solution à donner

---

1. Voy. t. Iᵉʳ, p. 498.
2. Conseil d'État, 12 novembre 1875, *Paris;* — 16 février 1878, *min. des travaux publics.*
3. Voy. t. 1ᵉʳ, p. 501.

à toutes les difficultés qui naîtraient de l'acte interprété, et imposant d'avance cette solution au juge de ces litiges spéciaux. Il en résulterait une violation de l'article 5 du Code civil, qui défend aux juges « de prononcer par voie de disposition générale et régle-« mentaire sur les causes qui leur sont soumises ».

L'interprétation contentieuse ne peut donc pas, en principe, être l'*objet* d'une demande en justice, mais seulement un *moyen* à l'appui de conclusions prises dans une instance déterminée.

La jurisprudence a fait de nombreuses applications de cette règle, en présence de demandes d'interprétation qui tendaient à faire interpréter *de plano* : des décrets réglant le régime d'usines hydrauliques ([1]) ou de prises d'eau pour l'irrigation ([2]) ; des arrêts du Conseil d'État ([3]) ; des marchés de fournitures ([4]) ; des baux de sources minérales ([5]) ; des baux d'octrois ou de droits de places ([6]) ; des actes de ventes nationales pouvant servir à déterminer les droits de propriétaires ou d'usiniers ([7]) ; des marchés de travaux publics ou contrats assimilés ([8]).

A l'égard de ces derniers contrats, on a quelquefois soutenu que les parties pouvaient être exceptionnellement autorisées, par des dispositions de leurs cahiers des charges ou de la loi, à demander *de plano* l'interprétation de clauses sur lesquelles elles se trouvaient en désaccord avec l'administration. On a invoqué en ce sens : — l'article 4 de la loi du 28 pluviôse an VIII, d'après lequel le conseil de préfecture prononce, entre les entrepreneurs et l'administration, « sur les difficultés concernant *le sens* ou l'exécution des clauses de leurs marchés » ; — l'article 136 du décret du 17 mai 1809, qui défère aux conseils de préfecture « les contestations qui pourraient s'élever entre les communes et les fermiers des octrois sur le *sens des clauses des baux* » ; — les dispositions de certains

1. Conseil d'État, 17 mars 1876, *Roche.*
2. Conseil d'État, 11 décembre 1874, *canal de Crillon.*
3. Conseil d'État, 11 juin 1875, *Maire.*
4. Conseil d'État, 16 juin 1882, *Grimoult.*
5. Conseil d'État, 25 mars 1881, *compagnie de Vichy.*
6. Conseil d'État, 23 novembre 1877, *ville de Boën-sur-Lignon.*
7. Conseil d'État, 37 mai 1892, *Pellefique.*
8. Conseil d'État, 22 janvier 1867, *chemin de fer de Lyon;* — 13 mai 1887, *Rogerie;* — 7 juin 1889, *chemin de fer de Lyon.*

cahiers des charges portant que l'*interprétation* des clauses contestées sera portée devant telle juridiction administrative.

Mais le Conseil d'État s'est toujours refusé à interpréter la loi de pluviôse an VIII et le décret de 1809 comme autorisant les parties à demander une interprétation réglementaire, destinée à faire loi entre les parties pendant toute la durée du marché ou du bail ; il n'a voulu voir, dans les décisions à rendre sur le *sens* de ces contrats, qu'un moyen de résoudre des difficultés relatives à leur *exécution*. Quant aux cahiers des charges, ils ne sauraient avoir une autorité suffisante pour créer une dérogation aux principes généraux. L'arrêt du 16 juin 1882 (*Grimoult*), rendu sur un cahier des charges dont une clause spéciale attribuait au Conseil d'État l'interprétation des clauses et conditions d'un marché de fournitures, a expressément décidé « que ledit article n'a pas eu pour but, *et ne saurait en tout cas avoir pour effet* d'autoriser les parties contractantes à demander au Conseil d'État cette interprétation *en dehors de tout litige né et actuel la rendant nécessaire* ».

Mais s'il est constant, en jurisprudence, que la partie qui demande une interprétation doit pouvoir la rattacher à un « litige né et actuel », cette expression doit être prise dans un sens large ; elle ne doit pas seulement s'entendre d'un procès pendant devant un tribunal, mais aussi de difficultés pendantes devant l'administration.

Ce point ne peut faire aucun doute lorsqu'un ministre, appelé à statuer, déclare lui-même qu'il surseoit jusqu'à ce que les parties intéressées aient fait interpréter un acte qui doit servir de base à sa décision ; il y a là une véritable décision préjudicielle qui habilite les parties à présenter requête en interprétation ([1]).

Il n'est même pas nécessaire que l'interprétation soit requise par une décision formelle de l'administration. Plusieurs arrêts du Conseil d'État ont admis que la nécessité de cette interprétation peut résulter de circonstances, de difficultés administratives dûment

---

1. On trouve un exemple de ces décisions ministérielles préjudicielles renvoyant les parties à se pourvoir en interprétation, dans une affaire jugée le 11 avril 1866 (*commune d'Avon*). Le ministre de l'intérieur, appelé à statuer sur une difficulté administrative entre une commune et un hospice, avait déclaré surseoir jusqu'à ce que le Conseil d'État eût interprété un arrêté du Directoire invoqué par les parties, et celles-ci avaient requis l'interprétation en vertu de cette décision.

constatées par le juge à qui l'interprétation est demandée. Ainsi, un arrêt du 21 mai 1875 (*de Lambertye*) déclare recevable la demande d'interprétation d'une concession de mine, formée par le concessionnaire, à la suite d'une difficulté survenue entre lui et l'administration relativement au bornage de sa concession ; dans l'espèce, cette difficulté résultait d'un arrêté préfectoral et d'une décision ministérielle contraires aux prétentions du concessionnaire. Un autre arrêt du 11 mai 1894 (*Compagnie génevoise de l'industrie du gaz*) constate que des difficultés étaient survenues entre la compagnie et l'administration municipale, qu'elles avaient donné lieu à des procès-verbaux dressés contre la compagnie par application de clauses litigieuses de la concession, et il décide que dans ces circonstances la demande d'interprétation de ces clauses est recevable (¹).

On doit donc reconnaître qu'une difficulté administrative dûment constatée peut être, dans beaucoup de cas, assimilée à un litige né et actuel, et justifier ainsi de la part des parties intéressées une demande d'interprétation par la voie contentieuse.

Il peut se présenter d'autres cas où les parties sont recevables à se pourvoir en interprétation, sans qu'il existe de décision de sursis provoquant une interprétation judicielle.

Ainsi, lorsqu'un conflit a été élevé sur une question d'interprétation que l'autorité judiciaire prétendait retenir, la décision qui confirme l'arrêté de conflit a pour effet d'autoriser les parties à porter directement leur demande d'interprétation devant la juridiction compétente. Il résulte en effet de cette décision qu'il y a lieu à sursis et à interprétation préjudicielle, et les parties peuvent s'en prévaloir, nonobstant la décision contraire de l'autorité judiciaire, qui est mise à néant par l'arrêt sur conflit (²).

De même, si un jury d'expropriation a alloué une indemnité

---

1. Voy. dans le même sens un arrêt du 17 mars 1876 (*Roche*) qui, à la vérité, déclare non recevable la requête d'usiniers demandant l'interprétation d'un décret réglant le partage des eaux entre un canal de navigation et leur usine, mais qui se fonde, pour refuser cette interprétation, sur ce que les requérants « ne justifient pas que l'administration ait pris contre eux aucune décision en suite de laquelle il y ait lieu de préciser le sens et la portée dudit décret ».

2. Conseil d'État, 2 mai 1884, *min. de la marine;* — 7 août 1891, *Lacombe-Saint-Michel.*

hypothétique, et si l'attribution définitive de cette indemnité se trouve subordonnée à l'interprétation d'un contrat administratif d'offre de concours, par lequel l'administration se prétend dispensée de payer le prix de terrains dont elle a pris possession, la partie la plus diligente peut, sans qu'il soit besoin d'aucune autre décision, demander l'interprétation nécessaire ([1]).

Demandes d'interprétation formées par les ministres. — La jurisprudence du Conseil d'État a toujours reconnu aux ministres le droit de demander, en dehors de tout litige préexistant, les interprétations dont ils estiment avoir besoin pour prendre des décisions sur des affaires de leur ressort. Cette dérogation aux règles ci-dessus exposées est plus apparente que réelle. En effet, lorsqu'un ministre, ayant une décision à prendre, l'ajourne spontanément jusqu'à ce qu'il ait obtenu une interprétation, c'est comme s'il rendait une véritable décision de sursis en vue d'une interprétation préjudicielle. D'un autre côté, il est rationnel que le ministre, après avoir reconnu la nécessité de cette interprétation, puisse la réclamer lui-même à la juridiction compétente ; en effet, les ministres ont souvent à statuer de leur propre mouvement, sans être en présence de parties qui puissent demander à leur place l'interprétation dont ils ont besoin ; si même ils sont en présence de parties, il est bon qu'ils puissent préparer par eux-mêmes tous les éléments de leur décision.

Cette jurisprudence, attestée par un grand nombre d'arrêts, est donc pleinement justifiée ([2]). Mais il ne faut pas en exagérer la portée et en conclure que les ministres ont qualité pour provoquer *de plano* toutes les interprétations qui peuvent leur paraître utiles.

1. Conseil d'État, 13 mai 1887, *Rogerie*. — Dans ce cas particulier, on peut soutenir que le renvoi résulte do plein droit de l'article 39 de la loi du 3 mai 1841, d'après lequel l'indemnité hypothétique est réglée par le jury, indépendamment des difficultés étrangères à la fixation de l'indemnité, « difficultés sur lesquelles les parties *sont renvoyées à se pourvoir* devant qui de droit ». Mais nous pensons que, même en l'absence de ce texte (qui ne fait que réserver le droit des parties, mais qui ne le crée pas), l'interprétation pourrait être directement demandée, à raison de la difficulté née et actuelle révélée par l'allocation d'une indemnité hypothétique.

2. Conseil d'État, 30 juillet 1840, *min. des finances* ; — 1er décembre 1853, *ville de Bordeaux* ; — 22 avril 1865, *canal de Craponne* ; — 12 mars 1875, *asile d'aliénés de Bailleul* ; — 21 février 1895, *min. de l'intérieur*.

Ce droit doit d'abord leur être refusé toutes les fois qu'il s'agit de contrats administratifs, dont il leur appartient de connaître sauf recours au Conseil d'État, tels que les marchés de fournitures ; ou de contrats ressortissant aux conseils de préfecture, tels que les marchés de travaux publics. L'interprétation de ces contrats n'est qu'un élément de leur contentieux. Le ministre, représentant l'État partie contractante, ne peut pas plus que toute autre partie provoquer une décision interprétative qui aurait un caractère général et réglementaire.

Le ministre ne peut pas non plus demander l'interprétation d'actes de la puissance publique qui seraient étrangers aux décisions qu'il peut avoir à rendre.

Enfin, il n'a pas qualité pour intervenir et prendre des conclusions sur des questions préjudicielles d'interprétation renvoyées à la juridiction administrative par l'autorité judiciaire, lorsqu'il n'est pas lui-même partie dans l'instance qui a donné lieu au renvoi. En effet, l'interprétation préjudicielle n'est qu'un incident, un épisode du litige qui a pris naissance devant le tribunal judiciaire, et qui doit s'y dénouer une fois que l'interprétation aura été donnée : d'où il suit que les parties en cause dans ce litige peuvent seules prendre des conclusions sur la question d'interprétation comme sur toute autre question se rattachant à leur procès. Cette règle ne saurait comporter aucune exception pour les ministres. A quelque titre qu'ils prétendent agir, soit comme représentants de l'État ou du domaine, soit comme représentants de la puissance publique, ils sont non recevables à demander une interprétation dans un litige où ils ne sont pas partie (¹).

Cette solution a été explicitement consacrée par un arrêt du 2 mai 1884 (*ministre de la marine*), qui a décidé que le ministre était sans qualité pour demander l'interprétation des actes de concession des îles de Chausey, parce que l'État n'était pas en cause dans la contestation judiciaire qui avait donné lieu à cette interprétation, et

---

1. Nous n'écartons, bien entendu, que les *conclusions* qui seraient prises par le ministre intervenant dans l'instance, et non les *avis* qu'il pourrait émettre, en réponse à la communication que la section du contentieux lui aurait donnée du pourvoi. Ce droit d'avis appartient au ministre dans les instances en interprétation, comme dans toutes les affaires contentieuses.

quel que fût d'ailleurs l'intérêt du département de la marine à voir résoudre la question dans un sens plutôt que dans l'autre. Un autre arrêt du 26 janvier 1883 (*Société ardoisière de Fumay*) déclare non recevable l'intervention du ministre des finances dans un débat sur l'interprétation d'un acte de vente nationale qui pouvait intéresser le domaine, mais qui se rattachait à une contestation privée où l'État n'était pas en cause : « Considérant, dit ce dernier arrêt, que le Conseil n'est saisi de l'interprétation de l'acte précité que par l'effet du renvoi prononcé par le jugement du tribunal civil de Rocroi du...; que l'État n'était pas partie dans la contestation engagée devant ledit tribunal; qu'ainsi, il est sans qualité pour intervenir dans l'instance relative à l'interprétation dont s'agit; qu'il suit de là que l'intervention du ministre des finances doit être rejetée comme non recevable. »

II. — PAR QUI L'INTERPRÉTATION DOIT ÊTRE DONNÉE.

Le droit d'interpréter peut appartenir, selon la nature des actes, soit au conseil de préfecture sauf appel au Conseil d'État, soit au Conseil d'État en premier et dernier ressort, soit à diverses autorités administratives dont la décision est toujours susceptible de recours au Conseil d'État.

Examinons successivement ces diverses compétences.

Compétence du conseil de préfecture. — L'interprétation appartient au conseil de préfecture toutes les fois qu'il s'agit d'actes ou de contrats dont le contentieux lui a été déféré par la loi. C'est donc au conseil de préfecture que doit être demandée l'interprétation préjudicielle des actes dont il est juge en vertu de l'article 4 de la loi du 28 pluviôse an VIII : marchés et concessions de travaux publics, arrêtés d'occupation temporaire, actes de vente nationale ; et aussi des divers actes ou contrats dont des lois spéciales lui ont attribué la connaissance, tels que les baux de sources minérales appartenant à l'État, et les baux d'octroi et de droits de place.

En matière d'interprétation contentieuse comme en toute autre, les décisions des conseils de préfecture sont susceptibles d'appel ; mais le Conseil d'État a décidé qu'il ne peut plus connaître d'un appel contre une décision interprétative du conseil de préfecture, quand cette décision a été suivie d'un jugement ou arrêt définitif, rendu sur le fond du litige par le tribunal judiciaire qui avait demandé l'interprétation (¹). Dans ce cas, en effet, si le Conseil d'État venait à infirmer l'arrêté du conseil de préfecture, sa décision se heurterait à l'autorité de la chose jugée.

Il va de soi que les questions d'interprétation qui relèvent en premier ressort du conseil de préfecture ne peuvent pas être soumises directement et *omisso medio* au Conseil d'État, car il ne saurait dépendre des parties de supprimer un des degrés de juridiction établis par la loi.

Toutes les observations qui précèdent sont également applicables aux conseils du contentieux des colonies, lorsque l'acte ou contrat à interpréter relève de leur juridiction de premier ressort.

Compétence du Conseil d'État en premier et dernier ressort. — Le Conseil d'État est seul compétent pour interpréter par la voie contentieuse les décrets du chef de l'État, et, d'une manière plus générale, tous les actes de l'autorité souveraine.

Cette règle s'est d'abord établie par application de la maxime *ejus est interpretari cujus est condere*. Il était en effet naturel que le chef de l'État retînt pour lui seul le droit d'interpréter ses propres actes, et ne permît pas que leur véritable portée pût être altérée par l'interprétation d'une autorité inférieure. D'un autre côté, la matière étant contentieuse, le chef de l'État devait rendre ses décisions interprétatives dans la même forme que les autres décisions émanées de sa justice retenue, c'est-à-dire en son Conseil et dans les formes établies pour les affaires contentieuses. Telle a été, à l'origine, la base de la juridiction du Conseil d'État

---

1. Conseil d'État, 16 juin 1893, *Lemaire*. — Cette jurisprudence est conforme à celle que le Conseil d'État applique lorsqu'il est en présence d'un jugement rendu ou d'un contrat passé en vertu d'une décision administrative qui lui est déférée. Il considère cette décision comme étant devenue définitive par suite de l'exécution judiciaire ou contractuelle qu'elle a reçue, et comme n'étant plus susceptible d'appel ou de recours pour excès de pouvoir. (Voy. ci-dessus, p. 470.)

ou plus exactement du chef de l'État en son Conseil, interprétant en premier et dernier ressort les actes de l'autorité souveraine.

Cette base est-elle restée intacte depuis que la loi du 24 mai 1872 a conféré au Conseil d'État une juridiction propre ? Cette loi n'a-t-elle pas fait disparaître la fiction d'une décision personnelle rendue par le chef de l'État en vertu de la règle *ejus interpretari?* Ne faudrait-il pas, aujourd'hui, par déférence pour cette règle, exiger un décret administratif d'interprétation sauf recours au Conseil d'État statuant au contentieux ? Cette opinion a été mise en avant par M. Aucoc, qui écrivait après la loi de 1872 : « Il semble que cette procédure (le recours direct au Conseil d'État) ne devrait plus être suivie aujourd'hui, et que l'autorité qui a rendu l'acte à interpréter devrait, dans ce cas aussi bien que dans les autres, être appelée à rendre une décision qui serait susceptible d'un recours au Conseil d'État ([1]). »

Cette opinion n'a pas prévalu, et nous pensons que l'ancienne jurisprudence a été à bon droit maintenue. En effet, la loi du 24 mai 1872 a eu pour résultat de transformer la justice retenue en justice déléguée et, par suite, de transférer au Conseil d'État toutes les attributions contentieuses qui appartenaient au souverain et parmi lesquelles figurait le droit d'interpréter ses propres décrets ; un texte spécial aurait été nécessaire pour réserver ce droit au chef de l'État. Cette réserve n'a pas été faite ; bien plus, l'article 9 de la loi de 1872 a chargé le Conseil d'État de statuer souverainement sur les *recours en matière contentieuse,* parmi lesquels figurent les recours en interprétation ; il faut en conclure que le droit d'interpréter les actes du chef de l'État par la voie contentieuse a continué d'appartenir au Conseil d'État ([2]).

En conséquence, les pouvoirs d'interprétation du Conseil d'État s'appliquent, depuis la loi de 1872 comme avant, aux actes suivants :

1° Les actes émanés du pouvoir exécutif, sans qu'il y ait à dis-

---

1. Aucoc, *Conférences,* t. Ier, p. 455 (2° édit.).

2. Ce droit d'interprétation a été reconnu par plusieurs décisions postérieures à 1872, notamment par les suivantes : — 21 mai 1875, *de Lambertye* ; — 23 juin 1876, *Chrétien* ; — 4 août 1876, *Dupuis* ; — 11 février 1881, *ville de Lyon* ; — 20 juillet 1883, *Gaultier.*

C. Tribunal des conflits, 12 décembre 1874, *ville de Paris.*

tinguer entre les différentes formes constitutionnelles sous lesquelles ce pouvoir s'est exercé depuis 1789. Ces actes sont : les décrets du Président de la République, les décrets impériaux, les ordonnances royales, les arrêtés du Directoire, les arrêtés des Consuls, les décrets des gouvernements provisoires.

2° Les actes anciens, émanés du pouvoir royal avant 1789, et faits dans la sphère de ses attributions administratives supérieures ; ce qui comprend : les anciens édits, lettres patentes, arrêts du Conseil, rendus en matière administrative ([1]) ; les décisions souveraines rendues par d'autres autorités agissant en vertu de leurs droits propres ou d'une délégation de l'autorité royale, notamment les arrêts de règlement rendus par les parlements ([2]) ; les règlements faits par la « Chambre des comptes et des archives royales des comtés de Provence et des Forcalquier », qui exerçait auprès des comtes de Provence des attributions analogues à celles du Conseil du roi ([3]).

3° Les actes faits, avant ou après 1789, par des souverains étrangers exerçant leur autorité sur des territoires devenus français. Dans ce cas comme dans le précédent, la souveraineté est réputée continue et ininterrompue nonobstant les changements de nationalité. C'est pourquoi le Conseil d'État a été reconnu compétent pour interpréter : des lettres patentes octroyées par les anciens rois de Sardaigne pour la concession de mines en Savoie ([4]) ; des édits ou autres décisions des ducs de Lorraine, ou de l'archiduc d'Autriche agissant comme prince souverain d'Alsace ([5]).

4° Les actes de haute administration faits en forme de loi par l'Assemblée nationale de 1789, par la Convention et même par les assemblées actuelles, en tant qu'elles font acte de puissance exécu-

---

1. Conseil d'État, 24 juillet 1856, *commune de Lettres ;* — 25 mars 1867, *Gallier ;* — 24 mai 1884, *min. de la marine.*
Tribunal des conflits, 22 avril 1882, *Hédouin.*

2. Conseil d'État, 20 avril 1888, *Coulet.* — Cf. l'arrêt de la cour d'Aix du 31 décembre 1885 rendu dans la même affaire, et qui sursoit à statuer jusqu'à ce que l'autorité administrative ait interprété des arrêts du parlement de Provence de 1627 et de 1723, relatifs aux pêcheries de l'étang de Caronte.

3. Conseil d'État, 4 septembre 1856, *desséchement du Citis.*

4. Conseil d'État, 24 novembre 1877, *Grange;* 6 août 1880, *Frèrejean.*

5. Conseil d'État, 4 juillet 1840, *Gerspach;* — 29 janvier 1841, *Payssé.*

tive en prononçant des déclarations d'utilité publique, en faisant des concessions domaniales, des délimitations de communes, des actes de tutelle administrative, etc. ([1]).

Pour tous les actes ci-dessus, la demande d'interprétation doit être directement portée devant le Conseil d'État, dans les formes ordinaires des recours contentieux.

Compétence des ministres et des diverses autorités administratives. — Lorsque l'acte à interpréter n'émane pas du chef de l'État ou d'une autre autorité souveraine, on applique la règle *ejus est interpretari,* et l'on s'adresse à l'autorité qui a fait l'acte. Ainsi l'on demande au ministre l'interprétation d'une décision ministérielle émanée de son département, au préfet ou au maire celle d'un arrêté préfectoral ou municipal, au conseil général ou à la commission départementale celle d'une décision de ces corps administratifs. La décision interprétative rendue par une autorité inférieure peut être déférée à son supérieur hiérarchique avant d'être attaquée devant le Conseil d'État.

Que décider si la compétence de l'autorité qui a fait l'acte a été transférée, en vertu d'une loi nouvelle, à une autre autorité? De tels changements se sont plus d'une fois produits, notamment lorsque le décret de décentralisation du 25 mars 1852 a chargé les préfets de rendre certaines décisions qui étaient antérieurement réservées au pouvoir central, et lorsque la loi du 10 août 1871 a transféré aux commissions départementales plusieurs attributions des préfets.

En pareil cas, on doit s'adresser à l'autorité qui est actuellement compétente, et non à celle qui l'était à l'époque où l'acte a été fait. Entre autres raisons de décider ainsi, il en est une péremptoire, c'est que l'autorité primitivement compétente peut avoir cessé d'exister.

En conséquence, le Conseil d'État a décidé que les arrêtés de classement de chemins vicinaux, rendus par les préfets sous l'empire de la loi du 21 mai 1836, devaient être interprétés par les

---

1. Conseil d'État, 24 décembre 1845, *de Nazelles;* — 7 août 1883, *commune de Meudon.* — Voy. ci-dessus, p. 17 et suiv.

commissions départementales, depuis que le droit de classer ces chemins leur a été transféré par la loi du 10 août 1871 (¹).

La question peut paraître plus délicate lorsque l'autorité nouvelle a remplacé le chef de l'État lui-même, ainsi qu'il est arrivé pour certaines décisions décentralisées en 1852, notamment pour les règlements d'eau. Doit-on, dans ce cas, réserver au Conseil d'État l'interprétation des ordonnances et décrets antérieurs, ou doit-on admettre qu'elle appartient aux préfets ? Cette dernière solution nous paraît devoir être adoptée. Le préfet, compétent pour modifier l'ancien règlement d'eau fait par le chef de l'État, l'est également pour l'interpréter. Ainsi l'a d'ailleurs décidé le Conseil d'État par un arrêt du 26 juillet 1855 (*Illiers*).

Lorsque le droit d'interpréter appartient à une autorité inférieure, peut-il être exercé à sa place par son supérieur hiérarchique ?

Non, car nous avons vu que les compétences ne se déplacent pas, en dehors des cas prévus par la loi (²). C'est pourquoi un arrêt du 16 mai 1884 (*commune du Lac*) a annulé pour incompétence la décision d'un conseil général qui avait interprété l'arrêté de classement d'un chemin vicinal à la place de la commission départementale, bien que celle-ci soit placée sous l'autorité hiérarchique du conseil général par l'article 88, § 2, de la loi du 10 août 1871 : — « C'est à la commission départementale, dit cet arrêt, qu'il appartient, depuis le 1ᵉʳ janvier 1872, de statuer au lieu et place du préfet sur le classement et la fixation de la largeur des chemins vicinaux ordinaires ; il suit de là que la commission départementale du Jura *avait seule qualité* pour déterminer par voie d'interprétation l'arrêté préfectoral du.... et que le conseil général *n'a pu, sans excéder ses pouvoirs, procéder à cette interprétation au lieu et place de la commission départementale* qui s'était à tort déclarée incompétente. »

Le supérieur hiérarchique, après avoir respecté le droit de décision de l'autorité inférieure, pourrait, en cas de réclamation, exer-

---

1. Conseil d'État, 9 mars 1877, *Brescon ;* — 20 décembre 1878, *Robert.* — Ce dernier arrêt annule pour incompétence un arrêté du préfet qui avait procédé à l'interprétation au lieu et place de la commission départementale.

2. Voy. ci-dessus, p. 510.

cer son propre pouvoir d'annulation ou de réformation. Mais, comme la matière est contentieuse, nous pensons que le supérieur hiérarchique ne pourrait pas réformer d'office et *proprio motu*, il ne le pourrait que sur la demande d'une partie ayant qualité pour demander l'interprétation contentieuse.

Recours devant le Conseil d'État « omisso medio ». — Nous venons de voir comment fonctionne le contentieux de l'interprétation par application de la règle *ejus interpretari*. On doit reconnaître que, dans certains cas, l'application de cette règle et la faculté de recours au supérieur hiérarchique ne sont pas de nature à garantir la bonne et prompte exécution des décisions judiciaires qui ordonnent une interprétation préjudicielle.

En effet, en admettant que les autorités si diverses qui peuvent être appelées à donner l'interprétation, soient toutes également aptes à bien comprendre le jugement de renvoi, à interpréter l'acte litigieux avec exactitude et désintéressement, et à rédiger clairement la décision interprétative attendue par le tribunal, il est permis de craindre qu'elles n'exposent à de grands retards ce tribunal et les parties. Qu'il s'agisse, par exemple, d'un arrêté municipal, la décision interprétative d'abord demandée au maire pourra être déférée au préfet, celle du préfet au ministre, celle du ministre au Conseil d'État; qu'il s'agisse d'un arrêté préfectoral ou d'une décision de commission départementale, il pourra encore y avoir trois degrés de juridiction; comment remédier aux lenteurs d'une procédure suivie devant tant d'autorités différentes, et à travers tant de bureaux?

Cette simplification si désirable peut être l'œuvre de la partie. En effet, lorsque le demandeur en interprétation a satisfait à la règle *ejus interpretari* en provoquant une décision interprétative de l'autorité qui a fait l'acte, elle peut déférer cette décision au Conseil d'État, *omisso medio*, sans être obligée de recourir préalablement aux supérieurs hiérarchiques de cette autorité. C'est là l'application d'une doctrine que nous avons déjà exposée et que le Conseil d'État a consacrée dans diverses matières contentieuses (¹).

_____

1. Voy. t. Iᵉʳ, p. 322 et suiv.

Il a eu moins souvent occasion de l'appliquer en matière d'interprétation, parce que, dans la pratique, les parties épuisent volontiers la série des recours administratifs, avant de demander une solution définitive au Conseil d'État ([1]). Mais lorsqu'elles se sont adressées directement à lui, il n'a point opposé de fin de non-recevoir à leurs requêtes ; ainsi il a toujours admis qu'on lui déférât directement des décisions interprétatives rendues par les commissions départementales, bien que ces décisions soient susceptibles d'appel devant le conseil général ([2]).

On s'est même demandé si l'on ne pourrait pas faire un pas de plus vers la simplification des procédures, en permettant aux parties de saisir directement le Conseil d'État, en vertu du jugement qui renvoie la question préjudicielle d'interprétation. Ce jugement, a-t-on dit, crée par lui-même un contentieux qui peut être porté devant le Conseil d'État, en vertu de l'article 9 de la loi de 1872, toutes les fois que l'acte à interpréter ne relève pas du conseil de préfecture ; il n'est donc pas nécessaire que la partie provoque une décision administrative dans le seul but de faire naître ce contentieux.

Cette simplification des procédures est admise par le Conseil d'État, ainsi que nous le verrons dans le chapitre suivant, lorsqu'il se trouve en présence de questions préjudicielles tendant à faire apprécier la validité d'un acte administratif. Sa jurisprudence reconnaît que ces questions peuvent être directement portées devant le Conseil d'État et que la partie n'est pas tenue de les soumettre préalablement à l'autorité qui a fait l'acte, celle-ci n'étant pas présumée présenter toutes les garanties nécessaires pour apprécier impartialement la régularité d'un acte dont elle est l'auteur.

Quand il s'agit de statuer, non sur une question de validité, mais

---

1. Il peut y avoir avantage pour les parties à procéder ainsi lorsqu'elles espèrent éviter un recours au Conseil d'État, car ce recours entraîne des frais dont les recours hiérarchiques sont exempts.

2. Conseil d'État, 21 novembre 1873, *Baudouin* ; — 9 mars 1877, *Brescon* ; — 4 avril 1884, *Rivier*. — La recevabilité du recours *om isso medio* ne pourrait pas s'expliquer, dans ce cas, par la disposition de l'article 88, § 3, de la loi du 10 avril 1871, qui prévoit un recours direct au Conseil d'État contre les décisions des commissions départementales, parce qu'il ne s'agit là que du recours pour excès de pouvoir ou violation de la loi, et que tel n'est pas le caractère des recours en interprétation.

sur une question d'interprétation proprement dite, le Conseil d'État a hésité jusqu'ici à autoriser la même procédure, parce qu'il lui a semblé que la règle *ejus interpretari,* plus directement engagée dans les questions d'interprétation que dans les questions de validité, ne lui permettait pas de statuer sans décision préalable de l'autorité qui a fait l'acte.

Nous pensons cependant qu'on pourrait procéder de la même manière dans les deux cas, et porter directement la demande devant le Conseil d'État, en vertu de ses attributions de juge ordinaire du contentieux administratif. Sans doute, la règle *ejus interpretari,* d'accord avec le principe de la séparation des pouvoirs, exige que l'acte émané de l'autorité administrative soit interprété par cette autorité ; mais une fois que le jugement de renvoi a satisfait à cette prescription, la règle *ejus interpretari* n'exige pas aussi impérieusement que l'interprétation soit donnée par l'administrateur qui a fait l'acte plutôt que par la juridiction dont il relève, et qui est réellement l'autorité administrative en matière d'interprétation contentieuse. Si donc la demande d'interprétation peut régulièrement se produire en la forme administrative auprès de l'auteur de l'acte et de son supérieur hiérarchique, il ne nous paraît pas moins certain qu'elle peut se produire en la forme contentieuse devant la juridiction dont l'un et l'autre relèvent.

On objectera peut-être que le Conseil d'État ne peut exercer sa juridiction, même ordinaire, que s'il existe un débat contentieux né d'une décision administrative et de l'opposition qui lui est faite par une partie. Mais cette règle ne saurait s'imposer en matière d'interprétation préjudicielle, parce que dans ce cas le débat naît du jugement même qui affirme le caractère litigieux de l'acte et la nécessité de son interprétation contentieuse. En présence de cette déclaration du juge, le Conseil d'État n'a pas besoin, pour exercer sa juridiction ordinaire, d'attendre qu'une décision interprétative émanée d'un administrateur et déférée à sa censure lui fournisse un nouvel élément d'un contentieux qui est déjà né. Rien ne nous paraît donc faire obstacle à ce qu'il statue directement sur les questions d'interprétation, comme il le fait déjà sur les questions de validité.

La jurisprudence paraît s'être orientée en ce sens par un arrêt du 15 février 1895 (*Camplong*) qui statue directement sur une question préjudicielle d'interprétation. A la vérité, l'interprétation avait été préalablement demandée au ministre, mais comme celui-ci n'avait pas statué dans le délai de quatre mois et que l'on n'était pas dans le cas où le silence du ministre peut être déféré au Conseil d'État d'après le décret du 2 novembre 1864, il faut bien reconnaître que le Conseil d'État a statué *omisso medio* sur la question préjudicielle d'interprétation ([1]). On ne pourrait que se féliciter de voir la jurisprudence se confirmer en ce sens.

Interprétation des décisions des tribunaux administratifs. — Nous n'avons parlé jusqu'ici que de l'interprétation d'actes ou de contrats administratifs; il peut aussi y avoir lieu d'interpréter des décisions de tribunaux administratifs, soit à la suite d'une décision judiciaire constatant la nécessité d'une interprétation préjudicielle, soit à la suite de difficultés survenues sur l'exécution de la décision contentieuse.

Dans ce cas, l'interprétation appartient au tribunal qui a rendu la décision; elle ne serait pas valablement donnée par le ministre chargé d'en assurer l'exécution ([2]).

On a discuté sur la question de savoir si un conseil de préfecture peut interpréter un arrêt du Conseil d'État. Un arrêt du 9 août 1851 (*Bénassy*) a décidé en termes trop généraux « qu'il n'appartient pas au conseil de préfecture de donner cette interprétation ». Cette doctrine est vraie si le conseil de préfecture prétend résoudre une difficulté survenue sur l'exécution d'un arrêt du Conseil d'État; mais elle cesse de l'être, si ce tribunal administratif se borne à rechercher le sens et la portée d'un arrêt dont on tire argument devant lui dans un litige dont il est juge; dans ce cas, il a le droit d'apprécier cet argument et la décision sur laquelle il s'appuie. Plusieurs arrêts du Conseil d'État l'ont d'ailleurs ainsi décidé ([3]).

---

1. L'espèce qui a donné lieu à cet arrêt nous paraît fournir un argument de plus à notre thèse. En effet, si le Conseil d'État refusait de statuer directement sur des questions préjudicielles d'interprétation pouvant être soumises administrativement à d'autres autorités, le silence de ces autorités suffirait pour ajourner indéfiniment le jugement de la question préjudicielle et, par suite, celui du procès qui l'aurait fait naître.

2. Conseil d'État, 27 mai 1862, *Pensa*.

3. Conseil d'État, 15 mars 1855, *Boullaud;* — 21 janvier 1867, *Benoist*.

III. — EFFETS DES DÉCISIONS INTERPRÉTATIVES.

La décision interprétative, n'étant qu'un des éléments de solution d'un litige, ne saurait avoir une portée plus étendue que la décision rendue sur le fond même de ce litige ; elle ne peut donc produire d'effets qu'entre les parties en cause. A l'égard de toute autre partie, elle est *res inter alios judicata,* et elle ne saurait faire obstacle à de nouvelles demandes d'interprétation.

Cette proposition, conforme aux principes de la chose jugée, a été nettement affirmée par un arrêt du 8 mars 1851 (*Usquin*) : le concessionnaire d'un canal, renvoyé par l'autorité judiciaire pour faire interpréter des clauses de sa concession, avait pris devant le Conseil d'État des conclusions tendant à ce qu'il fût déclaré « que l'interprétation était donnée une fois pour toutes, et que ses effets ne seraient pas limités à l'espèce à l'occasion de laquelle elle était demandée ». L'arrêt rejette ces conclusions par le motif : « Qu'il n'appartient pas au Conseil d'État statuant au contentieux de prononcer par voie de disposition générale et réglementaire, et de déclarer la décision par lui rendue à l'occasion d'un litige obligatoire pour des tiers qui y étaient étrangers. »

Mais, que décider si la même question d'interprétation se pose entre les mêmes parties, à propos d'une nouvelle application d'un contrat déjà interprété ? Voici, par exemple, une compagnie de chemin de fer qui a fait interpréter une clause de sa concession réglant les conditions de certains transports de l'État. Pourra-t-elle, pendant toute la durée de la concession, et à propos de chaque nouveau transport, remettre en question l'interprétation donnée par une décision antérieure passée en force de chose jugée ? La solution affirmative, consacrée par un arrêt de principe du 7 décembre 1883 (*chemin de fer d'Orléans*), nous paraît nécessairement résulter de l'article 1351 du Code civil. D'après ce texte, pour que l'exception de chose jugée soit opposable, il faut qu'il y ait identité de *parties,* d'*objet* de la demande et de *cause* de la demande ; dans notre hypothèse, il y a bien identité de parties et de cause, mais il n'y a pas identité d'objet, puisque les réclamations successives portent sur des transports distincts, effectués dans des périodes différentes et donnant lieu à des règlements séparés.

A la vérité, on a quelquefois soutenu que les trois identités prévues par l'article 1351 doivent se réduire à deux : d'une part, l'identité de *parties*, d'autre part, l'identité de *question*, cette dernière venant remplacer la double identité d'*objet* et de *cause* de la demande. Mais si cette opinion peut invoquer certains textes du droit romain ([1]), elle est en opposition avec le texte du Code civil, qui ne parle pas de *question*, mais qui dit expressément : « Il faut que *la chose demandée soit la même* ; que la demande soit *fondée sur la même cause*. » Or la chose demandée n'est pas la même lorsqu'on plaide à propos de transports différents.

Mais laissons là les arguments d'école, et prenons les choses de plus haut. N'est-il pas évident que, si l'interprétation d'un cahier des charges, donnée à propos d'un litige déterminé, devait lier les parties et les juges pendant toute la durée de la concession, c'est-à-dire souvent pendant près d'un siècle, elle aurait au plus haut degré ce caractère général et réglementaire qu'il est interdit au juge de donner à ses décisions ? L'interprétation cesserait alors d'être un moyen de résoudre un litige déterminé, un litige né et actuel ; elle constituerait la solution anticipée de litiges futurs et éventuels, solution qui serait également imposée au concessionnaire et à l'administration comme une sorte d'annexe de leur contrat. Or un tel système, en dehors même de son incorrection juridique, aurait de graves inconvénients pratiques. Il se pourrait en effet que l'interprétation primitive eût été mal donnée, qu'elle résultât d'une simple décision de premier ressort que l'on aurait laissée devenir définitive par l'expiration des délais d'appel. Tout serait dit alors ; les plus graves erreurs ne pourraient plus être réparées ; le juge d'appel lui-même serait lié, et il faudrait qu'il appliquât, bon gré mal gré, à tous les litiges à venir une solution qu'il aurait condamnée si on la lui avait soumise dès le début. Ni les parties, ni le contrat, ni les intérêts généraux d'une bonne administration n'auraient rien à gagner à une telle situation.

---

1. Voy. notamment la loi 7, *De exceptione rei judicatæ,* par laquelle Ulpien déclare qu'il y a chose jugée « *quoties inter easdem personas eadem quæstio revocatur* ».

Quant aux inconvénients que cette situation peut produire, ils se réduisent à fort peu de chose : à quelques procès inutiles, qu'une partie trop obstinée restera libre d'engager à ses risques et périls, nonobstant les précédents contraires. Si ces précédents sont bons, le plaideur téméraire se heurtera à l'autorité de la jurisprudence déjà formée, et cette autorité sera aussi efficace, tout en étant moins inflexible, que l'autorité de la chose jugée ; si, au contraire, ces précédents sont erronés, il sera bon que le juge supérieur, ou le même juge mieux informé, ait le droit de les corriger.

La solution exposée ci-dessus doit être la même lorsque la décision interprétative a été rendue à la suite d'un renvoi de l'autorité judiciaire : par exemple, lorsque le Conseil d'État ou le conseil de préfecture s'est borné à interpréter un acte de vente nationale, un décret de concession de mine, ou tout autre acte administratif invoqué dans une instance judiciaire. Il est très vrai que, dans ce cas, les conclusions prises devant la juridiction administrative n'ont pas d'autre objet que l'interprétation litigieuse, mais ces conclusions ne sont pas la *demande,* dans le sens de l'article 1351 du Code civil, elles tendent seulement à faire apprécier une des causes, un des moyens de la demande formée devant le juge du fond ; la décision que ces conclusions provoquent ne peut donc pas avoir autorité de chose jugée dans un autre litige.

Examinons enfin une dernière hypothèse, celle où la décision interprétative a été provoquée par un ministre, en dehors de tout litige préexistant, et afin de préparer une décision qu'il a à rendre. Il n'est pas douteux que l'interprétation obtenue par le ministre, fût-elle chose jugée à son égard, ne le serait pas à l'égard des tiers. Si donc des tiers étaient touchés par une décision ministérielle rendue conformément à l'interprétation donnée au ministre par arrêt du Conseil d'État, ces tiers seraient recevables à contester la décision ministérielle et l'interprétation sur laquelle elle reposerait. L'arrêt qui aurait donné cette interprétation serait à leur égard *res inter alios judicata.*

CHAPITRE II

APPRÉCIATION DE LA VALIDITÉ DES ACTES ADMINISTRATIFS

———

Ainsi que nous l'avons dit, les tribunaux judiciaires doivent faire appel à l'autorité administrative, non seulement lorsqu'ils ont des doutes sur la signification d'un acte administratif, mais aussi lorsqu'ils en ont sur sa validité. On peut même dire que, dans ce dernier cas, le principe de la séparation des pouvoirs est encore plus intéressé que dans le premier, car si ce principe ne permet pas que l'autorité judiciaire puisse altérer le véritable sens d'un acte administratif, il lui permet encore moins de dénier la force obligatoire que cet acte posséderait, ou de lui conférer celle qu'il n'aurait pas.

Différences avec le recours pour excès de pouvoir. — On confond quelquefois les questions préjudicielles de validité des actes administratifs avec des questions d'excès de pouvoir. Il y a cependant des différences profondes entre ces deux espèces de recours. Leur point de contact, c'est qu'ils provoquent l'un et l'autre l'examen d'une question de légalité administrative ; mais ils diffèrent sur les points suivants :

1° Le recours pour excès de pouvoir tend à l'annulation de l'acte, tandis que le recours en interprétation, alors même qu'il aboutit à une déclaration d'illégalité, laisse subsister cet acte ;

2° Le recours pour excès de pouvoir cesse d'être recevable après un délai de trois mois, tandis que le recours en interprétation est recevable, à quelque époque que l'autorité judiciaire l'ait provoqué (¹), d'où cette conséquence qu'une déclaration d'illégalité peut atteindre un acte qu'il n'est plus possible d'annuler par la voie du recours pour excès de pouvoir ;

3° Le recours pour excès de pouvoir ne peut être formé que par une partie ayant un intérêt direct et personnel à l'annulation de l'acte, tandis que la déclaration de validité ou d'invalidité peut être provoquée par toute partie figurant dans l'instance judiciaire qui a donné lieu à la question préjudicielle ;

4° Le recours pour excès de pouvoir a une procédure spéciale réglée par le décret du 2 novembre 1864, et il peut être formé sans avocat, tandis que les questions de validité font l'objet d'un recours contentieux ordinaire qui ne peut être porté devant le Conseil d'État que conformément au décret du 22 juillet 1806, et par le ministère d'un avocat au Conseil (²) ;

5° Enfin, le recours pour excès de pouvoir n'est jamais un litige *entre parties* ; l'auteur du recours n'a devant lui que le ministre compétent qui représente la puissance publique et prend des conclusions en son nom; au contraire, les questions de validité se débattent contradictoirement entre les parties que le débat judiciaire a mises en présence; le ministre n'y intervient que par un simple avis, non par de véritables conclusions.

A tous ces points de vue, on voit combien il importe de ne pas confondre le contentieux de l'interprétation, auquel se rattachent les questions préjudicielles de validité, avec le contentieux de l'annulation, auquel se rattache le recours pour excès de pouvoir.

Règles spéciales de compétence et recours « omisso medio ». — Signalons une particularité qui distingue les questions de validité d'actes administratifs des questions d'interprétation proprement dites. Cette particularité consiste en ce que la règle *ejus interpretari* ne peut plus servir à déterminer les compétences. En effet, s'il est naturel de demander à l'auteur d'un acte obscur quel sens il a entendu lui donner, on ne peut guère demander à l'auteur d'un acte argué d'illégalité s'il a ou non violé la loi. Non seulement sa

---

1. Conseil d'État, 28 avril 1882, *ville de Cannes.*
2. Conseil d'État, 20 janvier 1888, *Coursault.*

réponse risquerait de ne pas être sincère, mais encore elle risquerait de ne pas être éclairée, car s'il a commis une erreur de droit en faisant l'acte, il est à craindre qu'il n'y persiste en l'appréciant.

La règle *ejus est interpretari...* étant ici écartée, à quelle autorité devra-t-on s'adresser? La question serait fort embarrassante si l'on ne reconnaissait pas au Conseil d'État une juridiction ordinaire en matière administrative. S'adresserait-on au ministre, considéré comme étant lui-même juge ordinaire ? Mais si le ministre peut être en effet utilement consulté sur les actes des autorités qui lui sont hiérarchiquement subordonnées, comment le serait-il pour des autorités qui ne relèvent pas de lui, telles que les commissions départementales et les conseils généraux ? Comment surtout le ministre pourrait-il être utilement consulté sur la valeur de ses propres actes ? Sa prétendue juridiction ordinaire ne pourrait être ici qu'une juridiction très limitée, étroitement liée à ses pouvoirs hiérarchiques et, par suite, ne s'exerçant guère que sur les préfets et sur les maires.

C'est pourquoi le Conseil d'État, après avoir d'abord accepté la compétence du ministre [1], et même avoir affirmé qu'elle excluait le recours direct au Conseil d'État [2], a reconnu que ce recours direct est légal, et que le Conseil d'État peut toujours être saisi *omisso medio*.

Il s'est prononcé formellement en ce sens par un arrêt du 28 avril 1882, *ville de Cannes*. Dans cette affaire, un recours avait été formé directement devant lui, sur un renvoi de l'autorité judiciaire, pour faire prononcer sur la légalité d'un acte de tutelle administrative émané du secrétaire général de la préfecture au lieu et place du préfet. La ville défenderesse opposait à ce recours une fin de non-recevoir tirée de ce que le préfet, ou tout au moins le ministre de l'intérieur, aurait dû préalablement statuer sur la régularité de cet acte. Mais en réponse à ce moyen, l'arrêt rappelle que le Conseil d'État a été saisi à la suite d'un jugement du tribunal civil de Grasse, renvoyant à l'autorité compétente le point de savoir si l'acte de tutelle dont s'agit était légal ; il ajoute « que la requête

1. Conseil d'État, 13 novembre 1884, *commune de Sainte-Marie-du-Mont*.
2. Conseil d'État, 26 janvier 1877, *Compans*.

ainsi formée, à la suite et en exécution de la décision précitée du tribunal, ne rentre par son objet *dans aucun des cas où il appartiendrait soit au préfet, soit au ministre de statuer préalablement à la décision du Conseil d'État ;* que de ce qui précède il résulte que la requête de la ville de Cannes est recevable ».

La même doctrine résulte d'un arrêt du 6 mars 1891 (*Clermont*) qui statue directement sur une question de validité d'un arrêté préfectoral renvoyée à l'autorité administrative par un arrêt de sursis de la cour de Grenoble (').

Mais, dans les questions d'appréciation d'actes administratifs, comme dans celles d'interprétation, le Conseil d'État ne nous paraît point avoir eu la pensée de substituer sa juridiction de premier et dernier ressort à l'appréciation de toute autre autorité administrative. La partie conserve le choix entre le recours administratif et hiérarchique et le recours contentieux direct devant le Conseil d'État. Elle peut aussi les exercer successivement l'un et l'autre, en déférant au Conseil d'État la décision rendue par l'auteur de l'acte ou par son supérieur hiérarchique ; mais nous pensons qu'aucune fin de non-recevoir ne peut lui être opposée si elle saisit le Conseil d'État *omisso medio*.

1. Dans le même sens, 12 juin 1891, *commune de la Seyne*.

LIVRE VIII

CONTENTIEUX DE LA RÉPRESSION

LIVRE VIII

OBSERVATION PRÉLIMINAIRE

La juridiction qui appartient aux tribunaux administratifs, en matière de contravention de grande voirie, a quelquefois été présentée comme une sorte de démembrement de la justice pénale ; on en a conclu qu'elle aurait dû rester dans les attributions de l'autorité judiciaire.

Tel ne nous paraît pas être le caractère de cette juridiction toute spéciale. Elle est administrative, parce qu'elle se rattache étroitement à la police et à la conservation du domaine public ; elle a pour but d'assurer l'intégrité de ce domaine, son affectation exclusive aux usages que la loi lui a assignés, la réparation des dommages qui lui sont causés. C'est pourquoi la législation de la grande voirie se préoccupe moins des personnes que des choses : à l'inverse de la législation pénale, dont l'objet essentiel est d'infliger des peines aux délinquants, elle tend avant tout à faire disparaître les conséquences matérielles de l'infraction.

A la vérité, les contraventions de grande voirie donnent lieu à des amendes. Mais l'amende ne saurait être, à elle seule, l'indice d'une juridiction pénale ; il y a des amendes civiles (¹), des amendes fiscales, des amendes contractuelles souvent très élevées résultant de clauses de cahiers des charges ; les juridictions qui les appliquent ne sont pas pour cela des juridictions pénales. L'amende prévue pour les contraventions de grande voirie se rapproche beaucoup plus des amendes civiles ou fiscales que des amendes

1. Voy. Code civil, art. 192, 193.

pénales : ces dernières sont le premier degré d'une véritable pénalité dont le degré supérieur est l'emprisonnement, et cela est vrai même pour les contraventions de simple police, qui sont toujours punies d'emprisonnement en cas de récidive (art. 474, C. pén.). Au contraire, la répression des contraventions de grande voirie ne peut jamais être que pécuniaire.

Il y a plus : l'amende n'est pas un élément nécessaire de la répression en matière de grande voirie. Un grand nombre de contraventions ne la comportent pas ; la loi du 29 floréal an X, qui est un des textes fondamentaux de la matière, ne la prononce pas ; elle se préoccupe seulement d'assurer la cessation et la réparation des dommages causés au domaine public ; là est le but essentiel de la répression, l'amende n'est qu'un accessoire très secondaire.

Telles sont les raisons générales de la compétence administrative consacrée par la loi du 29 floréal an X. A l'époque où elle a été édictée, cette compétence a paru justifiée, en outre, par l'expérience qui venait d'être faite d'un partage d'attributions, tenté par la loi des 7-11 septembre 1790, entre les tribunaux et l'administration ; cette loi avait attribué aux corps administratifs « l'administration en matière de grande voirie », et aux tribunaux de district « la police de conservation » ; mais comme les deux choses n'en font réellement qu'une, il en était résulté des confusions d'attributions et des désordres dont le domaine public avait sérieusement souffert, et auxquels la loi de floréal an X a eu pour but de mettre fin ([1]).

La compétence administrative n'a pas seulement été l'œuvre du législateur de l'an X, elle a été confirmée sous les régimes ultérieurs par diverses lois qui l'ont successivement étendue : aux travaux de desséchement et d'endiguement (loi du 16 décembre 1807) ; — aux ports maritimes et aux travaux de la mer (décret du 10 avril 1812) ; — aux places de guerre et aux zones de servitudes militaires (loi du 17 juillet 1819) ; — aux chemins de fer d'intérêt général (lois du 15 juillet 1845) ; — aux lignes télégraphiques (décret-loi du 27 décembre 1851) ; — aux travaux faits dans des vallées

---

1. Voy. dans notre partie historique (t. Ier, p. 221) les plaintes formulées contre cet état de choses par les auteurs de la loi du 29 floréal an X.

submersibles (loi du 28 mai 1858) ; — aux chemins de fer d'intérêt local (loi du 11 juin 1865) ; — aux tramways (loi du 11 juin 1880) ; — aux conducteurs d'énergie électrique autres que les lignes télégraphiques et téléphoniques (loi du 25 juin 1895).

Pour embrasser dans son ensemble le régime répressif de la grande voirie, il faut joindre à toutes ces lois modernes un grand nombre d'anciens règlements, que la loi des 19-22 juillet 1791 a maintenus en vigueur : « provisoirement », dit cette loi ; mais ce provisoire dure encore. Ainsi se sont trouvés incorporés à la législation actuelle les anciens édits, déclarations, arrêts du Conseil, relatifs au domaine public, et spécialement : à la police et conservation des grandes routes et des rues de Paris et aux alignements (édit de décembre 1607, déclarations des 18 juillet 1729 et 18 août 1730, arrêts du Conseil des 17 juin 1721, 16 décembre 1759, 27 février 1765) ; — à la police des cours d'eau navigables et des canaux (ordonnance sur les eaux et forêts d'août 1669, ordonnances de décembre 1672 et de juillet 1723, arrêt du Conseil du 24 juin 1777) ; — à la police du domaine public maritime et des ports (ordonnance de la marine d'août 1681).

Il est même à remarquer que plusieurs de ces textes anciens ont été l'objet d'une nouvelle confirmation depuis 1791, notamment en vertu de la loi du 15 juillet 1845 sur la police des chemins de fer, dont l'article 1er déclare applicables aux voies ferrées les anciens règlements destinés à assurer la conservation des grandes routes et des ouvrages qui en dépendent.

Telles sont les sources multiples auxquelles la jurisprudence du Conseil d'État a dû puiser pour régler ce contentieux spécial, que nous avons appelé le contentieux de la répression, et qui n'est en réalité qu'une branche d'un contentieux plus large, celui du domaine public et de sa conservation. On a été quelquefois porté, faute de vues d'ensemble, à ne voir là qu'un assemblage peu cohérent de règles et de pratiques administratives ; nous pensons qu'on peut y trouver de véritables doctrines juridiques, et ce sont elles que nous nous efforcerons de dégager, sans insister sur les règles de détail spéciales à chaque matière.

CHAPITRE Ier

DES CONTRAVENTIONS DE GRANDE VOIRIE
ET DES PERSONNES A QUI ELLES SONT IMPUTABLES

I. — CARACTÈRES GÉNÉRAUX DES CONTRAVENTIONS.

La contravention de grande voirie consiste dans un fait matériel, pouvant compromettre la conservation du domaine public, ou nuire à l'usage auquel il est légalement destiné ([1]).

Ce caractère peut apparaître dans les quatre ordre de faits suivants : 1° l'*anticipation* ou *empiétement* sur le domaine public naturel ou artificiel ; — 2° la *dégradation* de ce domaine et des ouvrages qui en dépendent ; ce qui comprend dans beaucoup de cas, non seulement la dégradation constatée, mais encore la dégradation possible, c'est-à-dire le fait qui est *de nature* à causer un dommage ; — 3° l'inobservation des servitudes d'utilité publique, destinées à assurer à tous le libre usage du domaine public, ou à entourer d'une zone de protection les ouvrages qui en dépendent ; — 4° l'inobservation de certains règlements de police, qui ont pour but d'assurer l'ordre et de prévenir les accidents.

De l'anticipation et des contestations relatives aux limites du domaine public. — Il y a contravention toutes les fois qu'on anticipe sur le domaine public, par des constructions, plantations ou autres ouvrages.

---

1. Si l'obstacle mis à l'usage régulier du domaine public ne consistait pas dans un fait matériel, mais dans des injonctions, menaces ou voies de fait tendant à empêcher cet usage, il n'y aurait pas contravention de grande voirie, mais délit d'une autre nature relevant des tribunaux judiciaires : — 25 avril 1890, *Pénin.*

Lorsqu'il s'agit du domaine public dit *artificiel,* c'est-à-dire des ouvrages faits de main d'homme, tels que les routes, les chemins de fer, les canaux, etc., les limites résultent des actes de l'autorité administrative qui fixent l'emplacement et la dimension des ouvrages ; ou d'actes postérieurs, tels que les plans généraux d'alignement.

Si ces documents font défaut, il appartient au juge de la contravention de rechercher quelles sont les limites réelles de l'ouvrage public, y compris toutes ses dépendances, telles que les fossés et talus des routes, les francs-bords des canaux, etc. Tout empiétement sur les limites ainsi déterminées par l'autorité administrative, ou reconnues par le juge, constitue une contravention, alors même que l'auteur de l'empiétement prétendrait être resté propriétaire de parcelles sur lesquelles l'ouvrage public a été établi (¹).

L'interdiction qui est faite aux riverains des voies publiques d'élever des constructions en bordure sans avoir obtenu un alignement et une permission de bâtir, se rattache à cette nécessité de respecter les limites de la voie. C'est une mesure préventive qui a pour but d'empêcher l'empiétement. Celui qui s'y soustrait encourt, par cela seul, une amende ; mais il n'est tenu de démolir ces ouvrages, de faire disparaître « la besogne mal plantée » que s'il a réellement commis un empiétement, ou s'il a consolidé un édifice anticipant sur les limites nouvelles de la voie publique (²).

En ce qui touche le domaine public *naturel* (rivages de la mer, lits des cours d'eau navigables), l'autorité publique ne peut pas créer les limites, elle ne peut que les constater telles qu'elles résultent de l'état naturel des lieux. Ses actes ne peuvent donc être que *déclaratifs,* non *attributifs* de domanialité publique, à la différence de ce qui a lieu pour le domaine artificiel. C'est pourquoi les parties qui se croiraient lésées par un arrêté ou un décret de délimitation, étendant le domaine public naturel aux dépens de la propriété privée, seraient recevables à en réclamer l'annulation par la voie contentieuse. Elles peuvent également, si la délimitation

---

1. Voy. ci-après (p. 646) ce qui est dit de l'*exception de propriété* opposée à une poursuite pour contravention de grande voirie.

2. Voy. ci-après, p. 667.

attaquée est maintenue par l'autorité administrative, demander une indemnité de dépossession devant l'autorité judiciaire ([1]).

Il n'est pas nécessaire que le domaine public naturel ait été délimité par un acte de l'autorité publique, pour que l'administration poursuive et pour que le juge de la contravention réprime un empiétement ; il a qualité pour rechercher lui-même les limites, et il n'a ni l'obligation, ni même le droit de surseoir, pour qu'elles soient préjudiciellement reconnues soit, par un décret, soit par un arrêté préfectoral, selon la nature du domaine public dont il s'agit. Ce droit de vérification entraîne, pour le juge de la contravention, le droit de recourir à des mesures d'instruction telles que des visites de lieux ([2]), des vérifications confiées à des experts ou à des agents de l'administration ([3]).

La jurisprudence du Conseil d'État s'est affirmée en ce sens par de nombreux arrêts, qui reconnaissent pleine compétence au conseil de préfecture pour faire cette constatation dans la mesure où l'exige le jugement de la contravention, et qui annulent ses décisions lorsqu'il s'abstient de réprimer l'empiétement, sous prétexte que le domaine public n'était pas délimité sur le point litigieux ([4]). Bien plus, si l'autorité administrative a fait une délimitation postérieurement à la poursuite et si elle a ainsi résolu d'office la question dont le conseil de préfecture se trouvait saisi de plein droit en vertu du procès-verbal, cette délimitation ne peut valoir qu'à titre de simple renseignement ; elle ne fait point obstacle à ce que le juge de la contravention recherche lui-même les limites contestées, et ordonne à cet effet les vérifications nécessaires ([5]).

Mais que décider s'il existait, antérieurement au procès-verbal de contravention, un décret ou un arrêté de délimitation régulièrement rendu par l'autorité compétente, et s'il était constant en fait qu'un empiétement a eu lieu sur les limites ainsi fixées ? Le juge de la contravention aurait-il le droit de vérifier l'exactitude de ces actes et d'assigner des limites différentes au domaine public ? Cette

---

1. Voy. t. Ier, p. 544.
2. Conseil d'État, 7 août 1886, *Drouet ;* — 6 juin 1890, *min. des trav. pub. c. Dolnet.*
3. Conseil d'État, 25 février 1893, *Pérouse.*
4. Conseil d'État, 21 mars 1873, *Repos ;* — 19 janvier 1877, *Périer ;* — 20 janvier 1888, *Bouly.*
5. Conseil d'État, 7 août 1886, *min. des trav. pub. c. Drouet.*

question est délicate, et elle ne nous paraît pas avoir encore été explicitement tranchée par la jurisprudence du Conseil d'État.

A la vérité, l'arrêt précité du 7 août 1886 (*Min. des trav. pub. c. Drouet*), qui statue sur un cas où l'arrêté de délimitation était postérieur aux poursuites, est conçu en termes très généraux ; dans cette affaire, le ministre des travaux publics soutenait « qu'il importait peu de rechercher si c'est avant ou après que la contravention a été commise, que le préfet a reconnu et constaté les limites du domaine public... que le conseil de préfecture est sorti des limites de sa compétence et de ses attributions en discutant l'arrêté de délimitation et en contestant le bien-fondé de cet arrêté... »

A la question ainsi posée, l'arrêt répond : « Sur le moyen tiré de ce que le conseil de préfecture *était incompétent pour connaître de l'arrêté préfectoral de délimitation* du 9 avril 1884 : Considérant qu'à l'occasion du procès-verbal dont il était saisi, le conseil de préfecture, juge de la contravention, devait rechercher si le terrain sur lequel des coupes d'arbres avaient été pratiquées faisait réellement partie du lit du fleuve ; que dès lors le ministre des travaux publics n'est pas fondé à soutenir que ledit conseil aurait dû se borner à appliquer l'arrêté de délimitation... »

Le conseil ne s'est donc pas fondé sur ce que l'arrêté de délimitation était postérieur au procès-verbal de contravention, mais plutôt sur ce que cet acte était, de sa nature, *res inter alios acta* à l'égard du contrevenant et du conseil de préfecture (¹).

Telle nous paraît être la vraie doctrine. En effet, les délimitations du domaine public sont toujours faites *tous les droits des tiers réservés* (²). Or le premier de ces droits est celui de contester ces délimitations, lorsque l'administration veut en faire l'application à des tiers qui n'ont été appelés ni à y concourir, ni à y contredire. C'est en se fondant sur cette réserve que le Tribunal des conflits a définitivement reconnu aux tribunaux judiciaires le droit de vérifier la ligne séparative du domaine public et de la propriété privée, et

---

1. Cf. Conseil d'État, 27 mars 1874, *Barlabé*. — Dans cette affaire, le Conseil d'État a recherché si, en fait, il y avait eu empiétement sur les limites naturelles d'un étang salé, sans s'arrêter au moyen tiré de ce que la délimitation administrative aurait été irrégulière.

2. Décret du 21 février 1852, art. 2.

d'accorder une indemnité au propriétaire qui se croirait lésé par la délimitation administrative (¹). Il est naturel que cette réserve produise ses effets devant le juge de la contravention, aussi bien que devant le juge de la propriété.

Il nous paraît, d'ailleurs, y avoir une raison décisive pour que la délimitation puisse toujours être discutée devant le juge de la contravention : c'est que celui-ci n'a à réprimer qu'un empiétement sur les limites *actuelles* du domaine public, tandis que l'acte de délimitation, qui peut être très antérieur à la date de la poursuite, n'a eu à constater que les limites existantes à sa date. Or le domaine public naturel n'est pas immuable ; des délimitations faites à des époques rapprochées ont souvent constaté des différences très appréciables dans la disposition des berges, la maturité des alluvions fluviales, le niveau du rivage par rapport aux lais et aux relais de mer en formation. On serait donc toujours obligé de réserver au contrevenant le droit d'alléguer, et au juge le droit de vérifier, si les limites constatées subsistent encore, ce qui reviendrait à remettre en question l'acte de délimitation dans un très grand nombre de cas.

Il résulte de tout ce qui précède qu'on ne saurait refuser compétence au juge de l'anticipation pour vérifier, en cas de doute, les limites du domaine public naturel. Mais il ne s'ensuit pas qu'il doive abuser de ce pouvoir et tenir pour non avenus, sans raisons sérieuses, des actes de délimitation faits à la suite de constatations régulières et peut-être plus complètes que celles auxquelles il pourrait procéder lui-même. Une grande réserve lui est surtout imposée en présence de décrets de délimitation des rivages de la mer, délibérés en Conseil d'État après l'instruction prévue par le décret du 21 février 1852. Mais ce n'est plus là une question de compétence, c'est une question d'apprécation et de preuve qui relève du juge du fond.

Les observations qui précèdent, sur la vérification des limites du domaine public naturel sont également applicables à la question de savoir si un cours d'eau est navigable, puisque la domanialité

---

1. Tribunal des conflits, 11 janvier 1873, *Paris-Labrosse ;* — 1ᵉʳ mars 1873, *Guillié.* — Voy. t. Iᵉʳ, p. 544.

en dépend. Les déclarations de navigabilité sont faites comme les délimitations, sous la réserve des droits des tiers, et elles ne font pas obstacle à ce que le juge de la contravention en vérifie l'exactitude ([1]).

Des dégradations et autres dommages. — La protection due au domaine public exige que toutes dégradations ou dommages soient réprimés et réparés aux frais du contrevenant. C'est pourquoi la loi du 29 floréal an X atteint « toute espèce de détériorations » commises sur les grandes routes et leurs dépendances, sur les canaux, fleuves et rivières navigables, leurs chemins de halage, francs-bords et ouvrages d'art. Des lois postérieures ont assuré la même protection aux autres ouvrages dépendant de la grande voirie : ports maritimes, chemins de fer, lignes télégraphiques, etc., à ceux qui dépendent du domaine militaire, et aussi à certains ouvrages qui, sans appartenir au domaine public, présentent un caractère d'intérêt général, tels que les travaux de desséchement ou d'endiguement exécutés par des concessionnaires ou par des associations syndicales.

La loi n'atteint pas seulement les faits qui ont causé un dommage, mais aussi, dans beaucoup de cas, ceux qui *peuvent* l'occasionner ; aussi trouve-t-on souvent dans les arrêts du Conseil d'État cette formule : « que le fait constaté par le procès-verbal *était de nature à causer un dommage* ». Tel est le fait de couper des herbes sur une digue ou sur les berges d'un cours d'eau ou d'un canal ([2]) ; le fait d'abandonner au fil de l'eau des herbes ou autres débris qui peuvent s'engager dans des barrages ou écluses ou obstruer le syphon d'un canal ([3]) ; le fait d'amarrer un bateau à des pieux supportant un fanal, ce qui risque de les ébranler ou de les dégrader ([4]).

La protection de la loi s'étend aux *dépendances* de l'ouvrage pu-

---

1. Conseil d'État, 25 avril 1890, *Pénin*.
2. Conseil d'État, 5 janvier 1877, *min. des trav. pub. c. Martin;* — 13 avril 1883, *Fleury*.
3. Conseil d'État, 8 août 1834, *Évolte*.
4. Conseil d'État, 15 mai 1874, *Sauvignon;* — 16 janvier 1880, *min. des trav. pub. c. Lancien*.

blic, non seulement à celles qui sont fixes, mais encore à celles qui sont mobiles, telles que les pontons où sont arborés des feux flottants, les bouées, balises, corps-morts, etc. ([1]). Cependant le Conseil d'État a refusé d'assimiler un bac à vapeur aux dépendances d'une route, un bateau dragueur aux dépendances d'un port([2]).

Nous avons dit qu'il y a des cas où la dégradation a le caractère d'une contravention de grande voirie, même quand elle atteint des ouvrages qui ne dépendent pas du domaine public; mais cette extension ne peut résulter que de dispositions spéciales de la loi. On en trouve des exemples : dans la loi du 16 septembre 1807 (art. 27), d'après laquelle tous dommages causés aux travaux de desséchement et d'endiguement « seront poursuivis par voie administrative comme pour les objets de grande voirie » ; dans la loi du 15 juillet 1845 (art. 12 et suiv.) qui assimile à des contraventions de grande voirie les atteintes portées, par les travaux des compagnies de chemins de fer, non seulement à la viabilité des routes, mais encore à celle des chemins vicinaux, et au libre écoulement des eaux, quelle que soit la nature de ces eaux.

Inobservation des servitudes légales. — Il ne faut pas confondre avec des dépendances du domaine public ayant par elles-mêmes un caractère domanial, les zones de service ou de protection qui sont souvent établies sur des propriétés privées, grevées de servitudes légales dans l'intérêt du domaine public. Telles sont, pour les chemins de fer, les zones où il est interdit d'élever des constructions et de pratiquer des excavations; pour les places de guerre et autres ouvrages de fortification, les zones plus ou moins étendues où l'on ne peut ni planter ni construire ; pour les cours d'eau navigables, les chemins de halage et de contre-halage qui, sans cesser d'appartenir aux riverains, sont grevés d'une servitude de passage pour le service de la navigation. Tout empiétement sur les espaces ainsi réservés, toute infraction aux dispositions légales qui en restreignent l'usage, constituent des contraventions de

---

1. Conseil d'État, 6 juillet 1883, *min. des trav. pub. c. Wilbuer.* — Cf. l'avis du Conseil général des ponts et chaussées, rapporté en note sous un arrêt du 2 mars 1883 (*min. des trav. pub. c. Kolling*). — Cf. la loi du 27 mars 1882 sur le balisage.
2. Conseil d'État, 7 mai 1880, *Min. des trav. pub. c. Meikle.*

grande voirie, parce qu'il peut en résulter un danger pour la conservation de l'ouvrage ou un obstacle à l'usage auquel il est destiné.

Inobservation des règlements de police. — Les règlements dont il nous reste à parler ne sont plus ceux qui ont en vue la conservation des ouvrages et de leurs zones de service ou de protection, mais ceux qui règlent l'usage du domaine public dans l'intérêt commun de ceux qui s'en servent. Ces règlements ont pour but de prévenir les accidents, d'assurer une bonne utilisation du domaine public et quelquefois aussi, mais accessoirement, de contribuer à sa conservation en empêchant tout usage abusif. Tel est l'objet de la police du roulage et de la police de la navigation, qui donnent lieu l'une et l'autre à un partage de compétence entre l'autorité judiciaire et la juridiction administrative.

En ce qui touche la police du roulage, la répartition des compétences a été faite, d'une manière qui laisse beaucoup à désirer, par l'article 17 de la loi du 30 mai 1851, qui réserve au conseil de préfecture les contraventions prévues par les articles 4 et 9 de cette loi, et renvoie toutes les autres à l'autorité judiciaire. L'article 9 prévoit tout dommage causé à une route ou à ses dépendances par la faute du voiturier ; il rentre ainsi dans les prévisions normales de la législation de la grande voirie ; l'article 4 renvoie à des dispositions très diverses dont les unes intéressent la conservation de la route, les autres la sécurité de la circulation. Le système, considéré dans son ensemble, manque d'homogénéité.

En matière de police de la navigation, l'ordonnance de la marine de 1681 dans ses dispositions relatives à la police des havres, ports et rades, et l'arrêt du Conseil du 24 juin 1777 sur la navigation des rivières et canaux, édictent à la fois des mesures de protection pour les ouvrages et de sécurité pour la navigation et le séjour dans les ports. L'application de toutes ces prescriptions ressortit au conseil de préfecture, parce qu'elles résultent d'anciens règlements maintenus en vigueur par la loi des 19-22 juillet 1791. Il en est de même des mesures prescrites par les arrêtés préfectoraux pris pour assurer l'exécution de ces anciens règlements (¹). La jurisprudence

_____

1. Conseil d'État, 22 juin 1876, *min. des trav. pub.*; — 2 mai 1879, *id.*; — 5 avril

admet même qu'il y a contravention de grande voirie lorsque l'infraction à ces règlements ou arrêtés, sans avoir effectivement compromis la liberté ou la sécurité de la navigation, a été de nature à les compromettre : tel est le cas où l'on refuse d'obéir aux ordres des officiers de port assignant une place aux navires ([1]), ou de déclarer la nature du chargement, que ces officiers ont souvent besoin de connaître pour décider quel emplacement le navire doit occuper ([2]).

Au contraire, la compétence est judiciaire lorsque les arrêtés préfectoraux relatifs à la police de la navigation ne sont pas destinés à assurer l'exécution des anciens règlements, mais à édicter telles mesures de sécurité que des lois plus récentes ont prévues ou que les circonstances commandent. Les infractions à ces arrêtés constituent alors des contraventions de simple police, ayant pour sanction l'article 471, § 15, du Code pénal et relevant de la compétence judiciaire ([3]).

Si cependant ces infractions ont occasionné un dommage au domaine public, il y a de ce chef une contravention de grande voirie, qui rentre dans les prévisions générales de la loi du 29 floréal an X ; le conseil de préfecture est compétent pour en connaître, au point de vue de la réparation du dommage.

Ce partage de compétence entre le tribunal de simple police et le conseil de préfecture est analogue à celui que nous avons signalé en matière de petite voirie, lorsque le juge de police prononce l'amende et que le conseil de préfecture réprime, en vertu de la loi du 9 ventôse an XIII, l'anticipation commise sur un chemin vicinal ([4]). Mais, dans le cas qui nous occupe, la compétence réservée au conseil de préfecture est plus étendue, parce que la loi

---

1884, *Denicelle ;* — 11 décembre 1885, *min. des trav. pub.* — 26 juin 1891, *min. des trav. pub. c. Burlot.*

1. Conseil d'État, 18 avril 1860, *Toulelon ;* — 7 juin 1878, *Large ;* — 23 juillet 1886, *Gay ;* — 8 juillet 1837, *min. des trav. pub. c. Oger.* — Cf. 3 juin 1892, *min. des trav. pub. c. Pacderbock.*

2. Conseil d'État, 16 mai 1879, *min. des trav. pub. c. Le Sund.* — Cf. la loi du 19 février 1880 sur la déclaration concernant les bateaux qui naviguent sur les rivières et canaux.

3. Conseil d'État, 14 janvier 1863, *Samson ;* — 17 août 1864, *Prévost ;* — 20 juillet 1883, *Bénex.*

4. Voy. t. Ier, p. 704 et suiv.

du 29 floréal an X ne vise pas seulement les *anticipations*, comme la loi de ventôse an XIII, mais encore *toute espèce de détériorations* causées aux dépendances de la grande voirie.

II. — DES PERSONNES A QUI LES CONTRAVENTIONS SONT IMPUTABLES.

En matière correctionnelle ou de simple police l'amende a le caractère d'une véritable pénalité, et elle ne peut être prononcée que contre l'auteur du délit ou de la contravention ; d'un autre côté, comme la répression pénale suppose la responsabilité personnelle du délinquant, elle ne peut pas atteindre des êtres impersonnels, tels que des départements, des communes, des sociétés, ou autres personnes morales. Mais, à la différence de l'amende, les réparations civiles peuvent être mises à la charge de toutes les personnes que les articles 1384 et suivants du Code civil rendent pécuniairement responsables du fait d'autrui.

Ces distinctions s'effacent presque complètement en matière de grande voirie, parce que les amendes n'ont pas le caractère de véritables pénalités, et que les condamnations ne peuvent pas, comme en matière de simple police, aboutir à l'emprisonnement en cas de récidive. C'est pourquoi la répression des contraventions de grande voirie atteint directement des personnes qui ne pourraient encourir, d'après le droit commun, qu'une responsabilité civile et dérivée.

Ainsi des condamnations pour contravention de grande voirie peuvent être prononcées contre un département, une commune, une association syndicale, une compagnie de chemins de fer, etc.(¹). Ce dernier cas a même été expressément prévu par la loi du 15 juillet 1845, dont le titre II traite des contraventions commises par les concessionnaires de chemins de fer.

En général, la répression de la contravention atteint à la fois

---

1. Conseil d'État, 23 juillet 1841, *département du Loiret ;* — 14 juin 1851, *commune de Tournon ;* — 13 septembre 1864, *mines de Bouxwiller ;* — 23 novembre 1865, *commune de Hennebont ;* — 31 mars 1874, *chemin de fer de Lyon.*

celui qui en est matériellement l'auteur, et celui *pour le compte duquel* elle a été commise, c'est-à-dire celui à qui devait profiter l'acte d'où l'infraction est résultée : il en est alors présumé co-auteur, quelquefois même auteur unique. Dans d'autres cas, il faut distinguer entre l'amende, qui n'est subie que par l'auteur matériel de l'infraction, et la réparation du dommage qui incombe à toute personne civilement responsable. Pour faire ces distinctions, on doit d'abord consulter les textes. S'ils laissent la question indécise, on doit considérer comme auteur ou co-auteur de l'infraction celui pour le compte duquel elle a été commise.

Les textes et la jurisprudence fournissent de nombreuses applications de cette règle. Ainsi, l'on doit déclarer personnellement responsables de l'amende, aussi bien que de la réparation du dommage : le propriétaire de bestiaux que leur berger a menés en pâturages sur les bords d'une route, contrairement à l'arrêt du Conseil du 16 décembre 1759 ([1]), ou qui se sont introduits et « répandus » sur une voie ferrée, contrairement au même texte rendu applicable aux chemins de fer par l'article 1er de la loi du 15 juillet 1845 ([2]); — le propriétaire d'une voiture dont le conducteur a commis une contravention à la police du roulage ([3]); — le propriétaire d'un cheval qui a endommagé des plantations faites sur les levées de la Loire ([4]); — le propriétaire d'un remorqueur dont le choc a causé des avaries à un barrage ([5]); — le propriétaire de constructions faites en contravention aux règlements, sans que ce propriétaire puisse invoquer le fait de l'architecte, de l'entrepreneur ou des ouvriers qui ont exécuté les travaux ([6]) et qui encourent eux-mêmes, dans certains cas, une responsabilité personnelle ([7]), ni

---

1. Conseil d'État, 19 avril 1854, *Closménil ;* — 7 août 1891, *Gogot.* — Cf. 9 novembre 1888, *Mauger.*

2. Conseil d'État, 20 janvier 1888, *Marié ;* — 16 mars 1888, *min. des trav. pub. c. Galis,* — et nombreux arrêts antérieurs.

3. Loi du 30 mai 1851, art. 13.

4. Arrêt du Conseil du 23 juillet 1783. — Conseil d'État, 8 janvier 1877, *Durillon.*

5. Arrêt du Conseil du 24 juin 1777. — Conseil d'État, 28 novembre 1879, *Morel.*

6. Conseil d'État, 13 septembre 1864, *mines de Bouxwiller ;* — 30 mai 1879, *Fontaine.*

7. Voy. la déclaration du roi du 10 avril 1783, relative aux rues de Paris, qui inflige l'amende non seulement au propriétaire, mais encore aux « maîtres charpentiers, maçons et autres ouvriers » qui ont exécuté les travaux. — Ces dispositions n'ont

le fait d'un locataire occupant l'immeuble et modifiant l'état des lieux avec l'autorisation du propriétaire ([1]).

Le Conseil d'État a même pendant longtemps décidé que le propriétaire d'un immeuble est co-auteur de la contravention commise par un locataire qui construit sans son autorisation et à son insu([2]). Cette jurisprudence, approuvée par M. Serrigny ([3]), a été critiquée avec raison par M. Aucoc ([4]), et elle a été abandonnée par le Conseil d'État. Ses arrêts les plus récents décident que le propriétaire n'est pas passible de l'amende pour des travaux faits à son insu, peut-être à son préjudice, et qui ne peuvent être considérés comme ayant été faits pour son compte ([5]). Mais il n'en reste pas moins responsable, sauf son recours contre le locataire, des réparations dues à raison des travaux illicites ; en effet, en détenant l'immeuble auquel ces travaux ont été incorporés, il détient le corps même du délit, et c'est à bon droit que l'administration s'adresse à lui pour en demander la suppression.

Par suite de la même distinction, l'acquéreur d'un immeuble sur lequel des travaux illicites ont été effectués par un précédent propriétaire n'est pas passible de l'amende : il ne peut être tenu que de la démolition ([6]) ; mais s'il s'y refusait après mise en demeure, nous pensons qu'il pourrait être poursuivi comme co-auteur de la contravention, parce qu'il aurait ainsi pris les travaux pour son propre compte et en aurait sciemment assumé la responsabilité.

III. — DES EXCUSES ET DES QUESTIONS PRÉJUDICIELLES.

Des cas de force majeure. — La force majeure est une circonstance absolutoire en droit pénal ; l'article 64 C. pén. le déclare

cessé d'être appliquées par la jurisprudence. — 24 février 1888, *min. de l'intérieur c. Larrieu.*

1. Conseil d'État, 8 août 1885, *Lemaire.* ·

2. Conseil d'État, 4 mai 1829, *Tardif;* — 23 février 1841, *de Lyonnes ;* — 23 décembre 1845, *Bourriat.*

3. Serrigny, *Compétence administrative,* t. II, p. 403.

4. *Conférences,* t. III, p. 215.

5. Conseil d'État, 4 août 1862, *Levet ;* — 14 novembre 1879, *Piédoye.*

6. Conseil d'État, 28 juillet 1849, *Gorin;* — 26 juillet 1851, *Massé ;* — 14 février 1861, *Delarivière.*

expressément en ce qui touche les crimes et les délits, et la jurisprudence de la Cour de cassation décide de même à l'égard des
contraventions de simple police : si ces contraventions, dit-elle,
n'impliquent pas l'intention de nuire, elles supposent néanmoins
la volonté de l'agent, sa volonté libre ([1]).

Cette doctrine ne saurait être admise en termes aussi généraux
lorsqu'il s'agit de contraventions de grande voirie. En effet, nous
ne saurions trop le rappeler, on n'est plus là en matière pénale, mais
en matière administrative et domaniale. Même quand il s'agit d'a-
mendes, la responsabilité du contrevenant a moins d'analogie avec
la responsabilité personnelle et pénale qu'avec la responsabilité
civile, prévue par les articles 1384 et suivants du Code civil. Il n'est
pas nécessaire que le contrevenant ait été l'auteur volontaire et
libre de l'atteinte portée au domaine public : il suffit qu'il en ait été
matériellement l'auteur, soit par lui-même, soit par les personnes,
les animaux ou les choses dont il répond.

Il suit de là que, sans refuser tout caractère absolutoire à la force
majeure, on doit restreindre ses effets au cas où elle est assez énergique, assez invincible, pour supprimer non seulement le fait volontaire, mais encore le fait matériel du contrevenant. Ce cas se
présente, par exemple, lorsqu'un navire, rendu ingouvernable par
la tempête, est jeté sur les ouvrages d'un port et leur fait des avaries;
plusieurs arrêts ont admis que le navire devient alors une sorte
d'épave dont le flot dispose, et que les dommages sont le fait des
éléments. « Considérant, disent ces arrêts, qu'un vent violent a
poussé le navire *avec une force irrésistible*... ([2]). » Les éléments étant
considérés comme les auteurs du dommage, il n'y a pas de contravention et aucune condamnation ne peut être prononcée, soit à
l'amende, soit à la réparation du dommage.

Mais il en serait autrement si la force majeure, au lieu de causer
directement le dommage, n'en avait été qu'une des causes, si, par
exemple, la manœuvre du navire avait été entravée par suite d'ava-

---

1. Voy. les arrêts de la chambre criminelle : 3 janvier 1879, *ministère public
c. Boudrot;* — 10 janvier 1879, *Devred*, et la note sur ces arrêts. (Dall. pér. 1879,
p. 377.)

2. Conseil d'État, 15 janvier 1875, *Beck;* — 9 juin 1876, *min. des trav. pub. c. Maryn•*
— Cf. 17 décembre 1880, *min. des trav. pub. c. Minto.*

ries antérieures, ou si elle avait été contrariée par le mauvais temps sans être rendue tout à fait impossible ([1]). De même, si un bâtiment a coulé, par force majeure, dans les passes d'un port ou dans toute autre voie navigable, le propriétaire n'en est pas moins tenu de relever l'épave, et il est en contravention s'il s'y refuse ([2]).

Mais on doit plus largement admettre l'excuse tirée de la force majeure lorsqu'elle résulte d'un fait imputable à l'administration. Ainsi le Conseil d'État a déclaré exempts de toute contravention, nonobstant leur refus de relever l'épave, les propriétaires de bateaux coulés en Seine par le tir des chaloupes-canonnières qui concouraient, en 1871, au siège de Paris par l'armée française ([3]), le propriétaire d'un bateau qui avait sombré dans un canal, par suite d'un choc contre des pierres provenant de travaux exécutés par l'administration ([4]). En réalité, ces décisions s'inspirent moins de l'idée de force majeure que d'un déplacement de responsabilité, ayant substitué le fait de l'administration à celui du propriétaire comme cause matérielle du dommage.

Exception de propriété. — En règle générale, et sauf la réserve que nous indiquerons ci-après, le jugement d'une contravention de grande voirie ne peut pas être suspendu par le renvoi d'une question préjudicielle de propriété à l'autorité judiciaire. Presque toujours, en effet, le moyen de défense que le contrevenant prétendrait tirer de son droit de propriété serait sans influence sur le jugement de la contravention ; ou bien, s'il pouvait en exercer une, il rentrerait parmi les moyens que le juge de la contravention a qualité pour apprécier. Examinons, en effet, les différents cas dans lesquels on peut être tenté de recourir à l'exception de propriété.

Supposons d'abord que la poursuite a été motivée par une entreprise commise sur le domaine public *naturel* ; le contrevenant allègue que le terrain par lui occupé n'est pas une dépendance du lit du fleuve ou du rivage de la mer, mais qu'il est sa propriété pri-

---

1. Conseil d'État, 16 janvier 1875, *Johannesen.*

2. Conseil d'État, 7 février 1867, *Caillard ;* — 4 mai 1870, *Briday ;* — 28 mai 1880, *min. des trav. pub. c. la compagnie transatlantique.*

3. Conseil d'État, 12 juin 1874, *min. des trav. pub. c. Bailly.*

4. Conseil d'État, 6 août 1881, *Rochard-Lebreton.* — Cf. 30 juin 1876, *Gaudet.*

vée. Cette allégation équivaut à soutenir que les limites du domaine public ont été mal appréciées par l'auteur de la poursuite; en effet, ce domaine est inaliénable, imprescriptible, exclusif de toute propriété privée; par cela seul qu'on sait jusqu'où il s'étend, on résout la question d'empiétement, sans avoir à se préoccuper d'aucune prétention à des droits de propriété impossibles (¹). Du moment que la difficulté porte en réalité sur les limites à assigner au domaine public, elle ne peut pas donner lieu à une question préjudicielle devant l'autorité judiciaire, puisque la fixation de ces limites appartient à l'autorité administrative (²).

Supposons maintenant que la contravention consiste dans une dégradation ou dans un empiétement commis sur un *ouvrage public*, dépendant du domaine artificiel, et que le contrevenant soutient que le terrain sur lequel l'ouvrage a été construit est sa propriété, l'administration ne l'ayant ni acheté, ni exproprié. Cette circonstance pourra-t-elle faire disparaître la contravention?

La jurisprudence n'hésite pas à se prononcer pour la négative (³). Cette solution semble s'imposer en dehors même de toute démonstration juridique. Comment admettre, en effet, qu'un propriétaire qui a laissé s'établir une route, un chemin de fer, une digue, sur un terrain lui appartenant, — soit qu'il fût absent ou négligent, soit qu'il ignorât ses droits sur ce terrain, — comment admettre qu'il puisse, pendant trente ans, faire des clôtures, des fouilles, des brèches au travers de ces ouvrages, en prétendant qu'il est chez lui? L'intérêt général s'oppose à ce qu'il en soit ainsi; quant au droit de propriété, il ne peut que se convertir en un droit à indemnité pour expropriation indirecte.

---

1. Cette impossibilité cesse lorsqu'on peut soutenir que le domaine public est privativement possédé en vertu de concessions antérieures à 1566 ou de ventes nationales. Nous laissons ici de côté cette hypothèse toute spéciale, qui sera examinée plus loin.

2. Conseil d'État, 5 janvier 1877, *Martin;* — 7 août 1886, *Drouet;* — 18 février 1887, *Bouilliez;* — 15 juin 1888, *min. des trav. pub.* — Le Tribunal des conflits a même jugé que la délimitation administrative des rivages de la mer est préjudicielle à une question de propriété ou de possession pendante devant un tribunal judiciaire entre un riverain et l'État. (27 mai 1876, *commune de Sandouville.*)

3. Conseil d'État, 11 mai 1850, *Colard;* — 29 mai 1867, *Lebourg;* — 22 août 1868, *Taxil;* — 10 mai 1878, *Vincent;* — 13 avril 1883, *Fleury* (1ʳᵉ esp.). — Cf. Tribunal des conflits, 12 mai 1877, *Dodun.*

Cette solution ne manque pas de bases juridiques, en dehors même des nécessités publiques qui l'imposent. Elle les trouve dans la théorie de l'expropriation indirecte que nous avons exposée en traitant de la compétence sur les questions de propriété ([1]). Et cette théorie même n'est ici qu'une application rationnelle des principes généraux en matière *d'accession*. Qu'est-ce, en effet, que l'accession, sinon l'incorporation de l'accessoire au principal ? Dans le système du Code civil, le principal c'est le sol ; voilà pourquoi les constructions s'y incorporent, même quand elles sont faites par un tiers de bonne foi, sous réserve d'une simple indemnité (art. 555, C. civ.). En matière de travaux publics, le principal n'est pas le sol, mais l'ouvrage public, qui peut demander à l'expropriation tous les terrains dont il a besoin. Les innombrables parcelles sur lesquelles cet ouvrage peut s'étendre d'un bout du territoire à l'autre ne sont à son égard que des accessoires ; il les absorbe au lieu d'être absorbé par elles. La théorie de l'accession reste la même dans son principe, quoique inverse dans ses effets.

De là cette conséquence : que si l'ouvrage public n'existe pas encore, si l'administration qui a occupé le terrain ne l'a pas effectivement transformé par des travaux d'intérêt général, il ne s'opère ni accession, ni expropriation indirecte ; le propriétaire ne commet pas de contravention en exerçant sur ce terrain les droits qui lui appartenaient, et qui ne sont encore supprimés, ni en fait, ni en droit, par le domaine public. Dès lors, l'exception de propriété devient péremptoire, et le juge de la contravention doit surseoir jusqu'à ce qu'elle ait été appréciée par l'autorité judiciaire. Le Conseil d'État a statué en ce sens, dans des espèces où il s'agissait de terrains occupés par l'administration comme dépendances d'un canal ou de barrages éclusés, mais qui n'avaient pas encore été incorporés à ces ouvrages ([2]).

Droits privatifs acquis sur le domaine public. — Bien que le domaine public répugne à toute idée de droits privatifs, il existe des cas exceptionnels où l'on peut l'occuper et y faire des travaux

---

1. Voy. t. Ier, p. 542 et suiv.
2. Conseil d'État, 5 février 1867, *Delord ;* — 20 mai 1881, *Sommariva ;* — 14 avril 1883, *Fleury* (3ᵉ esp.).

en vertu de titres valables, sans être exposé à des poursuites pour contravention de grande voirie. Ces titres exceptionnels, qui font échec à l'inaliénabilité et à l'imprescriptibilité du domaine public, ne peuvent résulter que de *concessions antérieures à 1566* ou de *ventes nationales.*

I. — Les *concessions antérieures à 1566* sont celles qui ont été faites par la Couronne avant que le chancelier l'Hospital eût fait rendre la célèbre ordonnance de Moulins (février 1566), qui a déclaré inaliénable le domaine de la Couronne (¹).

Avant cet édit, le roi disposait librement du domaine de la Couronne, dans lequel les domaines royaux et le domaine public étaient confondus ; il en disposait non seulement pour les besoins de l'État, mais aussi pour faire des largesses. Ces concessions avaient été si nombreuses au xɪvᵉ et au xvᵉ siècle, et faites avec si peu de discernement, que l'approvisionnement de Paris avait été compromis par suite des obstacles mis à la navigation de la Seine et de la Marne par des moulins, pêcheries et établissements de toute nature concédés sur ces cours d'eau ; plus d'une fois le parlement de Paris avait dû autoriser le prévôt des marchands à faire démolir ces ouvrages *manu militari* (²).

L'édit de 1566 interdisait à l'avenir toute aliénation, sauf dans deux cas : la constitution d'un apanage à un fils puîné de France, et la nécessité de la guerre (³). Voulant même défendre le roi contre tout entraînement, l'édit proclamait l'inaliénabilité du domaine comme une sorte de principe constitutionnel supérieur à la volonté du roi : celui-ci n'avait pas le pouvoir d'y déroger ; s'il le faisait, ses actes étaient non avenus : « Défendons à nos cours de « Parlement et Chambres des comptes d'avoir égard aux lettres « patentes contenant aliénation de notre domaine et fruits d'icelui, « hors les cas susdits, et leur est inhibé de procéder à l'entérine- « ment et vérification d'icelles (⁴). »

1. Isambert, *Recueil des anciennes lois françaises,* t. XIV, p. 185. — Voy. sur cette ordonnance et sur les tentatives antérieures : F. Laferrière, *Essai sur l'histoire du droit français,* t. Iᵉʳ, p. 234 (édit. de 1885).

2. Juvénal des Ursins parle d'une de ces exécutions qui eut lieu en 1498 : « ce dont lesdits seigneurs furent bien mal contents, mais fut la besogne bien profitable à la bonne ville de Paris ».

3. Édit de février 1566, art. 1ᵉʳ.

4. Même édit., art. 5.

La jurisprudence du Conseil d'État a admis que les concessions antérieures à cette ordonnance avaient pu conférer des droits privatifs sur des portions du domaine public ; et que, par suite, elles formaient titre au profit d'un ayant droit poursuivi pour contravention ([1]). Il suffit même que, sans produire le titre, on établisse que l'existence de l'usine, de la prise d'eau, de la pêcherie établie sur le domaine public est antérieure à 1566 ; cette existence fait présumer la concession.

Mais le Conseil d'État et la Cour de cassation ont toujours refusé d'admettre que des droits aient pu être conférés sur le domaine public depuis 1566, même à la suite d'aliénations à titre onéreux consenties par la Couronne ([2]). A la vérité, ces aliénations pouvaient être valables, d'après une réserve insérée dans l'édit de 1566, en tant qu'elles avaient pour objet des terres vaines et vagues, palus, marais, lais et relais de la mer et autres biens composant le *petit domaine* ; mais la jurisprudence n'a jamais admis qu'on pût faire rentrer dans le petit domaine des dépendances du domaine public, notamment des prises d'eau sur des rivières navigables.

La jurisprudence a seulement admis que les aliénations postérieures à 1566 et antérieures à 1789 peuvent produire les effets d'autorisations accordées sur le domaine public, et mettent l'occupant à l'abri de poursuites tant qu'elles ne sont pas révoquées ([3]).

II. — Les *ventes nationales* ont pu créer aussi sur le domaine des droits privatifs qui ne permettent pas d'intenter des poursuites pour contravention de grande voirie. Nous avons expliqué ailleurs le caractère exceptionnel de ces ventes, dont l'inviolabilité était garantie par les Constitutions de l'an III et de l'an VIII ([4]). A la vérité, on aurait pu soutenir que l'Assemblée constituante, par ses lois des 19-21 décembre 1789 et des 22 novembre-1er décembre 1790,

---

1. Conseil d'État, 15 février 1866, *Fréneau ;* — 20 janvier 1882, *Bellanger.*

2. Ces aliénations ont souvent eu lieu au XVIIe et au XVIIIe siècle comme expédient financier. L'expédient était double : on aliénait moyennant un prix, puis on menaçait de révoquer l'aliénation comme faite contrairement à l'ordonnance de 1566, et l'on promettait de la maintenir moyennant redevance. (Voy. les édits de décembre 1693 et d'avril 1713 sur les moulins et prises d'eau et l'édit de février 1710 sur les pêcheries.)

3. Conseil d'État, 22 mars 1889, *Mabilat.*

4. Voy. t. Ier, p. 555 et suiv.

n'avait dérogé au principe de l'inaliénabilité que pour les biens du *domaine de l'État*, qu'elle l'avait au contraire maintenu dans toute sa rigueur pour les choses *du domaine public* « qui ne sont pas susceptibles d'une propriété privée([1]) » ; qu'ainsi les ventes nationales devraient être considérées comme non avenues, en tant qu'elles auraient porté sur des biens dont l'aliénation était prohibée. Telle était en effet la doctrine de la Convention, du Directoire et du Consulat. Lorsqu'on avait vendu par erreur soit des choses du domaine public, soit même des bois nationaux, dans les cas où leur aliénation était interdite par la loi du 23 août 1790, les textes et la jurisprudence déclaraient l'aliénation nulle et de nul effet ([2]).

Telle a été aussi la première jurisprudence du Conseil d'État. Elle a décidé, jusqu'en 1830, que les ventes nationales n'avaient pas pu comprendre des dépendances de routes ou de cours d'eau navigables ([3]). Mais, après la révolution de Juillet, le Conseil d'État, désirant mettre fin à toutes contestations au sujet des ventes, a interprété dans leur sens le plus absolu les textes constitutionnels qui les avaient sanctionnées ; il a décidé que ces textes, en garantissant l'acquéreur contre toute éviction, l'avaient mis à l'abri de toute revendication, non seulement de la part de l'État ou des tiers, mais encore de la part de la puissance publique veillant à la conservation du domaine public national. En d'autres termes, il a admis que l'*État puissance publique* était garant de l'*État vendeur*, alors même que celui-ci avait excédé ses droits.

Il a d'ailleurs pensé que cette jurisprudence ne pouvait pas causer de dommage sérieux au domaine public, l'État étant toujours libre de ressaisir, moyennant une indemnité d'expropriation, les droits qu'il aurait aliénés au préjudice du domaine public. Il est résulté de là que les ventes nationales, comme les concessions

1. Loi des 22 nov.-1er déc. 1790, préambule et art. 2.
2. Loi du 25 juillet 1793 ; — arrêté du 6 floréal an IV ; — arrêté du 17 thermidor an VIII. — On lit dans ce dernier arrêté : « La Constitution prend sous sa « protection « spéciale les acquéreurs de domaines nationaux et défend formellement de les dé- « posséder, *pourvu toutefois que l'adjudication qui fait leur titre ait été légalement* « *consommée ; mais une adjudication n'a pas ce caractère lorsqu'il y a été procédé au* « *mépris de la prohibition de la loi.* »
3. Conseil d'État, 30 mai 1821, *Caumia de Bailleux ;* — 25 avril 1828, *Bezuchet.* — Cf. Macarel, *Jurisprudence administrative*, t. Ier, p. 323 ; — Cormenin, *Droit administratif*, vo *Domaines nationaux*, § 6 et notes.

antérieures à 1566, ont créé des titres opposables à une poursuite pour contravention ([1]).

Il résulte également de cette jurisprudence que l'interprétation d'un acte de vente nationale peut être préjudicielle au jugement d'une contravention. Sans doute la décision appartient au même juge, puisque les contraventions de grande voirie et le contentieux des domaines nationaux sont également placés dans les attributions du conseil de préfecture ; mais la procédure sommaire établie pour le jugement des contraventions ne se prête pas à un débat sur l'interprétation d'une vente ; aussi le Conseil d'État a-t-il décidé que cette interprétation doit donner lieu à une instance spéciale, toutes les fois qu'elle a été reconnue nécessaire par le conseil de préfecture ([2]).

Concessions et autorisations administratives. — L'interdiction faite aux particuliers de rien entreprendre sur le domaine public peut être levée, dans la mesure prévue par la loi, par des autorisations ou permissions émanées de l'autorité administrative compétente.

Ce droit d'autorisation n'a rien de contraire au principe de l'inaliénabilité, car il ne peut engendrer qu'une jouissance précaire et révocable, même quand l'autorisation est donnée à charge de redevance ; les lois de finances du 16 juillet 1840 et du 20 décembre 1872, qui ont autorisé ces sortes de redevances, ont expressément stipulé cette réserve, qui d'ailleurs était de droit.

On ne saurait critiquer non plus la faculté donnée à l'administration d'accorder les autorisations qu'elle juge compatibles avec la conservation du domaine. Cette faculté lui permet de développer des sources de richesse : irrigations, force motrice, plantations, extractions de matériaux, pêcheries ; quelquefois même de seconder des entreprises d'intérêt général qui exigent un réseau de canalisation souterraine et qui ont besoin d'emprunter le sous-sol des voies publiques : distributions d'eau et de gaz, tubes pneumatiques, fils téléphoniques, transport de force et de lumière électrique.

---

1. Conseil d'État, 15 avril 1869, *Lambert* (1re esp.) ; — 14 novembre 1884, *Guiblin.*
2. Conseil d'État, 15 avril 1869, *Lambert* (1re esp.).

Le permissionnaire est naturellement à l'abri de toute poursuite s'il n'use du domaine public que dans la mesure prévue par l'autorisation et pour l'objet qu'elle a en vue.

Mais il faut que l'autorisation lui ait été délivrée par l'autorité compétente, et dans la limite de ses pouvoirs, sinon elle serait non avenue et elle n'absoudrait pas le contrevenant, fût-il de bonne foi (¹). Nul, en effet, ne peut profiter, à l'encontre du domaine public, d'une erreur de droit ou de compétence commise par un fonctionnaire. Il va de soi que le conseil de préfecture, juge des moyens de défense invoqués par la partie, a qualité pour vérifier la légalité de l'autorisation dont elle se prévaut, sans avoir à réserver de ce chef aucune question préjudicielle.

Que décider si l'empiétement reproché au riverain d'une voie publique est le résultat d'une erreur commise par l'autorité qui a délivré l'alignement et qui avait compétence pour le faire ? Nous n'hésitons pas à penser que cette erreur ne peut pas dispenser le juge de réprimer la contravention et d'ordonner la démolition des ouvrages. Elle ne peut même pas le dispenser de prononcer l'amende, car l'erreur commise ne prouve qu'une chose, c'est que le contrevenant était de bonne foi : or la bonne foi n'est pas absolutoire en matière de contraventions, elle n'empêche pas que le riverain ne soit l'auteur matériel de la contravention, et par conséquent son auteur responsable.

Nous ne saurions admettre dans ce cas, comme offrant une satisfaction suffisante au domaine public, l'assujettissement de la construction à la servitude de reculement. Cette servitude naît lorsque la voie publique, étendant ses limites en vertu d'un plan général d'alignement, vient elle-même empiéter sur des constructions existantes ; mais quand ce sont des constructions nouvelles qui empiètent sur les limites actuelles du domaine public, la servitude de reculement ne suffit pas : la démolition s'impose.

Cette solution, seule conforme au principe de l'imprescriptibilité du domaine public, a été consacrée, implicitement ou explicitement, par la jurisprudence du Conseil d'État et de la Cour de cas-

---

1. Conseil d'État, 8 décembre 1876, *Forner;* — 25 juin 1880, *min. des trav. pub. c. Théry-Lepreux.*

sation(¹) : « Considérant », dit l'arrêt du 4 juillet 1872 (*commune de Neung-sur-Beuvron*), « que la dame B... soutient que, l'arrêté d'alignement lui ayant été délivré par l'autorité compétente, il en résulte pour elle un droit acquis de maintenir définitivement ses constructions sur cet alignement ; mais considérant que *l'alignement invoqué, ayant été illégalement donné, ne pouvait conférer aucun droit acquis à la dame B...* »

Le seul point sur lequel la jurisprudence et la doctrine aient quelquefois hésité, est celui de savoir si l'auteur de la contravention, après avoir subi les conséquences de son anticipation, peut former une action en indemnité contre l'administration qui l'a induit en erreur.

Il nous paraît équitable d'admettre, en principe, ce droit à indemnité, qui peut seul tempérer la rigueur nécessaire des solutions qui précèdent. La faute du contrevenant a, en effet, pour cause une faute de l'administration ; mais pour apprécier les responsabilités qui peuvent en résulter, il faut s'inspirer des circonstances de chaque affaire et des principes généraux qui régissent soit la responsabilité pécuniaire de l'État et des autres administrations publiques, soit la responsabilité personnelle de leurs agents. Pour qu'il y eût lieu à responsabilité personnelle, il faudrait relever chez l'agent une erreur volontaire, ou une fraude de nature à transformer sa faute administrative en une véritable faute personnelle. Pour que la responsabilité de l'État ou de la commune fût engagée, il· faudrait que l'alignement erroné fût le résultat d'une faute admi-

---

1. Conseil d'État, 12 décembre 1818, *Hazet ;* — 14 juin 1896, *Boussac ;* — 4 juillet 1872, *commune de Neung-sur-Beuvron ;* — 5 août 1881, *Bourdais ;* — 1ᵉʳ février 1884, *min. de l'intérieur c. Monginoux.* — Ce dernier arrêt décide qu'un riverain avait empiété sur le talus en remblai d'un chemin vicinal ; « qu'ainsi le conseil de préfecture *avait le droit et le devoir de réprimer ladite anticipation en ordonnant la démolition de la maison...* ; que si les requérants allèguent qu'ils n'ont fait que se conformer aux indications contenues dans une lettre du préfet de la Lozère du... et de la délibération du conseil général du..., il résulte de l'examen de ces documents qu'ils n'ont pu avoir pour but *et n'ont pu avoir pour effet d'opérer le déclassement du talus de la voie vicinale et* d'autoriser l'anticipation... » — Il résulte bien de là que tant que la voie publique n'a pas été régulièrement *déclassée* sur le point où une anticipation a été constatée, cette voie et ses dépendances doivent être respectées nonobstant toutes indications ou autorisations contraires données par une autorité qui ignore ou méconnaît ces limites. — Dans le même sens : Cass. (ch. civ.) 14 mars 1870, *commune de Vaudrey ;* — (ch. crim.) 2 mars 1877, *Soulier.*

nistrative bien caractérisée, et dont le propriétaire n'aurait pas lui-même partagé la responsabilité par son défaut de vigilance ou par une entente avec l'administration (¹).

1. Voy. sur ces diverses hypothèses les arrêts de la Cour de cassation du 31 mars 1868, *Pillette*, et du 14 mars 1870, *commune de Vaudrey;* les arrêts du Conseil d'État du 14 juin 1836, *Boussac*, et du 5 août 1881, *Bourdais*. — Cf. Aucoc, *Conférences*, t. III, p. 125; Guillaume, *Voirie urbaine*, n° 245; *Recueil des arrêts du Conseil d'État* 1881, p. 772, note.

CHAPITRE II

POURSUITE ET RÉPRESSION DES CONTRAVENTIONS

___

I. — DES PROCÈS-VERBAUX.

Quels agents ont qualité pour dresser les procès-verbaux. — Toute poursuite pour contravention de grande voirie doit avoir pour point de départ un procès-verbal dressé par un agent compétent.

Parmi les agents qui ont qualité pour dresser les procès-verbaux, il faut distinguer ceux qui peuvent verbaliser pour toute espèce de contraventions, et ceux qui ne le peuvent que pour des contraventions déterminées.

Les agents à qui la loi reconnaît une compétence générale sont : en premier lieu, les officiers de police judiciaire, compétents pour rechercher et constater les crimes, délits et contraventions de toute nature (art. 8 et suiv., C. instr. crim.); en second lieu les agents énumérés par la loi du 29 floréal an X (art. 2), savoir : les maires ou adjoints, les ingénieurs et les conducteurs des ponts et chaussées, les agents de la navigation, les commissaires de police, les gendarmes (¹); en troisième lieu, les agents que différents textes relatifs à la grande voirie ont investis de la même compétence générale, savoir : les préposés des contributions indirectes et des octrois (décret du 18 août 1810, art. 1ᵉʳ); les gardes

___

1. Les gendarmes ont qualité pour verbaliser dans toute l'étendue du territoire, à la différence des autres agents ci-dessus dénommés qui n'ont qualité que dans le ressort où ils exercent leurs fonctions. (Décret du 1ᵉʳ mars 1851, art. 1ᵉʳ; — Conseil d'État, 7 juin 1851, *Dudefoy*.)

champêtres (décret du 16 décembre 1811); les cantonniers chefs et autres agents secondaires des ponts et chaussées commissionnés et assermentés (loi du 23 mars 1842, art. 2).

Les agents qui ont une compétence spéciale pour la surveillance d'ouvrages publics déterminés sont : pour les ports et le domaine public maritime, les officiers et maîtres de ports, les syndics des gens de mer, les gardes maritimes et gendarmes de la marine (décret du 21 février 1852, art. 4); — pour les ouvrages flottants établis dans l'intérêt de la navigation maritime (feux flottants, balises, bouées), les mêmes agents, et en outre les officiers commandant les bâtiments de l'État, les officiers mariniers commandant les embarcations garde-pêche, les guetteurs des postes sémaphoriques, les pilotes assermentés, les agents et préposés des douanes (loi du 27 mars 1882, art. 8); — pour les chemins de fer, les ingénieurs des mines, gardes-mines, les agents de surveillance et gardes nommés ou agréés par l'administration et dûment assermentés (loi du 15 juillet 1845, art. 2 et 23); — pour les canaux concédés, les agents assermentés des compagnies concessionnaires; — pour la police du roulage, les agents voyers, les agents forestiers et des douanes, les employés des poids et mesures ayant le droit de verbaliser (loi du 30 mai 1851, art. 15); — pour les lignes télégraphiques, les commissaires, sous-commissaires et agents assermentés chargés de la surveillance des chemins de fer, les inspecteurs des lignes télégraphiques (décret du 27 décembre 1851, art. 10); — pour le domaine public militaire et la zone frontière, les gardes du génie (lois du 17 juillet 1819, art. 11, et du 7 avril 1851, art. 6)[1].

Formes des procès-verbaux, affirmation, enregistrement. — La loi n'a tracé aucune forme spéciale pour la rédaction des procès-verbaux de grande voirie, mais leur validité n'en est pas moins subordonnée, à raison de la nature même de ces actes, à certaines conditions substantielles, notamment la date et la signature de l'agent verbalisateur; mais il n'est pas indispensable que le pro-

---

1. Les gardes-pêche, exclusivement compétents pour constater les délits de pêche, n'ont pas qualité pour constater les contraventions de grande voirie commises sur les cours d'eau ou sur leurs chemins de halage; — 25 avril 1890, *Pénin.*

cès-verbal soit écrit tout entier de sa main ([1]). La loi n'exige pas non plus que le procès-verbal soit rédigé dans un délai déterminé à partir du jour où la contravention a été relevée par l'agent ([2]).

En règle générale, et à moins d'exception prévue par un texte, les procès-verbaux doivent être *affirmés* par leur auteur, c'est-à-dire que l'agent verbalisateur doit se présenter devant un magistrat (le juge de paix ou le maire) et y affirmer la sincérité des déclarations contenues dans son procès-verbal. Le décret du 18 août 1810 (art. 2) dispose expressément qu'à défaut d'affirmation les procès-verbaux « ne pourront faire foi et motiver une condamnation ([3]) ».

Des textes spéciaux ont dispensé de l'affirmation : en matière de police des chemins de fer, tous les agents qui ont le caractère de fonctionnaires publics, tels que les ingénieurs, conducteurs, gardes-mines ; mais non les agents assermentés des compagnies ([4]) ; — en matière de police du roulage, les ingénieurs, les maires et adjoints, les commissaires et les agents de police ([5]) ; — en matière de protection du balisage, les officiers commandant les bâtiments de l'État, les officiers de port, de gendarmerie et de douanes ([6]) ; — en toute matière, les gendarmes ([7]).

L'affirmation doit avoir lieu dans un délai de trois jours qui a pour point de départ le jour de la clôture du procès-verbal, et non le jour de la constatation ([8]). Elle consiste dans une déclaration purement verbale, qui n'a pas besoin d'être faite sous serment, ni d'être attestée par la signature de l'agent ; il suffit qu'elle soit constatée par le magistrat qui reçoit l'affirmation ([9]).

---

1. Conseil d'État, 20 janvier 1888, *Marié.*

2. Conseil d'État, 20 février 1880, *min. des trav. pub. c. Le Maux.*

3. La même règle est rappelée par le décret du 16 décembre 1811 (art. 112) ; par la loi du 30 mai 1851 sur la police du roulage (art. 18) ; par le décret du 10 août 1853 sur le classement des places de guerre (art. 40) ; par la loi du 27 mars 1882 sur la protection du balisage (art. 9).

4. Loi du 15 juillet 1845, art. 24.

5. Loi du 30 mai 1851, art. 18.

6. Loi du 27 mars 1882, art. 9 *in fine.*

7. Loi du 17 juillet 1856. La règle contraire avait d'abord été édictée par l'article 493 du décret du 1er mars 1854 sur la gendarmerie.

8. Conseil d'État, 28 avril 1864, *Granger;* — 13 mars 1867, *Piot.* — L'inobservation du délai de trois jours n'entraîne pas la nullité du procès-verbal 11 février 1881, *Arlot;* — 5 mai 1894, *min. des trav. publ. c. Vigouroux;* — 23 janvier 1885, *Lhomme.*

9. Conseil d'État, 5 février 1867, *Delord;* — 11 février 1881, *Arlot;* — 22 juin 1883, *min. des trav. publ. c. Rédarès.*

L'enregistrement n'est pas requis, en général, pour les procès-verbaux de grande voirie ; la loi du 29 floréal an X et le décret du 18 août 1810 ne mentionnent pas cette formalité ; l'article 493 du décret du 1er mars 1854 en avait même expressément dispensé les procès-verbaux dressés par la gendarmerie ([1]). Mais l'enregistrement est exigé pour la plupart des procès-verbaux relatifs à la police des chemins de fer (loi du 15 juillet 1845, art. 24) et à la police du roulage (loi du 30 mai 1851, art. 19). Dans ce dernier cas, la loi de 1851 prononce expressément la nullité du procès-verbal non enregistré.

Mais la jurisprudence n'a pas admis que cette nullité fût encourue lorsque la loi ne l'a pas expressément prononcée ; elle a déclaré inapplicable, en matière de grande voirie, l'article 34 de la loi du 22 frimaire an VII, qui prononce d'une manière générale la nullité des exploits et procès-verbaux d'huissiers, lorsqu'ils n'ont pas été enregistrés dans les délais. Ce texte, de même que l'article 47 de la même loi relatif aux jugements, ne vise que des actes intéressant des particuliers ; mais, ainsi que le Conseil d'État l'a fait remarquer par un arrêt du 1er février 1851 (*Bertron*), la loi de frimaire an VII « a voulu conserver toute leur force aux actes qui intéressent l'ordre ou la vindicte publique, et ne pas subordonner leur effet aux intérêts pécuniaires du fisc, sauf le recouvrement des droits à la charge de qui il appartient » ([2]).

Autorité des procès-verbaux. — Les procès-verbaux de grande voirie font foi jusqu'à preuve contraire. Des dispositions expresses de la loi seraient nécessaires pour qu'ils fissent foi jusqu'à inscription de faux. Cette disposition exceptionnelle se trouve dans l'article 40 du décret du 10 août 1853, relatif aux procès-verbaux des gardes du génie, et dans l'article 11 de la loi du 9 floréal an VII, relatif aux procès-verbaux dressés par les agents des douanes.

---

1. Ce texte a été remplacé par l'article 498 du décret du 24 août 1858, qui est moins absolu, mais d'après lequel les procès-verbaux de la gendarmerie « ne peuvent être annulés sous prétexte de vice de forme ou pour défaut d'enregistrement ».

2. Cf. Conseil d'État, 19 avril 1854, *Bouvier ;* — 27 août 1867, *Express de la Seine ;* — 4 mars 1881, *min. des trav. pub. c. Filoque ;* — 8 août 1882, *Tourdonnet.*

Les procès-verbaux ne font foi que des faits dont leur auteur a été personnellement témoin, et non de ceux qu'il aurait relatés d'après d'autres témoignages ; dans ce cas, ils ne peuvent valoir que comme simples renseignements ([1]).

Le procès-verbal étant, comme nous l'avons dit, le point de départ nécessaire des poursuites, il en résulte que la poursuite tombe si le procès-verbal est déclaré nul, comme émanant d'un agent incompétent, ou comme n'ayant pas été affirmé dans les cas où cette formalité est requise par la loi. Il résulte également de là que si le fait constaté au procès-verbal est reconnu inexistant, et si les débats révèlent un autre fait à la charge du contrevenant, aucune condamnation ne peut être prononcée. Mais la jurisprudence admet que l'aveu du contrevenant peut suppléer, dans l'un et dans l'autre cas, à l'absence de preuves légales ([2]). Il a même été jugé que si un tiers, ayant eu communication du procès-verbal, s'est reconnu le véritable auteur de la contravention, il peut être légalement condamné, bien qu'aucun procès-verbal n'ait été dressé contre lui ([3]). Les énonciations d'un procès-verbal peuvent-elles être complétées par l'audition de témoins ? Le doute qui pouvait exister sur ce point avant la loi de procédure du 22 juillet 1889, faute de dispositions sur l'organisation de la preuve testimoniale devant les conseils de préfecture, sont actuellement levés par les articles 26 et 27 de cette loi, qui établissent la procédure d'enquête. Mais si la preuve par témoins peut s'ajouter au procès-verbal, elle ne peut pas le remplacer, cet acte étant le point de départ nécessaire de la poursuite. Aussi on ne doit pas admettre qu'une contravention de grande voirie puisse être prouvée par témoins en l'absence de tout procès-verbal. La règle n'est pas ici la même que pour les contraventions de simple police qui peuvent être prouvées par témoins à défaut de procès-verbaux (C. instr. crim., art. 134).

---

1. Conseil d'État, 27 juin 1865, *bateaux du Rhône;* — 26 juillet 1878, *Toledano ;* — 16 mai 1884, *Lhomme;* — 18 mai 1888, *Clémançon.*

2. Conseil d'État, 7 décembre 1859, *Blanc et Parat;* — 3 août 1866, *Mortier.*

3. Conseil d'État, 20 septembre 1859, *Viriot.*

II. — Poursuite et procédure devant le conseil de préfecture.

Lorsque les contraventions de grande voirie ont été constatées, leur répression ne peut être poursuivie devant le conseil de préfecture que par l'autorité préposée, dans chaque département, à la conservation et à la police du domaine public, c'est-à-dire par l'autorité préfectorale. Le procès-verbal est notifié par ses soins au contrevenant dans le délai de dix jours à partir de sa rédaction, ou de son affirmation si elle est requise, avec citation devant le conseil de préfecture (¹). La jurisprudence ne considère pas ce délai comme prescrit à peine de nullité (²).

La répression d'une contravention ne peut donc être poursuivie ni par le maire d'une commune qui a souffert de la contravention(³); ni par une compagnie concessionnaire exploitant l'ouvrage public sur lequel elle a été commise, même si le procès-verbal a été dressé par un de ses agents(⁴); ni, à plus forte raison, par un particulier alléguant qu'il a personnellement intérêt à ce que la contravention soit réprimée. Plusieurs arrêts ont seulement reconnu à ces parties le droit d'intervenir (⁵).

La citation doit indiquer au contrevenant qu'il est tenu de four-

---

1. Loi du 22 juillet 1889, art. 10. — Le délai est d'un mois pour les contraventions à la police de roulage (L. du 30 mai 1851, art. 23). — Voy. aussi les règles spéciales tracées par le décret du 19 août 1853 pour les contraventions commises sur le domaine public militaire.

2. Conseil d'État, 8 août 1890, *min. des trav. pub. c. Giraudel.* — La jurisprudence était la même, avant 1889, pour le délai de cinq jours prévu par le décret du 12 juillet 1865 ; — 27 novembre 1874, *Dayol;* — 18 décembre 1874, *Dodé et Burdy.*

3. Conseil d'État, 21 novembre 1873, *ville d'Hyères.*

4. Conseil d'État, 12 janvier 1850, *chemin de fer de Rouen;* — 7 août 1874, *Duluat;* — 27 avril 1883, *min. des trav. publ. c. Moreau.* — Il résulte de là que les compagnies concessionnaires ne peuvent pas être condamnées à des dépens ou à des dommages-intérêts lorsque la poursuite échoue. (18 août 1862, *Duval;* — 11 mai 1872, *Dudouet.*) — Mentionnons toutefois des dispositions toutes spéciales et très rares qui ont donné aux concessionnaires de certains canaux le droit de poursuivre la répression des contraventions. (Canal du Midi, décret du 12 août 1807, art. 197.) — Voy. sur ces questions et en général sur celles qui sont relatives à la poursuite des contraventions : Aucoc, *Conférences,* t. III, chap. V.

5. Voy. ci-après, p. 674.

nir ses défenses écrites dans le délai de quinze jours, et l'inviter à faire connaître s'il entend présenter des observations orales. La notification et la citation sont constatées par un acte spécial qui est transmis au conseil de préfecture. (L. du 22 juillet 1889, art. 10.)

Après l'accomplissement de ces formalités, la procédure suit son cours devant le conseil de préfecture dans la forme ordinaire des affaires contentieuses. Le conseil de préfecture ordonne « s'il y a lieu » la communication des défenses à l'administration et celle des réponses de l'administration à la partie poursuivie. La loi de 1889, comme le décret de 1865, ne prévoit que des communications facultatives ; il serait désirable qu'elles eussent toujours lieu et que le droit de réplique fût assuré à la partie poursuivie ; mais l'absence de communication n'est pas un vice de forme pouvant entraîner l'annulation de la décision ([1]).

III. — DES CONDAMNATIONS.

Les contraventions de grande voirie donnent lieu à trois sortes de condamnations, qui peuvent être, selon les cas, séparées ou cumulées, savoir : l'amende ; — la réparation du dommage, y compris la suppression de toute construction illicite ; — le paiement des frais du procès-verbal.

La confiscation des matériaux était prononcée par plusieurs des anciens règlements conservés par la loi des 19-22 juillet 1791, mais elle n'a pas été maintenue par la loi du 13 mars 1842 qui a revisé les pénalités prévues par ces règlements ; la jurisprudence du Conseil d'État la considère comme abolie ([2]).

Examinons successivement les trois espèces de condamnations qui peuvent être encourues par le contrevenant.

Amende. — L'amende ne peut être prononcée que si elle a été prévue par un texte. Elle n'est pas un mode de répression cons-

---

1. Conseil d'État, 18 juillet 1873, *Baillache.*

2. Conseil d'État, 9 juin 1882, *de Mérode :* « Considérant qu'aucune loi en vigueur n'a maintenu, en matière de contraventions de voirie, la peine de la confiscation prononcée par les anciens règlements. »

tant et nécessaire des contraventions de grande voirie. Aucune disposition générale de la loi ne l'a déclarée applicable à toutes les infractions de cette nature et n'en a uniformément fixé le taux ; beaucoup de dispositions spéciales, antérieures ou postérieures à la loi des 19-22 juillet 1791, ont omis de l'appliquer aux contraventions qu'elles prévoyaient ; il en est de même de la loi du 29 floréal an X qui, lorsqu'elle est seule applicable, ne permet de prononcer que la cessation et la réparation du dommage.

Il n'existe donc pas, dans notre législation, d'amende qu'on puisse qualifier d'amende de grande voirie, et qui soit encourue de plein droit par tout auteur d'une contravention. Il est d'autant plus utile de le rappeler, que le législateur lui-même s'est mépris sur ce point, lorsqu'il a rédigé la loi du 19 février 1880, qui supprime les droits de navigation intérieure et prescrit aux patrons et mariniers de déclarer la nature et le poids de leurs chargements. Son article 2 dispose que les contraventions à cette disposition et aux règlements relatifs à son application « seront assimilées aux contraventions de grande voirie *et punies des mêmes peines* ». Quelles peines ? La disposition générale à laquelle la loi de 1880 semble se référer n'existe pas.

I. *Taux des amendes.* — En ce qui touche le taux des amendes prévues par les lois et règlements en vigueur, il faut distinguer, selon que le texte qui les prononce est un texte ancien ou moderne, c'est-à-dire antérieur ou postérieur à la loi des 19-22 juillet 1791.

Les amendes prévues par les textes modernes doivent être appliquées telles qu'elles ont été édictées, dans les limites du maximum et du minimum que ces textes ont fixées ([1]).

Les amendes prévues par les textes anciens ne peuvent être appliquées que sous réserve des restrictions que leur a fait subir la loi du 23 mars 1842, destinée à tempérer ce qu'elles avaient d'excessif et souvent d'arbitraire.

---

1. Le taux de ces amendes est très variable, et il est quelquefois élevé : ainsi, d'après la loi du 15 juillet 1845 (art. 14), les amendes encourues par les concessionnaires de chemins de fer dont les travaux compromettent la viabilité des routes ou chemins ou l'écoulement des eaux, sont de 300 à 3,000 fr.; de même, en cas d'interruption de lignes télégraphiques. (Décret-loi du 27 décembre 1851, art. 8.)

En effet, les anciens édits, déclarations du roi, arrêts du conseil prononçaient deux sortes d'amendes : des amendes *fixes* (ordinairement 300 ou 500 livres, quelquefois 1,000 livres), que le juge ne pouvait pas atténuer ; des amendes *arbitraires* pour lesquelles le contrevenant était à la discrétion du juge (¹). Bien que ces dispositions eussent été provisoirement maintenues par la loi de 1791, elles étaient si peu en harmonie avec l'esprit de la législation moderne que les conseils de préfecture refusaient de les appliquer, ils abaissaient les amendes fixes, réduisaient à néant les amendes arbitraires, quelquefois même ils faisaient tomber la poursuite pour n'avoir pas à choisir entre des pénalités excessives et des atténuations illégales.

Pour mettre fin à cet état de choses, la loi du 23 mars 1842 a décidé que les amendes *fixes* « pourront être modérées, eu égard au « degré d'importance ou aux circonstances atténuantes des délits, « *jusqu'au vingtième desdites amendes*, sans toutefois que ce mini- « mum puisse descendre *au-dessous de 16 francs* », et que les amendes *arbitraires* « pourront varier entre un minimum de 16 fr. et un « maximum de 300 fr. » (²).

Qu'il s'agisse des anciennes amendes prévues par la loi de 1842, ou d'amendes édictées par des textes modernes, ni le conseil de préfecture, ni le Conseil d'État n'ont le droit d'en abaisser le taux au-dessous du minimum légal. On ne pourrait plus appliquer aujourd'hui une jurisprudence que le Conseil d'État avait cru pouvoir adopter avant que la loi du 24 mai 1872 lui eût conféré une juridiction propre, et d'après laquelle il se reconnaissait le droit

---

1. On trouve encore dans des textes modernes, et, chose singulière, dans le Code civil lui-même, des exemples d'amendes arbitraires. Ainsi l'article 192 du Code civil dispose que si un mariage est célébré sans publications régulières, le procureur de la République fera prononcer contre les parties contractantes ou ceux sous la puissance desquels ils ont agi, *une amende proportionnée à leur fortune*. D'après l'article 193, il en est de même en cas de contravention à l'article 165 sur la compétence de l'officier de l'état civil. — Ce sont là des exemples de ces amendes civiles qui, de même que les amendes fiscales et les amendes de grande voirie, sont étrangères à la législation pénale.

2. Le projet de loi du Gouvernement proposait, dans tous les cas d'amendes fixes ou arbitraires, l'adoption d'un taux uniforme de 16 à 300 fr., mais la Chambre des pairs écarta ce système, notamment parce qu'il aurait eu pour conséquence d'élever le taux des amendes fixes lorsqu'il était inférieur au maximum de 300 fr. (Voy. Duvergier, *Lois et Décrets*, 1842, p. 58, note 1.)

d'abaisser l'amende au-dessous de 16 fr., en combinant le droit de grâce du Chef de l'État avec l'exercice de sa justice retenue ([1]).

Cette jurisprudence, qui était déjà très contestable à cette époque, — car le Conseil d'État, délibérant au contentieux, n'avait pas qualité pour soumettre des grâces à la signature du Chef de l'État, — n'a pas été maintenue depuis 1872. Après plusieurs décisions implicites ([2]), le Conseil d'État s'est explicitement prononcé sur ce point, dans une affaire où le ministre des travaux publics avait lui-même conclu à ce que l'amende fût abaissée à un franc : « Considérant, dit un arrêt du 25 juin 1880 (*min. des travaux publics c. Théry-Lepreux*), qu'aux termes de l'article 1er de la loi du 23 mars 1842, les amendes dont le taux était laissé à l'arbitraire du juge pourront varier entre un minimum de 16 fr. et un maximum de 300 fr. et que, d'après l'article 9 de la loi du 24 mai 1872, il n'appartient pas au Conseil d'État statuant sur les recours en matière contentieuse de réduire le taux desdites amendes à un chiffre inférieur au minimum fixé par la disposition précitée. » A plus forte raison y a-t-il lieu d'annuler toute décision du conseil de préfecture qui opérerait cette réduction ([3]).

Mais si le droit de grâce ne peut pas être exercé par la juridiction contentieuse, il peut l'être par le Chef de l'État ; les amendes de grande voirie, malgré leur caractère tout spécial, n'échappent pas à sa prérogative.

Par la même raison, les contraventions de grande voirie pourraient être l'objet d'une loi d'amnistie ; dans ce cas, aucune condamnation à l'amende ne pourrait être prononcée pour des faits antérieurs à l'amnistie et, si elle l'avait été, l'amende devrait être restituée ([4]). Mais, ainsi que nous le verrons ci-après, la contravention ne serait pas effacée par l'amnistie, en tant qu'elle constituerait une atteinte au domaine public inaliénable et imprescriptible, ou qu'elle donnerait lieu à la réparation d'un dommage.

---

1. Conseil d'État, 9 janvier 1861, *Anglade.*

2. Conseil d'État, 24 janvier 1873, *min. des trav. pub. c. Le Planchec.*

3. Conseil d'État, 21 mai 1875, *Meyer;* — 4 juillet 1884, *compagnie du canal du Midi;* — 8 août 1890, *min. des trav. pub. c. Giraudel.*

4. Voy. décret du 14 août 1869 et Conseil d'État, 16 février 1870, *Ferey;* — 19 juillet 1872, *compagnie du canal du Midi.*

Enfin, l'amende peut être prescrite. Nous reviendrons sur ce point en traitant de la prescription.

II. *Cumul des amendes.* — Les amendes de grande voirie ne sont pas soumises à la règle du non-cumul des peines ; elles sont encourues autant de fois qu'il y a de contraventions constatées, non seulement si ces contraventions sont successives et ont donné lieu à des procès-verbaux différents, mais encore si elles sont simultanées et ont été constatées par un même procès-verbal.

En consacrant cette règle, la jurisprudence du Conseil d'État ne s'est pas uniquement inspirée de la jurisprudence de la Cour de cassation qui admet le cumul des peines en matière de contraventions de simple police [1] ; il a surtout tenu compte de la nature des contraventions de grande voirie et des textes qui, dans plusieurs cas, prévoient expressément le cumul des amendes. Ainsi, celui qui abat les arbres d'une route encourt, pour chacun d'eux, une amende triple de leur valeur ; de telle sorte que le cumul s'impose, même si la destruction de plusieurs arbres est simultanée [2]. De même, une compagnie de chemins de fer qui, par l'exécution d'un même travail, intercepte une route et arrête l'écoulement des eaux, ou qui intercepte plusieurs routes, où une seule sur plusieurs points, encourt autant d'amendes qu'elle commet d'infractions [3]. De même encore, le propriétaire d'une maison sujette à reculement qui effectue simultanément, à plusieurs étages, des travaux confortatifs distincts, commet plusieurs contraventions dont les amendes doivent être cumulées [4].

---

1. Une telle assimilation devrait être écartée, car on ne saurait établir de comparaison entre les amendes de simple police dont le maximum est de 15 fr. et les amendes de grande voirie dont le minimum est toujours supérieur à ce chiffre, et dont le maximum atteint quelquefois celui des amendes correctionnelles les plus élevées. D'un autre côté, la juridiction administrative ne peut guère s'inspirer de l'article 365 du Code d'instruction criminelle qui, en prohibant le cumul des peines « en cas de conviction de plusieurs *crimes* ou *délits* », et en gardant le silence sur le cas de *contraventions* multiples, a paru admettre *à contrario* le cumul pour ces dernières infractions ; ce texte n'a certainement pas entendu étendre implicitement la même solution aux contraventions de grande voirie.

2. Décret du 16 décembre 1811, art. 99 et 101 ; — Conseil d'État, 31 mars 1874, *Deligny*. — Le Code forestier contient une disposition semblable (art. 192).

3. Loi du 15 juillet 1845, art 12 et suiv.; — Conseil d'État, 4 août 1876, *chemin de fer de Lille à Valenciennes* (1re, 2e et 3e esp.).

4. Conseil d'État, 23 juillet 1840, *Juestz*.

Restitutions et réparations. — De même que l'amende de grande voirie n'est pas, à proprement parler, une peine, de même la poursuite en restitution du sol usurpé et en réparation du dommage causé à un ouvrage public ne doit pas être confondue avec l'*action civile* prévue par le Code d'instruction criminelle (art. 1er et suiv.), et par le Code civil (art. 1382 et suiv.).

S'il fallait qualifier l'action que l'administration exerce pour obtenir ces restitutions et réparations, nous dirions volontiers que c'est l'*action domaniale* par excellence ; destinée à assurer l'intégrité du domaine public inaliénable et imprescriptible, elle ne saurait avoir de similaire en droit privé. Ce qui domine ici ce n'est donc pas l'idée d'une faute à réparer, d'une responsabilité à mettre en jeu, c'est la nécessité de défendre une propriété publique. On la défend contre les atteintes matérielles dont elle peut être l'objet, soit en lui restituant à toute époque le sol usurpé, soit en faisant cesser à toute époque les dommages qui lui sont causés. C'est pourquoi ces revendications sont imprescriptibles, comme le domaine public lui-même.

Cette règle bien comprise porte avec elle ses tempéraments. C'est pour ne pas s'être suffisamment pénétrée de son esprit, que la jurisprudence de la Cour de cassation en est arrivée à déployer contre la propriété privée, en matière de petite voirie, des rigueurs inutiles que la jurisprudence du Conseil d'État lui épargne. Trop souvent, en effet, la Cour suprême a considéré la démolition des constructions illicites comme la punition d'une désobéissance à la loi ou aux ordres de l'administration, tandis qu'elle ne doit être que la réparation d'un dommage, la cessation d'un empiétement portant atteinte au domaine public.

De là des dissidences nombreuses, et dont plusieurs durent encore, entre la jurisprudence judiciaire et celle du Conseil d'État.

Ainsi, la Cour de cassation a longtemps décidé qu'une construction faite sans autorisation ni arrêté d'alignement devait être démolie, même quand elle n'empiétait pas sur le sol de la voie publique. Il y a, disait-elle, « besogne mal plantée » dans le sens de l'édit de décembre 1607, puisqu'elle a été faite contrairement aux règlements, elle doit donc disparaître (¹). Le Conseil d'État, au contraire,

---

1. Cass. 27 décembre 1832, *Massa ;* — 15 février 1845, *Michelini.*

a toujours décidé que l'amende seule doit être prononcée dans ce cas, mais qu'il n'y a pas lieu d'ordonner la démolition, parce qu'il n'y a point de restitution à faire au domaine public (¹). La Cour de cassation s'est ralliée à cette doctrine depuis 1846 (²).

La Cour de cassation décide encore aujourd'hui que les travaux exécutés sans autorisation au mur de face d'une maison soumise à la servitude de reculement doivent être démolis, sans que le juge de la contravention ait à rechercher si ces travaux sont ou non confortatifs (³). Le Conseil d'État, au contraire, ne prescrit la démolition que lorsque les travaux sont confortatifs, parce qu'ils peuvent, dans ce cas seulement, prolonger la durée de l'immeuble en saillie, et ajourner l'époque où la voie publique pourra s'élargir conformément à ses nouveaux alignements (⁴).

Enfin, la Cour de cassation décide qu'il y a lieu de démolir les travaux exécutés sans autorisation, non seulement au mur de face de la maison sujette à reculement, mais encore en arrière de ce mur et sur toute la partie retranchable de l'immeuble (⁵). Le Conseil d'État, au contraire, considère que la servitude n'atteint que le mur de face, et non les travaux faits en arrière ; il en conclut que ceux-ci ne peuvent être démolis que s'ils joignent ce mur et lui servent d'appui ; ils sont alors de véritables travaux confortatifs du mur de face, et c'est seulement à ce titre qu'ils doivent disparaître (⁶).

On voit quels écarts peuvent se produire entre les doctrines, et à quels régimes différents peut être soumise la propriété privée, selon que l'on applique ou que l'on néglige l'idée qui doit dominer

---

1. Conseil d'État, 17 février 1859, *Catillon* ; 8 décembre 1876, *Forner,* et nombreux arrêts antérieurs.

2. Cass. 30 avril 1846, *Guidicelli,* et nombreux arrêts postérieurs.

3. Cass. 17 novembre 1866, *Batisse* ; — 20 novembre 1873, *Villuet ;* — 3 janvier 1874, *Gosselin,* et nombreux arrêts antérieurs. — Pendant un temps, la Cour de cassation a admis que la question de savoir si les travaux étaient ou non confortatifs pouvait faire l'objet d'un renvoi préjudiciel devant l'autorité administrative (5 octobre 1837, *Caillot;* — 13 septembre 1844, *Thomas*) ; mais elle a renoncé à cette réserve.

4. Conseil d'État, 19 juin 1872, *Desobry;* — 18 juillet 1873, *Baillache ;* — 14 juillet 1876, *min. de l'intérieur c. Leroy;* — 28 novembre 1884, *Bourget,* et nombreux arrêts antérieurs.

5. Cass. 17 juillet 1863, *Giraud-Pinard.*

6. Conseil d'État, 12 mai 1869, *C'ément.*

toutes les questions de démolition, l'idée de l'intégrité du domaine
public, qui seule explique et justifie les sacrifices imposés à la propriété. Ajoutons que la jurisprudence du Conseil d'État n'est pas
seulement ici la plus libérale et la plus conforme aux principes de
la domanialité publique ; elle est aussi la plus conforme aux textes,
même les plus anciens, qui ont fait application de ces principes,
notamment à l'édit de décembre 1607 et à l'arrêt du Conseil du
27 février 1765 ; ces textes ne considèrent comme *besogne mal
plantée,* condamnée à disparaître, que les travaux faits au préjudice
du domaine public et non tous ceux qui sont exécutés sans autorisation et contrairement aux ordres de l'administration ; en d'autres
'termes, ils ne suppriment pas tous les travaux *non autorisés,* mais
seulement les travaux *non autorisables.* La démonstration a été faite
sur ce point par M. Aucoc avec une érudition et une force d'argu-
mentation qui ne laissent rien à y ajouter (¹).

S'il ne s'agit pas d'empiétement ou de « besogne mal plantée »,
mais de dégradations causées à un ouvrage public, l'intégrité du
domaine est toujours en jeu ; mais ce n'est plus le contrevenant,
c'est l'administration qui doit faire disparaître les suites de la contravention, car à l'administration seule appartient la réfection des
ouvrages publics. Dans ce cas, la réclamation de l'administration
a un caractère purement pécuniaire, soit qu'elle n'exécute la réparation qu'après la condamnation du contrevenant, soit qu'elle l'ait
exécutée auparavant et d'urgence ainsi qu'elle y est autorisée par
l'article 3 de la loi du 29 floréal an X. La jurisprudence de la Cour
de cassation voyant là l'exercice d'une « action civile », en conclut
que la réparation du dommage se prescrit en même temps que
l'amende, c'est-à-dire dans le délai d'un an, par application de l'article 640 du Code d'instruction criminelle. Le Conseil d'État, au
contraire, estimant que l'action est domaniale, qu'elle a pour but
d'assurer la conservation des ouvrages publics en fournissant à
l'administration les moyens de les réparer, n'admet pas qu'elle soit
soumise à la même prescription que l'amende ; il décide que la
réparation des ouvrages, l'enlèvement des dépôts, des épaves, etc.,
peuvent être ordonnés à toute époque « à raison de l'imprescripti-

---

1. Aucoc, *Conférences,* t. III, p. 96 et suiv., et p. 113 et suiv.

bilité des ouvrages et de l'intérêt toujours subsistant du domaine public » ([1]).

Faut-il conclure de là que l'action en réparation du dommage est imprescriptible, comme celle qui tend à réprimer les anticipations de toute nature ? Nous ne le pensons pas : s'il est vrai que les deux actions sont domaniales et non civiles, il est vrai aussi qu'elles diffèrent sensiblement : en effet, l'action en restitution du sol usurpé est une *action réelle,* qui vise la chose qui empiète et la suit en quelques mains qu'elle passe ; l'action en réparation du dommage est une action *personnelle,* qui vise seulement l'auteur ou le co-auteur de la dégradation. Le caractère de créance domine donc en elle, et dès lors nous pensons qu'elle peut être éteinte par la prescription trentenaire, en vertu du principe général de l'article 2227 du Code civil. La question présente d'ailleurs peu d'intérêt pratique, car si des empiétements durent quelquefois plus de trente ans sans être réprimés, des dégradations ne subsistent jamais aussi longtemps sans que l'administration les répare et se fasse rembourser le montant de ses travaux. C'est sans doute pour cela que la jurisprudence n'a pas eu à se prononcer explicitement sur la question de prescription trentenaire.

Il appartient au juge de la contravention d'évaluer le montant des réparations incombant au contrevenant, et il peut à cet effet ordonner une expertise. Mais il doit se borner à prononcer une condamnation pécuniaire, et il n'a pas le droit de prescrire à l'administration l'exécution de travaux déterminés ([2]). La jurisprudence admet aussi qu'il peut condamner à la réparation du dommage, en se réservant d'en fixer ultérieurement le chiffre ([3]). Le montant de cette condamnation doit être acquitté en argent, et son recouvrement peut être assuré au moyen d'une contrainte administrative, comme en matière de contributions directes, en vertu de l'article 4 de la loi du 29 floréal an X.

Le Conseil d'État a pensé que ce mode de perception, ainsi que

---

1. Conseil d'État, 13 novembre 1874, *André ;* — 28 mai 1880, *min. des trav. pub. c. la compagnie transatlantique ;* — 19 janvier 1883, *Thirel ;* — 26 décembre 1890, *min. des trav. pub. c. Van Cronenburg.*

2. Conseil d'État, 23 mai 1884, *min. des trav. pub. c. Guérin.*

3. Conseil d'État, 11 février 1881, *Arlot.*

les principes généraux en matière de créances de l'État, ne permettait pas aux propriétaires de navires, condamnés à la réparation de dommages, d'invoquer l'article 216 du Code de commerce, et de se libérer par l'abandon du navire et du fret ([1]).

Cette jurisprudence, fondée en droit, était très rigoureuse dans la pratique lorsqu'elle imposait au propriétaire d'un navire coulé dans les passes d'un port l'obligation coûteuse de faire disparaître l'épave. Elle a été en partie modifiée par la loi du 12 août 1885, qui dispose que « en cas de naufrage du navire dans un *port de mer* « *ou havre, dans un port maritime ou dans les eaux qui lui servent* « *d'accès,* comme aussi en cas d'avaries causées par le navire aux « ouvrages d'un port, le propriétaire du navire peut se libérer, *même* « *envers l'État,* de toute dépense d'extraction ou de réparation, « ainsi que de tous dommages-intérêts par l'abandon du navire « et du fret des marchandises à bord ». En conséquence, le refus, de la part d'un propriétaire qui a fait abandon, de relever le navire sombré dans les eaux maritimes ne constitue plus une contravention ([2]), et l'administration qui procède d'office au relèvement ne peut désormais rien réclamer au delà de la valeur de l'épave et du fret. Mais la loi du 12 août 1885 n'a rien statué sur les dégradations ou échouages survenus dans les fleuves ou canaux et dans leurs ports, d'où il semble résulter que la jurisprudence antérieure à la loi de 1885 conserve toute sa force en pareil cas.

Frais du procès-verbal. — La répression des contraventions de grande voirie comprend la condamnation aux frais du procès-verbal. Pendant longtemps, le Conseil d'État a admis qu'elle pouvait être prononcée comme peine unique, lorsque l'infraction n'entraînait pas d'amende et qu'aucune dégradation n'était imputable à son auteur ; il estimait que, dans ce cas, le fait d'une désobéissance aux règlements suffisait pour constituer la contravention et pour entraîner, à défaut d'autre répression, la condamnation aux frais du procès-verbal ([3]). Mais depuis 1877, le Conseil d'État a souvent

---

1. Conseil d'État, 15 juin 1870, *Grenet ;* — 28 mai 1880, *min. des trav. pub. c. la compagnie transatlantique.*

2. Conseil d'État, 10 juin 1887, *Chégaray.*

3. Conseil d'État, 4 mai 1859, *Leleu ;* — 29 juin 1869, *Gombaud.*

décidé que la condamnation aux frais du procès-verbal ne peut être qu'une peine accessoire, et ne doit être prononcée que comme conséquence d'une condamnation à l'amende ou à la réparation du dommage ([1]).

Entre ces deux jurisprudences, absolues en sens inverse, il y aurait place pour une distinction. Il est vrai que toute infraction aux règlements, toute désobéissance aux ordres de l'administration ne constitue pas nécessairement une contravention de grande voirie justifiant la rédaction d'un procès-verbal aux frais du contrevenant ; mais il ne s'ensuit pas que les frais ne puissent jamais être que l'accessoire d'une autre condamnation ; il existe, en effet, des contraventions pour lesquelles aucune amende n'est prévue et qui n'occasionnent aucun dommage, mais qui *sont de nature à en occasionner* ([2]) ; à la désobéissance se joint alors un dommage éventuel, imminent, peut-être même un dommage réel, mais dont la réparation peut ne pas appartenir à la juridiction administrative ; tel est le cas où un capitaine, en désobéissant à l'officier de port, aborde d'autres navires et leur fait des avaries dont la réparation ne pourra être réclamée que devant le tribunal de commerce. En pareil cas, c'est à bon droit qu'un procès-verbal est dressé et que le contrevenant est condamné à en supporter les frais, même en l'absence de toute autre répression ([3]).

IV. — Procédure devant le Conseil d'État.

Pourvoi des parties et du ministre. — Conformément aux principes généraux, la partie condamnée par le conseil de préfecture peut toujours faire appel au Conseil d'État, quel que soit le chiffre de la condamnation. Cet appel est dispensé du ministère d'un avocat ; il peut avoir lieu par simple mémoire déposé soit au Conseil d'État, soit à la préfecture ou à la sous-préfecture, qui le transmet

---

1. Conseil d'État, 6 juillet 1877, *min. des trav. pub. c. Pécher;* — 17 mai 1878, *min. des trav. pub. c. Moreau;* — 2 juillet 1880, *min. des trav. pub. c. Maquinnehau;* — 14 avril 1883, *Fleury* (4e esp.).

2. Voy. ci-dessus, p. 638.

3. Conseil d'État, 8 juillet 1887, *min. des trav. pub. c. Oger;* — 15 février 1895, *Jal.*

au Conseil d'État après en avoir délivré récépissé et avoir constaté sa date d'arrivée par un timbre apposé au pourvoi (¹). Le recours est dispensé de tous frais, même ceux du papier timbré. Le délai du pourvoi est le délai ordinaire de deux mois à partir de la notification de l'arrêté.

Le pourvoi ne peut être formé contre la décision qui renvoie l'inculpé des fins du procès-verbal, ou qui prononce une condamnation insuffisante, que par le ministre, qui ne saurait être suppléé à cet effet par aucun chef de service de son ministère, même déclarant agir avec l'autorisation du ministre : en effet, le droit de former un pourvoi n'est pas susceptible de délégation (²). Ce droit doit être aussi refusé au préfet, même si celui-ci prétend agir dans l'intérêt de la grande voirie départementale (³). A plus forte raison un pourvoi ne peut-il pas être formé par les compagnies de chemins de fer ou autres concessionnaires ayant intérêt à la répression de la contravention (⁴), et en général par les personnes qui n'auraient pas eu qualité pour poursuivre le contrevenant devant le conseil de préfecture. Par contre, le droit de recours appartiendrait aux compagnies concessionnaires de certains canaux, auxquelles des textes spéciaux ont exceptionnellement accordé le droit d'intenter des poursuites (⁵).

A l'égard du ministre, le délai court du jour où l'arrêté a été rendu, et non du jour où il lui a été communiqué par le service compétent (⁶).

Le ministre peut former soit un pourvoi au fond, soit un pourvoi dans l'intérêt de la loi, à condition, dans ce dernier cas, de ne se pourvoir qu'après l'expiration du délai imparti au contrevenant.

---

1. Loi du 22 juillet 1889, art. 61.

2. 21 novembre 1890, *min. des trav. pub. c. Mezon;* — 16 janvier 1891, *min. des trav. pub. c. Jeltsch.* — Voy. t. Iᵉʳ, p. 330.

3. Conseil d'État, 23 avril 1880, *département de Seine-et-Oise;* — 15 mai 1891, *préfet de l'Aube.* — Le ministre compétent pour former le pourvoi est celui qui a la haute direction du service intéressé.

4. Conseil d'État, 28 mai 1880, *Yvert;* — 1ᵉʳ avril 1881, *même partie.*

5. Voy. ci-dessus, p. 661.

6. Loi du 22 juillet 1889, art. 59. — La même règle était édictée par la loi du 30 mai 1851 sur la police du roulage (art. 25), que la jurisprudence avait appliquée par analogie aux contraventions de grande voirie : — Conseil d'État, 6 mars 1874, *Min. des trav. pub. c. Billault;* — 30 avril 1880, *min. des trav. pub. c. Monge,* et nombreux arrêts antérieurs.

Mais il n'aurait pas le droit de former un recours incident, et de demander, en réponse au pourvoi formé par la partie, l'aggravation de l'amende ou des réparations prononcées par le conseil de préfecture, si les délais de son recours principal étaient épuisés ([1]).

Intervention. — Les parties qui n'ont pas qualité pour former un recours, mais qui ont un intérêt direct et personnel à ce que l'arrêté attaqué soit maintenu ou réformé, sont recevables à intervenir. On ne saurait argumenter en sens contraire ni des règles de la procédure civile qui associent le droit d'intervention au droit de former tierce opposition, — lequel ne saurait assurément être reconnu à ces parties ([2]) — ni des règles de la procédure criminelle, qui n'admettent pas l'intervention en matière répressive, ou plutôt qui la remplacent par la constitution de parties civiles. En l'absence de textes directement applicables à la matière de la grande voirie, le Conseil d'État s'est inspiré de la tendance générale de sa jurisprudence, qui est d'admettre l'intervention des personnes intéressées, même dans des instances entre la puissance publique et un tiers. Nous en avons vu une application très large dans la matière du recours pour excès de pouvoir.

En conséquence, les compagnies de chemins de fer sont recevables à intervenir pour demander la réparation de dommages causés aux voies ferrées, à leurs clôtures et autres dépendances ([3]). Une ville peut également intervenir s'il s'agit d'une contravention commise sur un quai ([4]). Il en est de même d'un syndicat de dessèchement, d'irrigation, d'endiguement, en cas de dommages causés à ses ouvrages. Mais il en serait autrement d'un particulier qui ne serait ni propriétaire, ni concessionnaire des ouvrages, et qui n'invoquerait que l'intérêt du public à en user librement ; ainsi des mariniers fréquentant un canal ne seraient pas recevables à intervenir contre celui qui l'aurait dégradé.

---

1. Conseil d'État, 17 juin 1887, *Collignon*; — 4 mai 1888, *Bouilliez*.

2. Conseil d'État, 7 mars 1890, *commune de Saint-Christophe*.

3. Conseil d'État, 5 février 1875, *min. des trav. pub. c. Pinguet*; — 7 avril 1873, *id. c. Lainé*; — 12 décembre 1884, *id. c. Forneret*.

4. Conseil d'État, 1ᵉʳ août 1890, *min. de l'intérieur c. Buffetville*.

V. — DE LA PRESCRIPTION.

Délai de la prescription. — La législation de la grande voirie n'a pas prévu la prescription. Nous avons vu qu'elle ne saurait exister quand il s'agit de restitutions à faire au domaine public, car on ne peut pas prescrire contre ce domaine. Mais on peut prescrire contre le fisc, et le Conseil d'État, dans le silence de la loi, a dû rechercher quelle prescription était applicable par voie d'analogie aux amendes de grande voirie.

A raison de la nature répressive de ces amendes et de la dénomination de « contravention » qu'on applique aux infractions, il a emprunté les règles de cette prescription à l'article 640 du Code d'instruction criminelle, d'après lequel « l'action publique et l'ac- « tion civile pour une contravention de police seront prescrites « *après une année révolue à compter du jour où elle aura été commise,* « même lorsqu'il y aura eu procès-verbal, saisie, instruction ou « poursuite, si dans cet intervalle *il n'est point intervenu de condam-* « *nation* ».

En conséquence, une jurisprudence très ancienne et toujours maintenue décide que les amendes de grande voirie sont prescrites si le conseil de préfecture ne les a pas prononcées dans le délai d'un an ; les nombreux arrêts rendus en ce sens visent l'article 640 du Code d'instruction criminelle (¹).

Cette jurisprudence a été combattue à plusieurs reprises par le ministre des travaux publics, qui renouvelait ses critiques dans une affaire jugée le 8 mai 1874 (*Boucher*). Il a fait observer qu'en admettant que le Code d'instruction criminelle pût faire loi, on ne devrait pas se référer à l'article 640, relatif aux contraventions de simple police, mais à l'article 638 qui prévoit la prescription des délits et qui en fixe la durée à trois ans. Les amendes de grande voirie, disait-il, se rapprochent beaucoup plus, par leur taux, des amendes correctionnelles que des amendes de police ; d'ailleurs les

1. Conseil d'État, 13 mai 1836, *Pierre* ; — 13 avril 1842, *Guyard* ; — 3 août 1852, *Messager* ; — 8 mai 1874, *Boucher* ; — 9 août 1893, *Min. des trav. pub. c. Lhotellier.*

infractions ont été souvent qualifiées de *délits,* notamment par la loi du 24 mars 1842. Enfin, un grand nombre de contraventions ne peuvent être jugées sans des vérifications qui entraînent des délais, et qui peuvent ainsi compromettre la répression.

On ne peut nier que ces objections ne soient sérieuses ; elles empruntent une force particulière à la jurisprudence du Conseil d'État qui ne fixe pas de délai entre la date de l'infraction et celle du procès-verbal, de sorte que, pour peu que la constatation soit tardive, le délai imparti au juge se trouve singulièrement réduit. La brièveté de ce délai peut même rendre la mission du juge impossible lorsqu'il a besoin de procéder à des vérifications du domaine public naturel qui ne peuvent avoir lieu qu'à des époques déterminées, par exemple aux époques des grandes marées pour les rivages de la mer.

Si donc la jurisprudence était à faire, ou si le pouvoir législatif était saisi de la question, nous pensons qu'on devrait adopter la prescription de trois ans de l'article 638, C. instr. crim., plutôt que la prescription annale de l'article 640.

Point de départ et calcul du délai. — Le délai a pour point de départ le jour où la contravention a été commise, non le jour où elle a été constatée. Il peut y avoir doute sur ce point de départ, lorsque la contravention résulte d'un fait permanent ou prolongé, tel qu'une occupation ou une construction illicite. Nous pensons que, dans ce cas, le délai ne commence pas nécessairement à courir du jour où l'on a fait une première entreprise sur le domaine public, mais du jour où cette entreprise a été consommée par l'achèvement ou par un avancement suffisant des travaux. S'il s'agit de faits successifs et distincts ayant causé des dégradations, si, par exemple, un ouvrage public a été détérioré par l'action prolongée d'eaux corrosives déversées par une usine, le délai ne courra pas dès la première infraction, mais du jour où des dégradations d'une certaine gravité auront pu être constatées (¹). Si la contravention résulte du refus d'enlever des plantations ou une épave dans un délai fixé par les règlements ou par une mise en demeure, la pres-

---

1. Conseil d'État, 11 février 1881, *Arlot.*

cription ne court pas du refus, mais de l'expiration des délais impartis ([1]).

Il peut donc arriver qu'un contrevenant soit déjà passible de poursuites depuis un temps plus ou moins long, sans que la prescription commence à courir à son profit ; mais le point de départ du délai ne peut jamais être reculé au delà de la date des constatations consignées au procès-verbal.

Le délai de la prescription est d'*une année révolue* (art. 640) ; c'est donc un délai franc, qui ne comprend ni le jour de la contravention ni celui du jugement.

Il n'est pas nécessaire que le jugement à rendre dans l'année soit contradictoire ; un jugement par défaut interromprait aussi la prescription, car il ne saurait dépendre du contrevenant de prescrire son infraction en s'abstenant de se défendre. Dans ce cas, la prescription ne recommencerait à courir que du jour où le contrevenant aurait notifié son opposition à la condamnation par défaut ([2]).

Mais il est nécessaire que le jugement à rendre dans l'année soit un jugement de *condamnation*. L'article 640 est formel sur ce point. Ce texte ajoute que la prescription n'est interrompue par aucun acte d'instruction et de poursuite ([3]) ; d'où il suit qu'elle continuerait de courir nonobstant un arrêté préparatoire qui ordonnerait une mesure d'instruction ([4]).

Interruption de la prescription. — Mais si aucun empêchement de fait, aucun retard de procédure, si justifié qu'il puisse être, ne peut interrompre la prescription, il en est autrement d'un *empêchement de droit*, résultant de l'obligation légale qui s'impose au juge de la contravention d'attendre la solution d'une question préjudicielle avant de statuer sur le fond. La jurisprudence de la Cour de

1. Conseil d'État, 28 décembre 1878, *Yvonneau*.

2. Conseil d'État, 8 février 1865, *Dussol d'Héraud* ; — 17 février 1888, *min. de l'intérieur c. Larrieu*.

3. La prescription des contraventions de toute nature diffère sur ce point de celle des crimes et des délits, qui est interrompue par les actes d'instruction et de poursuites. (Art. 637 et 638, C. instr. crim.)

4. Voy. Faustin Hélie, *Instruction criminelle*, t. II, p. 685 et 707, et les arrêts de la Cour de cassation cités par cet auteur.

cassation et la doctrine des auteurs sont constantes sur ce point :
« Attendu, dit un arrêt de la chambre criminelle du 27 mai 1843,
que si, en thèse générale et d'après les termes de l'article 640, la
prescription des contraventions de police n'est pas interrompue par
des actes d'instruction, il est impossible d'appliquer cette règle au
cas où l'action publique est suspendue pour le jugement d'une
question préjudicielle renvoyée à une autre juridiction [1].

Si donc le conseil de préfecture renvoie une question préjudicielle de propriété à l'autorité judiciaire, soit sur la demande du
contrevenant, soit d'office, ou bien s'il renvoie au Conseil d'État
l'interprétation d'une concession antérieure à 1566, la prescription est interrompue. Il en serait de même, selon nous, s'il s'agissait d'une question préjudicielle d'interprétation de vente nationale
ressortissant au conseil de préfecture ; car elle nécessiterait, ainsi
que nous l'avons dit, une instance distincte de celle qui a la contravention pour objet. Dans ce cas, la prescription ne recommence
à courir que du jour où la question préjudicielle a été l'objet d'un
jugement définitif.

Il est à remarquer que l'interruption dont il s'agit est bien une
interruption dans le sens juridique du mot, et non une simple *suspension;* elle supprime tout le temps écoulé et sert de point de
départ à une nouvelle prescription d'une année. Cette solution,
conforme à la règle générale posée par l'article 637 du Code d'instruction criminelle, a été spécialement affirmée par la jurisprudence de la Cour de cassation et par les auteurs, dans l'hypothèse
d'une question préjudicielle soulevée au cours d'une poursuite
pour contravention de police [2]. Elle s'impose d'ailleurs comme
une nécessité pratique ; en effet, ainsi qu'on l'a fait remarquer, le
juge peut procéder au jugement de la contravention à une époque
très voisine de l'expiration du délai ; si, à ce moment, une question
préjudicielle venait à surgir, et si le temps écoulé depuis la contravention restait acquis à la prescription, le juge du fond pourrait
n'avoir plus que quelques jours, peut-être un seul, pour réprimer
la contravention [3].

---

1. Cf. Faustin Hélie, *op. cit.,* t. II, p. 707. — Cf. Cass. 11 décembre 1869, *Michaut.*
2. Faustin Hélie, *op. cit.,* t. II, p. 709 ; — Mangin, *Action publique,* n° 360.
3. Mangin cite l'exemple d'une contravention commise le 2 janvier et sur laquelle

Règles de la prescription en cas d'appel. — Lorsque le conseil de préfecture a statué sur la contravention, sa décision peut être frappée d'appel par le contrevenant en cas de condamnation, par le ministre en cas d'acquittement. Une nouvelle prescription commence alors à courir ; quel en est le délai ?

Remarquons d'abord que le droit d'appel, qui n'a jamais fait doute pour les contraventions de grande voirie, est plus largement ouvert que pour les contraventions de simple police. En effet, d'après l'article 172 du Code d'instruction criminelle, les jugements rendus en matière de police ne sont susceptibles d'appel que lorsqu'ils prononcent l'emprisonnement ou des condamnations pécuniaires excédant cinq francs. Ils ne le sont donc pas lorsqu'ils prononcent l'acquittement : le ministère public ne peut, dans ce cas, que se pourvoir en cassation (art. 177). Il résulte de là que l'article 640, — dont les termes pourraient prêter au doute si l'on ne tenait pas compte de cette règle, — n'a pu prévoir la prescription qu'en cas d'appel de la partie condamnée.

Ce texte dispose que, « s'il y a eu un jugement définitif de pre-« mière instance *de nature à être attaqué par la voie de l'appel* ([1]), « l'action publique et l'action civile se prescriront *après une année* « *révolue, à compter de la notification de l'appel* qui en aura été inter-« jeté ». La notification dont il s'agit ici est celle que l'appelant est tenu de faire au ministère public ; l'action publique est celle qui saisit le tribunal correctionnel afin qu'il statue sur l'appel de la partie ; en effet, celle-ci n'a pas qualité pour réclamer elle-même le jugement de son appel : elle n'y a pas non plus intérêt, puisque l'appel est suspensif (art. 173), et qu'une nouvelle prescription court au profit de la partie du jour de la notification qu'elle a faite.

Tel est le mécanisme de l'article 640. Ses dispositions ne peuvent pas être littéralement appliquées en matière de contraventions de grande voirie, et l'on n'en peut retenir qu'une seule chose : le délai de la prescription.

le juge de paix avait sursis à statuer, par jugement du 31 décembre, à raison d'un question préjudicielle de propriété. Si la prescription n'avait été que suspendue, le juge n'aurait plus eu qu'un délai de *deux jours* pour statuer au fond avant que la prescription fût accomplie. (Mangin, *Action publique*, n° 360.)

1. Ces mots se réfèrent à l'article 172, qui limite les condamnations susceptibles d'appel.

En ce qui touche l'appel de la partie, il ne saurait avoir pour point de départ la notification au ministère public (c'est-à-dire au ministre), parce que la partie a le droit de déférer directement l'arrêté du conseil de préfecture au Conseil d'État ; c'est elle et non le ministre qui met, dans ce cas, la juridiction d'appel en mouvement. D'un autre côté, l'arrêté de condamnation, au lieu d'être paralysé par l'appel, comme en matière judiciaire, est exécutoire par provision, et il sera souvent exécuté au moment où la partie se présentera devant le Conseil d'État. Il n'est donc pas possible qu'une nouvelle prescription des poursuites vienne à courir en faveur de l'appelant, puisque ces poursuites ont abouti à une condamnation qui demeure acquise tant qu'elle n'est pas infirmée. C'est pourquoi le Conseil d'État décide que le contrevenant condamné par le conseil de préfecture ne peut pas se rouvrir à lui-même un nouveau délai de prescription en faisant appel[1].

Il en est autrement lorsque le ministre fait appel d'un arrêté renvoyant le contrevenant des fins du procès-verbal. Dans ce cas, si une prescription nouvelle ne courait pas à partir de cet appel, la prescription s'accomplirait presque toujours sans qu'il fût possible au Conseil d'État de prononcer une condamnation dans le délai d'un an à compter des poursuites, car la procédure devant le conseil de préfecture et les délais de l'appel au Conseil d'État auraient le plus souvent épuisé le délai de la prescription. C'est pourquoi la jurisprudence a eu recours à l'article 640 ; elle lui a emprunté cette idée que « l'action publique se prescrit une année révolue après la notification de l'appel » ; elle en a conclu que le recours du ministre (assimilé à une action publique) fait revivre le délai de la prescription, à partir de la notification que la partie reçoit du recours, et que la prescription n'est acquise qu'un an après cette notification, si le Conseil d'État n'a prononcé aucune condamnation dans ce délai[2].

La jurisprudence est ainsi arrivée à ce résultat singulier, de ne

---

1. Conseil d'État, 23 mai 1884, *Clavé*. — Cette décision n'est qu'implicite, mais elle suppose nécessairement l'adoption des conclusions que le commissaire du Gouvernement avait prises en ce sens. (Voy. ces conclusions au *Recueil*, 1884, p. 430.)

2. Conseil d'État, 28 mai 1880, *min. des trav. pub.*; — 26 janvier 1883, *Teinturier*; — 14 décembre 1883, *min. des trav. pub. c. Ferrère*, et nombreux arrêts antérieurs.

pas appliquer l'article 640 au cas d'appel de la partie, qui est seul visé par ce texte, et de l'appliquer au cas d'appel du ministère public, qui est exclu par ce même texte et par l'article 172.

Mais si cette solution peut être critiquée au point de vue d'une application littérale des textes, on doit reconnaître qu'elle concilie dans une juste mesure le droit d'appel qu'il était impossible de refuser au ministre, et le droit à la prescription, que la partie doit pouvoir invoquer contre lui, aussi bien que contre les autorités chargées de la poursuite devant le conseil de préfecture.

Les règles que nous venons d'indiquer sur la prescription en cas d'appel seraient applicables, si l'arrêté contre lequel le ministre se pourvoit s'était borné à déclarer l'incompétence du conseil de préfecture. Dans ce cas, comme dans celui où il y a acquittement, l'insuccès des poursuites devant les premiers juges autorise le ministre à les reprendre devant le juge d'appel ; dans ce cas aussi, la prescription est acquise si les poursuites n'aboutissent pas à une condamnation dans le délai d'une année, à partir de la notification de l'appel du ministre.

TABLE ANALYTIQUE

DES

MATIÈRES CONTENUES DANS LE SECOND VOLUME

———◦◦◦———

LIVRE IV

LIMITES DE LA COMPÉTENCE ADMINISTRATIVE A L'ÉGARD DES AUTORITÉS LÉGISLATIVE, PARLEMENTAIRE ET GOUVERNEMENTALE

Chapitre IV. — Juridiction spéciale du Gouvernement en matière d'abus.

LIVRE V

CONTENTIEUX DE PLEINE JURIDICTION

Chapitre IV. — Acquittement des dettes de l'État.

Chapitre V. — Contentieux des contributions directes.

LIVRE VI

CONTENTIEUX DE L'ANNULATION

Chapitre Iᵉʳ. — Notions générales et historiques sur le recours pour excès de pouvoir,

Chapitre II. — Conditions de recevabilité du recours pour excès de pouvoir.

Chapitre III. — Des moyens d'annulation des actes administratifs attaqués pour excès de pouvoir.

Chapitre IV. — De la procédure du recours pour excès de pouvoir et de l'effet des décisions.

Chapitre V. — Du recours en cassation contre les décisions juridictionnelles.

LIVRE VII

CONTENTIEUX DE L'INTERPRÉTATION

LIVRE VIII

CONTENTIEUX DE LA RÉPRESSION

Chapitre Iᵉ . — Des contraventions de grande voirie et des personnes à qui elles sont imputables.

Chapitre II. — Poursuite et répression des contraventions.

TABLE ALPHABÉTIQUE

DES MATIÈRES CONTENUES DANS LES DEUX VOLUMES

---

mentale, II, 3. — Actes législatifs, II, 5. — Actes parlementaires, II, 16. — Actes de gouvernement, II, 32. —Prises maritimes, II, 67. — Abus, II, 82. (V. ces différents mots).

Liquidation des dettes de l'État. — V. *Dettes de l'État.* — Des pensions. V. *Pensions.*

Location d'immeubles, I, 451.

M

Marchés de fournitures, de travaux publics. — V. *Fournitures, Travaux publics (marchés).*

Mines. — Esprit général de la législation sur la propriété des mines, I, 564. — Règlement des indemnités pour la période antérieure à la concession, I, 565. — Période postérieure à la concession, I, 567. — Retrait de la concession, I, 569. — Interprétation des décrets de concession, II, 607.

Ministres (Attributions en matière contentieuse), I, 430. — Passation et exécution des contrats de l'État, I, 430. — Liquidation des dettes de l'État, I, 432. (V. *Dettes de l'État.*) — Recouvrement des créances de l'État : arrêtés de débet et contraintes, I, 437. (V. *Créances de l'État.*) — *Quid* vis-à-vis des administrateurs ou des ordonnateurs, I, 442. — Pouvoirs des ministres comme supérieurs hiérarchiques, I, 446.— Assimilation du silence du ministre au rejet de la réclamation, I, 450; II, 429. — Les ministres ont-ils un pouvoir de juridiction, I, 450. — V. *Créances de l'État, Dettes de l'État, Élections spéciales, Marchés de fournitures.*

Ministres (Responsabilité). — V. *Poursuites contre les ministres.*

Mutation de cote. — V. *Contributions directes.*

O

Octrois. — Contestations entre les communes et les fermiers, I, 362, 699. — Avec les contribuables, I, 693.

Occupations temporaires, I, 542 ; II, 172.

Offices ministériels. — Nature du droit des titulaires, I, 577. — Compétence sur les cessions, I, 581. — Compétence sur les indemnités de suppression, I, 583.

Offre de concours pour travaux publics, I, 561 ; II, 127.

Opposition. — V. *Procédure.*

Ordonnancement. — V. *Dettes de l'État.*

Ordonnateurs. — V. *Arrêtés de débet, Comptabilité, Cour des comptes.*

P

Parlement. — V. *Actes législatifs, parlementaires.*

Parlements. — V. *Ancien régime.*

Pêche. — Baux, I, 591.

Pensions. — Nature des obligations de l'État, II, 193. — Des diverses espèces de décisions en matière de pensions, II, 202. — Admission à la retraite et mise à la retraite d'office, II, 203. — Décision sur le droit à pension, II, 210. — Suspension et déchéance du droit à pension, II, 212. — Destitution et révocation, II, 214. — Démission, II, 217.— Questions réservées à l'autorité judiciaire, II, 219. — Liquidation et concession, II, 220. — Inscription au grand-livre de la Dette publique, II, 221. — Revision, II, 223. — Retrait, II, 225. — Règles de procédure, II, 217. — Recours au Conseil d'État, II, 230. — Qualité pour agir, II, 231. — Pensions départementales, communales et autres, II, 234. — Autorités compétentes pour les liquider, II, 235. — Dépens, II, 237. — Pensions de la Banque de France, II, 238.

Période révolutionnaire. — Esprit général de la législation, I, 180. — Séparation des pouvoirs, I, 181. — Poursuites contre les fonctionnaires, I, 188. —Recours hiérarchique contre les actes de puissance publique, I, 185. — Juridictions administratives, I, 190. — Directoire de district et de département, I, 191. — Liquidation des dettes de l'État, I, 196. — Marchés, I, 200. — Recouvrement des créances de l'État, I, 203. — Conflits, I, 207.

Permissions de voirie, II, 486. — Cas de détournement de pouvoir, II, 551, 558. — Distinction entre le refus et le retrait, II, 552.

Police. — V. *Règlements de police, Recours pour excès de pouvoir, Voirie (Grande).*

Poursuites en matière de contributions directes. — V. *Contributions directes.*

Poursuites contre les fonctionnaires autres que les ministres. — Histo-

W

www.ingramcontent.com/pod-product-compliance
Lightning Source LLC
Chambersburg PA
CBHW031542210326
41599CB00015B/1987